CODE

DES DOUANES.

TOME SECOND.

PARIS.—IMPRIMERIE LE NORMANT,
Rue de Seine, 8.

CODE

DES DOUANES,

ou

RECUEIL

DES LOIS ET RÈGLEMENS SUR LES DOUANES

EN VIGUEUR AU 1er JANVIER 1842.

PAR M. BOURGAT,

CHEF DE BUREAU A L'ADMINISTRATION DES DOUANES.

PARIS.

A LA LIBRAIRIE DU COMMERCE, DE RENARD,

RUE SAINTE-ANNE, N° 71.

CODE
DES DOUANES.

LIVRE X.

CHAPITRE PREMIER.

COLONIES ET ÉTABLISSEMENS FRANÇAIS.

SECTION PREMIÈRE.

RÈGLES GÉNÉRALES.

§ 1er. DÉPART.

Ports d'armement.

684. Les armemens des vaisseaux (1) destinés pour les îles et

---

(1) Les navires français peuvent seuls faire le commerce des Colonies (n° 522).

Une loi du 21 septembre 1793 porte :

« ART. 2. Tout armateur sera tenu de déclarer, en présence d'un juge de « paix, que sa dernière cargaison d'arrivée des Colonies ou comptoirs des « Français, ou sa cargaison actuelle de sortie pour les Colonies ou comptoirs « des Français, n'est point un armement en commission ni propriété étrangère.

« ART. 4. Si la propriété du bâtiment, et même celle des cargaisons pour « le commerce entre la France, ses Colonies et comptoirs, n'est pas prouvée « française par titres et par serment, les bâtimens et cargaisons seront saisis, « confisqués, vendus, et moitié du produit donné à tout dénonciateur. »

Ces articles, en ce qui concerne les cargaisons, ne sont pas appliqués. C'est au gouvernement à juger des circonstances où il pourrait être nécessaire de les invoquer.

Colonies françaises sont permis dans tous les ports du royaume (1). (*Loi du 17 juillet 1791, art. 1er.*) (2).

Soumission de retour direct.

685. Les négocians qui armeront des navires pour les Colonies françaises, feront, avant de les mettre en charge, au greffe du tribunal de commerce dont ils reléveront, leurs soumissions cautionnées, par lesquelles ils s'obligeront, sous peine de 40 fr. d'amende par tonneau de contenance, de faire directement le retour desdits bâtimens dans un port du royaume, et sans toucher à l'étranger, hors le cas de relâche forcée, de naufrage ou autres accidens; ils fourniront au bureau des douanes du lieu du départ une expédition de ladite soumission (3). (*Même Loi, art. 2.*)

Désignation des marchandises.

686. Les marchandises et denrées prises dans le royaume à la destination des Colonies, ou pour l'armement et l'avitaillement des navires, seront exemptes de tout droit (4). (*Même Loi, art. 3.*)

Les marchandises et denrées venant de l'étranger à la même destination, acquitteront les droits d'entrée du tarif général, et

---

(1) L'article 23 de la loi du 28 avril 1816 a implicitement dérogé à cette règle en désignant certains ports où les armemens seraient permis, et a sanctionné la disposition de la *circulaire du 27 août 1814*, qui n'autorise ces armemens que dans les ports d'entrepôt réel ou fictif (n° 412).

Un navire destiné pour les Colonies peut commencer son chargement dans un port du royaume et le terminer dans un autre. (*Circ. du 26 janvier 1824, n° 850.*)

(2) Dans plusieurs collections, cette loi porte la date du 10 juillet. Les recueils officiels lui donnent celle du 17.

(3) Cette disposition, qui n'est abrogée par aucune loi, n'est pas actuellement de rigueur, attendu que la condition du retour direct est garantie par le droit que donne l'article 15 (n° 696) de la loi du 27 juillet 1822, de refuser le privilége colonial aux marchandises qui n'ont pas été apportées en droiture des Colonies en France. (*Circ. du 28 juillet 1822, n° 740.*)

(4) Les sels expédiés pour les Colonies sont, comme les autres denrées, exempts de tous droits de sortie. On se borne à délivrer, en vertu de la loi générale du 17 juillet 1791, les acquits-à-caution qui doivent en assurer la destination. (*Circ. manusc. du 10 octobre 1840.*)

seront ensuite traitées comme celles du royaume (1). (*Même Loi*, art. 4.)

Les lois qui établissent les prohibitions à la sortie ne seront point applicables aux expéditions pour les Colonies françaises (2). (*Loi du 3 septembre* 1793, *art.* 3.)

Mode d'expédition.

687. Il est défendu aux capitaines des bâtimens destinés pour les Colonies, de charger ou laisser charger sur leur navire aucune denrée ou marchandise, même de laisser débarquer ni mettre à terre celles qui y auraient été chargées, sinon lorsqu'il y aura un permis du bureau, à peine, dans l'un et l'autre cas,

---

(1) *Voir*, aux sections suivantes, les marchandises qui peuvent être extraites d'entrepôt à destination des Colonies.

(2) C'est ce qui résultait déjà de l'article 20 de la loi du 17 juillet 1791. Toutefois la faculté d'expédier pour les Colonies des marchandises prohibées, ne s'étend pas aux matières à fabriquer, telles que les drilles par exemple. (*Déc. adm. du 2 septembre* 1825.)

S'il s'agit de munitions de guerre, d'artillerie ou d'autres armes nécessaires pour la défense des bâtimens, les armateurs doivent obtenir des commissaires principaux de la marine des permissions particulières qui ne sont délivrées qu'à condition, 1° qu'il ne sera embarqué sur chaque bâtiment que le nombre de bouches à feu et autres armes, et les quantités de projectiles et de poudre de guerre que comportent sa force et celle de son équipage, et qu'il sera constaté que l'artillerie est réellement montée en batterie; 2° que, pour assurer le maintien de la prohibition des armes de guerre et munitions, l'armateur souscrira l'engagement cautionné de rapporter la même artillerie et les autres armes qu'il a embarquées, ou justifiera de leur perte par force majeure, ainsi que de l'emploi de la poudre et des projectiles de guerre, par déclaration et procès-verbaux de l'équipage affirmés et déposés, dans le cas où ils ne pourraient être représentés; 3° que le nombre et l'espèce des bouches à feu, des autres armes, et les quantités de projectiles et de poudre de guerre seront mentionnés sur le rôle de l'équipage, qui relatera également l'engagement souscrit par l'armateur de rapporter l'artillerie, etc. (*Circ. manusc. du 14 novembre* 1817.)

La poudre de guerre est fournie par la régie des contributions indirectes, sur état certifié par les commissaires principaux de la marine au port de l'embarquement, en quantité nécessaire en raison des armes à feu destinées au service des bâtimens. (*Circ. du 16 mars* 1816, *n°* 130.)

La même régie délivre également les poudres, soit de traite, soit de chasse, que l'on comprend dans les expéditions privilégiées pour nos Colonies, et la douane exige la remise d'un certificat du préposé de ladite régie que ces différentes poudres proviennent en totalité de son magasin. (*Même Circ.*)

Les grains, même lorsqu'ils seraient prohibés à la sortie, pourraient être expédiés pour les Colonies sans autorisation préalable du ministre ou de ses délégués. (*Circ. du 5 octobre* 1828, *n°* 1124.)

de confiscation desdites denrées ou marchandises, et de 100 fr. d'amende. (*Loi du 17 juillet* 1791, *art.* 16.)

688. Pour constater les contraventions à l'article 16 ci-dessus, les préposés des douanes sont autorisés a se transporter à bord des bâtimens, soit pendant, soit après le chargement, et à y faire les visites nécessaires. Lesdits préposés ne pourront néanmoins, sous prétexte desdites visites, retarder le départ des navires, à peine de dommages et intérêts, s'il n'y était découvert aucune fraude. (*Même Loi, art.* 17.)

689. Le chargement des navires destinés pour les Colonies étant fini, il sera délivré au capitaine un acquit-à-caution (1), lequel comprendra, par espèces et quantités, tous les objets embarqués. Le capitaine et l'armateur se soumettront à rapporter, au retour du navire ou dans les dix-huit mois du départ, ledit acquit-à-caution, revetu du certificat d'arrivée et de déchargement desdits objets aux Colonies, délivré par les préposés à la perception des droits dans les îles, et visé par les personnes qui seront désignées à cet effet (2). (*Même Loi, art.* 15.)

---

(1) Les marchandises qui, jouissant d'une prime à l'exportation, sont affranchies de tous droits de sortie, peuvent être expédiées par simple passavant. (*Circ. du 9 mars* 1827, n° 1037.)

Celles, au contraire, dont la prime d'exportation n'entraîne pas l'exemption du droit de sortie, telles que les viandes et beurres salés, restent assujetties à la formalité de l'acquit-à-caution. (*Déc. adm. du 1er février* 1840.)

Les expéditions délivrées aux capitaines des bâtimens de la marine de l'État, expédiés pour les Colonies avec des chargemens de farine et autres approvisionnemens, peuvent énoncer simplement la destination des *Colonies*, sans autre désignation spéciale. (*Circ. du 3 octobre* 1808.)

(2) Ce visa peut être délivré par le directeur ou l'inspecteur de la douane coloniale, ou, à défaut d'un employé supérieur de ce grade, par le fonctionnaire qui le remplace. (*Circ. du 14 octobre* 1836, n° 1571.)

Les armateurs sont dégagés de l'obligation de rapporter eux-mêmes les acquits-à-caution. L'administration, qui les reçoit par l'intermédiaire du département de la marine, les transmet aux ports de départ. (*Circ. du 19 août* 1839, n° 1763.)

Les directeurs font dresser, le 1er janvier et le 1er juillet de chaque année, des états, par Colonie, des acquits à-caution non rentrés, trois mois après l'expiration des délais. Ces états, qui doivent parvenir à l'administration le 20 janvier et le 20 juillet au plus tard, sont transmis aux Colonies par l'intermé-

690. A défaut par l'armateur de rapporter les acquits-à-caution délivrés pour les objets envoyés aux Colonies, revêtus des certificats de décharge prescrits par l'article 15 ci-dessus, il sera condamné au double droit de sortie pour les marchandises sujettes auxdits droits, et à l'amende de 500 fr., ainsi qu'à la confiscation de la valeur, s'il est question d'objets dont la sortie pour l'étranger est défendue (1). (*Loi du* 17 *juillet* 1791, *art.* 20.)

691. Les formalités qui seront prescrites par la loi générale sur les douanes pour les déclarations, chargemens, déchargemens et acquits, seront exécutées, relativement au commerce des Colonies, dans tous les cas auxquels il n'aurait pas été pourvu par la présente loi (2). (*Même Loi, art.* 35.)

Expéditions mixtes.

692. Les navires français, armés pour le commerce des Colonies françaises, pourront, indépendamment des marchandises qu'ils chargeront à destination de ces Colonies, exporter, en payant les droits, toutes les marchandises dont la sortie ne sera pas prohibée (*Loi du* 21 *avril* 1818, *art.* 60.) (3).

§ 2. RETOUR.

Soumissions de retour.

693. Les soumissions fournies en exécution de l'article 2 de

---

diaire du département de la marine, et d'après les renseignemens que fournissent les douanes coloniales sur les causes du non-rapport des expéditions, l'administration statue relativement aux soumissions. (*Circ. manusc. du* 10 *mars* 1840.)

Pour la garantie des certificats de décharge, *voir* le n° 207.

(1) *Voir*, pour les grains, le n° 866, livre X.

(2) Les règles générales relatives aux déclarations, visites, embarquemens et débarquemens (chapitre II, IV et VI, livre II), sont ici applicables.

Les marchandises expédiées pour les Colonies doivent, comme celles qu'on transporte par cabotage, être assujetties au plombage. (*Circ du* 22 *août* 1818, n° 420.)

Toutefois cette formalité est restreinte aux ouvrages en cuir, à la tabletterie, aux verres et cristaux, aux tissus de toute espèce, aux armes de luxe et aux ouvrages en métaux, à l'exception des clous, des chaines à bœufs et des objets d'art, tels que bronzes, dorures, etc. (*Circ. du* 18 *novembre* 1833, n° 1411.)

(3) *Voir*, au chapitre VI du présent livre, le texte complet de cet article et les règles relatives aux expéditions mixtes de toute nature.

la présente loi pour assurer le retour dans le royaume des navires expédiés pour les Colonies, seront annulées sur le certificat des commis du port où le retour aura été effectué, ou sur
la représentation d'un procès-verbal justificatif de l'impossibilité
du retour, et encore dans le cas où il serait légalement justifié
que le bâtiment aurait été vendu dans les Colonies. A défaut de
rapport de l'une desdites pièces, ou s'il y avait preuve que le
navire eût touché à l'étranger sans y être forcé, le receveur
poursuivra contre le soumissionnaire la condamnation en l'a-
mende de 40 fr. par tonneau, portée par ledit article 2, laquelle
sera prononcée par le juge de paix du lieu où la soumission aura
été faite (1). (*Loi du* 17 *juillet* 1791 , art. 18.)

Les procès-verbaux exigés par l'article 18 ci-dessus pour justifier de l'impossibilité du retour, soit par la vente du bâtiment
dans les Colonies, ou pour toute autre cause, seront signés par
les officiers et principaux des équipages, et certifiés véritables
par les juges des lieux où les bâtimens auront relâché, échoué
ou été vendus. Si les bâtimens ont péri corps et biens, les armateurs en feront la déclaration devant l'un des juges du tribunal
de commerce, et ils l'affirmeront véritable. (*Même Loi, art.* 19.)

Navires des Colonies.

694. Les marchandises et denrées expédiées des Colonies sur
des vaisseaux desdites Colonies pour un des ports du royaume,
seront traitées comme celles apportées par des bâtimens armés
en France (2). (*Même Loi,* art. 34.)

Modération de droits.

695. Les droits spéciaux en faveur de certaines denrées pro-
venant du cru des Colonies françaises dans les deux Indes et en
Afrique, seront établis par le tarif (3). Les autres produits des
Colonies françaises acquitteront, à leur entrée en France, les

---

(1) On a vu, n° 685, que les soumissions prescrites par l'article 2 de la loi du
17 juillet 1791 n'étaient pas exigées. Toutefois, les dispositions qui les concernent n'ayant pas été légalement abrogées, il a paru convenable de les rappeler ici.

(2) *Voir*, pour les conditions de nationalité des navires, le n° 526.

(3) Voici le tableau des marchandises qui jouissent d'une modération de
droits :

mêmes droits que les productions de même espèce importées de l'Inde ou des pays d'Europe par navires français, selon la situation desdites Colonies. (*Loi du 17 mai 1826, art. 2.*)

Conditions du privilége.

696. Le privilége colonial ne sera accordé aux productions du sol des Colonies françaises que lorsqu'elles auront été rapportées directement (1), ainsi que le veulent les lois des 17 juillet 1791 et 21 avril 1818, et par navires français de 60 tonneaux au moins (2). (*Loi du 27 juillet 1822, art. 15.*)

697. Les capitaines des bâtimens de retour des Colonies seront tenus de faire au bureau des douanes, dans les vingt-quatre

DE TOUTES LES COLONIES. (*Antilles, Guyanne, Bourbon.*)	DE LA GUYANNE.
Sucre.	Potasse.
Bonbons.	Bois d'ébénisterie.
Confitures.	Cannelle.
Sirops.	Cassia-lignea.
Rhum.	Colle de poisson.
Tafia.	Gousses tinctoriales.
Mélasse.	Piment.
Miel.	Poivre.
Casse confite.	Rocou.
Café.	Muscade.
Cacao.	Macis.
Coton.	
Girofle.	DE LA MARTINIQUE.
Bois de teinture autres que les bois Fernambouc, de Sapan et de Nicagara.	Liqueurs.
	DE BOURBON.
	Muscade.
	Macis.

La modération de droits s'étend aux productions coloniales et étrangères de même espèce, prises par des vaisseaux de l'État ou par des corsaires réguliers, et conduites dans les Colonies françaises, lorsque la validité de la prise est régulièrement constatée. (*Déc. min. du 16 juin 1808; Circ. du 29 du même mois.*)

Voir le n° 714 pour le Sénégal et les autres établissemens de la côte occidentale d'Afrique.

(1) *Une simple relâche n'est point considérée comme une interruption de transport direct, lorsqu'elle n'a donné lieu à aucun débarquement ou embarquement de marchandises. (Circ. du 15 avril 1840, n° 1807.)*

Voir, pour les justifications à produire, le n° 156, note.

(2) *Le tonnage de rigueur a été réduit à 40 tonneaux (n° 230).*

heures de leur arrivée et dans la forme prescrite par la loi générale, la déclaration de leur chargement, et de rapporter, avec l'état dudit chargement, l'acquit des droits qui seront perçus à la sortie desdites Colonies (1). (*Loi du 17 juillet* 1791, *art.* 21.)

Les marchandises importées des Colonies françaises dans le royaume, pour lesquelles on ne représentera pas l'acquit des droits de sortie desdites Colonies, seront assujetties au payement desdits droits, tels qu'ils sont perçus auxdites Colonies, et sans avoir égard à la différence de l'argent (2). (*Loi du 29 mars* 1791, *art.* 10.)

698. Les denrées de l'île Bourbon pour lesquelles on ne représentera pas, lors de la déclaration, des certificats d'origine (3), seront traitées comme si elles venaient de l'étranger. (*Loi du 6 juillet* 1791, *art.* 17.)

---

(1) Les règles générales relatives au manifeste, aux déclarations, au débarquement, etc., sont rapportées au livre 11, chapitre 11 et suivans. Leur application aux navires venant des Colonies ressort nécessairement des articles 21 et 35 de la loi du 17 juillet 1791. (*Déc. adm. du 14 avril* 1817.)

Le consignataire a la faculté de porter dans sa déclaration de détail des quantités de marchandises supérieures à celles énoncées sur les expéditions de la Colonie; les excédans reconnus sur ces expéditions seraient privés des avantages du privilége colonial s'ils ne pouvaient être attribués, soit aux circonstances de la navigation, soit à l'inexactitude des instrumens de vérification ou à des erreurs commises au port de départ; cependant on prendrait l'attache de l'administration s'il s'agissait de quantités considérables. Dans le cas où l'excédant, déclaré et présenté comme produit des Colonies françaises, proviendrait au contraire de l'étranger, il y aurait alors fausse déclaration de *qualité* dans le sens de la loi, et lieu d'appliquer l'article 21 du titre 2 de la loi du 22 août 1791. (*Déc. adm. du 30 novembre* 1837.)

Tout excédant de plus du dixième sur la quantité *déclarée* devient passible des peines édictées par l'article 18 du titre 2 de la loi du 22 août 1791, quelle que soit la quantité mentionnée dans les expéditions des douanes coloniales. (*Déc. adm. du 17 janvier* 1838.)

(2) Les droits de sortie des Colonies sont :

A Bourbon, de 2 pour 100 de la valeur;

A la Guyane, de demi pour 100 de la valeur; (*Réglemens publiés par le département de la marine en* 1838.)

Au Sénégal, de 2 pour 100 de la valeur; (*Arrêté local du 15 mai* 1837.)

A la Guadeloupe et à la Martinique, les denrées coloniales sont affranchies de droits de douane à la sortie. (*Ord. du 25 juillet* 1837, *art.* 3.)

Cette disposition s'applique à toutes les marchandises indistinctement. (*Déc. adm. du 5 décembre* 1840.)

(3) Ces certificats peuvent être transcrits sur les expéditions mêmes de la Colonie. (*Circ. du 29 juin* 1808.)

Les denrées coloniales, venant directement de Cayenne par bâtimens français, devront, pour jouir de la modération des droits, être accompagnées, jusqu'à nouvel ordre, de certificats d'origine délivrés par les autorités de la Colonie, conformément à ce qui a été réglé par la loi du 6 juillet 1791 pour les importations de l'île Bourbon (1). (*Ord. du 22 octobre 1817, art. 1er.*)

Sous voiles.

699. Les capitaines déclareront séparément les objets qu'ils

---

(1) Pour les autres Colonies, l'origine et le cru des denrées s'établissent par le manifeste et les expéditions délivrés dans les ports de chargement. (*Circ. du 29 juin* 1808.)

On ne saurait prendre d'ailleurs trop de précautions pour assurer l'exacte application du privilége colonial. D'abord l'interrogatoire, et au besoin la confrontation des gens de l'équipage de tout navire venant des Colonies, doivent établir que les marchandises pour lesquelles on réclame le privilége ont été prises à terre ; ensuite l'examen des titres d'origine, s'il est bien fait, doit encore, lors même que ces titres auraient été surpris, donner des indices propres à faire découvrir le vrai ; enfin la marchandise elle-même doit, par les caractères propres à son origine, confirmer la teneur des pièces écrites.

Or, les vérificateurs des grandes douanes ayant l'habitude de comparer toutes les espèces de produits qu'ils vérifient, doivent s'attacher à reconnaître, par la forme des emballages, par la nature du bois dont les caisses ou les barriques sont faites, ou par l'espèce de tissus des sacs et serpillières, que le tout provient réellement des Colonies françaises. La qualité des sucres, leur nuance, leur grain et leur richesse relative, doivent surtout fixer leur attention. Le plus léger doute sur la véritable origine de la marchandise devrait faire suspendre l'opération et provoquer l'expertise voulue par l'article 19 de la loi du 27 juillet 1822. (*Circ. du 20 janvier* 1829, *n°* 1140.)

Si, au contraire, les employés jugent qu'il y a lieu de passer outre, le receveur adresse à son directeur :

1° Les papiers de navigation, avec une copie certifiée du rôle d'équipage ;

2° Un certificat du vérificateur qui a reconnu l'identité du navire, d'après son acte de francisation ;

3° Les expéditions et quittances des droits de sortie des Colonies ;

4° Les procès-verbaux dressés à bord, ou dans des relâches, par suite d'accidens dans la traversée, et le rapport de mer du capitaine. (*Circ. du 30 janvier* 1815.)

Lorsque ces pièces sont régulières, les directeurs autorisent définitivement l'application du privilége colonial. Ils n'ont à prendre l'attache de l'administration que dans les cas fort rares où il s'élève des doutes touchant la nationalité du navire, la provenance des denrées, ou l'authenticité des pièces produites comme justification d'origine. Il devrait en être de même pour les navires qui, hors le cas de force majeure régulièrement constaté, auraient fait à l'étranger des escales qui ne rentreraient pas dans les limites tracées par la circulaire du 15 avril 1840 (livre II, n° 156). (*Circ. du 24 avril 1840, n°* 1808.)

auront chargés sous voiles, afin que les droits qu'ils auraient dû payer aux îles soient acquittés en sus de ceux auxquels ils seront assujettis en France (1). (*Loi du 17 juillet 1791, art. 21.*)

Toutes les marchandises chargées sous voiles dans les Colonies françaises, provenant de leur cru, jouiront du privilége colonial (2), à la charge par le consignataire de justifier, par le rapport du capitaine, certifié de l'équipage du bâtiment, que ledit vaisseau n'a ni relâché ni chargé dans un port étranger, et qu'il a fait la route directement (3). (*Arrêté du gouvernement du 6 thermidor an 3.*)

Acquits des Colonies.

700. Les acquits-à-caution des douanes coloniales, déchargés dans les ports de la métropole pour les quantités reconnues

---

(1) Ces droits doivent être perçus sur toutes les marchandises mises sous voiles, sans exception de celles qui se trouvent exclues du privilége colonial. (*Déc. adm. du 15 octobre 1840.*)

Voir, pour la quotité des droits à percevoir, le n° 697.

(2) Les marchandises *sous-voiles*, apportées de la Martinique, de la Guadeloupe, de Cayenne et de Bourbon, où l'existence des entrepôts pourrait favoriser des abus, sont considérées comme provenant de l'étranger et traitées comme telles, à moins que les intéressés ne s'engagent, par une soumission valablement cautionnée, à payer les droits, s'ils ne rapportent pas, dans un délai déterminé, des certificats authentiques attestant que ces marchandises proviennent réellement du cru d'une Colonie française. (*Circ. manusc. du 30 décembre 1859.*)

Quant aux petites quantités de provisions appartenant à l'équipage ou à des passagers, les directeurs les admettent au privilége, même lorsque les navires arrivent d'une Colonie où il existe des entrepôts. L'admission aux droits modérés des fortes quantités de provisions n'a lieu qu'en vertu d'une autorisation spéciale de l'administration ; on lui adresse à cet effet un état détaillé des denrées, avec l'avis du vérificateur sur leur origine présumée, les noms des propriétaires, et, au besoin, des échantillons pour être soumis aux experts du gouvernement. (*Circ. du 16 février 1818, n° 369, et Circ. manusc. du 30 décembre 1859.*)

(3) Le transport direct ne saurait être exigé pour les navires de l'État qui ont ordinairement pour mission de se rendre successivement sur divers points du globe. Mais il importe d'acquérir la certitude que les denrées qu'ils apportent, et pour lesquelles on réclame le privilége colonial, proviennent réellement du cru de nos Colonies. On doit donc, à défaut de certificats délivrés par les douanes locales, appliquer à ces denrées les règles relatives aux marchandises prises sous voiles. (*Déc. adm. du 10 juillet 1841.*) — *Voir* la note précédente.

au débarquement (1), seront adressés, par l'administration des douanes, au fur et à mesure de leur régularisation, au ministre de la marine, pour être renvoyés aux Colonies par l'intermédiaire de son département. (*Circ. du 23 décembre* 1825, *n°* 961.)

SECTION II.

DISPOSITIONS PARTICULIÈRES A CHAQUE COLONIE OU ÉTABLISSEMENT FRANÇAIS.

§ 1er. ANTILLES (2).

701. Des ordonnances du Roi pourront créer des entrepôts réels de douanes dans les Colonies des Antilles et de l'île Bourbon, pour recevoir les marchandises françaises de toute nature et les marchandises étrangères, à l'exception de celles qui sont prohibées en France. (*Loi du 12 juillet* 1837, *art.* 1er.)

Les mêmes ordonnances détermineront, dans les limites tracées par les lois relatives aux entrepôts réels de la métropole, les conditions et les formalités à remplir, les garanties à fournir par les entrepositaires, ainsi que les pénalités qui seront encourues dans les cas d'infraction. (*Même Loi, art.* 2.)

Les marchandises provenant d'Europe, ou des pays non européens situés sur la Méditerranée, ne seront admissibles dans lesdits entrepôts qu'autant qu'elles seront importées directement des lieux de production ou des entrepôts de France par bâtimens français. Les marchandises d'autres provenances pourront être importées par tout pavillon. (*Même Loi, art.* 3.)

Ne pourront être extraites des entrepôts, pour la consommation des Colonies, que celles des marchandises étrangères dont

---

(1) Ce mode met l'administration coloniale à même d'exercer son recours contre les expéditeurs. (*Circ. du* 1er *mars* 1819, *n°* 470.)

Quand des déficit constatés dans le nombre des colis ou dans le poids proviennent d'événemens ou de vente, par suite de relâche forcée à l'étranger, ces faits sont, d'après les justifications produites, certifiés dans l'acte de décharge des acquits-à-caution. (*Circ. du* 25 *décembre* 1825, *n°* 961.)

(2) *Martinique et Guadeloupe*. La Guadeloupe comprend quatre dépendances qui sont : les îles de Marie-Galante, des Saintes, de la Désirade, et les deux tiers environ de l'île Saint-Martin.

l'admission est actuellement permise ou le sera ultérieurement (1).
(*Loi du 12 juillet 1837, art. 4.*)

. **(1)** Nomenclature des marchandises qui peuvent être retirées des entrepôts pour la consommation des Colonies.

Chevaux.	Houes et pelles.
Mulets.	Serpes et coutelas.
Bœufs.	Rames et avirons.
Vaches, taureaux, taurillons, bouvillons, génisses et ânes.	Vins de Madère et de Ténériffe.
	Baumes et sucs médicinaux.
Veaux, porcs, moutons, chèvres et tous autres animaux vivans.	Bois d'ébénisterie odorans.
	Casse.
Feuillard.	Cire non ouvrée.
Merrains.	Cochenille.
Essences.	Coques de coco.
Planches et autres bois.	Cuivre brut.
Brai, goudron et autres résineux.	Curcuma.
Charbon de terre.	Dents d'éléphant.
Fourrages verts et secs.	Écailles de tortue.
Graines potagères.	Étain brut.
Fruits de table.	Fanons de baleine.
Bœuf salé.	Gingembre.
Riz.	Gommes.
Farines de froment.	Graines d'amome.
Morues et autres poissons salés.	Grains durs à tailler.
Sel.	Indigo.
Tabac en feuilles.	Joncs et roseaux.
Tabac fabriqué.	Kermès.
Mouchoirs de l'Inde en coton teint en fil, sans apprêt, dits *madras* ou *paliacam.*	Laque naturelle.
	Légumes verts.
	Muscades.
Idem glacés ou cylindrés à chaud, dits *mendapolam* et *mazulipatam.*	Nacre.
	Or et argent.
Toiles à voiles écrues communes, de lin et de chanvre, dont la chaîne présente moins de huit fils dans l'espace de 5 millimètres.	Os et cornes de bétail.
	Peaux sèches et brutes.
	Plomb brut.
	Poivre.
Légumes secs.	Potasse.
Maïs en grains.	Quercitron.
Cuirs verts en poils non tannés.	Quinquina.
Charrues.	Rocou.
Chapeaux de paille à tresses engrenées, dits de *Panama.*	Racines, écorces, herbes, feuilles et fleurs médicinales.
Voitures.	Substances animales propres à la médecine et à la parfumerie.
Moulin à égrener le coton.	
Pompes en bois non garnies.	Sumac.
Chaudières en potin.	Vanille.

(*Ord. du 8 décembre 1839.*)

Ces marchandises sont les seules que nos Antilles puissent recevoir pour la

Un entrepôt réel de douanes, destiné à recevoir les marchandises désignées par l'article 1er de la loi du 12 juillet 1837, est accordé aux ports de Saint-Pierre et de Port-Royal, à la Martinique, et, à la Guadeloupe, aux ports de la Pointe-à-Pitre et de la Basse-Terre. (*Ord. du 31 août 1838, art. 1er.*)

Marchandises expédiées pour France.

702. Les marchandises qui, au sortir des entrepôts des Colonies, seront déclarées pour les ports de France, devront être expédiées sous les formalités applicables aux mutations d'entrepôt (1). (*Loi du 12 juillet 1837, art. 5.*)

Les marchandises qui, d'après les tarifs de la métropole, y jouissent d'une modération de droits, lorsqu'elles y arrivent directement des lieux de production, conserveront cet avantage, nonobstant leur escale et leur séjour dans les entrepôts des Antilles françaises, pourvu toutefois que les justifications exigées

---

consommation, soit directement de l'étranger, soit des entrepôts de la métropole ou de ceux des Colonies. Lorsque d'autres productions étrangères sont destinées à leur consommation intérieure, il est indispensable de les faire nationaliser en France par le payement du droit d'entrée, avant de les leur expédier. A cette condition, elles jouissent de tous les avantages réservés aux productions nationales. Ces explications doivent être données par les employés toutes les fois que des négocians déclareront vouloir expédier, de nos entrepôts sur ceux des Antilles, des marchandises non comprises dans la nomenclature ci-dessus (*Circ. du 2 juillet 1840, n° 1816.*)

(1) Cette disposition a été reproduite par l'article 30 de l'ordonnance du 31 août 1838, relative aux entrepôts des Antilles.

Quelle qu'ait été la durée du séjour des marchandises dans les entrepôts coloniaux, le délai de trois ans, accordé par la loi du 17 mai 1826, ne court que du jour de leur entrée dans les entrepôts de la métropole. Il en est de même aux Antilles à l'égard des marchandises qui arrivent des entrepôts de France. (*Circ. du 19 août 1839, n° 1763.*)

Les marchandises étrangères transportées primitivement par navire étranger des lieux de production dans les entrepôts de nos Colonies, ne sont pas passibles des surtaxes de navigation qui affectent les pavillons étrangers, lorsqu'elles sont dirigées de ces entrepôts sur la métropole, où elles conservent toujours les immunités applicables aux productions apportées d'un pays hors d'Europe sous pavillon national. (*Déc. adm. du 4 mai 1841.*)

Les acquits-à-caution de mutation d'entrepôt délivrés aux Antilles doivent, après régularisation, être adressés, par lettre spéciale, à l'administration, qui les fait parvenir à la douane de départ par l'intermédiaire du département de la marine. (*Circ. du 19 août 1839.*)

en pareil cas en France aient été produites et admises à la Colonie (1). (*Ord. du 31 août 1838, art.* 17.)

Marchandises étrangères expédiées de France.

703. Les marchandises étrangères admissibles aux entrepôts des Antilles, pourront y être expédiées des entrepôts de la métropole sous les formalités générales des mutations d'entrepôt (2). (*Circ. du* 19 *août* 1839, *n°* 1763.)

---

(1) Il suffit que les acquits-à-caution, dont les marchandises sont accompagnées, énoncent qu'il a été satisfait à cette obligation. (*Circ. du* 19 *août* 1839.)

(2) C'est une conséquence de la loi du 12 juillet 1837 et de l'article 30 de l'ordonnance du 31 août 1838 qui assujettissent à ces règles les marchandises dirigées des entrepôts coloniaux sur les ports de la métropole, et une juste application des articles 15, 20 et 35 de la loi du 17 juillet 1791. En effet, le premier de ces articles veut que la destination des marchandises soit assurée par des acquits-à-caution ; le second condamne au payement du double droit d'entrée l'armateur qui ne rapporte pas, dûment régularisées, les expéditions qui lui ont été délivrées pour des marchandises étrangères prises dans les entrepôts, et l'article 35 se réfère aux lois générales des douanes pour tous les cas non prévus par la loi spéciale. (*Circ. du* 19 *août* 1839, n° 1763.)

Toutes les marchandises extraites des entrepôts de la métropole doivent, sans exception de celles qu'on se proposerait de mettre en consommation aux Antilles, être expédiées par continuation d'entrepôt. (*Même Circ.*)

Cette règle est absolue. Les acquits-à-caution de *réexportation* établis par la loi du 8 floréal an 11 (art. 78), mais supprimés par les lois des 21 avril 1818 (art. 61) et 9 février 1832 (art. 21), n'ont été conservés et ne doivent être employés que pour les marchandises d'entrepôt dirigées sur celles de nos possessions d'outre-mer qui n'ont pas d'entrepôts constitués selon le vœu de la loi du 12 juillet 1837. (*Déc. adm. du 10 août* 1841.)

Le sel, le tabac en feuilles, le tabac fabriqué, les mouchoirs de l'Inde dits *madras* ou *palicats*, les mouchoirs de l'Inde dits *mendapolam* et *mazulipatam*, les voitures à ressorts et les chaudières en potin, admissibles à la Martinique et à la Gaudeloupe, quoique prohibés en France, peuvent être expédiés des entrepôts de la métropole pour ces Antilles sous les formalités générales des mutations d'entrepôt. (*Circ. du* 19 *décembre* 1839, n° 1787.)

Les receveurs adressent à l'administration des extraits des acquits-à-caution délivrés pour les marchandises expédiées des entrepôts du royaume sur ceux des Colonies. (*Circ. du* 19 *août* 1839, n° 1763.)

Un registre spécial est affecté à ces expéditions. (*Déc. adm. du* 19 *septembre* 1839.)

Les marchandises ainsi expédiées sont portées séparément sur le manifeste de sortie prescrit par l'article 2 de la loi du 5 juillet 1836. (*Circ.* n° 1763.)

Voir, pour les règles générales des mutations d'entrepôt, le livre VI.

704. Les fers et aciers étrangers non ouvrés (1), reçus en entrepôt réel, pourront, jusqu'à ce qu'il en soit autrement ordonné, être expédiés sur navires français pour les Colonies françaises d'Amérique, d'Afrique et de l'Inde (2), en payant dans le port d'expédition le cinquième seulement des droits auxquels lesdits fers sont assujettis à leur consommation en France (3). (*Ord. des 29 mars 1827 et 31 décembre 1829.*)

§ 2. GUYANE.

705. Il sera permis d'expédier en franchise de tous droits pour la Guyane française, tant qu'elle restera ouverte pour ses approvisionnemens et son commerce aux navires étrangers en concurrence avec les navires nationaux, les marchandises étrangères, non prohibées à l'entrée, que l'on extraira des entrepôts de la métropole (4). (*Déc. min. du 2 février 1818; Circ. du 7 du même mois.*)

Indépendamment des marchandises non prohibées, on pourra réexporter pour la Guyane française :

Les tabacs, sans exception de ceux qui sont fabriqués, (*Circ. du 11 mai 1818, et Déc. du 7 novembre suivant.*)

Et les chaudières en cuivre, moyennant le payement préalable d'un droit de 12 fr. par 100 kilog. (*Loi du 8 floréal an 11, art. 27.*)

---

(1) C'est-à-dire le fer étiré, laminé, non étamé ou de tréfilerie, et l'acier forgé, fondu, laminé ou filé. (*Circ. du 5 mai 1827, n° 1046.*)

(2) Par *Colonies françaises de l'Inde* on n'entend désigner que l'île Bourbon, et non les établissemens français de Madagascar, Pondichéry, Karikal, Mahé, Yanaon et Chandernagor, sur lesquels on peut continuer à expédier les fers étrangers comme à toute destination étrangère. (*Même Circ.*)

Voir, pour la Guyane et les établissemens sur la côte occidentale d'Afrique, les paragraphes ci-après qui les concernent spécialement.

(3) Les acquits-à-caution de *mutation d'entrepôt*, dont ces métaux doivent être accompagnés, énoncent s'ils ont ou non acquitté le cinquième des droits d'entrée en France. Cette indication est indispensable pour déterminer le régime qui leur est applicable dans les Colonies. (*Déc. adm. des 19 décembre 1840 et 10 août 1841.*)

(4) Nonobstant les dispositions de l'ordonnance du 29 mars 1827 (n° 704), les fers et aciers, extraits d'entrepôt pour la Guyane, jouissent également de l'exemption absolue des droits d'entrée. (*Déc. min. du 30 avril 1827; Circ. du 5 mai suivant, n° 1046.*)

Les marchandises de toute nature réexportées pour la Guyane, seront passibles du droit de réexportation. (*Circ. manusc. du 4 décembre* 1827.)

706. La destination de ces marchandises sera assurée par acquit-à-caution (*Loi du 17 juillet* 1791, *art.* 15.) (1).

A défaut par l'armateur de rapporter les acquits-à-caution délivrés pour les objets envoyés aux Colonies, revêtus des certificats de décharge prescrits par l'article 15 de la présente loi (n° 689), il sera condamné au payement du double droit d'entrée du tarif général pour les marchandises venues de l'étranger (2). (*Même Loi, art.* 20.)

707. En cas de non-rapport en temps utile, et avec décharge valable, des acquits-à-caution délivrés pour la réexportation des marchandises prohibées, les soumissionnaires seront contraints à payer la valeur de la marchandise et une amende de 500 fr. (3). (*Loi du 17 mai* 1826, *art.* 20.)

708. Les bois destinés aux travaux des arsenaux de l'État, importés directement de Cayenne par bâtimens français, et accompagnés d'un certificat d'origine constatant qu'ils proviennent du sol de la Guyane française, seront assimilés, pour les droits d'entrée, aux bois communs à construire (4).(*Déc. min. du 30 juin* 1824; *Circ. du 25 novembre suivant, n°* 889.)

---

(1) On se sert de la formule d'acquit-à-caution de *réexportation.* (*Déc. adm. du* 10 *août* 1841.)

(2) C'est-à-dire extraites d'entrepôt.

(3) Cet article est applicable aux tabacs et aux chaudières dont la réexportation est permise pour la Guyane.

(4) Le bénéfice de cette décision n'est accordé qu'aux parties de bois qui sont exclusivement destinées, d'après les attestations des agens supérieurs de la marine, à des travaux de construction proprement dits, c'est-à-dire autres que ceux qui rentrent dans la classe des travaux d'ébénisterie. (*Déc. min. du* 11 *mai* 1827.)

Ces bois sont, après leur vérification par les employés des douanes, mis en entrepôt dans les magasins ou hangars de la marine. A la fin de chaque trimestre, le directeur des constructions navales dresse un état des quantités de bois qui ont été employées pendant ce temps. Le commissaire du magasin général établit alors le compte des droits à percevoir par la douane, et l'envoie au directeur ou à l'inspecteur des douanes résidant dans le port, pour qu'il en fasse percevoir le montant. En cas de difficulté, il en est référé à l'adminis-

§ 3. BOURBON.

709. Toutes les dispositions de l'ordonnance du 31 août 1838, relative aux entrepôts des Colonies des Antilles, seront appliquées à l'entrepôt de Saint-Denis de Bourbon (1); seulement les tissus étrangers de laine, de soie ou de poil n'en pourront être réexportés qu'à la destination de la métropole. (*Ord. du 18 décembre* 1839.)

Sont déclarées communes aux expéditions pour l'île Bourbon, les dispositions de l'article 24 de la présente loi (n° 712). (*Loi du 21 avril 1818, art. 26.*)

§ 4. SAINTE-MARIE DE MADAGASCAR (2).

710. Le gouvernement pourra, par décisions spéciales, admettre les produits du cru de Sainte-Marie de Madagascar au traitement dont jouissent ceux de l'île Bourbon, lorsque leur origine sera régulièrement constatée. (*Avis du Conseil supérieur du Commerce du 11 juin 1831.*)

---

tration. Toutes les facilités qui n'apportent point d'entraves au service de la marine doivent être accordées aux préposés des douanes pour leur contrôle et leur surveillance sur l'emploi des bois dont il s'agit. (*Circ. du 25 novembre* 1824, n° 889.)

(1) Ainsi cet entrepôt peut recevoir, outre les marchandises françaises de toute nature, les marchandises étrangères qui ne sont pas prohibées à l'entrée en France. Ces dernières, lorsqu'elles sont extraites des entrepôts de la métropole, doivent être expédiées sous les formalités générales des mutations d'entrepôt; il en est de même pour les tabacs en feuilles ou fabriqués qui, quoique prohibés dans la métropole, peuvent être dirigés de nos entrepôts sur celui de l'île Bourbon. (*Circ. du 30 décembre* 1839, n° 1789.)

Voir, au premier § de la présente section, la loi du 12 juillet 1837, l'ordonnance du 31 août 1838, et la circulaire du 19 août 1839, n° 1763, dont les dispositions sont applicables aux marchandises expédiées pour l'entrepôt de Saint-Denis de Bourbon ou qui arrivent de cet entrepôt. (*Circ. n°* 1789.)

Les chaudières en cuivre extraites de nos entrepôts peuvent également être expédiées pour l'île Bourbon, moyennant le payement préalable d'un droit de 12 fr. par 100 kilog. (*Loi du 8 floréal an 11, art. 27.*)

Voir, pour les fers et aciers en barres, le n° 704.

(2) Les dispositions relatives aux expéditions qui ont lieu de la métropole pour les établissemens français dans l'Inde sont étendues à Sainte-Marie de Madagascar.

Voir, pour les formalités, le n° 711.

§ 5. ÉTABLISSEMENS DANS L'INDE (1).

711. Les expéditions de navires français faites directement pour les comptoirs et établissemens français dans l'Inde, donneront droit aux priviléges ci-après. (*Loi du* 21 *avril* 1818, *art.* 18.)

Les marchandises françaises dont la sortie n'est pas défendue, seront expédiées en franchise de droits pour cette destination.

Les ministres de la guerre et de la marine pourront en outre autoriser la sortie franche des vivres ou munitions nécessaires au commerce de l'Inde, nonobstant les prohibitions existantes (2). (*Même Loi*, *art.* 19.)

712. La destination des marchandises ou munitions ainsi expédiées sera assurée conformément à l'article 2 de la loi du 6 juillet 1791, *ci-après*. (*Même Loi*, *même article.*)

Les capitaines et armateurs seront tenus de prendre au bureau de départ un acquit-à-caution, lequel énoncera toutes celles des marchandises et denrées embarquées sur les navires qui sont sujettes à des droits de sortie (3); ils s'obligeront de rapporter .

Ces établissemens sont :

1° *Sur la côte de Coromandel :*

Pondichéry et son territoire, composé des districts de Pondichéry, de Villenour et de Bahour;

Karikal et les Maganones, ou districts qui en dépendent.

2° *Sur la côte d'Oxida :*

Yanaon, son territoire et les Aldées, ou villages qui en dépendent ;

La loge de *Mazulipatam*.

3° *Sur la côte du Malabar :*

Mahé et son territoire;

La loge de *Calicut*.

4° *Au Bengale :*

Chandernagor et son territoire ;

Les cinq loges de *Cassimbazar*, *Jougdia*, *Ducca*, *Balassore* et *Patna*.

5° *Dans le Goudjérate :*

La factorerie de *Surate*.

La France possède en outre le droit d'établir des factoreries à *Mascate* et à *Moka*. (*Notices sur les Colonies*, *imprimées par ordre du département de la marine en* 1839.)

(2) On exige aussi l'autorisation du ministre du commerce pour les farineux alimentaires prohibés à la sortie. (*Circ. du* 23 *avril* 1818, *n°* 384.)

(3) Les marchandises prohibées à la sortie, dont l'embarquement serait autorisé, devraient également être expédiées par acquit-à-caution, sous les peines édictées par l'article 20 de la loi du 17 juillet 1791 (n° 690).

le certificat de décharge desdites marchandises et denrées au lieu de la destination, signé par le gouverneur ou commandant pour le Roi audit lieu, à peine de payer le double des droits de sortie auxquels elles sont imposées. (*Loi du 6 juillet* 1791, *art.* 2.)

Les acquits-à-caution par lesquels on assurera la destination des marchandises et denrées expédiées en franchise pour l'Inde, devront être déchargés et rapportés dans le délai de dix-huit mois. Les soumissionnaires et cautions cesseront d'être garans de la fidélité des certificats de décharge, six mois après la remise desdits certificats au bureau des douanes d'où les acquits-à-caution émanent. (*Loi du* 21 *avril* 1818, *art.* 24.)

715. Les marchandises étrangères (prohibées ou autres), tirées de l'entrepôt réel, pourront également être expédiées, en exemption de tous droits, pour lesdits établissemens de l'Inde (1). (*Même Loi, art.* 19.)

Ces marchandises seront passibles des droits de réexportation. (*Circ. du* 23 *avril* 1818, *n*o 384.)

§ 6. ÉTABLISSEMENS SUR LA CÔTE OCCIDENTALE D'AFRIQUE (2).

714. Seront exemptes des droits de sortie les marchandises françaises non prohibées expédiées pour le Sénégal; mais leur destination sera assurée conformément à la loi du 17 juillet

---

(1) Cette disposition s'applique également aux marchandises d'entrepôt fictif. Les expéditions ont lieu sous les formalités particulières aux réexportations. (*Circ. du* 23 *avril* 1818, *n*o 384.)

(2) Ces établissemens sont :
1o Sur le fleuve du Sénégal :
L'île Saint-Louis et les îles voisines;
Le poste militaire de Richard-Tol ;
Le poste militaire de Dagana ;
Le port de Bakel ;
2o Sur la côte :
L'île de Gorée ;
3o Dans la Gambie :
Le comptoir d'Albreda ;
4o Dans la Cazamance :
Le comptoir de Séghiou.
(*Notices sur les Colonies, imprimées par ordre du département de la marine en* 1839.)

1791 (1). (*Déc. min. du* 24 *octobre* 1833; *Circ. du* 18 *novembre* suivant, *n*º 1411.)

715. Pourront également être expédiés des entrepôts réels pour le Sénégal, en exemption de tous droits autres que celui de réexportation, les objets ci-après désignés, savoir :

Couteaux de traite.

Flacons de verre.

Rassades et autres verroteries.

Grosse quincaillerie (2).

Tabac du Brésil à fumer.

Toiles dites *guinées*, des bajulapaux, néganepaux, et autres
  toiles à carreaux des Indes, lorsque ces toiles ont été apportées directement en France par navires français (3).

Cauris.

Fer de Suède.

Pipes de Hollande.

Platilles de Breslaw.

Vases de cuisine venant de Saxe.

Barbuts.

Moques de faïence bariolées.

Poterie d'étain.

Rhum.

Tafia des Colonies françaises ou de l'étranger.

Fèveroles de Hollande.

---

(1) *Voir* les dispositions de cette loi à la 1re section de ce chapitre.

(2) La grosse quincaillerie comprend les fléaux de balance, les limes communes, les étrilles, les étaux grossiers et les enclumes. (*Déc. adm. du* 25 oct. 1833.)

(3) Les toiles *guinées*, autres que celles qui arrivent directement de l'Inde par navires français, sont passibles d'un droit de 5 fr. par pièce, lors de leur réexportation des entrepôts de France pour le Sénégal. (*Loi du* 17 *mai* 1826, *art.* 6.) Toute longueur de tissu non divisée, quelle qu'en soit la mesure, est considérée comme formant une seule pièce. (*Déc. adm. du* 12 *novembre* 1833.)

Les acquits-à-caution délivrés à cette destination doivent indiquer la provenance et le mode d'importation en France de chaque partie de toiles guinées qu'ils comprennent, et certifier, pour celles importées sous pavillon étranger ou par navires français ne venant pas de l'Inde en droiture, que le droit de 5 fr. par pièce a été perçu et enregistré sous tel numéro de recette. (*Circ. du* 3 *mars* 1830, nº 1203.)

Les toiles guinées chargées aux îles Maurice et de Bourbon sont assimilées à celles qui proviennent directement de l'Inde. (*Déc. adm. du* 21 *mai* 1830.)

Neptunes.

Bassins.

Chaudrons.

Baquettes.

Manilles.

Trompettes.

Cuivre rouge.

Clous de cuivre.

Verges rondes et barres plates.

Plomb de deux points.

Gros carton brun de quarante-trois à quarante-neuf centimètres sur cent dix-neuf à cent trente centimètres.

Bonnets de laine.

Grelots.

Clochettes en métal.

Baïettes.

    (*Loi du 8 floréal an* 11, *art.* 24.)

Tabacs en feuilles (1). (*Circ. du* 11 *mai* 1818.)

Petits miroirs d'Allemagne. (*Déc. adm. du* 29 *juin* 1822.)

Ambre ou succin. (*Déc. adm. du* 19 *avril* 1830.)

Fusils et sabres de traite (2). (*Circ. du* 28 *oct.* 1820, *n*o 611.)

Fusils de chasse autres que de luxe (3). (*Déc. min. du* 24 *novembre* 1835, *Circ. n*o 1516.)

Denrées coloniales provenant du cru des Antilles françaises,
de Cayenne, de Bourbon. (*Circ. du* 28 *oct.* 1820, *n*o 611.)

Fers et aciers non ouvrés. (*Ord. du* 26 *août* 1833; *Circ. n*o 1397.)

Poudres à tirer de toute espèce. (*Même Ord.*; *même Circ.*)

  . (1) Les cigares étrangers peuvent également être réexportés de nos entrepôts
à destination du Sénégal. (*Déc. du min. de la marine du* 17 *décembre* 1841.)

  (2) Les *manchettes* communes peuvent, comme les sabres de traite, être
réexportées pour le Sénégal. (*Déc. adm. du* 28 *janvier* 1839.)

Les armes de luxe étrangères ne peuvent être expédiées pour le Sénégal
qu'après avoir été nationalisées par le payement des droits d'entrée. (*Circ. du*
28 *octobre* 1820, *n*o 611.)

Voir la note suivante pour les fusils du calibre de guerre.

  (3) Les fusils de chasse et les fusils de traite, du calibre de guerre, ne peuvent pas être réexportés pour le Sénégal. Cependant tout fusil dont la valeur
dans les fabriques étrangères n'excède pas *onze francs* peut être expédié pour
cette destination, qu'il ait ou non le calibre de guerre. (*Circ. du* 28 *novembre*
1820, *n*o 611, *et Déc. adm. du* 27 *octobre* 1838.)

Voir, pour les armes de guerre, le chapitre xx du présent livre.

Conformément à la loi du 17 juillet 1791, la destination de ces marchandises étrangères sera assurée par un acquit-à-caution (1). Si, dans le délai déterminé, l'acquit-à-caution n'est pas rapporté revêtu des certificats prescrits, les soumissionnaires seront contraints au payement du double droit d'entrée pour les marchandises tarifées, et de la valeur avec amende de 500 fr., s'il s'agit de marchandises étrangères prohibées. (*Loi du 17 juillet 1791, art. 20 et 35; Loi du 17 mai 1826, art. 20, et Circ. du 18 novembre 1833.*)

716. Toutes les marchandises françaises ou étrangères qu'il est permis de conduire au Sénégal pourront, aux mêmes conditions, être expédiées pour les autres établissemens français sur la côte occidentale d'Afrique. (*Circ. du 18 novembre 1833, nᵒ 1411, et Déc. adm. du 14 février 1839.*)

Dispositions particulières à l'île de Gorée.

717. Les productions naturelles étrangères à l'Europe seront reçues en entrepôt dans l'île de Gorée, et pourront y être apportées par les navires de tous pavillons. (*Déc. royale du 7 janvier 1822, art. 1ᵉʳ; Circ. du 26, nᵒ 704.*)

Sont exclus de l'entrepôt de Gorée les objets fabriqués et les productions naturelles autres que celles désignées ci-dessus, à l'exception de ce qui provient de France (2) et arrive par bâtimens français directement, ou en passant par Saint-Louis du Sénégal. (*Même Déc., art. 2, et même Circ.*)

Sont également exclus de cet entrepôt les rhums et autres liqueurs spiritueuses, à moins qu'ils ne proviennent des Colonies françaises, et qu'ils ne soient importés par bâtimens français, soit directement des Colonies, soit des ports de France (3). (*Déc. royale du 17 août 1825; Circ. du 24 septembre suivant, nᵒ 944.*)

---

(1) On fait usage de la formule des acquits-à-caution de *réexportation*. (*Déc. adm. du 10 août 1841.*)

(2) C'est-à-dire du sol ou de l'industrie française, l'entrepôt de Gorée ne pouvant recevoir, indépendamment des produits désignés par l'article 1ᵉʳ de la décision royale du 7 janvier 1822, d'autres marchandises étrangères que celles énoncées au nᵒ 715. (*Déc. adm. du 14 mars 1838.*)

(3) Cette exclusion n'atteint pas les rhums et tafias étrangers que l'article 24 de la loi du 8 floréal an 11 permet de tirer des entrepôts de France pour le Sénégal et l'île de Gorée. (*Circ. du 18 novembre 1833, nᵒ 1411.*)

Les marchandises de toute origine, reçues en entrepôt à Gorée, devront être réexportées dans le délai d'un an, ou acquitter, à titre de droit de consommation et en sus du droit d'entrepôt, le double de ce qui est fixé par le tarif d'entrepôt pour les marchandises venues sur navires étrangers. (*Déc. royale du 7 janvier 1822, art. 3; Circ. du 26, n° 704.*)

La gomme, la cire brune, le bois de caïl-cédrat, le morfil et les peaux brutes apportées des côtes d'Afrique à Gorée, ne pourront être réexportés que pour les ports de France (1), sous la garantie d'un acquit-à-caution. (*Même Déc., art. 4.*)

Provisoirement, et jusqu'à ce qu'il en soit autrement ordonné, les bois et tabacs en feuilles étrangers entreposés à Gorée pourront être introduits à Saint-Louis du Sénégal par des navires français, moyennant un droit de 2 pour 100 de la valeur. (*Même Déc., art. 5.*)

Les marchandises que l'on aura dégagées de l'entrepôt de Gorée en payant les droits de consommation, pourront être employées aux échanges avec les autres possessions françaises de la côte d'Afrique. (*Même Déc., art. 7.*)

Dispositions générales.

718. Les produits du Sénégal (2) qui jouissent d'une modération de droits sont les suivans :

Gommes pures. (*Loi du 28 avril 1816.*)
Cire brune non clarifiée. (*Loi du 27 mars 1817.*)
Grandes peaux brutes. (*Loi du 7 juin 1820.*)
Salsepareille.   }
Coton en laine.   } (*Loi du 17 mai 1826.*) (3).

---

(1) Il y a exception en faveur des peaux brutes, du bois de caïl-cédrat et de la gomme. Une décision ministérielle du 16 mai 1827, relative aux deux premiers articles, et une ordonnance du 12 juillet 1831, concernant le dernier, permettent qu'ils soient tous trois exportés directement pour l'étranger et par navires de tous pavillons. (*Circ. du 6 décembre 1833, n° 1412.*)

(2) Les dispositions relatives au Sénégal sont appliquées aux autres établissemens français de la côte occidentale d'Afrique. (*Déc. adm. du 14 février 1839.*)—Cette règle a été confirmée, en ce qui concerne le café, par l'article 1er de la loi du 6 mai 1841.

(3) A l'égard des cotons, le Sénégal ne se trouve pas nommément désigné dans la loi de 1826, parce qu'à cette époque on le comprenait dans la dé-

Bois d'ébénisterie.
Dents d'éléphant.
Gousses tinctoriales.   } *(Loi du 2 juillet 1836.)*
Feuilles de séné.
Café (1). (*Loi du 6 mai 1841, art. 1er.*)

§ 7. ILES SAINT-PIERRE ET MIQUELON.

719. Les bâtimens français expédiés pour les îles de Saint-Pierre et Miquelon pourront recevoir à bord, en exemption de tout droit et sous acquit-à-caution, les marchandises et denrées prises dans le royaume (2). (*Circ. du 5 février* 1824, *no* 853.)

Les marchandises étrangères non prohibées à l'entrée (3) pourront également être expédiées des entrepôts de la métropole à destination des îles Saint-Pierre et Miquelon (*Même Circ.*) (4).

La destination de ces marchandises sera assurée par des ac-

---

nomination générique de *Colonies.* Les tentatives de culture faites alors au Sénégal paraissent avoir été abandonnées depuis. Cependant, si du coton, de la salsepareille ou des feuilles de séné en étaient importés, leur admission au privilége n'aurait lieu que sur un certificat des autorités du lieu, attestant que ces produits proviennent du cru du pays. (*Loi du 17 mai 1826, et Circ. du 9 janvier* 1823, *no* 777.)

Voir, pour les formalités générales, la première section du présent chapitre.

(1) Il faut que le café soit originaire d'Afrique et importé directement de nos établissemens sur la côte occidentale de ce pays ; cette double condition est de rigueur. (*Circ. du 8 mai 1841, no* 1850.)

(2) Cette faculté ne s'applique qu'aux marchandises non prohibées à la sortie. L'acquit-à-caution dont elles sont accompagnées garantit éventuellement les condamnations prononcées par l'article 20 de la loi du 17 juillet 1791 (no 690). (*Circ. no* 853.)

(3) Le tabac étranger, quoique prohibé à l'entrée, peut être réexporté pour Saint-Pierre et Miquelon. (*Arrêté local du 6 juillet* 1825, *et Déc. adm. du 10 avril* 1828.)

(4) Les bâtimens de pêche qui prennent dans les entrepôts des marchandises étrangères à destination de Saint-Pierre et Miquelon peuvent charger en outre des marchandises de cabotage, non similaires des premières, pour un port du royaume où ils doivent faire escale avant leur départ définitif pour la pêche. Dans ce cas, la douane du port secondaire certifie sur les acquits-à-caution de réexportation le départ effectif des marchandises tirées des entrepôts. (*Circ. manusc. du* 30 *décembre* 1830.)

quits-à-caution de *réexportation*. (*Loi du* 17 *juillet* 1791 ; *Circ.* *n*° 853 *et Déc. adm. du* 10 *août* 1841.) (1).

§ 8. ALGÉRIE.

720. Tout transport entre la France et les possessions françaises du nord de l'Afrique ne pourra s'effectuer que par navires français (2). (*Ord. du* 11 *novembre* 1835, *art.* 1er.)

Les produits de France, à l'exception des sucres (3), et les produits étrangers nationalisés en France par le payement des droits, seront admis en franchise dans les possessions françaises du nord de l'Afrique, sur la présentation de l'expédition de douanes délivrée à la sortie de France. (*Même Ord., art.* 7.)

L'embarquement et le départ des denrées coloniales françaises et des marchandises étrangères prises dans les ports de France devront être justifiés par un manifeste de sortie certifié par la douane (4). (*Même Ord., art.* 12.)

---

(1) Les dispositions relatives aux réexportations qui ont lieu pour la Guyane (2e § *de la présente section*) sont applicables a celles à qui s'effectuent pour les îles Saint-Pierre et Miquelon. (*Circ. du* 5 *février* 1824.)

(2) Une ordonnance du 23 février 1837 avait admis temporairement les navires étrangers à naviguer entre la France et l'Algérie. Elle a été rapportée par l'article 1er de l'ordonnance royale du 7 décembre 1841, ainsi conçu :

« A compter du 1er mars 1842, et conformément à l'article 1er de l'ordon-
« nance du 11 novembre 1835, tout transport entre la France et l'Algérie ne
« pourra s'effectuer que par navires français, sauf le cas d'urgence et de néces-
« sité absolue. »

Le gouvernement seul pourrait, en vertu de cet article, employer, en cas de *nécessité absolue*, des navires étrangers. Hors ce cas d'exception, l'on devra refuser des expéditions de douane à tout capitaine de navire étranger qui déclarerait vouloir se rendre dans les possessions françaises du nord de l'Afrique. (*Circ. du* 26 *novembre* 1835, *n*° 1515.)

(3) Le sucre français paye en Algérie 10 fr. par 100 kilog. (*Ord. du* 11 *novembre* 1835.)

(4) Les manifestes de sortie comprennent également les productions nationales ; ils doivent indiquer la nature des marchandises, l'espèce, les marques, les numéros, et surtout le poids des colis. Ces indications tiennent lieu des justifications prescrites par les articles 7 et 12 de l'ordonance du 11 novembre 1835. Les douanes de la métropole ne doivent viser le manifeste de sortie qu'après s'être assurées que le *poids brut* de chaque espèce de marchandises s'y trouve exactement indiqué, ainsi que la provenance, le mode d'importation et le pavillon importateur des marchandises extraites d'entrepôt, ces rensei-

721. Les marchandises expédiées de l'Algérie, sous les formalités prescrites en France pour le cabotage, à destination d'un port de France, seront affranchies de tous droits de sortie (1). (*Ord. du 11 novembre 1835, art. 13.*)

Les marchandises venant des possessions françaises du nord de l'Afrique, ainsi que celles qu'on y expédiera des ports de France, continueront d'être traitées comme venant de l'étranger ou y allant (2). (*Circ. du 26 novembre 1835, nᵒ 1515.*)

SECTION III.

MARCHANDISES FRANÇAISES INVENDUES AUX COLONIES.

722. Il ne sera acquitté aucun droit sur les marchandises nationales de retour des colonies (3). (*Loi du 29 mars 1791, art. 8.*)

Pour jouir de l'exemption des droits accordée par l'article 8 de la loi du 29 mars 1791 sur les marchandises nationales de retour des Colonies, l'armateur ou le capitaine sera tenu de justifier de

---

gnemens étant indispensables pour la juste application des droits d'entrée en Algérie. (*Circ. du 4 août 1840, nᵒ 1826.*)

Voir, au livre *Entrepôts*, les règles générales des réexportations.

(1) Les expéditions que les douanes d'Algérie délivrent à cet effet sont régularisées au port de débarquement, et les directeurs auxquels elles sont transmises par les receveurs les adressent sous bande au directeur des finances à Alger. (*Circ. du 26 novembre 1835, nᵒ 1515.*)

(2) Les objets expédiés par les départemens de la guerre et de la marine, ou par des personnes attachées à l'armée, sont affranchis des droits de sortie, sauf à assurer par des acquits-à-caution la destination des marchandises passibles au moins d'un droit de 50 c. par 100 kilog. ou d'un quart pour cent de la valeur, et dont les droits excéderaient 5 fr. par espèce et par expédition, ainsi que l'article 19 de la loi du 2 juillet 1836 l'a réglé pour le cabotage. (*Déc. min. du 17 octobre 1857 ; Circ. manusc. du 19 du même mois.*)

(3) Les vieux fers ou débris de machines usées dans les Colonies françaises sont également admis en franchise; mais il faut qu'ils soient rapportés en droiture, et que les douanes coloniales en aient régulièrement constaté l'embarquement. On s'assure, à l'arrivée en France, qu'il ne s'y trouve aucun objet encore en état de servir, et qu'ils ne peuvent être employés qu'à la refonte. (*Déc. min. du 10 décembre 1833; Circ. du 24, nᵒ 1416; Déc. adm. des 19 juillet et 25 octobre 1841.*)

. L'administration se réserve d'ailleurs de statuer sur l'admission en franchise des ferrailles rapportées de la Guyane française. (*Déc. adm. du 50 mars 1836.*)

leur chargement auxdites îles (1). A défaut de cette preuve, ou s'il s'agit de marchandises dont le commerce étranger a la faculté d'approvisionner lesdites Colonies (2), les marchandises importées seront traitées comme étrangères. (*Loi du 17 juillet 1791, art. 32.*)

725. Les tissus de coton, de laine, et les autres objets similaires de ceux frappés de prohibition à l'entrée, et qui auront fait partie d'un chargement pris en France à destination de nos Colonies ou de nos comptoirs, ne seront réadmis qu'après que leur origine aura été constatée sur des échantillons que les directeurs adressent à l'administration, aux frais des propriétaires, pour être soumis à l'examen des commissaires experts du gouvernement. (*Circ. du 29 janvier 1818, n° 364.*)

(1) La réadmission en franchise n'a lieu qu'autant que l'expédition antérieure des marchandises est justifiée par les acquits-à-caution levés au départ, leur renvoi des Colonies attesté par les employés des douanes, et leur identité parfaitement reconnue à la vérification. Toutes les fois que ces conditions se trouvent remplies, les directeurs peuvent, lorsque l'armement a été fait dans un port de leur direction, permettre la remise pure et simple des marchandises similaires de celles non prohibées à l'entrée. (*Circ. du 29 janvier 1818, n° 364.*)

Dans *tous* les cas, la réadmission des marchandises est subordonnée au remboursement de la prime dont elles ont pu jouir au départ. (*Déc. adm. du 15 mai 1841.*)

Les directeurs sont également autorisés à permettre la rentrée des vins, lorsqu'il ne s'élève aucun doute sur leur origine nationale. Les vins étrangers ne sont réadmis dans aucun cas. (*Circ. du 29 janvier 1818, n° 364.*)

Les pendules, lampes, glaces, bronzes, etc., rapportés des Colonies pour être réparés en France, seront admis en franchise, si les vérificateurs, ou des experts qu'ils désignent reconnaissent que ces objets sont d'origine française. Dans le cas contraire, il y aurait lieu de les assujettir, comme vieux meubles, aux droits de 15 pour 100 de la valeur. (*Déc. adm. du 16 avril 1839.*)

Voir, pour les viandes et les beurres salés expédiés avec prime, le chapitre v du présent livre.

(2) Les produits dont l'origine nationale peut être reconnue soit par des marques de fabrique, soit par des caractères inhérens à cette origine, sont admissibles à leur retour des Colonies, bien qu'ils appartiennent à la classe de ceux dont les étrangers ont la faculté de pourvoir ces Colonies. A cet égard, ils sont traités comme s'ils revenaient de l'étranger. (*Déc. adm. du 17 février 1841.*)

CHAPITRE II.

ILE DE CORSE ET ILES DU LITTORAL.

SECTION PREMIÈRE.

ILE DE CORSE.

Tarif d'entrée.

724. Le commerce extérieur de la Corse sera assujetti aux lois générales des douanes, sauf les modifications ci-après. (*Ord. du 5 nov. 1816, art. 1er, et Loi du 21 avril 1818, art. 3.*)

DÉSIGNATION des MARCHANDISES.	UNITÉ de perception.	TITRES de perception.	DROITS par navire français.	par navire étranger.
Béliers, brebis et moutons de toute sorte...............	par tête.	17 mai 1826.	2 fr.	
Agneaux....................	*Idem.*	*Idem.*	50 c.	
Bœufs et taureaux...........	*Idem.*	21 avril 1818.	1 fr.	
Vaches, génisses et bouvillons.	*Idem.*	*Idem.*	30 c.	
Veaux....................	*Idem.*	*Idem.*	15 c.	
Boucs et chèvres...........	*Idem.*	17 mai 1826.	25 c.	
Chevreaux.................	*Idem,*	*Idem.*	15 c.	
Porcs { pesant plus de 15 kil...	*Idem.*	2 juillet 1836.	3 fr.	
{ pesant 15 kil. ou moins.	*Idem.*	*Idem.*	50 c.	
* Viande de porc salée.......	100 kil. B.	21 avril 1818.	10 »	11 »
Fromages { de Sardaigne.......	100 kil. B.	*Idem.*	5 »	5 50
{ Autres...........	100 kil. B.	*Idem.*	10 »	11 »
Poissons { de pêche étrangère .	100 kil. B.	*Idem.*	15 »	16 50
{ marinés..........	100 kil. N.	*Idem.*	50 »	55 »
Riz.....................	100 kil. B.	*Idem.*	1 »	1 10
Pâtes d'Italie..............	100 kil. B.	*Idem.*	10 »	11 »
* Tabacs { en feuilles.........	100 kil. N.	*Idem.*	60 »	65 50
{ fabriqués..........	100 kil. N.	*Idem.*	100 »	107 50
* Sucre et autres denrées coloniales de consommation.....	»	*Idem.*	Moitié des droits portés au tarif génér. pour tous les articles compris sous ces deux dénominations.	
Minerai de fer	100 kil. B.	*Idem.*	» 05	» 05
Tissus de fleuret, sans exception.	1 kil. N.	*Idem.*	1 »	1 10
* Tissus de lin et de chanvre...	»	*Idem.*	Moitié des droits portés au tarif génér. pour tous les articles compris dans ce titre.	
Huile d'olive..............	»	17 mai 1826.	Droit du tarif général.	
Légumes secs et leurs farines...	»	*Idem.*	*Idem.*	

725. Pour toutes les autres marchandises taxées au poids, quel que soit le point d'importation, on réduira à moitié la portion du droit qui excède 5 fr. par 100 kilog. (*Loi du 21 avril 1818, art.* 6.)

La surtaxe de navigation sera proportionnellement réduite pour les droits ainsi modifiés. (*Même Loi, art.* 7.)

Dans l'application des règles ci-dessus, on ramènera les centimes à des *nombres décimaux*, soit en abandonnant ceux qui n'excèdent pas 5, soit en forçant les autres. (*Même Loi, art.* 8.)

726. Les marchandises *marquées d'un astérisque au tarif ci-dessus* ne pourront être importées que par les ports de Bonifacio, Ajaccio, île Rousse, Bastia, Calvi et Macinagio. (*Lois des 21 avril 1818, art.* 5, *et 7 juin 1820, art.* 12.)

L'importation des marchandises désignées en l'article 22 de la loi du 28 avril 1816 pourra, par ces seuls bureaux, s'effectuer sur bâtimens de 20 tonneaux et au-dessus (1). (*Loi du 7 juin 1820, art.* 12.)

Des ordonnances du Roi pourront restreindre l'entrée et la sortie de certaines marchandises aux seuls ports de la Corse qu'elles désigneront. (*Loi du 26 juin 1835, art.* 2.)

Tarif de sortie.

727. Le tarif général sera, quant à la sortie, appliqué en Corse, sauf les exceptions ci-après. (*Loi du 21 avril 1818, art.* 9.)

---

(1) L'importation des laines est également restreinte aux bureaux ci-dessus désignés. (*Déc. du* 16 *septembre* 1826.)

Pour les grains, *voir* le chapitre x du présent livre.

Voir le tableau ci-après.

DÉSIGNATION DES MARCHANDISES.	UNITÉ de perception.	TITRES de perception.	DROITS de sortie.
Châtaignes......................	100 kil. B.	21 avril 1818.	0,25 c.
Bois à brûler { en bûches............	le stère.	Idem.	0,10
en fagots.............	100 en nomb.	Idem.	0,40
Bois à construire { brut................	le stère.	Idem.	0,50
scié { de plus de 8 centimèt. d'épaisseur.	le stère.	Idem.	0,25
de 8 centimètres et au-dessous...	100 m. de longr	2 juillet 1836.	0,15
Écorces de chêne-liége, brutes ou non moulues (seconde écorce)........	100 kil. B.	Idem.	0,25
Feuilles de myrte.................	100 kil. B.	21 avril 1818.	0,50

(1)

Expéditions de France en Corse.

728. Les marchandises et denrées expédiées du continent français pour l'île de Corse ne seront soumises à aucun droit de sortie et d'entrée. (*Loi du 8 floréal an 11, art. 65.*)

Les produits des fabriques de France pourront arriver en Corse en exemption de tous droits, sauf à payer ensuite les droits de sortie du tarif général, s'ils passent définitivement à l'étranger. (*Loi du 21 avril 1818, art. 11.*)

Les objets dont l'exportation à l'étranger est prohibée ne pourront être expédiés du continent pour l'île de Corse que sur des permissions particulières du gouvernement (*Loi du 8 floréal an 11, art. 67.*) (2).

(1) *Voir*, pour les grains, le chapitre x du présent livre, et pour les restrictions de sortie, le n° 726.

(2) Les marchandises étrangères admissibles à l'île de Corse peuvent être expédiées des ports d'entrepôt désignés par l'article 6 de la loi du 6 mai 1841 (n° 729), sous les formalités générales des mutations d'entrepôt. Les acquits-à-caution doivent donner exactement toutes les indications nécessaires pour la liquidation des droits d'entrée, exigibles en Corse au moment du débarquement des marchandises. (*Déc. adm. des 6 mai et 28 juillet 1824, 11 juin et 5 août 1841.*)

Les marchandises réexportées de nos entrepôts par navires français payent en Corse, quand elles n'y sont pas spécialement tarifées, les mêmes droits qu'elles auraient payés en France si elles y avaient été primitivement importées sous pavillon national.

Quand elles ont été primitivement importées en france par *navire étranger*, elles sont traitées en Corse comme celles qui arrivent des *entrepôts*, c'est-à-dire des pays étrangers en Europe.

Il en est de même des marchandises apportées, par navire étranger, des

Expéditions de l'île de Corse en France.

729. Pourront être expédiés en franchise et par acquit-à-caution, des ports de la Corse sur les ports de Toulon, Marseille, Cannes, Cette, Agde, Bayonne, Bordeaux, Nantes, Saint-Malo, le Havre, Honfleur, Rouen et Dunkerque, les produits de l'île qui jouissent actuellement de cette franchise, en vertu du premier paragraphe (1) de l'article 10 de la loi du 21 avril 1818, et de l'article 3 de la loi du 17 mai 1826 (2).

Aucun de ces produits (3) ne pourra être expédié que sur la

---

entrepôts de France, d'où elles ont été expédiées sous les formalités ordinaires des réexportations.

Enfin les marchandises dont les droits ne varient point suivant le lieu d'extraction, ne supportent la surtaxe de navigation, quel que soit le pavillon sous lequel elles sont entrées en France, que lorsqu'elles arrivent en Corse par navire étranger. (*Déc. adm. des 6 mai* 1824 *et* 10 *juillet* 1840.)

(1) Ce paragraphe est ainsi conçu :

« Toutes les productions du sol de la Corse, autres que les huiles, expédiées « de l'île pour France avec acquits-à-caution délivrés sur certificats des magis-« trats des lieux de récolte, attestant leur origine, seront exemptées de tous « droits de sortie de l'île et d'entrée en France. »

(2) Cet article 3 porte :

« Les huiles d'olive expédiées de la Corse pour les ports désignés par la loi... « seront affranchies de droits. »

(3) En voici la nomenclature :

Animaux vivans.

Bœufs. — Chevaux. — Moutons.

Dépouilles d'animaux.

Crins. — Laines en masse. — Peaux brutes. — Poils. — Viandes fraîches de boucherie.

Produits et dépouilles d'animaux.

Cire jaune non ouvrée. — Engrais. — Miel. — Oreillons. — Sang de bétail. — Soie en cocons. — Suif brut. — Tortues.

Pêche.

Anguilles et dorades salées de l'étang de Chiurlino. — Huile extraite des poissons marinés en Corse. (Cette huile ne peut être expédiée que sur une autorisation spéciale du directeur à Bastia, qui doit être relatée dans les acquits-à-caution.)

Substances propres à la médecine.

Mousse marine. — Sangsues.

Matières dures à tailler.

Cornes brutes. — Os et ongles de bétail.

présentation et le dépôt de certificats d'origine délivrés par les magistrats des lieux de la récolte.

Pour les huiles et pour les céréales, ces certificats ne seront valables que revêtus du visa du préfet accordé d'après l'avis du directeur des douanes. (*Loi du 6 mai 1841, art. 6.*)

Farineux alimentaires.

Alpiste. — Avoine. — Châtaignes et leur farine. — Froment. — Haricots. — Lupins. — Maïs. — Millet. — Orge. — Pois chiches. — Pommes de terre. — Seigle.

Fruits de table et fruits à ensemencer.

Amandes en coques ou cassées. — Cédrats salés à l'eau de mer. — Citrons frais. — Figues. — Noix communes. — Olives. — Oranges fraîches. — Raisins. — Graine de Garance.

Graines oléagineuses et sucs végétaux.

Graine de lin. — Graine de pin. — Huile d'olive.

Espèces médicinales.

Herbe. — Fleurs et graine de lavande.

Bois commun.

Bois à brûler. — Bois à construire. — Bois merrains de chêne et de châtaignier. — Charbon de bois. — Échalas. — Liége râpé et brut revêtu de sa croûte gercée. — Osier en bottes. — Perches.

Fruits, tiges et filamens à ouvrer.

Calebasses vides. — Chanvre en tige. — Écorce de tilleul pour cordages.— Lin en tige. — Joncs de marais.

Teintures et tannins.

Écorce de chêne-liége. — Écorce de pin. — Garance en racine. — Lichens tinctoriaux. — Mortina.

Produits et déchets divers.

Agaric brut. — Bulbes et oignons. — Chardons cardières. — Drilles. — Fourrages. — Légumes verts. — Plants d'arbres. — Grignon (marc d'olive sec).

Matières minérales.

Pierres, terres et autres fossiles. — Granit. — Marbre brut.

Boissons.

Eaux minérales. — Vin. — Vinaigre de vin. (*Déc. adm. du 11 juin 1841.*)

On remarquera qu'on a omis de reprendre dans cette nomenclature les feuilles sèches triturées et recueillies en Corse, dont la loi du 2 juillet 1836 autorise également l'admission en franchise.

Elle ne comprend pas d'ailleurs les produits, ayant reçu une main-d'œuvre, qui font l'objet du tableau C, annexé à l'article 7 de la loi du 6 mai 1841 (n° 730). (*Même Déc.*)

750. Pourront également être expédiées en franchise et par acquit-à-caution, des ports de la Corse sur les ports désignés en l'article précédent, les marchandises dénommées au tableau C, ci-annexé (1).

Lesdites marchandises n'obtiendront la franchise que sous les conditions suivantes :

1°. Tout fabricant ou chef d'atelier fera, au bureau des douanes le plus voisin, la déclaration préalable de la situation de leur établissement, de l'espèce et de la quantité présumée des marchandises qui seront produites annuellement, ainsi que de la nature et de l'origine des matières premières employées à leur fabrication.

2°. Les ateliers ainsi déclarés seront soumis aux visites, exercices et recensemens des employés des douanes, qui pourront y procéder sans le concours des autorités locales.

3°. L'administration des douanes pourra soumettre aux formalités du compte ouvert ceux desdits établissemens pour lesquels, à raison de leur nature et de leur situation, cette formalité sera jugée nécessaire.

4°. Les marchandises désignées dans le présent article ne seront expédiées que sur la présentation et le dépôt des certificats d'origine délivrés conformément à ce qui est réglé, pour les huiles et les céréales, par le troisième paragraphe de l'article 6 de la présente loi (n° 729). (*Loi du 6 mai* 1841, *art.* 7.)

Disposition générale.

751. Les formalités prescrites *pour le cabotage* seront exactement remplies pour les marchandises expédiées de France pour la Corse, ainsi qu'à l'égard des objets expédiés en franchise de cette île sur le continent français (2).

---

(1) Nomenclature des marchandises comprises dans le tableau C :
Brai sec. — Chanvre et lin teillés et peignés. — Eaux-de-vie de baies d'arbousier. — Fers étirés en barres de toutes dimensions, lorsque l'origine en sera constatée, au vu des échantillons, par les commissaires-experts du gouvernement. — Fontes en masse du poids déterminé pour celles qui proviennent de l'étranger. — Goudron. — Groisil. — Poisson de mer salé dans les ateliers situés à la résidence des receveurs des douanes. — Potasses. — Soies gréges. — Soudes naturelles. — Tartre brut. — Marbres sciés.

(2) Cette disposition résulte de l'article 68 de la loi du 8 floréal an 11;

732. Toutes les autres marchandises ou denrées (1) envoyées de Corse en France acquitteront, à leur entrée, les droits du tarif général, comme venant de l'étranger. (*Loi du* 21 *avril* 1818, *art.* 10.)

Police de circulation.

733. La circulation et le dépôt des marchandises dénommées en l'article 22 de la loi du 28 avril 1816 (n° 280) donneront lieu à l'application, en Corse, des articles 35, 36, 37, 38 et 39 du titre 13 de la loi du 22 août 1791 (n°s 364, 365, 366, 372 et 373), des articles 4, 6, 7 et 8 de l'arrêté du 22 thermidor an 10 (n°s 351, 354, 358 et 359), et des articles 38 et 39 de la loi du 28 avril 1816 (n°s 325 et 326), mais seulement dans le rayon d'une lieue de la côte, et pour les quantités qui excèderont 15 mètres de tissus et 5 kilog. d'autres objets, sans que d'ailleurs les expéditions de douanes présentées comme justification d'origine cessent d'être valables pendant une année entière, à partir de leur date. (*Loi du* 17 *mai* 1826, *art.* 22.)

Les dispositions de l'article 22 de la loi du 17 mai 1826 s'appliqueront à tous les objets qui, d'après le tarif général des douanes, sont prohibés à l'entrée, et de plus aux céréales de toute espèce et aux marchandises désignées au tableau **B**, ci-annexé (2). (*Loi du* 6 *mai* 1841, *art.* 5.)

Sel.

734. La taxe du sel continuera à être perçue en Corse à raison de 7 cent. et demi par kilog. (*Loi du* 21 *avril* 1818, *art.* 12.)

---

mais les formalités générales du cabotage ne doivent être appliquées qu'autant qu'elles ne sont pas contraires au régime particulier de la Corse.

(1) C'est-à-dire toutes les marchandises autres que celles désignées par les n°s 729 et 730.

(2) Marchandises comprises dans le tableau B :

Acier. — Cordages de chanvre. — Fers en barres. — Fers-blancs. — Fromages. — Huile d'olive. — Laines. — Marbres ouvrés et sciés. — Liqueurs, rhum et eaux-de-vie de toute espèce. — Pâtes d'Italie. — Poisson salé. — Potasses. — Savon. — Toiles. — Viandes salées. — Brai sec. — Goudron. — Chanvre et lin teillés et peignés. — Fonte. — Groisil. — Soude naturelle. — Tartre brut.

SECTION II.

ILES DU LITTORAL SOUMISES AU RÉGIME DES DOUANES.

Oléron et Ré.

735. L'article 4 de la loi du 4 germinal an 2 sur les douanes est rapporté en ce qui concerne les îles d'Oléron et de Ré, et en conséquence tous les navires étrangers pourront y aborder comme dans les autres ports de France (1). (*Loi du* 19 *nivôse an* 3.)

Noirmoutier et Belle-Ile.

736. Les dispositions des articles 65, 66, 67, 68, 69 et 70 de la présente loi seront appliquées aux îles de Noirmoutier et de Belle-Ile-en-Mer (2). (*Loi du* 8 *floréal an* 11, *art.* 72.)

ART. 65. Les marchandises et denrées expédiées du continent pour ces deux îles ne seront soumises à aucun droit de sortie et d'entrée (3).

ART. 66. Les marchandises et denrées du cru et des fabriques desdites îles seront également exemptes des droits de sortie et d'entrée, lorsqu'elles seront envoyées sur le continent français, et qu'elles seront accompagnées d'un certificat d'origine et d'une expédition de la douane du port d'embarquement.

ART. 67. Les objets dont l'exportation à l'étranger est prohibée ne pourront être expédiés du continent pour lesdites îles, que sur des permissions particulières qui seront acccordées par le gouvernement.

ART. 68. Pour l'exécution des trois articles 65, 66 et 67 ci-dessus, toutes les formalités prescrites par le titre 3 de la loi du 22 août 1791 (4), lors de l'enlèvement par mer d'un port,

---

(1) Par suite de cette loi, le tarif général et le régime des douanes sont appliqués à l'entrée et à la sortie des îles de Ré et d'Oléron ; les relations commerciales de ces îles avec le continent sont soumises aux formalités prescrites pour le cabotage d'un port à l'autre du royaume.

(2) Les bâtimens venant de l'étranger sont admis dans ces îles aux conditions fixées par les lois générales des douanes.

(3) C'est-à-dire la sortie du continent et l'entrée dans les îles.

(4) C'est-à-dire les formalités prescrites pour le cabotage. *Voir* le livre V.

à destination d'un autre port de France, seront exactement remplies.

ART. 69. Les marchandises étrangères dont l'importation n'est pas défendue, qui, après avoir été introduites à Noirmoutier ou à Belle-Ile-en-Mer, seront expédiées pour le continent, n'y seront admises en exemption des droits qu'en représentant les acquits de payement de ceux qui auront été perçus à leur entrée dans ces îles, et une expédition de la douane du port d'embarquement.

ART. 70. Les marchandises manufacturées dans lesdites deux îles, et de l'espèce de celles dont l'importation est défendue, qui seront expédiées pour les ports du continent, n'y seront admises qu'en justifiant, par des certificats authentiques, qu'elles ont été fabriquées dans ces îles.

SECTION III.

ILES NON ASSUJETTIES AU RÉGIME GÉNÉRAL DES DOUANES.

737. Les bâtimens étrangers et les bâtimens français venant de l'étranger ne seront point admis (1) dans les îles de Groix, Bouin, la Crosnière, Ile-Dieu, Ouessant, Ile-de-la-Montagne, Molène-Hédic, l'Ile-des-Saints et autres îles et îlots, hors les

---

(1) Il suit de là qu'il ne saurait exister dans ces îles aucun entrepôt de marchandises étrangères qu'on ne justifierait pas y avoir été transportées du continent français. D'un autre côté, la loi du 28 avril 1816, qui autorise la recherche et la saisie, dans toute l'étendue du royaume, des fils et tissus prohibés, s'applique nécessairement aux îles dont il s'agit. Si donc des dépôts frauduleux y étaient établis, le service pourrait faire des perquisitions chez les habitans, et procéder, en vertu des lois répressives de la fraude, à la saisie des quantités de marchandises étrangères qui excèderaient soit les besoins présumés de la consommation des ménages, soit l'approvisonnement ordinaire des habitans de telles localités. (*Déc. adm. du 28 juin* 1841.)

Les directeurs des douanes s'entendront avec leurs collègues des contributions indirectes pour que les agens de cette administration, en résidence dans ces mêmes îles, saisissent, à la requête des douanes, les bâtimens étrangers ou français, partis de l'étranger, qui viendraient y aborder. (*Même Déc.*)

Ces saisies auraient lieu conformément aux lois générales des douanes, et particulièrement à l'article 34 de la loi du 21 avril 1818, concernant la contrebande faite sur les côtes. (*Déc. adm. du 30 juillet* 1841.)

cas de détresse ou de relâche forcée, constatés par les préposés des douanes (1). (*Loi du 4 germinal an 2*, *tit.* 1er, *art.* 4.)

758. Les denrées et productions du sol, de la pêche, et le sel tiré des lieux indiqués article 4, ne payeront aucun droit pour entrer en France (2) : aucuns objets manufacturés ne pourront être importés desdits lieux en France, tant qu'on ne justifiera pas qu'il existe dans lesdits lieux des manufactures reconnues par le gouvernement, dont lesdits objets manufacturés seront le produit. (*Même Loi*, *même titre*, *art.* 5.)

759. L'Ile-Dieu, Ouessant, Molène-Hédic, l'Ile-des-Saints et les autres îles qui font partie des ci-devant provinces de Bretagne et de Normandie (3), pourront recevoir du royaume les bois nécessaires à leur consommation, d'après les quantités dont elles justifieront avoir besoin, et ces quantités en seront fixées par les *préfets* des départemens (4). (*Loi du 10 juillet* 1791, *art.* 2.)

Soudes de varech.

740. L'importation annuelle sur le continent des soudes de varech fabriquées dans les îles Glenan, est autorisée avec les précautions et sous les conditions suivantes (5) (*Décret du 28 octobre* 1811, *art.* 1er.) :

La récolte de cette plante sera restreinte aux îles que le commandant désignera, et l'incinération aux fosses qu'il permettra d'ouvrir. (*Même Décret*, *art.* 2.)

---

(1) Cet article comprenait en outre les îles de Corse, Noirmoutier, Belle-Ile, Ré et Oléron, qui ont été soumises depuis à un régime particulier. — *Voir* les deux sections précédentes.

(2) L'origine doit en être constatée par des certificats de l'autorité locale. (*Loi du 10 juillet* 1791, *art.* 2.)

(3) Cette disposition s'applique à tous les lieux désignés au n° 757.

(4) Cet article s'applique également à tous les objets de consommation dont le besoin est justifié. (*Déc. adm. du 27 août* 1817.) Des instructions particulières sont données, chaque année, par l'administration, aux divers points du continent qui ont des relations suivies avec ces îles.

Voir, pour les sels qu'elles reçoivent du royaume, le livre IX.

(5) La même facilité est accordée à d'autres îles, sous des conditions qui font l'objet d'instructions particulières.

La quantité des pains fabriqués sera inscrite chaque jour sur un registre qu'un ouvrier tiendra. (*Décret du* 28 *octobre* 1811 , *art.* 3.)

Ce registre sera soumis, à la fin de chaque semaine, au visa du commandant, lequel, pour chaque envoi, délivrera un certificat d'origine d'après les inscriptions que contiendra ce registre. (*Même Décret, art.* 4.)

Lorsque la fabrication et les expéditions de l'année seront terminées, ce même registre sera remis pour contrôle au directeur des douanes à Lorient, afin de vérifier l'exactitude des certificats, et de s'assurer que les importations qui |ont été faites n'excèdent pas les quantités qui ont été fabriquées. (*Même Décret, art.* 5.)

Navigation.

741. Les bâtimens français pourront être expédiés des lieux indiqués article 4 (n° 737), d'un port à l'autre, comme pour un port de la France. (*Loi du 4 germinal an 2, tit.* 1er*, art.* 6.)

CHAPITRE III.

RÉGIME DES DOUANES A MARSEILLE.

742. A compter de la publication de la présente ordonnance, les lois et règlemens généraux relatifs au service des douanes seront remis en vigueur à Marseille, sauf les exceptions et modifications suivantes (*Ord. du* 10 *septembre* 1817*, art.* 1er*.*) (1) :

Droits et surtaxe de navigation.

743. Les navires étrangers continueront provisoirement d'être exemptés de tous droits de navigation à Marseille.

Les navires français n'y seront assujettis qu'aux droits fixés par l'article 26 de la loi du 27 vendémiaire an 2, pour la délivrance des actes de francisation et congés (2). (*Même Ord., art.* 2.)

---

(1) La Cour de cassation a décidé, le 9 mars 1855, que cette ordonnance était constitutionnelle, et pouvait, à ce titre, obliger les citoyens et les tribunaux. (*Circ. du* 4 *mai* 1855*, n°* 1484.)

(2) *Voir* le *Tarif de navigation ,* livre VIII.

Toutes les denrées et marchandises imposées, à l'entrée du royaume, à un droit principal au-dessous de 15 fr. par 100 kilog., augmenté uniquement de la surtaxe établie par l'article 7 de la loi du 28 avril 1816, et du décime additionnel, seront exemptées, à Marseille, du premier de ces deux droits accessoires, lorsqu'elles seront notoirement de la nature de celles qui proviennent du Levant, de la Barbarie et des autres pays situés sur la Méditerranée (*Même Ord.*, *art. 3.*) (1).

Entrepôts.

744. Toutes les marchandises étrangères importées à Marseille pourront être mises en entrepôt fictif ou réel, et y être conservées pendant un délai de deux ans (2), lequel sera prolongé, s'il y a lieu, par des permissions spéciales du directeur général des douanes. (*Même Ord.*, *art. 4.*)

L'entrepôt sera fictif (3),

1º Pour les marchandises de toute nature, non prohibées à l'entrée, qui arriveront par navires français;

2º Pour les mêmes marchandises importées par navires étrangers, lorsqu'elles seront taxées au poids à un droit principal au-dessous de 15 fr. par 100 kilog., ou que le droit dû à la valeur, au nombre ou à la mesure, sera dans une proportion au-dessous de 10 pour 100 de la valeur;

3º Pour les objets dénommés dans l'état nº 1, annexé à la pré-

_____

(1) Cet article n'est applicable qu'à Marseille; les marchandises primitivement importées par ce port, et qui, réexpédiées par mutation d'entrepôt ou en transit, sont mises en consommation dans un autre lieu, acquittent la surtaxe établie en vertu de l'article 7 de la loi du 28 avril 1816. (*Circ. manusc. du 23 août* 1838.)

Cette doctrine a été confirmée par un jugement du tribunal civil de Pont-Lévêque, en date du 9 avril 1840.

(2) Par application des dispositions de l'article 14 de la loi du 17 mai 1826, la durée de l'entrepôt *réel* à Marseille a été étendue à trois ans, quoique cet entrepôt ait un régime autre que celui déterminé par l'article 25 de la loi du 8 floréal an 11. (*Déc. adm. du 25 mai* 1826.)

(3) Les marchandises d'entrepôt fictif, déclarées pour l'entrepôt réel au moment de *leur arrivée* à Marseille, peuvent y être admises sous les conditions générales de cet entrepôt; il est interdit de les replacer ensuite sous le régime de l'entrepôt fictif. (*Déc. adm. du 19 octobre* 1841.)

sente ordonnance (1), aussi longtemps qu'ils ne seront pas prohibés à l'entrée.

Seront néanmoins exclus de l'entrepôt fictif, par exception à
ces dispositions,

Les objets compris sous les dénominations de *liquides*, *den-*
rées coloniales et *objets fabriqués*, dans l'état n° 2, joint à la
présente ordonnance (2);

---

(1)   ÉTAT N° 1er.

Arsenic.
Boutargue.
Calebasses.
Carthame.
Champignons frais.
Caviar.
Cobalt.
Cire à gommer.
Colle forte.
Cornes préparées ou ébauchées.
Crin.
Écorces de citrons, oranges et berga-
mottes.
Fruits, savoir : citrons, oranges et
leurs variétés, amandes en coques
et cassées.
Fruits secs ou tapés, non dénommés
au tarif.
Fruits, cornichons confits.
Fruits médicinaux, non dénommés
au tarif.
Glu.
Herbes : feuilles, racines, écorces et
graines médicinales non dénom-
mées au tarif.

Houblon.
Lichens médicinaux.
Maurelle en drapeaux.
Minium.
Moutarde.
Noir d'Espagne.
Noix de galle.
Or brut.
Orpiment.
Pâtes d'amandes et de pignons.
Peaux de phoques.
Peaux de lapins et de lièvres, brutes.
Poil de chèvre, filé.
Réalgar.
Rotins.
Sassafras.
Semences froides et autres médici-
nales.
Spode d'ivoire.
Tartre brut.
Viandes salées.
Visnague (Taille de).
Zinc.

(2)   ÉTAT N° 2.

1re SECTION. — *Liquides.*

Boissons : vin, vinaigre, cidre, poiré,
verjus, hydromel, jus d'orange,
eau-de-vie et liqueurs.
Acide sulfurique, nitrique et muria-
tique.
Eaux médicinales et de senteur.

Jus de citron et de limon.
Huiles de toute sorte et graisses de
poisson.
Dégras de peaux.
Extraits et jus épicés.

Les poissons secs, salés, fumés ou marinés, provenant de pêche étrangère en temps de paix maritime;

Et toutes les autres espèces de marchandises qui, au moment de leur arrivée, se trouveront imposées à des droits variables à la fois suivant le lieu de chargement et le mode de transport.

2e SECTION. — *Denrées coloniales.*

Sucres bruts et terrés.
Café.
Cacao.
Indigo.
Thé.
Poivre et piment.
Girofle.
Cannelle fine et commune.
Muscade et macis.
Cochenille et orseille.

Rocou.
Bois exotiques de teinture et d'ébénisterie.
Cotons en laine, autres que du Levant.
Gommes et résines, autres que d'Europe.
Dents d'éléphant, écaille et nacre de perle.
Nankin des Indes.

3e SECTION. — *Objets fabriqués.*

Aiguilles à coudre.
Albâtre ouvré.
Argent fin, battu, tiré, laminé ou filé.
Argent faux, *idem.*
Armes.
Bimbeloterie.
Bonneterie.
Caractères d'imprimerie.
Cardes à carder.
Cartes géographiques.
Chapeaux de feutre, de crin et autres.
Cheveux ouvrés.
Chocolat.
Confections sucrées.
Couleurs préparées.
Crayons fins.
Dentelles.
Encre.
Fards.
Fer ouvré.
Fil de chanvre et de lin.
Fleurs artificielles.
Fournitures d'horlogerie.
Glaces et miroirs.
Indique, boules de bleu et pâte de pastel.
Instrumens de toute sorte.

Liége ouvré.
Marbre taillé ou sculpté.
Médicamens préparés.
Mercerie fine et commune.
Métiers pour les fabriques.
Meubles de toute sorte.
Munitions de guerre.
Objets de collection.
Or fin, battu, tiré, laminé ou filé.
Or faux, *idem.*
Ouvrages d'or et d'argent.
— de carton.
— de modes.
Papier.
Parapluies.
Passementerie et rubans.
Perles et pierres à bijoux, taillées ou montées.
Pommades.
Poterie, faïence et porcelaine.
Savons parfumés.
Sels chimiques.
Soies moulinées ou teintes, et fleurets.
Tableaux.
Tabletterie.
Tissus de toute espèce.
Vannerie.

Seront toutefois admises en entrepôt fictif, sans égard à cette troisième exception, les marchandises qui ne devront que le plus faible des droits gradués applicables à leur espèce.

Dans ladite graduation, ne comptera pas pour un degré le droit particulier propre aux denrées provenant des Colonies françaises; et les Échelles du Levant et la Barbarie n'étant point censées des ports d'entrepôt pour les marchandises de ces pays, celles qui en arriveront seront assimilées aux marchandises venant des pays hors d'Europe. (*Ord. du* 10 *septembre* 1817, *art.* 5.)

745. L'entrepôt sera réel pour toutes les marchandises prohibées à l'entrée du royaume, et pour les marchandises non prohibées, exclues de l'entrepôt fictif pas les distinctions résultant de l'article précédent. (*Même Ord., art.* 6.)

746. Les marchandises étrangères susceptibles d'être reçues en entrepôt fictif à Marseille, y seront admises sous les conditions réglées à l'article 15 de la loi du 8 floréal an 11, pour les denrées coloniales françaises qui jouissent de cette faveur.

Il sera permis toutefois aux négocians de Marseille qui auront souscrit des soumissions d'entrepôt fictif, de disposer des marchandises étrangères ou des denrées coloniales françaises par transfert et cession d'entrepôt, sans en faire la déclaration préalable à la douane, pourvu que cette déclaration ne soit pas retardée au delà du dernier jour du mois dans lequel aura été fait le transfert.

En ce cas, les soumissionnaires qui auront cédé les objets en entrepôt fictif seront tenus de les représenter, soit dans les magasins désignés pour l'entrepôt, soit dans ceux du cessionnaire, après le délai nécessaire pour le déplacement; et ils en demeureront responsables sous les peines de droit, jusqu'à ce que ce dernier ait fourni une soumission nouvelle, dûment garantie et acceptée, en remplacement de la soumission maintenue provisoirement (1). (*Même Ord., art.* 7.)

---

(1) La tolérance dont il est question dans cet article s'étend, 1° aux marchandises qui, ayant fait l'objet d'une cession d'entrepôt non déclarée dans le délai voulu, sont représentées dans d'autres magasins; 2° aux marchandises qui ne sont pas représentées, lorsque le montant de la perception n'excède pas 1,000 francs. (*Déc. adm. du* 30 *mars* 1829.)

747. Les marchandises prohibées à l'entrée ne pourront être reçues en entrepôt réel que dans des magasins réunis en un seul corps de bâtiment, à proximité du bureau de la douane, et qui seront mis sous la surveillance immédiate des préposés.

A défaut de proposition de la part de la ville de Marseille d'un emplacement qui puisse être agréé pour cet usage, sous les conditions prescrites par l'article 25 de la loi du 8 floréal an 11, le directeur général des douanes sera autorisé à en louer un de son choix, et à le faire approprier, aux frais du Trésor, jusqu'à concurrence de la somme qui sera préalablement fixée par le ministre secrétaire d'État des finances, pour le prix annuel de la location et les premières dépenses extraordinaires.

Pour assurer, dans ce dernier cas, le remboursement de ces frais au Trésor public, il sera perçu à son profit, sur chaque balle, caisse ou futaille de marchandises entreposées dans ce local, une indemnité de magasinage proportionnée à leur valeur et à la durée de leur séjour en entrepôt, et dont le tarif sera préalablement arrêté par les ministres secrétaires d'État de l'intérieur et des finances. (*Ord. du* 10 *septembre* 1817, *art.* 8.)

748. Les magasins que la ville et le commerce de Marseille doivent fournir et entretenir à leur frais pour l'entrepôt réel des marchandises étrangères non prohibées, pourront être séparés les uns des autres (1), sous la condition qu'il n'en sera point établi hors des quartiers de Marseille désignés dans le même objet par l'arrêté du 9 vendémiaire an 11 (2).

Ces magasins seront proposés directement par les négocians au directeur des douanes à Marseille, qui est autorisé à les accepter lorsqu'ils offriront les sûretés nécessaires pour le service de l'entrepôt.

---

(1) Les marchandises en *grabeau* sont exclues de l'entrepôt réel dans les magasins particuliers. (*Déc. adm. du* 28 *mai* 1823.)

Les laines et les peaux en laine extraites du lazaret par la *porte de terre*, doivent être entreposées dans l'établissement construit en face de cette porte. (*Déc. min. du* 31 *mai* 1836.)

(2) Ces quartiers sont aujourd'hui ceux qui se trouvent dans toute la partie de la ville bornée au nord par le quai de Rive-Neuve, à l'occident par les rues du Chantier et de la Croix, à l'orient par la rue de Breteuil, et au midi par la montagne et le boulevard Bourbon. (*Ord. du* 15 *juillet* 1818.)

Chaque magasin, indépendamment des dispositions qui seront requises pour la suppression des fausses issues et la solidité des clôtures à l'intérieur et aux fenêtres, sera fermé par une principale porte à deux serrures, l'une pour les propriétaires des marchandises entreposées, et l'autre pour la douane.

Aucune opération n'y sera permise qu'en présence des préposés de la douane, porteurs de sa clef pour ouvrir et refermer le magasin, et désignés par écrit sur un permis du receveur.

Les autres conditions ordinaires de l'entrepôt seront en outre garanties par des soumissions, suivant l'article 32 de la loi du 8 floréal an 11 (1). (*Ord. du 10 septembre* 1817, *art.* 9.)

749. Dès que les magasins nécessaires pour l'entrepôt réel auront été fournis et appropriés conformément aux articles 8 et 9 de la présente ordonnance, les négocians auront la faculté d'y diviser les colis qu'ils voudront réduire à un plus faible poids, ou de les réunir pour en former de plus forts, et d'assortir les différentes espèces ou qualités de marchandises pour la vente, à la charge que le résultat de ces opérations sera constaté immédiatement sur le portatif des préposés qui y seront présens, par un acte signé d'eux et du consignataire des marchandises ou de son commis.

Il ne sera d'ailleurs permis de réunir dans le même colis les marchandises sujettes à différens droits, qu'autant que le consignataire se proposera de les retirer aussitôt pour la consommation intérieure ou la réexportation, qu'il en aura fait préalablement la déclaration à la douane, en indiquant, au poids net, les quantités des différentes espèces de marchandises qu'il voudra réunir dans le même colis, et qu'elles seront en effet retirées

---

(1) L'article 32 est ainsi conçu :

« Les marchandises et denrées destinées pour l'entrepôt réel ou fictif, seront,
« après vérification, portées sur deux registres particuliers tenus par le rece-
« veur des douanes. Les consignataires remettront entre les mains du receveur
« une soumission valablement cautionnée, de réexporter, dans l'année, les
« marchandises et denrées mises en entrepôt fictif, ou d'en payer les droits. »

En vertu de cet article, on doit insérer, dans les soumissions d'entrepôt réel à Marseille, l'engagement prescrit par l'article 15 (n° 452) de cette même loi du 8 floréal an 11. (*Déc. adm. du 16 juin* 1832.)

Cet engagement entraîne la responsabilité des cautions comme celle des principaux obligés. (*A. de C. du 9 mars* 1835; *Circ. n° 1484.*)

d'entrepôt immédiatement après le mélange. (*Même Ord.*, *art.* 10.)

750. Les droits d'entrée ne seront point exigés pour le déficit provenant du déchet naturel et du coulage des liquides admis en entrepôt réel, et qui auront été conservés sans violation des conditions particulières à cet entrepôt.

Le directeur général des douanes pourra autoriser extraordinairement la réduction des droits, ou la décharge du compte d'entrepôt, pour cause de déchets, avaries ou perte des autres marchandises reçues en entrepôt réel, lorsque ces accidens lui seront justifiés, et qu'il aura la conviction qu'ils ne proviennent d'aucune infidélité ni collusion (1). (*Même Ord.*, *art.* 11.)

Réexportation et transit.

751. En considération de la nature des relations de commerce de Marseille avec l'étranger, les dispositions de l'article 78 de la loi du 8 floréal an 11 (2), relatives à la réexportation des marchandises tirées des entrepôts, seront modifiées dans ce port ainsi qu'il suit :

Les marchandises non prohibées à l'entrée, de la classe à laquelle se rapporte cet article de la loi du 8 floréal an 11, pourront être réexportées sur des bâtimens de 25 tonneaux et au-dessus, à destination des côtes d'Espagne dans la Méditerranée, et de 40 tonneaux et au-dessus pour tous les autres ports (3).

La réexportation des marchandises dont l'entrée est prohibée sera permise sur des bâtimens de 40 tonneaux et au-dessus, pour les côtes d'Espagne et d'Italie, et ne pourra se faire que sur des navires de 100 tonneaux et au-dessus pour tous les autres pays (4).

La formalité de l'acquit-à-caution ne sera plus exigée à Marseille pour les réexportations ; mais, afin d'y suppléer, les con-

---

(1) Quel que soit l'entrepôt dont les marchandises ont été tirées à Marseille, elles doivent, en cas de mutation, être rétablies en entrepôt, sous le mode qui leur est propre, au bureau de destination. (*Circ. du* 25 *septembre* 1817, n° 327.)

(2) Cet article a cessé d'être en vigueur.

(3) Ce tonnage a été réduit. *Voir* le n° 434.

(4) Ce tonnage a été réduit. *Voir* le n° 434.

signataires n'obtiendront la décharge de leur soumission d'entrepôt qu'en rapportant les permis d'embarquer, revêtus de certificats des préposés des douanes attestant que les marchandises destinées à être réexportées ont été chargées en leur présence, et qu'elles sont réellement sorties du port (1). (*Ord. du 10 septembre* 1817, *art.* 12.)

752. Toutes les marchandises étrangères, à l'exception de celles dont l'entrée est prohibée, des liquides (2) et des objets qui ne sont pas susceptibles d'être emballés, pourront être expédiées en transit de Marseille, sous les conditions et formalités prescrites par la loi du 17 décembre 1814; mais, pour prévenir le danger des substitutions à l'égard des marchandises qui ne jouissent pas actuellement du transit, elles seront assujetties à un double plombage, le premier sur la futaille, la caisse ou l'enveloppe ordinaire des balles, et le second sur un emballage qui y sera ajouté.

Lors même que les plombs apposés par dessus l'enveloppe extérieure auraient été détachés par accident, les premiers plombs recouverts par cette enveloppe devront être représentés intacts au bureau de sortie, et le colis y être reconnu entier et sans indice de soustraction ou de substitution.

Dans le cas contraire, l'acquit-à-caution de transit ne pourra être déchargé que sous la condition de payer immédiatement le simple droit d'entrée des marchandises dont l'identité ne serait plus garantie par le plombage, sauf l'application des peines prononcées par la loi en cas de déficit, soustraction ou substitution reconnus.

Les marchandises admises au transit à Marseille par exception spéciale ne pourront être dirigées que sur les ports d'entrepôt

---

(1) Cette disposition spéciale a été généralisée par les articles 61 de la loi du 21 avril 1818 et 21 de celle du 9 février 1832. — *Voir* le livre *Entrepôts*.

La formalité du plombage est maintenue à Marseille pour la réexportation des marchandises marquées AP et P P au tableau n° 2, placé à la fin du chapitre 1er du livre V, *Cabotage.* (*Circ. des* 14 *juin* 1822 *et* 10 *juillet* 1829, *n*os 731 *et* 1174.)

(2) Les marchandises prohibées et les liquides en bouteilles et cruchons ont été admis au transit par les lois des 9 février 1832 et 2 juillet 1836.—*Voir* le livre *Transit*.

réel, ou sur les bureaux désignés pour la sortie des drogueries par l'article 11 de la loi du 17 décembre 1814.

Les soies ne pourront jouir du transit à Marseille que pour l'entrepôt de Lyon (1). (*Ord. du* 10 *septembre* 1817, *art.* 13.)

Prime des savons.

753. La prime accordée par la loi du 8 floréal an 11 (article 30), pour l'exportation des savons fabriqués à Marseille avec des matières de l'étranger, est rétablie (2).

Cette prime consistera dans le remboursement des droits d'entrée dont le payement sera justifié pour les huiles communes, soudes et natrons, en calculant ce remboursement dans la proportion de 58 kilog. d'huile et de 35 kilog. de soude ou natron par 100 kilog. de savon.

Le payement de la prime sera autorisé par le directeur général des douanes pour chaque exportation de savon, à charge de lui fournir préalablement, pour être vérifiés et joints à l'ordre de payement, les acquits des droits d'entrée des matières premières, et l'expédition de douane sur laquelle l'exportation des savons aura été certifiée par les préposés du bureau de sortie. Cependant le receveur de Marseille fera immédiatement l'avance de la prime pour tous les savons exportés de cette ville par mer, à l'égard desquels les pièces justificatives auront été reconnues régulières et visées par le directeur de la même ville. (*Même Ord., art.* 14.)

CHAPITRE IV.

PROPRIÉTÉS LIMITROPHES.

Étrangers propriétaires en France.

754. Les étrangers propriétaires de terres situées en France à un demi-myriamètre des frontières du royaume, jouiront de la

---

(1) Le transit des soies a été généralement autorisé par la loi du 9 février 1832.

(2) Cette faculté a cessé d'être particulière à Marseille.—*Voir* le chapitre v du présent livre.

faculté d'exporter en franchise de tout droit les denrées (1) provenant desdites terres. (*Ord. du 13 octobre 1814, art. 1er.*)

Cette faculté n'aura lieu que sous la condition expresse que les Français propriétaires de biens-fonds situés sur le territoire étranger, jouiront également et réciproquement de la liberté d'importer dans l'intérieur du royaume les récoltes provenant desdits biens-fonds. (*Même Ord., art. 2.*)

Les propriétaires qui voudront profiter de l'immunité dont il s'agit, seront tenus de déclarer au bureau des douanes le plus voisin l'étendue, la valeur et le genre de culture des terres dont ils auront à importer ou exporter les produits; ils devront d'ailleurs justifier de leur possession, en déposant, dans les bureaux des douanes, des titres originaux ou des certificats de noto-

---

(1) La franchise ne s'accorde qu'aux produits *annuels* de la terre. On la refuse aux bois, aux matériaux et à tous objets dont la production exige plus d'une année. (*Déc. adm. du 19 mars 1839.*)

Il y a exception à cette règle pour les bois qui proviennent des îles du Rhin (*Déc. min. du 22 janvier 1827*) ou des forêts que les sujets sardes possédaient en France avant le traité du 24 mars 1760, à quelque distance que ce soit de la frontière. On ne tient pas non plus compte de cette distance pour les autres propriétés sardes dont les titres sont antérieurs à 1760. (*Déc. min. du 8 juin 1826.*)

Les étrangers propriétaires en France ne sont pas tenus de justifier d'une possession antérieure aux dernières délimitations. (*Déc. adm. du 9 septembre 1840.*)

Les employés des douanes ne doivent pas s'opposer à la sortie des récoltes appartenant aux étrangers, par le motif qu'ils ne justifient pas avoir acquitté les contributions foncières afférentes à leurs immeubles. (*Déc. adm. du 27 février 1841.*)

Ils ne peuvent pas s'opposer non plus à l'exportation de la paille provenant de la récolte de possessions étrangères, sur le motif que les grains en ont été extraits et vendus en France. (*Déc. adm. du 3 février 1826.*)

Il est permis aux étrangers propriétaires en France d'importer en franchise la quantité d'engrais nécessaire à la culture de leurs terres, situées dans les cinq kilomètres de la frontière. (*Tarif général de 1822, page 29.*)

Ils ont aussi la faculté d'amener en France des bestiaux pour les faire pacager sur leurs propriétés, à condition que leur renvoi à l'étranger, après le pacage, sera garanti par des acquits-à-caution. (*Circ. du 17 juillet 1819, nº 504.*)

Les bestiaux nés en France, qu'ils aient ou non été achetés par des étrangers qui y sont propriétaires, ne peuvent être exportés qu'en payant les droits de sortie, ou au moyen d'un acquit-à-caution qui en assure le retour dans un délai déterminé. (*Déc. adm. du 25 avril 1827.*)

Voir, pour les règles générales relatives au pacage, le chapitre viii du présent livre.

riété délivrés par les maires (1).(*Tarif général de* 1822, *pag.* 28.)

Chaque année, des déclarations particulières seront faites dans la saison de la récolte, pour indiquer, au moins approximativement, les quantités de denrées qu'on voudra faire sortir (2). (*Déc. min. du* 21 *sept.* 1814; *Circ. du* 29 *du même mois.*)

755. Les beurres provenant *des propriétés suisses* situées sur le territoire français, à 5 kilomètres des frontières, pourront sortir en exemption des droits, conformément à l'article 10 du traité d'alliance (3), à la charge de fixer d'avance la quantité qui devra être exportée. (*Déc. min. du* 24 *fructidor an* 12.)

Français propriétaires à l'étranger.

756. Les Français propriétaires de biens-fonds situés sur le territoire étranger, pourront jouir de la liberté d'importer dans l'intérieur du royaume les récoltes provenant desdits biens-fonds (4). (*Ord. du* 13 *octobre* 1814, *art.* 2.)

L'ordonnance du 13 octobre 1814 ne s'appliquera qu'aux Français qui possédaient des terres à l'étranger antérieurement à l'époque où les nouvelles délimitations entre la France et l'étranger ont été arrêtées de *fait* (5). (*Déc. min. du* 7 *février* 1826; *Circ. du* 30 *mars suivant,* n° 980.)

_____

(1) La propriété s'établit aussi par des certificats du conservateur des hypothèques.

(2) Les délais d'exportation sont fixés jusqu'au 1er avril de l'année suivante. (*Circ. du* 31 *janvier* 1820, n° 543.)

Ils sont d'*un mois* pour les produits de vendange, soit le moût encore muet, soit le raisiné ou vin nouveau n'ayant aucune limpidité et encore en fermentation, c'est-à-dire ne pouvant être contenu en des vases clos. (*Tarif général de* 1822, page 29.)

Ces délais sont étendus jusqu'au 31 mars de l'année suivante pour le vin, et jusqu'au 30 juin pour les autres récoltes provenant des propriétés acquises par les sujets sardes avant l'ordonnance du 13 octobre 1814. (*Déc. min. du* 8 *juin* 1826.)

(3) Cet article porte qu'il sera accordé, depuis le 1er juin jusqu'au 15 novembre de chaque année, à tous les habitans suisses des cantons limitrophes de France, la libre exportation des denrées provenant des biens-fonds dont ils seraient propriétaires sur le territoire français, à une lieue des frontières.

(4) Comme pour les propriétés françaises appartenant à des étrangers, la franchise ne s'accorde qu'aux produits *annuels* de la terre. On la refuse aux bois, aux matériaux et à tous les objets dont la production exige plus d'une année. (*Déc. adm. du* 19 *mars* 1839.)

(5) Cette décision s'applique également aux propriétés qui ont été séparées

T. II.

Les Français propriétaires à l'étranger devront, avant tout, justifier de leur possession dans les 5 kilomètres de la frontière,

---

du royaume et placées sur le territoire des États limitrophes dans le rayon des cinq kilomètres frontières, soit par le traité du 20 novembre 1815, soit par les actes subséquens qui ont réglé la délimitation des frontières respectives. (*Circ. du 30 mars* 1826, *nº* 980.)

Le privilége d'importation en franchise ne s'accorde qu'aux Français. (*Déc. adm. du* 26 *mars* 1834.)

Il est conservé : 1º au Français résidant à l'étranger qui a gardé son domicile politique en France où il paye ses contributions (*Déc. adm. des* 8 *avril* 1834 *et* 5 *septembre* 1856.); 2º au Français qui revient se fixer en France après avoir momentanément transféré son domicile réel à l'étranger (*Déc. adm. du* 12 *juin* 1835.); 3º à la Française mariée à un étranger, lorsqu'elle habite la France avec son mari. (*Déc. min. du* 25 *septembre* 1828.)

Le fermier, soit français, soit étranger, est de plein droit substitué au propriétaire, lors même que le prix de son bail serait stipulé payable en argent. (*Déc. adm. du* 6 *août* 1836.)

Les héritiers naturels des Français propriétaires à l'étranger peuvent succéder à leurs droits, mais seulement lorsque les biens-fonds leur échoient en vertu de la loi. (*Circ. du* 30 *décembre* 1830, *nº* 1258.) Dans ce cas, ils sont tenus de faire les justifications nécessaires. (*Déc. adm. du* 21 *juillet* 1841.) Lorsque plusieurs personnes héritent d'une terre située à l'étranger, et que l'un des co-partageans désintéresse les autres et devient possesseur du tout, il y a vente et mutation de propriété à titre volontaire, et le privilége spécial réservé aux propriétés possédées *antérieurement aux dernières délimitations*, doit cesser à l'égard des portions que le possesseur actuel n'a pas reçues comme héritier naturel. Pour assurer l'effet de cette disposition, les receveurs exigent que l'on fournisse, à l'appui des déclarations annuelles de récolte, les quittances des contributions directes payées à l'étranger, ainsi que les baux à ferme, lorsque les fermiers acquittent l'impôt foncier. (*Circ. du* 30 *décembre* 1830, *nº* 1258.)

La faculté d'importer en franchise les denrées des terres limitrophes peut être retirée à ceux qui en abusent. (*Déc. min. du* 18 *mai* 1830.)

Les étrangers demeurant en France, mais non naturalisés, en sont privés. (*Déc. adm. du* 26 *mars* 1834.)

Les biens qui passent à des étrangers ou à des collatéraux à titre de donation ou de legs, et les biens constitués en dot à une femme étrangère ou française mariée à un Français, n'ont pas droit au privilége d'importation des produits. (*Déc. adm. du* 3 *mai*; *Circ. du* 30 *décembre* 1850, *nº* 1258; *Déc. adm. des* 11 *août* 1835, 18 *et* 22 *avril* 1837.)

Il en est de même des redevances en nature dues à un Français qui a aliéné sa propriété. (*Déc. min. du* 1er *décembre* 1825.)

La Française mariée à un étranger, et résidant hors du territoire français, perd ses titres à l'immunité. (*Déc. adm. des* 5 *septembre* 1836 *et* 19 *juin* 1841.)

La femme étrangère mariée à un Français ne peut jouir du privilége d'importer en franchise les récoltes des biens dont elle hérite de ses parens. (*Déc. adm. du* 7 *février* 1834.)

en déposant au bureau des douanes le plus voisin les titres originaux de leur acquisition (1), avec des certificats délivrés par les
maires ou par le conservateur des hypothèques, constatant que
les mêmes terres sont encore en la possession des déclarans (2).
(*Circ. du 3 septembre* 1824, *n*o 874.)

En second lieu, on devra établir que les terres dont la propriété a été reconnue sont employées à telle espèce de culture,
et assigner d'avance le maximum des récoltes diverses qu'on ad-
mettra comme en étant le produit (3). (*Même Circ.*)

Si le receveur juge que l'évaluation de la récolte est exagérée,
et que le déclarant ne consente pas à la réduire, on aura recours
au sous-préfet de l'arrondissement, pour qu'il nomme une commission d'agriculteurs dont l'avis servira de règle provisoire.

Pour que les produits des biens étrangers appartenant à des
Français puissent être admis, en vertu des justifications dont il
vient d'être parlé, il faudra que chaque envoi soit accompagné
d'une déclaration expresse du propriétaire, portant que la quantité de ...... provient réellement des terres qu'il possède dans les

---

Le fils héritier de son père étranger se trouve dans le même cas. (*Déc. adm.
du* 30 *mai* 1834.)

En général, le bénéfice de l'ordonnance de 1814 doit être retiré à tout propriétaire qui perd sa qualité de Français dans les cas ci-après :

1o Par la naturalisation acquise en pays étranger ; 2o par l'acceptation non
autorisée par le Roi de fonctions publiques conférées par un gouvernement
étranger ; 3o enfin par tout établissement fait en pays étranger sans esprit de
retour. Les établissemens de commerce ne pourront jamais être considérés
comme ayant été faits sans esprit de retour. (*Code civil*, art. 17, *et Déc. adm.
du* 18 *avril* 1838.)

(1) Les titres, après avoir été examinés par le receveur, doivent être rendus
à qui de droit. (*Circ. du* 21 *juin* 1837, *n*o 1652.)

(2) Les certificats de propriété sont délivrés par l'autorité du pays où est
situé le bien-fonds. (*Même Circ.*)

Il n'est pas nécessaire de faire vérifier sur les lieux l'étendue et la nature
des propriétés. (*Déc. adm. du* 22 *juin* 1819.)

(3) Cette déclaration doit être renouvelée tous les ans aux approches de la
récolte. (*Circ. du* 3 *septembre* 1824.)

Les directeurs adressent chaque année à l'administration :

1o Un relevé récapitulatif par bureau indiquant le total des quantités et de
la valeur approximative des récoltes de chaque espèce admises en franchise.

2o Un état des mutations survenues d'une année à l'autre parmi les propriétaires inscrits sur le tableau nominatif arrêté au 1er juillet 1837. (*Circ.
du* 21 *juin* 1837, *n*o 1632.)

5 kilomètres au delà de la frontière, et qu'il affirme ne les avoir pas encore vendues (1). (*Circ. du 3 septembre* 1824, *no* 874.)

757. Les Français qui ont des troupeaux dans les fermes qu'ils possèdent en-deçà et près de la frontière, continueront à pouvoir les envoyer au pacage sur les prairies dont ils justifient être propriétaires à l'étranger (2), mais à charge de souscrire, au

---

(1) Les admissions ne peuvent avoir lieu que dans le temps même de la récolte, savoir du 1er juin au 15 novembre de chaque année. (*Circ. du 3 sept.* 1824.)

Ce délai est prorogé :

Jusqu'à la fin de novembre pour les produits de vendange, c'est-à-dire le moût encore muet, le raisiné ou vin nouveau en fermentation, n'ayant aucune limpidité et ne pouvant être contenu dans des vases clos ; (8e § *de la Circ. no* 874; *Déc. adm. du* 24 *juin* 1840.)

Jusqu'au 1er juillet de l'année suivante pour les olives fraîches, les oranges, les fleurs et feuilles d'oranger. (*Déc. min. du* 24 *mars* 1837, *et Déc. adm. du* 27.)

Les récoltes ne seront admises en franchise que par les bureaux où les titres de propriété ont été vérifiés. (*Déc. adm. du* 26 *novembre* 1839.)

Au moment de leur importation, le receveur peut exiger la représentation des expéditions de sortie délivrées par la douane étrangère. (*Circ. du* 21 *juin* 1837.)

Les blés de toute sorte et autres produits ne seront reçus que dans l'état même où l'agriculteur est dans l'usage de les enlever des champs d'exploitation. (6e § *de la Circ. no* 874.)

Dans les localités où les transports ne s'effectuent que par des bêtes de somme, les propriétaires limitrophes peuvent, par exception, importer leurs blés en grains. (*Déc. min. du* 7 *décembre* 1824, *et Déc. adm. du* 17.)

Les graines de colza peuvent être importées en sacs. (*Déc. adm. du* 25 *septembre* 1834.)

Les habitans des communes frontières du nord des Ardennes, limitrophes de la Belgique, jouissent de la faculté d'importer en franchise les grains provenant des terrains essartés dans les forêts étrangères avoisinantes, à charge par eux de remplir les formalités prescrites à l'égard des récoltes de propriétés limitrophes appartenant à des Français. En cas d'abus, cette facilité leur sera retirée. (*Déc. min. du* 18 *juin* 1836.)

Les produits qui ont déjà été engrangés ou qui ont reçu une préparation quelconque ne peuvent plus être admis. (5e § *de la Circ. no* 874.)

Il est permis aux Français, propriétaires à l'étranger, d'exporter en franchise la quantité d'engrais nécessaire à la culture de leurs terres. (*Circ. no* 874.) Ils peuvent également exporter en franchise les grains destinés aux semailles, en justifiant qu'ils n'excèdent pas les quantités nécessaires, et que ces grains proviennent de la dernière récolte des terres qu'il s'agit d'ensemencer. (*Déc. adm. des* 10 *octobre* 1834 *et* 1er *juin* 1840.)

(2) Cette faculté doit être restreinte à un nombre de têtes de bétail proportionné à l'importance des propriétés situées à l'étranger. Elle a nécessairement

moyen d'un acquit-à-caution, l'engagement de les ramener dans six mois, ou de payer, à l'expiration de ce délai, les droits de sortie pour toutes les bêtes qui ne seraient par ramenées, et de subir les droits du tarif en vigueur au moment de la rentrée, pour les veaux et agneaux mis bas pendant le pacage (1). (*Même Circ.*)

CHAPITRE V.

PRIMES.

SECTION PREMIÈRE.

RÈGLES GÉNÉRALES.

Immunités des droits.

758. Les primes ne seront acquises qu'aux produits dont l'exportation aura été constatée régulièrement (2), et dans la forme déterminée par les règlemens (3). (*Ord. du 26 juillet 1826, art. 2.*)

Les marchandises que l'on présentera à la sortie avec les conditions nécessaires pour obtenir une prime, seront affranchies de tous droits de sortie (4). (*Tarif général de 1822, pag. 38.*)

---

pour effet de réduire, dans la proportion des quantités de fourrages ainsi consommées à l'étranger, le crédit de celles qui peuvent être importées en franchise. (*Déc. adm. du 12 août* 1840.)

(1) Si les bestiaux étaient prohibés à la sortie, les acquits-à-caution devraient énoncer éventuellement qu'on se soumet aux condamnations de l'article 13 du titre 3 de la loi du 22 août 1791. (*Circ. du 17 juillet* 1819.)

(2) Toutes facilités relatives au commerce interlope sont formellement interdites pour les exportations de toute nature, sous réserve de primes. (*Circ. manusc. du 19 janvier* 1838.)

(3) En cas de changement dans la quotité des primes, la date de l'*exportation définitive* peut seule déterminer l'application de la prime, sans égard à la date de la déclaration de sortie ou d'embarquement. (*Déc. adm. du 16 septembre* 1840.)

(4) Il y a exception en ce qui concerne les viandes et beurres salés et le sel

Certificats de fabrique.

759. L'origine française de ces produits sera constatée par des certificats de fabrique indiquant l'espèce et la qualité des produits, et de plus les marques et numéros des pièces, s'il s'agit de tissus.

Quand la douane ne se croira pas suffisamment assurée de l'authenticité des certificats, elle pourra exiger qu'ils soient visés par le sous-préfet de l'arrondissement du lieu de fabrication (1). (*Ord. du 23 septembre* 1818 (2), *art. 3.*)

Lorsqu'on ne voudra exporter qu'une partie des marchandises décrites en un certificat de fabrique, les receveurs des douanes délivreront des extraits de ce certificat, en ayant soin de mentionner sur l'original les quantités pour lesquelles il cessera d'être valable. (*Même Ord., art. 4.*)

Exportateur. — Déclaration et vérification.

760. La prime sera payée à l'exportateur (3). (*Loi du 17 mai* 1826, *art. 7.*)

Les marchandises devant jouir de la prime seront déclarées (4)

---

ammoniac; à leur égard, la prime n'entraine pas l'exemption du droit de sortie, qui doit être toujours exigé. (*Circ. du* 12 *janvier* 1826, *n°* 965.)

(1) Les commissionnaires qui font travailler les ouvriers des villages voisins des villes de fabrique peuvent fournir des certificats d'origine pour les tissus auxquels ils apposent leurs marques particulières. (*Circ. du* 14 *février* 1822, *n°* 708.)

Les tissus présentés à la douane dépourvus des marques prescrites peuvent être exportés, pourvu qu'ils soient accompagnés d'un certificat attestant leur origine. (*Déc. min. du* 27 *janvier* 1829; *Circ. du* 25 *mars suivant, n°* 1150.)

Toutefois, lorsqu'ils sont expédiés pour les Colonies françaises, les tissus doivent être revêtus de ces marques. (*Circ. du* 15 *septembre* 1830, *n°* 1227.)

(2) Cette ordonnance concerne spécialement les tissus; mais on peut la considérer comme étant d'une application générale, aujourd'hui que le système des primes a été étendu à beaucoup d'autres marchandises.

(3) La prime, quelle que soit son espèce, est due à celui qui effectue l'exportation; et celui-là est exportateur qui présente la marchandise en douane, déclare la sortie sous bénéfice de la prime, fournit les justifications d'origine nécessaires, quand même il n'en est pas l'auteur, et rapporte définitivement la preuve du passage effectif de la marchandise à l'étranger. (*Circ. du* 18 *mars* 1828, *n°* 1091.)

(4) Les déclarations indiquent, dans les termes mêmes employés par la loi,

et présentées au bureau des douanes, afin d'y être vérifiées et expédiées. (*Ord. du 23 septembre* 1818, *art.* 2.)

Pour les vérifications à faire, d'après l'article 2 de *la présente ordonnance*, on devra extraire les marchandises de leur emballage, s'assurer qu'elles sont de l'espèce de celles pour lesquelles la prime est accordée, et que tous les caractères en sont identiques avec les preuves d'origine. (*Ord. du 23 sept.* 1818, *art.* 5.)

Le remballage des marchandises qui auront subi la visite aura lieu en présence de personnes déléguées par les chefs des douanes, et les colis seront plombés (1). (*Même Ord.*, *art.* 6.)

Passavans et bureaux de sortie.

761. Il sera délivré par les douanes un *passavant* (2) pour

---

l'espèce et la quantité des produits exportés ; elles précisent en outre la quotité de la prime demandée. (*Circ. du 28 avril* 1833, *n°* 1380.)

Le certificat d'origine doit être produit à l'appui de la déclaration ; et s'il ne donne pas d'une manière complète et correcte toutes les indications voulues, on doit refuser l'expédition. (*Circ. du 29 juin* 1825, *n°* 920.)

Pour les sucres raffinés, les déclarations ne sont reçues que jusqu'à concurrence des quantités de sucre-matière, dont l'acquittement des droits a été justifié. (*Circ. du 28 avril* 1833, *n°* 1389.)

Voir les sections spéciales au sucre et aux tissus de laine.

Voir aussi à la section 5 le cas où le conseil des prud'hommes peut recevoir la déclaration, et, pour les fausses déclarations, le n° 766.

(1) Lorsque les marchandises ont été vérifiées et reconnues conformes, elles sont remballées avec soin, et plombées de manière à ce qu'aucune substitution ne soit à craindre entre le lieu de la vérification et celui par lequel la sortie se consomme. Si, lorsqu'il s'agit de sucre, les tonneaux n'offrent pas de solidité ou sont fabriqués de telle sorte que, malgré le plomb, les fonds ou les douves puissent être dérangés, on est en droit de refuser le plombage, et la visite est entièrement recommencée à l'extrême frontière. (*Circ. du* 19 *novembre* 1825, *n°* 952.)

(2) Indépendamment du passavant destiné à justifier l'exportation des objets, un autre passavant est délivré, à titre de certificat d'origine, pour les marchandises dirigées sur nos Colonies. (*Circ. du 15 septembre* 1830, *n°* 1227.)

Le passavant de *prime* donne toutes les indications d'espèce, de quantité, nombre, poids, mesure et valeur qui sont nécessaires pour l'allocation de la prime. (*Circ. du* 12 *septembre* 1822, *n°* 754.)

Le poids *net* qui sert de base à la liquidation doit y être rapporté correctement en *toutes lettres* et en *chiffres*. (*Circ. du 29 juin* 1825, *n°* 920.)

Il indique le pays étranger pour lequel l'exportation a lieu. (*Même Circ.*)

Il désigne le bureau de douane où l'exportateur veut être payé de la prime. (*Même Circ.*)

Le passavant doit accorder un délai suffisant pour effectuer la sortie des

accompagner la marchandise jusqu'à l'un des points de
sortie désignés (1), laquelle expédition devra relater avec

---

marchandises. Quand elles sont présentées postérieurement aux délais déterminés, les directeurs peuvent autoriser les employés à délivrer les certificats nécessaires pour constater l'exportation effective, sauf à rendre compte à
l'administration de ces sortes d'autorisations, qu'ils mentionnent d'ailleurs sur
le passavant même. Toutefois, lorsqu'il s'agit de retards qui remontent à plus
de trois mois, ou pour lesquels on ne produit pas des explications satisfai-
santes, les directeurs doivent avant tout prendre les ordres de l'administration. (*Circ. du* 30 *mai* 1831, *n*° 1266.)

On ne réunit jamais dans un même passavant des produits de diverse nature, tels que des tissus de pur coton et des étoffes de laine. Un passavant
distinct doit être délivré pour chaque objet donnant ouverture à une prime
différente. (*Circ. du* 22 *mars* 1821, *n*° 646.)

Lorsque le commerce désire faire sortir les marchandises par un bureau autre que celui qui est indiqué par le passavant, les directeurs peuvent autoriser
l'exportation par le nouveau bureau désigné, pourvu que ce bureau soit au
nombre de ceux qui sont compris dans les nomenclatures. (*Circ. du* 22 *octobre*
1831, *n*° 1281.)

Les marchandises exportées sous le bénéfice d'une prime, embarquées sur
un navire qui doit faire escale dans un autre port de France avant de se rendre à l'étranger, doivent être expédiées du port de première expédition sous
les conditions générales du cabotage; toutes les formalités relatives au régime
des primes sont accomplies au port secondaire. (*Déc. adm. des* 15 *juin* 1837
et 2 *février* 1838.)

Les viandes salées sont exceptées de cette règle. —*Voir* la huitième section
du présent chapitre.

(1) NOMENCLATURE GÉNÉRALE DES BUREAUX EXCLUSIVEMENT CHARGÉS
     DES OPÉRATIONS RELATIVES AUX PRIMES DE SORTIE POUR TOUTES
     LES MARCHANDISES, A L'EXCEPTION DES SUCRES.

PREMIÈRE SECTION.

*Ports et bureaux qui peuvent recevoir les premières déclarations de sortie
sous réserve de prime, procéder à la vérification des titres produits, à la
reconnaissance des marchandises, au plombage et à la délivrance des passavans au dos desquels la sortie effective devra être constatée à l'extrême
frontière.*

C'est à l'exclusion de tous autres que ces bureaux doivent délivrer les expéditions
de sortie pour les marchandises de primes, même pour les fils et tissus de coton
qui auraient été présentés d'abord à un conseil de prud'hommes. Les bureaux de
deuxième ligne non désignés ci-après doivent se borner à délivrer un passavant de
circulation qui dirige la marchandise sur l'une des douanes désignées en cette première section de la nomenclature. (*Circ. du* 22 *janvier* 1830, *n*° 1199.)

Lorsque les marchandises expédiées de l'intérieur sont dirigées sur un point

exactitude l'espèce des marchandises, le nombre de pièces

de la frontière où il y a doubles bureaux, le passavant énonce que la sortie s'effectuera en passant par l'un et l'autre de ces bureaux. (*Circ. du 17 juin 1830, n° 1215.*)

PORTS DE MER.	BUREAUX DE TERRE.
Abbeville.	Arles.
Bayonne.	Armentières.
Bordeaux.	Bailleul.
Boulogne.	Bedous.
Brest.	Belfort.
Caen.	Bellegarde.
Calais.	Briançon.
Cette.	Chapareillan.
Cherbourg.	Colmar.
Dieppe.	Delle.
Dunkerque.	Entre-deux-Guiers.
Fécamp.	Forbach.
Granville.	Givet.
Honfleur.	Jougne.
La Rochelle.	Lauterbourg.
Le Havre.	Les Rousses.
Le Legué.	Lille.
Lorient.	Longwy.
Marseille.	Lyon.
Morlaix.	Metz.
Nantes.	Montpellier.
Port-Vendre.	Mulhausen.
Rochefort.	Orléans.
Rouen.	Oloron.
Saint-Brieuc.	Paris.
Saint-Malo.	Perpignan.
Saint-Valery-sur-Somme.	Pont de Beauvoisin.
Toulon.	Roubaix.
Vannes.	Saint-Jean-Pied-de-Port.
	Saint-Laurent-du-Var.
	Saint-Louis.
	Sarreguemines.
	Sedan.
	Sierck.
	Strasbourg.
	Thionville.
	Toulouse.
	Valenciennes.
	Verrières de Joux.
	Wissembourg.

DEUXIÈME SECTION.

Bureaux qui peuvent constater la sortie définitive, c'est-à-dire le passage en mer ou sur le territoire étranger des marchandises de prime, soit qu'ils les aient expédiées ainsi qu'il est indiqué en tête de la précédente section,

ou de paquets renfermés dans chaque colis, la dimension et le

---

soit qu'elles leur arrivent, sous plomb et avec passavans réguliers, des autres bureaux désignés.

PORTS DE MER.	BUREAUX DE TERRE.
Bayonne. (Les navires sont convoyés jusqu'au bas de l'Adour.)	Ainhoa (pour ce qui est expédié de Bayonne).
Boulogne.	Arnéguy (pour ce qui est expédié de Saint-Jean-Pied-de Port).
Caen. (Les navires sont convoyés jusqu'au bas de l'Orne.)	Baizieux (pour ce qui est expédié de Lille).
Brest.	Blancmisséron (pour ce qui est expédié de Valenciennes).
Celte.	
Cherbourg.	Bellegarde.
Calais.	Bourgmadame (pour ce qui est expédié de Perpignan).
Dieppe.	
Dunkerque.	Béhobie (pour ce qui est expédié de Bayonne).
Fécamp.	
Granville.	Chaparcillan.
Honfleur.	Delle.
Le Havre.	Entre-deux-Guiers.
Le Légué.	Forbach.
Lorient.	Givet.
La Rochelle.	Gabas (pour ce qui s'expédie de Bayonne, St-Jean-Pied-de-Port et Oloron).
Marseille.	
Morlaix.	Halluin (pour ce qui est expédié de Lille).
Paimbœuf (pour ce qui est expédié de Nantes).	
Port-Vendres.	Huningue.
Pauillac (pour ce qui est expédié de Bordeaux).	Jougne.
	Lauterbourg.
Quillebœuf (pour ce qui est expédié de Rouen).	La Chapelle (pour ce qui est expédié de Sedan).
Rochefort.	La Wantzenau (pour ce qui a été vérifié à Strasbourg).
Saint-Valery-sur-Somme.	L'ile-de-Paille (pour ce qui est expédié de Colmar).
Saint-Malo.	
Saint-Brieuc.	Les Rousses.
Toulon.	Le Perthus (pour ce qui est expédié de Perpignan).
Vannes.	
	Longwy.
	Mont-Genèvre (pour ce qui est expédié de Briançon).
	Pont-de-Beauvoisin.
	Pont-Rouge (pour ce qui est expédié d'Armentières).
	Pont-du-Rhin (pour ce qui est expédié de Strasbourg).
	Roussy (pour ce qui est expédié de Thionville).
	Sierck.

poids de ceux-ci, tant au *net* qu'au *brut* (*Ord. du* 23 sep-

---

BUREAUX DE TERRE.

Sarreguemines.
Saint-Louis.
Saint-Laurent-du-Var.
Urdos (pour ce qui est expédié d'O-
loron).
Verrières de Joux.
Wissembourg.

NOMENCLATURE GÉNÉRALE DES BUREAUX EXCLUSIVEMENT CHARGÉS DES OPÉRATIONS RELATIVES AUX PRIMES DE SORTIE POUR LES SUCRES.

PREMIÈRE SECTION.

Bureaux près desquels existe le jury d'examen créé par la loi du 27 mars 1827, et qui, par ce motif, peuvent recevoir les déclarations de sortie sous réserve de prime, procéder à la vérification des titres produits, à la reconnaissance des sucres, au plombage et à la délivrance des passavans au dos desquels la sortie effective devra être constatée à l'extrême frontière.

PORTS DE MER.	BUREAUX DE TERRE.
Bordeaux.	Besançon.
Boulogne.	Lille.
Brest.	Lyon.
Caen.	Mulhausen.
Cette.	Orléans.
Dieppe.	Paris.
Dunkerque.	Strasbourg.
Honfleur.	Valenciennes.
La Rochelle.	
Le Havre.	
Marseille.	
Morlaix.	
Nantes.	
Rouen.	
Toulon.	

DEUXIÈME SECTION.

Bureaux qui peuvent constater la sortie définitive, c'est-à-dire le passage en mer ou sur le territoire étranger des sucres, soit qu'ils les aient expédiés ainsi qu'il est indiqué en tête de la précédente section, soit que ces marchandises leur arrivent, sous plomb et avec passavans réguliers, des autres bureaux désignés.

PORTS DE MER.	BUREAUX DE TERRE.
Boulogne.	Ainhoa.
Brest.	Béhobie.
Caen. (Les navires sont convoyés jusqu'au bas de l'Orne.)	Bellegarde.
Calais.	Blancmisseron (pour ce qui est expédié de Valenciennes).

tembre 1818, *art.* 7, *et Circ. du* 22 *mars* 1821, *n⁰* 646.) (1).

PORTS DE MER.	BUREAUX DE TERRE.
Cette.	Chapareillan.
Dieppe.	Delle.
Dunkerque.	Entre-deux-Guiers.
Honfleur.	Forbach.
La Rochelle.	Jougne.
Le Havre.	La Wantzenau (pour ce qui est expé-
Marseille.	dié de Strasbourg).
Morlaix.	Les Rousses.
Paimbœuf (pour ce qui est expédié de	Longwy.
Nantes).	Pont-du-Rhin (pour ce qui est expédié
Pauillac (pour ce qui est expédié de	de Strasbourg).
Bordeaux).	Pont-de-Beauvoisin.
Port–Vendres.	Sierck.
Quillebœuf (pour ce qui est expédié	Saint-Jean-pied-de-Port par Arnéguy.
de Rouen).	Saint-Louis.
Toulon.	Urdos.
	Verrières de Joux.
	Villers.

(*Déc. min. du* 5 *décembre* 1829; *Circ. du* 22 *janvier* 1830; *Déc. posté-rieures transmises par les Circ. n⁰ˢ* 1337, 1390, 1421, 1448, 1536, 1671, 1705, 1723, 1772, 1809, 1845, *et Déc. adm. des* 23 *novembre* 1830 *et* 24 *novembre* 1832.)

(1) Les sucres peuvent être exportés en *vrac* aux conditions suivantes :

1⁰. Les voitures de la contenance d'environ 1,000 kilog. de sucre doivent être construites de manière à pouvoir être *bachées* et plombées avec solidité.

2⁰. Les sucres sont présentés aux vérifications de la douane et du jury du lieu d'enlèvement en pains entiers de même poids et enveloppés d'un papier parfaitement pareil, portant le nom du raffineur et le lieu de sa résidence.

3⁰. Il est extrait de chaque envoi plusieurs pains pour servir de point de comparaison, lesquels sont encaissés et mis sous double plomb.

4⁰. Au bureau de première vérification, les pains sont chargés en douane sur les voitures de l'espèce désignée ci-dessus.

5⁰. La conservation des plombs apposés aux divers endroits de la voiture est assurée par une sur-couverture.

6⁰. Le passavant fait mention de toutes ces circonstances; il énonce d'ailleurs la dimension et le poids de la caissette renfermant les pains qui doivent servir d'échantillons, et porte la mention expresse que si, au bureau frontière, on remarque quelque altération ou rupture des cordes ou des plombs, la prime sera refusée pour le tout.

7⁰. A la frontière, on procède à la reconnaissance scrupuleuse des cordes, des plombs et des dimensions de la caissette, et l'on compare les pains trouvés sous le scellé dans la voiture avec les pains extraits de cette caissette. (*Circ. du* 26 *mars* 1830, *n⁰* 1206.)

762. Le premier bureau frontière qui sera rencontré en venant de l'intérieur, se bornera à reconnaître extérieurement l'identité des ballots désignés dans les expéditions de douanes, et à viser lesdites expéditions.

Il ne procèdera à la visite par déballage qu'à l'égard des marchandises qui, dépourvues d'expéditions de douanes ainsi que de plombs, n'auront encore été l'objet d'aucune vérification avant le départ (1). (*Ord. du 23 septemre* 1818, *art.* 10.)

763. Les bureaux de douanes par lesquels l'exportation définitive aura lieu, ne procèderont, à moins d'indices particuliers dont ils n'auront pas à rendre compte, qu'à une vérification purement extérieure des colis expédiés et plombés par les douanes mêmes (2), laquelle vérification aura pour objet de reconnaître l'état des colis et des plombs, l'identité des marques, du poids et des dimensions en tous sens des ballots (*Même Ord.*, *art.* 9, *et Ord. du 28 août* 1820, *art.* 5.) (3).

---

(1) Dans ce dernier cas, le premier bureau de seconde ligne délivre un passavant de *prime* sous les conditions générales, ou un simple passavant de circulation, selon qu'il est ou non compris dans les nomenclatures (n° 761).

(2) Pour les tissus et les fils de coton expédiés par les prudhommes, *voir* le n° 771.

(3) Le droit de visite et de contre-visite étant formellement maintenu par ces ordonnances, les certificats délivrés par les bureaux de sortie contiennent toujours, quels qu'en soient les termes, la preuve qu'il y a eu vérification suffisante, et que les employés répondent de l'identité des objets qui ont franchi la frontière avec les objets décrits par les expéditions. La conviction que les employés expriment par leur visa, ils l'ont acquise, soit par l'ouverture et la vérification détaillée de ces objets, soit parce qu'ils ont reconnu, par l'état du colis, la disposition des coutures de l'emballage, l'intégrité des cordes qui dans aucun endroit n'ont pu être coupées ni *épicées*, et par la netteté et la solide application des plombs, qu'il y avait impossibilité matérielle à ce qu'on n'eût rien dérangé dans l'intérieur. Seulement on peut ajouter à la formule du certificat imprimé que la vérification a été faite en détail ou sommairement. (*Circ. du 12 décembre* 1827, *n° 1077.*)

Les expéditions dirigées sur Strasbourg sont assujetties aux règles ci-après:

Les marchandises doivent entrer en ville par la porte Blanche, et l'expédition y être visée;

Les préposés de la porte Blanche accompagnent les marchandises jusqu'au bureau de la douane, où l'on procède à la vérification suivant qu'il est prescrit par l'article 9 ci-dessus;

Elles sont sans délai escortées jusqu'au Pont-du-Rhin, et passent définitivement à l'étranger. (*Ord. du 23 septembre* 1818, *art.* 13.)

Après les vérifications voulues, les marchandises seront conduites à l'extrême frontière par les préposés, qui certifieront au dos de l'expédition le passage réel à l'étranger (1). (*Ord. du 23 septembre* 1818, *art.* 12.)

Allocation de la prime.

764. L'expédition de sortie, le certificat de fabrique et celui constatant l'exportation définitive, seront visés par le directeur des douanes de la localité (2), et par lui transmis au directeur général des douanes, qui, après examen, ordonnera le payement de la prime sur telle caisse des douanes qu'il conviendra aux *exportateurs* de désigner dans leur déclaration. (*Même Ord., art.* 14.)

765. Le conseil d'administration délibérera sur les demandes et allocations de primes (3). (*Ord. du 30 janvier* 1822, *art.* 5.)

Les ordonnances de liquidation seront approuvées par le directeur général (4). (*Circ. du 23 novembre* 1821, *no* 692.)

---

(1) Ce certificat, délivré par les préposés du service actif témoins du passage réel à l'étranger, doit être revêtu de deux signatures. (*Circ. du 25 septembre* 1820, *no* 603.)

Dans les ports de mer, le *vu embarquer* des marchandises ne suffit pas; le certificat de départ du bâtiment, donné par les préposés de brigades et visé par les chefs du service, est indispensable. (*Circ. du 22 mars* 1821, *no* 646.)

Voir le no 218 pour le plombage des colis dans les ports et bureaux de sortie qui ne touchent pas immédiatement à l'étranger.

(2) Chaque soir les receveurs doivent expédier à la direction dont ils relèvent les pièces relatives aux exportations qui se sont consommées dans le jour, et c'est également par chaque courrier que les directeurs transmettent à l'administration, avec une lettre particulière pour chaque exportateur, toutes celles de ces pièces qu'ils ont examinées et visées au moment de la réception; il n'est pas nécessaire de les accompagner d'un projet de liquidation. (*Circ. des 25 septembre* 1820, 23 *novembre* 1821, *no* 692, *et Circ. man. du* 31 *juillet* 1829.)

. (3) Les difficultés qui peuvent s'élever sur la qualification des diverses marchandises de prime sont soumises aux experts du gouvernement. (*Circ. du* 28 *juillet* 1822, *no* 740.)

(4) L'ordonnance de payement est un acte administratif dispensé du timbre, et c'est au bas de cet acte que se met le *pour acquit* des parties prenantes. (*Circ. du* 22 *mars* 1821, *no* 646.)

L'administration donnera avis de ces liquidations à l'exportateur (1). (*Circ. du 25 septembre* 1820, *n°* 603.)

Les lettres d'avis de liquidation de primes seront sujettes au timbre proportionnel, lorsque les titulaires en transmettront la propriété à des tiers par forme d'endossement. Ces lettres d'avis seront soumises au timbre de dimension seulement, quand on remplacera le *passé à l'ordre* par une autorisation de toucher au nom et pour le compte de l'ayant-droit. Lesdites lettres pourront être visées pour timbre dans tous les bureaux de l'enregistrement (2). (*Déc. min. du 20 juillet* 1838; *Circ. du 28 août suivant, n°* 1706.)

Pénalités.

766. Les fraudes et fausses déclarations par lesquelles on chercherait à s'attribuer une prime de sortie, hors les cas où elle est due d'après la loi, seront punies de la confiscation des marchandises présentées et d'une amende égale à ladite prime (3). (*Loi du 21 avril* 1818, *art.* 17.)

Lorsque, par suite de procès-verbaux ou d'autres actes conservatoires dressés par les agens des douanes, la fausseté des déclarations faites pour obtenir une prime quelconque aura été reconnue, soit quant à la valeur, soit quant à l'espèce ou au poids des marchandises, le déclarant sera passible d'une amende égale au triple de la somme que sa fausse déclaration aurait pu lui faire allouer en sus de ce qui lui était réellement dû, et néanmoins la prime légale sera liquidée pour ce qui aura été exporté (4). (*Loi du 5 juillet* 1836, *art.* 1er, *sect.* 2e.)

En matière de primes, toute déclaration tendant à obtenir plus

---

(1) L'exportateur remet cet avis au receveur chargé de le payer, et celui-ci le joint à l'ordonnance acquittée. (*Circ. du 25 septembre* 1820, *n°* 603..)

(2) Il ressort de cette décision que c'est dans le seul cas où les primes sont payées directement aux titulaires que les lettres d'avis de liquidation sont affranchies du timbre. (*Circ. du 28 août* 1838, *n°* 1706.)

(3) Dans le cas de fausse déclaration tendant à obtenir une prime qui n'est pas due, par exemple quand on déclare des tissus de coton et que les employés reconnaissent des tissus de lin ou d'autres matières qui n'emportent aucune prime, on dresse immédiatement procès-verbal de saisie, et l'on réclame devant le juge de paix la confiscation et l'amende prononcées par la loi du 21 avril 1818. (*Circ. du 5 février* 1827, *n°* 1032.)

(4) Si les employés se croient en état de décider avec certitude qu'il y a fausse déclaration, ils constatent de suite la contravention, et dressent pro-

que la prime réellement due, entraînera l'application de l'article 1er, section 2, de la loi du 5 juillet 1836 (*d'autre part*). (*Loi du 6 mai* 1841, *art.* 10.)

SECTION II.

SUCRES RAFFINÉS.

767. Les droits payés à l'importation des sucres bruts autres que blancs, seront restitués à l'exportation des sucres raffinés et du sucre candi dans les proportions suivantes, lorsqu'on justifiera, par des quittances n'ayant pas plus de quatre mois de date, que lesdits droits ont été acquittés pour des sucres importés en droiture, par navires français, des pays hors d'Europe.

ESPÈCES DE SUCRES		QUANTITÉ exportée.	MONTANT de LA PRIME.
désignées par les quittances.	exportées.		
Sucre brut autre que blanc..............	Sucre mélis, ou quatre cassons, entièrement épuré ou blanchi, et sucre candi sec et transparent (1)	70 kilog.	Le droit payé, décime compris, pour 100 kil. de sucre, selon la provenance.
	Sucre lumps et sucre tapé, de nuance blanche (2).............	75 kilog.	

(*Lois des 26 avril* 1833, *art.* 2, *et 3 juillet* 1840, *art.* 3.)

cès-verbal aux fins de l'amende édictée. Mais s'ils ont seulement *lieu de penser* que la quantité ou la valeur que l'on déclare est fausse, ils se bornent à dresser un acte conservatoire par lequel ils constatent le prélèvement d'échantillons destinés à être soumis à l'examen des commissaires-experts du gouvernement, et se réservent d'exercer, s'il y a lieu, les poursuites de droit. On fait souscrire cet acte au déclarant, ou l'on fait mention de son refus. (*Circ. du 5 février* 1827, *n*o 1032.)

En matière de *fausse déclaration* pour l'obtention d'une prime à l'exportation, les tribunaux ne peuvent rechercher quelle a pu être l'*intention* des déclarans, ni les affranchir de la pénalité légale, sur le motif qu'il n'y aurait pas eu de leur part intention de *surprendre* la vigilance de l'administration. (*A. de C. du 13 janvier* 1841, *Circ. n*o 1844.)

Les amendes en matière de contravention relative aux primes sont passibles du décime. (*Circ. du 20 septembre* 1827, *n*o 1061.)

(1) Le sucre mélis ou quatre cassons est en pains au-dessous de 7 kilog. ; il est plus concret et mieux cristallisé que le sucre fabriqué en gros pains ou *lumps*. (*Circ. du 28 avril* 1833, *n*o 1380.)

(2) Le *lumps* est un sucre raffiné qui n'a pas le même *degré de pur* que le

La restitution du droit du sucre terré brun, dit *moscouade*, s'opérera à raison du même rendement (*Loi du 2 juillet* 1836, *art.* 3.) (1).

Les sucres raffinés exportés pour les Colonies françaises jouiront desdites primes aussi bien que ceux expédiés pour l'étranger. (*Loi du 17 mai* 1826, *art.* 9.)

Les sucres devront être présentés en pains entiers. (*Loi du 27 mars* 1817, *art.* 4.)

La restitution du droit se calculera sur le poids net effectif des sucres exportés : il ne sera alloué aucune tare (2). (*Loi du 18 juillet* 1837, *art.* 4; *Circ. n⁰* 1643.)

---

mélis. Il est ordinairement en pains au-dessus de 7 kilog.; mais on en fabrique aussi dans de petites formes. C'est donc à distinguer le plus ou le moins de pureté des sucres que les employés doivent particulièrement s'attacher.

On appelle *sucres tapés* des sucres raffinés réduits en poudre, et qui, après avoir été légèrement humectés, sont tassés dans des moules de petite dimension jusqu'à ce qu'ils aient repris assez de consistance pour former des pains dont on augmente la solidité en les faisant passer à l'étuve.

Les sucres *lumps et tapés* ne jouissent de la prime qu'autant qu'ils sont de nuance blanche; on doit la refuser à tout sucre qui, n'étant pas suffisamment purgé de sirop, conserverait une teinte jaunâtre, et présenterait des taches à la surface des pains. (*Circ. du 28 avril* 1833.)

(1) Tableau, *arrêté par M. le ministre des finances, des sommes à rembourser, à la sortie des sucres raffinés, d'après les droits d'entrée et les rendemens fixés par la loi du 3 juillet* 1840.

SUCRE DÉSIGNÉ PAR LES QUITTANCES.			DROIT d'entrée, décime compris.	PRIME PAR 100 KILOGRAMMES DE	
				Mélis ou 4 cassons et candis (rendement de 70 pour 0/0).	Lumps et tapés (rendement de 73 pour 0/0).
			fr. c.	fr. c.	fr. c.
Sucre..	français..	brut autre que blanc ..... { de Bourbon..........	42 35	60 50	58 01
		{ d'Amérique	49 50	70 70	67 80
		terré brun, dit { de Bourbon..........	66 00	94 29	90 41
		moscouade .. { d'Amérique	73 15	104 50	100 20
	étranger.	brut autre que blanc ...... { de l'Inde	66 00	94 29	90 41
		{ d'ailleurs hors d'Europe.	71 50	102 14	97 95
		terré brun, dit { de l'Inde	88 00	125 71	120 55
		moscouade .. { d'ailleurs hors d'Europe.	95 50	135 57	128 08

(*Circ. du 5 juillet* 1840, *n⁰* 1818.)

(2) On doit préciser sur les expéditions de sortie le poids net, en chiffres et en toutes lettres, mais en continuant de mentionner aussi, afin de faciliter les contre-visites, le poids total des pains avec leurs enveloppes. (*Circ. du 31 juillet* 1837, *n⁰* 1643.)

On procèdera avec une attention toute particulière à la vérification du poids

768. Tout individu qui déclarera, pour l'exportation, des sucres raffinés, sous réserve de la prime de sortie, sera tenu de déposer en douane, à l'appui de sa déclaration, les acquits des droits payés sur la matière brute employée à leur fabrication (1). En échange de ces acquits, il sera remis aux déclarans un récépissé (2), qui leur servira de titre quand, le montant des acquits n'étant pas épuisé par la première exportation, ils voudront en appliquer le solde à d'autres (3). (*Circ. du 28 avril* 1833, *n°* 1380.)

769. Les certificats d'origine délivrés par les fabricans passeront, avant d'être admis en douane, à l'examen d'un jury spécial nommé en chaque lieu d'exportation par le ministre du commerce, sur la proposition des chambres de commerce. (*Loi du 27 mars 1817, art.* 5.)

Les certificats des jurys institués pour le contrôle des exportations avec primes, attesteront l'existence et l'activité des fabriques dont les marchandises sont déclarées sortir, et que les exportations actuelles, unies aux précédentes, n'excèdent pas les moyens qu'elles ont de produire (4). (*Loi du 27 juillet* 1822, *art.* 8.)

---

effectif, soit en exigeant la mise à nu de la totalité des pains, soit en constatant le poids des enveloppes par une série d'épreuves faites sur un certain nombre de pains désignés à cet effet, chaque fois, par le chef du service de la localité. (*Circ. du 28 avril* 1833, *n°* 1380.)

(1) Les receveurs s'assurent que ces acquits, quelle que soit leur date, pourvu qu'elle ne remonte pas à plus de quatre mois, sont réguliers, et que le sucre-matière qui s'y rapporte représente proportionnellement les quantités de sucres raffinés déclarées. (*Circ. du 28 avril, et Déc. adm. du 16 août* 1833.)

Toute quittance de droit qui n'indique pas que le *sucre terré* pour lequel elle a été délivrée est du sucre brun dit *moscouade*, ne peut être admise comme pièce justificative du payement des droits sur la matière brute. (*Circ. du 24 juillet* 1834, *n°* 1452.)

Les quittances déposées sont envoyées sans retard à l'administration par l'intermédiaire des directeurs, avec un bordereau indiquant l'imputation qui en a été faite aux produits exportés, et relatant le numéro et la date de l'expédition de sortie délivrée. (*Circ. du 28 avril* 1833.)

(2) *Voir* la formule de récépissé, ci contre.

(3) Dans le cas où une seconde exportation n'absorbe pas la quantité de sucre-matière formant l'objet de l'acquit déposé, le récépissé représenté est retiré et annulé, et il en est délivré un autre qui, rappelant la totalité des importations faites, présente le nouveau solde disponible. (*Circ. du 28 avril* 1833.)

(4) Le simple visa des certificats de fabrique, auquel certains jurys se bor-

Les vérifications auxquelles les jurys doivent procéder, con-

---

DOUANES
FRANÇAISES.

(2) FORMULE DU RÉCÉPISSÉ
D'ACQUIT DE PAYEMENT DE DROITS SUR LES SUCRES.

DIRECTION d

BUREAU d

TIMBRE
à
25 CENTIMES.

Nº
DU PRÉSENT.

Je soussigné, receveur des douanes à reconnais avoir reçu de
M. à l'appui d'une déclaration de sortie, sous bénéfice de prime,
nº de kil. décag. sucre expédié par passavant de ce bureau
nº portant la date du présent, un récépissé délivré par le receveur des douanes
à le 184 , sous le nº , lequel établit qu'il a été
primitivement déposé le entre les mains du receveur des douanes
à par M. 184 , nº , un acquit de payement du bureau d
en date du de recette, s'élevant à pour le droit
d'entrée de fr. par 100 kil. plus le décime, sur des sucres importés
directement d par navire français, et pesant net. . . . . k. d.

D'après ledit récépissé, il a été déjà imputé sur cet acquit des produits
de raffinage représentant une quantité de sucre-matière de . . . k. d.
Les kil. décag. sucre formant l'objet
de la déclaration mentionnée ci-dessus représentent en sucre-matière, dans le rapport du rendement de pour 100 fixé par
la loi du 2 juillet 1836. . . . . . . Solde disponible. . . . .

Vu par l'inspecteur soussigné,

En conséquence, le présent récépissé reste valable pour cette quantité de
kil. décag. sucre-matière à exporter en produits de raffinage, sauf les rectifica-
tions auxquelles pourrait donner lieu le règlement définitif du compte d'exportation relatif à l'acquit de payement dont il est question.

Le 184

Je déclare déposer entre les mains de M. le
receveur des douanes à le présent
récépissé, pour servir à l'imputation de la
quantité de kil. décag. sucre
expédié, sous bénéfice de prime, en vertu du
passavant délivré la sous le
nº Le 184

❦ DOUANES, PRIMES, RÉCÉPISSÉ D'ACQUIT. ❦

TALON
DE RÉCÉPISSÉ D'ACQUIT
DE DROIT D'ENTRÉE,
DÉPOSÉ POUR L'OBTENTION DE LA PRIME
SUR LES SUCRES.

Nº
DU RÉCÉPISSÉ.

ACQUIT DÉPOSÉ.

Délivré à 184 , sous le nº le de recette.
DÉPOSÉ AU BUREAU
d le 184

NOTA. Lorsque le récépissé est délivré par suite de la remise de l'acquit
même des droits, on doit supprimer,
par un trait de plume sur le volant, les
mots imprimés en *lettres italiques.*

S'il remplace des récépissés antérieurs,
il est nécessaire de le maintenir, au contraire, toute la formule et d'en remplir
tous les espaces laissés en blanc.

formément à l'article 8 de la loi du 27 juillet 1822, devront se faire, partout où il existe des bureaux de douanes, concurremment et simultanément avec celles dont les employés de l'administration sont chargés, et dans le même local (1). (*Ord. du 15 janvier* 1823, *art.* 3.)

SECTION III.

FILS ET TISSUS DE COTON.

770. La prime de sortie sur les cotons filés, écrus, blancs ou teints, ainsi que sur les tissus de pur coton écrus, blancs, teints ou imprimés, est de 25 fr. par 100 kilog. (2). (*Loi du 28 juin* 1832, *art.* 8.)

771. A défaut de bureau de douanes au lieu d'enlèvement, les fils et tissus de pur coton seront déclarés au conseil des prud'hommes, afin d'y être vérifiés et expédiés. (*Ord. du 23 septembre* 1818, *art.* 2.)

Lorsqu'on ne voudra exporter qu'une partie des tissus décrits en un certificat de fabrique, les maires ou les prud'hommes délivreront des extrait de ce certificat, en ayant soin de mentionner sur l'original les quantités pour lesquelles il cessera d'être valable. (*Même Ord.*, *art.* 4.)

---

nent, ne saurait remplir le vœu de la loi, car ce qu'on demande d'eux, c'est qu'ils reconnaissent de fait que le sucre réunit les conditions donnant droit à la prime, et qu'il provient des fabriques désignées. (*Circ. du* 27 *janvier* 1823, nº 784.)

(1) Les directeurs se concertent à cet effet avec MM. les jurés. (*Même Circ.*) *Voir* d'ailleurs, pour les vérifications, le plombage, etc., la première section de ce chapitre, et le nº 761, note 1, page 60, pour les sucres expédiés en *vrac.*

(2) Les *chemises, pantalons, robes* et autres *vétemens analogues*, en tissus de pur coton et dans la confection desquels il n'entre aucune autre espèce de matière, ont également droit à la prime. (*Déc. min. du* 28 *juin* 1827; *Circ. du* 16 *juillet suivant*, nº 1055.)

Le canevas gommé, dit *treillis, bougran, tulle apprété*, en est exclu. (*Circ. du* 14 *octobre* 1829, nº 1184.)

Les employés s'assurent que les fils et tissus présentés sont bien de pur coton, c'est-à-dire qu'ils ne sont point mélangés d'autre matière, et qu'ils n'ont point été fabriqués avec des déchets. (*Circ. du* 16 *décembre* 1855, nº 1414.)

Le remballage des marchandises qui auront subi la visite aura lieu en présence des personnes déléguées par le conseil des prud'hommes, et les colis seront scellés du cachet des prud'hommes. (*Ord. du 23 septembre* 1818, *art.* 6.)

Il sera délivré par les prud'hommes une expédition pour accompagner la marchandise jusqu'au point de sortie désigné. (*Même Ord., art.* 7.)

A l'égard des colis présentés sous le cachet des prud'hommes, les bureaux de sortie, après en avoir constaté le poids, se borneront, si le poids est exact, à en exiger l'ouverture, pour s'assurer qu'ils contiennent en effet des fils ou tissus; mais cette vérification se fera sommairement, et n'entraînera ni déballage, ni dénombrement, ni le dépliage des pièces ou paquets (1). (*Même Ord., art.* 9.)

Le premier bureau frontière qui sera rencontré en venant de l'intérieur, se bornera à reconnaître extérieurement l'identité des ballots désignés dans les expéditions des prud'hommes, et à viser lesdites expéditions. (*Même Ord., art.* 10.)

SECTION IV.

FILS ET TISSUS DE LAINE.

772. Il sera payé, à l'exportation des fils et tissus de laine, les sommes ci-après :

Fil de laine pure et sans mélange de déchets ou d'autres basses matières, provenant d'une laine lavée à chaud, et valant, au kilogr, avant l'acquittement des droits,	moins de 2 fr.......	exclus de la prime.
	de 2 à 4 fr. inclus..	75 fr.
	plus de 4 à 6 fr. *id*..	125
	plus de 6 à 8 fr. *id*..	175
	plus de 8 à 10 fr. *id*.	225
	plus de 10 fr.......	275

les 100 kil.

Si les fils sont mêlés avec de la bourre de soie, mélange connu dans le commerce sous le nom de *Tibet*, la prime sera réduite de 33 pour 100.

Si les fils de laine pure ou mélangée ne sont pas dégraissés ou sont encore imprégnés d'huile, la prime sera réduite de 20 pour 100.

(1) A moins que les employés ne jugent à propos de procéder à une visite complète, ainsi que ce même article leur en laisse la faculté. *Voir* la première section du présent chapitre, où se trouvent des règles générales que les prud'hommes eux-mêmes doivent suivre.

Tissus de pure laine, sans mélange de déchets ou d'autres basses matières (1).

Foulés et drapés.

- Draps, casimirs ou tissus similaires, catis ou tirés à poil..................... } 9 p. 100 de la valeur en fabrique et au comptant.
- Bonneterie orientale (2).............. }

Couvertures (3).

valant 7 fr. ou moins le kil...........	67 fr.
de 7 f. exclus. à 10 f. inclus.........	100
au-dessus de 10 fr..	140

Non foulés ou légèrement foulés, sans être drapés, croisés ou lisses......

		les 100 kil.
valant moins de 15 fr. le kil.................	85	
de 15 à 25 fr. exclus.....	140	
de 25 à 35. ...id.......	195	
de 35 à 45.... id.......	250	
de 45 et au-dessus.......	300	

- Passementerie.....................
- Bonneterie ordinaire................. } 100
- Tapis.............................

Sont exclus de toute prime :

1° Les couvertures et les tapis valant moins de................................... 3f 00c. } le kil.

2° Les draps, casimirs, et tous autres tissus dénommés ci-dessus, d'une valeur au-dessous de.................. 4 50 }

---

(1) Pour reconnaître le mélange de la, laine avec des matières végétales, on prend un gramme de l'étoffe, on le fait bouillir durant trois quarts d'heure, à la température de 100 degrés, dans une quantité suffisante d'hydrate de sodium, ou dissolution de soude à 8 degrés de l'aréomètre, ou à 1053 de densité; ensuite on lave et on fait sécher ce qui reste de l'échantillon : on le pèse, et son poids donne la quantité de fil ou de coton qui entrait dans le gramme d'étoffe soumis à l'épreuve; tout ce qui a été dissous était de la laine. L'emploi de ce moyen de reconnaissance a lieu à l'administration; toutefois les vérificateurs qui ont quelque connaissance en chimie peuvent immédiatement en faire l'épreuve. (*Circ. du 2 mai* 1827, *n*° 1045.)

(2) Dans la valeur de la bonneterie ne doit pas être comprise celle des houppes de soie attachées à la sommité des bonnets. (*Circ. du* 14 *décembre* 1835, *n*° 1517.)

(3) La valeur déclarée ne doit pas comprendre, pour les couvertures de couleur, le prix de la teinture. (*Même Circ.*)

Ces tissus jouiront, suivant leur valeur par kilogramme et d'après la nature des mélanges, des mêmes primes que celles allouées aux tissus de pure laine, sous les déductions ci-après :

Tissus où la laine entre pour plus de moitié, et qui sont mélangés (1),

- **de coton ou de fil,**
  - chaîne coton ou fil, trame laine pure,
    - foulés et drapés,
      - draperie et tissus similaires, déduction de 25
      - couvertures, *idem* 10
    - non foulés ou légèrement foulés sans être drapés, croisés ou lisses 35
  - chaîne coton ou fil, trame mélangée.. 50
  - tapis ....
  - bonneterie......................... } 15
  - passementerie ....

- **de soie,**
  - chaîne soie pure, trame laine pure,
    - croisés........... 12
    - lisses 18
    - satinés, lisses ou croisés....... 25
  - chaîne soie pure, trame laine et bourre de soie (Tibet), croisés ou lisses 40
  - chaîne bourre de soie, trame laine pure, croisés ou lisses............ 25
  - chaîne laine et bourre de soie (Tibet), trame laine et bourre de soie (Tibet), croisés ou lisses................ 33
  - chaîne bourre de soie, trame laine et bourre de soie (Tibet)............... exclus de la prime.

} pour 100.

de poil de chèvre ou de chameau............ 50 pour 100.

Tissus de laine et de coton où la laine n'entre pas pour plus de moitié............................... 25f. 00 c. } par 100 kil.

Châles....................... { comme les tissus dont ils sont formés, avec addition de 30 pour 100, s'ils sont brochés en pure laine (2).

Vêtemens confectionnés et présentés en assortimens de 25 kil. au moins, et séparés par espèces de tissus .... { comme les tissus dont ils sont formés, défalcation faite des matières accessoires et des doublures qui ne sont pas entièrement de pure laine.

(*Loi du 2 juillet* 1836, *section 3.*)

---

(1) Les employés n'ont pas à rechercher quelle est la mesure de cette proportion; il suffit qu'ils s'assurent si la laine entre dans le mélange pour plus de moitié, et si c'est la chaîne ou la trame qui est de pure laine ou mélangée de telle ou telle substance. (*Circ. du 14 décembre* 1835, *n°* 1517.)

(2) Il y a lieu d'accorder la prime additionnelle de 30 pour 100 non-seulement lorsque le brochage couvre tout le fond du tissu, mais encore lorsqu'il constitue, savoir :

Pour les châles longs ou boiteux, c'est-à-dire demi-longs, ce que l'on nomme un bas de palmes;

Et pour les châles carrés,

De 5/8 et 3/4, une bordure de 5 centimètres au moins;

De 7/8 et 4/4, une bordure de 7 centimètres et demi;

De 9/8, 7/4, 4/3 et 6/4, une bordure de 6 centimètres.

773. Les tissus mélangés contenant plus de moitié laine, qui ne rentrent pas, quant à la composition distincte de la chaîne et de la trame, dans une des classes déterminées par la présente loi, jouiront des primes des tissus similaires de pure laine, sous la déduction du poids des substances autres que la laine employées à leur fabrication (1).

Si les tissus de laine pure ou mélangée sont brochés en soie par une trame additionnelle, il sera déduit 5 pour 100 sur la prime.

S'ils sont brodés, on déduira le poids réel de la soie (2).

Ne sera pas comprise dans les valeurs qui servent de base à toutes les liquidations de prime, l'augmentation de prix qui peut résulter des dessins, ornemens ou impressions appliqués sur le fond des tissus. (*Loi du 2 juillet* 1836, *art.* 1er.)

774. Les déclarations de sortie présenteront séparément le contenu de chaque ballot, et contiendront l'indication exacte du poids net des tissus, du nombre des pièces renfermées dans cha-

---

Si, au lieu de bordure ou de palmes, le brochage ne forme que des coins, le complément de la prime n'est pas dû.

La présence dans le brochage de substances autres que la laine, et notamment du coton qu'on emploie souvent pour les parties blanches du dessin, s'oppose également, quelque faible qu'en soit la quantité, à l'allocation de la prime additionnelle. Les châles qui présentent des mélanges de l'espèce reçoivent la prime des tissus analogues de pure laine, pour la quantité effective de cette substance qu'ils contiennent et que les exportateurs sont tenus de préciser.

Dans aucun cas, il ne peut y avoir ouverture à la prime additionnelle pour les châles brochés en pure laine, s'ils n'ont été soumis au découpage, c'est-à-dire si on n'a coupé et enlevé du côté de l'envers des tissus les fils surabondans du broché. (*Déc. min. du* 14 *juillet* 1836; *Circ. du* 2 *août suivant*, n° 1558.)

(1) La nature et le poids de ces substances doivent être indiqués dans la déclaration. S'il s'agit de tissus dont la prime se règle d'après la valeur, on détermine dans quelle proportion les substances ajoutées à la laine entrent dans le poids total, et la valeur est réduite dans la même proportion. La dé-déclaration et l'expédition doivent donner ces indications. (*Circ. du* 18 *avril* 1837, n° 1620.)

(2) L'évaluation du poids de la soie peut se faire à l'amiable; mais, en cas de contestation entre les exportateurs et les employés, on prélève, pour l'expertise, des échantillons qui sont ensuite rendus aux parties intéressées. (*Circ. du* 14 *décembre* 1835.)

que ballot, ainsi que de la dimension et du poids brut de ceux-ci (1). (*Ord. du 28 août* 1820.)

Les déclarations présentées en douane à l'effet d'obtenir la prime, devront être accompagnées des échantillons nécessaires à la reconnaissance de l'espèce de laine dont sont formés les tissus (2). (*Ord. du 31 octobre* 1821, *art.* 9.)

SECTION V.

SAVONS.

775. Les négocians qui présenteront des savons à l'exportation à l'étranger, et qui justifieront avoir payé des droits sur des huiles importées dans l'année, seront remboursés dans la proportion des quantités d'huiles qui entrent dans la fabrication des savons exportés. (*Loi du 8 floréal an* 11, *art.* 30, *et Loi du 21 avril* 1818, *art.* 15.)

Cette disposition s'appliquera à tous les savons exportés de France, lorsqu'on justifiera par la quittance des droits d'entrée

---

(1) Pour les fils, la déclaration indique, indépendamment de la quantité et de la qualité, le prix de la laine dont ils proviennent, et fait connaître s'ils sont ou non dégraissés. (*Circ. du 14 décembre* 1835, n° 1517.)

Dans les déclarations, comme dans les expéditions et les liquidations, on doit séparer les tissus dont la prime est à la valeur de ceux dont la prime est au poids. (*Circ. du 12 février* 1828, n° 1085.)

Il importe beaucoup que ces produits soient toujours désignés, dans les certificats d'origine, dans les déclarations et sur les expéditions de sortie, sous les dénominations textuelles consignées dans la loi. Leur prix, soit au mètre, soit au poids, pour les tissus dont la prime est à la valeur, mais toujours au kilogramme pour les tissus dont la prime est réglée sur le poids, doit également être indiqué. On refuse les déclarations qui ne contiennent pas ces indications. (*Circ. du 14 décembre* 1835, n° 1517.)

C'est le prix de la marchandise vendue *au comptant et en fabrique* qu'il faut déclarer. (*Circ. du 27 juillet* 1827, n° 1055.)

(2) Les échantillons de tissus ont de 6 à 7 centimètres carrés au moins, et sont fixés sur des cartes indicatives des numéros et des marques des colis, des numéros et de la largeur des pièces, ainsi que de la nature et du prix des tissus. (*Circ. des 24 janvier* 1821 *et 14 décembre* 1835.)

Des cartes d'échantillons doivent également être remises pour les fils de laine. (*Circ. du 14 décembre* 1835.)

Voir d'ailleurs, pour les vérifications, le plombage, etc., la section 1re du présent chapitre.

que l'huile et la soude employées à leur fabrication provenaient de l'étranger (1). (*Loi du 17 mai 1826, art.* 11.)

La prime consistera dans le remboursement des droits d'entrée appliqués aux matières dans la proportion de 58 kilogrammes d'huile et de 35 kilogrammes de soude ou natron par 100 kilogrammes de savon (2). (*Loi du 21 avril 1818, art.* 15,)

La restitution des droits d'entrée accordée par les lois des 8 floréal an 11, 21 avril 1818 et 17 mai 1826, à l'exportation des savons, s'effectuera de la manière suivante, en ce qui concerne les savons d'huile de palme ou de coco fabriqués en France avec des matières que l'on justifiera, par des quittances de douanes, avoir été importées de l'étranger. (*Ord. du* 1er *février* 1840, *art.* 1er.)

Pour 100 kilogrammes de savons exportés, il sera tenu compte

---

(1) Lorsqu'une quittance ne se trouve pas totalement épuisée par la première exportation, on délivre au négociant un récépissé conforme au modèle prescrit *pour les sucres* (n° 768, note), en y faisant les changemens exigés par la différence des matières. (*Circ. du 21 novembre* 1825, *n*° 953.)

Le terme d'un an, fixé pour le délai d'admission des quittances, n'est de rigueur, pour les savons d'huile d'olive, qu'autant que ces quittances ne sont pas au nom des fabricans ; mais lorsqu'elles ont été levées par eux, ou lorsqu'elles établissent que c'est pour leur compte que les droits ont été acquittés, elles restent valables pendant deux ans, par application de l'article 25 du titre 13 de la loi du 22 août 1791. Cette règle doit être également observée pour les savons d'huile de palme ou de coco. (*Circ. du 31 mars* 1840, *n*° 1804.)

(2) La prime se liquide en raison du poids net des savons exportés ; mais comme, à l'entrée, l'huile, la soude et le natron acquittent au brut, on augmente de 13 7/11 pour 100 les 58 kilog., ou 35 kilog. de matières sur lesquelles la prime est allouée, lorsque les quittances produites prouvent que ces matières ont été importées en futailles, c'est-à-dire qu'on alloue, pour chaque quintal de savon exporté, 65 kilog. 90 décagrammes d'huile et 39 kilog. 77 décagrammes de soude ou natron. (*Circ. du 21 novembre* 1825, *n*° 953.)

On augmente de 3 kilog. seulement les 58 kilog. d'huiles lorsqu'elles ont été importées dans des *outres*, et de 1 kilog. les 35 kilog. de soude ou natron venus en couffes ou nattes, ou qui, étant à nu, ont été pesés dans des récipiens. (*Déc. adm. du 8 mars* 1826.)

On n'admet à la prime que les savons de pâte ferme, blancs, rouges ou marbrés, à l'exclusion des savons mous et liquides, où il n'entre aucune matière exotique. (*Circ. du 19 juillet* 1825, *n*° 929.)

Les passavans doivent indiquer, en toutes lettres, le poids brut et le poids *net réel* (ce dernier étant rappelé en chiffres à la marge), et que les matières ont été importées en *futailles*, en *couffes, nattes* ou à *nu.* On y porte le numéro, la date de chaque quittance, ainsi que les quantités de matières et le montant des droits qu'elles énoncent. (*Circ. du* 21 *novembre* 1825.)

Voir, pour les autres formalités, la 1re section de ce chapitre.

de 50 kilogrammes d'huile de palme ou de coco, et de 35 kilogrammes de soude ou natron (*Ord. du 1er février* 1840, *et Ord. du 21 mai* 1841, *art.* 1er.) (1).

Pour compenser la tare qui a supporté les droits d'entrée, il sera tenu compte de 13 pour 100 aux huiles et alcalis employés à la fabrication des savons d'huile de palme ou de coco, lorsqu'on justifiera que ces matières ont été importées en futaille. (*Ord. du 1er février* 1840, *art.* 2.)

L'exportation, aux conditions réglées par les articles 1er et 2, ne pourra avoir lieu que par les ports de Marseille, Bordeaux, Nantes et le Havre. (*Même Ord., art.* 4.)

SECTION VI.

SOUFRE.

776. L'exportation à l'étranger du soufre épuré ou sublimé donnera lieu au remboursement intégral du droit d'entrée payé sur le soufre brut, dans la proportion de 100 kilogrammes de matière pour 75 kilogrammes de soufre. (*Ord. des 26 septembre* 1822, *art.* 1er, *et 9 octobre* 1825, *art.* 1er.)

Ce remboursement sera soumis aux mode et conditions prescrits pour la prime des savons (no 775) (2). (*Mêmes Ord.*)

---

(1) Les savons d'huile de palme et de coco sont généralement jaunes ou d'un brun jaunâtre ; ils ont la consistance des savons ordinaires ; leur odeur est plus ou moins résineuse et se rapproche souvent de celle de la poudre d'iris. Les savons de suif n'ont droit à aucune prime ; ils conservent l'odeur propre à cette substance, lors même que l'on cherche à les parfumer ; en général, ils sont blancs, et, quand on les colore artificiellement, il est difficile de leur donner la teinte des savons de palme. (*Circ. du 31 mars* 1840, *no* 1804.)

On doit suivre de tous points, pour la délivrance des passavans de primes et pour les comptes d'exportation à ouvrir aux déclarans sur la production des quittances, les prescriptions de la circulaire du 21 novembre 1825. (*Circ. du 31 mars* 1840.) — *Voir* les notes ci-dessus, relatives au savon d'huile d'olive.

(2) Les soufres fabriqués sont dispensés du plombage : on y supplée par une marque spéciale qui est appliquée sur les colis en douane et sans frais. (*Déc. min. du 12 juillet* 1826.)

SECTION VII.

ACIDES NITRIQUE ET SULFURIQUE.

777. Il sera accordé à la sortie des acides sulfurique et nitrique une prime d'exportation équivalente à l'augmentation que produit, sur les prix de fabrication de ces acides, le droit d'entrée dont le salpêtre étranger est frappé. (*Loi du* 10 *mars* 1819, *art.* 9.)

Le remboursement du droit perçu à l'entrée sur les nitrates s'opérera, à l'exportation des acides qui en sont extraits, aux taux suivans :

Pour l'acide sulfurique. · · · · · · 0f 50c ⎞ par 100 kilog. net
Pour l'acide nitrique. · · · · · · · 14 » ⎠　　　d'acides.

Auront seuls droit à ce remboursement les acides dont la concentration sera amenée :

Celle de l'acide sulfurique, au moins à 64° ⎞ de l'aréomètre
Celle de l'acide nitrique, au moins à... 34° ⎠ de Baumé (1).

Les acides devront être expédiés directement des fabriques françaises, accompagnés des certificats d'origine réguliers, sur un des bureaux autorisés à recevoir les déclarations des marchandises jouissant de primes d'exportation (2). (*Loi du* 6 *mai* 1841, *art.* 4.)

---

(1) Pour procéder à cette vérification, on doit porter l'acide soumis à l'épreuve à une température de 15° centigrades environ, ainsi qu'il est d'usage de le faire pour connaître le titre de l'acide sulfurique employé dans les fabriques de soude à la décomposition du sel. (*Circ. du* 10 *décembre* 1836, n° 1585.)

Les employés des douanes préviennent les capitaines de navires de la nature des liquides qu'on doit charger à leur bord, afin qu'ils prennent les précautions convenables pour obvier aux accidens. (*Circ. du* 25 *juin* 1821, n° 660.)

(2) *Voir* ces bureaux à la 1re section de ce chapitre, où sont rapportées également les règles générales relatives aux primes.

Pour les acides nitrique et sulfurique, l'exportateur n'a pas à justifier du payement du droit d'entrée des matières servant à leur fabrication. (*Circ. du* 9 *juin* 1820, n° 577.)

Ces acides, qu'on nommait improprement l'un *eau forte*, et l'autre *huile de vitriol*, sont liquides, de saveur aigre plus ou moins piquante, et corrosifs à un certain degré de concentration. Ils ont la propriété de rougir les couleurs bleues végétales, en sorte qu'on reconnaît leur nature en y trempant du papier

SECTION VIII.

VIANDES SALÉES.

778. Le droit du sel employé à la salaison des viandes de bœuf et de porc exportées par mer, sera remboursé d'après un taux moyen que le gouvernement déterminera pour chaque espèce de salaison. (*Loi du 7 juin* 1820, *art.* 9.)

779. Les viandes salées, ayant droit, dans le cas d'exportation, au remboursement du droit du sel, selon l'article 9 de la loi du 7 juin 1820, sont rangées en deux classes pour la quotité du droit à restituer. (*Ord. du 22 juin* 1820, *art.* 1er.)

La restitution du droit aura lieu pour chaque classe dans les proportions suivantes, savoir :

sur les salaisons de la 1re classe.
- pour 100 kil. net de bœuf ou porc, le droit de. 40 kil. de sel.
- pour 100 kil. de jambon, le droit de........ 30 *id.*
- pour 100 kil. de lard en planches, le droit de. 32 *id.*

sur les salaisons de la 2e classe.
- pour 100 kil. net de bœuf ou porc, le droit de. 30 *id.*
- pour 100 kil. de jambon, le droit de....... 25 *id.*
- pour 100 kil. de lard en planches, le droit de. 27 *id.*

(*Ord. du 22 juin* 1820, *art.* 2) (1).

Auront droit aux restitutions de la première classe les exportations faites aux destinations suivantes :

Les pays étrangers transatlantiques,

---

bleu, qui rougit aussitôt. Ces acides désorganisent d'ailleurs sur-le-champ les matières animales et végétales.

Ces caractères sont communs aux deux acides : l'acide sulfurique est inodore et de consistance oléagineuse. L'acide nitrique est au contraire odorant et plus limpide ; il a pour caractère particulier de tacher la peau en jaune. (*Circ. du* 12 *février* 1820, *n°* 547.)

(1) Il importe d'exiger, pour toutes les exportations de viandes de porc, que leur espèce soit déclarée selon les termes de l'article 2 ci-dessus, et de rappeler toujours très-exactement chaque espèce sur les permis d'embarquement, de même que sur les certificats de visite et de liquidation de prime. D'après cette règle, la déclaration de *lard salé* ne doit jamais être admise, puisque cette appellation ne se trouve pas dans l'ordonnance. Le *lard en planches* doit être désigné sous cette dénomination, qui lui est spécialement propre, et toute salaison de porc qui n'est pas du *lard en planches*, doit être déclarée *porc salé*. (*Circ. du 22 novembre* 1820, *n°* 619.)

Les Colonies et comptoirs français,

La pêche de la baleine,

La pêche de la morue.

Ne jouiront que des restitutions de la deuxième classe les exportations effectuées aux destinations ci-après :

Les pays étrangers d'Europe,

Les possessions françaises du nord de l'Afrique,

Le Levant, l'Égypte et les États barbaresques sur la Méditerranée (*Ord. du 28 juillet* 1840, *art.* 2.) (1).

Les viandes de bœuf et de porc salées, exportées par les frontières de terre des Pyrénées, jouiront de la restitution de la seconde classe. (*Même Ord.*, *art.* 3.)

780. Pour établir le poids net des salaisons, il sera fait déduction du poids des futailles dans lesquelles elles seront contenues, en prenant le poids effectif des futailles vides de mêmes
forme et capacité.

Chaque restitution de droit sera autorisée par l'administration
des douanes, mais seulement sur la production des pièces justificatives de la bonne confection des salaisons embarquées (2),

---

(1) Les viandes embarquées comme provisions de bord et pour la nourriture
des équipages, donnent droit à la prime. (*Ord. du 22 juin* 1820, *art.* 1er.)

Toutefois les salaisons consommées dans le port ou en rivière avant l'exportation ou le passage en haute mer du navire, en sont exclues. (*Déc. adm. du*
3 *juin* 1829.)

(2) Les signes distinctifs d'une bonne salaison sont : pour le bœuf, une chair
ferme, d'un rouge vif dans les parties maigres, une graisse compacte, d'un
beau blanc, colorée légèrement, et par intervalle, d'une teinte rosée. L'odeur
est agréable, semblable à celle du jambon. Le lard est d'une couleur rose ver-
meille; il résiste sous le doigt, et a une odeur pareille à celle du bœuf, mais
un peu plus forte.

On doit faire une incision dans les viandes, pour bien apprécier leurs qualités, d'après les indications ci-dessus.

En général, les salaisons expédiées pour les Colonies ou toute autre destination éloignée, sont en saumure; celle-ci, pour assurer la conservation des
viandes, doit marquer à l'aréomètre, ou pèse-sel, de 25 à 27 degrés.

Les viandes de la deuxième classe, que l'on embarque pour les pays d'Europe
ou pour la pêche, doivent présenter les mêmes caractères extérieurs que les
précédentes, qui sont rangées dans la première classe; mais le degré de la
saumure peut être inférieur. Ce degré est facile à déterminer, d'après la quantité de sel sur laquelle le droit doit être restitué. Ainsi, par exemple, si la
saumure d'un quintal de bœuf ou de porc de la première classe, sur lequel on

de leur exportation effective et du lieu de leur destination (1).
(Ord. du 22 juin 1820, art. 3.)

Les viandes que l'on aurait salées dans les lieux situés dans l'enceinte des marais salans ou enclavés dans leur circonscrip-

---

rembourse le droit de 40 kilog. de sel, doit marquer de 25 à 27 degrés, il est clair que celle de 100 kilog. de même viande, rangée dans la deuxième classe et jouissant de la restitution de l'impôt sur 30 kilog. de sel seulement, ne devra porter que de 19 à 20 degrés. Ce calcul proportionnel, fort simple, se fait pour chacune des autres espèces de salaisons.

On voit que des viandes salées sont de mauvaise qualité ou n'ont pas reçu assez de sel, quand elles présentent une chair flasque, de couleur terne, et que la graisse en est jaune, portant une odeur de rance. La restitution du droit du sel ne peut être accordée, dans aucun cas, pour des viandes de mauvaise qualité ou dont la préparation est imparfaite. (*Circ. du 5 juillet 1820, n° 584.*)

(1) Nomenclature des pièces à produire :

1° Permis d'embarquer délivré pour les viandes salées, et au dos duquel doit être porté le certificat des vérificateurs, énonçant la bonne confection des viandes, le nombre et l'espèce des colis et leur poids net et brut;

2° Certificat donné par le chef du service actif, constatant que le bâtiment à bord duquel ont été embarquées les viandes a pris la mer;

3° Copie, par extrait, certifiée tant par l'employé chargé de la tenue du registre des déclarations que par le receveur de la douane au bureau de départ, du manifeste général de sortie;

4° Feuille de liquidation provisoire de la prime faite par les employés du bureau de départ.

Lorsque le navire doit faire échelle dans un autre port de France avant de se rendre à sa destination ultérieure, les pièces à produire sont :

De la part du directeur dans l'arrondissement duquel se trouve le port de première expédition :

1° Le permis d'embarquement dont il vient d'être parlé;

2° Le certificat du chef du service actif constatant la mise en mer du navire pour la destination intermédiaire;

Et de la part du directeur qui se trouve avoir sous sa surveillance le port de départ définitif :

1° Un certificat délivré par les employés de ce port, attestant l'existence à bord, l'identité et les poids net et brut des viandes au moment du départ;

2° Un autre certificat des chefs du service actif, constatant la sortie du navire pour se rendre immédiatement à sa destination définitive;

3° Un extrait du manifeste de sortie, comme il est dit ci-dessus;

4° La liquidation provisoire de la prime.

Les pièces ci-dessus indiquées sont certifiées par les sous-inspecteurs sédentaires ou autres chefs des bureaux d'expédition, et visées par les directeurs. (*Circ. des 5 juillet 1820, n° 584, 26 janvier 1824, n° 850, et 7 décembre 1825, n° 957.*)

Voir la 1re section du présent chapitre pour les peines encourues en cas de fraude.

tion, ne jouiront, à la sortie, du remboursement du droit du sel
que sur la représentation préalablement faite,

1º Des acquits de payement du droit du sel employé auxdites
fabrications;

2º D'un certificat du saleur qui aura préparé les viandes, ledit certificat légalisé par le maire de la commune où seront placés les ateliers de salaison. (*Ord. du* 22 *juin* 1820, *art.* 4.)

781. Toute quantité de viande salée en France, ayant joui de
la restitution du droit, aux termes des articles précédens, et
qui serait réimportée sous un prétexte quelconque, ne pourra
être mise en consommation dans le royaume qu'en supportant les
droits d'entrée du tarif comme viande salée importée de l'étranger. (*Même Ord., art.* 5.)

SECTION IX.

BEURRES SALÉS.

782. Le droit prélevé sur le sel employé dans la préparation
des beurres sera restitué à l'exportation de ce produit, et dans
les proportions qui seront déterminées par des ordonnances du
Roi. (*Ord. du* 13 *juill.* 1825, *art.* 9, *et Loi du* 17 *mai* 1826, *art.* 8.)

Les exportations de beurres salés donneront lieu, à titre de
prime de sortie, aux restitutions suivantes :

1º Du droit perçu sur 8 kilog. de sel pour 100 kilog. nets de
beurre salé exporté à destination :

Des pays étrangers d'Europe,

Des possessions françaises du nord de l'Afrique,

Du Levant, de l'Égypte et des États barbaresques sur la Méditerranée;

2º Du droit perçu sur 12 kilog. de sel pour 100 kilog. nets de
beurre salé exporté à destination :

Des pays étrangers transatlantiques,

Des Colonies et comptoirs français,

De la pêche de la baleine,

De la pêche de la morue. (*Ord. du* 23 *novembre* 1825, *art.* 1er,
et Ord. du 28 *juillet* 1840 (1).

---

(1) Les mesures d'exécution pour la délivrance des primes à l'exportation

SECTION X.

SEL AMMONIAC.

783. Le droit prélevé sur le sel employé dans la préparation du sel ammoniac sera restitué à l'exportation de ce produit, et dans les proportions déterminées par les ordonnances du Roi. (*Ord. du 13 juillet 1825, art. 9, et Loi du 17 mai 1826, art. 8.*)

Les exportations de sel ammoniac (1) régulièrement constatées (2) donneront lieu à la restitution du droit perçu sur le sel

---

des beurres salés sont les mêmes que celles relatives aux primes des viandes salées. (*Circ. du 7 décembre* 1825, *n°* 957.)

Si des beurres salés, ayant joui de la restitution de la taxe sur le sel, étaient réimportés, ils ne pourraient être admis dans le royaume qu'en supportant les droits d'entrée du tarif comme beurre salé étranger. (*Même Circ.*)

Voir d'ailleurs la section précédente, et la 1re section de ce chapitre pour les règles générales.

(1) Ce sel se livre au commerce en pains d'une forme aplatie et concave; il est presque sans odeur, et pour s'assurer de sa nature, il suffit d'en prendre un morceau, de le mettre dans un mortier avec une quantité égale de chaux vive ou de carbonate, soit de soude, soit de potasse, et de broyer ensemble les deux substances. Si la première est réellement du sel ammoniac, il s'exhale du mortier une odeur fétide extrêmement forte et pénétrante, produite par l'évaporation de l'ammoniaque ou alcali volatil. S'il arrive qu'il y ait à ce sujet contestation entre les employés et le déclarant, il est prélevé des échantillons qui sont adressés à l'administration pour être soumis aux experts du gouvernement. (*Circ. du 15 décembre* 1825, *n°* 958.)

(2) Pour les exportations par *mer*, on est tenu de produire, sauf les modifications indiquées par la différence des marchandises, les mêmes justifications que pour les viandes salées. (*Même Circ.*) — *Voir* le n° 780.

Si l'exportation a lieu par *terre*, les directeurs joignent aux demandes en restitution de la taxe du sel :

1° Un certificat des receveurs et visiteurs au bureau de deuxième ligne, attestant la reconnaissance qu'ils ont faite du sel ammoniac, le nombre et l'espèce des colis, ainsi que le poids brut et net de chaque colis;

2° Le passavant délivré à ce même bureau pour accompagner le sel ammoniac jusqu'au bureau de sortie;

3° Le certificat des vérificateurs qui, à cette douane de sortie, ont procédé, à vue du passavant et du premier certificat, à la reconnaissance du contenu des colis;

4° Un autre certificat donné par les employés du service actif, attestant qu'ils ont escorté les colis jusqu'à l'extrême frontière, et qu'ils les ont vus passer sur le territoire étranger;

5° Une liquidation provisoire de la prime.

Ces trois dernières pièces sont certifiées par le sous-inspecteur sédentaire de

employé à la fabrication de ce produit, dans la proportion de 160 kilog. de sel marin pour 100 kil. de sel ammoniac (1). (*Ord. du 23 novembre 1825*, art. 1er.)

Cette restitution ne sera accordée que pour les exportations faites par les ports de Marseille, Bayonne, Bordeaux, Nantes, le Havre, Rouen, Dunkerque, ou par les bureaux de Lille, Valenciennes, Forbach, Strasbourg, Saint-Louis et Pont-de-Beauvoisin. (*Même Ord.*, art. 2.)

Le sel ammoniac destiné à l'exportation et pour lequel on réclamera le bénéfice de l'article 1er de *la présente ordonnance*, devra être accompagné d'un certificat d'origine délivré par le fabricant, visé par le maire qui en attestera le contenu, et légalisé par le sous-préfet. (*Même Ord.*, art. 3.)

Les fraudes et fausses déclarations par lesquelles on chercherait à s'attribuer la restitution des droits, hors les cas où elle est due, donneront lieu à l'application de l'article 17 de la loi du 21 avril 1818 (2). (*Même Ord.*, art. 4.)

SECTION XI.

MEUBLES EN ACAJOU.

784. Il sera accordé pour la sortie des meubles neufs en acajou massif, à titre de remboursement de droit d'entrée, une prime de 17 fr. 50 c. par 100 kilog. Cette prime s'étendra aux feuilles de placage (*Lois des 7 juin 1820, art. 7, et 2 juill. 1836.*) (3).

---

la douane de sortie; toutes sont visées par les directeurs. (*Circ. du 15 décembre 1825*, n° 958.)

(1) Le mode à suivre pour établir le poids net du sel ammoniac est le même que celui employé pour les viandes salées (n° 780). (*Même Circ.*)

(2) Ainsi que de l'article 1er de la loi du 5 juillet 1836, qui a modifié la loi de 1818 (n° 766).

(3) Les meubles d'acajou doivent être présentés avec des certificats d'origine dûment légalisés, et portant déclaration de l'ouvrier qu'ils sont d'acajou massif et non de bois indigène plaqué, à l'exception des tiroirs et autres compartimens intérieurs qu'il est d'usage de ne pas faire en acajou. On établit le poids net des meubles pris en masse, sans autre défalcation que celle des marbres ou autres accessoires qui n'y sont pas adhérens. On considère comme adhérens les serrures, poignées et autres moulures en métal appliquées aux meubles. (*Circ. du 9 juin 1820*, n° 577.)

C'est de Paris que se font à peu près toutes les exportations de ce genre, et

SECTION XII.

PLOMB, CUIVRE, LAITON ET PEAUX.

785. Les droits perçus à l'importation du plomb brut, du cuivre brut et des peaux brutes, seront restitués à l'exportation du plomb battu, laminé ou autrement ouvré en nature, du cuivre et laiton battu, laminé ou autrement ouvré en nature, et des peaux apprêtées, et ce, dans les proportions et avec les formalités déterminées par ordonnance du Roi, et à la charge, par les réclamans, de justifier du payement desdits droits. (*Loi du 17 mai 1826, art.* 8.)

Les primes instituées par l'article 8 de la loi du 17 mai 1826 seront payées dans les proportions suivantes, savoir :

Pour 100 kilog. de plomb battu, laminé ou autrement ouvré en nature, le montant des droits d'entrée supportés par 102 kilog. de plomb brut;

Pour 100 kilog. de cuivre battu, laminé ou autrement ouvré en nature, le montant des droits d'entrée supportés par 100 kilog. de cuivre brut;

Pour 100 kilog. de laiton battu, laminé ou autrement ouvré en nature, le montant des droits d'entrée supportés par 90 kilog. de cuivre brut;

Pour 100 kilog. de cuirs et peaux tannés et corroyés, le montant des droits d'entrée supportés par 100 kilog. de peaux brutes;

Pour 100 kilog. de peaux teintes et vernies, le montant des droits d'entrée payés par 110 kilog. de peaux brutes;

Pour 100 kilog. de peaux mégies, chamoisées ou maroquinées, le montant des droits d'entrée payés par 200 kilog. de peaux brutes (1). (*Ord. du 26 juillet* 1826, *art.* 1er.)

---

les parties intéressées ont soin de s'entendre d'avance avec la douane pour que les vérifications se fassent avant l'emballage; elles préviennent ainsi des retards et des frais considérables. Dans tous les cas, il suffit, pour que tous les bureaux soient à portée de procéder aux actes qui confèrent le droit à la prime, de rappeler que l'exportation des meubles est assujettie aux formalités générales relatives aux autres produits. (*Même Circ.*)

(1) Les préposés qui expédient les marchandises d'un bureau intérieur, ou ceux qui en constatent la contre-vérification à l'extrême frontière, établissent,

786. Il ne sera admis comme justification du payement des droits à rembourser, que des quittances délivrées pour importation par navires français, à moins que l'exportateur ne prouve l'identité de la marchandise exportée avec celle importée par navire étranger, pour laquelle la quittance serait représentée (1). (*Ord. du 26 juillet* 1826, *art.* 2.)

Conformément à l'article 25 du titre 13 de la loi du 22 août 1791, on ne pourra admettre, pour motiver les restitutions de droits ci-dessus déterminées, des quittances ayant plus de deux années de date. (*Même Ord., art.* 3.)

SECTION XIII.

CHAPEAUX DE PAILLE.

787. Le droit payé à l'importation des chapeaux de paille, d'écorce et de sparterie, sera remboursé intégralement lorsque ces mêmes chapeaux, ayant été apprêtés en France, seront réexportés, et que les apprêteurs produiront des quittances délivrées en leur nom et n'ayant pas plus de six mois de date. (*Loi du 17 mai* 1826, *art.* 10.)

La prime de sortie ne sera plus payée que pour les chapeaux passibles du droit de 1 fr. 25 c. (2). (*Loi du 5 juillet* 1836.)

---

soit par le passavant, soit par le certificat de sortie effective, l'espèce et le poids net des objets, et se font représenter les quittances des droits pour des matières d'un poids qui réponde aux produits fabriqués. (*Circ. du* 1er *août* 1826, *n*° 998.)

(1) On n'admet que les quittances d'importations faites *dans les deux dernières années par navires français.* Ceux qui veulent profiter de l'exception prévue par l'article ci-dessus, adressent à l'administration, comme premier élément de justification, la quittance du droit d'entrée délivrée au nom même du fabricant exportateur, ou un extrait authentique des livres du consignataire qui a acquitté pour le compte de ce même fabricant. (*Même Circ.*)

(2) On doit se refuser, par conséquent, à admettre au bénéfice de la restitution des droits perçus à l'entrée, les chapeaux de paille, d'écorce ou de sparterie apprêtés, autres que ceux à tresses engrenées, qui ont acquitté le droit indiqué ci-dessus. (*Circ. du 16 juillet* 1836, *n*° 1551.)

On se conforme d'ailleurs aux règles tracées pour toutes les autres primes. (*Circ. du 19 juillet* 1825.) — *Voir* la 1re section de ce chapitre.

SECTION XIV.

MACHINES A VAPEUR.

788. Les machines à vapeur de fabrication étrangère, quelle qu'en soit la force, employées sur les navires français destinés à la navigation internationale maritime, seront exemptes de tous droits.

Les machines à vapeur de fabrication française, quelle qu'en soit la force, employées sur des navires destinés à la navigation internationale maritime, donneront droit à une prime de 33 pour 100 de la valeur en entrepôt des mêmes machines de construction étrangère; cette valeur sera déterminée par le comité consultatif des arts et manufactures.

Dans le cas où lesdites machines, soit étrangères, soit françaises, seraient, par une cause quelconque, affectées ultérieurement à une destination autre que la navigation internationale maritime, celles de construction étrangère seront assujetties au payement du droit exigible d'après le tarif actuellement en vigueur, et celles de construction française au remboursement de la prime (1). (*Loi du 6 mai* 1841, *art.* 1er.)

---

(1) Ces machines ne sont admises à la prime de sortie ou à l'immunité des droits d'entrée, qu'autant qu'elles sont complètes, et le commerce est tenu, pour faciliter les vérifications, de fournir, à l'appui de ses déclarations, des dessins sur échelle et des notices descriptives.

L'immunité des droits, comme la prime, ne peut être accordée qu'en vertu des ordres émanés de l'administration elle-même, et, dans l'un et l'autre cas, le propriétaire du navire à bord duquel les machines sont placées doit souscrire une soumission cautionnée portant obligation, soit d'acquitter les droits, soit de restituer la prime, suivant le cas, si, par une cause quelconque, ces machines étaient affectées ultérieurement à toute autre destination que la navigation maritime internationale. Copie certifiée de cette soumission doit être annexée, sous le cachet de la douane, à l'acte de francisation du navire, et annotation conforme doit en être faite sur le congé à l'article du mobilier du bâtiment. (*Circ. du* 8 *mai* 1841, *n*° 1850, *et Déc. adm. du* 15 *juillet suivant.*)

SECTION XV.

FONTES.

789. Les droits perçus à l'entrée sur les fontes employées à la fabrication des machines à feu seront remboursés aux conditions et dans les proportions déterminées par ordonnance du Roi, sur les machines d'une force de cent chevaux au moins, placées à bord des navires destinés à la navigation maritime. (*Loi du 5 juillet* 1836, *art.* 5, § *dernier.*)

La restitution du droit d'entrée sur les fontes brutes étrangères employées à la fabrication des machines à feu de cent chevaux ou plus, dont l'installation à bord des navires destinés à la navigation maritime aura été dûment constatée par les agens des douanes, s'effectuera à raison de 500 kilog. de fonte par cheval de force, y compris le déchet de fabrication, et de 6 fr. 40 c. par chaque 100 kilog. (*Ord. du* 30 *mai* 1839, *art.* 1er.)

Seront seules admises à jouir du bénéfice de ces dispositions les machines à feu neuves, dont la construction en France et la force seront dûment justifiées. Dans le cas où les diverses machines seraient retirées des navires pour être affectées à un autre emploi, les propriétaires seront tenus de rembourser le montant des sommes reçues par eux en vertu de la présente ordonnance. (*Même Ord.*, *art.* 2.)

Les dispositions précédentes seront applicables aux machines dont l'installation à bord des bâtimens affectés à la navigation maritime aura été régulièrement constatée par les douanes depuis la mise à exécution de la loi du 5 juillet 1836. (*Même Ord.*, *art.* 3.)

La disposition finale de l'article 5 de la loi du 5 juillet 1836 est abrogée en ce qui concerne les machines qui jouiront de la prime déterminée au second paragraphe de l'article 1er de la loi du 6 mai 1841 (no 788). (*Loi du* 6 *mai* 1841, *art.* 1er.)

CHAPITRE VI.

EXPÉDITIONS MIXTES (1).

Départ pour les Colonies françaises.

790. Les navires français armés dans les ports du royaume pour le commerce des Colonies françaises pourront, indépendamment des marchandises qu'ils chargeront à destination de ces Colonies sous les formalités prescrites par la loi du 17 juillet 1791, exporter, en payant les droits (2), pour les pays hors d'Europe (3) qui se trouveront sur leur route ou au delà de la

---

(1) Les navires français sont seuls autorisés à faire des expéditions mixtes. (*Déc. adm. du* 27 *mai* 1841.)

Ces expéditions ont lieu dans les cas ci-après ;

Au départ :

1°. Si le navire est armé pour les Colonies françaises, il peut charger des marchandises nationales et d'entrepôt à la double destination de ces Colonies et de l'étranger.

2°. Si, étant armé pour les Colonies françaises, il doit faire escale ou compléter sa cargaison dans un second port de France, il peut, indépendamment des marchandises nationales expédiées pour les Colonies, charger des marchandises de cabotage et d'entrepôt à destination de ce port secondaire.

3°. S'il va dans un autre port du royaume, et de là à l'étranger, il peut charger non-seulement des marchandises de cabotage et d'entrepôt pour le port de France, mais encore des marchandises d'exportation pour ces deux destinations.

Au retour :

1°. Le navire peut compléter aux Colonies françaises un chargement commencé à l'étranger.

2°. S'il apporte, soit des Colonies, soit de l'étranger, des marchandises à destination de plusieurs ports de France, il peut remplacer les marchandises débarquées au port de prime abord, par des marchandises de cabotage et d'entrepôt destinées pour un autre port.

(2) Lorsque les armateurs le demandent, la totalité de la cargaison est comprise sur les acquits-à-caution, comme si elle avait la Colonie pour destination unique; on réserve ainsi au capitaine le choix des marchandises à débarquer à l'étranger et dans les Colonies. Les douanes coloniales régularisent les acquits-à-caution pour les quantités qui leur ont été représentées; et au retour de ces expéditions au port de départ, les droits de sortie se perçoivent sur les marchandises vendues à l'étranger. (*Déc. adm. du* 28 *juillet* 1825.)

(3) Cette disposition a été étendue aux marchandises destinées pour les pays d'Europe. (*Déc. adm. du* 20 *mars* 1829.)

Colonie où ils doivent se rendre, toutes les marchandises dont la sortie ne sera pas prohibée. Toutefois lesdits navires resteront assujettis, pour leur retour, aux conditions prescrites par les articles 2 et 18 de la loi du 17 juillet 1791. (*Loi du 21 avril 1818, art.* 60.)

791. Indépendamment des marchandises nationales, les navires armés pour les Colonies françaises auront la faculté de réexporter des entrepôts du royaume des marchandises étrangères de toute nature, sans exception de celles qui sont prohibées en France. La réexportation de ces marchandises sera assurée et constatée conformément aux articles 61 et 62 (nos 431 et 432) de la loi du 21 avril 1818 (1). (*Déc. des* 15 *avril* 1817, 19 *avril* 1833, *et* 17 *septembre* 1835.)

792. Les navires armés pour les Colonies françaises, qui se rendront d'abord dans un autre port du royaume, pourront, indépendamment des marchandises nationales embarquées pour les Colonies ou l'étranger, charger à destination de ce port des marchandises françaises et des marchandises tirées d'entrepôt, sous les conditions générales du cabotage et des mutations d'entrepôt. (*Déc. adm. des* 15 *janvier* 1824 *et* 28 *décembre* 1839.)

Départ pour un autre port de France et l'étranger.

793. Les navires français qui, dans le cours d'un même voyage, voudront se rendre *d'abord à un autre port de France* (2), et ensuite à l'étranger, pourront charger, au port d'armement, des marchandises françaises pour cette double destination (3). Ces

---

(1) Si, au lieu d'aller d'abord à l'étranger, le navire se rend directement à une Colonie française, il ne doit plus charger que des marchandises étrangères admissibles à la consommation ou dans les entrepôts de cette Colonie. Ces marchandises sont alors expédiées par acquit-à-caution de mutation d'entrepôt ou de simple réexportation, suivant que la Colonie a ou n'a pas des entrepôts constitués conformément à la loi du 12 juillet 1837. (*Déc. adm. du* 10 *août* 1841.)

Voir le chapitre 1er du présent livre.

(2) Le navire qui ferait escale à l'étranger avant de se rendre au port de France, serait exposé à voir traiter comme étrangères les marchandises de cabotage destinées pour ce port. (*Déc. adm. du* 14 *juillet* 1840.)

(3) Ces dispositions ne s'appliquent pas aux marchandises exportées sous bénéfice de primes; celles-ci doivent toujours être expédiées sous les conditions

marchandises seront expédiées sous les conditions générales du cabotage (1) ou des exportations. (*Déc. adm. des 17 février* 1834 , 30 *mai* 1835, 21 *décembre* 1836, 1er *mars* 1837, 17 *mai* 1839, *et* 24 *août* 1841.)

794. Ils pourront charger en outre, sous les conditions générales des mutations d'entrepôt, des marchandises extraites d'entrepôt pour le port d'escale (2). (*Déc. adm. des* 30 *décembre* 1830, 17 *février* 1834, 30 *mai* 1835, 17 *mai* 1839, *et* 24 *août* 1841.)

795. Quelle que soit la destination ultérieure des navires (l'étranger ou les Colonies françaises), ils auront la faculté de compléter leur chargement au port d'escale, et d'y remplacer par des marchandises françaises ou d'entrepôt les marchandises qu'ils y auront apportées du port d'expédition. (*Déc. des* 15 *janvier* 1824, *et* 30 *mai* 1835.)

Retour des Colonies françaises.

796. Les navires qui auront commencé leur chargement à l'étranger auront la faculté de le compléter aux Colonies françaises, soit avec des marchandises étrangères extraites d'entrepôt, soit avec des productions de la Colonie; toutefois ils ne pourront, dans aucun cas, y charger des marchandises similaires de celles prises à l'étranger, à moins qu'il n'existe dans la Colonie un entrepôt réel établi en vertu de la loi du 12 juillet 1837, et que les objets chargés à l'étranger n'aient été déclarés pour cet entrepôt, mis à terre, et dirigés ensuite sur la métropole sous les for-

---

générales du cabotage, et accomplir au port d'escale les formalités relatives au régime des primes. (*Déc. adm. du* 2 *février* 1838.) — *Voir* le chapitre v du présent livre.

(1) La douane du port d'escale est tenue de s'assurer qu'on y débarque les objets désignés par les acquits-à-caution ou passavans de cabotage. C'est surtout à l'égard des marchandises qui sont prohibées, ou fortement imposées à la sortie, qu'il importe d'acquérir la certitude qu'elles rentrent effectivement à l'intérieur. (*Déc. adm. du* 30 *mai* 1835.)

(2) La douane de ce port ne devra pas exiger le transport, dans les magasins de l'entrepôt, des marchandises qui, après avoir été débarquées et reconnues, doivent être réexpédiées immédiatement sous les conditions des articles 61 et 62 (nos 431 et 432) de la loi du 21 avril 1818. (*Déc. adm. des* 17 *février* 1834 *et* 30 *mai* 1835.)

malités et les garanties des mutations d'entrepôt (1). (*Circ.
manusc. du 3 décembre* 1839.)

797. Les navires venant des Colonies avec des marchandises
destinées pour plusieurs ports du royaume pourront les transporter successivement dans ces divers ports, en justifiant dans
le premier port de la destination ultérieure des marchandises
qui doivent rester à bord (2). (*Loi du 22 août* 1791, *tit.* 1er,
art. 6; *Déc. adm. des* 1er *août* 1826, *et* 3 *mars* 1841.)

Les marchandises débarquées au port de prime abord pourront être remplacées par des marchandises de cabotage ou d'entrepôt. L'embarquement de ces marchandises demeurera subordonné aux restrictions et formalités indiquées ci-après à l'égard
des bâtimens venant directement de l'étranger. (*Déc. adm. des*
1er *août* 1826, *et* 3 *mars* 1841.)

Retour de l'étranger.

798. Les navires français venant de l'étranger avec des marchandises destinées pour plusieurs ports du royaume (3) pour-

---

(1) Les douanes coloniales sont particulièrement chargées de l'exécution de
ces mesures. (*Déc. du min. de la marine du* 27 *décembre* 1839.)

(2) A défaut de justifications suffisantes, on peut, à l'égard de ces cargaisons, s'en rapporter à la déclaration du capitaine ou du consignataire. (*Déc.
adm. du* 3 *mars* 1841.)
Si, au lieu d'avoir délivré autant d'expéditions qu'il y a de destinations
différentes, la douane coloniale a porté la totalité de la cargaison sur une seule,
cette expédition est régularisée au port de prime abord pour la partie des
marchandises qu'on y a débarquée; elle est ensuite transmise successivement,
par l'intermédiaire des directeurs, dans les ports secondaires, où sa régularisation est complétée. Le directeur dans l'arrondissement duquel se trouve le
premier port de retour, fait connaître au directeur du second port si les justifications d'origine et de transport direct produites à l'arrivée ont été admises,
et si l'application du privilége colonial a été définitive ou conditionnelle. Il
adresse en même temps à l'administration un état particulier qui indique la
portion du chargement laissée au port de prime abord, et désigne la douane
où ont été adressées les expéditions de la Colonie; ces expéditions, ainsi que
l'état relatif aux marchandises débarquées au dernier port, sont ensuite
transmises à l'administration. (*Déc. adm. du* 3 *mars* 1841.)

(3) La faculté de transporter successivement dans plusieurs ports les marchandises d'une même cargaison, est acquise aux navires de tous pavillons, en
vertu de l'article 6 du titre 1er de la loi du 22 août 1791; mais les bâtimens
français peuvent seuls effectuer les expéditions mixtes dont il s'agit. (*Déc.
adm. du* 1er *août* 1826.)

ront, après avoir débarqué une partie de leur cargaison au port
de prime abord, la compléter de nouveau avec des marchandises
nationales ou d'entrepôt destinées pour un autre port de France.
Il leur est formellement interdit d'embarquer des produits similaires de ceux qui, pris à l'étranger, seront restés à bord. (*Déc.
min. du 24 novembre* 1831, *et Déc. adm. des* 30 *mai* 1835, 17 *mai*
1839, *et* 26 *juillet* 1841.)

Les marchandises embarquées seront, suivant leur origine,
expédiées sous les formalités du cabotage ou des mutations d'entrepôt (1). (*Mêmes Décisions.*)

Dispositions générales.

799. Les manifestes de sortie dont les capitaines sont tenus
de se munir, aux termes de l'article 2 de la loi du 5 juillet 1836
(n° 297), devront présenter séparément les marchandises suivant
leur origine et leur destination. Ainsi, à l'égard des navires qui
partiront de France, les marchandises y seront transcrites dans
l'ordre suivant :

Marchandises françaises expédiées par cabotage ;
—   exportées à l'étranger ;
—   dirigées sur les Colonies françaises.

Marchandises étrangères expédiées par mutation d'entrepôt ;
—   réexportées à l'étranger ;
—   dirigées sur les Colonies françaises.

Et pour les navires de retour de l'étranger ou des Colonies
françaises, le manifeste de sortie du port de prime abord présentera, ainsi qu'il suit, les marchandises composant le chargement.

Marchandises de cabotage ;
—   de mutation d'entrepôt ;
—   apportées de l'étranger ou des Colonies, et res-
              tées à bord.

(*Déc. adm. des* 19 *avril et* 10 *septembre* 1833, 21 *décembre* 1836,
17 *mai* 1839, *et* 3 *mars* 1841.) (2).

---

(1) La loi du 5 juillet 1836 ayant rendu la formalité du manifeste de sortie
obligatoire, et cet acte devant être contrôlé et visé par la douane, il est inutile d'en transmettre une copie à l'administration. Il suffit que l'employé chargé
de viser le manifeste original s'assure qu'on s'est conformé aux règles relatives
aux expéditions mixtes. (*Déc. adm. du* 26 *juillet* 1841.)

(2) L'exactitude du manifeste et sa concordance avec les expéditions doivent

CHAPITRE VII.

ÉCHOUEMENS ET NAUFRAGES.

§ 1er. POLICE DES SAUVETAGES (1).

Intervention des douanes.

800. Les préposés des douanes seront tenus de se transporter sans délai sur le lieu du naufrage, et de prévenir en même temps les officiers chargés d'y pourvoir (2). Les marchandises sauvées seront mises en dépôt; et si elles sont étrangères (3), les préposés les garderont de concert (4) avec les agens commis

---

être reconnues et constatées par l'employé chargé de contrôler et de viser cet acte. Il faut libeller les expéditions avec le plus grand soin, et veiller à ce que les objets destinés pour les ports d'escale y soient effectivement mis à terre. Aux Colonies, comme dans les ports de la métropole, la vérification des chargemens exige une attention toute particulière; les employés doivent s'assurer notamment si les pièces justificatives d'origine se rapportent exactement aux marchandises pour lesquelles elles sont présentées; ils doivent aussi reconnaître l'intégrité du plombage des colis assujettis à cette formalité, et ne rien négliger, en un mot, de tout ce qui peut concourir à garantir la régularité des opérations. (*Circ. du* 21 *avril* 1818, *n°* 385; *Déc. adm. des* 3 *mai* 1835 *et* 17 *mai* 1839.)

(1) Le capitaine qui a fait naufrage, et qui s'est sauvé seul ou avec partie de son équipage, est tenu de se présenter devant le juge du lieu, ou, à défaut de juge, devant toute autre autorité civile pour y faire son rapport. (*Code de commerce, art.* 246.)

(2) Ce sont les officiers de la marine. L'obligation de les avertir s'applique également au cas de simple épave, attendu que les marchandises d'épaves sont soumises à la loi commune. (*Circ. du* 23 *septembre* 1813.)

(3) Les préposés doivent, dans tous les cas, garder les marchandises provenant de naufrages; elles sont réputées étrangères jusqu'à ce que l'origine française en ait été prouvée. (*Circ. des* 19 *mai* 1815, *n°* 31, *et* 3 *novembre* 1820, *n°* 613.)

Il doit être rendu compte exactement à l'administration, d'une part, de ce qui concerne les naufrages, c'est-à-dire les détails du service dont ils sont l'occasion et les résultats de ce service; de l'autre, des suites du naufrage en ce qui a rapport aux cargaisons. (*Circ. du* 4 *janvier* 1818.)

(4) Les chefs civils de la marine suivent le dépôt et la vente des objets provenant de bris et de naufrages, concurremment avec les employés des douanes. (*Circ. min. du* 28 *pluviôse an* 2.)

Si les officiers de la marine s'opposaient à ce que les préposés coopérassent

à cet effet par lesdits officiers. (*Loi du 22 août 1791, tit. 7, art. 1er.*)

Intervention de la marine.

801. A défaut des armateurs, propriétaires, subrécargues ou correspondans, l'officier en chef de l'administration de la marine, et, en son absence, celui qui le remplace dans l'ordre du service, sera chargé du sauvetage et de tout ce qui concerne les naufrages (1), quelle que soit la qualité du navire.

Les dispositions précédentes seront également appliquées aux navires étrangers, à moins que des traités ou conventions ne contiennent des dispositions contraires. (*Arrêté du 17 floréal an 9, art. 1er.*)

Assistance des autorités.

802. L'officier de l'administration de la marine, dans le quartier duquel se trouve le lieu du naufrage, devra recevoir les premiers avis, quelle que soit la distance de ce lieu à celui de sa résidence. Jusqu'à son arrivée, les syndics des gens de mer donneront les premiers ordres, et requerront, en cas de besoin, l'assistance des autorités locales, soit pour pourvoir au sauvetage, soit pour empêcher le pillage. (*Arrêté du 17 floréal an 9, art. 2.*)

Intervention des consuls.

803. Des conventions de réciprocité avec diverses puissances ont admis leurs consuls, dans les ports de France, à procéder au sauvetage des bâtimens de leurs nations respectives (2) en

---

aux différens actes relatifs aux naufrages ou épaves, il en serait dressé procès-verbal pour être transmis à l'administration, qui en rendrait compte au ministre. (*Circ. du 27 germinal an 10.*)

Quelle, que soit la qualité de celui qui se présente pour disposer des marchandises, propriétaire, armateur, subrécargue, correspondant, consul ou officier de la marine, l'intervention de la douane est toujours indispensable et forcée; car, en toute hypothèse, elle a les mêmes droits à percevoir ou les mêmes prohibitions à maintenir. (*Circ. du 22 août 1825, n° 935.*)

(1) L'administration de la marine ayant l'initiative en matière de naufrages, les receveurs des douanes ne doivent, *dans aucun cas*, faire l'avance des frais de sauvetage. (*Circ. du 29 juillet 1813.*)

(2) Les consuls étrangers établis dans nos ports ont pour principale mission de protéger le commerce de leurs compatriotes, et d'aider ceux-ci en toutes

l'absence de tous propriétaires, subrécargues ou correspondans.

Ce droit a été concédé :

1º Aux consuls espagnols; (*Convention du 2 janvier* 1768, *art.* 14; *Circ. du 27 août* 1818.)

2º Aux consuls prussiens; (*Déc. du min. des affaires étrangères du 29 octobre* 1816; *Circ. du 10 novembre suivant, nº* 219.)

3º Aux consuls portugais; (*Déc. min. du 24 février* 1818; *Circ. du 27 août suivant, nº* 423.)

4º Aux consuls sardes; (*Déc. min. du 25 mai* 1818; *Circ. du 27 août suivant, nº* 423.)

5º Aux consuls suédois; (*Déc. min. du 15 février* 1820; *Circ. du 28, nº* 550.)

6º Aux consuls hanovriens; (*Déc. min. du 16 avril* 1823; *Circ. du 30, nº* 795.)

7º Aux consuls de Toscane; (*Déc. min. du 28 juillet* 1825; *Circ. du 22 août suivant, nº* 935.)

8º Aux consuls brésiliens; (*Convent. du 8 janvier* 1826, *art.* 4.)

9º Aux consuls mexicains; (*Traité du 9 mars* 1839, *art.* 3.)

10º Aux consuls de Belgique; (*Déc. min. du 17 décembre* 1827; *Circ. du 24, nº* 1078.)

11º Aux consuls de la Nouvelle-Grenade; (*Convent. du 14 novembre* 1832, *art.* 1er.)

12º Aux consuls venezueliens; (*Conv. du 11 mars* 1833, *art.* 1er.)

13º Aux consuls boliviens; (*Convent. du 9 déc.* 1834, *art.* 28.)

14º Aux consuls de Mecklenbourg-Schwerin; (*Convention du 19 juillet* 1836, *art.* 10.)

15º Aux consuls de la république orientale de l'Uruguay; (*Convention du 8 avril* 1836.)

16º Aux consuls du Texas; (*Traité du 25 septembre* 1839, *art.* 9.)

17º Aux consuls des Pays-Bas; (*Traité du 25 juillet* 1840, *art.* 13.)

Les consuls devront intervenir en personne dans les naufrages

---

circonstances. Leur intervention n'est, dans aucun cas, plus naturelle, plus utile que lorsque, par suite du naufrage d'un bâtiment, il s'agit de constater la cause de l'événement, de reconnaître l'espèce et la quantité des marchandises sauvées, de veiller à leur conservation, et d'assurer ainsi les intérêts des propriétaires; mais l'exercice de ce droit est subordonné à la réciprocité. Il faut que le même privilége soit conféré pleinement à nos consuls dans chacun des États qui le réclament chez nous. (*Explications du ministre des affaires étrangères du 6 août* 1818, *transmises par la Circ. du 27 du même mois, nº* 423.)

ou par leur chancelier ; ils ne pourront se faire suppléer par des étrangers ni même par aucun employé de leur chancellerie. (*Circ. du 22 août 1825, n° 935.*)

Exclusion de toute autre partie.

804. Il devra être enjoint, par les autorités constituées, à tout individu de se retirer du lieu de l'échouement, et de ne s'immiscer en aucune manière dans les opérations du sauvetage, à moins qu'il n'y soit expressément autorisé. (*Arrêté du 27 thermidor an 7, art. 4.*)

Vol de marchandises.

805. Ceux qui seront trouvés par les préposés des douanes saisis de marchandises naufragées, enlevées, sans être porteurs d'une permission, seront par eux arrêtés et conduits à la maison d'arrestation (1), et lesdits préposés remettront, dans le jour, leur procès-verbal au juge de paix le plus prochain, sans que les frais, en aucun cas, puissent être à la charge de l'administration. Lesdites marchandises seront remises dans un dépôt ou magasin, pour être statué sur la propriété de ceux qui les réclameront, et en être usé comme pour le surplus du chargement. (*Loi du 22 août 1791, tit. 7, art. 7.*)

Les coupables, arrêtés sur-le-champ, seront livrés ensuite aux tribunaux pour y être jugés suivant la rigueur des lois. (*Arrêté du 27 thermidor an 7, art. 5.*)

Poursuites contre les délinquans.

806. Dans le cas d'enlèvement furtif des effets naufragés, le juge de paix du lieu du délit, ou le fonctionnaire public qui le

---

(1) Les agens des douanes doivent conduire, dans le jour, les délinquans, soit devant le procureur du Roi, soit, à défaut, devant le juge de paix du canton où l'arrestation a eu lieu. Si ces magistrats refusaient purement et simplement de statuer sur les procès-verbaux d'arrestation, les directeurs devraient immédiatement en écrire au procureur-général et en informer l'administration. Mais si la décision des magistrats était basée sur *l'absence des preuves du délit*, la douane prendrait aussitôt des conclusions pour faire appliquer aux contrevenans les lois relatives à la police des importations ou de la circulation, selon le cas. Ces conclusions seront toujours *réservées* dans le procès-verbal, afin que l'on ne puisse pas objecter aux employés qu'ils n'ont pas rédigé *de suite* le procès-verbal de saisie comme le veut la loi. (*Déc. adm. du 30 mai 1836.*)

supplée en cas d'absence, prendra sur-le-champ les renseigne-
,mens nécessaires, entendra les témoins qui lui seront indiqués,
et fera des visites domiciliaires chez les personnes prévenues
d'avoir soustrait ou recélé les objets, en conformité du Code
d'instruction criminelle. (*Arrêté du 27 thermidor an 7, art. 6.*)

Pillage à force ouverte.

807. Si le pillage des effets naufragés s'est fait à force ouverte par attroupement, la commune du lieu du délit en sera civilement responsable, aux termes de la loi du 10 vendémiaire
an 4. Les procès-verbaux dressés par les agens municipaux et
tous les autres renseignemens recueillis seront transmis au procureur du Roi, qui provoquera l'application des condamnations
prononcées par cette loi, indépendamment des poursuites cri-
minelles ordinaires, suivant les dispositions du Code pénal.
(*Même Arrêté, art. 7.*)

Droits des propriétaires et des préposés sauveteurs.

808. En matière de bris et naufrages, les délits des sauveteurs
ne peuvent compromettre les droits des propriétaires. Ainsi, lorsque des effets ou marchandises naufragés seront saisis, on se
bornera à les constater par un procès-verbal régulier, et à réclamer auprès des tribunaux, sans parler de confiscation, l'application des peines encourues par les sauveteurs infidèles et les
recéleurs (1). Les effets et marchandises seront ensuite mis en
magasin sous la clef de la marine et de la douane, et il en sera
disposé comme s'ils avaient été régulièrement sauvés. (*Circ. du
9 juillet 1817, n° 295.*)

Cadavres.

809. Lorsque des cadavres seront trouvés, soit dans les ports,
soit sur les rivages, il en sera donné avis au juge de paix du lieu,
qui fera les diligences et poursuites nécessaires. (*Circ. du 18 janvier 1793.*)

---

(1) Dans ce cas, les directeurs réclament, auprès des commissaires de la
marine, le payement en faveur des préposés, de ce qui aurait été attribué aux
sauveteurs des marchandises, s'ils en eussent fait la déclaration, ou une ré-
compense pour le zèle et l'activité dont ils ont fait preuve. (*Circ. n° 295.*)

§ 2. DES MARCHANDISES SAUVÉES.

Emmagasinement.

810. Après la décharge totale du bâtiment naufragé et le dépôt provisoire des marchandises sauvées dans le lieu le plus prochain du naufrage, s'il est établi un nouveau magasin, lesdites marchandises devront y être conduites par les préposés de l'administration; il leur sera donné une clef de ce nouveau magasin. Ils assisteront aux procès-verbaux de reconnaissance et de description des effets sauvés, et ils signeront les actes qui seront rédigés par les officiers compétens. Il leur sera ensuite délivré des expéditions de ces actes, lesquelles seront taxées avec les frais de sauvetage. (*Loi du 22 août 1791, tit. 7, art. 2.*)

Bénéficiement.

811. Si tout ou partie des marchandises est dans le cas d'être bénéficié avant ou pendant le séjour dans le dépôt provisoire ou dans le second magasin, le bénéficiement ne pourra avoir lieu qu'en présence des préposés des douanes, qui seront tenus d'y assister à la première réquisition qui leur en sera faite, à peine de demeurer responsables des événemens. Après le bénéficiement, les marchandises seront rétablies dans lesdits magasins. (*Même Loi, même titre, art. 3.*)

Origine des marchandises présumées étrangères.

812. Toutes marchandises provenant de naufrage, d'échouement ou jetées à la côte par suite d'événemens de mer, seront réputées étrangères et traitées comme telles, si elles ne sont reconnues d'origine française. (*Circ. du 30 juin 1825, n° 923.*)

Comment se présume et s'établit l'origine française.

813. L'expertise destinée à faire reconnaître l'origine des marchandises sauvées du naufrage d'un bâtiment aura lieu quand la nature de ces marchandises et la forme de leurs emballages permettront d'en présumer l'origine française (1), et que d'ailleurs

---

(1) Lorsque l'état d'avarie d'une marchandise présumée française ne permet pas d'attendre la décision des experts, la marine la fait vendre *franche de*

les dépositions des marins échappés du naufrage, les papiers retirés de la mer, ou tels autres indices établiront que le navire naufragé venait d'un port de France. A cet effet, des échantillons seront adressés à l'administration pour être soumis aux experts du gouvernement (1). (*Déc. min. du 7 juin 1825; Circ. du 30, nº 923.*)

Liquides.

814. La reconnaissance des liquides provenant de naufrages ou d'épaves aura lieu à la douane de sauvetage par deux experts que le receveur désignera toutes les fois qu'il s'agira de quantités dont les droits, en supposant qu'ils dussent être payés, ne s'élèveraient pas à plus de 300 fr. L'expertise aurait lieu de la même manière pour des quantités plus considérables, *si le dépérissement était imminent et ne pouvait être prévenu* (2). (*Déc. du ministre des fin. du 22 juill. 1825; Circ. du 5 août suivant, nº 933.*)

Marchandises reconnues françaises.

815. Si l'origine française est reconnue, les marchandises seront admises en exemption de tous droits (3). (*Circ. du 19 mai 1815.*)

---

droits, et souscrit en même temps l'engagement de payer ces droits dans le cas où l'objet vendu serait reconnu étranger. (*Déc. du min. de la marine du 21 octobre 1820; Circ. du 3 novembre suivant, nº 615.*)

(1) Toutefois l'expertise est inutile pour les marchandises de cabotage dont l'embarquement à un port de France est justifié par des expéditions régulières, et sur l'identité desquelles il ne s'élève aucun doute. Dans ce cas, les marchandises sont vérifiées et reconnues comme elles l'auraient été au port de destination, et les expéditions sont régularisées conformément au résultat de la visite.

(2) Dans ce dernier cas, si les experts nommés par la douane jugent que l'on peut surseoir sans péril ou hésitent à déclarer l'origine française, il faut procéder selon la règle générale, en adressant des échantillons à l'administration. (*Circ. du 5 août 1825, nº 933.*)

(3) Il y aurait lieu de réclamer le remboursement de la prime qui aurait pu être payée à la sortie.

S'il s'agit de boissons expédiées par cabotage, les employés de la régie doivent être appelés pour procéder à la décharge des acquits-à-caution dont elles sont accompagnées.

Pour les boissons étrangères destinées à la consommation intérieure, *voir* le chapitre xxvi du présent livre.

Marchandises étrangères.

816. Les marchandises naufragées ou chargées sur des bâtimens en relâche forcée et constatée par les préposés des
douanes, pourront être importées où devront être renvoyées à
l'étranger, conformément aux règles générales des douanes (1).
(*Loi du 4 germinal an 2, tit. 2 art. 11.*)

Les marchandises prohibées à l'entrée ne seront vendues ou
remises à ceux qui les réclament qu'à charge de renvoi à l'étranger (2). Elles seront transportées, sous la conduite des préposés et aux frais des propriétaires, au port le plus voisin, où
elles seront placées sous la clef de la douane jusqu'à la réexportation. La réexportation ne pourra être différée au delà de trois
mois, à compter du jour de la remise (3) qui a été faite aux propriétaires des marchandises, à peine de confiscation desdites
marchandises. Il est défendu aux juges d'en faire la remise pure
et simple auxdits propriétaires, à peine d'être condamnés au

---

(1) Les marchandises de toute nature qui ne peuvent être réexportées
directement du lieu du naufrage ou de la vente, sont expédiées, sous les formalités des mutations d'entrepôt par mer, sur un port d'entrepôt réel, où leur
admission peut avoir lieu aux conditions générales. (*Circ. du* 19 *juin* 1822,
n° 752, *et Déc. adm. du* 25 *juin* 1841.)

Les débris d'embarcations étrangères échouées sont admis au droit de 10 pour
100 de la valeur, comme agrès et apparaux. Le même droit s'applique aux
morceaux de bois garnis de clous, aux chevilles, au cuivre à doublage et aux
métaux séparés du bois, lorsque ce sont des débris de navires. (*Déc. adm. du*
30 *juillet* 1841.)

Pour les embarcations de deux tonneaux provenant de naufrages ou d'épaves,
et qui sont vendues par les agens de la marine, *voir* le n° 527, *Navigation.*

(2) Si, au lieu de marchandises prohibées absolument, il s'agissait d'objets
frappés d'une prohibition relative, comme dans les cas prévus par le traité
conclu avec l'Angleterre le 26 janvier 1826, la circonstance du naufrage ne
les affranchirait pas de cette prohibition. Ils devraient être réexportés, à
moins que leur état d'avarie n'en rendît la vente nécessaire. (*Déc. min. du*
18 *novembre* 1858.)

L'administration a permis, dans plusieurs circonstances, que les marchandises fussent admises pour la consommation, nonobstant la prohibition
relative.

Dans tous les cas d'admission exceptionnelle, les marchandises acquittent
les taxes générales du tarif.

(3) C'est-à-dire du jour où le propriétaire ou l'adjudicataire peut disposer
de la marchandise, toutes choses étant réglées quant au sauvetage.

payement de la valeur des marchandises et d'une amende de 500 fr.
Dans le cas néanmoins où les marchandises prohibées, sauvées
du naufrage, seraient tellement avariées qu'elles ne pourraient
être exportées sans risque d'une perte totale, les propriétaires
auraient la faculté de les faire vendre publiquement, à la charge
de payer, après la vente, entre les mains des préposés à la perception, un droit de 15 pour 100 sur le produit de ladite vente,
pour le montant de ce droit être versé à la caisse des invalides
de la marine (1). (*Loi du 22 août 1791, tit. 7, art. 6.*)

Vente.

847. Lorsque les marchandises devront être vendues, l'officier
chargé d'en poursuivre la vente fera signifier au receveur des
douanes, au plus prochain bureau du lieu du naufrage, le jour de
cette vente, avec fixation d'un délai suffisant pour qu'il puisse y
assister, le tout à peine, par ledit officier, d'être responsable des
droits sur la totalité des marchandises portées au procès-verbal
de reconnaissance et de description. Les préposés de la douane
seront présens à ladite vente; ils veilleront à ce que les adjudicataires des marchandises observent les formalités prescrites pour
les déclarations, visites et acquits des droits (2). (*Même Loi,
même titre, art. 4.*)

818. La vente des marchandises naufragées, sans exception
de celles dont l'entrée est réservée à certains bureaux, ni de celles
avariées, pourra se faire au bureau le plus voisin du lieu du sauvetage, lors même que ce bureau ne serait pas au nombre de
ceux que la loi désigne pour leur admission. (*Circ. du 18 août
1818, n° 417.*)

---

(1) Le droit de 15 pour 100 n'est point sujet au décime. (*Déc. adm. du
7 février* 1834.)

Il ne s'applique qu'aux marchandises prohibées d'une manière absolue.
Quant à celles dont la prohibition est conditionnelle ou relative, elles doivent
toujours acquitter, au profit du Trésor public, les taxes spéciales désignées
par le tarif en vigueur. (*Déc. adm. du 20 février* 1859.)

(2) Lorsque les préposés ont assisté à toutes les opérations d'un sauvetage,
les procès-verbaux qu'ils signent, et dont ils reçoivent expédition, tiennent
lieu de déclaration d'entrée; mais s'il s'agit d'effets trouvés sur la côte par des
particuliers, la déclaration doit être exigée, pour la sûreté du droit, indépendamment de celle faite au bureau de la marine. (*Circ. du 27 germ. an 10.*)

Marchandises avariées.

819. Seront communes aux marchandises naufragées les dispositions qui règlent le payement des droits sur les marchandises avariées (n°s 243 et suivans). (*Loi du 22 août 1791, tit. 7, art. 5.*)

Réexportation.

820. Les marchandises non prohibées, qui ne seront pas mises en consommation, sous le payement des droits, ou placées en entrepôt réel, devront être réexportées, au plus tard, dans le délai de trois mois fixé pour les marchandises prohibées (n° 816) (1). (*Circ. manusc. du 10 mai 1839.*)

Produit des ventes.

821. Le produit de toutes les ventes provisoires sera déposé à la caisse des invalides de la marine, sauf réclamation par qui il appartiendra. (*Arrêté du 17 floréal an 9, art. 3.*)

§ 3. RÉTRIBUTIONS DES SAUVETEURS.

Vacations et frais de route.

822. Les employés des douanes auront droit à une indemnité lorsqu'ils assisteront au sauvatage des bâtimens échoués et des marchandises naufragées. Cette indemnité sera la même, soit en vacations, soit en frais de route, que celle dont jouissent pour les mêmes cas les officiers et employés de la marine de l'État. (*Arrêté du 20 floréal an 13, art. 1er.*)

TAUX *des vacations et frais de route accordés aux gardes de la*

---

(1) Les marchandises, prohibées ou non, qui sont renvoyées à l'étranger, soit immédiatement après le sauvetage, soit après avoir été déposées temporairement sous la clef de la douane, sont affranchies du droit de réexportation. Mais si ces marchandises, dirigées sur un port d'entrepôt, étaient admises dans cet établissement sous le bénéfice des lois générales qui le régissent, elles devraient alors être assimilées aux autres marchandises d'entrepôt, dont elles conserveraient tous les avantages, et acquitter le droit de réexportation lorsqu'elles seraient renvoyées à l'étranger par mer. (*Circ. manusc. du 10 mai 1839.*)

marine, et par assimilation aux employés de l'administration
des douanes.

GRADES DE LA MARINE.	GRADES CORRESPONDANS DES DOUANES.	CONDUITES ou frais de voyage par myria- mètre (1).		VACATION par jour.	
		fr.	c.	fr.	c.
Sous-commissaire.......	Inspecteur................	4	»	7	»
	Receveur principal.........	4	»	7	»
Commis principal.......	Sous-inspecteur...........	5	»	5	50
Syndics des gens de mer.	Receveur subordonné.......	2	50	4	»
Commis de marine......	Capitaines de brigades......	2	50	4	»
	Lieutenant................	2	50	4	»
Gendarmes..........	Brigadiers, sous-brigadiers et préposés...............	2	50	1	50

(*Arrêté du 29 pluviôse an 9; Décret du 20 floréal an 13, art. 2
et 3; Déc. du min. de la marine du 12 février 1810; Circ. du 19;
Circ. du 19 septembre 1820, nº 602; Déc. du min. de la marine
du 10 mars 1826; Circ. nº 978.*)

823. Le receveur des douanes (2) qui concourra à la rédaction des actes et procès-verbaux de sauvetage, et l'employé supérieur, ayant le grade d'inspecteur, qui dirigera le service des
brigades chargées de la garde des effets sauvés, seront traités
comme le sous-commissaire de la marine (3).

Si l'inspecteur est suppléé dans ce service par un capitaine de
brigades ou par un lieutenant, l'un ou l'autre de ces employés

---

(1) Les frais de voyage se calculent en raison de la distance de la résidence
au lieu de l'échouement ou de l'emmagasinement, suivant le cas de sauvetage
ou de vente, sans qu'on ait égard aux courses intermédiaires. (*Déc. du min.
de la marine transmise par la Circ. du 19 septembre 1820, nº 602.*)

(2) Il appartient au receveur de décider quel sera le régime applicable aux
diverses marchandises, de recevoir les déclarations et de rédiger tous autres
actes. Sa présence au lieu du naufrage est donc indispensable. (*Déc. adm. du
24 juillet 1857.*)

(3) Le sous-inspecteur, opérant aux lieu et place de l'inspecteur, est traité,
pour ses vacations et frais de route, sur le même pied que le commis principal de la marine.

L'inspecteur et le sous-inspecteur ne reçoivent leurs vacations que pour la
durée effective du sauvetage, qui se termine à l'entrée en magasin des marchandises sauvées. Les vacations qui pourraient être allouées pour les opérations ultérieures du bénéficiement et de la vente appartiennent au receveur.
(*Circ. du 19 septembre 1820, nº 602.*)

jouiront de ce qui est accordé aux commis de la marine et syn‑
dics des gens de mer. Il sera alloué aux simples préposés une
indemnité semblable à celles des gendarmes de la marine (1).
(*Arrêté du 20 floréal an 13, art. 2.*)

Règles d'allocation.

824. Chacune des administrations de la marine et des douanes
ne pourra envoyer qu'un seul chef sur le lieu du naufrage ou
échouement (2). (*Même Arrêté, art. 3.*)

Ces chefs et les autres employés supérieurs n'auront droit à
ces vacations que lorsqu'ils auront opéré hors de la banlieue de
leur résidence (3). (*Même Arrêté, art. 4.*)

Le relèvement et la vente de quelques effets, débris ou pièces
de bois jetés à la côte, ne donneront lieu à aucune vacation.
(*Même Arrêté, art. 5.*)

Propriétaires intervenans.

825. L'article 17 du titre *Bris et Naufrages* de l'ordonnance
de la marine de 1681 enjoignant aux préposés au sauvetage de
se retirer (4) lorsque les propriétaires ou fondés de pouvoir se

---

(1) Il ne faut envoyer sur le lieu du naufrage que le nombre d'employés
nécessaire, et on ne peut se refuser à la revue de présence, lorsqu'elle est de‑
mandée par l'officier de la marine. (*Circ. du 7 janvier* 1806.)

(2) Plusieurs chefs peuvent, dans l'intérêt du service, se rendre sur le lieu
du naufrage; mais, dans l'intérêt des naufragés, un seul de ces chefs est ré‑
tribué par la marine. La qualité de chef ne peut jamais appartenir au receveur
de la douane; les indemnités accordées dans ce cas doivent être dévolues au
chef de la partie active. (*Circ. du 28 février* 1815.)

(3) Une décision du ministre de la marine fixe à une lieue de poste de
2,000 toises le rayon dans lequel les employés de *bureaux* et de *brigades* qui
en occupent le centre sont tenus de donner leurs soins aux navires échoués
sans pouvoir prétendre à aucune indemnité.

Le nombre des vacations est déterminé, pour les agens des deux administra‑
tions de la marine et des douanes, par celui des journées employées jusqu'à
l'entrée en magasin des objets sauvés.

Pour éviter les erreurs et les fausses interprétations, les demandes relatives
à un même sauvetage sont adressées au directeur, qui, après les avoir exami‑
nées, les transmet à l'agent supérieur de la marine placé dans l'arrondissement
de sa direction. (*Circ. du 19 septembre* 1820, *n°* 602.)

(4) De cette disposition il résulte que les préposés ne peuvent, à l'arrivée
du propriétaire, continuer à faire l'office de sauveteurs qu'autant qu'ils en
sont requis et que les besoins du service le permettent; mais, dans tous les cas,

présentent pour y pourvoir, les vacations et frais de route dus jusqu'à cet instant aux employés des deux administrations leur seront payés par les propriétaires. (*Arrêté du* 20 *flor. an* 13, *art.* 6.)

§ 4. CHOSES DU CRU DE LA MER ET ÉPAVES.

Choses du cru de la mer.

826. Les choses du cru de la mer, comme ambre, corail, poissons à lard et autres semblables (1), qui n'ont appartenu à personne, demeureront entièrement à ceux qui les auront tirées du fond de la mer ou pêchées sur les flots; et s'ils les ont trouvées sur les grèves, ils n'en auront que le tiers. (*Ord. de la marine de* 1681, *art.* 29, *tit.* 9 *du liv.* 4.)

Les poissons échoués sur nos côtes doivent être traités comme provenant de pêche française. (*Circ. du* 26 *janvier* 1829, *no* 1142.)

Épaves.

827. Les marchandises d'épaves (2) seront soumises au tarif d'entrée, à moins qu'elles ne soient reconnues provenir d'origine française (3). (*Circ. du* 30 *juin* 1825, *no* 923.)

Origine présumée.

828. Les marchandises que la tempête jette sur les côtes, ou que les flots déposent accidentellement sur le rivage, ou qui

---

il faut qu'ils demeurent sur le lieu du naufrage, en nombre suffisant, pour la garde des marchandises et la conservation des droits du Trésor.

(1) Lorsqu'une baleine ou autre cétacé vient à échouer sur la côte, les préposés doivent en empêcher le dépècement jusqu'à ce que les droits du gouvernement aient été assurés. S'il s'agit de squelettes ou ossemens d'animaux marins d'une espèce inconnue ou extraordinaire, ils en avertissent sur-le-champ leurs chefs, afin que ceux-ci, d'accord avec les agens de la marine, prennent, dans l'intérêt de la science, les mesures convenables pour la conservation de ces objets. Ils auront soin d'en prévenir immédiatement le préfet ou le sous-préfet de l'arrondissement. (*Circ. du* 26 *janvier* 1829, *no* 1142.)

(2) Les bouteilles contenant des papiers, que la mer dépose sur la côte, doivent être remises sans retard aux agens de la marine. (*Déc. adm. du* 21 *août* 1835.)

(3) Lorsqu'une marchandise jetée sur la côte est diversement imposée en raison de la provenance et du mode de transport, c'est toujours le maximum de la taxe qui lui est applicable. (*Circ. manusc. du* 14 *février* 1839.)

sont trouvées en mer, devront être soumises à l'examen des commissaires-experts du gouvernement toutes les fois que la nature de ces marchandises et la forme des emballages permettront d'en présumer l'origine française, sans que l'on ait à s'enquérir du lieu où elles auront été chargées par le navire inconnu qui a péri. (*Déc. du min. des fin. du 7 juin 1825; Circ. du 30, n° 923.*)

Règlemens généraux.

829. Les lois et règlemens relatifs aux marchandises provenant des navires naufragés (n°ˢ 800 et suivans) sont applicables aux objets trouvés en mer ou jetés par les flots sur les grèves. (*Avis du Conseil d'État du 26 août 1829.*)

Rétributions des sauveteurs.

830. Il sera alloué aux sauveteurs des marchandises épaves, lorsque le sauvetage aura eu lieu en pleine mer, le tiers de la valeur de l'objet sauvé. (*Ord. de la marine de 1681, art. 27, tit. 9 du liv. 4.*)

Propriétés ennemies.

831. Le droit de sauvetage sera des deux tiers de la valeur des objets sauvés en pleine mer, quand lesdits objets seront des propriétés ennemies.

Le tiers restant après déduction de tous frais sera versé dans la caisse des invalides de la marine (1). (*Loi du 25 ventôse an 6, art. 1 et 2.*)

§ 5. ANCRES ET CABLES DRAGUÉS.

832. Les ancres et câbles dragués dans les ports et rades du

---

(1) Cette loi annonce qu'il est des cas où un navire ennemi peut être considéré comme *sauvé* d'un naufrage et non comme *pris;* par exemple, un bâtiment capteur qui n'est ni armé en guerre, ni pourvu de commission pour la course, est regardé comme sauveteur, et l'équipage alors a droit aux deux tiers de la valeur. Cette règle doit être suivie à plus forte raison lorsque les sauveteurs, sans l'intervention d'aucune embarcation, parviennent à remorquer et à mettre à l'abri du danger un bâtiment ennemi près d'échouer.

Les frais de sauvetage, de magasinage et autres, sont prélevés sur le tiers à verser à la caisse des invalides de la marine. Si cependant ce tiers n'était pas suffisant, le surplus serait prélevé sur la part des sauveteurs. (*Circ. du 25 ventôse an 6.*)

Voir d'ailleurs le n° 190, note.

royaume par des *dragueurs français* ne payeront qu'un franc par 100 kilog. Le dragage devra être constaté d'une manière authentique par les agens de la marine (1).

Les ancres et câbles dragués, dont la propriété aura été revendiquée dans le délai indiqué par l'ordonnance de la marine de 1681 (livre IV, titre 9, article 28), seront traités comme marchandises de sauvetage, c'est-à-dire qu'ils seront soumis aux dispositions générales du tarif, quand la nationalité n'en sera pas justifiée. (*Ord. du 29 juin 1833, et Loi du 2 juillet 1836.*)

CHAPITRE VIII.

BESTIAUX ET BÊTES DE SOMME.

SECTION PREMIÈRE.

POLICE SPÉCIALE AUX BŒUFS ET VACHES.

853. Des ordonnances du Roi prescriront les moyens d'ordre et de police jugés nécessaires pour empêcher la fraude des bestiaux que pourraient favoriser les établissemens ruraux situés dans la demi-lieue de la frontière la plus rapprochée de l'étranger. (*Loi du 27 juillet 1822, art. 10.*)

Déclaration et compte ouvert.

854. Il ne sera délivré d'expédition pour enlever les bœufs et vaches (2) des lieux situés à moins de deux kilomètres et demi

---

(1) Cette disposition s'applique aux câbles dragués de toute sorte, c'est-à-dire aux câbles en fer comme à ceux en chanvre, sparte ou autres végétaux. (*Circ. du 7 juillet 1833, n° 1591.*)

Dans aucun cas, il ne saurait être question de l'appliquer à des ancres ou câbles sauvetés en dehors des limites déterminées par la loi, ni à des objets autres que ceux qu'elle désigne, quand même ils seraient dragués dans l'intérieur des rades et des ports. (*Déc. adm. du 19 février 1841.*)

(2) Cet article ne désigne que les bœufs et les vaches ; mais on voit, par les autres dispositions de l'ordonnance, et principalement par le dernier paragraphe de l'article 3, qu'elle s'applique également aux taureaux, veaux, bouvillons, taurillons ou génisses, c'est-à-dire à toute la race bovine. (*Circ. du 3 décembre 1822, n° 768.*)

de la première ligne des douanes (1), que sous la condition de l'exécution préalable des dispositions de l'article suivant. (*Ord. du 28 juillet 1822, art. 2.*)

Les détenteurs de bœufs et vaches, habitant les deux kilomètres et demi (ou la demi-lieue) en deçà des bureaux et brigades formant la première ligne des douanes, ou ceux établis sur certains points, entre cette ligne et l'étranger, devront, dans les quinze jours de la promulgation de la présente ordonnance, faire, au bureau le plus voisin de leur domicile, la déclaration du nombre, de l'espèce et de la qualité des pièces qu'ils ont actuellement à l'étable.

Cette déclaration formera la base d'un compte ouvert, qui sera tenu au courant par l'accomplissement des conditions dont il sera parlé en l'article 8 (n° 836), et contrôlé tous les six mois au moins par des recensemens des agens des douanes (2).

---

(1) Cette demi-lieue intérieure doit être prise, non pas à partir de la ligne directe, qui serait tirée seulement d'un bureau à un autre bureau, et sans tenir compte des brigades ordinairement placées dans l'intervalle, mais en suivant parallèlement de poste en poste la première ligne de douanes que forment à la fois les bureaux et les brigades. (*Circ. du 3 décembre* 1822.)

(2) L'obligation du compte ouvert s'étend à la demi-lieue en-deçà des bureaux et brigades formant la première ligne des douanes, *à quelque distance de l'étranger que se trouvent ces bureaux et brigades.* Toutefois des dispenses peuvent être accordées aux communes à l'égard desquelles il est reconnu que le compte ouvert serait trop gênant et peu utile. Les directeurs, après avoir pris l'avis de l'autorité administrative et de l'inspecteur de la localité, transmettent à l'administration les demandes tendantes à obtenir ces dispenses. (*Circ. du 3 décembre* 1822.)

L'administration, en supprimant le compte ouvert pour les habitans de certaines communes, ne les prive pas par là des dispositions favorables de l'article 4 de l'ordonnance du 28 juillet 1822, aux termes duquel les déficit reconnus lors des recensemens ne donnent lieu à aucune poursuite, et sont simplement constatés à l'effet d'annuler proportionnellement les autorisations de mise en circulation. Ainsi, dans aucun cas, on ne perçoit le droit de sortie pour les déficit constatés sur les bêtes à corne envoyées au pacage. Par *déficit*, on entend les manquans provenant de pertes, de vol ou de tout autre accident indépendant de la volonté du propriétaire. Ceux qui proviendraient d'une exportation illicite pourraient donner lieu à l'application de toutes les conséquences de la soumission. Seulement les poursuites de droit ne devraient être exercées qu'en vertu d'une autorisation spéciale de l'administration. (*Déc. adm. du 27 août* 1841.)

Voir les notes des numéros suivans, et le n° 841 de la 2ᵉ section pour les recensemens.

Les augmentations provenant de reproduction sur place seront déclarées dans la quinzaine pour être inscrites audit compte
ouvert (1). (*Ord. du 28 juillet 1822, art. 3.*)

La disposition prescrite par l'article précédent n'ayant pour
objet que de garantir la perception des droits d'entrée, les différences en moins qui pourront se trouver entre le compte ouvert
des déclarans et l'effectif reconnu lors des recensemens, ne donneront lieu à aucune poursuite, et seront simplement constatées
à l'effet d'annuler proportionnellement le droit de mettre en circulation.

Les différences en plus entraîneront le payement du double
droit d'entrée (2), à moins qu'elles ne proviennent de reproductions sur place survenues dans la quinzaine qui aura précédé le
recensement. (*Même Ord., art. 4.*)

Marques des bestiaux.

835. Les bœufs et vaches recensés et pris en compte, comme
il est dit à l'article 3, seront successivement présentés au bureau des douanes où la déclaration en aura été faite, pour recevoir sur la cuisse la marque d'un fer chaud formant la lettre D (3).
L'apposition de cette marque ne donnera lieu à aucune rétribution (4). (*Même Ord., art. 5.*)

Chaque bœuf ou vache *maigre*, venant de l'étranger, sera, immédiatement après le payement du droit d'entrée, et quelle que

---

(1) On peut s'abstenir de déclarer les sujets destinés à être livrés au bou-
cher dans la quinzaine de leur production. Le double droit d'entrée serait
exigé pour les veaux de plus de quinze jours que l'on trouverait en excédant
au compte ouvert. (*Circ. du 5 décembre* 1822, n° 768.)

(2) La peine du double droit, dans les cas où elle est portée par l'ordonnance du 28 juillet 1822, est légalement et constitutionnellement établie, et
les tribunaux ne peuvent se dispenser de la prononcer. (*A. de C. du 12 août*
1835. *Circ. n°* 1509.)

(3) Cette marque n'ayant pas été jugée indispensable, le ministre des
finances a décidé, le 23 octobre 1829, qu'on cesserait de l'appliquer. (*Circ.
manusc. du 28 octobre* 1829.)

(4) Pour les bestiaux venant de l'intérieur, il n'y a inscription au compte
ouvert qu'autant qu'ils doivent séjourner dans la zone spéciale jusqu'après le
lendemain de la clôture des foires et marchés ; de même les décharges au
compte ouvert n'ont lieu que pour les bestiaux de la zone spéciale qui doivent
séjourner dans l'intérieur. (*Circ. du 5 décembre* 1822.)

soit sa destination, marqué sur la cuisse, par les employés du bureau d'importation, d'un fer chaud formant la lettre M, plus la lettre initiale du nom du bureau, ou un signe indicatif destiné à en tenir lieu. Pour chaque marque apposée en vertu du présent article, il sera payé par le déclarant une indemnité de 50 cent., égale au prix des plombs de douanes (1). (*Même Ord.*, art. 6.)

Circulation.

856. Le transport des bœufs et vaches qui partiront du rayon des deux kilomètres et demi en deçà de la première ligne des douanes, ou des portions de territoire situées entre cette ligne et l'étranger, comme il est dit en l'article 3 ci-dessus, et de ceux qui devront arriver de l'intérieur dans le même rayon ou portions de territoire, ne pourra s'effectuer que par acquits-à-caution, lesquels seront dispensés de timbre et de tous droits (2).

Lesdits acquits-à-caution seront levés au bureau de douanes le plus voisin de première ligne, si le bétail doit être conduit vers l'intérieur; et au bureau le plus voisin de seconde ligne ou intermédiaire, lorsque le bétail devra venir dans le rayon ou portions de territoire ci-dessus désignés.

Ils contiendront l'indication exacte du délai accordé pour le transport, du chemin à suivre, et l'obligation du visa dans tous les bureaux ou postes de douanes de la route (3). (*Ord. du 28 juillet* 1822, *art.* 7.)

Les bœufs et vaches qui viendront, soit de l'intérieur, soit de

---

(1) La loi du 17 mai 1826 ayant supprimé la différence de *gras* et de *maigres*, précédemment établie, il n'y a pas lieu d'appliquer la marque de la lettre M.

(2) Des passavans non timbrés ont été substitués à l'acquit-à-caution. Ces passavans contiennent les obligations précisées au dernier paragraphe de l'article 7 ci-dessus, et ils sont portés exclusivement sur un seul et même registre pour faciliter les vérifications des inspecteurs. (*Circ. du* 3 *décembre* 1822.)

(3) Les bœufs et vaches circulant dans le rayon frontière (2 *kilom. et demi*) sans acquit-à-caution (*passavant*), sont saisissables, et les conducteurs passibles de l'amende de 100 fr., conformément à l'article 15 du titre 3 de la loi du 22 août 1791. (*A. de C. du* 9 *juin* 1841.)

Les considérans de cet arrêt méritent d'être rapportés; les voici :

« Attendu que la loi du 27 juillet 1822, prenant en considération l'intérêt « de l'agriculture (ce sont ses termes exprès), a soumis *les bestiaux à des* « *droits d'entrée considérables et proportionnels*;

« Que son article 10 a prescrit qu'il serait pourvu, par des ordonnances

l'étranger, dans les rayon ou portions de territoire désignés par
l'article 3, et qui devront y rester par supplément au compte

---

« royales, aux mesures d'ordre et de police propres à empêcher la fraude des
« droits d'entrée que pourraient favoriser les établissemens ruraux situés dans
« les deux kilomètres et demi de la frontière ;

« Que l'article 7 de l'ordonnance royale du 28 juillet 1822, rendue en exé-
« cution de la loi promulguée la veille, statue que les bœufs et vaches qui par-
« tiront des portions de territoire situées dans le rayon des deux kilomètres
« et demi, ou qui devront arriver de l'intérieur dans le même rayon ou portions
« de territoire, devront être accompagnés d'acquits-à-caution (*passavant*) ;

« D'où il suit que, depuis la promulgation de l'ordonnance du 28 juillet
« 1822, les bestiaux ne peuvent circuler dans le rayon sans acquits-à-caution,
« et se trouvent replacés sous l'empire des dispositions de l'article 16 du
« titre 3 de la loi du 22 août 1791, et de l'article précédent, dont il n'est que
« le corollaire, les passavans qu'exigeait le premier de ces articles étant rem-
« placés par des acquits-à-caution ;

« Qu'en effet, s'il est de principe que les lois spéciales dérogent aux lois
« générales, il n'est pas moins certain que celles-ci, lorsqu'elles n'ont pas été
« formellement abrogées, reprennent leur empire sur l'universalité des ma-
« tières dans l'ordre desquelles elles statuent, lorsque les dispositions excep-
« tionnelles qui en avaient suspendu l'exercice viennent elles-mêmes à être
« révoquées ;

« Attendu d'ailleurs que, si les articles 3 et 5 de l'ordonnance du 28 juillet
« 1822 admettent les détenteurs de bœufs et de vaches habitant le rayon de
« deux kilomètres et demi, limitrophes de l'étranger, à ouvrir, avec l'admi-
« nistration des douanes, un compte des pièces de bétail qu'ils ont actuelle-
« ment à l'étable, et à les faire marquer pour assurer leur libre circulation
« dans cette portion du territoire ; que si, aux termes de l'article 9 de ladite
« ordonnance, tout bœuf ou vache, trouvé, dans les mêmes rayon ou terri-
« toire, non frappé de la marque prescrite par l'article 5, n'est soumis qu'au
« double droit d'entrée, cet article ajoute que c'est conformément à l'article 4,
« lequel assujettit en effet à ce double droit les différences en plus qui sont
« trouvées dans les comptes ouverts, en vertu de l'article 3.

« Par ces motifs, la Cour casse, etc. »

Cet arrêt consacre un principe très-important en matière de police des *bes-*
tiaux à la frontière. Il reconnaît expressément que l'abrogation faite par la
loi du 27 juillet 1822 et l'ordonnance du lendemain 28, des dispositions antérieures relatives aux franchises de la circulation des bestiaux dans le rayon
frontière, a eu pour effet de faire revivre, à l'égard de ces mêmes bestiaux,
les dispositions des articles 15 et 16 du titre 3 de la loi du 22 août 1791 ;
qu'ainsi toute tête de gros bétail trouvée *circulant* dans l'étendue du territoire
désigné, sans que les conducteurs puissent prouver que les animaux arrêtés
sont inscrits à leur compte ouvert en douane, ou sans qu'ils puissent produire
un passavant qui leur soit applicable, est légalement *saisissable*, et que le
contrevenant devient passible de la confiscation de ses bestiaux, *avec amende*
de 100 *fr.*, conformément à la loi précitée. Cet arrêt décide, en d'autres
termes, que la sanction pénale de la disposition réglementaire qui fait l'objet
de l'article 7 de l'ordonnance du 28 juillet 1822, se trouve dans l'article 15 du

ouvert dont il est parlé audit article, seront, à leur arrivée, présentés au bureau des douanes le plus voisin, pour y recevoir la marque prescrite par l'article 5, sans préjudice, à l'égard de ceux venant de l'étranger, de la marque prescrite par l'article 6. (*Même Ord., art. 8.*)

Tout bœuf ou vache qui sera trouvé, dans les mêmes rayon ou territoire, non frappé de la marque prescrite par l'article 5, sera réputé avoir été introduit en fraude, et payera le double droit d'entrée, conformément à l'article 4 (*Même Ord., art. 9.*) (1).

SECTION II.

POLICE DES PORTIONS DU TERRITOIRE LAISSÉES EN DEHORS DE LA LIGNE DES DOUANES.

Déclaration et acquit-à-caution.

857. Ceux qui voudront faire paître des bestiaux, mules, mulets, chevaux et jumens au delà des bureaux de douanes placés du côté de l'étranger (2), seront tenus de prendre dans ces bureaux des acquits-à-caution portant soumission d'y représenter lesdits bestiaux au retour des pacages (3). (*Arrêté du 25 messidor an 6, art. 2.*)

La déclaration d'enlèvement ou de mise en circulation sera préalablement faite au bureau le plus voisin. (*Règlement du 15 juillet 1825, art. 4.*)

Cette déclaration énoncera le nombre, le signalement détaillé des bestiaux (4); leur destination, le nom et la circonscription des pâturages où ils sont envoyés, la route à suivre pour les y

---

titre 3 de la loi du 22 août 1791, et non pas, comme on l'avait jusqu'ici pensé et appliqué en quelques localités, dans l'article 9 de la même ordonnance. (*Circ. du 21 juillet 1841, n° 1863.*)

(1) Les marques prescrites par les art. 5 et 6 ne sont plus appliquées (n° 835).

(2) Cette zone extérieure doit être prise en suivant de poste en poste la première ligne des douanes, que forment à la fois les bureaux et les brigades, ainsi que l'a expliqué la circulaire du 3 décembre 1822 (n° 834). (*Règlement du 15 juillet 1825, art. 1er.*)

(3) Les acquits-à-caution sont exemptés du timbre. (*Circ. du 29 mai 1826.*) Il en est de même des expéditions de toute nature nécessaires pour la circulation des bêtes à laine. (*Circ. du 31 juillet 1828.*)

(4) C'est-à-dire l'espèce, le sexe, la taille, l'âge, le pelage et les signes

conduire et les ramener, l'espace de temps demandé pour parcourir cette route èt la durée du pacage. (*Règl. du 15 juillet 1825 , art. 2.*)

Reconnaissance des bestiaux.

858. Les bestiaux seront représentés aux bureaux des douanes pour l'obtention des expéditions , visa ou certificats de décharge. Toutefois les inspecteurs pourront, à charge d'en rendre compte au directeur, dispenser de cette obligation, dans les cas où elle serait trop onéreuse, les propriétaires ou conducteurs qui se soumettront d'ailleurs aux conditions jugées nécessaires pour y suppléer (1). (*Même Règl., art. 8.*)

Libellé de l'acquit-à-caution.

859. L'acquit-à-caution , lorsqu'il permettra seulement de traverser la zone extérieure, tracera la route à tenir, désignera les bureaux de passage, avec obligation de l'y faire viser, et restreindra le délai au temps nécessaire pour arriver au bureau le plus voisin du lieu de destination. (*Même Règl., art. 11.*)

L'acquit-à-caution de pacage ou de séjour dans la zone extérieure pourra étendre les délais à trois, six et douze mois. Mais cette facilité ne sera accordée qu'autant que le pacage ou l'établissement rural dans lequel devront se trouver les bestiaux sera déterminé d'une manière absolue, et que le soumissionnaire s'engagera à les représenter de jour à toute réquisition des préposés, en nombre conforme, en identité parfaite et au lieu fixé, sous peine de poursuites immédiates, soit pour les *manquans*,

---

individuels propres à faire reconnaître facilement l'animal ; pour les bêtes à laine, la déclaration indique de plus l'époque de la dernière tonte. (*Règlem. du 15 juillet 1825 , art 5.*)

Pour que les signalemens des têtes de bétail soient transcrits avec netteté, on délivre, s'il le faut, plusieurs acquits-à-caution , à moins que la déclaration n'ait été remise en double expédition , l'une pour rester annexée au registre, l'autre pour suivre le volant d'un seul acquit-à-caution. (*Règlem. du 15 juillet 1825 , art. 14.*)

(1) Dans ce cas, le receveur, ou, à son défaut, un chef de la brigade, se rend, assisté d'un préposé et muni de la déclaration, soit à l'étable, soit au lieu convenu, pour la reconnaissance des bestiaux. (*Règlement du 15 juillet 1825, art. 10.*)

soit pour les *excédans* (1). (*Règl. du 15 juillet 1825, art. 12, et Circ. manusc. du 11 avril 1827.*)

L'acquit-à-caution ne pourra être valable que pour *un pacage* déterminé et pour les têtes de bétail qui, appartenant *au même troupeau*, se trouveront *ensemble* sur ce pacage (2). (*Même Règl., art. 13.*)

Mouvement des troupeaux.

840. Les propriétaires ou gardiens qui voudront distraire de leurs troupeaux des têtes de bétail, soit pour les changer de pâturage, soit pour les abattre ou les vendre, devront remettre préalablement au bureau où l'acquit-à-caution aura été délivré, une déclaration énonciative du signalement détaillé et de la destination de ces têtes de bétail (3). (*Même Règl., art. 15.*)

Les reproductions et les extinctions devront aussi être déclarées le plus tôt possible au bureau où l'acquit-à-caution aura été délivré, et la réalité des unes et des autres sera constatée (4). (*Même Règl., art. 16.*)

---

(1) Le pacage journalier a également lieu sous la garantie d'un acquit-à-caution ; pour empêcher qu'il ne devienne abusif, les brigades surveillent particulièrement les troupeaux : elles s'assurent, au départ, qu'on ne laisse pas à l'étable des têtes de bétail dont l'absence servirait à couvrir des introductions frauduleuses sur le pacage ; au retour, que les têtes de bétail n'excèdent pas le nombre déterminé par l'acquit-à-caution. (*Règlement du 15 juillet 1825, art. 20.*)

L'acquit-à-caution exprime formellement la faculté de l'envoi au pacage, et indique le terrain à parcourir ; il désigne aussi les châlets et les étables où les troupeaux sont renfermés. (*Même Règl., art. 21.*)

Les chefs et préposés du service actif sont chargés spécialement de constater et d'assurer l'exécution des conditions imposées par les acquits-à-caution. (*Même Règl., art. 47.*)

(2) Si un propriétaire veut diviser son troupeau et l'envoyer en même temps sur plusieurs pacages, il doit prendre aussi plusieurs acquits-à-caution. Si le troupeau doit être conduit successivement sur divers pacages, l'acquit-à-caution est reproduit pour être renouvelé, ou du moins pour recevoir la mention du changement de pacage. Si enfin différens troupeaux sont réunis sur le même pacage, chacun d'eux doit être accompagné d'un acquit-à-caution qui lui soit propre. (*Même Règl., art. 13.*)

(3) Les receveurs tiennent, pour chaque détenteur ou conducteur de bêtes à laine, un compte ouvert qui facilite les vérifications et permet de connaître à tout moment la situation du troupeau. (*Même Règl., art. 42.*)

(4) Les particuliers qui se sont soumis à représenter à un bureau de douanes

Dans les cas prévus par les deux articles précédens, l'acquit-à-caution auquel se rattachera la déclaration faite devra être produit en même temps que celle-ci (1). (*Règl. du 15 juillet* 1825, *art.* 17.)

Un acquit-à-caution sera nécessaire pour chacune des augmentations qu'un troupeau en pacage recevra autrement que par reproduction (2) ; cette règle s'appliquera même aux têtes de bétail qu'on déclarera renvoyer au troupeau dont elles auraient été précédemment *distraites*.

Mais si le propriétaire le préfère, le receveur annulera l'acquit-à-caution antérieur, pour en délivrer un seul, comprenant et les têtes de bétail déjà soumissionnées, et l'augmentation apportée au troupeau. (*Même Règl.*, art. 19.)

Recensemens.

841. Les recensemens des troupeaux auront lieu, soit aux pâturages, soit à la sortie de l'étable ou à la rentrée, soit à l'étable même. (*Même Règl.*, art. 43.)

---

des mules, mulets, chevaux, jumens, vaches et autres bestiaux envoyés au pacage hors la ligne des frontières, sont tenus, en cas de mort desdits bestiaux, d'en faire immédiatement la déclaration au bureau où l'acquit-à-caution a été délivré, afin que les préposés des douanes puissent se transporter sur les lieux à l'effet de vérifier ladite déclaration. Ils ne peuvent être déchargés de leur soumission que sur le certificat desdits préposés, constatant que leur déclaration est exacte. (*Arrêté du 1er brumaire an 7.*)

(1) L'obligation de remplacer l'acquit-à-caution par un autre peut n'être pas imposée chaque fois ; mais, pour y suppléer, les annotations nécessaires sont portées au dos de cet acquit-à-caution, ainsi que sur la souche correspondante, et les changemens faits par suite à la soumission sont paraphés par le déclarant. Il est d'ailleurs entendu que l'usage des annotations est restreint aux reproductions (*voir la note suivante*) et aux décharges ; que les cautions se sont engagées d'avance pour les reproductions, et que, lorsque le nombre ou les détails des annotations sont tels que le compte des têtes de bétail devient difficile à établir, on a soin d'exiger une nouvelle soumission et de délivrer un nouvel acquit-à-caution qui relate le numéro et la date de l'ancien. (*Règlement du* 15 *juillet* 1825, *art.* 17.)

Sont pareillement rappelés le numéro et la date de l'ancien acquit-à-caution sur les expéditions qu'on délivre pour des têtes de bétail qui doivent être distraites des troupeaux, soit afin d'être envoyées à d'autres pâturages, soit pour être abattues ou vendues. (*Même Règl.*, art. 18.)

(2) Toutefois on peut prendre en charge, par addition à l'acquit-à-caution, jusqu'à concurrence de vingt têtes de bétail, lorsqu'il s'agit de troupeaux français pacageant en France ou à l'étranger. (*Déc. adm. du 4 novembre* 1841.)

Les préposés pourront procéder spontanément aux recensemens dans les pâturages et à la sortie de l'étable ou à la rentrée ; mais les recensemens dans l'étable même ne seront faits que sur l'ordre exprès de l'un des chefs de la brigade. (*Même Règl.*, *art. 44.*)

Les recensemens ne pourront avoir lieu que de jour, et ils ne pourront être effectués à l'étable qu'avec l'assistance d'un officier municipal, hors le cas prévu par l'article 12 (n° 839) du présent règlement, lequel permet d'étendre les délais des acquits-à-caution à trois, à six et douze mois (1). (*Même Règl.*, *art. 45.*)

Pénalités.

842. Les contraventions constatées à l'occasion du passage des troupeaux indigènes dans la zone extérieure, ou de leur pacage soit dans cette zone, soit à l'étranger, donneront lieu à l'application :

De l'article 18 du titre 2 de la loi du 22 août 1791, combiné avec l'article 15 du titre 3 de la même loi, s'il y a excédant au nombre *déclaré pour obtenir l'acquit-à-caution ;*

De l'article 9 du titre 3 de la loi du 22 août 1791, s'il y a excédant reconnu de bestiaux(2); des articles 12 et 13 du même titre 3, s'il y a déficit; et de cés articles 9, 12 et 13, s'il y a substitution, *lors de la vérification faite, ou dans un bureau de passage, ou pendant la durée du pacage, ou au bureau de décharge de l'acquit-à-caution* (3). (*Même Règl.*, *art. 49.*)

---

(1) Les résultats de chaque recensement sont établis au registre de travail de la brigade qui l'a opéré. (*Même Règl.*, *art. 46.*)

(2) Les bestiaux trouvés au pacage, dans la zone extérieure, sans être accompagnés d'un acquit-à-caution, ne peuvent être considérés que comme provenant d'une importation frauduleuse, et sont dès lors saisissables, avec amende de 200 fr., par application de l'article 4 du titre 3 de la loi du 4 germinal an 2. (*Déc. adm. du 4 octobre* 1841.)

(3) En ce qui concerne les pertes éprouvées pendant la durée des pacages, les troupeaux français sont régis par l'article 22 de la loi du 2 juillet 1836, sans distinction des lieux de pacage. Ces pertes peuvent donc être affranchies même du simple droit de sortie. (*Circ. manusc. du 7 août* 1841.)

Voir le n° 846, note, pour les états qui doivent être fournis à ce sujet.

SECTION III.

BESTIAUX ET BÊTES DE SOMME ENVOYÉS DE FRANCE AUX PACAGES A L'ÉTRANGER (1).

Conditions du pacage.

843. Le pacage du bétail de toute espèce, d'un côté à l'autre de la frontière, ne pourra avoir lieu qu'à condition de réimporter ou de réexporter les mêmes troupeaux en nombre et en espèce, sans addition des jeunes bêtes mises bas pendant le pacage, lesquelles seront assujetties aux tarifs et règlemens en vigueur pour l'importation ou l'exportation, si on la réclame.

Les pertes, pendant le pacage, sont aux risques des soumissionnaires.

Toutefois il pourra être fait exception aux dispositions ci-dessus en ce qui concerne le droit de sortie et l'admission du croît des troupeaux durant le pacage à l'étranger (2). (*Loi du 2 juillet 1836, art. 22.*)

Déclaration et acquit-à-caution.

844. Les conducteurs des bestiaux français envoyés aux pacages étrangers en feront la déclaration et lèveront un acquit-à-caution au bureau le plus voisin du point frontière par où la sor-

---

(1) Le but de la loi du 2 juillet 1836 a été de régler les conditions des pacages internationaux là où ils existent en vertu d'usages anciens et de nécessités toujours subsistantes, et non d'étendre cette faculté d'une manière générale. (*Circ. du* 18 *juillet* 1836, *n°* 1552.)

(2) Cette dernière faculté a son application dans les Pyrénées, où la mise bas a lieu ordinairement pendant le séjour des troupeaux français en Espagne. Afin de donner une base plus sûre à l'immunité, on constate à la sortie l'état de gestation des femelles, et l'on en fait mention sur l'acquit-à-caution. On n'appliquerait le principe général posé par la loi qu'en cas de circonstances particulières où l'on aurait lieu de soupçonner la fraude, et dont il serait rendu compte à l'administration.

Sur les autres frontières, si des troupeaux français étaient conduits à l'étranger pendant le temps de la gestation, les jeunes sujets devraient, au retour de ces troupeaux, être soumis aux droits d'entrée. (*Même Circ.*)

tie du troupeau devra avoir lieu (1). (*Règl. du* 15 *juillet* 1825, *ar*. 30.)

Seront déclarés le jour et l'heure de la sortie, la route à tenir depuis le bureau ou depuis l'étable située au delà du bureau jusqu'à l'étranger, le délai dans lequel le troupeau parcourra cette route, la valeur des bestiaux par espèce, et le poids des toisons pour les bêtes à laine. (*Même Règl.*, art. 31.)

Départ et retour des troupeaux.

845. La sortie sera constatée au dos de l'acquit-à-caution par un chef et un préposé de brigade, qui accompagneront le troupeau jusqu'à la limite du territoire français, pour prévenir toute manœuvre frauduleuse. (*Même Règl.*, art. 33.)

La rentrée du troupeau sera déclarée à l'avance, et, à l'heure fixée, un chef de brigade et un préposé se trouveront au point

---

(1) Si le pacage a lieu à une distance tellement rapprochée de la frontière que les troupeaux puissent revenir chaque soir à l'étable, des déclarations préalables sont faites pour la jouissance du pacage journalier en France ou à l'étranger. (*Règlement du* 15 *juillet* 1825, art. 37.)

Autant que possible, un seul et même point, par arrondissement de brigade, est déterminé dans les acquits-à-caution pour les mouvemens journaliers des bestiaux de France à l'étranger, *et vice versâ*. Les mêmes heures d'entrée et de sortie sont aussi assignées. Lorsque les besoins d'une localité réclament davantage, on peut accorder, par arrondissement de brigade, deux points divers et deux heures différentes pour tous les troupeaux; mais, dans tous les cas, l'unité de lieu est exigée pour chaque troupeau distinctement. (*Même Règl.*, art. 38.)

Les capitaines de brigades et les receveurs se concertent avec les maires pour la fixation des heures et des points d'entrée et de sortie. (*Même Règl.*, art. 39.)

Les préposés, et, autant que possible, les chefs de brigades, assistent à l'entrée et à la sortie des troupeaux. (*Même Règl.*, art. 40.)

Lorsque les localités ne permettent pas, sans donner lieu à des gênes excessives et à des retards onéreux, d'assigner les points de passage pour se rendre à l'étranger et pour en revenir, les inspecteurs, de concert avec les autorités locales, adoptent les mesures commandées par la nature des lieux, et en rendent compte à leur directeur. (*Circ. manusc. du* 11 *avril* 1827.)

Le délai des acquits-à-caution de pacage journalier à l'étranger peut être étendu à un an; mais comme le verso de ces expéditions serait loin de suffire à tous les visa du service actif, on leur annexe, sous le cachet du bureau, une feuille qui porte la date, le numéro de l'acquit et la signature du receveur. Une fois remplie, cette feuille est retirée et remplacée par une autre, et ainsi de suite jusqu'au terme assigné par l'acquit-à-caution. (*Même Circ.*)

frontière désigné (1) pour escorter le troupeau jusqu'au bureau où la reconnaissance devra en être faite en leur présence (2) (*Règl. du* 15 *juillet* 1825, *art.* 35.) (3).

Pénalités.

846. Les contraventions ci-après pourront être constatées lors du retour en France des troupeaux envoyés au pacage à l'étranger :

1º Excédant de bestiaux : il sera traité comme importation frauduleuse (4);

2º Déficit : il sera puni selon l'article 12 du titre 3 (5) de la loi du 22 août 1791, combiné avec l'article 15 du titre 3 de la même loi (6);

3º Substitution de pièces de bétail : elle entraînera à la fois

---

(1) Une autorisation spéciale du directeur est nécessaire pour que la rentrée en France puisse s'effectuer par un bureau autre que celui où l'acquit-à-caution a été délivré. (*Règlement du* 15 *juillet* 1825, *art.* 54.)

(2) L'attention , toujours nécessaire dans cette reconnaissance , est recommandée surtout à l'égard des troupeaux qu'on représente au complet. (*Même Règl. , art.* 56.)

(3) Les fromages de pâte molle ou de pâte dure, provenant des troupeaux français qui pacagent à l'étranger, peuvent être affranchis des droits d'entrée. (*Loi du* 5 *juillet* 1836.)

Cette disposition n'est applicable qu'en vertu d'autorisations spéciales de l'administration. (*Circ. du* 16 *juillet* 1836, *n*º 1550.)

(4) Il s'agit ici d'un excédant qui ne proviendrait pas du croît du troupeau pendant le pacage.

Des animaux étrangers, substitués à des animaux français de même espèce, sont saisissables pour cause d'importation frauduleuse , indépendamment des poursuites à exercer pour le déficit. (*Déc. adm. du* 7 *décembre* 1840.)

(5) Le règlement du 15 juillet 1825 citait par erreur l'article 18 du titre 2 de la même loi. (*Circ. manusc. du* 11 *avril* 1827.)

(6) Les déficit qui , au lieu de provenir de spéculations frauduleuses, sont le résultat des pertes éprouvées à l'étranger, n'entraînent que le payement du simple droit de sortie; et, comme il est très-faible, ce droit lui-même peut être remis. (*Circ. du* 18 *juillet* 1836, *n*º 1552.)

A cet effet, les receveurs principaux adressent, dans les premiers jours de chaque mois , à leurs directeurs, un état présentant , par bureau , les pertes éprouvées par les troupeaux ramenés des pacages étrangers pendant le mois précédent , et les soumissions, en ce qui concerne ces manquans , ne sont annulées qu'en vertu de la décision du directeur. Ce chef devrait référer à l'administration des cas où il croirait nécessaire de poursuivre l'application de toutes les conséquences de la soumission. (*Circ. manusc. du* 7 *août* 1841.)

les condamnations encourues pour l'excédant et le déficit (1).
(*Même Règl., art.* 51.)

SECTION IV.

BESTIAUX ET BÊTES DE SOMME AMENÉS DE L'ÉTRANGER AUX PACAGES DE FRANCE (2).

Conditions du pacage.

847. Le pacage du bétail de toute espèce, d'un côté à l'autre de la frontière (3), ne pourra avoir lieu qu'à la condition de réexporter les mêmes troupeaux en nombre et en espèce, sans addition des jeunes bêtes mises bas pendant le pacage, lesquelles seront assujetties aux tarifs et règlemens en vigueur pour l'exportation, si on la réclame (4). Les pertes, pendant le pacage, sont aux risques des soumissionnaires. (*Loi du 2 juill.* 1836, *art.* 22.)

Déclaration.

848. La déclaration des troupeaux étrangers amenés en France pour le pacage de saison sera faite préalablement à leur entrée sur le territoire français. (*Règl. du 15 juillet* 1825, *art.* 22.)

Cette déclaration sera remise au bureau le plus voisin du pacage, si celui-ci est situé dans la zone extérieure, ou au bureau le plus voisin du lieu d'entrée. (*Même Règl., art.* 23.)

Seront déclarés le jour et l'heure de l'entrée, le point frontière par où elle aura lieu, la route à tenir depuis ce point jusqu'au bureau le plus voisin, ou seulement jusqu'au pacage situé en deçà de ce bureau; le délai dans lequel le troupeau parcourra cette route entre le lever et le coucher du soleil, la valeur des bestiaux par espèce, et le poids des toisons pour les bêtes à laine (5). (*Même Règl., art.* 24.)

---

(1) *Voir* le n° 842 pour les fausses déclarations et autres contraventions qui peuvent être constatées au départ.

(2) *Voir*, section 3, les règles relatives au pacage journalier.

(3) Le but de la loi a été de régler les conditions des pacages internationaux là où ils existent en vertu d'anciens usages, et non d'étendre cette faculté d'une manière générale. (*Circ. du 18 juillet* 1856, *n°* 1552.)

(4) Si l'exportation n'est pas réclamée, les sujets qui naissent en France peuvent y rester en exemption de tout droit d'entrée. (*Même Circ.*)

(5) Si le troupeau n'est réexporté qu'après la tonte, les droits d'entrée sont

Entrée des troupeaux et acquit-à-caution.

849. L'entrée du troupeau en France sera constatée par les préposés du service actif à vue de l'acquit-à-caution, et la vérification du nombre et de l'état des bestiaux sera faite par le receveur ou par un chef de brigade, toujours avec l'assistance d'un préposé, soit au bureau, soit au pacage situé en deçà du bureau. (*Règl. du* 15 *juillet* 1825, *art.* 25.)

L'acquit-à-caution pourra être valable pour six mois; et si le pacage est situé dans la ligne des douanes, les dispositions des articles 12 à 19 (nos 839 et 840) du présent règlement seront appliquées (1). (*Même Règl., art.* 26.)

Réexportation.

850. La réexportation, préalablement déclarée, sera constatée à la frontière par le receveur ou par un chef de brigade, avec l'assistance d'un préposé au moins, et le certificat de décharge de l'acquit-à-caution sera signé des employés qui auront été appelés à assurer la sortie effective du troupeau (2). (*Même Règl., art.* 29).

Pénalités.

851. L'excédant reconnu à l'entrée, ou le déficit constaté lors de la réexportation, à l'égard des troupeaux étrangers admis au pacage en France, constitue une importation frauduleuse, et doit être poursuivi à ce titre (3). (*Même Règl., art.* 50.)

---

exigés à raison de 3 kilog. par toison, sans égard à la *croissance* qu'elle a pu éprouver pendant le séjour de l'animal sur le territoire français. (*Déc. adm. du* 18 *mars* 1831.)

(1) *Voir* les dispositions relatives aux recensemens (n° 841), également applicables aux troupeaux étrangers qui pacagent dans la zone extérieure.

(2) A moins d'une autorisation spéciale du directeur, le retour du troupeau à l'étranger doit s'effectuer par l'arrondissement du bureau même qui a délivré l'acquit-à-caution. (*Règlement du* 15 *juillet* 1825, *art.* 28.)

(3) Quand la douane n'a pas de motifs de supposer des manœuvres frauduleuses, elle n'exige que le simple droit d'entrée pour les pertes éprouvées pendant le pacage en France. (*Circ. du* 18 *juillet* 1836, *n*° 1552.)

SECTION V.

CHEVAUX ET AUTRES BÊTES DE SOMME SERVANT AUX VOYAGEURS ET VOITURIERS.

Dispositions générales.

852. La sortie des chevaux (autres que ceux qui servent aux courriers, aux étrangers, aux négocians et aux conducteurs de voitures) restera prohibée jusqu'à nouvel ordre. (*Loi du 29 juin 1791.*)

Les mules et mulets acquitteront à leur sortie les droits auxquels ils sont imposés, lors même qu'ils seraient montés, attelés, à l'exception cependant de ceux venus de l'étranger, et sauf le remboursement des droits sur ceux qui rentreraient dans le délai de deux mois, du jour de l'exportation. (*Loi du 9 flor. an 7, tit. 2, art. 6.*)

La prohibition de sortie sur les chevaux est provisoirement maintenue; et, pour en assurer l'exécution, le conducteur d'un cheval monté ou attelé qui ira à l'étranger, fournira soumission cautionnée de ramener ledit cheval dans un délai qui ne pourra excéder deux mois, à peine d'en payer la valeur (*Même Loi, même titre, art. 7.*) (1).

Conditions de l'immunité des droits.

853. Les chevaux et bêtes de somme (2) qui devront passer la frontière seront dispensés de payer les droits, si on déclare que l'entrée ou la sortie n'est pas définitive, et si, pour assurer le retour dans un délai déterminé, on fournit des garanties suffisantes (*Règl. du 7 mars 1826, art. 1er.*) (3).

---

(1) Bien que les lois des 29 juin 1791 et 9 floréal an 7 aient été *modifiées* à certains égards, et particulièrement en ce qui concerne la prohibition de sortie, on a cru néanmoins devoir les reproduire textuellement, parce qu'elles ont servi de base au règlement du 7 mars 1826 et aux autres dispositions qui régissent aujourd'hui la matière.

(2) Les ânes sont affranchis de toute formalité. (*Déc. adm. du 4 janv.* 1842.)

(3) Le bénéfice de cette concession peut être refusé aux étrangers déjà repris de contrebande, ou notoirement connus comme contrebandiers de profession, et qui ne viennent en France qu'afin de préparer ou assurer le succès de leurs coupables manœuvres. Mais les receveurs n'appliqueront *jamais* cette

Le délai sera d'un an pour les voyageurs, sauf à eux à demander des sursis à l'administration des douanes (1). Pour les rouliers, il sera calculé sur la distance qu'ils ont à parcourir. (*Règl. du 7 mars 1826, art. 2.*)

854. La garantie du renvoi à l'étranger, ou de la réimportation, résultera d'une soumission cautionnée, ou du dépôt en argent d'une somme égale aux droits du tarif (2). (*Même Régl., art. 3.*)

Si les conducteurs fournissent caution solvable sur les lieux, on délivrera un acquit-à-caution aux fins du payement du double droit d'entrée ou de sortie, ou s'il s'agit de chevaux entiers allant à l'étranger, aux fins du payement de la valeur (3) pour le cas où le certificat de décharge ne serait pas rapporté (4). (*Même Régl., art. 4.*)

---

mesure tout exceptionnelle qu'aux individus qui leur seront signalés par leur inspecteur. (*Déc. adm. du* 1er *juillet* 1841.)

(1) Ce délai ne peut être appliqué qu'en faveur des voyageurs ou des habitans des pays limitrophes qui sont dans la nécessité de traverser fréquemment la frontière. (*Déc. adm. du 8 mars* 1857.)

Lorsqu'il y a consignation des droits, les prolongations de délai ne sont accordées que par l'administration ; dans les autres cas, elles peuvent l'être par les directeurs. (*Déc. adm. du* 17 *février* 1840.)

(2) Les bureaux intermédiaires ou de seconde ligne peuvent délivrer les expéditions pour les chevaux que l'on conduit temporairement à l'étranger. Il suffit, comme le prescrit l'article 12 (no 855) du règlement du 7 mars 1826, que ces expéditions soient visées dans les bureaux placés sur la route qui conduit à la frontière. (*Déc. adm. du 24 mai* 1841.)

(3) L'article 7 du titre 2 de la loi du 9 floréal an 7, qui exige en pareil cas le payement de la valeur des chevaux, ne parle pas d'*amende ;* et comme en matière pénale on ne peut aller au delà du texte, il est évident que, faute par le conducteur de ramener son cheval, il ne doit payer que la valeur fixée par l'acquit-à-caution. (*Circ. du* 26 *septembre* 1825, *no* 819.)

(4) En cas de perte des animaux dûment justifiée par les autorités locales, les sommes consignées en garantie des droits sont acquises au Trésor ; s'il n'y a pas eu consignation, les engagemens des soumissionnaires seront annulés moyennant le payement du simple droit d'entrée ou de sortie, par application de l'article 8 de la loi du 17 décembre 1814, relatif au transit. (*Circ du 8 août* 1826, *no* 1000.) Dans ce cas, les receveurs, lorsqu'ils ont reconnu l'authenticité des actes produits, peuvent se dispenser de prendre l'attache de leurs chefs. (*Déc. adm. du* 13 *janvier* 1842.)

Si la perte des animaux était constatée dans un lieu où se trouve un bureau de douane, et par les employés de ce bureau ou par un seul de ces employés assisté des préposés du service actif, l'administration pourrait autoriser la remise même du simple droit. (*Déc. adm. du* 30 *juin* 1841.)

Lorsque les conducteurs ne présenteront pas de cautions suffisantes, ils devront consigner en argent le montant des droits, ou s'il s'agit de chevaux entiers allant à l'étranger, la valeur desdits chevaux (1). (*Même Règl.*, *art.* 5.)

Libellé et visa des expéditions.

855. Dans les bureaux par où les mêmes voyageurs et rouliers empruntent fréquemment la même partie du territoire français pour aller d'un lieu à l'autre de l'étranger, l'acquit-à-caution ou le passavant de consignation pourra servir pour plusieurs voyages. Dans ce cas, les sorties et les rentrées provisoires seront enregistrées par le receveur, et les préposés de brigades apposeront chaque fois des certificats de passage sur l'expédition (2).

Hors ce cas, l'expédition ne sera valable que pour un seul voyage. (*Même Règl.*, *art.* 7, et *Circ. du 3 juillet* 1829, *n°* 1173.)

Toute expédition, soit acquit-à-caution ou passavant, devra imposer aux conducteurs de chevaux ou bêtes de somme l'obligation de la faire viser dans les bureaux placés sur la route qu'il s'agit de parcourir (3) pour aller à l'étranger ou pour sortir du rayon frontière en allant vers l'intérieur (4). (*Même Règl.*, *art.* 12.)

Cette expédition devra contenir avec exactitude et précision le

---

(1) Les sommes reçues à ce titre sont portées aux opérations de trésorerie ; l'expédition rappelle le numéro sous lequel la somme consignée a été portée en recette. (*Règlement du 7 mars* 1826, *art.* 6.)

(2) Les chevaux et bêtes de somme pour lesquels il y a consignation peuvent rentrer et sortir pendant la durée du délai fixé par l'acte de consignation. Il suffit de constater les passages successifs sur l'expédition. (*Déc. adm. du 24 août* 1837).

Le concours des employés des deux services est nécessaire pour constater les mouvemens des chevaux et bêtes de somme d'un point de la frontière à l'autre ; mais dans les localités où l'importance des opérations ne permet pas aux employés de bureau de procéder à ces vérifications, le chef du service autorise les préposés de la brigade à les suppléer. (*Déc. adm. du 22 février* 1839.)

Lorsqu'il ne s'agit que de simples délais périmés ou d'autres irrégularités peu importantes, les directeurs peuvent autoriser l'annulation des soumissions. (*Déc. adm. du 25 mars* 1839.)

(3) Le passage des chevaux et bêtes de somme ne peut s'effectuer que par les points où il existe un bureau. (*Circ. du 3 juillet* 1829.)

(4) Lorsque les voyageurs et rouliers ne peuvent indiquer d'une manière

signalement des animaux auxquels elle se rapportera (1); savoir, la taille, l'âge, le pelage et les signes individuels propres à les faire aisément reconnaître (2) (*Règl. du 7 mars 1826, art. 13*).

---

certaine le bureau de réexportation ou de réimportation, on se dispense d'en faire mention sur l'expédition. (*Circ. du 23 mars 1827, n° 1038.*)

Les acquits-à-caution qui, délivrés dans une direction, ont été déchargés dans une autre, sont adressés chaque quinzaine à l'administration, qui se charge de les renvoyer au bureau de départ. Quant aux acquits-à-caution levés et déchargés dans une même direction, le bureau qui délivre l'acte de décharge les transmet au directeur, qui les fait parvenir au bureau d'où ils émanent. (*Circ. du 8 avril 1829.*)

(1) L'expédition doit toujours indiquer si les chevaux sont montés ou atte-lés. S'ils sont attelés, on indique l'espèce, la forme et la valeur des voitures, de manière à ce que l'identité puisse être facilement reconnue. Si c'est une voiture de voyage sujette à la consignation, une reconnaissance de cette con-signation est délivrée indépendamment de l'acquit-à-caution ou du passavant relatif aux chevaux. (*Circ. du 23 mars 1827, n° 1038.*)

(2)   INSTRUCTION

Pour servir à la description exacte et uniforme du signalement des chevaux.

Les signes caractéristiques principaux qui constituent le signalement com-plet du cheval sont au nombre de cinq, savoir :

1° L'espèce ;

2° Les poils formant la robe, ou le pelage ;

3° Les marques particulières dans lesquelles on comprend les vices de con-formation extérieurs ;

4° L'âge ;

5° La taille.

Trois de ces points, *le pelage, les marques particulières* et *l'âge*, ne peu-vent être bien précisés qu'à l'aide des connaissances spéciales dont on va don-ner quelques notions.

Il est utile de les faire précéder du vocabulaire de diverses parties du che-val qu'il faut nécessairement connaître pour prendre un bon signalement.

Salières. — Creux plus ou moins profonds qui se trouvent à un pouce en-viron au-dessus des yeux.

OEil vairon. — Se dit de l'œil d'un cheval dont la prunelle, tirant sur le vert, est entourée d'un cercle blanchâtre.

Chanfrein. — Devant de la tête, depuis les yeux jusqu'aux nazeaux ; lors-qu'il est un peu en arc, il s'appelle *busqué* ou *moutonné.*

Ganache. — Les joues du cheval.

Nazeaux. — Les narines. Ils sont séparés par le bas du chanfrein.

Le bout du nez. — Espace qui descend entre les nazeaux et finit à la lèvre supérieure.

Le garrot. — Se trouve entre le col et le dos, au-dessus des deux épaules.

Le genou d'un cheval est *couronné* quand la peau qui le couvre a été en-dommagée par suite d'une chute, et que la marque y reste.

Fanon. — Bouquet de poils placé derrière les boulets, et qui enveloppe l'ergot.

Queue de rat, ou ratée. — Dégarnie de crins.

Courte queue est celle dont on a enlevé quelques nœuds.

Queue à l'anglaise ou anglaisée, ou plus communément *niquetée.* — Queue coupée et dont on a enlevé les tendons pour la faire porter en trompe.

1re SECTION.

De la robe.

On entend par robe tous les poils égaux en longueur qu'on trouve sur la surface de la tête, de l'encolure, du poitrail, des épaules, des reins, de la croupe, des flancs, etc. Les poils de la crinière, du toupet, des sourcils, des oreilles, de la queue, des fanons ou tendons, n'entrent pour rien dans la composition de la robe. On les appelle *crins*, comme on nomme *lin* le poil des extrémités autour des fanons.

On ne dit pas qu'un cheval est de telle couleur ; mais bien de tel *poil* ou de telle *robe.*

Il y a des robes simples et des robes composées.

§ Ier. — *Des robes simples.*

Les robes simples sont formées de la réunion des poils d'une couleur uniforme.

On en distingue de six sortes : *le blanc, le noir, le gris souris, le gris ardoisé, l'alezan* ou *bai*(a), et *l'isabelle.*

Si la robe est tout entière ou noire, ou gris souris, ou alezan, l'animal est encore appelé *zain*, mot qui s'ajoute par supplément à la désignation de la robe pour indiquer que celle-ci est d'une même couleur sans qu'il s'y rencontre aucun poil blanc.

Ces six sortes de robes simples se subdivisent chacune en diverses nuances désignées dans le tableau ci-après :

ROBES SIMPLES.	NUANCES.	EXPLICATIONS.
1º Poils blancs (4 nuances).	1º Blanc simple	Qui n'est pas d'une blancheur éclatante.
	2º Blanc de lait ou soupe au lait	Encore plus mat. Il paraît sale ; il est moins beau que le blanc simple. Ni l'un ni l'autre ne sont brillans.
	3º Blanc argenté......	Éclatant et brillant au soleil.
	4º Blanc de porcelaine.	Extrêmement brillant et reflète avec éclat une teinte bleuâtre. Ces deux dernières robes sont fort rares.
2º Poils noirs (4 nuances).	1º Noir franc.........	Foncé, sans être brillant ; commun.
	2º Noir jais..........	Très-foncé et très-éclatant : de toutes les robes simples, c'est le noir jais le plus chatoyant.
	3º Noir lavé..........	Moins foncé que les deux premiers.
	4º Noir mal teint.....	Il réfléchit une couleur un peu roussâtre. Ces deux derniers noirs sont les plus communs.

(a) Le poil *alezan* et le poil *bai* sont exactement de la même couleur : seulement on

ROBES SIMPLES.	NUANCES.	EXPLICATIONS.
3° Poil gris souris (3 nuances) (*a*).	1° Gris souris simple..	Couleur qui approche le plus de la couleur de souris.
	2° Gris souris clair ou cendré............	Moins foncé que le précédent.
	3° Gris souris foncé...	Approche souvent du noir.
4° Poils gris ardoisés (3 nuances) (*b*).	1° Gris ardoisé.......	Celui dont la nuance de chaque poil, considéré isolément, réfléchit la nuance de l'ardoise.
	2° Gris ardoisé clair...	Ces deux nuances s'expliquent d'elles-mêmes. Quand les chevaux gris ardoisés ont la raie de mulet, on en fait mention.
	3° Gris ardoisé foncé..	
5° Poils alezans ou bais (9 nuances).	1° Alezan cerise......	Nuance qui approche beaucoup du rouge clair de la cerise, dite griotte.
	2° Alezan doré.......	Tire sur le jaune brillant, et reflète la couleur d'une pièce d'or.
	3° Alezan clair.......	D'un jaune moins foncé que le précédent.
	4° Alezan café au lait..	D'un jaune tirant sur la couleur du café au lait (*c*).
	5° Alezan châtain.....	Jaune obscur, nuance de la châtaigne.
	6° Alezan marron	Plus foncé, plus obscur que le précédent.
	7° Alezan brûlé	Couleur de linge légèrement roussi au feu.
	8° Alezan vineux	Rouge obscur tirant sur la couleur d'un linge taché de vin; quelquefois les crins de la crinière et de la queue sont blancs : en faire la remarque.
	9° Alezan fauve, clair, poil de biche ou de vache.............	Nuance qui se trouve plus habituellement dans les bêtes à cornes.

appelle *bais* les chevaux d'une robe alezan, quelle que soit sa nuance, quand ils ont les extrémités, la queue, la crinière et le toupet noirs; ainsi la dénomination de *bai* emporte avec elle l'idée d'une robe alezan avec des crins noirs.

(*a*) La couleur principale et ses nuances s'indiquent d'elles-mêmes. Ce cheval a communément *la raie de mulet*, qui prend du garrot à la queue. Quand il ne l'a pas, on en fait la remarque dans le signalement. Quelquefois les chevaux *gris souris* sont marqués de plusieurs raies noires ou transversales, aux genoux, aux jarrets et même aux extrémités; on y ajoute alors l'épithète : *zébré*, dans telle ou telle partie.

(*b*) Il arrive quelquefois que le gris ardoisé est le résultat du mélange d'une teinte particulière de poils blancs et noirs qui reflètent la même nuance que le gris ardoisé. C'est ce qu'on appelle improprement *gris de fer*. Dans ce cas, la robe doit être rangée parmi les robes composées.

(*c*) On voit très-rarement des chevaux de cette robe à crins et extrémités noirs; il y en a cependant, et alors on les désigne sous le nom de *bai café au lait*. La plupart des chevaux de ce poil ont la peau délicate; ils ont souvent du *ladre* (absence de poil) auprès des yeux, des naseaux, des lèvres, etc. On en fait mention dans les signalemens.

ROBES SIMPLES.	NUANCES.	EXPLICATIONS.
6° Poils isabelles (4 nuances).	1° Isabelle commun...	C'est l'isabelle proprement dit; un alezan pâle, lavé, d'un jaune clair tenant le milieu entre le blanc et le jaune, mais où cette dernière couleur domine.
	2° Isabelle clair.......	Ressemble à une soupe au lait légèrement nuagée d'un jaune d'œuf.
	3° Isabelle doré.......	A beaucoup d'analogie avec l'alezan doré; mais il est moins foncé et il est chatoyant.
	4° Isabelle foncé......	D'un jaune roussâtre. Cette espèce a communément la raie de mulet; l'absence de ce signe est une exception : il faut la mentionner.

§ II. — Des robes composées.

Les robes composées sont le produit de la réunion des poils simples de deux ou de trois couleurs dont le mélange est plus ou moins confus ou plus ou moins distinct. Ces robes, assez communes, peuvent être divisées en cinq classes, savoir :

1° Mélange de noir et de blanc, formant le gris;

2° Mélange de blanc et d'alezan;

3° Mélange de blanc, de noir et d'alezan, formant le rouan;

4° Mélange de blanc sale, d'alezan vineux, et de noir mal teint formant le louvet;

5° Pie et rubican.

De même que les robes simples, les robes composées se subdivisent en diverses nuances : on va les indiquer.

Robes composées.

NUANCES.	EXPLICATIONS.
1re CLASSE.	
MÉLANGE DE NOIR ET DE BLANC, FORMANT LE GRIS (4 nuances) (a).	
1° Gris simple........	C'est celui où le noir et le blanc sont dans une égale ou presque égale proportion.
2° Gris clair	Le blanc domine. S'il y a sur toute l'étendue de cette robe, ou seulement sur quelques-unes de ses parties, des taches gris foncé de la largeur d'une pièce d'un franc au moins et d'une pièce de cinq francs au plus, régulièrement espacées, c'est ce qui constitue le gris miroité.

(a) On a vu (note b, p. 126) que le *gris ardoisé* peut être ou simple ou composé : les nuances sont les mêmes dans les deux cas. Les gris ardoisés de robes composées sont quelquefois pommelés.

NUANCES.	EXPLICATIONS.
3° Gris foncé ou sale..	Le noir domine. Si cette robe est couverte, en tout ou en partie, de taches gris clair, dont la forme, la position et les dimensions soient les mêmes que celles du gris miroité, c'est ce qui constitue le gris pommelé.
4° Gris argenté.......	Vif, peu chargé de noir; le fond, qui est blanc, ressemble à de l'argent extrêmement brillant, de la même teinte que le blanc argenté dont on a parlé aux robes simples. Ce gris est assez souvent miroité, c'est-à-dire couvert de taches d'un gris plus foncé.

Chacune des nuances du gris est sujette à certaines variétés indiquées par des dénominations qui en fixent le caractère, telles que :

Gris tigré..........	Couvert de taches noires disposées à peu près comme celles de la peau d'une panthère.
Gris moucheté.......	Couvert de petites taches noires en forme de mouchetures.
Gris tisonné ou charbonné.............	D'un gris couvert de taches noires irrégulières et longues, semblables à celles qu'on ferait avec du charbon (a).
Gris tourdille........	Gris sale, semé de taches d'un noir mal teint ou lavé. Cette robe approche assez du plumage de la grive.
Gris étourneau.......	Les taches ont la même étendue, la même distribution que dans le gris tourdille; mais elles sont plus claires, tandis que le fond de la robe est, au contraire, plus foncé.
Gris truité (b)........	Même fond que le gris étourneau; mais les petites taches sont alezanes.

2ᵉ CLASSE.

MÉLANGE DE BLANC ET D'ALEZAN (3 nuances).

1° Aubère..........	Mélange de blanc et d'alezan dans une égale proportion.
2° Fleur de pêcher....	Quand le blanc domine.
3° Mille-fleurs...... .	Quand, dans l'une ou l'autre des deux premières robes, il y a mélange confus de taches blanches et alezanes, irrégulières de forme, d'étendue et de situation.

3ᵉ CLASSE.

MÉLANGE DE BLANC, DE NOIR ET D'ALEZAN, FORMANT LE ROUAN (3 nuances) (c).

1° Rouan simple......	Quand le blanc, le noir et l'alezan sont à peu près en égale proportion.

(a) Ces taches, moucbetures ou charbonnures se remarquent assez souvent dans les gris simples, clairs ou argentés, presque jamais dans les gris foncés.

(b) Ces variétés ou taches diverses, qui viennent d'être indiquées, se remarquent aussi quelquefois sur le rouan, le blanc, l'alezan et le bai; alors, après avoir décrit le fond de ces robes, on ajoute, selon le cas : *truité*, *tisonné*, *moucheté* ou *tigré*.

(c) Le rouan simple, foncé ou clair, peut être *vineux*, comme il a été dit pour l'alezan (page 126); alors on l'indique, ce qui ne doit pas empêcher de déterminer la nuance du rouan.

Si dans un rouan, surtout dans un rouan foncé, la tête et les extrémités sont noires, l'animal est dit : rouan (de telle nuance) *cap de Maure.*

NUANCES.	EXPLICATIONS.
2° Rouan foncé ou très-foncé.............	Selon que le blanc est plus ou moins rare.
3° Rouan clair ou fleur de pêcher.........	Suivant que le blanc ou l'alezan domine, et que le noir est plus rare.

4ᵉ CLASSE.

MÉLANGE DE BLANC SALE, D'ALEZAN VINEUX ET DE NOIR MAL TEINT, FORMANT LE LOUVET (3 nuances).

1° Louvet clair.......	Si le blanc sale domine.
2° Louvet foncé.......	Si c'est l'alezan vineux.
3° Louvet obscur.....	Si c'est le noir mal teint.

5ᵉ CLASSE.

PIE ET RUBICAN.

Pie.................	Lorsque des taches blanches et noires, ou blanches et alezanes, inégales, distinctes et séparées entre elles, sont alternées les unes par les autres, de manière à occuper toute l'étendue du corps du cheval, elles constituent la robe *pie*. On distingue les robes *pies* par la couleur des taches de poils simples qui dominent; de là : *pie noir, pie alezan*, etc., selon que les taches noires ou alezanes sont plus nombreuses ou plus larges.
Rubican.............	Quelques poils blancs semés çà et là sur le noir, l'alezan ou le bai, forment le *rubican*, dénomination que l'on ajoute à la désignation de la couleur du fond de la robe. Lorsque ces poils blancs ne sont pas semés sur toute la robe, on désigne la place où ils se trouvent. Ainsi l'on dit : alezan, bai ou noir rubican au dos, à la croupe, etc.

IIᵉ SECTION.

Des marques particulières.

Poil chatoyant. — Variété des robes simples, lorsque la nuance se forme ou s'affaiblit à mesure qu'on fait changer le cheval de place, et qui ressemble à une étoffe moirée.

Le lavé. — Les nuances des robes simples, sauf le noir jais, s'affaiblissent ou s'éclaircissent toujours autour des lèvres, des yeux, sous le ventre, aux flancs, aux fesses, etc. C'est ce qui forme le *lavé*. On dit : fesses lavées, flancs lavés, extrémités lavées.

Marqué de feu. — Si ces mêmes parties sont d'un roux plus ou moins vif, on dit : *marqué de feu* à telle ou telle partie, ou *feu aux extrémités*, ou *extrémités de feu*, selon le cas. On ne voit guère que des bais bruns aux extrémités de feu.

Ladre. — C'est le cheval, de quelque poil qu'il soit, dont le bout du nez ou le tour des yeux, quelquefois l'un et l'autre, sont sans poil et d'une chair rouge et fade, couverte de taches obscures.

Cillé. — Se dit d'un cheval qui a, par vieillesse, des poils blancs aux cils.

Boire dans son blanc. — Lorsque le blanc du bout du nez occupe toute la lèvre supérieure.

Marqué en tête. — Tache blanche (étoile ou pelote) sur le front.

Chanfrein blanc. — Bande de poils blancs qui occupe plus ou moins d'espace le long du chanfrein. On dit : *prolongé entre les naseaux,* lorsque la bande blanche descend jusqu'au bout du nez.

Grand chanfrein ou *belle face.* — Lorsque tout le devant de la tête jusqu'entre les naseaux est blanc.

Liste. — S'entend d'une ligne blanche qui descend le long du chanfrein et se prolonge jusqu'aux naseaux.

Marqué légèrement. — Petites taches entre les naseaux, à la lèvre supérieure ou inférieure, etc.

Épis. — On donne ce nom à la direction et au rebroussement des poils qui, au lieu de présenter une surface unie, forment sur la robe de l'animal une sorte d'enfoncement, une rosace ou un point d'intersection très-marqué.

Coup de lance. — Concavité qui existe le plus souvent dans l'encolure ou dans l'épaule. Elle a la forme de la cicatrice d'un coup de lance.

Des balzanes.

Ce sont des marques blanches qui quelquefois s'étendent du genou et du jarret exclusivement au sabot.

Suivant leurs dimensions, on dit :

Petites balzanes, — lorsque le blanc est seulement à la circonférence du pied ou de la couronne.

Haut-chaussé, — quand la balzane va jusqu'aux genoux et aux jarrets.

Trop haut chaussé, — quand elle les dépasse.

Trace de balzane, — toutes les fois que la trace blanche ne fait pas entièrement le tour du paturon.

Suivant leur forme :

Balzane pointue, — lorsqu'elle forme une pointe en arrivant à la couronne. Elle est pointue en avant, en arrière, en dedans ou en dehors.

Balzane dentelée, — lorsqu'elle forme des pointes à son origine et à sa terminaison.

Balzane herminée ou *mouchetée,* — lorsqu'elle est tachetée de noir dans plusieurs points de son étendue.

Balzane bordée, — lorsque les poils qui précèdent son commencement ou sa terminaison se détachent du fond de la robe et de la balzane, de manière à former une bordure noire ou alezane, mais différente du fond de la robe et de la balzane elle-même.

Balzane antérieure hors montoir (*a*), — celle de la jambe droite de devant.

Balzane antérieure au montoir, — celle de la jambe gauche de devant.

Balzane postérieure au montoir, — celle de la jambe gauche de derrière.

Balzane postérieure hors montoir, — celle de la jambe droite de derrière.

S'il y a trois balzanes, on dit *balzanes à trois extrémités,* dont une au montoir ou hors montoir, antérieure ou postérieure.

Si elles sont au *bipède antérieur,* ou *bipède postérieur,* ou au *bipède droit* ou *gauche,* ou au *bipède diagonal droit* ou *gauche,* on l'exprime également, en disant : *balzane à tel ou tel bipède* (*b*).

(*a*) On appelle *montoir* le côté où se place le cavalier pour monter à cheval : c'est la gauche du cheval ; *hors montoir,* c'est la droite.

Dans la désignation de ces balzanes, on dit aussi : droite ou gauche, au lieu de hors montoir et montoir.

(*b*) On a déjà vu, page 125, 1re section, § 1er, *des Robes simples,* qu'un cheval est *zain*

IIIᵉ SECTION.

De l'âge des chevaux.

§ 1ᵉʳ. — *Des dents.*

On connaît l'âge d'un cheval à l'inspection de ses dents.

Elles sont au nombre de 40 dans les chevaux et de 36 dans les jumens, parce qu'ordinairement celles-ci n'ont pas de crochets.

On divise les dents en *incisives*, en *crochets* et en *molaires* ou *mâchelières*. Les premières se subdivisent en pinces, mitoyennes et coins.

Chaque mâchoire a deux pinces, deux mitoyennes, deux coins, deux crochets et douze mâchelières.

Les *pinces* sont les deux dents incisives qui sont tout à fait au-devant de la bouche, en haut et en bas.

Les *mitoyennes* sont les deux incisives qui sont à droite et à gauche des pinces en haut et en bas.

Les *coins* sont les deux dents incisives qui sont à droite et à gauche des mitoyennes en haut et en bas.

Les *crochets* sont des espèces de dents rondes et pointues qui croissent entre les dens de devant (incisives) et les dents mâchelières.

Dents de lait : ce sont les incisives qui poussent au cheval aussitôt qu'il est né (a).

Le poulain garde ses dents de lait jusqu'à deux ans et demi, quelquefois trois ans, mais c'est rare. Les quatre premières dents de lait (les pinces, deux dessus et deux dessous) tombent, et sont remplacées par quatre autres que l'on appelle pinces également.

A trois ans et demi, et rarement à quatre ans, les mitoyennes tombent, et sont aussi remplacées par quatre autres appelées de même.

A quatre ans et demi ou cinq ans, les coins tombent, et font place à quatre autres dents pareillement nommées.

Les dents de lait sont courtes, blanches, pleines en dessus; celles qui leur succèdent sont moins blanches, plus fortes et creuses en dessus.

Les coins viennent presque toujours après les crochets d'en bas, quelquefois en même temps et quelquefois auparavant. Lorsque les coins poussent, il semble que la dent ne fasse que border la gencive en dehors, comme un petit cercle d'émail, jusqu'à cinq ans, époque à laquelle la dent sort de la gencive de l'épaisseur d'une pièce de cinq franc : c'est vers ce temps que les crochets d'en haut poussent assez ordinairement; ceux d'en bas sont un peu élevés et forment une pointe aiguë.

lorsqu'on ne rencontre aucune marque blanche sur le corps. Il n'en serait pas moins appelé zain, si cette marque était la suite d'une plaie quelconque faite à la peau, ainsi que cela arrive quelquefois au garrot, sur le dos, etc., à la suite du froissement de la selle ou du harnais. Il est facile de s'assurer si ces poils proviennent d'une plaie. Le milieu de la place où ils existent est alors le plus souvent dénué de poils; ceux des environs sont moins longs que ceux du reste de la robe; ils sont inégaux entre eux et ne réfléchissent pas une couleur également blanche. Il faut faire mention de ces taches dans un signalement complet.

1 (a) Il ne faut pas perdre de vue que ces indications sont spéciales à l'art hippiatrique. En ce qui concerne l'application du droit, de même que pour le signalement du cheval, on doit toujours se conformer à la note 3 du tarif officiel, d'après laquelle ce quadrupède cesse d'être considéré comme poulain dès que des dents d'adulte commencent à paraître, c'est-à-dire à la chute d'une dent de lait (pince), ce qui a lieu d'ordinaire à deux ans et demi. En hippiatrique, au contraire, le poulain n'est cheval que quand *il a tout mis*, c'est-à-dire à cinq ans

De cinq ans à cinq ans et demi, la dent du coin, restant toujours creuse en dedans, est sortie de l'épaisseur de deux écus.

De cinq ans et demi à six ans, la dent du coin est sortie de l'épaisseur du petit doigt, la muraille interne est formée, et il n'y reste plus qu'un petit creux noir dans le milieu, qu'on nomme le germe de fève ; alors le creux des pinces est totalement usé, et celui des mitoyennes l'est à demi.

A six ans et demi, le germe de fève des coins sera diminué, et les crochets auront acquis toute leur longueur ; ceux d'en haut seront cannelés en dedans.

A sept ans, les coins sortent de l'épaisseur d'un doigt, et le germe de fève est beaucoup diminué.

A huit ans, la dent du coin sera longue comme l'épaisseur du deuxième doigt. Le germe de fève sera tout à fait effacé ; le cheval aura rasé.

On appelle cheval *bégu* celui dont le creux noir des dents s'use peu, de façon qu'il paraît toujours n'avoir que six à huit ans : à ces chevaux, on reconnaîtra l'âge à la longueur des dents et aux autres indices généraux.

§ II. — *Récapitulation de l'âge du cheval.*

Peu après la naissance. — 4 pinces.

Peu après les pinces. — 4 mitoyennes.

Trois ou quatre mois après. — 4 coins.

A deux ans et demi. — Les pinces creuses.

A trois ans et demi. — Les mitoyennes creuses ; les crochets d'en bas paraissent.

A quatre ans et demi. — Les coins bordent les gencives.

A cinq ans. — Les crochets d'en haut et les coins sortent de l'épaisseur d'un écu.

A cinq ans et demi. — Les coins sortent de l'épaisseur de deux écus, et les crochets d'en bas sont blancs et tranchans.

De cinq ans et demi à six ans. — Les coins sortent de l'épaisseur d'un petit doigt ; le germe de fève paraît, le creux des pinces est usé, celui des mitoyennes demi-usé.

A six ans complets. — Le germe de fève des coins a diminué ; les crochets sont parvenus à leur longueur ; les crochets d'en haut sont cannelés ou raboteux en dedans.

A sept ans. — Les coins sortent de l'épaisseur d'un doigt ; le germe de fève a beaucoup diminué.

A huit ans. — Coins longs du travers du deuxième doigt ; le germe de fève tout-à-fait effacé : alors le cheval ne marque plus.

De neuf à onze ans, inclus. — La disposition de la fève supérieure a lieu dans le même ordre que celle de la mâchoire inférieure.

§ III. — *Signes ou indices généraux de vieillesse.*

Crochets d'en haut arrondis et diminués.

Crochets d'en bas arrondis et jaunes.

Dents avancées jaunes et longues.

Salières creuses.

Le cheval cillé.

Palais décharné.

Os de la ganache tranchant.

Crins qui blanchissent.

Animaux en laisse.

856. Il n'y aura jamais lieu de permettre le passage en France ou à l'étranger, si ce n'est en payant les droits du tarif, des animaux en laisse (1) ni de ceux qui, n'étant pas en laisse, seraient destinés à la vente (*Règlement du 7 mars 1826, art.* 8). (2).

IVe SECTION.

Du signalement.

Pour procéder méthodiquement et exactement à la description d'un cheval, on doit suivre l'ordre indiqué en tête de cette instruction.

1º *L'espèce.* — On distingue s'il s'agit d'un hongre, d'un entier ou d'une jument.

2º *La robe.* — Pour en déterminer la nuance, on place le cheval dans son *véritable jour.* On distingue entre les robes simples et composées.

3º *Marques particulières.* — Elles doivent être décrites exactement, surtout les balzanes. On indique les vices de conformation extérieurs.

4º *L'âge.* — On s'en assure et on l'annonce après une inspection attentive des dents.

5º *La taille.* — Pour la déterminer, on place le cheval dans une pose naturelle, de manière à ce que ses pieds de devant soient l'un contre l'autre, *sans efforts;* on met alors en *équerre* la toise contre le cheval, de sorte que le pied de cette toise soit de niveau et sur la même ligne que le sabot, et que la ligne descende sur la pointe du garrot en appuyant légèrement (*a*).

Exemple.

Un cheval hongre, poil isabelle foncé, sans raie de mulet, légèrement marqué en tête; balzane postérieure dentelée hors montoir, une loupe au genou, du côté du montoir; cinq ans et demi; taille de..... (*Circ. du 22 sept.* 1840, *n*º 1833.)

(1) Cette défense ne s'étend pas aux chevaux de voiture appartenant à des personnes dont la position sociale, parfaitement connue des employés, éloigne toute idée de spéculation ou d'abus, et qui ne les font conduire dans le pays limitrophe qu'afin de les atteler à leur propre voiture pendant le séjour qu'elles se proposent d'y faire. (*Déc. adm. du* 12 *novembre* 1841.)

(2) Un Français, habitant en France, doit payer les droits d'entrée d'un cheval qu'il a acheté à l'étranger et qu'il conduit chez lui. Le droit de sortie des chevaux que des étrangers viendraient acheter en France, devrait également être perçu. Si la qualité de Français ou d'étranger du propriétaire des chevaux n'était pas connue des employés, ils pourraient s'en rapporter à sa déclaration. (*Déc. adm. des* 15 *mai et* 21 *juin* 1841.)

(a) Il est facile aux préposés de s'assurer, en campagne, de l'identité de la taille, au moyen d'une mesure métrique en ruban, à l'extrémité de laquelle pend un plomb. L'extrémité supérieure se fixe à la baguette du fusil horizontalement placée sur le garrot du cheval.

Régularisation des expéditions
et remboursement des consignations.

857. Tout bureau par lequel on effectuera dans le délai prescrit par l'acquit-à-caution ou le passavant, soit la sortie, soit la rentrée des chevaux et bêtes de somme, s'assurera que ce sont bien ceux que décrit l'expédition, et, dans ce cas, le receveur, assisté d'un autre employé, revêtira cette expédition d'un certificat de passage, et restituera immédiatement les sommes consignées (1). (*Circ. du 23 mars 1827, n° 1038.*)

Si ce bureau est celui-là même qui a reçu la consignation, il portera de suite le montant de la somme payée au chapitre de dépense correspondant à celui où figurent les recettes de l'espèce. (*Règl. du 7 mars 1826, art. 10.*)

Si c'est un autre bureau que celui qui a reçu la consignation, comme le remboursement ne peut être porté en dépense à titre définitif que par le receveur principal qui a fait la recette (*Compt. gén., Circ. n° 5 du 20 mai 1826*), celui qui aura effectué le payement en portera le montant en dépense à l'article des viremens de compte, sous le titre de *payemens faits par le comptable pour le compte de ses collègues*. Il dressera ensuite un bordereau (*Compt. gén., formule n° 78*) qu'il transmettra avec l'expédition, accompagnée ou revêtue de la quittance de la partie prenante, au directeur dont il dépend ; celui-ci enverra directement ces pièces au receveur pour le compte duquel le payement aura été effectué, s'il fait partie de sa direction ; dans le cas contraire, il les lui fera parvenir par l'intermédiaire de la comptabilité générale. (*Compt. génér., Circ. n° 7 du 25 novembre 1826*).

Consignations acquises au Trésor.

858. Par application de l'article 14 du titre 3 de la loi du 22 août 1791 (n° 405), les sommes consignées seront définitive-

---

(1) Dans les ports, la restitution peut être opérée sur la simple justification de l'embarquement des chevaux, et sans attendre que le navire ait mis en mer, sauf à faire réintégrer en caisse la somme primitivement consignée, si la réexportation n'était pas consommée. (*Déc. adm. du 10 août 1837.*)

ment acquises au Trésor, en cas de non représentation des animaux, six mois après les délais accordés par les expéditions (1). (*Circ. du 20 avril 1831, n° 1255.*)

CHAPITRE IX.

DRILLES ET CHIFFONS.

Exportation, dépôts et circulation.

859. La sortie des drilles et chiffons, hors de France, demeure interdite. (*Lois des 3 avril 1793, art. 1er, et 19 thermidor an 4.*)

L'exportation des chiffons de toile de coton et de laine est prohibée comme celle des chiffons de toile, et les règlemens pour le transport et la circulation des derniers sont applicables aux premiers (2). (*Loi du 1er pluviôse an 13, art. 28.*)

---

(1) Afin d'assurer la régularité de cette partie du service, chaque receveur principal tient un registre où sont inscrits, à la fin de chaque mois, par numéros, dates, objets et sommes, tous les passavans de consignation délivrés dans les différens bureaux de son arrondissement. Une colonne indique le délai accordé pour la représentation des animaux; une autre rappelle la date précise de l'expiration du terme de six mois; enfin une dernière colonne fait connaître l'époque de la restitution ou celle de l'application aux droits et produits. (*Circ. du 20 avril 1831.*)

Embarcations françaises conduites temporairement à l'étranger.

Les bateaux, barques et autres embarcations françaises destinés à naviguer temporairement sur la partie étrangère des canaux et rivières qui communiquent avec la France, doivent être expédiés par des acquits-à-caution descriptifs portant obligation de les ramener à l'intérieur dans un délai déterminé, sous peine du payement du double droit de sortie. Si, au lieu d'un bateau portant des traces d'un long service, on représentait un bateau semblable de forme et de contenance, mais dont les principales parties auraient été remplacées à l'étranger, la douane serait fondée à exiger non-seulement le droit d'entrée, applicable à l'embarcation nouvelle réputée étrangère, mais encore le double droit de sortie pour l'embarcation française dont le retour n'aurait pas été effectué. Si les embarcations n'ont subi à l'étranger que de faibles réparations, jugées indispensables pour la sûreté de la navigation, elles sont réadmises sans difficulté. L'article 8 de la loi du 27 vendémiaire an 2 (n° 530) n'est pas directement applicable dans ce cas, mais on peut y recourir par analogie; et, d'après la circulaire n° 1872, les directeurs statuent définitivement à ce sujet. (*Déc. adm. du 18 novembre 1841.*)

(2) La dénomination de drilles embrasse toutes les matières propres à

860. Nul entrepôt (1) ni circulation des dites matières ne pourra se faire dans l'étendue des trois lieues frontières, soit de terre (2), soit de mer (3), à moins qu'il ne soit justifié par

---

fabriquer le papier, comme vieux cordages, vieux filets, papiers écrits ou imprimés destinés à être vendus aux épiciers ou à être mis au pilon, maculatures et rognures de papier, charpie effilée, linge à pansement, et même les chiffons de laine, de soie et de coton. (*Circ. du* 18 *octobre* 1838, *n°* 1715, *notes.*)

(1) Les amas de drilles sont réputés entrepôt, lors même que ces matières ne seraient point emballées, la loi du 3 avril 1793 prohibant les dépôts de drilles, sans distinction de celles qui sont en vrac, en caisses, en ballots ou autrement. (*A. de C. du* 20 *thermidor an* 12.)

Les dispositions de l'article 57 du titre 13 de la loi du 22 août 1791 (n° 364) ne sont pas applicables aux entrepôts de drilles; la loi du 3 avril 1793 n'admet aucune exception résultant de la population plus ou moins nombreuse des lieux où les dépôts existent. (*Circ. du* 3 *frimaire an* 9, *et Déc. adm. du* 25 *avril* 1835.)

Les directeurs des douanes peuvent accorder, pour des quantités et un temps déterminés, la faculté d'établir des dépôts de drilles dans les trois lieues des frontières et des côtes. Ces dépôts sont soumis aux conditions suivantes :

1°. L'entrepositaire est tenu de fournir un magasin présentant toutes les garanties nécessaires.

2°. Il inscrit jour par jour, sur un registre, les mouvemens d'entrée et de sortie des drilles, à moins que le compte courant ne soit tenu au bureau des douanes le plus voisin.

3°. Il se soumet à l'exercice des employés chaque fois que ceux-ci jugent convenable de faire le recensement de son dépôt.

4°. A leur sortie du dépôt, les drilles sont expédiées immédiatement, et par la route la plus directe, à destination de l'intérieur.

5°. Un acquit-à-caution est levé pour leur transport toutes les fois que la quantité excède vingt-cinq kilogrammes. Cet acquit-à-caution, soumis au visa des bureaux et brigades situés sur la route, est rapporté, déchargé par la douane, ou, à défaut, par l'autorité municipale du lieu de destination.

6°. En cas d'abus, le dépôt est supprimé. (*Déc. adm. du* 25 *avril* 1835, *et Circ. du* 9 *novembre* 1841, *n°* 1886.)

Voir, pour les papeteries établies dans le rayon des douanes ou dans les trois lieues des côtes, le n° 368, note.

(2) Dans la quatrième lieue du rayon des frontières de terre, les drilles et chiffons sont, comme toutes les autres marchandises, assujetties au passavant de circulation, suivant la forme indiquée par les lois générales. (*Circ. du* 17 *nivôse an* 11.)

(3) Le décret du 6 juin 1807 (n° 629), concernant les rivières affluentes à la mer, fixe d'une manière générale ce que l'on doit entendre par les trois lieues des côtes, et ses dispositions doivent être rendues communes tant à la circulation qu'à l'entrepôt des drilles. (*Déc. adm. du* 22 *juillet* 1816.)

un acquit-à-caution de leur destination pour l'intérieur de la France (1). (*Loi du 3 avril 1793, art. 2.*)

861. Toutes drilles ou chiffons prises dans l'étendue des trois lieues frontières, soit de terre, soit de mer, qui circuleraient sans ces formalités, seront saisies et confisquées (2). (*Loi du 3 avril 1793, art. 3.*)

Dans tous les cas d'entrepôt des matières propres à la fabrication du papier et de leur circulation, l'amende sera de 500 fr., conformément au titre 5 de la loi du 22 août 1791 (3). (*Loi du 15 août 1793, art. 3.*)

Cabotage.

862. Les drilles et chiffons ne pourront être expédiés d'un port de la France à l'autre qu'en vertu d'une permission du directeur des douanes dans l'arrondissement duquel se trouvera le port d'embarquement (4). (*Déc. min. du 26 octobre 1841; Circ. du 9 novembre suivant, n° 1886.*)

La destination de ces matières sera assurée par un acquit-à-

---

(1) Dans ce cas, les drilles ne doivent point être soumises au plombage, cette formalité n'étant applicable qu'aux drilles expédiées par cabotage. (*Déc. adm. du 2 mars 1836, et Circ. manusc. du 12 janvier 1842.*)

A l'égard des chiffonniers et autres qui font métier de ramasser des drilles, l'administration permet qu'ils en réunissent jusqu'à 25 kilogrammes. Lorsqu'ils en ont une plus forte quantité, ils sont tenus d'en faire la déclaration et de les diriger dans l'intérieur. (*Déc. adm. du 31 décembre 1819.*)

Les quantités de 25 kilog. et au-dessous sont expédiées par simple passavant. (*Déc. adm. du 23 pluviôse an 13.*)

(2) En cas de saisie de drilles, on n'en doit offrir la remise sous caution qu'autant que leur rentrée dans l'intérieur serait assurée par un acquit-à-caution. (*Déc. adm. du 3 frimaire an 9.*)

(3) D'après les dispositions générales de la loi de 1791, toute saisie de drilles et chiffons entraîne la confiscation des moyens de transport. (*Déc. des min. de l'intérieur et de la justice, transmises par les Circ. des 16 germinal et 18 floréal an 10.*)

(4) Cette permission doit avoir son effet dans les six mois, sauf aux intéressés à se pourvoir, après cette époque, auprès du directeur pour en obtenir le renouvellement. Les expéditions doivent être faites en balles cordées et plombées. (*Circ. manusc. du 7 mars 1827, et Circ. du 9 novembre 1841, n° 1886.*)

caution (1) portant soumission (2), en cas de non-rapport de l'acte de décharge régulier, de payer le quadruple de leur valeur (3). (*Déc. min. du 18 février 1812; Circ. du 24 dudit.*)

CHAPITRE X.

GRAINS (4).

SECTION PREMIÈRE.

IMPORTATION.

863. La prohibition éventuelle à l'entrée des grains et farines est abolie (*Loi du 15 avril 1832, art. 1er.*) (5).

Le prix des grains indigènes sur les marchés des départemens frontières, divisés en quatre classes, servira à déterminer la

---

(1) L'acquit-à-caution doit porter l'indication suivante, signée du receveur et du sous-inspecteur sédentaire, dans tous les ports où il existe un chef de ce grade :

« La présente expédition est faite en vertu du permis spécial de cabotage « accordé par le directeur de...... sous la date du........ » (*Circ. manusc. du 7 mars 1827, et Circ. du 9 novembre 1841, n° 1886.*)

(2) L'effet de la soumission doit être garanti par le cautionnement d'une ou deux personnes d'une solvabilité notoire. (*Déc. min. du 18 février 1812.*)

(3) Pour les poursuites à exercer si l'acquit-à-caution n'est pas rapporté déchargé, *voir* le livre V, *Cabotage*.

(4) Sous cette dénomination, on comprend : le froment, l'épeautre, le méteil, le seigle, le maïs, l'avoine, l'orge et le sarrazin. (*Circ. du 17 avril 1832.*)

(5) Le pain et le biscuit de mer sont assujettis au même régime que les farines. Mais la perception des droits ou les prohibitions d'entrée ou de sortie ne s'appliquent pas aux quantités de biscuit qu'un navire, soit français, soit étranger, charge à son départ comme provisions de bord, ou rapporte comme reste d'approvisionnement. Le pain nécessaire à la nourriture des voyageurs est également affranchi de droits et de prohibition, pourvu que la quantité n'excède pas celle dont ils peuvent avoir besoin pendant quatre jours. Ainsi les personnes qui traversent la frontière pour entrer dans le royaume ou pour en sortir peuvent, en tout temps, importer ou exporter en franchise jusqu'à concurrence de 4 kilog. de pain par individu, lorsqu'il n'y a pas lieu de croire qu'ils font un manége frauduleux. (*Circ. du 4 décembre 1820.*)

quotité des droits applicables soit à l'entrée, soit à la sortie (1). (*Lois des 4 juillet* 1821 *et* 15 *avril* 1832.)

Pour l'exécution de cette disposition, le ministre du commerce fera dresser et arrêtera, à la fin de chaque mois, un état des prix moyens des grains vendus sur les marchés désignés. Cet état sera publié au *Bulletin des Lois* le 1er de chaque mois (2), et servira, pendant le mois de sa publication, à perce-

---

(1) Tableau *de la division en quatre classes des départemens de la France, par rapport à l'exportation et à l'importation des grains, avec indication des marchés régulateurs propres à chaque section de ces quatre classes.*

SECTIONS.		MARCHÉS RÉGULATEURS.
	Départemens de la première classe.	
Unique ...	Pyrénées-Orientales, Aude, Hérault, Gard, Bouches-du-Rhône, Var et la Corse........	Toulouse. Marseille. Lyon. Gray.
	Départemens de la seconde classe.	
1re.	Gironde, Landes, Basses-Pyrénées, Hautes-Pyrénées, Ariége et Haute-Garonne.......	Marans. Bordeaux. Toulouse.
2e.	Basses-Alpes, Hautes-Alpes, Isère, Ain, Jura et Doubs......................	Gray. Saint-Laurent, près Mâcon. Le Grand-Lemps.
	Départemens de la troisième classe.	
1re.	Haut-Rhin et Bas-Rhin....................	Mulhausen. Strasbourg.
2e.	Nord, Pas-de-Calais, Somme, Seine-Inférieure, Eure et Calvados...............	Bergues. Arras. Roye. Soissons. Paris. Rouen.
3e.	Loire-Inférieure, Vendée et Charente-Inférieure.......................	Saumur. Nantes. Marans.
	Départemens de la quatrième classe.	
1re.	Moselle, Meuse, Ardennes et Aisne........	Metz. Verdun. Charleville. Soissons.
2e.	Manche, Ille-et-Vilaine, Côtes-du-Nord, Finistère et Morbihan..................	Saint-Lô. Paimpol. Quimper. Hennebon. Nantes.

(*Loi du 4 juillet* 1821 ; *Ord. du 2 juin* 1831.).

(2) Pour assurer la prompte application des droits à percevoir, le numéro

voir les droits établis (1). (*Loi du* 16 *juillet* 1819 , *art.* 6.)

L'importation des grains ne pourra s'effectuer que par les ports et bureaux désignés par ordonnance du Roi (2). (*Ord. du* 17 *janvier* 1830.)

SECTION II.

EXPORTATION.

864. La prohibition éventuelle à la sortie des grains et farines est abolie (*Loi du* 15 *avril* 1832 , art. 7.) (3).

---

du *Bulletin des lois* qui contient le tableau régulateur du prix des grains est envoyé, le jour même de sa publication, aux directeurs des douanes, qui doivent en faire parvenir sur-le-champ un extrait aux receveurs, et particulièrement à ceux des bureaux ouverts à l'entrée ou à la sortie des grains et farines. Ils leur font connaître en même temps les droits à percevoir pour chaque espèce de grains et farines, ainsi que l'époque à partir de laquelle ces droits devront être appliqués. (*Circ. du* 19 *avril* 1839, *n*° 1752.)

Les grains importés pour le compte du gouvernement sont soumis au même régime que ceux du commerce, et il ne peut y avoir, à leur égard, aucune exception permanente ou temporaire pour l'application des droits ou des prohibitions. (*Déc. min. du* 2 *octobre* 1823; *Circ. du* 17, *n*° 822.)

Les droits dont les grains sont passibles doivent être liquidés par hectolitres. Quand, à défaut de mesure de capacité, c'est par le poids que l'on en vérifie les quantités, le nombre de kilogrammes dont l'hectolitre de chaque espèce de grains se forme le plus ordinairement peut être déterminé de la manière suivante :

Froment..............	76 kilog.	Orge.................	60 kilog.
Seigle	66	Vesce	75
Maïs................	60	Sarrasin	65
Avoine	51		

(*Circ. du* 30 *octobre* 1828 , *n*° 1130.)

Ces proportions ont été établies d'après le poids *net* des grains. (*Déc. adm. du* 12 *mars* 1840.)

Les bureaux qui sont pourvus de mesures de capacité doivent toujours percevoir les droits sur le nombre d'hectolitres reconnu, sans égard au poids, quel qu'il soit. (*Déc. adm. du* 12 *mars* 1840.)

(1) *Voir* le Tarif.

(2) *Voir* la nomenclature de ces bureaux au tableau qui termine le présent chapitre.

Voir le livre *Importations*, dont les dispositions sont applicables aux grains.

(3) La prohibition à la sortie des grains, lorsqu'elle est temporairement rétablie, n'est point applicable de droit aux légumes secs. Dans l'état actuel de la législation, leur exportation doit pouvoir s'effectuer sans difficulté tant

Un règlement administratif désignera les ports et bureaux de douanes par lesquels la sortie des grains sera permise (1). (*Loi du 2 décembre* 1814, *art.* 8.)

Toute exportation ou tentative d'exportation de grains, farines et légumes par d'autres points des frontières de terre et de mer, sera poursuivie et punie conformément aux dispositions de la loi du 26 ventôse an 5 (2). (*Ord. du* 18 *décembre* 1814, *art.* 3.)

SECTION III.

CIRCULATION.

865. Les grains et graines sont assujettis, dans le rayon des douanes, aux formalités générales établies pour la circulation, et notamment par l'arrêté du 22 thermidor an 10 (liv. IV) (*A. de C. des* 20 *janvier* 1840 *et* 1er *mars* 1841.) (3).

---

qu'elle n'est pas interdite par une disposition spéciale. (*Déc. adm. du* 19 *février* 1859.)

(1) *Voir* la nomenclature de ces bureaux au tableau placé à la fin du présent chapitre, et le n° 863 pour les règles relatives à la quotité des droits de sortie.

(2) Les autres contraventions sont régies par les lois générales.

Prohibitions à la sortie.

Lorsqu'il y a prohibition de sortie, le ministre de l'intérieur détermine, sur la demande des ministres de la guerre et de la marine, les quantités de grains et farines nécessaires à l'approvisionnement des armées françaises employées hors du royaume, qui peuvent être tirées de chaque département sans en compromettre la subsistance. (*Arrêté du* 8 *nivôse an* 8; *Circ. du* 22 *pluviôse suivant.*)

La tentative d'exportation frauduleuse de grains prohibés à la sortie entraîne de droit les peines prononcées par la loi du 26 ventôse an 5 (n° 865, note).

(3) D'après ces arrêts, la formalité du passavant, pour les grains et farines, serait rigoureusement applicable dans toute l'étendue du rayon; mais l'administration n'exige ces expéditions que pour les céréales qui circulent dans la *lieue frontière.*

Le transport, pendant le jour, des grains conduits au moulin et des farines en revenant, est affranchi de toute formalité, lorsque leur poids n'excède pas 60 kilog. Les directeurs peuvent même étendre cette tolérance, lorsqu'ils le jugent sans inconvénient. (*Déc. adm. des* 11 *juin* 1832, 19 *mai* 1835, 1er *août* 1839, *et* 18 *mars* 1840.)

Le droit d'entrée des grains pouvant, d'après le système actuel de tarification, s'élever à plus de 10 pour 100 de la valeur, ils doivent, en principe,

Les expéditions délivrées pour la circulation des grains sont

être considérés comme appartenant à la classe des marchandises dont la justification d'origine est exigible, conformément à l'article 1er de l'arrêté du 22 thermidor an 10. Cette justification doit s'établir, à l'égard des grains étrangers, par les acquits de payement des droits d'entrée, et pour les grains français récoltés sur les lieux, par des certificats de provenance délivrés par l'autorité locale. (*Déc. adm. du 12 mai* 1840.)

Les directeurs doivent se concerter avec les préfets pour établir des mesures de surveillance ou de contrôle propres à réprimer la fraude des céréales partout où elle pourrait compromettre les intérêts de l'agriculture ou ceux du Trésor. (*Déc. adm. des 11 juin* 1852 *et 12 mai* 1840.)

On donne ici, comme renseignemens utiles à consulter, plusieurs arrêtés de préfecture, encore applicables aujourd'hui dans les localités qu'ils déterminent.

PRÉFECTURE DU DÉPARTEMENT DU NORD.

Arrêté du 30 janvier 1827.

ART. 1er. A dater du 1er mai 1827, les cultivateurs qui exploitent des terres situées dans la demi-lieue frontière du département du Nord devront, chaque année, deux mois avant la récolte, déclarer à la mairie de leur commune, et au bureau de la douane le plus voisin de leur résidence, le nombre d'hectares de terres qu'ils auront ensemencées en grains, lins et houblons.

ART. 2. Ces déclarations, inscrites sur une feuille volante, seront signées de chaque cultivateur.

ART. 3. Les employés des douanes s'assureront, en se transportant sur les lieux, de l'exactitude des déclarations, en ce qui touche la quantité des terres ensemencées, la nature de leurs produits, et les apparences plus ou moins favorables de la récolte.

ART. 4. Après la récolte, et au moment de l'engrangement, les cultivateurs remettront à la douane une seconde déclaration indiquant la quantité réelle des produits obtenus. Les grains y seront évalués en hectolitres. Chaque déclaration énoncera, pour le lin, le nombre et le poids des bottes au moment où on le rentre, ainsi que son poids relatif en lin teillé. Le poids du houblon sera donné défalcation faite du déchet connu que lui fait éprouver la torréfaction.

ART. 5. Cette seconde déclaration, également signée par le cultivateur, sera en outre certifiée par le maire.

ART. 6. Dans le cas où la supputation des produits paraîtrait exagérée, soit dans le nombre d'hectolitres de grains comparé à la quantité des terres ensemencées, soit dans la conversion du lin et du houblon verts teillé et en houblon torréfié, le receveur du bureau de la douane qui aura reçu la déclaration se rapprochera du maire, et obtiendra, s'il y a lieu, de ce magistrat et du cultivateur, la réduction de la déclaration à la quantité qui, après examen, sera reconnue exacte.

ART. 7. Les quantités de grains, lins et houblons, reconnus provenir de la récolte, seront portées en recette, dans un registre tenu *ad hoc* à la douane, qui ouvrira autant de comptes qu'il y aura de déclarans. Chaque année, au moment de la rentrée des récoltes, l'actif et le passif de chaque compte seront balancés. Les produits alors invendus, ou qui n'auront pas encore été expédiés

affranchies du timbre. (*Loi du 22 ventôse an 12, art. 24, et Circ. du 21 juin 1816, n° 172.*)

à l'intérieur, formeront le premier article de l'actif du compte nouveau, sauf, pour les grains, l'application de l'arrêté du 5 juin 1799, qui en défend l'entrepôt dans les cinq kilomètres frontières.

Art. 8. Au moyen des dispositions qui précèdent, les passavans à délivrer pour l'extraction des grains, lins et houblons de la demi-lieue frontière, ne seront soumis à aucune autre formalité que la déclaration à faire, par les cultivateurs, des quantités qu'ils voudront successivement expédier, et qui seront, au fur et à mesure des enlèvemens, inscrites au passif du compte ouvert jusqu'au parfait épuisement des quantités portées en recette.

Art. 9. Si les quantités de grains, lins et houblons à déterminer, soit pour la consommation de chaque exploitation, soit pour les semences, donnent lieu à des difficultés ou à des abus, il y sera pourvu ultérieurement. En attendant, MM. les maires, les receveurs des douanes et les cultivateurs les régleront à l'amiable, et conformément à ce qui est d'usage local et de notoriété publique.

Art. 10. MM. les maires des communes de la demi-lieue frontière, et MM. les directeurs des douanes de Dunkerque et de Valenciennes sont chargés de l'exécution du présent arrêté.

PRÉFECTURE DU DÉPARTEMENT DES PYRÉNÉES-ORIENTALES.

Arrêté du 22 juillet 1837.

Art. 1er. A dater de la publication du présent arrêté, les cultivateurs qui exploitent des terres situées à Bagnuls-sur-Mer seront tenus de déclarer à la mairie de la commune et au bureau de la douane le montant de leur récolte de 1837, en indiquant en même temps la terre qui l'aura produite, et pour les années suivantes, deux mois avant la moisson, le nombre d'hectares de terres qu'ils auront ensemencées en grains.

Art. 2. Ces déclarations seront portées sur un registre ouvert à cet effet. Chaque cultivateur signera la sienne, et, s'il ne sait pas signer, deux témoins seront présens et signeront en son lieu et place.

Art. 3. Les employés des douanes s'assureront, en se transportant sur les lieux, de l'exactitude des déclarations, en ce qui touche la quantité des terres ensemencées, la nature de leurs produits, et les apparences plus ou moins favorables de la récolte.

Art. 4. Après la moisson, les cultivateurs feront une nouvelle déclaration portant la quantité réelle des produits obtenus.

Art. 5. Cette déclaration sera signée comme il est dit à l'art. 2.

Art. 6. Les déclarations entachées d'exagération pourront être contestées au bureau de la douane, et seront, s'il y a lieu, soumises à la vérification d'experts.

Art. 7. Il sera ouvert au bureau de la douane un compte pour chaque cultivateur, à l'effet de servir à régler les expéditions qui seraient demandées, et à empêcher qu'elles ne dépassent, déduction faite des quantités nécessaires à la

SECTION IV.

CABOTAGE.

866. Les grains expédiés d'un port du royaume à l'autre ne

---

consommation de la famille et aux semences de l'année suivante, les quantités réellement récoltées.

ART. 8. Tout cultivateur qui n'aura point fait les déclarations prescrites, sera censé n'avoir pas de récolte, et ne pourra prétendre à aucune délivrance de passavans pour l'expédition de blé.

ART. 9. Les mesures voulues par le présent arrêté n'empêcheront pas que, dans le cas de suspicion sur l'origine des grains, il n'en soit pris des échantillons qui seront enveloppés et cachetés par les parties intéressées, pour être soumis à l'administration, qui ferait juger par les experts du gouvernement leur provenance indigène ou exotique.

ART. 10. Ampliation du présent arrêté sera transmise à M. le directeur des douanes et à M. le maire de Bagnuls pour l'exécution, en ce qui les concerne, des dispositions qu'il prescrit.

PRÉFECTURE DU DÉPARTEMENT DES BASSES-PYRÉNÉES.

Arrêté du 12 septembre 1840.

ART. 1er. Trois jours après la promulgation du présent arrêté, les cultivateurs qui exploitent des terres situées dans la demi-lieue de la frontière des communes de Laruns, Urdos, Lescun, Arette, Saint-Engrace, Larrau, Mendive, Lécumberry, Ahaxe, Bascassan, Aincille, Çaro, Saint-Michel, Saint-Jean-pied-de-Port, Uhart, Lasse, Anhaux, Arnéguy, Baïgorry, Fonderie, les Aldudes, Ossés, Bidarray, Itsatsou, Espelette, Ainhoa, Saint-Pé, Sare, Ascain, Urrugne, Biriatou, Hendaye, seront tenus de déclarer à la mairie de leurs communes et au bureau des douanes le plus voisin de leur résidence le montant de leur récolte de l'année 1840, en indiquant en même temps la terre qui l'aura produite; pour les années suivantes, ils déclareront de la même manière, deux mois avant la moisson, le nombre d'hectares de terres qu'ils auront ensemencées en grains.

ART. 2. Ces déclarations seront portées sur un registre spécial et signées de chaque cultivateur; s'il ne sait pas signer, il en sera fait mention.

ART. 3. Les employés des douanes pourront s'assurer, en se transportant sur les lieux, de l'exactitude des déclarations, en ce qui touche la quantité des terres ensemencées, la nature de leurs produits, et les apparences plus ou moins favorables de la récolte.

ART. 4. Après la récolte et avant l'engrangement, les cultivateurs feront à la douane et à la mairie une seconde déclaration, dans la même forme que la première, et indiquant en hectolitres la quantité réelle de grains obtenus.

ART. 5. Dans le cas où la supputation des produits paraîtrait exagérée dans

seront assujettis qu'aux règlemens généraux des douanes sur le.

le nombre d'hectolitres de grains, comparée à la quantité des terres ensemencées, les employés des douanes feront, assistés du maire de la commune et après avoir appelé le déclarant à cette opération, le recensement des grains récoltés, et constateront ainsi les quantités effectives.

ART. 6. Si ce recensement donne lieu de découvrir une fraude ayant pour objet de masquer, par une représentation abusive de produits, l'exagération de la déclaration, la douane, d'accord avec le cultivateur, pourra nommer des experts, et, faute de s'entendre sur le choix, le receveur et le déclarant désigneront chacun le sien, et nous nommerons le troisième, après avoir pris l'avis du chef de la direction.

ART. 7. La douane, en cas de suspicion sur l'origine des grains présentés au recensement, ou exhibés pour obtenir des expéditions de circulation, conservera le droit d'en lever des échantillons qui seront enveloppés et cachetés par les parties intéressées, pour être soumis aux experts du gouvernement institués par l'article 19 de la loi du 28 juillet 1822, lesquels apprécieront la provenance indigène ou exotique desdits grains. Cette levée d'échantillons sera constatée par procès-verbal.

ART. 8. Les quantités de grains définitivement reconnues provenir de la récolte seront portées à l'actif d'un compte spécial qui sera ouvert à chaque déclarant par le receveur du bureau des douanes, à l'effet de servir à régler les expéditions qui seraient demandées, et d'empêcher qu'elles ne dépassent les quantités réellement récoltées, déduction faite des quantités nécessaires à la consommation de la famille et aux semences de l'année suivante.

En cas de contestation sur le règlement de ces quantités, il sera pourvu comme il est dit en l'article 6.

ART. 9. Tout cultivateur qui n'aura point fait les déclarations prescrites, sera censé n'avoir pas de récolte, et ne pourra prétendre à aucune délivrance de passavans.

ART. 10. Le présent arrêté sera notifié à MM. les sous-préfets d'Oloron, Moléon et Bayonne, et à MM. les maires des communes désignées en l'article 1er, chargés de s'y conformer en ce qui les concerne.

Le mode établi par un arrêté préfectorial pour la justification d'origine des produits récoltés dans le rayon frontière, est obligatoire pour les habitans, et les saisies opérées à défaut de cette justification sont régulières. Les tribunaux ne peuvent, sans violer la loi, suppléer, par une appréciation arbitraire des faits de la contravention, à l'absence de la justification dont la nature et la forme avaient été réglées à l'avance. (*A. de C. du 20 décembre* 1839, *et Circ. du* 28 *janvier* 1840, *n°* 1794.)

Prohibition à la sortie.

Si la prohibition de sortie des grains était rétablie, toutes les dispositions propres à l'assurer seraient, par le fait, remises en vigueur. (*Déc. adm. du* 5 *septembre* 1819.) Il n'est donc pas inutile de les rappeler ici.

La loi du 26 ventôse an 3 porte :

cabotage (1). (*Déc. min. du 27 septembre* 1828; *Circ. du 5 octobre suivant, n° 1124.*)

« Art. 2. Tout transport de grains et farines, surpris de nuit ou sans
« passavant dans la distance de cinq kilomètres (une lieue) en deçà des fron-
« tières de terre, et de vingt-cinq hectomètres (une demi-lieue) des côtes ma-
« ritimes, sera confisqué avec les voitures, bêtes de somme, bateaux ou navires
« servant au transport.

« Art. 3. Sont exceptés de la formalité du passavant, les grains portés de
« jour au moulin, et les farines en revenant, dont le poids n'excèdera pas six
« myriagrammes.

« Art. 4. Le passavant sera délivré par les préposés au bureau des douanes
« le plus voisin.

« Art. 5. Il indiquera la quantité, le lieu de l'enlèvement et de destina-
« tion, l'heure du départ et la route à tenir.

« Art. 6. Les conducteurs ou propriétaires, outre la confiscation prononcée
« par l'article 2, seront condamnés, par le tribunal de police correctionnelle,
« à une amende de 10 fr. par 5 myriagrammes (un quintal) de grains, et de
« 12 fr. par 5 myriagrammes (un quintal) de farine. »

Les grains qui circuleraient illicitement à plus de 5 kilomètres, mais dans le
rayon des douanes, seraient confisqués, avec amende de 100 fr., conformément aux articles 15 et 16 de la loi du 22 août 1791, et ces peines seraient
prononcées par le juge de paix. (*A. de C. du 6 fructidor an 8.*)

Aucun transport de grains ou farines ne pourrait avoir lieu de nuit, même
avec passavant, dans le rayon indiqué par la loi du 26 ventôse an 5. (*A. de C.
du 8 thermidor an 8.*)

Les préposés des douanes ne délivreraient des passavans, pour le transport
des grains, dans les communes situées sur l'extrême frontière, que d'après un
certificat des maires, constatant que les grains à transporter sont destinés à la
consommation des habitans et aux semences de leurs terres. (*Arrêté du
17 prairial an* 7, *art.* 6.)

Tout transport de farines ou de grains sans passavant, dans la lieue frontière, serait saisissable, quoique se dirigeant vers l'intérieur. (*A. de C. du
6 frimaire an 9.*)

Tout entrepôt de grains et farines dans les cinq kilomètres des frontières de
terre, serait sévèrement prohibé. (*Arrêté du* 17 *prairial an* 7, *art.* 1er.)

Seraient réputés en entrepôt, les grains et farines trouvés dans les lieux
non habités, dans l'étendue fixée par la loi, et les juges devraient en prononcer la confiscation. (*Arrêté du* 28 *germinal an* 8, *art.* 4, *et A. de C. du*
26 *prairial an* 9.)

Les préposés des douanes seraient autorisés à se transporter dans les lieux de
dépôt, accompagnés d'un officier municipal. (*Arrêté du* 17 *prairial an* 7,
art. 2.)

---

(1) Le cabotage des grains peut s'effectuer sans autorisation préalable du
ministre ou de ses délégués. (*Circ. du* 5 *octobre* 1828.)

L'article 63 de la loi du 21 avril 1818 porte :

« Tout acquit-à-caution *délivré en vertu d'autorisation du ministre de l'in-*
« *térieur*, pour transporter d'un port de France à un autre port de France ou
« des Colonies françaises, des grains, farines, légumes secs, marrons, châ-

Les céréales expédiées par cabotage seront assujetties à l'acquit-à-caution (1). (*Loi du 2 juillet* 1836, *art.* 19.)

Les délais pour le transport des grains, farines et légumes secs expédiés par cabotage, ne pourront dépasser les fixations ci-après :

Quarante jours pour aller d'un port à un autre dans la même direction ou de la direction voisine ;

Deux mois pour aller dans un port de la direction la plus éloignée sur la même mer ;

Trois mois pour le cabotage de l'Océan à la Méditerranée, *et vice versâ* (2). (*Déc. min. du 22 janvier* 1816 ; *Circ. du 3 février suivant*, n° 106.)

Les grains expédiés par cabotage devront consommer leur

« taignes, pommes de terre, pain et biscuit de mer, garantira l'arrivée de « ces subsistances à leur destination, à peine d'en payer la valeur, et de plus « une amende de 24 fr. par 100 kilog. de farine, pain ou biscuit, et de 20 fr. « par 100 kilog. de grains et d'autres denrées qui y sont assimilées. »

Lorsque cette loi fut rendue, l'autorisation du ministre n'était exigée que dans le cas de prohibition de sortie; cette autorisation n'est plus nécessaire, mais la loi elle-même subsiste, et son application serait de droit si la prohibition était rétablie. (*Circ. du 8 mars* 1827, n° 1036.)

Dans le même cas, les municipalités des ports où les grains sont embarqués nommeraient des commissaires pour assister au chargement, et s'assurer qu'on ne met à bord que les espèces et quantités décrites dans les acquits-à-caution. (*Loi du 5 février* 1792, *art.* 1er.)

Voir, pour les règles générales du cabotage, le livre V.

(1) Cet acquit-à-caution doit mentionner, indépendamment du nombre d'hectolitres de grains, le poids moyen de l'hectolitre. (*Circ. du 8 mars* 1827, n° 1036.)

Il indique aussi le poids total des grains embarqués; c'est-à-dire le produit du nombre d'hectolitres multiplié par le poids moyen de ces mesures. (*Circ. manusc. du 29 août* 1825.)

(2) Ces délais doivent être réduits, pour les plus faibles distances, d'après les indications données par chaque directeur dans son arrondissement.

Quel que soit le délai accordé pour le transport des grains du port d'embarquement au port de destination, on y ajoute uniformément celui de vingt jours pour le rapport des acquits-à-caution déchargés.

Les acquits-à-caution ne peuvent être déchargés après les délais, pour cause de retard résultant de force majeure dûment justifiée, que sur l'autorisation des directeurs, qui réfèrent eux-mêmes à l'administration de toutes les affaires où les délais seraient expirés depuis plus d'un mois. (*Circ. du 5 février* 1816, n° 106.)

destination au port désigné par l'acquit-à-caution (1). (*Circ. du 16 novembre* 1815, *n*o 82.)

Port d'arrivée.

867. Le certificat de visite inscrit au dos de l'acquit-à-caution

---

(1) Aux termes de la circulaire du 20 octobre 1834, n° 1460 (*Cabotage*, *n*o 399), les grains, comme les autres marchandises, peuvent être débarqués dans un port autre que celui désigné par l'acquit-à-caution, en vertu d'une autorisation spéciale du directeur. (*Déc. adm. du 4 mars* 1841.)

Dans une direction où l'intervention préalable du directeur aurait entraîné des retards qui n'étaient pas sans inconvéniens, le ministre des finances a autorisé le chef de cette direction à déléguer aux receveurs, d'une manière générale et permanente, le droit de changer la destination des expéditions de grains, en en permettant le débarquement au port de leur résidence. Les receveurs sont tenus de lui rendre exactement compte de l'usage qu'ils font de cette délégation, afin de le mettre à même de rétablir immédiatement l'application de la règle commune, s'il le jugeait nécessaire. (*Déc. adm. du 4 mars* 1841.)

Dans certaines circonstances, le commerce des grains a même obtenu à cet égard des facilités plus étendues.

Une décision du ministre de l'intérieur, en date du 17 juillet 1792, contenait les dispositions suivantes :

Lorsqu'un bâtiment chargé de grains accompagnés d'un acquit-à-caution, portant destination pour un port du royaume, n'a pas trouvé à y vendre sa cargaison, le receveur de la douane, au lieu de délivrer un certificat de l'arrivée de ces grains, certifie que le capitaine, n'ayant pu se procurer aucune vente, a déclaré se rendre à tel port de France.

S'il a trouvé seulement à en vendre une partie, le receveur délivre certificat d'arrivée pour la partie vendue, et désigne le port de France où le capitaine se propose de transporter le surplus.

Quel que soit le nombre des ports dans lesquels il a été obligé de se rendre, s'il résulte, de la réunion des certificats d'arrivée dans ces différens ports, que la totalité des grains y a été vendue, la soumission relative à l'acquit-à-caution est annulée; si, au contraire, il se trouve une portion de la cargaison dont l'arrivée dans un port du royaume ne soit point constatée, le soumissionnaire est poursuivi pour cette portion seulement. (*Circ. du* 20 *juillet* 1792.)

Lorsqu'un navire chargé de grains est forcé de relâcher à l'étranger, le capitaine, après avoir réparé ses avaries, ne peut se dispenser de conduire le chargement à sa destination. L'administration ne connaît pas d'autre circonstance qui puisse opérer la décharge des soumissionnaires, que la perte absolue des grains ou une avarie tellement considérable, que le capitaine se soit vu dans la nécessisé de les vendre à l'étranger. Dans ce dernier cas, il est procédé à une enquête rigoureuse pour constater les faits, et les résultats en sont soumis à l'administration, pour qu'elle fasse autoriser par le ministre, et suivant les cas, soit les poursuites, soit la radiation pure et simple des soumissions, soit des transactions administratives. (*Circ. du* 16 *novembre* 1815.)

Les rapports ou déclarations de prise ou de naufrage, de jet à la mer ou

relatera, indépendamment du poids total constaté à l'arrivée (1), le nombre d'hectolitres qui aura servi à le déterminer, et le poids commun de l'hectolitre (2). (*Circ. man. du 29 août 1825.*)

SECTION V.

ENTREPÔTS.

868. Toute espèce de grains, farines et légumes venant de l'étranger dans un port de France, quel qu'il soit, seront déclarés par entrepôt, et pourront être réexportés pour tel autre port de

---

d'avaries des chargemens, doivent être rédigés dans les formes d'usage (n° 239). (*Circ. du 5 décembre* 1812.)

(1) Si la prohibition de sortie était rétablie, on devrait se conformer exactement aux dispositions de l'article 1er de la loi du 3 février 1792, ainsi conçu :

« Il n'est procédé au déchargement des grains, farines, etc., qu'en présence « des commissaires que la municipalité du lieu a dû nommer, pour reconnaître « la conformité des espèces et quantités de grains et farines rapportés du « cabotage, avec l'état de chargement et l'acquit-à-caution, et délivrer, s'il y « a lieu, un certificat d'arrivée. »

(2) Les grains sont soumis aux règles générales du cabotage. Toutefois des dispositions particulières régissent les excédans et les déficit constatés au port de débarquement. Ainsi aucune suite n'est donnée aux excédans :

1° Lorsque le nombre d'hectolitres étant le même que celui indiqué dans l'acquit-à-caution, l'excédant ne se trouve que sur le poids ;

2° Quand, le poids étant identique, il n'y a excédant que dans le nombre d'hectolitres ;

3° Lorsque l'excédant porte à la fois sur le poids et sur la mesure, mais ne dépasse pas 2 pour 100 sur l'un et sur l'autre.

Si l'excédant est de plus de 2, mais ne s'élève pas au delà de 10 pour 100, il est laissé à la disposition du consignataire, sous soumission cautionnée de s'en rapporter à la décision de l'administration.

Tout excédant qui dépasse 10 pour 100 est saisi, conformément à la loi.

Il n'y a aucune suite à donner aux déficit constatés au port de destination :

1° Lorsque le nombre d'hectolitres étant le même que celui indiqué dans l'acquit-à-caution, le déficit ne se trouve que sur le poids ;

2° Quand, le poids étant identique, il n'y a déficit que dans le nombre d'hectolitres ;

3° Lorsque le déficit porte à la fois sur le poids et sur la mesure, mais ne dépasse pas 4 pour 100 sur l'un et sur l'autre.

Lorsque des déficit plus considérables proviennent, soit d'un jet à la mer, soit d'avaries pendant la traversée, une copie du rapport fait par le capitaine est jointe à l'état mensuel que les directeurs adressent à l'administration. (*Circ. du 8 mars* 1827, *n°* 1036.)

France (1) ou de l'étranger qu'on voudra, à la charge, par celui qui en fera la réexportation, de justifier pardevant les officiers municipaux des lieux, que ce sont réellement les mêmes grains, farines et légumes venant de l'étranger qu'il se propose de réexporter (2). (*Loi du 17 novembre 1790.*)

Il n'est rien changé aux dispositions des lois et règlemens qui autorisent l'entrepôt des grains étrangers dans les ports du royaume. Cette autorisation est étendue aux villes de Strasbourg, Sierck, Thionville, Charleville, Givet, Lille et Valenciennes (3). La réexportation des grains entreposés ne pourra, dans aucun cas, être gênée ni interdite sous quelque prétexte que ce soit. (*Loi du 16 juillet 1819, art. 11.*)

Ceux qui auront importé dans le royaume des blés venant de l'étranger, et qui auront fait constater la quantité, la qualité et le dépôt, auront la liberté de les réexporter, si bon leur semble, en se conformant aux règles et formalités établies pour les entrepôts (4). (*Loi du 27 septembre 1789, art. 8.*)

---

(1) Il s'agit ici d'une mutation d'entrepôt soumise aux règles générales prescrites pour les autres marchandises (livre VI).

(2) L'autorité municipale peut intervenir pour établir que ce sont réellement les mêmes grains qu'on réexporte. (*Circ. du 25 octobre 1830.*)

Des échantillons, prélevés à l'arrivée et mis sous le triple cachet du maire, de la douane et de l'entrepositaire, restent déposés en douane et sont comparés avec les grains réexportés. (*Déc. min. du 7 germinal an 10; Circ. du 25 octobre 1830.*)

(3) Les grains et farines étrangers peuvent en tout temps, et quel que soit le régime des importations pour la consommation intérieure, être expédiés de Marseille sur Lyon, par continuation d'entrepôt fictif, et rester dans cette dernière ville, sous la foi des soumissions cautionnées et autres garanties de droit, pendant le délai de deux ans, que détermine l'article 14 de la loi du 27 juillet 1822. (*Arrêté min. du 29 décembre 1830, art. 2.*)

Les grains et farines reçus en entrepôt fictif à Lyon, peuvent être réexportés en transit. (*Même Arrêté, art. 3.*)

Ils ne peuvent être livrés à la consommation intérieure que moyennant les droits exigibles à Marseille. (*Même Arrêté, art. 4.*)

(4) La réexportation des grains doit s'effectuer sous les conditions et formalités prescrites pour les autres marchandises. (*Déc. adm. du 22 avril 1837.*) — *Voir* le livre VI.

Les céréales imposées à l'entrée à des taxes qui peuvent excéder 10 pour 100 de la valeur, doivent, dans tous les cas, être soumises aux restrictions de tonnage pour la réexportation. (*Déc. adm. du 1er mars 1837.*)

869. L'entrepôt des grains est fictif (1). (*Loi du* 20 *octobre* 1830, *art.* 4.)

Ceux qui, ayant mis en entrepôt fictif des grains étrangers, ne les représenteront pas à toute réquisition, seront passibles d'une amende égale au double de la valeur desdits grains ou du double droit d'entrée (2), selon qu'à l'époque où la soustraction sera constatée, l'espèce des grains manquans se trouvera être, à l'entrée, prohibée ou assujettie à des droits (3).

La durée de cet entrepôt est fixée à deux ans.

Nul déchet ne sera admis pour dispenser de la réexportation intégrale, qu'après avoir été reconnu provenir de la dessiccation naturelle des grains, ou de force majeure. (*Loi du* 27 *juillet* 1822, *art.* 14.)

Mouture des grains.

870. Faculté est accordée de faire moudre les grains étrangers déposés à l'entrepôt de Marseille, à la charge de réintégrer identiquement dans cet entrepôt toutes les farines produites, et ce sans substitution équivalente ou compensation quelconque. (*Ord. du* 28 *septembre* 1828, *art.* 1er.)

Cette faculté sera appliquée, avec l'autorisation du ministre du commerce, aux grains entreposés dans les autres ports du royaume où l'entrepôt offrira des garanties semblables et les mêmes moyens d'accomplir chacune des conditions réglées par la présente ordonnance. (*Même Ord.*, *art.* 9.)

---

(1) L'autorité municipale peut intervenir pour constater l'entrée et la mise en entrepôt des grains et farines, ainsi que leur qualité et quantité. (*Loi du* 27 *septembre* 1789, *et Circ. du* 25 *octobre* 1830.)

(2) C'est le droit en vigueur au moment où la soustraction est reconnue et constatée, qui doit être pris pour base de l'amende encourue. (*Déc. adm. du* 11 *février* 1840.)

(3) Le magasin où chaque partie de grains doit être mise en entrepôt, est exactement désigné par l'entrepositaire; et c'est dans ce magasin, non ailleurs, que les grains ou farines doivent être représentés à toute réquisition. (*Déc. min. du* 7 *germinal an* 10; *Circ. du* 25 *octobre* 1830.)

Les soumissions d'entrepôt doivent mentionner à la fois la mesure par hectolitres et le poids par kilogrammes de chaque partie de grains. (*Circ. du* 25 *octobre* 1830.)

Ces soumissions sont garanties par des cautions, conformément aux lois générales des douanes.

871. La faculté accordée par l'ordonnance du 28 septembre 1828 de faire moudre les blés exotiques entreposés, à charge de réexporter les farines en provenant, est retirée aux richelles de Naples (1) et généralement aux blés durs provenant de la mer Noire et du Danube, de l'Égypte et autres Échelles du Levant, de la Barbarie, du royaume des Deux-Siciles, de la Sardaigne, de l'Espagne, et à tous autres blés de la même essence non dénommés qui pourraient leur être assimilés. (*Ord. du 20 juillet* 1835, *art.* 1er.)

La faculté de la mouture est réservée aux blés tendres (2) entreposés, à la charge de réexporter, pour 100 kilog. de blé tendre, 78 kilog. de farine fraîche, blanche, blutée de 30 à 32 pour 100, de bonne qualité et bien conditionnée.

Par exception, l'administration de la guerre seule pourra représenter, au lieu de 78 kilog. de farine blutée à 30 pour 100, 100 kilog. de farine brute ou 90 kilog. de farine blutée à 10 pour 100. (*Même Ord.*, *art.* 2.)

872. Les permis pour la sortie d'entrepôt seront délivrés par la douane, en vertu d'engagemens dûment cautionnés, contenant soumission de rapporter à l'entrepôt, dans un délai qui sera exprimé auxdits permis, et d'exporter dans les deux mois suivans (3) les farines en quantité et qualité conformes aux prescriptions de l'article 2 ci-dessus (4). (*Même Ord.*, *art.* 3.)

Les permis ne seront point délivrés pour moins de 200 hectolitres à la fois. (*Même Ord.*, *art.* 4.)

873. Le préfet du département des Bouches-du-Rhône formera une commission composée du directeur des douanes, d'un inspecteur de cette administration, et de douze personnes choi-

---

(1) Les blés *tendres* de Naples, autres que les *richelles*, sont admissibles à la mouture, en vertu de l'article 2 de l'ordonnance du 20 juillet 1835. (*Déc. adm. du 26 décembre* 1835.)

(2) Ces grains sont admissibles à la faculté de la mouture, même alors qu'ils se trouvent exclus de la consommation, soit en vertu d'un traité particulier, soit d'après une loi générale. (*Déc. adm. du 30 mars* 1836.)

(3) Les farines doivent être réexportées directement du port même où le grains ont été moulus. (*Déc. min. du 12 juin* 1838.)

(4) Les soumissions doivent indiquer en outre les moulins où les diverses parties de grains seront conduites. (*Ord. du 28 septembre* 1828, *art.* 2.)

sies parmi les plus expérimentées dans le commerce et la ma-
nutention des blés.

Cette commission, susceptible d'être divisée en deux sections,
sera chargée,

1° D'arbitrer le délai nécessaire pour opérer la conversion
des blés en farines dans la proportion déterminée ci-dessus;

2° De prononcer sur toutes les difficultés auxquelles pourrait
donner lieu, à la représentation des farines, la connaissance de
leur espèce et qualité, de leur degré de pur et de leur condi-
tionnement;

3° D'approuver des échantillons de farine blutée à 30 ou 32
pour 100, qui pourront servir de types de comparaison au service des douanes.

L'intervention de la commission n'exclura pas le droit de recours aux experts institués par l'article 19 de la loi du 27 juillet 1822. (*Ord. du 20 juillet* 1835, *art.* 5.)

874. L'administration des douanes fera surveiller la conversion
des grains en farines pour en assurer l'identité, et pourra faire
exécuter, à cet effet, toutes visites et recherches nécessaires.
(*Ord. du 28 septembre* 1828, *art.* 6.)

Toute substitution de grains et farines, tout manquement dans
le rendement obligatoire, sera poursuivi comme soustraction
d'entrepôt et introduction frauduleuse d'objets prohibés. (*Même
Ord., art.* 7.)

875. Les droits d'entrée dus sur le son provenant de la mouture seront acquittés à raison de 22 kilog. par quintal décimal de
grains extraits de l'entrepôt (1). (*Ord. du 20 juillet* 1835, *art.* 6.)

_____

(1) En ce qui concerne les blés remis à l'administration de la guerre, les
droits sur le son s'acquittent à raison de 10 kilog. par quintal, lorsqu'on représente 90 kilog. de farine; il n'en est pas exigé, si la quantité représentée
est de 100 kilog. de farine brute. (*Circ. du* 31 *juillet* 1835, *n°* 1498.)

TABLEAU *des bureaux ouverts à l'importation et à l'exportation des grains, farines et légumes secs.*

BUREAUX OUVERTS		
A L'ENTRÉE ET A LA SORTIE.	A L'ENTRÉE SEULEMENT.	A LA SORTIE SEULEMENT.

DÉPARTEMENT DU NORD.

Gravelines, — Dunkerque, — Zuydcoote, — la Brouckstraete, — Oost-Cappel, — Steenvoorde, par Labèele, — Lacdorne, — Armentières, — Pont-Rouge, — Commines, — Werwick, — Halluin, — Riscontout; — Wattrelos, — Leers, — Baisieux, — Mouchin, — Maulde, — Condé, par Bonsecours, — Blancmisseron, — Bellignies, — Hergies, — Malplaquet, — Bettignies, — Vieux-Rengt, — Jeumont, — Coursolre, — Solre-le-Château, — Trélon, — Anor.	Mortagne, — Sebourg, — Crespin.	Hondschoote, — Houtkerque, — Labèele, — Boeschèpe, — Sceau, — Nieppe, — pont de Warneton, — Lille, par Bousbeck, — Pont de Nieppe.

DÉPARTEMENT DE L'AISNE.

Hirson, — Saint-Michel.	»	La Capelle, par Mondrepuis, — Wattignies.

DÉPARTEMENT DES ARDENNES.

Signy-le-Petit, — Regnowez, — Rocroy, — Gué d'Hossus, — Fumay, — Givet, — Gespunsart, — Saint-Menges, — Givonne, — Messincourt, — le Trembloy	»	Vireux-S.-Martin, — Haut-Butté, — les Rivières, — Gernelle, — Bosséval, — Puilly, — Margut, par Sapogne.

DÉPARTEMENT DE LA MEUSE.

Velosnes.	»	»

DÉPARTEMENT DE LA MOSELLE.

La Malmaison, — Mont-Saint-Martin, — Évranges, — Apach, — Sierck, par la Moselle, — Waldwiese, — Bouzonville, — les Trois-Maisons, — Creutzwald, — Forbach, — Grosbliederstroff, — Frauenberg, — Wolmunster, — Haspelschiedt, — Sturzelbronn.	Walschbronn.	Thonne-la-Long.

DÉPARTEMENT DU BAS-RHIN.

Lembach, — Wissembourg, — Lauterbourg, — Münchausen, — Seltz, — Beinhem, — Port-Louis, — Drusenheim, — Gambsheim, — la Wantzenau, — le Pont-du-Rhin, — Rhinau, — Markolsheim.	»	»

BUREAUX OUVERTS		
A L'ENTRÉE ET A LA SORTIE.	A L'ENTRÉE SEULEMENT.	A LA SORTIE SEULEMENT.

DÉPARTEMENT DU HAUT-RHIN.

Artzheim, — l'Ile-de-Paille, —Chalampé, —Saint-Louis, —Hegenheim, —Niederhagenthal, —Saint-Blaise, —Wolschwiller, — Winckel, — Courtavon, — Pfetterhausen, — Rechézy, — Courcelles, — Delle, — Croix, — Huningue.	»	»

DÉPARTEMENT DU DOUBS.

Villars-sous-Blamont, —Morteau, par les Sarrasins, — le Villers, —Pontarlier, par les Fourgs, —les Verrières-de-Joux,—Jougne.	»	Montbéliard, par Hérimoncourt, — les Sarrasins, — les Fourgs.

DÉPARTEMENT DU JURA.

Les Rousses, — Mijoux.	»	»

DÉPARTEMENT DE L'AIN.

Bellegarde,—Seyssel,—Culles, — Virignin, — Cordon.	»	Forens.

DÉPARTEMENT DE L'ISÈRE.

Aoste, —Pont-de-Beauvoisin, — Entre-deux-Guiers, — Saint-Pierre-d'Entremont, — Chapareillan, — Pontcharra, — Pont-de-Bens, — Vaujany.	»	»

DÉPARTEMENT DES HAUTES-ALPES.

Le Lauzet, — Mont-Genèvre, — la Monta.	»	»

DÉPARTEMENT DES BASSES-ALPES.

Saint-Paul, — Larche, — Fours, — Colmars, — Sausses, — Saint-Pierre.	»	Maurin.

DÉPARTEMENT DU VAR.

Sallagriffon, —Broc, — Saint-Laurent-du-Var, — Antibes, — Cannes, — Saint-Raphaël, — Saint-Tropez, —Salins d'Hyères, — Toulon, — Bandol.	»	»

DÉPARTEMENT DES BOUCHES-DU-RHÔNE.

La Ciotat, — Cassis, — Marseille, —Port-de-Bouc, — Martigues, — Arles.	»	Carry.

DÉPARTEMENT DU GARD.

Aigues-Mortes.	»	»

DÉPARTEMENT DE L'HÉRAULT.

Cette, — Agde.	»	»

BUREAUX OUVERTS		
A L'ENTRÉE ET A LA SORTIE.	A L'ENTRÉE SEULEMENT.	A LA SORTIE SEULEMENT.

DÉPARTEMENT DE L'AUDE.

La Nouvelle.	»	Narbonne.

DÉPARTEMENT DES PYRÉNÉES-ORIENTALES.

Saint-Laurent-de-la-Salanque, — Collioure, — Port-Vendres, — Perthus, — Saillagousse, — Bourg-Madame, — Carols.	»	Bagnols, — Laroque,—Céret,—Arles, — Prats de Mollo.

DÉPARTEMENT DE L'ARIÉGE.

Ax, par l'Hospitalet, — Tarascon, par l'Hospitalet,—Siguer, — Auzat, — Saint-Girons, par Conflens, — Orles,	Salau, — Ustou, — Aulus, — l'Hospitalet, — Sentein.	Argelès, par Cauterets et Arrens (Hautes-Pyrénées).

DÉPARTEMENT DE LA HAUTE-GARONNE.

Saint-Béat, par Fos, — Bagnères.	Fos.	»

DÉPARTEMENT DES HAUTES-PYRÉNÉES.

Arrau, par Vielle, — Argelès, par Gèdre.	Vielle,—Génos,— Aragnonet, — Gèdre, Arrens.	»

DÉPARTEMENT DES BASSES-PYRÉNÉES.

Bedous, par Urdos, — Saint-Jean-Pied-de-Port, par Arnéguy, — Ainhoa, — Béhobie, —Saint-Jean-de-Luz,—Bayonne,—Sarre, — les Aldudes, — Olhette.	Gabas, — Lescun, — Larrau, — Lécumberry.	»

DÉPARTEMENT DE LA GIRONDE.

La Teste de Busch, — Pauillac, — Bordeaux, — Libourne, — Blaye.	»	»

DÉPARTEMENT DE LA CHARENTE-INFÉRIEURE.

Royan, — Mortagne, — la Tremblade,—Marennes, — Charente, — Rochefort, — Saint-Martin (île de Rhé), —Marans, — la Rochelle.	»	»

DÉPARTEMENT DE LA VENDÉE.

Luçon, — Saint-Michel, — Moricq, par l'Aiguillon, — les Sables, — Saint-Gilles, — Croix-de-Vie, — la Barredemont, — Beauvoir, — Bouin, — Noirmoutiers.	»	»

DÉPARTEMENT DE LA LOIRE-INFÉRIEURE.

Bourgneuf, — Pornic, —Saint-Nazaire,—Paimbœuf, —Nantes et les lieux de chargement situés au-dessous jusqu'à Paimbœuf, — le Pouliguen, — le Croisic, — Mesquer.	»	»

BUREAUX OUVERTS		
A L'ENTRÉE ET A LA SORTIE.	A L'ENTRÉE SEULEMENT.	A LA SORTIE SEULEMENT.

DÉPARTEMENT D'ILLE-ET-VILAINE.

Redon, — Saint-Servan, — Saint-Malo.	»	»

DÉPARTEMENT DU MORBIHAN.

La Roche-Bernard, — Pénerf, — Sarzeau, — Vannes, — Auray, — Hennebon, — Lorient.	»	»

DÉPARTEMENT DU FINISTÈRE.

Quimperlé, — Pontaven, — Pont-l'Abbé, — Quimper, — Audierne, — Camaret, — Port-Launay, — Landernau, — Brest, — Abrevrach, — Roscoff, — Morlaix, — Paimpoul.	»	»

DÉPARTEMENT DES CÔTES-DU-NORD.

Toulanhéry, —Lannion,—Perros, — Tréguier, — Lézardrieux, —Pontrieux, —Paimpol, —Portrieux, — le Legué, — Dahouet, — Port-à-la-Duc, — Dinan, — Binic.	»	»

DÉPARTEMENT DE LA MANCHE.

Granville, — Régneville, — Saint-Germain-sur-Ay, — Portbail, — Carteret, — Diélette, — Anneville, — Cherbourg, — Barfleur, — Carentan.	»	»

DÉPARTEMENT DU CALVADOS.

Isigny, — Caen, par Ouistreham, — Honfleur.	»	Quillebœuf (Eure).

DÉPARTEMENT DE LA SEINE-INFÉRIEURE.

Rouen, — le Havre, — Caudebec, — Fécamp, — Harfleur, — Saint-Valery-en-Caux, — Dieppe, — Tréport, — Abbeville.	»	»

DÉPARTEMENT DE LA SOMME.

Saint-Valery-sur-Somme.	»	Le Crotoy.

DÉPARTEMENT DU PAS-DE-CALAIS.

Étaples, — Boulogne, — Calais.	»	»

DÉPARTEMENT DE LA CORSE.

Macinaggio, — Bastia, — Cervione, — Bonifacio, — Ajaccio, — Calvi, — île Rousse, — Saint-Florent.	Centuri.	Venzolasca, — Propriano.

(*Ord. des 17 janvier et 23 août 1830, 5 avril 1831, 27 janvier, 10 et 24 mars 1832, 18 août 1833, 19 mars 1835, 28 octobre 1836, 27 décembre 1837, 24 mai 1839, 24 février, 21, 24 juin et 18 juillet 1840.*)

CHAPITRE XI.

RECHERCHES, DANS L'INTÉRIEUR, DES MARCHANDISES SOUSTRAITES AUX DOUANES.

SECTION PREMIÈRE.

MARQUES DE FABRIQUES.

Dispositions générales.

876. A dater de la publication de la présente loi, les cotons filés (1), les tissus et tricots de coton et de laine, et tous autres tissus de fabrique étrangère prohibés, seront recherchés et saisis dans toute l'étendue du royaume.

A l'effet de distinguer les tissus fabriqués en France, toute pièce d'étoffe de la nature de celles prohibées devra porter une marque et un numéro de fabrication, pour servir de premier indice au jury dont il sera parlé ci-après. (*Loi du 28 avril 1816, art.* 59.)

La marque voulue par l'article 59 de la loi du 28 avril 1816 sera suppléée, à l'égard des cotons filés, par un mode de dé-

---

(1) La prohibition des cotons filés écrus, du n° 143 (*système métrique*) et au-dessus, est levée. Au moment de l'acquittement en douane, les cotons filés reçoivent une marque dont la forme et les conditions sont déterminées par des ordonnances du Roi. A défaut de cette marque, les cotons filés, même du n° 143 et au-dessus, continuent à être saisissables dans l'intérieur, suivant la loi du 28 avril 1816. (*Ord. du 2 juin* 1834, *et Loi du 2 juillet* 1836.)

Marque des cotons filés.

« Les paquets de coton sont dépouillés de leur première enveloppe. Sur les « deux feuilles de carton mince qui forment la seconde, la douane place une « corde en croix, dont les deux bouts effilés sont ramenés sur un des larges « côtés du paquet et recouverts par une vignette de papier fin collée dans toute « sa largeur. Cette vignette, portant ces mots : *Cotons filés étrangers. Loi du* « *2 juillet* 1836, est détachée d'un registre à souche. » (*Ord. du 22 août* 1834, art. 2; *Circ. du 28 du même mois.*)

Les cotons filés, admissibles aux droits, sont saisissables lorsque l'étiquette qui en a constaté l'introduction licite est brisée, sans que ce bris soit le résultat forcé d'une avarie reconnue contradictoirement avec la douane. (*Jug. du* 7 *novembre* 1840.)

yidage et d'enveloppe qu'une ordonnance du Roi déterminera. (*Loi du* 21 *avril* 1818, *art.* 46.)

La recherche, dans l'intérieur, des fils de laine de toute espèce qui ne proviendront pas soit des fabriques françaises, soit de l'importation légale (1), aura lieu ainsi qu'il est réglé pour les fils de coton par le titre 6 de la loi du 28 avril 1816, et par les ordonnances qui en dérivent (*Loi du* 6 *mai* 1841, *art.* 1er.) (2).

877. Les fabricans d'étoffes pleines ou mélangées en laine ou en coton, et de tous tissus de la nature de ceux qui sont prohibés venant de l'étranger, ne pourront mettre dans le commerce ces étoffes et tissus que revêtus d'une marque de fabrication et d'un numéro d'ordre repris de leurs registres d'entrée et de sortie (3). (*Ord. du* 8 *août* 1816, *art.* 1er.)

Les marques indiqueront le nom de la ville ou de l'arrondissement où la fabrication a lieu, et le nom du fabricant, ou tel chiffre ou signe qu'il déclarera choisir : elles seront tissues, brodées ou imprimées, selon la nature de l'étoffe et la volonté

---

(1) Les fils de laine longue peignée, écrus, retors à un ou plusieurs bouts, dégraissés et grillés, sont admissibles au droit de 7 fr. le kilog. Ces fils ne peuvent être admis que par les seuls ports de Calais, de Boulogne et du Havre, pour être dirigés, sous plomb et par acquit-à-caution, sur la douane de Paris, qui perçoit le droit, après avoir vérifié l'existence de tous les caractères susindiqués. Les fils de laine, importés en vertu de la présente disposition, doivent être revêtus, par la douane de Paris, d'une marque distinctive dont des ordonnances royales déterminent le mode. (*Loi du* 6 *mai* 1841, *art.* 1er, et *Ord. du* 21 *du même mois.*)

La forme extérieure de cette marque n'ayant pas été spécialement déterminée, la douane de Paris a été autorisée à se servir de la marque en usage pour les cotons filés, après y avoir fait, *à la main*, les changemens nécessaires. (*Circ. du* 26 *mai* 1841, *no* 1852.)

(2) Cette disposition s'applique aux fils de laine de *toute espèce*, c'est-à-dire sans distinction de ceux qui sont admissibles aux droits. La présomption d'importation légale ne doit porter que sur des fils de laine *longue peignée, écrus, retors à un ou plusieurs bouts, dégraissés et grillés*; les fils étrangers de *toute autre espèce*, ne pouvant provenir que de la contrebande, doivent être saisis. On procède, dans ce cas, comme on le fait pour les *cotons filés.* (*Même Circ.*)

(3) Les défenses prescrites par cet article s'appliquent également aux fils de coton, surtout depuis que l'article 46 de la loi du 21 avril 1818 a dit comment on suppléerait, à leur égard, à la marque de fabrication.

du fabricant, mais de manière à pouvoir se conserver le plus longtemps qu'il sera possible (1). (*Ord. du 8 août* 1816, *art.* 2.)

878. Chaque fabricant est tenu de déposer à la sous-préfecture de son arrondissement deux empreintes ou modèles de sa marque : l'un de ces modèles y sera conservé (2); l'autre sera transmis au ministre de l'intérieur, pour rester dans les archives du jury institué par l'article 63 de la loi du 28 avril 1816. (*Même Ord., art.* 4.)

Les prud'hommes, et à leur défaut les maires, assistés de fabricans notables, vérifieront la nature de chaque marque et le procédé d'application : si ce dernier est défectueux, et si la marque est susceptible d'être confondue avec des signes employés par d'autres manufacturiers, ils exigeront un procédé plus solide et une désignation différente. En cas de contestation à ce sujet, il en sera référé au préfet, qui décidera après avoir pris l'avis de la chambre consultative des manufactures, ou de la chambre de commerce qui en fait les fonctions. (*Même Ord., art.* 3.)

879. Tout acheteur est autorisé à exiger de son vendeur une facture signée qui indique la marque et le numéro des pièces, laquelle facture doit correspondre au livre du marchand qui fait la vente, et aux factures par lui reçues du vendeur précédent, le tout pour y recourir au besoin. (*Même Ord., art.* 10.)

880. Les contrevenans aux obligations prescrites par les dispositions relatives aux marques de fabrication seront responsables des dommages qu'éprouveraient des tiers sur qui les objets auraient été saisis, sans préjudice des peines portées par les articles 142, 143 et 423 du Code pénal. (*Même Ord., art.* 8.)

Tissus.

881. La marque de fabrication sera apposée, ainsi que le nu-

---

(1) Pour être régulière, la marque doit porter : 1° le numéro d'ordre; 2° le nom de la ville ou de l'arrondissement où est située la fabrique; 3° le nom du fabricant ou le chiffre qu'il a déclaré choisir. (*Déc. min. du* 12 *mai* 1820; *Circ. n°* 573.)

(2) Afin qu'on puisse faire les rapprochemens et confrontations nécessaires. (*Lett. du min. de l'intér. aux préfets, du* 23 *octobre* 1818.)

méro d'ordre, aux deux extrémités de la pièce (1). Les teinturiers, imprimeurs ou autres apprêteurs, seront tenus de la conserver, en la couvrant, au besoin, pendant les apprêts. (*Même Ord.*, *art. 5.*)

Aucun coupon ne pourra être mis dans le commerce sans sa marque et son numéro (2).

Lorsqu'un fabricant usera, pour ses pièces, de marques tissues, il y suppléera, pour les coupons tirés de ces pièces, au moyen d'une marque brodée ou imprimée, ou d'un plomb ou d'un bulletin portant les mêmes indications. Les modèles de ces marques de supplément seront déposés comme ceux de la marque principale. (*Même Ord.*, *art. 6.*)

Cotons filés.

882. Les cotons filés simples ou retors, sauf les modifications et exceptions spécifiées aux articles 7, 8, 9 et 10 de la présente ordonnance (n° 883), continueront à être dévidés en écheveaux composés de dix échevettes de cent mètres chacune. (*Ord. du 8 avril* 1829, *art. 1er.*)

A cet effet, les établissemens de filature de coton devront continuer d'être pourvus de dévidoirs de 1,428 millimètres de développement, auxquels s'adapte une roue ou compteur de 70 dents. (*Même Ord.*, *art. 2.*)

La ligature des dix échevettes, dont la réunion compose l'écheveau de mille mètres, n'est assujettie à aucun mode particulier; chaque fabricant est libre, soit de réunir par une seule ligature lâche les fils formant ledit écheveau, soit de le diviser en deux parties égales, soit de passer un fil ou une chaîne qui sépare distinctement l'écheveau en dix échevettes. (*Même Ord.*, *art. 3.*)

Quelle que soit la ligature des écheveaux, ils continueront d'être étiquetés, suivant leur degré de finesse, d'un numéro qui

---

(1) Le numéro d'ordre doit être apposé par le manufacturier en même temps que la marque. (*Même Lett.*)

(2) On peut se dispenser d'estampiller les très-petites coupes; mais comme une telle tolérance ne peut faire prescription, les agens de l'administration sont tenus de faire l'application rigoureuse de la loi, si la subdivision des pièces de tissus a pour objet de couvrir des opérations de contrebande. (*Même Lett.*)

indiquera le nombre nécessaire pour former le poids d'une livre ou demi-kilogramme : ainsi l'écheveau du n° 41 devra peser douze grammes 195 millièmes; celui du n° 50, dix grammes; celui du n° 100, cinq grammes; le poids des numéros plus élevés diminuant dans la même progression décroissante. (*Ord. du 8 avril* 1829, art. 4.)

Les entrepreneurs de filatures sont dispensés de l'obligation d'entourer chaque paquet d'une bande de papier appliquée sur les écheveaux, et de réunir, sous un seul et même paquet, les deux bouts de cette bande; seulement ils demeurent tenus d'appliquer une étiquette portant l'empreinte de leur cachet, collée et cachetée sur l'une des cordes qui servent de lien au paquet, de manière que cette corde ne puisse se détacher sans déchirer l'étiquette. (*Même Ord.*, art. 5.)

La vente des cotons filés aura lieu par paquet de cinq ou dix livres, suivant l'usage établi. (*Même Ord.*, art. 6.)

883. Les cotons disposés en chaînes ourdies ou divisés sur bobines ne sont pas assujettis aux dispositions précédentes dans les cas ci-après, savoir : 1° lorsqu'ils se trouvent encore dans l'établissement de la filature; 2° lorsqu'ils sont dans les ateliers de tissage; 3° lorsqu'on les transporte de la filature à ces ateliers dans des colis fermés par une bande, corde ou ficelle croisée, dont les deux bouts sont réunis avec le numéro d'expédition du fabricant, sous un cachet ou sous un plomb. (*Même Ord.*, art. 7.)

Les cotons filés dont la finesse ne dépasse pas le n° 16, c'est-à-dire dont l'écheveau de mille mètres ne pèse pas moins de 31 grammes 250 milligrammes, qu'ils soient simples ou retors, blanchis ou écrus, demeurent également affranchis des mêmes dispositions; cet affranchissement s'étendra, sans distinction de numéros, à tous les cotons à coudre ou à broder qui sont mis sur bobines ou en petites pelottes. (*Même Ord.*, art. 8.)

Les articles 1, 2, 3, 4, 5 et 6 sont applicables aux cotons filés teints ou blanchis au-dessus du n° 16, sous les modifications suivantes :

Si des fils séparent chacune des dix échevettes de cent mètres, on pourra les couper, pourvu que l'écheveau de mille mètres conserve son lien.

Quant au numérotage, le chiffre à indiquer pour numéro sera

celui que le coton filé avait en écru, quelle qu'ait été l'influence du blanchiment ou de la teinture sur la mesure ou sur le poids.

La forme des paquets et le mode d'enveloppe sont laissés au choix des fabricans. (*Ord. du 8 avril* 1829, *art.* 9.)

Les cotons filés, n° 40 et au-dessous, pourront être exportés sans avoir été soumis au dévidage et au numérotage prescrits par les articles 1, 2, 3 et 4; ils devront toutefois être conduits de la filature à la frontière dans des colis fermés, comme il a été dit à la fin de l'article 7. Aucun dépôt ne pourra en être établi sous aucun prétexte, et les filateurs seront tenus de justifier, à toutes réquisitions, de la nationalité de ceux desdits fils qu'ils auraient dans leurs filatures, en attendant l'expédition à l'étranger (1). (*Même Ord., art.* 10.)

Bonneterie.

884. La bonneterie de coton ou de laine est aussi assujettie à la marque de fabrication. Cette marque consistera, autant qu'il sera possible, en lettres, chiffres ou signes travaillés dans le tricot même, et à l'aide desquels on puisse reconnaître le nom du fabricant et sa résidence, en recourant aux modèles, qui seront déposés comme il est dit en l'article 4 de la présente ordonnance (n° 878); les dispositions de l'article 3 sont aussi applicables à la bonneterie. (*Ord. du 8 août* 1816, *art.* 7.)

Les marques de fabrication et numéros d'ordre dont l'apposition a été prescrite par les lois et ordonnances précédentes, notamment par l'ordonnance du 8 août 1816, pourront, en ce qui concerne exclusivement les produits des fabriques de bonneterie qui se vendent ordinairement par paquets de douze articles, n'être appliqués qu'à raison d'une seule marque et d'un seul numéro par douzaine.

Il sera libre, en conséquence, au manufacturier de rassembler les objets de cette sorte par lui fabriqués, en paquets de douze articles de même nature, et de les réunir sous un plomb ou cachet unique, portant l'empreinte de la marque qu'il aura adoptée, et scellant une étiquette sur laquelle sera inscrit le numéro

---

(1) Cette restriction ne s'applique, en aucun cas, aux fils du n° 16 et au-dessous, mais seulement à ceux des n°s 17 à 40 inclusivement. (*Circ. du* 15 *mai* 1829.)

d'ordre. L'empreinte ou modèle de ce plomb ou cachet sera,
conformément à l'article 4 de l'ordonnance du 8 août 1816, déposé à la sous-préfecture de l'arrondissement (1). (*Ord. du
23 septembre* 1818, *art.* 1er.)

Tous les articles de bonneterie ci-dessus spécifiés seront soumis, immédiatement après leur fabrication, à la marque qui
vient d'être indiquée, et ils ne pourront être mis dans le commerce qu'après avoir été revêtus de cette marque, sous peine,
contre les contrevenans, d'être passibles des poursuites édictées
par la loi du 21 avril 1818. (*Même Ord.*, *art.* 2.)

Tulles.

885. Tout fabricant de tulle de coton devra faire soit au
greffe du tribunal de commerce, soit au secrétariat du conseil
des prud'hommes de son arrondissement, une déclaration indiquant le nombre de ses métiers, leur largeur, le nombre des
pointes dans les barres de chaque métier, leur système de construction (*levers, circulaires ou autres*) ; il donnera un numéro à
chacun de ses métiers, en suivant une série régulière, et devra
tenir un registre de fabrication. (*Ord. du 3 avril* 1836, *art.* 1er.)

Il sera tenu d'apposer aux deux bouts de chaque pièce écrue,
aussitôt qu'elle aura été démontée du métier, une inscription
indiquant son nom, celui de la commune de sa résidence, le
numéro d'ordre de son registre de fabrication, et le numéro du
métier. Cette inscription, rendue indélébile par l'emploi du
chlorure de manganèse exclusivement à tout autre procédé, sera
apposée au moyen d'une estampille dont les caractères devront
être parfaitement lisibles et ne pourront être moindres d'un demi-
centimètre de hauteur. (*Même Ord.*, *art.* 2.)

Indépendamment de cette première estampille, les pièces de

---

(1)   *Apposition des marques.*

On passe dans chaque paire de bas, de chaussons, etc., un fil dont les deux
bouts, réunis à ceux des onze autres paires, se trouvent enfermés sous un
même plomb ou cachet portant l'empreinte de la marque adoptée par le fabricant, de manière qu'en coupant, à chaque vente en détail d'une ou de plusieurs paires, le fil qui tient séparément chacune d'elles, le reste du paquet ou
de la douzaine conserve la marque, jusqu'à la vente de la dernière paire.
(*Ord. du* 23 *septembre* 1818, *art.* 1er.)

tulle destinées à être divisées en bande devront porter aux deux bouts de chaque bande une seconde estampille apposée dans la longueur de la bande, toujours au moyen du chlorure de manganèse. Cette seconde estampille indiquera, comme la première, les noms du fabricant et de la commune de sa résidence; le numéro d'ordre du registre et celui du métier y seront rappelés. Elle ne sera point nécessaire pour les pièces de *picot* ou pour les *frivolités* en écru qui n'auront pas plus d'un centimètre de hauteur, lesquelles suivront le même régime que les pièces unies qui ne sont pas destinées à être en bandes. (*Même Ord.*, art. 3.)

Un modèle ou empreinte de chacune de ces estampilles devra être déposé par le fabricant, soit au greffe du tribunal de commerce, soit au secrétariat du conseil des prud'hommes, pour y être conservé. Pareil modèle ou empreinte, ainsi que la déclaration exigée par l'article 1er, devront être transmis au ministre du commerce, pour rester déposés aux archives du jury assermenté institué par l'article 63 de la loi du 28 avril 1816. (*Même Ord.*, art. 4.)

Châles et mouchoirs.

886. Les châles ou mouchoirs de cou en laine, en coton, ou mélangés de ces deux matières, ou de soie, etc., n'étant pas, dans beaucoup de cas, susceptibles de recevoir une marque tissée, brodée ou imprimée, la marque de fabrique prescrite par l'article 1er de l'ordonnance du 8 août 1816 pourra être suppléée, pour ces articles, par un plomb ou cachet apposé à chaque pièce, scellant une étiquette sur laquelle sera inscrit le numéro d'ordre (1).

Ces plombs ou cachets devront présenter les indications prescrites par l'article 2 de l'ordonnance du 8 août 1816 (n° 877), et leur modèle ou empreinte sera de même déposé à la sous-préfecture de l'arrondissement. (*Ord. du* 23 *septembre* 1818, *art.* 4.)

---

(1) Par analogie avec la bonneterie, les châles et mouchoirs peuvent être classés par douzaine. (*Lett. du min. de l'intér. aux préfets*, *du* 23 oct. 1818.)

SECTION II.

RECHERCHE ET SAISIE DES MARCHANDISES.

Objets dépourvus de marque.

887. Toute marchandise de l'espèce de celles désignées dans l'article 59 de la loi du 28 avril 1816 (1), qui sera trouvée dépourvue de la marque de fabrique ou d'origine, sera saisie pour ce seul fait; et lors même que le jury, auquel elle sera soumise selon l'article 63 de ladite loi (n° 891), la déclarerait d'origine française, le propriétaire ou détenteur ne pourra la recouvrer qu'après avoir payé une amende de 6 pour 100 de sa valeur, telle qu'elle aura été estimée et déclarée par le jury (2). (*Loi du 21 avril 1818, art. 42.*)

---

(1) Les dispositions du titre 6 de la loi du 28 avril 1816 ont été étendues aux fils de laine de toute espèce, par l'article 1er de la loi du 6 mai 1841 (n° 876).

Toutefois, la loi ne prescrivant pas l'apposition d'une marque de fabrique sur les paquets de laine filée, l'absence de cette marque, en cas de saisie de produits ultérieurement reconnus *français* par le jury, ne peut donner lieu à l'application de l'amende de 6 pour 100 prononcée par l'article 42 de la loi du 21 avril 1818. (*Déc. adm. du 15 septembre* 1841.)

(2) Les agens des douanes doivent être fort circonspects pour les saisies qui ne seraient motivées que sur l'absence des marques légales; ils n'en feront jamais l'objet de recherches spéciales; quand des circonstances particulières les amèneront à constater une contravention, ils pourront, si l'origine française des tissus non marqués n'est point douteuse, concilier ce qu'exige la stricte exécution de la loi avec l'intérêt que réclame le commerce français, en fixant de *gré à gré* la valeur passible de l'amende de 6 pour 100, et en restituant immédiatement les marchandises, sous la condition du paiement de cette amende, du décime et des frais, et de l'exécution immédiate des formalités prescrites par l'article 41 de la loi du 21 avril 1818, ainsi conçu :

« Tout fabricant, marchand ou détenteur de tissus français dépourvus de « marques de fabrique, devra :

« 1° Apposer sur l'extrémité de chaque pièce ou coupon de tissu un numéro « d'ordre suivi de la marque distinctive qu'il aura adoptée pour indiquer l'ori- « gine française ;

« 2° Reprendre et décrire sur son registre-journal toutes les pièces ou cou- « pons, ainsi marqués par lui à l'extraordinaire, faisant mention exacte de la « marque et des numéros d'ordre sur ledit registre, qui sera par lui arrêté à « la fin de l'inventaire, daté et signé. » (*Circ. du 31 mai* 1820, *n°* 573.)

Devoirs des préposés.

888. Devront les préposés (1), en se faisant accompagner d'un officier municipal ou d'un commissaire de police qui sera tenu de se rendre à leur réquisition (2), se transporter, de jour seulement, dans les maisons et endroits situés dans toutes les villes et communes de l'étendue du rayon qui leur seraient indiquées comme recélant des marchandises de l'espèce de celles dénommées en l'article 59 de la présente loi, et en effectuer la saisie (3). (*Loi du 28 avril 1816, art.* 60.)

---

(1) Les préposés des douanes faisant partie des détachemens mobiles établis en arrière des lignes, peuvent arrêter, en campagne, les porteurs de ballots, et les conduire devant l'officier public le plus voisin, pour procéder, en sa présence, à l'examen des objets. Dans le cas où ils refuseraient d'obtempérer à la réquisition de venir devant cet officier, les préposés sont autorisés à passer outre; et si leur résistance nécessite l'emploi de la force, il est dressé procès-verbal, pour que le ministère public puisse diriger contre eux les poursuites de droit. Si les personnes arrêtées ne se trouvent pas en contravention, elles peuvent être indemnisées par l'administration des douanes. (*Lett. du min. de l'intérieur aux préfets, du* 7 *avril* 1819.)

(2) Les officiers municipaux et les commissaires de police sont tenus de se rendre à toute réquisition des employés des douanes, sans distinction de grades ni exception de jours fériés. (*Déc. adm. du* 14 *mai* 1834.)

(3) On peut procéder à ces recherches et visites dans toutes les villes, quelle que soit leur population; mais on doit le faire avec infiniment de réserve, car autant il est nécessaire d'atteindre le but de la loi, en faisant disparaître le plus possible du territoire français les objets qui y auraient été introduits malgré la prohibition, autant l'administration évite d'en contrarier l'esprit par des visites domiciliaires qui ne seraient pas provoquées par de forts indices de fraude. (*Circ. du* 1er *mai* 1816.)

Il n'est pas dû d'indemnité pour les recherches faites en vertu de l'article 60 ci-dessus, lorsqu'elles ne produisent aucun résultat; c'est-à-dire que l'article 40 du titre 13 de la loi du 22 août 1791 (no 367) n'est pas applicable dans ce cas. (*A. de C. du* 31 *juillet* 1826; *Circ. no* 1023.)

Si, dans les villes où il y a un bureau de douanes, les préposés des contributions indirectes ou de l'octroi ont connaissance d'un entrepôt frauduleux, la faculté d'aller le saisir ne leur appartenant pas, ils doivent se borner à en donner avis aux préposés des douanes, qui, accompagnés d'un officier public, se transportent au lieu du dépôt et y effectuent la saisie. Si, dans une de ces mêmes villes, ils arrêtent à la circulation un objet de fraude, ils sont tenus de le conduire directement au bureau des douanes, et de le mettre à la disposition du receveur, qui en fait opérer la saisie, effectuer le dépôt à son bureau, et poursuivre, s'il y a lieu, la confiscation. (*Circ. du* 13 *octobre* 1816.)

Procès-verbaux.

889. Le procès-verbal qui, à moins d'empêchement, sera rédigé au domicile même de la partie (1), devra faire mention, 1° de la désignation des marchandises par poids, nombre et nature des pièces, ou par mètres s'il ne s'agit que de coupons; 2° du prélèvement qui sera fait d'échantillons sur chaque pièce ou coupon (2); 3° et de la mise sous enveloppe desdits échantillons (3). Cette enveloppe sera revêtue du cachet de l'officier public (4), de celui des saisissans et de celui de la partie, à moins qu'elle ne s'y refuse, ce dont le procès-verbal ferait éga-

---

(1) On doit toujours spécifier exactement, dans les procès-verbaux, le canton, l'arrondissement et le département dans lesquels se trouve le lieu de la saisie. (*Circ. du 10 avril* 1819.)

(2) Ces échantillons doivent être très-exigus et de nulle valeur. (*Circ. du 26 novembre* 1819, *n°* 535.)

(3) Les procès-verbaux contiennent la description des objets saisis, numérotés article par article, sauf, lorsqu'il y a plusieurs objets identiques en qualités et dimensions, à les mentionner ainsi : *20 pièces mousseline unie, de.... mètres de long sur..... mètres de large, numérotées de 17 à 57, etc.* Les numéros enregistrés au procès-verbal sont ensuite portés non-seulement sur chaque échantillon, avant leur mise en liasses séparées, mais encore sur les pièces mêmes d'où les échantillons ont été prélevés. S'il se trouve des articles, tels que des mouchoirs, du linge de table, de la bonneterie, etc., sur lesquels il soit impossible de prélever des échantillons, on doit l'énoncer dans le procès-verbal, et les numéros suivis de cet acte ne sont alors portés que sur ces objets entiers. Le poids *net* des marchandises et des échantillons est aussi indiqué séparément. (*Circ. du 5 décembre* 1821.)

Il est également nécessaire de décrire les diverses marques, signes et numéros dont les tissus sont revêtus. (*Circ. du 7 janvier* 1817.)

Ces procès-verbaux ne sont pas assujettis aux formalités voulues pour les autres procès-verbaux de douanes. (*A. de C. des 1er mai* 1818, 10 *mars* 1820, 4 *mai* 1833, 20 *décembre* 1834, *et 6 août* 1836.)

La non-exécution des formalités prescrites par le titre 6 de la loi du 28 avril 1816 n'entraîne pas la nullité des saisies faites dans l'intérieur. (*A. de C. des* 29 *juillet* 1819 *et* 6 *août* 1836.)

Lorsqu'il s'agit d'une saisie opérée en vertu du titre 6 de la loi de 1816, la preuve testimoniale est admise à l'appui du procès-verbal, qui n'est pas dressé directement contre le véritable auteur de la fraude. (*A. de C. du* 10 *juillet* 1829.)

Les directeurs doivent rendre spécialement compte à l'administration de chaque saisie. (*Circ. du* 26 *novembre* 1819.)

(4) Ce cachet peut ne pas être celui de l'administration municipale à laquelle le fonctionnaire public appartient. Le vœu de la loi est parfaitement rempli

lement mention. Les mêmes cachets seront apposés en marge du rapport; les marchandises ensuite emballées et scellées desdits cachets, seront transportées et déposées au plus prochain bureau, autant que les circonstances pourront le permettre, et le paquet contenant les échantillons sera immédiatement transmis au directeur général de l'administration des douanes (1). (*Loi du 28 avril* 1816, *art.* 61.)

Lieux où il n'y a point de douanes.

890. Les mêmes obligations et les mêmes formes de procéder sont imposées dans les villes et endroits de l'intérieur où il n'y

---

lorsque cet officier public s'est servi de son cachet particulier et qu'il en reconnaît l'empreinte et l'identité. (*A. de C. du* 16 *décembre* 1830.)

Il faut avoir soin de n'employer que de la cire d'une ténacité convenable, tant sur les procès-verbaux que sur les enveloppes, pour que les cachets ne se détachent pas. (*Circ. du* 10 *avril* 1819.)

(1) Les marchandises sont en même temps expédiées en totalité sur la douane de Paris.

Cet envoi se fait sous double emballage et par acquit-à-caution. Les deux emballages doivent être en toile neuve et cousus avec soin. Le premier est garni de paille, et ses coutures ne correspondent pas avec celles de l'enveloppe extérieure. Les cordes, à l'extrémité desquelles sont apposés les mêmes cachets que ceux portés sur les acquits-à-caution, doivent être passées dans les coutures, de telle sorte qu'il soit impossible de les faire glisser. (*Circ. du* 26 *novembre* 1819, *n*° 535.)

On fixe sur les colis des étiquettes suffisantes pour les faire reconnaître, c'est-à-dire énonçant en gros caractères que l'envoi en est fait par le receveur du bureau de............., à l'adresse du receveur de la douane de Paris, et accompagné d'un acquit-à-caution du..............., n°..... (*Circ. du* 10 *mars* 1826.)

Les frais d'emballage des marchandises sont à la charge des prévenus. (*Déc. adm. du* 8 *mai* 1839.)

Il en est de même des frais de transport des objets arrêtés, du lieu de la saisie au plus prochain bureau, ou au chef-lieu d'arrondissement. Ceux occasionnés par l'envoi des marchandises à Paris et par leur retour au bureau de douane ou aux chefs-lieux d'arrondissement, doivent être imputés sur le produit des saisies. (*Circ. du* 11 *avril* 1835.)

Lorsque les directeurs adressent à l'administration les pièces d'une affaire, ils doivent toujours énoncer dans la lettre d'envoi que les colis mentionnés au procès-verbal (rappeler leur nombre) ont été réunis en une, deux, etc., balles, caisses, etc., lesquelles ont été expédiées tel jour, par telle voie, pour la douane de Paris. (*Circ. du* 3 *août* 1820.)

Tous les envois et renvois de marchandises saisies dans l'intérieur sont faits par l'entremise de l'administration des messageries royales, qui a consenti à

a point de bureau de douanes, aux juges de paix, maires, officiers municipaux et commissaires de police (1).

Les préfets et sous-préfets veilleront à ce qu'elles soient exactement remplies (2).

Les marchandises saisies dans ces communes seront transportées et déposées aux chefs-lieux de l'arrondissement, et les échantillons, ainsi que le procès-verbal, seront envoyés au préfet du département, qui les transmettra au directeur général des douanes (3). (*Loi du 28 avril 1816, art. 62.*)

---

s'en charger au prix de 45 fr. par 100 kilog. et par 100 lieues pour les colis pesant plus de 5 kilog., et pour ceux de 1 kilog. 1/4 à 5 kilog., d'après le tarif ci-après, savoir :

De	1 lieue à	40 lieues	....	1 fr.
De	41 lieues à	80 lieues	....	2
De	81 lieues à	120 lieues	....	5
De	121 lieues à	150 lieues	....	4
De	151 lieues à	200 lieues	....	5
Et pour les distances au-dessus de 200 lieues.				8

Le tout non compris les frais de factage et de passe-debout. (*Circ. du* 10 *mars* 1826.)

Les acquits-à-caution dont les marchandises sont accompagnées, désigneront avec exactitude la date des saisies et les noms des prévenus; ils relateront de plus la valeur, en France, des objets expédiés; valeur dont les agens des transports sont responsables. (*Circ. du* 20 *mai* 1823, n° 802.)

Les receveurs des douanes retiennent les acquits-à-caution qui ont assuré le retour des marchandises soumises au jury, et les remettent aux directeurs, dûment déchargés, pour être renvoyés à l'administration, en même temps qu'ils lui accusent réception de la décision du jury et des autres pièces de chaque affaire. (*Circ. du* 26 *février* 1819.)

(1) Ces magistrats sont appelés seuls à constater les saisies dans l'intérieur, et c'est à eux que les employés des contributions indirectes ou de l'octroi devraient remettre les objets de fraude qu'ils arrêteraient à la circulation, et donner avis des dépôts frauduleux dont ils auraient connaissance. (*Circ. du* 15 *octobre* 1816, n° 212.)

(2) Ce serait excéder le vœu de la loi que d'aller faire des visites dans de simples boutiques, et d'y saisir quelques aunes de tissus; partout l'on connaît assez généralement ceux qui s'adonnent au genre de commerce qu'elle veut proscrire : des recherches et des visites ne doivent se faire chez les particuliers ou chez de simples boutiquiers qu'autant qu'il existe contre eux de forts indices. (*Lettre du min. des fin. aux préfets, du* 8 *mai* 1816.)

(3) Ces marchandises doivent être en même temps expédiées à la douane de Paris. (*Circ. aux préfets, du* 25 *juin* 1821.)

L'état des frais auxquels la saisie donne lieu est adressé par le maire au préfet, qui en fait effectuer le remboursement par le receveur de l'enregistrement

Du jury.

891. Aussitôt que ces procès-verbaux et échantillons lui seront parvenus, le directeur général des douanes les adressera au ministre de l'intérieur (1) qui fera procéder à l'examen desdits échantillons par un jury assermenté et composé de cinq négocians pris dans la classe des fabricans et manufacturiers les plus connus (2). (*Même Loi, art.* 63.)

Avant de procéder à cet examen, le jury constatera l'intégrité des cachets et leur identité avec ceux en marge du rapport, et, l'examen achevé, il apposera le sien sur la nouvelle enveloppe (3). (*Même Loi, art.* 64.)

Poursuites et pénalités.

892. Si de la vérification, ou, en cas de doute, de l'absence des preuves de nationalité que le jury est autorisé à exiger des parties saisies, il résulte que les marchandises sont d'origine étrangère, le directeur général des douanes, d'après le renvoi que lui aura fait le ministre *du commerce* du procès-verbal, des

---

de la ville où siége le tribunal correctionnel dans la juridiction duquel est le lieu de la saisie. Ce même receveur acquitte, sur des exécutoires réguliers, les frais de l'instance judiciaire. (*Déc. min. du* 1er *juin* 1821; *Lettre aux préfets, du* 23 *du même mois.*)

(1) Cet envoi doit être fait au ministère du commerce où siége actuellement le jury.

(2) Le jury se compose de cinq membres titulaires et de quinze suppléans, nommés par le Roi. (*Ord. du* 5 *juin* 1833.)

(3) La vérification de nationalité établie par l'article 63 de la loi du 28 avril 1816, peut se faire par le jury d'examen, sans que les parties soient présentes ou appelées. Les lois spéciales doivent être entendues selon leur propre système, sans y ajouter les règles du droit commun : il en résulte qu'aucune voie de recours n'ayant été légalement établie contre les décisions du jury d'examen, les tribunaux ne peuvent en méconnaitre ou même en suspendre l'effet. (*A. de C. du* 3 *octobre* 1817.)

Quand une saisie indûment pratiquée en vertu des lois générales des douanes est ramenée par les tribunaux sous l'application du titre 6 de la loi du 28 avril 1816, *l'expertise* provoquée par l'administration selon les prescriptions de cette loi, est régulière et valable en quelque état de la procédure qu'elle ait eu lieu, et alors même que le jugement qui l'aurait ordonnée se serait trouvé postérieurement frappé d'appel, cette expertise devant être réputée faite en vertu de la loi, et non en vertu de la décision de l'autorité judiciaire. (*A. de C. du* 11 *février* 1841.)

échantillons et de la décision des membres du jury, transmettra
le tout soit au préfet du département, si la saisie a été faite
dans l'intérieur, soit, dans le cas contraire, au directeur des
douanes, pour lesdites pièces et échantillons être remis par eux
au procureur du Roi près le tribunal correctionnel dans le ressort duquel le dépôt des marchandises aura été effectué. (*Loi du
28 avril* 1816, *art.* 65.)

895. Si les tissus saisis faute de marques sont reconnus par
le jury être de fabrication étrangère (1), leurs détenteurs (2)

---

(1) Lorsque le jury a décidé que les tissus saisis en vertu du titre 6 de la loi
du 28 avril 1816 sont de fabrique étrangère, les tribunaux ne peuvent, pour
quelque cause que ce soit, prononcer la confiscation de la marchandise sans
condamner à l'amende. (*A. de C. du* 1er *mai* 1818.)

(2) Tout détenteur, à quelque titre que ce soit, de marchandises saisissables
dans l'intérieur, est le véritable délinquant sur lequel pèse toute la responsabilité qui nait du fait de la saisie, et est passible de l'amende prononcée en pareil
cas. (*A. de C. du* 8 *décembre* 1820.)

Quelle que soit l'irrégularité d'un procès-verbal constatant une saisie de
tissus dans l'intérieur, les individus reconnus détenteurs doivent toujours être
condamnés à l'amende; c'est d'une manière générale et absolue qu'ils en ont
été déclarés passibles par la loi. (*A. de C. du* 8 *février* 1821.)

Les messageries royales sont passibles de l'amende, en cas de saisies de tissus
opérées dans l'intérieur, lorsqu'elles n'ont pas indiqué suffisamment l'expéditeur de la marchandise. (*A. de C. du* 28 *avril* 1820.)

Les messagers et voituriers publics, même lorsqu'ils sont de bonne foi, ne
peuvent être affranchis de toute responsabilité à l'égard des marchandises
prohibées saisies sur leurs voitures, que lorsque les expéditeurs ou propriétaires de ces marchandises ont été suffisamment désignés sur la feuille, de
manière que les poursuites puissent être utilement dirigées contre eux. (*A. de
C. des* 8 *déc.* 1820, 3 *août* 1827 *et* 30 *mai* 1828.)

Les entrepreneurs de voitures publiques sont solidaires, avec leurs conducteurs ou autres agens, des amendes prononcées par suite des saisies opérées sur
leurs voitures : l'action contre ces entrepreneurs peut être intentée en tout état
de cause. (*A. de C. du* 19 *novembre* 1835.)

Les commissionnaires et voituriers, détenteurs de marchandises prohibées,
sont responsables et passibles des peines portées par la loi, par le seul fait de la
détention, s'ils ne mettent pas l'administration des douanes à même de poursuivre utilement l'expéditeur ou le propriétaire des marchandises. Les tribunaux
ne peuvent se dispenser de prononcer lesdites peines, sous le prétexte que les
prévenus ont prouvé leur bonne foi. (*A. de C. du* 21 *juillet* 1827.)

Les aubergistes dépositaires, à quelque titre que ce soit, de marchandises
saisissables dans l'intérieur, et sans qu'on puisse avoir égard à l'époque plus ou
moins récente du dépôt, sont, comme tous les autres détenteurs, passibles de
l'amende. (*A. de C. du* 28 *juillet* 1820.)

Les aubergistes et les commissionnaires de roulage, chez qui l'on trouve et

seront punis, outre la confiscation, d'une amende égale à la valeur de l'objet estimé par le jury, mais qui ne pourra jamais être au-dessous de 500 fr. (*Loi du 21 avril 1818, art. 43.*)

Si les tissus saisis, portant la marque de fabrication française, sont reconnus par le jury être de fabrication étrangère, les détenteurs encourront la peine déterminée par l'article précédent, sauf leur recours contre tout fabricant ou vendeur qui les aurait induits en erreur sur l'origine de la marchandise, et sans préjudice des peines encourues en cas de faux caractérisé par le Code pénal. (*Même Loi, art. 44.*)

894. Les poursuites seront dirigées par le procureur du Roi(1). (*Loi du 28 avril 1816, art. 66.*)

Les poursuites auxquelles donnent lieu les saisies faites en vertu du titre 6 de la loi du 28 avril 1816, peuvent être exercées à la diligence des douanes, même en cas d'inaction du ministère public (2). (*A. de C. du 5 octobre 1832.*)

---

saisit des tissus prohibés, ne peuvent être affranchis de l'amende qu'autant qu'ils donnent sur l'expéditeur des renseignemens suffisans pour le poursuivre et le faire condamner. (*A. de C. du 6 mars 1824.*)

L'aubergiste chez lequel des marchandises prohibées ont été remises par un voyageur qui s'est enfui de l'auberge lors de la saisie, est responsable et ne peut être excusé, s'il ne fait connaître le propriétaire des marchandises contre lequel les poursuites peuvent être efficacement dirigées. (*A. de C. du 28 juillet 1827.*)

Celui qui expédie des objets de contrebande, lorsqu'il est dénoncé par les agens de transport dont la bonne foi est prouvée, est réputé le détenteur de ces objets dans le sens légal. (*A. de C. du 22 novembre 1828.*)

Les juges ne peuvent excuser sur l'intention. L'administration seule a le droit de remettre ou de modérer les condamnations encourues. (*A. de C. du 11 juin 1818.*)

(1) Le ministère public peut toujours interjeter appel du jugement dans lequel l'administration aurait seule figuré comme partie poursuivante, et à plus forte raison d'un jugement rendu contradictoirement avec lui comme partie plaignante, quand même en première instance il eût conclu en faveur du prévenu. (*A. de C. du 22 novembre 1828.*)

Voir, pour les frais de l'instance judiciaire, le *n*° 890, note.

(2) Cette jurisprudence avait déjà été établie par un autre arrêt de cassation du 29 mars 1828. Ainsi, en cas d'inaction de la part du ministère public, l'administration conserve le droit de poursuivre elle-même les infractions prévues par le titre 6 de la loi de 1816; et en supposant que les premiers juges, saisis à la diligence du procureur du Roi, eussent renvoyé les prévenus sans condamnation, la douane pourrait appeler de ce jugement, sans être obli-

895. A défaut d'un receveur de douanes, le receveur de l'enregistrement du lieu où réside le condamné poursuivra le recouvrement de l'amende, du décime et des frais (1). (*Déc. min. du 1er juin 1821 ; Circ. du 26 du même mois.*)

Vente des marchandises.

896. Lorsque le jugement qui aura prononcé les condamnations sera devenu définitif, il sera procédé à la vente des marchandises, à charge de réexportation (2) ; et à cet effet celles qui auraient été saisies dans l'intérieur seront renvoyées dans le bureau de douanes qui sera indiqué par le directeur général (3). (*Loi du 28 avril 1816, art. 67.*)

Lesdites marchandises ne pourront être réexportées que par un des bureaux ci-après désignés, lequel sera indiqué dans la soumission et l'acquit-à-caution (4) au choix du propriétaire, savoir :

---

gée d'attendre que le ministère public interjetât lui-même appel. (*Circ. du 5 novembre* 1832.)

(1) Le directeur lui transmet une expédition du jugement, et lui fait connaître, d'après l'avis qu'il en a reçu du directeur général, le receveur des douanes désigné pour la vente des marchandises, et avec lequel il doit correspondre pour les suites de l'affaire. (*Circ. du 26 juin* 1821.)

L'intervention du receveur de l'enregistrement pour suivre l'exécution des jugemens n'est obligatoire que dans les localités où la douane n'a aucun agent auquel elle puisse confier ce soin : il n'est pas nécessaire que cet agent soit un receveur. (*Déc. adm. du 12 mars* 1841.)

(2) Les cotons filés écrus du n° 143 et au-dessus peuvent être vendus pour la consommation, sous les conditions générales du tarif. Il en est de même des fils de laine dont l'importation est permise.

(3) La vente des marchandises dont le dépôt a eu lieu dans l'intérieur, s'effectue dans le bureau de douanes qui est désigné par le directeur général de l'administration des douanes. (*Ord. du 8 mai* 1816, *art.* 10.)

Les ventes se font le plus généralement à Paris, où l'expérience a démontré qu'elles sont beaucoup plus productives. (*Circ. du 26 novembre* 1819.)

(4) Un duplicata de l'acquit-à-caution est adressé directement, par le receveur de la douane où s'est effectuée la vente, au receveur du bureau de réexportation, qui, dès qu'il l'a reçu, en informe le chef du service actif le plus voisin, afin que celui-ci prenne des mesures pour prévenir toute tentative de réimportation frauduleuse. (*Circ. manusc. du 15 avril* 1841.)

Les acquits-à-caution originaux, après qu'ils ont été régularisés à la douane de sortie, sont renvoyés à l'administration, sous le timbre de la 1re division, par l'intermédiaire des directeurs. (*Même Circ.*)

Par mer. Dunkerque, Calais, Saint-Valery-sur-Somme, Dieppe, le Havre, Rouen, Caen, Cherbourg, Saint-Malo, Morlaix, Brest, Lorient, Nantes, La Rochelle, Bordeaux, Bayonne, Cette, Marseille et Toulon.

Par terre. Halluin, Baisieux, Valenciennes, Givet, Givonne, Thionville, Sierck, Forbach, Strasbourg, Saint-Louis, Verrières-de-Joux, Jougne, Châtillon-de-Michailles, Seyssel, Pont-de-Beauvoisin, Chapareillan, Saint-Laurent-du-Var, Ainhoa et Béhobie (1). (*Ord., du 8 mai* 1816, *art.* 6.)

Saisies non fondées.

897. Si des tissus portant la marque de fabrication française sont néanmoins saisis pour présomption d'origine étrangère, et que leur origine française soit ensuite reconnue par le jury, le propriétaire ou détenteur desdits tissus recevra des caisses de la douane, à titre de dommages-intérêts,

1º Une indemnité de 6 pour 100 de la valeur arbitrée par le jury ;

2º Une seconde indemnité de 1 pour 100 par mois de ladite valeur, pour tout le temps que la marchandise aura été retenue sous le séquestre, si l'offre de mainlevée n'est pas faite et signifiée dans le courant du premier mois (2). (*Loi du 21 avril* 1818, *art.* 45.)

Cotons filés.

898. Les dispositions des articles *de la loi du 21 avril* 1818

---

(1) La réexportation doit être constatée dans les formes prescrites par les lois relatives au transit. (*Ord. du 8 mai* 1816, *art.* 8.)

Les receveurs doivent insérer dans les conditions de la vente l'obligation de diriger les marchandises sur le bureau de sortie par la route directe, et de les présenter au bureau de seconde ligne situé sur cette route. (*Circ. du 3 fév.* 1825.)

Voir le livre XI pour les formalités générales relatives à la vente des marchandises saisies.

(2) Les marchandises sont renvoyées au lieu où la saisie a été faite, pour être restituées à la partie, et les frais et indemnités qu'il peut y avoir à payer, et qui ont été provisoirement avancés par le receveur de l'enregistrement du chef-lieu de l'arrondissement, sont en définitive remboursés par le receveur principal des douanes que le directeur général désigne particulièrement pour chaque affaire. (*Circ. du 26 juin* 1821.)

Voir le nº 1221 pour les marchandises non saisissables, dont la valeur peut être affectée au payement d'une amende encourue.

rappelés au présent chapitre sont communes aux cotons filés (1). (*Loi du* 21 *avril* 1818, *art.* 46.)

SECTION III.

MODE DE RÉPARTITION DU PRODUIT DES SAISIES.

899. Le produit des saisies opérées dans l'intérieur par des préposés des douanes, accompagnés d'un officier municipal ou d'un commissaire de police, sera divisé en six sixièmes :

1º. Un sixième du produit net sera attribué à l'indicateur (2).

2º. Un sixième, déduction faite de la retenue ordinaire pour la caisse des retraites, sera versé au Trésor public, pour servir au payement des frais de toute espèce non recouvrables, et de l'indemnité de 1 pour 100 par mois, qui sera due dans les cas prévus par l'article 68 de la loi du 28 avril 1816 (3).

3º. Un sixième, déduction faite également de la retenue ordinaire pour la caisse des retraites, sera mis en réserve dans la caisse de l'administration des douanes (4), pour être employé ainsi qu'il sera dit ci-après (5).

4º. Les trois autres sixièmes appartiendront, dans les proportions déterminées ci-après, à l'officier municipal ou au commissaire de police qui aura assisté à la saisie, aux agens des douanes qui y auront procédé, et aux préposés supérieurs de cette administration chargés de la direction du service et de la suite des affaires. (*Ord. du* 17 *juillet* 1816, *art.* 1er.)

---

(1) Les fils de laine sont soumis aux règles applicables aux cotons filés (nº 676).

(2) S'il n'y a pas d'indicateur, le sixième qui lui aurait été attribué est divisé en deux douzièmes, dont un vient intégralement et sans déduction pour la caisse des retraites, en augmentation du sixième qui doit être mis en réserve, et l'autre vient également en augmentation des trois sixièmes dont il est parlé au nombre 4 de l'article 1er ci-dessus. (*Ord. du* 17 *juillet* 1816, *art.* 4.)

(3) L'article 45 de la loi du 21 avril 1818 (nº 897) a été substitué à cet égard à l'article 68 de la loi de 1816.

(4) Cette caisse n'existant plus depuis que la spécialité des fonds a été supprimée, les fonds restent dans les caisses publiques.

(5) Ce sixième est employé en salaires ou gratifications en faveur des individus, préposés des douanes ou autres, qui, soit qu'ils aient ou non coopéré à des saisies, ont, par leurs soins et leurs travaux, concouru à la plus entière exécution de la loi. (*Ord. du* 17 *juillet* 1816, *art.* 7.)

La moitié de ces trois derniers sixièmes (c'est-à-dire trois douzièmes), déduction faite de la retenue ordinaire pour la caisse des retraites, sera répartie, par égales portions, entre le directeur, l'inspecteur, le capitaine de brigades et le *receveur* (1).

Si des préposés sont détachés extraordinairement hors de leur résidence, les parts dévolues aux chefs supérieurs ci-dessus désignés seront uniquement attribuées à ceux de ces chefs qui auront dirigé et surveillé ce service extraordinaire. (*Même Ord.*, art. 2.)

L'autre moitié des trois sixièmes (c'est-à-dire trois douzièmes) appartiendra à l'officier municipal ou au commissaire de police assistant à la saisie et aux saisissans; celui qui commandera la saisie, et l'officier municipal ou le commissaire de police, seront compris chacun pour une part et demi; les autres saisissans auront une part égale : toutes ces parts, sauf celle afférente à l'officier municipal ou au commissaire de police, seront sujettes à la retenue pour la caisse des retraites. (*Même Ord.*, art. 3.)

900. Lorsque les saisies auront été faites dans l'intérieur (2),

---

(1) Les lieutenans sont admis au partage des trois douzièmes. (*Circ. du* 22 *septembre* 1817.)

La portion attribuée aux chefs se partage entre eux comme dans les saisies ordinaires, c'est-à-dire de manière que les directeurs, inspecteurs, sous-inspecteurs, etc., aient chacun une part égale, et le lieutenant une demi-part. (*Circ. du* 14 *novembre* 1818, n° 442.)

Si le directeur et le receveur du lieu où la saisie a été effectuée ne sont pas ceux du lieu où se fait la vente, alors ces derniers ont un quart de la portion des chefs, qu'ils partagent également entre eux, et les trois quarts restant sont partagés entre tous les chefs du lieu de la saisie, à raison d'une part pour chacun, à l'exception du lieutenant, qui n'est rétribué que d'une demi-part. (*Circ. du* 6 *novembre* 1817.)

Les receveurs d'une même direction qui ont été chargés, l'un du premier dépôt, et l'autre de la vente, partagent également entre eux la part afférente au grade. (*Déc. adm. du* 28 *avril* 1858.)

(2) Toutes les fois qu'une *saisie à l'intérieur* a donné lieu à une instance portée devant des tribunaux près desquels les chefs de service *étrangers à la saisie* ont été appelés à donner des soins actifs et particuliers, ces chefs sont admis au partage concurremment, et pour une portion égale, avec les chefs des *saisissans* du grade correspondant. (*Déc. min. du* 6 *oct.* 1857; *Circ. du* 16.)

Dans les cas prévus par l'article 5 de l'ordonnance du 17 juillet 1816, le

T. II.

sans le concours des agens des douanes, ni de militaires, la répartition du produit aura lieu conformément à l'article 1er, et à l'article 4, dans le cas qu'il suppose; mais il ne sera réservé, pour le directeur des douanes et le receveur dépositaire qui seront chargés de la réception, de la vente et de la réexportation des objets prohibés, conformément à l'article 10 de l'ordonnance du 8 mai 1816, que la moitié de la part qui leur eût été attribuée si la saisie eût été opérée par des agens des douanes sous leurs ordres ; *il en sera de même lorsque des marchandises saisies par des préposés des douanes d'une autre direction seront conduites dans un bureau frontière pour être vendues et réexportées.* (*Ord. du* 17 *juillet* 1816 *, art.* 5.)

901. Si des saisies sont opérées concurremment par des militaires ou par la gendarmerie et les agens des douanes, les directeur et receveur de cette administration auront droit à la portion qui leur est réservée par l'article précédent, à raison des fonctions particulières que leur donne l'article 10 précité de l'ordonnance du 8 mai, c'est-à-dire à la moitié de ce qu'ils auraient eu dans les trois douzièmes affectés par l'article 2 aux chefs des douanes. Du surplus de ces trois douzièmes, il sera fait deux parts égales, dont une appartiendra à ces directeur et receveur et autres chefs des douanes qui auraient dirigé le service, et l'autre au *chef militaire.*

Sera seul appelé, en cette dernière qualité, l'officier commandant dans le lieu où la saisie aura été opérée.

Si la saisie a été faite par des militaires et des gendarmes, là

---

directeur et le receveur *vendeurs* conservent chacun l'intégrité du huitième qui leur est attribué; les chefs *poursuivans* sont rétribués de la demi-part que la décision ministérielle ci-dessus a pour objet de leur assurer sur le chiffre de la portion des trois douzièmes. (*Circ. du* 16 *octobre* 1837.)

Lorsque des préposés des contributions indirectes ou de l'octroi ont seuls découvert une contravention à la loi de 1816, et qu'ils ont conduit à la douane ou devant un des fonctionnaires dénommés en l'article 62, dans les endroits où il n'y a pas de douane, l'objet de fraude arrêté par eux en circulation, la portion attribuée aux saisissans par l'article 3 de l'ordonnance du 17 juillet 1816, augmentée de celle afférente à l'indicateur, ainsi qu'il est ordonné par l'article 4, est partagée en sept parts : cinq pour ces préposés, et deux, soit pour les préposés des douanes qui ont constaté la contravention en rédigeant le procès-verbal, soit pour le maire ou tel autre fonctionnaire qui a rempli les mêmes formalités. (*Circ. du* 15 *octobre* 1846.)

part attribuée à l'officier commandant sera partagée entre les deux chefs.

L'officier ou sous-officier qui dirigera les militaires ou gendarmes procédant à la saisie, aura une part et demie dans la portion attribuée aux saisissans, suivant le mode déterminé par l'article 3. (*Même Ord.*, art. 6.)

902. Aucune répartition ne pourra être effectuée qu'au préalable l'état n'en ait été vu et approuvé par le directeur général des douanes. (*Même Ord.*, art. 8.)

CHAPITRE XII.

TRAITÉS ET CONVENTIONS DE COMMERCE ET DE NAVIGATION.

SECTION PREMIÈRE.

ESPAGNE.

903. Il sera conclu un traité de commerce entre la France et l'Espagne aussitôt que possible, et, en attendant, les relations commerciales entre les deux pays seront établies sur le pied sur lequel elles se trouvaient en 1792. (*Traité du 20 juillet 1814, 2e art. additionnel.*)

Immunités du pavillon.

904. Le pavillon espagnol (1) jouira en France des mêmes droits et prérogatives que le pavillon français (2). Les Espa-

---

(1) La seule pièce nécessaire pour établir la nationalité d'un bâtiment espagnol est le passeport royal, signé par Sa Majesté Catholique et contresigné par son ministre secrétaire d'État au département de la marine. Ce passeport, portant le nom du patron ou capitaine et celui du bâtiment, est délivré et signé au dos par le commissaire de marine du département auquel appartient la matricule ou inscription du capitaine. Les capitaines ou patrons des bâtimens de commerce doivent en outre être munis des actes de propriété, des chartes-parties d'affrétement, des polices ou connaissemens de leurs chargemens et du rôle de l'équipage, avec désignation des passagers, signé par le commandant de marine de la province ou par l'agent du district. (*Dépêche du département des affaires étrangères, du 20 octobre 1841; Circ. lith. du 29.*)

(2) Les navires espagnols sont traités dans les ports de France comme les navires nationaux, quant aux droits de tonnage, d'expédition, de permis et

gnols, en déclarant leurs marchandises, payeront les mêmes
droits qui seront payés par les nationaux (1); l'importation et
l'exportation leur seront également libres, comme aux sujets naturels, et il n'y aura de droits à payer, de part et d'autre, que
ceux qui seront perçus sur les propres sujets du souverain, ni
de matières sujettes à confiscation que celles qui seront prohibées aux nationaux eux-mêmes. (*Pacte de famille du* 15 *août*
1761, *art.* 24.)

Il a été convenu que tous les priviléges que l'une des deux
couronnes accorderait dans ses domaines en faveur de la navigation et du commerce de ses propres sujets, seront aussitôt
communs aux deux nations, de manière qu'elles jouiront, sans
aucune différence, des diminutions de droits sur l'entrée et la
sortie des bâtimens nationaux, sur les droits d'ancrage, tonne-
lage et lestage, ainsi que sur les marchandises, les denrées et
les comestibles qui s'embarqueront ou qui viendront au nom et
à la consignation des naturels du pays. (*Convention du 2 janvier* 1768, *art.* 12.)

Déclarations et visites.

905. Tous navires espagnols arrivant dans un port seront
tenus de donner leur déclaration dans les vingt-quatre heures de
leur arrivée; après cette déclaration, les préposés de la douane
seront mis à bord, n'excédant pas le nombre de trois; on donnera la permission de débarquer, et, à commencer du jour du
débarquement, le capitaine aura huit jours, en excluant ceux

---

autres taxes de navigation qui n'affectent pas les marchandises. (*Circ. du*
17 *mars* 1817.)

Ils peuvent de même faire le cabotage d'un port à un autre du royaume
(*Circ. du* 20 *septembre* 1817.), c'est-à-dire transporter non-seulement toutes
les marchandises provenant du sol et des manufactures de France, ainsi que
les marchandises étrangères nationalisées par l'acquittement des droits d'entrée, mais encore les marchandises et denrées expédiées par suite d'entrepôt.
(*Circ. du* 10 *janvier* 1827.)

Les lois générales sur les restrictions de tonnage, et particulièrement l'article 7 de la loi du 5 juillet 1836 (n° 250), sont applicables aux bâtimens espagnols. (*Déc. adm. des* 26 *mai* 1817 *et* 4 *juillet* 1839.)

Pour les relâches forcées, *voir* le n° 914.

(1) A l'égard des marchandises, les traités n'ayant pas été remis en vigueur,
elles payent les taxes du tarif général. (*Circ. du* 17 *mars* 1817.)

des fêtes, pour réformer sa déclaration ou redresser les omissions et erreurs qui auraient pu la rendre défectueuse; après lesquels huit jours expirés, les employés des douanes auront la faculté de faire la visite une seule fois et pas davantage, laquelle visite se dirige à vérifier à bord du bâtiment la déclaration de la cargaison faite à la douane. Dans le cas où il y aurait à bord desdits navires quelques marchandises de contrebande, elles devront être déclarées dans les vingt-quatre heures de l'arrivée du bâtiment, sans que, par rapport auxdites marchandises de contrebande, la déclaration en puisse être réformée; de sorte que celles qui n'auront pas été déclarées seront confisquées, sans que les capitaines puissent profiter, pour lesdites marchandises de commerce illicite, des huit jours de grâce accordés pour le reste du chargement (1). (*Convention du 2 janvier* 1768, *art.* 4.)

906. Les règles prescrites par l'article précédent auront seulement lieu pour les bâtimens qui excèdent la portée de 100 tonneaux; mais quant à ceux dont la portée est moindre de 100 tonneaux, ils pourront être visités après avoir donné le manifeste de leur cargaison, sans qu'on soit obligé d'attendre les huit jours accordés pour les autres bâtimens, soit que la décharge ait commencée ou non, ou qu'elle soit entièrement achevée. Cependant, pour éviter qu'on abuse de cette visite arbitraire, il conviendra qu'elle ne soit pas répétée sans qu'il y ait quelque soupçon bien fondé qu'on a pu introduire quelques effets de contrebande dans ces bâtimens au-dessous de 100 tonneaux; et si par le manifeste il conste que la cargaison de ces bâtimens inférieurs consiste, en tout ou partie, en marchandises prohibées ou de contrebande, l'administration de la douane pourra exiger que le capitaine les fasse descendre à terre; bien entendu qu'elles lui seront rendues au moment de son départ, sans exiger aucun droit de dépôt, ni lui occasionner les moindres faux frais. Les préposés des douanes seront toujours tenus de procéder à tous ces actes, visites et précautions, d'accord avec le consul, à moins

---

(1) Les capitaines espagnols ne sont pas assujettis à représenter le manifeste de leur chargement tel qu'il est exigé par la loi du 4 germinal an 2; leurs obligations à cet égard sont définies par les traités, et notamment par l'article 8 de la convention de 1786 (n° 909). (*Circ. manusc. du 16 juin* 1829.)

qu'on ne prouve qu'il a manqué d'y assister par sa faute, après avoir été dûment averti. (*Convention du 2 janvier 1768, art. 5.*)

907. Les capitaines sont tenus de déclarer, de bonne foi, les marchandises qu'ils apportent de contrebande, ou celles qui sont prohibées dans les ports où ils entrent, et il leur sera permis de garder à bord les marchandises prohibées, sous la condition cependant de fournir, au départ, une pleine satisfaction aux employés des douanes sur l'existence à leur bord des effets prohibés; et dans le cas que, pour plus de sûreté, les employés des douanes voulussent les faire mettre à terre, ils pourront l'exécuter, en les mettant par voie de dépôt à la douane, et les y retenir jusqu'au moment du départ du navire. (*Même Conv., art. 11.*)

908. Les administrateurs des douanes pourront exiger que les articles déclarés de contrebande, et même ceux déclarés de transit, si l'on soupçonne qu'ils contiennent des marchandises prohibées, soient déposés dans un magasin à deux serrures différentes, dont une clef sera remise dans les mains de l'administrateur et l'autre dans celles du capitaine. (*Conv. du 24 décembre 1786, art. 7.*)

Il sera défendu aux employés des douanes de rompre ni de visiter les chargemens et les ballots qui auront été déclarés être destinés pour un autre port ou pour un autre pays. (*Conv. du 2 janvier 1768, art. 9.*)

909. Les capitaines seront obligés de comprendre dans la déclaration du chargement de leurs navire le tabac nécessaire à leur consommation et à celle de l'équipage; si la quantité en paraît trop forte, on pourra exiger que le surplus de ce qui sera jugé nécessaire à ladite consommation soit mis en dépôt, à terre, pour leur être rendu à leur départ, sans frais. (*Conv. du 24 décembre 1786, art. 9.*)

Dans les déclarations que les capitaines doivent donner de leur chargement, ils doivent spécifier le nombre des balles, caisses, paquets ou tonneaux que contient le navire; mais comme il se peut qu'ils ignorent ce qui est renfermé dans lesdits colis, ils énonceront en gros la qualité de ceux qu'ils connaîtront, et déclareront ignorer la qualité de ceux qu'ils ne connaîtront pas, (*Même Conv., art. 8.*)

910. Les préposés des douanes pourront se rendre à bord des navires espagnols qui arrivent dans les ports à l'instant même de leur arrivée, même avant qu'ils fassent la déclaration de leurs chargemens, pour laquelle il leur est accordé le terme de vingt-quatre heures, en se conformant pour le surplus aux dispositions des articles 4, 5 et 6 de la convention de 1768. (*Même Conv., art.* 12.)

911. La visite des navires se fera conformément aux articles 4, 5 et 6 de la convention de 1768. Les chambres des capitaines, leur coffres et ceux de l'équipage, pourront être visités, afin que l'on puisse découvrir les marchandises de contrebande; mais les effets et hardes à leur usage ne pourront être sujets à la confiscation. (*Même Conv., art.* 11.)

912. Toute contrebande en sel, tabac, et généralement en marchandises prohibées, sans aucune exception, chargée dans les navires qui se trouveront dans les ports respectifs, sera sujette à confiscation, si elle n'a pas été déclarée dans le terme prescrit par l'article 4 de la convention du 2 janvier 1768. Le bâtiment et le surplus de la cargaison ne seront ni saisis ni arrêtés, et le capitaine, les officiers et l'équipage ne seront ni punis ni molestés en aucune manière, mais le tout remis à la disposition du consul ou vice-consul (1). (*Même Conv., art.* 2.)

Contrebande sur les côtes.

913. A l'égard de la contrebande que tenteraient de faire des bâtimens près les côtes et embouchures des rivières, dans les cales, anses et baies, autres que les ports destinés et appropriés au commerce, si un bâtiment est surpris en jetant ou ayant jeté l'ancre dans lesdites côtes, cales, anses ou baies (sauf le cas de relâche forcée, pourvu qu'il n'y ait pas de preuves que ce soit un prétexte, et dans lequel cas le capitaine devra faire avertir les employés des douanes les plus voisins, en leur déclarant les marchandises de contrebande qu'il a à bord, et lesdits employés se conduire à son égard comme il est expliqué par l'article 10

---

(1) *Voir*, pour les saisies effectuées sur les frontières de terre et la confiscation des marchandises, le n° 920.

de cette convention), ledit bâtiment sera visité par les employés
des douanes, et s'ils y trouvent de la contrebande, elle sera
saisie et confisquée, et le capitaine, l'équipage, le reste de la
cargaison et le bâtiment, seront jugés selon les lois de chaque
pays, comme les nationaux qui auraient été surpris dans le même
cas. Si le capitaine ou une partie de l'équipage est surpris dans
des barques ou canots faisant la contrebande dans lesdites
côtes, cales, anses ou baies, quoique le bâtiment ne soit pas à
l'ancre, il en sera usé à l'égard de ceux qui seront saisis dans
les barques ou canots, et à l'égard desdites barques ou canots,
ainsi qu'il vient d'être dit dans ce même article. (*Conv. du 24 décembre* 1786, *art.* 6.)

Relâches forcées.

914. Il arrive souvent que les navires se voient contraints
d'entrer dans un port sans que leur chargement y soit destiné :
il a été convenu que les motifs de ces relâches n'étant point sup-
posés, mais réels (1), il est conforme à la bonne foi et à l'huma-
nité de permettre qu'on dépose à terre les marchandises, ou
qu'on les transborde sur un autre bâtiment, pour éviter qu'elles
ne dépérissent, en y procédant néanmoins avec la permission et
l'intervention des employés des douanes, sans que, pour ce dépôt ou transbordage, il soit payé aucun droit ni occasionné
d'autres frais que ceux des loyers des magasins qui seront nécessaires pour réparer les avaries. (*Conv. du* 2 *janv.* 1768, *art.* 13.)

Les capitaines des navires espagnols qui, par relâche forcée,

---

(1) La nécessité de la relâche doit être constatée par un rapport de mer, et
la véracité des faits articulés dans ce rapport reconnue par les employés des
douanes, conformément à l'article 1er du titre 6 de la loi du 22 août 1791, et
à l'article 11 du titre 2 de la loi du 4 germinal an 2. A défaut de cette justification, les navires espagnols, entrés volontairement dans un port avec des
marchandises prohibées ou appartenant à la classe de celles que désigne l'article 22 de la loi du 28 avril 1816, seraient, suivant le cas, passibles de
l'amende prononcée par l'article 23 de la loi du 9 février 1832, ou par l'article 36 de la loi du 21 avril 1818. (*Déc. adm. du* 12 *août* 1839, *et Dép. du
département des affaires étrangères, du* 4 *avril* 1840.)

Seulement, au lieu de retenir le navire et la cargaison pour sûreté de
l'amende, on peut se borner à garder des marchandises jusqu'à concurrence
du montant de cette amende, si elle n'est pas payée immédiatement, ou s'il
n'est pas fourni bonne et suffisante caution. (*Déc. adm. du* 19 *septembre* 1839.)

entreront dans une rivière navigable ou dans un port autre que celui de leur destination, seront obligés de faire la déclaration de leur chargement. Les officiers de la douane auront le droit d'entrer à bord jusqu'au nombre de trois aussitôt après leur arrivée; cependant ils resteront sur le pont, et se borneront à veiller à ce que l'on ne sorte du navire d'autres marchandises que celles que le capitaine sera forcé de vendre pour payer les vivres dont il aura besoin et les réparations du navire. Les marchandises qui seront débarquées pour cet effet seront sujettes à la visite et au payement des droits établis. (*Conv. du 24 décembre* 1786 *, art.* 10.)

Des consuls.

915. Les consuls, vice-consuls, députés, etc. (1), devront accompagner les capitaines, maîtres et patrons dans tout ce qu'ils auront à faire pour le manifeste de leurs marchandises, comme aussi les employés de la douane, lorsqu'ils devront aller à bord des bâtimens pour y pratiquer la visite. (*Conv. du 2 janvier* 1768, *art.* 6.)

Les consuls et vice-consuls pourront accompagner les capitaines à la douane pour leur servir d'agens et d'interprètes. Ayant été déterminé que les officiers de la douane ne pourront jamais se transporter à bord d'aucun bâtiment sans être accompagnés du consul ou vice-consul, il leur sera particulièrement enjoint de ne pas manquer aux heures marquées ni aux rendez-vous qui leur seront indiqués par le chef de la douane; car s'ils manquaient aux rendez-vous et aux heures indiquées, on ne sera pas tenu de les attendre. (*Conv. du* 13 *mars* 1769, *art.* 4.)

Il a été convenu que toutes les fois que quelque bâtiment espagnol échouerait dans les plages et ports des côtes de France, ayant à bord le tout ou partie de son équipage, on laissera au consul ou vice-consul le soin de pratiquer tout ce qu'il jugera convenable pour sauver le bâtiment, son chargement et appartenance. Les marchandises sauvées du naufrage devront être déposées à la douane, avec inventaire, afin que, devant être réex-

---

(1) Les consuls ne peuvent se faire remplacer par d'autres personnes que leurs chanceliers dans les fonctions d'interprètes. (*Circ. du* 15 *mars* 1819, *n°* 476, *et Circ. manusc. du* 23 *octobre* 1826.)

portées pour leur destination, elles soient embarquées sans payer aucune espèce de droits d'entrée et de sortie. (*Conv. des 2 janvier* 1768, *art.* 14, *et* 13 *mars* 1769, *art.* 7.)

Dans le cas où il arriverait des naufrages, les employés de la douane seront obligés de donner avis du parage où le naufrage sera arrivé au consul ou vice-consul espagnol de l'arrondissement. (*Conv. du* 24 *décembre* 1786, *art.* 13.)

Avitaillemens.

916. Sa Majesté Catholique, ayant égard à l'exemption des droits accordés à sa marine, dans les ports de France, pour les vivres et effets qu'elle serait dans le cas d'y prendre pour son service, a, par réciprocité, supprimé la perception des droits sur les vivres et effets dont les vaisseaux de Sa Majesté Très-Chrétienne se trouveraient avoir besoin dans les ports d'Espagne (1). (*Conv. du* 2 *janvier* 1768, *art.* 18.)

Pêches.

917. Les pêches sur les côtes de France et d'Espagne seront également communes aux deux nations. (*Même Conv.*, *art.* 3.)

Police des frontières.

918. On ne permettra point, dans l'étendue de quatre lieues de la frontière des deux royaumes, d'autres magasins ou entrepôts de tabac et de sel que ceux établis par chaque souverain pour la vente et consommation de leurs propres vassaux. (*Conv. des* 27 *décembre* 1774, *art.* 13, *et* 24 *décembre* 1786, *art.* 19.)

919. Lorsque des sujets espagnols passeront d'Espagne en France, ils ne seront pas inquiétés pour les armes défendues et autres effets prohibés qu'on trouverait sur leurs personnes, dont on se contentera d'empêcher l'introduction, en leur laissant la liberté de les renvoyer. (*Conv. du* 24 *décembre* 1786, *art.* 14.)

---

(1) Cette disposition ne s'applique qu'aux bâtimens de l'État. (*Déc. adm. du* 5 *décembre* 1826.)

Quant aux navires marchands, ils restent sous l'empire de la loi commune pour tout ce qui concerne les approvisionnemens, les conventions n'ayant pas d'effet à l'égard des marchandises. (*Déc. adm. du* 29 *juin* 1832.)

920. Tous les sujets espagnols (1) qui auront fait la contrebande en France, de quelque espèce qu'elle soit, dans l'espace de quatre lieues de distance de la frontière, seront rendus, pour la première fois, avec les preuves du délit (2), *pour être jugés*

---

(1) Tous fraudeurs se prétendant Espagnols doivent être conduits devant le tribunal français compétent pour connaître de l'affaire au fond. C'est ensuite à ce tribunal à examiner lui-même si ces individus sont Espagnols ou non, et s'il y a lieu de les faire conduire sous escorte jusque dans leur patrie. Les agens de la douane peuvent demander communication des pièces produites par les délinquans afin de justifier de leur nationalité, et prendre au besoin telles conclusions qu'ils jugent convenables. (*Déc. adm. du 8 février* 1833.)

(2) Les pièces de conviction, les *preuves* du délit, consistent dans les procès-verbaux dressés par les préposés des douanes, et qui font foi devant les tribunaux jusqu'à inscription de faux. Le *corps* du délit n'est pas nécessaire à l'appui de la *preuve*, et les tribunaux français doivent en prononcer la confiscation. (*A. de C. du* 18 *novembre* 1826.)

Lorsqu'une saisie est opérée au préjudice d'un Espagnol, et que son état de récidive n'est pas constaté, cet individu est reconduit sur le territoire espagnol et remis aux autorités de ce royaume avec la *preuve* du délit, c'est-à-dire avec une copie régulière du procès-verbal. (*Circ. manusc. du* 18 *mars* 1818.)

La confiscation des objets saisis est ensuite prononcée par le tribunal qui eût connu de l'affaire s'il se fût agi d'appliquer l'intégralité des condamnations prononcées par les lois générales de douanes, c'est-à-dire par le tribunal correctionnel s'il est question de marchandises prohibées ou assujetties à 20 fr. et plus de droits, introduites par terre ou par un point de la côte situé hors de l'enceinte des ports (*Art.* 41 *de la loi du* 28 *avril* 1816, *et* 34 *de la loi du* 21 *avril* 1818.), et par le tribunal de paix s'il s'agit d'un fait de fraude qui n'est pas de compétence correctionnelle, comme, par exemple, l'introduction d'une marchandise imposée à moins de 20 fr., ou la saisie, effectuée dans un port, d'objets plus imposés ou même frappés de prohibition. Si l'affaire est de la compétence du juge de paix, la citation doit être donnée dans la forme prescrite par la loi du 9 floréal an 7 ; et si le tribunal correctionnel est compétent, on doit suivre le mode de poursuite et d'assignation indiqué par l'article 45 de la loi du 28 avril 1816. (*Déc. adm. du* 12 *janvier* 1830.)

Si des Espagnols sont arrêtés faisant la fraude, et que l'on parvienne à découvrir que l'objet de contrebande appartient à des Français qui n'ont point concouru personnellement à l'introduction, ces derniers ne peuvent échapper aux conséquences d'un délit auquel ils ont participé, en cherchant à se prévaloir des dispositions tout à fait exceptionnelles du pacte de famille, qui ne protégent que les Espagnols, en faveur desquels elles ont été spécialement établies. (*Déc. adm. du* 27 *juin* 1827.)

Quand un fraudeur est, en matière civile, condamné aux peines de la loi, nonobstant sa prétention à la qualité d'Espagnol, qualité que le tribunal a ainsi refusé de lui reconnaître, il doit être réputé Français, et alors même qu'il serait domicilié en Espagne, la signification du jugement, faite au *maire* de la commune où est situé le bureau, est valable, aux termes de l'article 11 de la loi du 14 fructidor an 3. (*Déc. adm. du* 16 *mars* 1841.)

selon les lois espagnoles, et ceux desdits contrebandiers qui auraient commis des vols, des homicides ou des actes de violence ou de résistance contre la justice, les rondes ou troupes, et ceux qui, après avoir été rendus une première fois, retomberont de nouveau dans les mêmes délits, seront seuls exceptés de la disposition du présent article. (*Conv. du 24 déc.* 1786, *art.* 16.)

SECTION II.

ÉTATS-UNIS D'AMÉRIQUE.

(*Ord. du 3 septembre* 1822.)

921. Les produits naturels ou manufacturés des États-Unis, importés en France sur des bâtimens des États-Unis, payeront un droit additionnel qui n'excèdera pas 20 fr. par tonneau de marchandise, en sus des droits payés sur les mêmes produits, quand ils sont importés par navire français. (*Conv. du 24 juin* 1822, *art.* 1er.)

Les droits de tonnage, de phare, de pilotage, droits de port, courtage, et tous autres droits sur la navigation étrangère, n'excèderont pas en France, pour les bâtimens des États-Unis, 5 fr. par tonneau, d'après le registre américain du bâtiment (1). (*Même Conv.*, *art.* 5.)

---

(1) Au moyen du droit de 5 fr. par tonneau, *sans addition du décime*, les navires des États-Unis sont assimilés aux navires français pour tous les autres droits ou taxes de navigation. (*Circ. du* 19 *septembre* 1822, n° 753.)

Ce droit est dû même quand le navire vient d'ailleurs que des États-Unis. (*Déc. adm. du* 16 *octobre* 1837.)

Le navire qui justifie l'avoir acquitté au premier port d'arrivée, en est affranchi dans les autres ports où il aborde dans le cours d'un même voyage. (*Circ. du* 25 *mai* 1837, n° 1625.)

Le droit de tonnage doit être calculé d'après le nombre de tonneaux porté sur le registre de bord. Ce registre ne reste point déposé à la douane; il est seulement communiqué.

En général, les capitaines américains remettent à la douane, avec le manifeste et les autres pièces de bord, un *extrait* de leur *registre*, signé d'eux ou de leur courtier, où se trouvent rappelés, outre le nombre de tonneaux, le nom du navire et celui du capitaine. Le *registre* et l'*extrait* sont remis au commis chargé de recevoir les déclarations d'entrée. Ce dernier, après s'être assuré de leur parfaite concordance et en avoir fait mention expresse sur le registre de la transcription des manifestes, les transmet au contrôleur à la

922. La présente convention aura son plein effet pendant deux ans, et même, après l'expiration de ce terme, elle sera maintenue jusqu'à la conclusion d'un traité définitif, ou jusqu'à ce que l'une des parties ait déclaré à l'autre son intention d'y renoncer. Et, dans le cas où la présente convention viendrait à continuer sans cette déclaration par l'une ou l'autre partie, les droits extraordinaires spécifiés dans l'article 1er seront, à l'expiration desdites deux années, diminués d'un quart de leur montant, et successivement d'un quart dudit montant d'année en année, aussi longtemps qu'aucune des deux parties n'aura déclaré son intention d'y renoncer (1). (*Même Conv.*, art. 7.)

SECTION III.

ANGLETERRE.

(*Ord. du 8 février* 1826.)

923. Les navires britanniques venant avec chargement des ports du Royaume-Uni, et sans chargement de tous ports quelcon-

---

navigation, qui s'assure, à son tour, de l'exactitude de l'*extrait*, et le garde à l'appui de ses écritures.

Mais comme la production de l'*extrait* du livre de bord n'est point obligatoire, on se bornerait, dans les ports où l'on ne pourrait pas amener les capitaines ou leurs courtiers à le remettre volontairement, à exiger que le *registre* fût représenté, en même temps que le manifeste, à l'employé chargé de la transcription de ce dernier acte ; cet employé tiendrait note du tonnage du navire sur le registre des manifestes ; puis le livre de bord passerait au bureau de la navigation, où le nombre des tonneaux serait pareillement constaté. (*Circ. manusc. du* 31 *mars* 1841.)

Les navires américains qui, allant de l'étranger à l'étranger, sont conduits en France par des circonstances de force majeure, y jouissent, à titre de réciprocité, de l'exemption du droit de tonnage, si la relâche ne donne lieu à aucune opération de commerce. (*Déc. min. des* 29 *avril* 1840 *et* 28 *janvier* 1841.)

(1) Les produits naturels et manufacturés des États-Unis d'Amérique doivent être accompagnés d'un état spécial délivré par le collecteur des douanes américaines et visé par le consul de France, qui certifie qu'ils proviennent réellement du sol ou des fabriques des États-Unis. (*Circ. du* 12 *novembre* 1823, *n°* 830.)

La disposition finale de l'article 7 de la convention de 1822 a eu pour effet de faire disparaître le droit additionnel qu'avait établi l'article 1er. Depuis longtemps les produits des États-Unis, importés sous pavillon américain, sont affranchis des surtaxes qui affectent les pavillons étrangers.

ques, ou se rendant avec chargement dans les ports du Royaume-Uni, et sans chargement dans tous ports quelconques, ne seront pas assujettis dans les ports de France, soit à leur entrée, soit à leur sortie, à des droits de tonnage, de ports, de phares, de pilotage, de quarantaine, ou autres droits semblables ou analogues, quelle que soit leur nature ou leur dénomination, plus élevés que ceux auxquels sont ou seront assujettis dans ces mêmes ports, à leur entrée et à leur sortie, les navires français effectuant les mêmes voyages avec chargement ou sans chargement, soit que ces droits se perçoivent séparément, soit qu'ils se trouvent représentés par un seul et même droit, Sa Majesté Très-Chrétienne se réservant de régler en France le montant de ce droit ou de ces droits, d'après le taux auquel ils sont ou seront établis dans le Royaume-Uni (1). (*Conv. du 26 janvier 1826, art.* 1er.)

924. Toutes marchandises et tous objets de commerce qui peuvent ou pourront être légalement importés des ports du Royaume-Uni dans les ports de France, sur navires britanniques, ne seront point assujettis à des droits plus élevés que s'ils étaient importés sur navires français ; Sa Majesté Très-Chrétienne se réservant d'ordonner que, de même que les produits d'Asie, d'Afrique et d'Amérique ne peuvent être importés de ces pays ni de tout autre sur vaisseaux français, ni de France sur vaisseaux français, britanniques ou autres, dans les ports du Royaume-Uni, pour la consommation du royaume, mais seulement pour l'entrepôt et la réexportation ; de même aussi les produits de l'Asie, de l'Afrique et de l'Amérique ne pourront être importés de ces pays ni de tout autre sur vaisseaux britanniques, ni du Royaume-Uni, sur vaisseaux britanniques, français ou autres, dans les ports de France, pour la consommation du royaume, mais seulement pour l'entrepôt et la réexportation (2).

A l'égard des produits des pays de l'Europe, il est entendu que

---

(1) *Voir* le *Tarif général des droits de navigation*, livre VIII.

(2) Les produits de l'Asie, de l'Afrique et de l'Amérique, importés de quelque pays que ce soit par navires britanniques, ou bien chargés par navires français ou tous autres dans un des ports de la domination britannique en Europe, ne peuvent être admis en France pour la consommation du royaume, mais seulement pour l'entrepôt et la réexportation. (*Ord. du 8 février 1826, art.* 3.)

ces produits ne pourront être importés sur navires britanniques en France, pour la consommation du royaume, qu'autant que ces navires les auront chargés dans un port du Royaume-Uni (1). (*Conv. du 26 janvier 1826, art. 2.*)

925. Toutes marchandises et tous objets de commerce qui peuvent ou pourront être légalement exportés des ports de l'un ou de l'autre pays, payeront, à la sortie, les mêmes droits d'exportation, soit que l'exportation de ces marchandises ou objets de commerce soit faite par navires français, soit qu'elle ait lieu par navires britanniques, ces navires allant respectivement des ports de l'un des deux pays dans les ports de l'autre ; et il sera réciproquement accordé de part et d'autre, pour toutes cesdites marchandises et objets de commerce ainsi exportés sur navires français ou britanniques, les mêmes primes, remboursement de

---

Ont cessé d'être assujettis à cette restriction, les soies grèges, les foulards écrus et imprimés, les rhum, rack et tafia, et les châles de cachemire. (*Ord. des 8 juillet 1834 et 25 août 1836.*)

Les petites parties de denrées coloniales qui sont apportées comme provision de ménage dans les bagages des voyageurs, peuvent être admises sous le payement des droits d'entrée, par dérogation aux stipulations du traité. Les droits exigibles sont ceux dont les mêmes objets se trouveraient passibles si le traité, suspendu à leur égard, n'existait point. (*Circ. manusc. du 4 septembre* 1832.)

(1) Les marchandises réputées d'Europe, mais qui ont leurs similaires dans d'autres parties du globe, ne peuvent être admises à la consommation que moyennant un certificat régulier de leur origine européenne. Les documens fournis à cet effet sont examinés avec la plus scrupuleuse attention : on les compare avec le livre de bord, et, au besoin, on use du droit d'interroger le capitaine et son équipage ; et si, après ces investigations, la douane ne se trouve pas suffisamment fixée sur la provenance des marchandises, elle en prélève des échantillons, qui sont adressés à l'administration, pour être soumis aux commissaires institués par l'article 19 de la loi du 27 juillet 1822. (*Déc. min. du 24 juin 1826; Circ. nº 994.*)

Toutefois on peut se dispenser d'exiger des certificats d'origine pour les objets ci-après : Acides sulfurique, arsénieux, citrique, tartrique, oxalique, borique, benzoïque; — aciers de toute sorte; — aiguilles à coudre; — ancres en fer; — bière; — briques; — câbles en fer; — chromate de potasse; — cotons filés, nº 43 et au-dessus; — éméril en pierre; — fers étirés de toute sorte; — feutres pour machines à fabriquer le papier; — fils de chanvre et de lin; — fontes en fer; — fromages; — houille; — litharge; — machines et mécaniques; — meules à moudre et à aiguiser; — noirs à souliers, animal, d'imprimeur, de fumée, minéral naturel; — outils; — plomb brut; — soude; — sulfate de magnésie; — terre de pipe; — terre de porcelaine ou de faïence;

droits, et autres avantages de ce genre assurés par les règlemens de l'un ou de l'autre État (1). (*Conv. du 26 janvier 1826,
art. 3.*)

926. Il est réciproquement convenu que, dans les rapports
de la navigation entre les deux pays, aucun tiers pavillon ne
pourra, dans aucun cas, obtenir des conditions plus favorables
que celles qui sont stipulées dans la présente convention, en faveur des navires français et britanniques. (*Même Conv., art. 4.*)

927. Les bateaux pêcheurs des deux nations, forcés par le
mauvais temps de chercher refuge dans les ports ou sur les côtes de l'un ou l'autre État, ne seront assujettis à aucuns droits
de navigation, sous quelque dénomination que ces droits soient
respectivement établis, pourvu que ces bateaux, dans ces cas
de relâche forcée, n'effectuent aucun chargement ni déchargement dans les ports ou sur les points de la côte où ils auront
cherché refuge. (*Même Conv., art. 5.*)

928. Il est convenu que les clauses de la présente convention
entre les hautes parties contractantes seront réciproquement mises à exécution dans toutes les possessions soumises à leur domination respective en Europe. (*Même Conv., art. 6.*)

929. La présente convention sera en vigueur pendant dix ans,
à dater du 5 avril de la présente année, et, au delà de ce terme,
jusqu'à l'expiration de douze mois, après que l'une des hautes
parties contractantes aura annoncé à l'autre son intention d'en
faire cesser les effets. (*Même Conv., art. 7.*)

— toiles de lin ou de chanvre unies et croisées; — zinc. (*Circ. manusc. du
20 mai 1857, et Déc. adm. des 21 décembre 1859 et 27 août 1841.*)

Pour toutes les autres marchandises venant d'Angleterre, et dont la production n'appartient pas exclusivement à l'Europe, les certificats d'origine sont
obligatoires, quel que soit le pavillon du navire importateur. (*Déc. adm. du
30 juillet 1841.*)

(1) D'après cet article, les vivres et provisions de bord embarqués à bord
des navires anglais allant dans les ports de la Grande-Bretagne en Europe,
doivent, comme ceux que prennent les bâtimens français, jouir de l'exemption des droits de sortie. (*Déc. adm. des 27 décembre 1837 et 2 août 1838.*)

Les droits seraient dus si le navire se rendait dans un port étranger aux
possessions anglaises d'Europe. (*Déc. adm. du 27 mai 1841.*)

SECTION IV.

BRÉSIL.

(*Ord. du 4 octobre* 1826.)

930. Les sujets des hautes parties contractantes pourront gérer leurs affaires par eux, par leurs agens ou commis, comme bon leur semblera, sans l'entremise de courtiers. (*Traité du 8 janvier* 1826, *art.* 11.)

931. Tous les articles de production, manufacture et industrie des sujets de Sa Majesté Impériale, importés des ports du Brésil pour ceux de France en navires brésiliens ou français, et dépêchés pour la consommation, payeront généralement et uniquement des droits qui n'excèderont pas ceux qu'ils payent actuellement par le tarif français, étant importés par navires français. (*Même Traité, art.* 16.)

Tous les produits et marchandises exportés directement du territoire de l'une des parties contractantes pour le territoire de l'autre, seront accompagnés de certificats d'origine signés par les officiers compétens des douanes dans le port d'embarquement, les certificats de chaque navire devant être numérotés progressivement et joints avec le sceau de la douane au maniteste qui devra être certifié par les consuls respectifs, pour être le tout présenté à la douane du port d'entrée. Dans les ports où il n'y aurait ni douanes ni consuls, l'origine des marchandises sera légalisée et certifiée par les autorités locales. (*Même Traité, art.* 19.)

932. Les navires et embarcations des sujets de chacune des hautes parties contractantes ne payeront, dans les ports de l'autre, à titre de phare, de tonnage ou autre dénomination quelconque, que les mêmes droits que payent ou viendraient à payer les navires et embarcations de la nation la plus favorisée (1). (*Même Traité, art.* 12.)

Seront considérés comme navires brésiliens ceux qui seront construits ou possédés par des sujets brésiliens, et dont le capi-

---

(1) *Voir* le *Tarif des droits de navigation*, livre VIII.

taine et les trois quarts de l'équipage seront Brésiliens ; cette dernière clause cependant ne devant pas être en vigueur tant que le demandera le manque de matelots, pourvu toutefois que le maître et le capitaine du navire soient Brésiliens, et que tous les papiers du bâtiment soient dans les formes légales. (*Traité du 8 janvier* 1826 , *art.* 13.)

953. Les consuls jouiront, dans l'un et l'autre pays , des mêmes priviléges qui sont ou seraient accordés aux consuls de la nation la plus favorisée (1). (*Même Traité, art.* 4.)

Il est entendu que , dans le cas de contrebande ou autres crimes dont les lois des pays respectifs font mention, les recherches, visites, examens et investigations ne pourront avoir lieu qu'avec l'assistance du magistrat compétent et en présence du consul de la nation à qui appartiendra la partie prévenue. (*Même Traité, art.* 6.)

954. Les dispositions du présent traité seront perpétuelles, à l'exception des articles 12 et 16, qui dureront pendant le cours de six années, à commencer de la date des ratifications (2). (*Même Traité, art.* 25.)

SECTION V.

NOUVELLE-GRENADE.

(*Ord. des* 5 *juin* 1834 *et* 3 *septembre* 1841.)

955. Les agens diplomatiques et consulaires, les citoyens de toutes classes, les navires et les marchandises des États de S. M. le Roi des Français jouiront de plein droit, dans la république de la Nouvelle-Grenade, des franchises, priviléges et immunités quelconques consentis ou à consentir en faveur de la nation la

---

(1) Cette clause, du *traitement de la nation la plus favorisée,* ne leur donne pas le droit de remplir les fonctions de courtier auprès des capitaines de leur nation. (*Circ. du* 27 *février* 1840.)

Voir, au n° 957, la circulaire du 30 septembre 1839, qui rappelle les priviléges accordés aux consuls.

(2) Nonobstant l'expiration du terme de six années , les articles 12 et 16 du traité conservent provisoirement leur effet. (*Lett. du min. des affaires étrangères du* 16 *novembre* 1839.)

plus favorisée ; et, réciproquement, les agens diplomatiques et
consulaires, les citoyens de toute classe, les navires et les marchandises de la Nouvelle-Grenade jouiront de plein droit, dans
les États de S. M. le Roi des Français, des franchises, priviléges et immunités consentis ou à consentir en faveur de la nation
la plus favorisée (1), et ce gratuitement, si la concession est gratuite, ou avec la même compensation, si la concession est conditionnelle (2). (*Conv. des 14 novembre 1832 et 18 avril 1840,
art. 1ᵉʳ.*)

956. Les stipulations ci-dessus exprimées seront, de part et
d'autre, en vigueur pendant quatre années, à compter du jour
de l'échange des ratifications, si, avant l'expiration de ces quatre
années, les parties contractantes n'ont pas conclu le traité d'a-
mitié, de commerce et de navigation qu'elles se réservent de
négocier ultérieurement entre elles. (*Mêmes Conv., art. 2.*)

SECTION VI.

VENEZUELA.

(*Ord. du 5 juin 1834.*)

957. Les agens diplomatiques et consulaires, les citoyens de
toutes classes, les navires et marchandises des États de S. M. le
Roi des Français, jouiront de plein droit, dans la république de

---

(1) *Voir*, au nᵒ 957, ce qu'on doit entendre par *nation la plus favorisée.*

(2) Les produits naturels et manufacturés sont exempts des surtaxes de
navigation qui affectent les pavillons étrangers, lorsqu'ils arrivent directement
sur des navires grenadins, et qu'ils sont accompagnés de certificats d'origine
délivrés par les agens des douanes grenadines, et annexés à un manifeste revêtu
de la légalisation du consul français au port d'embarquement. Quant aux
navires, ils jouissent, en vertu de l'article 32 de la loi du 27 vendémiaire
an 2, de l'exemption absolue des droits de tonnage, et n'acquittent ceux de
permis que sur le même pied que les nationaux. Sont considérés comme grenadins les navires qui appartiennent, de *bonne foi*, à des Grenadins, et dont
le capitaine et les trois quarts de l'équipage au moins sont originaires de
la Nouvelle-Grenade. Ils doivent être munis d'un registre constatant les renseignemens propres à établir ces faits. (*Circ. des 18 décembre 1834, nᵒ 1465,
et 4 novembre 1841, nᵒ 1885.*)

Pour les priviléges accordés aux consuls, *voir* la circulaire du 30 septembre
1839, rapportée au nᵒ 957.

Venezuela, des franchises, priviléges et immunités quelconques concédés ou à concéder à la nation la plus favorisée ; et, réciproquement, les agens diplomatiques et consulaires, les citoyens de toutes classes, les navires et les marchandises de la république de Venezuela jouiront de plein droit, dans les États de S. M. le Roi des Français, des franchises, priviléges et immunités quelconques concédés ou à concéder à la nation la plus favorisée (1), et ce gratuitement dans les deux pays, si la concession est gra-

---

(1) A l'occasion de cette clause du traité, on a demandé si les droits perçus sur des sucres bruts, importés par des navires venezueliens ne devraient pas être restitués à l'exportation des sucres raffinés, conformément à la loi du 3 juillet 1840.

Depuis le retour de la paix, le traitement national n'a été concédé d'une manière absolue à aucune des nations avec lesquelles la France s'est liée par des traités ; certaines immunités ont été réciproquement accordées ; mais on n'a jamais stipulé, en faveur des navires étrangers, *tous* les avantages dont jouissent les bâtimens français.

Le *traitement de la nation la plus favorisée* ne signifie pas le *traitement national* ; il signifie uniquement le traitement le plus avantageux après celui des nationaux ; et, comme dans l'état actuel des conventions internationales, le traitement que reçoit le pavillon des États-Unis d'Amérique est considéré comme le plus favorable, les navires venezueliens n'auraient pu, d'après cette clause, revendiquer que les immunités concédées à ce dernier pavillon, c'est-à-dire l'exemption des surtaxes quant aux marchandises ; et à l'égard des taxes de navigation, le traitement des nationaux, moyennant le payement d'une somme fixe de 5 fr. par tonneau. Mais après avoir établi que les navires et les marchandises jouiraient, réciproquement dans les deux États, des avantages concédés à la nation la plus favorisée, la convention ajoute : « Et ce gratuite- « ment, si la concession est gratuite, ou avec la même compensation, si la con- « cession est conditionnelle. » Or, les navires appartenant à la Grande-Bretagne *étant traités comme navires nationaux dans les ports de Venezuela pour* le *payement des droits de nagigation proprement dits et pour l'exemption de la surtaxe dont sont frappées les marchandises introduites sous pavillon étranger*, la France, qui a voulu jouir des mêmes avantages que l'Angleterre, a dû, selon les termes du traité, offrir les mêmes compensations, et assurer dès lors, mais dans les limites indiquées, le traitement national aux navires venezueliens qui fréquentent ses ports. A ce titre ils sont exempts des droits de tonnage, et les marchandises qu'ils transportent ne supportent pas les surtaxes de navigation. L'assimilation au pavillon national ne comprend que ces immunités ; ce sont les seules qui nous aient été accordées dans les ports de la république de Venezuela, et les seules aussi que l'on soit fondé à revendiquer en France. Vouloir que le traitement national fût acquis dans *tous les cas* aux navires venezueliens, *ce serait non-seulement leur assurer* le bénéfice de l'article 5 de la loi du 3 juillet 1840, mais leur permettre de participer à la navigation exclusivement réservée à notre marine, et de réclamer les *primes* qui lui sont allouées à titre d'encouragement ; ce serait excéder évidemment

tuite, ou avec la même compensation, si la concession est conditionnelle (1). (*Conv. du* 11 *mars* 1833, *art.* 1er.)

Seront considérés comme navires français ou venezueliens ceux qui, de bonne foi, seront la propriété des citoyens respectifs, quelle que soit leur construction (2). (*Même Conv., art.* 2.)

938. Les stipulations ci-dessus exprimées demeureront en vigueur jusqu'à la mise à exécution du traité d'amitié, de commerce et de navigation que les parties contractantes se réservent de conclure ultérieurement entre elles. (*Même Conv., art.* 3.)

SECTION VII.

MECKLENBOURG-SCHWÉRIN.

(*Ord. du* 19 *septembre* 1836.)

939. Les produits du sol et des manufactures du Mecklenbourg, importés directement en France par navires mecklenbourgeois, y seront exempts de la surtaxe établie sur les marchandises importées par navires étrangers.

---

les termes du traité, et concéder gratuitement des avantages qui n'auraient probablement ni compensation ni équivalent dans les États de Venezuela, et que, dans aucun cas, les Français ne pourraient réclamer en vertu du traité. (*Déc. adm. du* 9 *février* 1841.)

(1) Les *produits naturels et manufacturés de Venezuela* sont exempts de la surtaxe de navigation qui affecte les pavillons étrangers lorsqu'ils sont *importés directement par navires venezueliens*, et que leur origine est justifiée par des certificats délivrés par les agens des douanes du port d'embarquement, lesquels certificats doivent être annexés à un manifeste revêtu de la légalisation du consul de France. (*Circ. du* 18 *décembre* 1834, no 1465.)

Les relâches volontaires des navires venezueliens à l'étranger ne sont pas considérées comme une interruption du transport direct, lorsqu'il est justifié, par un certificat du consul de France, ou, à défaut d'agent consulaire, par une attestation des douanes locales, que ces navires n'ont effectué aucun *embarquement de marchandises* dans le port d'escale. (*Circ. du* 3 *septembre* 1840, no 1831.)

Les navires venezueliens jouissent de l'immunité du droit de tonnage, et n'acquittent les autres droits de navigation que sur le même pied que les nationaux. (*Circ. du* 18 *décembre* 1834.)

(2) La douane se borne à s'assurer que les navires appartiennent réellement à des Venezueliens. (*Circ. du* 3 *septembre* 1840, no 1831.)

Pour les priviléges accordés aux consuls, *voir* le no 957.

Il sera justifié de l'origine de ces produits au moyen de certificats délivrés pour chaque marchandise par le consul français résidant au port d'embarquement, ou, s'il n'y existe pas de consul français, par le magistrat du lieu, et, dans ce dernier cas, le certificat devra être visé par l'agent consulaire de France.

La nature et la quantité annuelle des produits du Mecklenbourg qui pourront être admis en France à la condition du présent article, seront spécifiées dans un tableau annexé à la présente convention (1). La nomenclature de ces produits, aussi bien que leurs quantités, pourront d'ailleurs être ultérieurement étendues. (*Conv. du* 19 *juillet* 1836, *art.* 2.)

940. Les exportations faites, pour quelque destination que ce soit, des ports de l'un des deux pays par les navires de l'autre, seront affranchies de toute surtaxe. Les expéditeurs jouiront de tous les avantages, primes, remboursemens et autres qui sont accordés aux exportations faites sous pavillon national. (*Même Conv., art.* 3.)

941. Les navires mecklenbourgeois venant en droiture et avec chargement des ports du Mecklenbourg, ou sur lest d'un port quelconque, seront traités dans les ports de France comme navires français en tout ce qui concerne la perception des droits de navigation, et affranchis des droits différentiels établis sur les navires étrangers, à quelque titre que ce soit (2). (*Même Conv., art.* 1er.)

---

(1) *Tableau des produits du Mecklenbourg qui seront admis en France avec l'exemption de la surtaxe :*

1º Les céréales, en quantité indéterminée ;

2º Les bois de construction, en quantité indéterminée ;

3º Les graines oléagineuses et leurs huiles ; les légumes secs, en quantité annuelle et collective de 4,000 tonnes de mer ;

4º Les chanvres, lins et laines, en quantité annuelle et collective de 3,000 tonnes de mer ;

5º Les beurres, fromages, viandes salées et autres comestibles, en quantité annuelle et collective de 1,000 tonnes de mer. (*Annexe à la Conv. du* 19 *juillet* 1836.)

Au moyen des certificats d'origine délivrés par les consuls de France, ces produits, sans exception de ceux dont l'importation est limitée, sont admis définitivement au bénéfice du traité, en vertu de l'autorisation des directeurs, qui font connaître à l'administration la nature et la quantité des marchandises dont ils ont permis l'admission. (*Circ. du* 3 *décembre* 1836, *n*º 1582.)

(2) *Voir* le *Tarif général des droits de navigation*, livre VIII.

942. Seront reconnus pour navires mecklenbourgeois ceux
dont le propriétaire et les officiers seront sujets mecklenbourgeois, et qui auront un équipage composé pour les deux tiers au
moins de sujets mecklenbourgeois ou de sujets de tous autres
États de la Confédération germanique avec lesquels la France se
lierait ultérieurement par des stipulations de navigation et de
commerce analogues à celles qui font la base de la présente convention (1). (*Même Conv., art.* 4.)

943. Les navires chargés qui, durant le cours de leur traversée de l'un des deux pays dans l'autre, auront relâché dans un
ou plusieurs ports intermédiaires, conserveront le bénéfice de la
présente convention, lorsque leur relâche n'aura donné lieu à
aucune opération de commerce.

Ces circonstances devront être constatées par un certificat du
consul ou de l'agent consulaire de la puissance pour le port de
laquelle seront destinés lesdits navires, et, en l'absence d'un
consul ou d'un agent consulaire, par un acte émané de l'autorité
locale. Ce certificat sera délivré sur la demande des capitaines,
formée dans les vingt-quatre heures de la relâche, et sur leur
déclaration écrite de l'intention où ils sont de suivre leur destination. (*Même Conv., art.* 5.)

944. Jouiront également des bénéfices de la présente convention les navires de l'un des deux pays, *en relâche forcée* dans les
ports de l'autre avec ou sans chargement, de quelque lieu qu'ils
viennent et quelle que soit leur destination, à condition qu'ils se
borneront à débarquer, s'il y a lieu, leurs marchandises pour
réparer les avaries, et à les rembarquer sans faire aucune opération de commerce, et qu'ils ne séjourneront dans le port de
relâche que le temps nécessaire pour se mettre en état de reprendre la mer. (*Même Conv., art.* 6.)

945. Les consuls et agens consulaires mecklenbourgeois jouiront en France des franchises, immunités et priviléges qui y

____

(1) Les capitaines doivent être munis d'un registre ou d'autres documens
contenant les renseignemens propres à établir ces faits. (*Circ. du* 30 *septembre*
1836, n° 1567.)

seront déterminés par les lois, les règlemens et les usages (*Conv. du 19 juillet* 1836, *art.* 9.) (1).

En cas de naufrage ou échouement d'un navire de l'un des deux pays dans les ports ou sur les côtes de l'autre, toutes les opérations relatives au sauvetage seront dirigées par le consul ou l'agent consulaire de la nation à laquelle appartiendra le navire. (*Même Conv.*, *art.* 10.)

946. La présente convention demeurera en vigueur pendant dix ans, à dater de l'échange des ratifications; néanmoins, à l'expiration de ce terme, elle continuera d'être appliquée, et elle ne cessera d'être obligatoire que douze mois après que l'une des deux parties aura notifié à l'autre son intention d'en faire cesser les effets. (*Même Conv.*, *art.* 12.)

SECTION VIII.

BOLIVIE.

(*Ord. du 26 juillet* 1837.)

947. Les citoyens respectifs seront entièrement libres de faire leurs affaires eux-mêmes, et notamment de présenter en douane leurs propres déclarations, ou de se faire suppléer par qui bon leur semblera, facteur, agent, consignataire ou interprète, sans avoir, comme étrangers, à payer aucun surcroît de salaire ou de rétribution. (*Conv. du 9 décembre* 1834, *art.* 2.)

948. Le commerce bolivien sera traité, sous le rapport des droits de douanes, tant à l'importation qu'à l'exportation, comme celui de la nation étrangère la plus favorisée.

Dans aucun cas, les droits d'importation imposés en France sur les produits du sol et de l'industrie de la Bolivie ne pourront être autres ou plus élevés que ceux auxquels sont ou seront soumis les mêmes produits importés par la nation la plus

---

(1) On ne doit entendre ici que les immunités communes à tous les agens consulaires, c'est-à-dire l'exemption des charges personnelles, celle du service de la garde nationale, etc. (*Dép. du département des affaires étrangères du 17 février* 1840.)

favorisée. Le même principe sera observé pour l'exportation. (*Même Conv.*, *art.* 8.)

949. Les produits du sol et de l'industrie de l'un des deux pays payeront dans les ports de l'autre les mêmes droits d'importation, qu'ils soient chargés sur navires français ou boliviens. De même les produits exportés acquitteront les mêmes droits et jouiront des mêmes franchises, allocations et restitutions de droits qui sont ou pourraient être réservés aux exportations faites sur bâtimens nationaux. (*Même Conv.*, *art.* 9.)

Il est convenu que le quina, la cascarille, le cacao, le cuivre et l'étain provenant de la Bolivie ne payeront, pendant la durée du présent traité, à leur entrée dans les ports de France, que les droits actuellement existans.

Pour que les produits de la Bolivie énumérés dans le présent article puissent jouir du traitement de faveur qui leur est attribué, il est entendu, 1º qu'ils seront transportés en droiture des ports de la Bolivie ou du port péruvien d'Arica en France ; 2º qu'ils seront accompagnés de certificats d'origine délivrés par la douane de la ville de La Paz ou du port d'embarquement.

Les certificats de chaque navire seront numérotés et joints au manifeste avec le sceau de la douane, et cette dernière pièce devra être visée et certifiée par le consul ou l'agent consulaire de France, lorsqu'il y en aura un d'établi dans le lieu où sera délivré le certificat, ou dans le port d'embarquement. (*Même Conv.*, *art.* 11.)

950. Les navires boliviens, à leur entrée ou à leur sortie de France, ne seront assujettis ni à d'autres ni à de plus forts droits de tonnage, de phares, de port, de pilotage, de quarantaine ou autres affectant le corps du bâtiment, que ceux auxquels sont ou seront assujettis les navires nationaux (1). (*Même Conv.*, *art.* 10.)

951. Dans tous les cas, si, pendant la durée du présent traité, l'une des deux parties contractantes jugeait convenable d'imposer, sur le commerce ou la navigation, d'autres ou de plus forts

---

(1) *Voir* le *Tarif des droits de navigation*, livre VIII.

droits que ceux actuellement existans, cette mesure ne sera
applicable aux produits et aux navires de l'autre partie qu'un an
au moins après que le commerce en aura été légalement informé.
(*Conv. du 9 décembre* 1834, *art.* 12.)

952. Les navires respectifs qui relâcheront dans les ports ou
sur les côtes de l'un ou de l'autre État, ne seront assujettis à aucun
droit de navigation, sous quelque dénomination que ces droits
soient respectivement établis, sauf les droits de pilotage et autres
de même nature représentant le salaire de services rendus par
des industries privées, pourvu que ces navires n'effectuent aucun chargement ni déchargement de marchandises; et dans le
cas où, à raison de relâche forcée, les navires respectifs seraient
obligés de déposer à terre les marchandises composant leurs
chargemens, ou de les transborder sur d'autres navires pour
éviter qu'elles ne dépérissent, il ne sera exigé d'autres droits
que ceux relatifs au loyer des magasins et chantiers publics qui
seraient nécessaires pour déposer les marchandises et pour réparer les avaries du bâtiment. (*Même Conv., art.*13.)

953. Devront être considérés comme boliviens tous les bâtimens construits dans le territoire de la Bolivie, ou ceux capturés
sur l'ennemi par les armateurs de cet État et déclarés de bonne
prise, ou ceux enfin qui auront été condamnés par les tribunaux
de la Bolivie pour infraction aux lois; et de plus il est entendu
que tout bâtiment, de quelque construction qu'il soit, qui appartiendra, de bonne foi, à un ou plusieurs citoyens de la Bolivie,
et dont le capitaine et la moitié au moins de l'équipage seront
également citoyens de ce pays, devra être réputé bolivien.

Il est convenu d'ailleurs que tout navire bolivien, pour jouir,
aux conditions ci-dessus, du privilége de sa nationalité, devra
être muni d'un passeport, congé ou registre qui, certifié par
l'autorité compétente pour le délivrer, constatera d'abord le nom,
la profession et la résidence du propriétaire, en exprimant qu'il
est unique, ou des propriétaires, en indiquant dans quelle proportion chacun d'eux possède, puis ensuite le nom, la dimension,
la capacité, et enfin toutes les particularités du navire qui
peuvent le faire reconnaître aussi bien qu'établir sa nationalité.
(*Même Conv., art.* 14.)

954. Les consuls respectifs et leurs chanceliers jouiront, dans

les deux pays, des priviléges, exemptions et immunités qui pourront être accordés dans leur résidence aux agens du même rang de la nation la plus favorisée (1). (*Même Conv.*, art. 22.)

Les consuls respectifs seront exclusivement chargés de la police interne des navires de commerce de leur nation. (*Même Conv.*, art. 25.)

Toutes les opérations relatives au sauvetage des navires boliviens naufragés ou échoués sur les côtes de France, seront dirigées par les consuls de la Bolivie. (*Même Conv.*, art. 28.)

955. Il est formellement convenu entre les deux parties contractantes qu'indépendamment des stipulations qui précèdent, les agens diplomatiques et consulaires, les citoyens de toutes classes, les navires et les marchandises de l'un des deux États, jouiront de plein droit, dans l'autre, des franchises, priviléges et immunités quelconques consenties ou à consentir en faveur de la nation la plus favorisée (2), et ce gratuitement, si la concession est gratuite, ou avec la même compensation, si la concession est conditionnelle. (*Même Conv.*, art. 30.)

Le présent traité sera en vigueur pendant neuf années, à compter de l'échange des ratifications ; et si, douze mois après l'expiration de ce terme, ni l'une ni l'autre des deux parties contractantes n'annonce par une déclaration officielle son intention d'en faire cesser l'effet, ledit traité restera encore obligatoire pendant une année, et ainsi de suite, jusqu'à l'expiration des douze mois qui suivront la déclaration officielle en question, à quelque époque qu'elle ait lieu. (*Même Conv.*, art. 32.)

SECTION IX.

URUGUAY.

(*Ord. du* 15 *avril* 1840.)

956. Les agens diplomatiques et consulaires, les Orientaux de toutes classes, les navires et les marchandises de l'État orien-

_____

(1) *Voir* le n° 957.

(2) *Voir*, au n° 937, ce qu'on doit entendre par *nation la plus favorisée*.

tal de l'Uraguay, jouiront, dans les États et possessions de S. M. le Roi des Français, de tous les droits, priviléges, franchises et immunités concédés ou à concéder en faveur de toute autre nation (1). Ces concessions seront gratuites dans les deux pays, si la concession est gratuite, et il sera accordé les mêmes compensations, si la concession est conditionnelle. (*Conv. du* 8 *avril* 1836, *art.* 1er.)

Pour la meilleure intelligence de l'article 1er, les deux hautes parties contractantes conviennent de considérer comme navires français ou orientaux ceux qui, de bonne foi, seront la propriété des citoyens respectifs, pourvu que cette propriété résulte des titres authentiques délivrés par les autorités de l'un et de l'autre pays, et quelle que soit la construction. (*Même Conv.*, *art.* 2.)

La convention doit cesser d'avoir son effet quinze ans après sa ratification (7 décembre 1839), si elle n'a pas été remplacée, avant l'expiration de ce délai, par un traité définitif. (*Même Conv.*, *art.* 4.)

SECTION X.

MEXIQUE.

(*Ord. du* 14 *août* 1839.)

957. Les agens diplomatiques et consulaires, les citoyens de toutes classes, les navires et marchandises de chacun des deux pays (Mexique et France), continueront de jouir, dans l'autre, des franchises, priviléges et immunités quelconques qui sont ou qui seront accordés par les traités ou par l'usage à la nation étrangère la plus favorisée; et ce gratuitement, si la concession est gratuite, ou avec les mêmes compensations, si elle est conditionnelle (2). (*Traité du* 9 *mars* 1839, *art.* 3.)

---

(1) Il y a lieu d'étendre aux agens, aux citoyens, aux navires et aux marchandises de l'État oriental de l'Uruguay les immunités accordées, sous la condition de réciprocité, à d'autres États de l'Amérique, et principalement au Mexique (*voir* le n° 957). (*Circ. du* 5 *juin* 1840, *n°* 1813.)

Les marchandises importées de l'État oriental de l'Uruguay doivent être accompagnées de certificats d'origine authentiques. (*Circ. n°* 1813.)

(2) Les Mexicains jouissent des immunités ci-après :

1° Exemption du droit de tonnage et réduction, aux taux fixés pour les

SECTION XI.

TEXAS.

(*Ord. du 24 juin 1840.*)

958. Les Français et les Texiens jouiront, en leurs personnes et propriétés, dans toute l'étendue des territoires respectifs, des mêmes droits, privilèges, faveurs, exemptions qui sont ou seraient accordés à la nation la plus favorisée. (*Traité du 25 septembre* 1839, *art.* 2.)

Les deux parties contractantes adoptent, dans leurs relations mutuelles, le principe « que le pavillon couvre la marchandise. » (*Même Traité, art.* 4.)

959. Les navires de l'un des deux États entrant dans un des ports de l'autre en relâche forcée, seront exempts de tous droits (1), tant pour le navire que pour le chargement, s'ils n'y font aucune

---

Français, des autres taxes de navigation, telles que droits de permis, d'acquit, de pilotage et de courtage ;

2° Affranchissement des surtaxes de navigation pour les produits du sol et de l'industrie du Mexique, importés directement en France par ses propres navires ;

3° Faculté pour les capitaines et négocians d'agir par eux-mêmes, et de présenter en douane leurs manifestes, déclarations, etc., dans les limites imposées aux Français ;

4° Enfin, pour les agens consulaires, autorisation de surveiller la police intérieure des navires et de diriger les opérations relatives au sauvetage des bâtimens naufragés ou échoués ; mais ils ne sauraient assister les capitaines de leur nation en qualité de *courtiers,* cette faculté étant exclusivement réservée aux consuls espagnols.

Il faut, pour qu'un navire soit considéré et traité comme mexicain, qu'il appartienne, de bonne foi, à des citoyens de cet État ; que le capitaine et les trois quarts de l'équipage au moins soient originaires du Mexique ou légalement naturalisés dans ce pays, et qu'il soit de plus muni d'un registre, passeport ou papier de sûreté constatant les faits propres à établir ces justifications. (*Circ. des 30 septembre* 1839, *n°* 1777, *et 29 février* 1840, *n°* 1798.)

Quant aux marchandises, elles doivent être accompagnées de certificats d'origine, délivrés et signés par les agens des douanes dans le port d'embarquement. Les certificats relatifs à la cargaison de chaque navire reçoivent un numéro suivi ; ils sont annexés, sous le cachet de la douane, au manifeste que vise le consul français. (*Circ. du* 27 *juin* 1827, *n°* 1050.)

(1) Cette immunité se confond, quant à la France, avec celles résultant de l'article 14 du même traité. (*Circ. n°* 1820.)

opération de commerce, pourvu que la nécessité de la relâche soit légalement constatée, et qu'ils ne séjournent pas dans le port plus longtemps que ne l'exige le motif qui les y aura forcément amenés. (*Traité du 25 septembre* 1839, *art.* 7.)

Les navires français arrivant dans les ports du Texas ou en sortant, et les navires texiens, à leur entrée dans les ports de France ou à leur sortie, ne seront assujettis à d'autres ni à de plus forts droits de tonnage, de phare, de port, de pilotage, de quarantaine ou autres affectant le corps du bâtiment, que ceux auxquels sont ou seront assujettis les navires nationaux (1). (*Même Traité, art.* 14.)

960. Les consuls, vice-consuls et agens consulaires respec-tifs, ainsi que leurs chanceliers, jouiront, dans les deux pays, des priviléges généralement attribués à leurs charges. Ces agens jouiront en outre de tous les autres priviléges, exemptions et immunités qui pourront être accordés, dans leurs résidences, aux agens du même rang de la nation la plus favorisée (2). (*Même Traité, art.* 9.)

Les consuls, vice-consuls et agens consulaires respectifs seront exclusivement chargés de la police interne des navires de commerce de leur nation, et les autorités locales ne pourront y intervenir qu'autant que les désordres survenus seraient de nature à troubler la tranquillité publique, soit à terre, soit à bord d'autres bâtimens. (*Même Traité, art.* 12.)

961. Les produits du sol et de l'industrie de l'un des deux pays, importés directement dans les ports de l'autre, et dont l'origine sera dûment constatée, y payeront les mêmes droits, qu'ils soient chargés sur navires français ou texiens (3).

---

(1) Les navires texiens doivent donc, quels que soient les lieux de départ ou de destination, être affranchis des droits de tonnage, d'expédition et d'acquit, et ne payer qu'aux taux fixés pour les navires français les autres taxes de navigation, telles que les droits de permis et de certificat. (*Circ. du 20 juillet* 1840, *n*° 1820.)

(2) C'est-à-dire qu'ils peuvent surveiller la police intérieure des navires texiens et diriger les opérations relatives au sauvetage des bâtimens naufragés ou échoués. (*Circ. n*° 1820.)

(3) Ainsi les produits du Texas importés par des navires texiens sont exempts des surtaxes de navigation qui affectent les pavillons étrangers. Mais

De même les produits exportés acquitteront les mêmes droits et jouiront des mêmes franchises, allocations et restitutions de droits qui sont ou pourraient être réservés aux exportations faites sur bâtimens nationaux. (*Même Traité, art.* 15.)

Les cotons du Texas, sans distinction de qualité, payeront, à leur entrée dans les ports de France, lorsqu'ils seront importés directement par bâtimens français ou texiens, un droit unique de 20 fr. par 100 kilog.

Toute réduction de droits qui pourrait être faite par la suite en faveur des *cotons* des États-Unis sera également appliquée à ceux du Texas, gratuitement, si la concession est gratuite, ou avec la même compensation, si la concession est conditionnelle. (*Même Traité, art.* 16.)

A partir de l'échange des ratifications du présent traité, les droits actuellement prélevés au Texas sur les *tissus et autres articles de soie,* ou dont la soie forme la matière principale, provenant des fabriques françaises, et importés directement au Texas par navires français ou texiens, seront réduits de *moitié.*

Il est bien entendu que si le gouvernement texien venait à réduire les droits sur les produits similaires des autres nations jusqu'à un taux inférieur à la moitié du taux actuellement établi, la France ne pourrait, en aucun cas, être tenue d'acquitter des droits plus élevés que ceux payés par la nation la plus favorisée.

Les droits actuellement établis au Texas sur les *vins et eaux-de-vie* de France, également importés directement par navires français ou texiens, seront réduits, les premiers de *deux cinquièmes,* les seconds d'*un cinquième.*

Il est entendu que, dans le cas où le gouvernement texien jugerait à propos de diminuer, par la suite, les droits actuels sur les vins et eaux-de-vie provenant des autres pays, une réduction correspondante sera faite sur les vins et eaux-de-vie de France, gratuitement, si la concession est gratuite, ou avec la même compensation, si la concession est conditionnelle. (*Même Traité, art.* 17.)

---

cette immunité demeure subordonnée à la double condition que le transport s'effectuera directement et que l'origine des marchandises sera constatée par des certificats authentiques. (*Circ. n°* 1820.)

962. Les habitans des Colonies françaises, leurs propriétés et navires, jouiront au Texas, et réciproquement les citoyens du Texas, leurs propriétés et navires, jouiront, dans les Colonies françaises, des avantages qui sont ou seront accordés à la nation la plus favorisée. (*Traité du* 25 *septembre* 1839, *art.* 18.)

963. Les stipulations du présent traité sont perpétuelles, à l'exception des articles 14, 15, 16, 17 et 18, dont la durée est fixée à *huit années*, à partir du jour de l'échange des ratifications. (*Même Traité, art.* 19.)

964. Les deux parties contractantes sont convenues de considérer comme navires texiens ceux qui seront, de bonne foi, la propriété réelle et exclusive d'un citoyen ou de citoyens texiens résidant dans le pays depuis deux ans au moins, et dont le capitaine et les deux tiers de l'équipage seront également, de bonne foi, citoyens du Texas (1). (*Même Traité,* 1ᵉʳ *art. additionnel.*)

Il est entendu que, si le gouvernement texiens croit devoir, par la suite, diminuer les droits actuellement existans sur les *soieries*, il laissera subsister, entre les tissus et marchandises de soie venant de pays situés au delà du cap de Bonne-Espérance et les produits similaires provenant d'autres pays, une différence de *dix pour cent* au profit des derniers. (*Même Traité,* 2ᵉ *art. additionnel.*)

SECTION XII.

PAYS-BAS.

(*Ord. du* 30 *juin* 1841.)

965. Il y aura pleine et entière liberté de commerce et de navigation entre les habitans des deux royaumes; ils ne seront pas soumis, à raison de leur commerce ou de leur industrie, dans les ports, villes ou lieux quelconques des deux royaumes, soit qu'ils s'y établissent, soit qu'ils y résident temporairement, à des droits, taxes ou impôts, sous quelque dénomination que ce

---

(1) Les capitaines doivent justifier de ces conditions de nationalité pour leurs navires. (*Circ. n*° 1820.)

soit, autres ni plus élevés que ceux perçus sur les nationaux ; et les priviléges, immunités et autres faveurs quelconques dont jouiraient, en matière de commerce, les citoyens de l'un des deux États, seront communs à ceux de l'autre (*Traité du 25 juillet* 1840, *art.* 1er.) (1).

966. Les navires français, venant directement des ports de France avec chargement, et sans chargement de tout port quelconque, ne payeront, dans les ports du royaume des Pays-Bas, soit à l'entrée, soit à la sortie, d'autres ni de plus forts droits de tonnage, de pilotage, de quarantaine, de port, de phares et autres charges qui pèsent sur la coque du navire, sous quelque dénomination que ce soit, que ceux dont sont ou seront passibles, dans les Pays-Bas, les navires néerlandais venant des mêmes lieux ou ayant la même destination.

D'autre part, et jusqu'à ce que le gouvernement néerlandais exempte ses propres navires de tout droit de tonnage, comme la France le fait pour les siens, les navires néerlandais, venant directement des ports des Pays-Bas avec chargement, et sans chargement de tout port quelconque, ne payeront, dans les ports du royaume de France, soit à l'entrée, soit à la sortie, d'autres ni de plus forts droits de tonnage que ceux que les navires français auront à payer dans les Pays-Bas, conformément à la stipulation qui précède (2). Ils seront d'ailleurs assimilés aux navires

---

(1) Il ne suffit pas, pour obtenir le bénéfice du traité, qu'un navire appartienne à un pays placé sous la protection de la Hollande ; il faut qu'il soit Hollandais et autorisé à porter le pavillon de cette nation. (*Déc. adm. du* 9 *septembre* 1841.)

(2) Le droit de tonnage est, *par an*, à l'entrée, de 1 fr. 5 c. par tonneau, plus le décime, et de pareille somme à la sortie. (*Ord. du 26 juin* 1841, *art.* 1er.)

Cette taxe se perçoit pour chaque navire, à sa première *entrée* et à sa *sortie*, pour tout le cours de l'année, à partir du 1er janvier jusqu'au 31 décembre. Ainsi le navire qui a payé le droit de tonnage de 2 fr. 10 c. (1 fr. 5 c. à l'entrée et 1 fr. 5 c. à la sortie) dans un premier voyage, n'a plus à le payer pour les autres voyages qu'il effectue pendant la même année, c'est-à-dire jusqu'au 31 décembre. Il suffit que le capitaine justifie de ce payement par la quittance qui lui a été délivrée par la douane du port où il a, dans la même année, effectué son premier voyage, quittance qui doit être signée par le receveur et par l'inspecteur ou le sous-inspecteur sédentaire du bureau. Dans les ports où il n'existe pas de chefs de ce grade, le receveur signe la quittance conjointement avec un autre employé.

français pour tous les autres droits ou charges énumérés dans le présent article (1).

Le navire néerlandais qui a à payer, à son *entrée* dans un port de France, le droit de tonnage de 1 fr. 5 c., doit l'acquitter également à la *sortie*, alors même qu'il partirait *chargé* pour un port autre que ceux appartenant au royaume des Pays-Bas; le droit de 2 fr. 10 c., bien que perçu pour le double fait de l'*entrée* et de la *sortie*, devant être considéré *comme indivisible*, en ce sens qu'il ne peut jamais y avoir lieu de n'en percevoir qu'une partie, à moins que le navire, après avoir acquitté le droit d'*entrée*, ne soit délaissé, abondonné ou dépecé dans le port. (*Circ. du 11 juillet* 1841, *n°* 1859.)

D'après cette *règle*, le navire qui revient dans un port de France avant l'expiration de l'année où il a payé le droit, c'est-à-dire avant le 31 décembre, doit être affranchi de l'intégralité des taxes d'entrée et de sortie, alors même qu'il ne reprendrait la mer que dans les premiers jours de l'année suivante. Par le même motif, le navire néerlandais entré dans un port de France dans les derniers jours de décembre, mais qui, aux termes de l'article 12 du titre 3 de la loi du 4 germinal an 2, ne payerait les droits qu'à l'expiration des vingt jours de son arrivée, c'est-à-dire en janvier de l'année suivante, ne saurait se prévaloir de cette quittance, qui se rapporterait à un fait accompli dans l'année précédente, pour se dispenser de payer le droit exigible pour le premier voyage qu'il effectuerait dans l'année dont la quittance porterait la date. Il convient donc d'indiquer la date de l'arrivée des navires sur les quittances délivrées dans l'année qui suit celle de leur entrée dans le port. (*Déc. adm. du 5 avril* 1841.)

Il importe de remarquer que le payement intégral de la double taxe ne saurait, dans aucun cas, affranchir le navire du droit de tonnage de 3 fr. 75 c. qui affecte les pavillons étrangers en général, si, dans un voyage subséquent, il venait chargé d'un port qui n'appartiendrait pas aux Pays-Bas, attendu que les immunités résultant du traité ne sont acquises aux navires chargés qu'autant qu'ils arrivent directement d'un des ports de ce pays en Europe. Les bâtimens arrivant au *lest*, d'un port quelconque, en jouissent pareillement, sauf le cas où ils viennent des possessions anglaises en Europe. Dans ce cas, ils sont assujettis aux taxes de tonnage et d'expédition qui affectent le pavillon français. (*Circ. du 11 juillet* 1841, *n°* 1859.)

(1) Les autres droits de navigation pour lesquels les navires néerlandais doivent être assimilés au pavillon national, sont ceux de *permis*, d'*acquit* et de *certificat*. Ces droits sont de 50 c. par acte toutes les fois que le navire ou la cargaison se trouve dans les cas prévus par la convention. Ainsi le droit de permis, par exemple, est de 50 c. s'il s'agit de marchandises importées des Pays-Bas ou embarquées à destination de ce royaume; il serait de 1 fr. si les cargaisons venaient d'un autre pays étranger ou y allaient. (*Circ. du 11 juill.* 1841.)

Les dispositions qui exemptent du droit de tonnage les navires venant sur lest charger du sel, doivent continuer d'être appliquées aux bâtimens néerlandais. Seulement, lorsqu'on réclame le bénéfice de ces dispositions, le droit applicable à toute partie de tonnage qui ne contient pas du sel doit être calculé à raison de 3 fr. 75 c. par tonneau, sans que, dans aucun cas, ce droit proportionnel puisse excéder le montant des droits exigibles, en vertu du traité, sur la contenance totale du navire. (*Déc. adm. du 23 août* 1841.)

Il est convenu, 1º Que les exceptions à la franchise de pavillons, qui atteindraient en France les navires français venant d'ailleurs que des Pays-Bas, seront communes aux navires néerlandais faisant les mêmes voyages, et cette disposition sera réciproquement applicable, dans les Pays-Bas, aux navires français (1);

2º Que le cabotage maritime demeure réservé au pavillon national dans les États respectifs. (*Traité du 25 juillet 1840, art. 2.*)

Seront complétement affranchis des droits de tonnage et d'expédition dans les ports respectifs :

1º Les navires qui, entrés sur lest, de quelque lieu que ce soit, en ressortiront sur lest;

2º Les navires qui, passant d'un port de l'un des deux États dans un ou plusieurs ports du même État, soit pour y déposer tout ou partie de leur cargaison, soit pour y composer ou compléter leur chargement, justifieront avoir déjà acquitté ces droits;

3º Les navires qui, entrés avec chargement dans un port, soit volontairement, soit en relâche forcée, en sortiront sans avoir fait aucune opération de commerce.

Ne seront pas considérés, en cas de relâche forcée, comme opération de commerce, le débarquement et le rechargement des marchandises pour la réparation du navire; le transbordement sur un autre navire, en cas d'innavigabilité du premier; les dépenses nécessaires au ravitaillement des équipages, et la vente des marchandises avariées, lorsque l'administration des douanes en aura donné l'autorisation. (*Même Traité, art. 3.*)

La nationalité des bâtimens sera admise, de part et d'autre, d'après les lois et règlemens particuliers à chaque pays, au moyen des titres et patentes délivrés par les autorités compétentes aux capitaines, patrons et bateliers. (*Même Traité, art. 4.*)

967. Les marchandises de toute nature, dont l'importation, l'exportation et le transit sont ou seront légalement permis dans les États respectifs en Europe, ne payeront, tant à l'importation directe entre les ports desdits États, qu'à l'exportation des mêmes ports ou au transit, d'autres ni de plus forts droits quel-

---

(1) Les navires néerlandais venant sans chargement des ports de la Grande-Bretagne, payent, comme les navires français, 1 fr. par tonneau à chaque voyage. (*Ord. du 26 juin 1841, art. 1er.*)

conques de douanes, de navigation et de péage, que si elles étaient importées ou exportées sous pavillon national, et elles jouiront, sous tous ces rapports, des mêmes primes, diminution, exemption, restitution de droits ou autres faveurs quelconques (1). (*Traité du 25 juillet* 1840, *art.* 5.)

Il ne sera perçu aucun droit autre que ceux de magasinage et de balance sur les marchandises importées dans les entrepôts de l'un des deux royaumes par les navires de l'autre, en attendant leur réexportation ou leur mise en consommation. (*Même Traité, art.* 6.)

Les hautes parties contractantes s'engagent réciproquement,

1° A n'adopter aucune mesure de prohibition ; à n'établir, soit au profit de l'État, soit à celui des communes ou établissemens locaux, aucune augmentation des droits d'entrée, de sortie ou de transit, qui, affectant les produits de l'autre partie, ne s'étendrait pas généralement aux produits similaires des autres États ;

2° A faire participer les sujets et les produits quelconques de l'autre État aux primes, remboursement de droits et autres avantages analogues qui pourraient être accordés à certains objets de commerce, sans distinction de pavillon, de provenance ni de destination.

Toutes les mesures exceptionnelles existantes, contraires aux principes énoncés au présent article, seront abolies et cesseront leur effet dès le jour de la mise à exécution du présent traité. (*Même Traité, art.* 7.)

968. Toutes les stipulations qui précèdent (en tant qu'il n'y

---

(1) Les marchandises de toute nature dont l'entrée est permise en France, et qui arrivent par mer dans les ports français sur navire néerlandais, sont admises en exemption de la surtaxe établie à l'importation sous pavillon étranger par la loi du 28 avril 1816 et autres lois de douanes subséquentes, lorsque ladite importation a lieu en droiture des ports des Pays-Bas et se trouve justifiée par les manifestes, connaissemens et expéditions régulières de la douane néerlandaise. (*Ord. du* 26 *juin* 1841, *art.* 2, § 1er.)

Dans les cas où les douanes des Pays-Bas ne délivrent point d'expéditions de sortie, elles y suppléent, soit par des *duplicata de passe-ports de transit,* soit par toute autre attestation établissant le fait de l'expédition de la Néerlande, et rédigée de manière à constater qu'elle a pour destination expresse de servir à réclamer le bénéfice du traité. (*Circ. du* 18 *janvier* 1842, *n°* 1898.)

Les provisions de bord embarquées sur un navire hollandais en *partance* pour un port des Pays-Bas, sont affranchies du droit de sortie. Dans ce cas, on ne perçoit pas le droit de permis. (*Déc. adm. des 4 et 8 novembre* 1841.)

aurait pas déjà été pourvu par des traités existans) s'appliqueront également à la navigation et au commere , tant sur ceux des fleuves qui , dénommés aux articles 108 à 117 de l'acte du congrès de Vienne du 9 juin 1815 , sont, dans leur cours navigable, communs aux deux États, que sur les eaux intermédiaires desdits fleuves dans le royaume des Pays-Bas. (*Même Traité, art. 8.*)

969. Les hautes parties contractantes s'engagent également à admettre, sans équivalens et de plein droit, les sujets, navires et produits de toute nature de l'autre État, dans les Colonies respectives , sur le pied de toute autre nation européenne la plus favorisée.

En conséquence de ce principe, et sans préjudice d'autres applications auxquelles il pourrait y avoir lieu, les *vins mousseux de France*, en bouteilles, seront assimilés, à l'entrée dans les Colonies néerlandaises des Indes orientales, aux autres vins fins en bouteilles. En outre, les droits actuellement y existant sur les autres vins de France, soit en cercles, soit en bouteilles, seront réduits de moitié, tant à l'importation sous pavillon français qu'à l'importation par bâtiment néerlandais. (*Même Traité, art. 9.*)

970. Voulant se donner des gages de leur désir mutuel d'étendre et de faciliter les relations commerciales entre les deux pays, les hautes parties contractantes sont convenues, dans ce but , des stipulations suivantes :

§ 1er. Sa Majesté le Roi des Pays-Bas consent ,

1o A affranchir de tout droit de douane, à l'entrée dans ses États d'Europe, *les vins, eaux-de-vie et esprits de France* en cercles; et à réduire de *trois cinquièmes* pour *les vins en bouteilles*, et de *moitié* pour *les eaux-de-vie et esprits* aussi *en bouteilles*, les droits d'entrée (celui sur le *verre* compris), lorsque lesdits vins, eaux-de-vie et esprits, tant en cercles qu'en bouteilles, seront importés par mer sous l'un ou l'autre des deux pavillons; et par terre, et par les fleuves et rivières spécifiés en l'article 8, sous pavillon quelconque ;

2o A abaisser comme suit, en faveur des produits français ci-dessous dénommés , à leur importation par toutes les voies précitées et sous tout pavillon, les droits d'entrée actuellement établis par le tarif général, savoir : De quatre à deux florins par livre néerlandaise sur les étoffes, tissus et rubans de *soie*; de dix à cinq pour cent de la valeur sur la *bonneterie*, la *dentelle* et les *tulles*; de six à trois pour cent de la valeur sur la *coutellerie* et la *mercerie*; de dix à six pour cent de la valeur sur les *papiers de tenture;* d'un quart du chiffre actuel sur les *savons* de toute nature; le tout suivant les spécifications du tarif néerlandais;

3º A admettre à l'entrée, par lesdites voies, la *porcelaine blanche* et autre que dorée aux mêmes droits que la faïence;

Et la *verrerie* au droit perçu à l'importation par le Rhin, et, en tout cas, au droit le plus modéré qui serait fixé pour un point d'importation quelconque;

4º A faire jouir, pendant toute la durée du présent traité, les bateaux français ainsi que leurs chargemens, sur les fleuves et voies navigables indiqués à l'article 8, de toute exemption, réduction et faveur quelconque de droits de douane, de navigation, de droits fixes, etc., qui sont *actuellement* accordés, soit aux bateaux et chargemens néerlandais, soit à ceux de tout autre État riverain, sans préjudice de faveurs plus grandes, qui, si elles venaient à être accordées à d'autres, nationaux ou étrangers, profiteraient aussi gratuitement à la France.

§ 2. En retour des concessions ci-dessus accordées, Sa Majesté le Roi des Français consent,

1º A réduire d'*un tiers* les droits sur les *fromages de pâte dure* et la *céruse* (*carbonate de plomb* pur ou mélangé) de fabrication néerlandaise, et directement importés par mer, sous l'un des deux pavillons (1);

2º A admettre pour la consommation intérieure du royaume, au taux établi pour les provenances des entrepôts d'Europe sous pavillon français, les *marchandises spécifiées à l'article 22 de la loi du 28 avril* 1816 (2), importées sous pavillon de l'un des deux

(1) Indépendamment de la condition d'importation directe et des justifications prescrites par le 1ᵉʳ paragraphe de l'article 2 de l'ordonnance du 26 juin 1841 (nº 967), les fromages et la céruse doivent, aux termes du 2ᵉ paragraphe de ce même article, être accompagnés d'un certificat d'origine détaillé, délivré par les expéditeurs et dûment légalisé par l'agent consulaire de France au port de départ. (*Circ. du* 11 *juillet* 1841, nº 1858.)

(2) Ces marchandises sont celles qui, autres que les denrées provenant de nos Colonies, sont marquées au tarif de deux astérisques. Toutes n'ont pas de tarification spéciale pour la provenance des entrepôts d'Europe; ainsi on en compte quelques-unes qui, jouissant de modérations de taxe pour des origines privilégiées, n'ont pour toute autre provenance qu'une seule tarification sous

pays par la navigation du Rhin et de la Moselle, et par les bureaux de Strasbourg et de Sierck (1);

Sa Majesté le Roi des Français se réservant d'ailleurs expressément le droit d'étendre cette faveur au pavillon de tels autres États qu'elle jugera convenable de désigner par la suite.

On déterminera, d'un commun accord, les mesures de contrôle et les formalités des certificats d'origine propres à constater la nationalité des produits énoncés dans le présent article (2), hors celle des *vins* et *eaux-de-vie* directement expédiés de France, pour lesquels les manifestes ou lettres de chargement dont les capitaines, patrons ou bateliers seront régulièrement porteurs, tiendront lieu de certificats d'origine. (*Traité du 25 juillet 1840, art. 10.*)

971. Si l'une des hautes parties contractantes accordait par

la rubrique d'*ailleurs*; mais, cette désignation s'appliquant aux provenances d'Europe comme à celles des pays hors d'Europe non privilégiées, c'est le droit qui lui est afférent qui, dans l'espèce, devra nécessairement être perçu. D'autres produits, parmi ceux dont il s'agit, n'ont qu'un droit unique pour toutes les provenances, et c'est dès lors ce droit qu'on devra leur appliquer. L'admission de ces marchandises est subordonnée à la production, 1° des manifestes, connaissemens et expéditions régulières de la douane néerlandaise; 2° d'un certificat de l'agent consulaire français au lieu de départ, constatant la nationalité du bâtiment sur lequel les marchandises ont été chargées. (*Circ. du 11 juillet 1841, n° 1858.*)

(1) Il a été satisfait à ces deux dispositions par les articles 1er et 2 de la loi du 25 juin 1841.

(2) D'après ce qui a été convenu entre les deux gouvernemens, les employés des douanes de sortie doivent, en ce qui concerne les produits français dirigés sur la Hollande, et pour lesquels le commerce veut jouir du bénéfice du traité, se faire remettre, à l'appui de la déclaration d'embarquement, le certificat indicatif de l'origine et de la provenance des objets. Ils doivent en vérifier l'exactitude, le parapher et l'annexer, sous le cachet de la douane, à l'acquit des droits de sortie, pour être représenté aux agens de l'administration néerlandaise. (*Circ. du 11 juillet 1841, n° 1858.*)

Pour les marchandises de primes, on supplée aux expéditions qui sont retenues à la frontière par un certificat ainsi conçu : « Nous soussignés, chefs de la douane de..., certifions qu'il a été levé en ce bureau le..., sous le n°..., par le sieur..., demeurant à..., un passavant de prime destiné à assurer la sortie de France des marchandises ci-après désignées, savoir (*indiquer les marques, les numéros, le poids et le contenu des colis*); lesquelles marchandises ont été exportées à destination des Pays-Bas par le bureau de.... En foi de quoi nous avons délivré le présent certificat, qui sera annexé sous cachet au certificat d'origine, pour être produit à la douane néerlandaise en remplacement de l'expédition de sor-

la suite à quelque autre État des faveurs en matière de navigation, de commerce ou de douane, autres ou plus grandes que
celles convenues par le présent traité, les mêmes faveurs de-
viendront communes à l'autre partie, qui en jouira gratuitement,
si la concession est gratuite, ou en donnant un équivalent, si la
concession est conditionnelle, auquel cas l'équivalent fera l'objet d'une convention spéciale entre les hautes parties contractantes. (*Traité du* 25 *juillet* 1840, *art.* 1.)

972. Toutes les opérations relatives au sauvetage des navires
naufragés, échoués ou délaissés, seront dirigées par les consuls
respectifs dans les deux pays.

L'intervention des autorités locales respectives aura seulement
lieu pour maintenir l'ordre, garantir les intérêts des sauveteurs,
s'ils sont étrangers aux équipages naufragés, et assurer l'exécution des dispositions à observer pour l'entrée et la sortie des
marchandises sauvées. En l'absence et jusqu'à l'arrivée des
consuls ou vice-consuls, les autorités locales devront d'ailleurs
prendre toutes les mesures nécessaires pour la protection des
individus et la conservation des effets naufragés.

Les marchandises sauvées ne seront tenues à aucun droit ni
frais de douane qu'au moment de leur admission à la consommation intérieure. (*Même Traité, art.* 13.)

973. La propriété littéraire sera réciproquement garantie.

Une convention spéciale déterminera ultérieurement les conditions d'application et d'exécution de ce principe dans chacun
des deux royaumes. (*Même Traité, art.* 14.)

974. Le présent traité aura force et vigueur pendant trois
années, à dater du jour dont les hautes parties contractantes
conviendront pour son exécution simultanée, dès que la promulgation en sera faite, d'après les lois particulières à chacun
des deux États (1).

Si, à l'expiration des trois années, le présent traité n'est pas

---

tie, retenue pour établir les droits de l'exportateur à la prime. Fait à..., le....
Le receveur principal. Vu par l'inspecteur ou le sous-inspecteur. » (*Circ.
du* 18 *janvier* 1842, n° 1898.)

(1) Le traité a eu son effet à partir de la promulgation de la loi du 25 juin
1841. (*Ord. du* 26 *juin* 1841, *art.* 4.)
Cette loi a été insérée au *Bulletin des Lois* du 10 juillet 1841, n° 832.

dénoncé six mois à l'avance, il continuera à être obligatoire d'année en année , jusqu'à ce que l'une des parties contractantes ait annoncé à l'autre, mais un an à l'avance, son intention d'en faire cesser les effets. (*Même Traité*, art. 15.)

CHAPITRE XIII.

AMBASSADEURS ET COURRIERS DE CABINET.

SECTION PREMIÈRE.

AMBASSADEURS.

975. Les droits de douanes fixés par les tarifs seront acquittés à toutes les entrées et sorties du royaume, sauf à convenir avec les puissances étrangères des mesures de réciprocité relativement aux passeports qui étaient donnés aux ambassadeurs respectifs (*Loi du 22 août* 1791, *tit.* 1er, *art.* 1er.) (1).

976. Lorsqu'un ambassadeur étranger viendra en France pour la première fois, tout ce qui arrivera avec lui sera exempt de visite et de perception. Les équipages qui viendront après lui devront être annoncés , afin que l'administration puisse donner des ordres spéciaux pour leur admission (2). Ensuite, et à toute époque, l'ambassadeur pourra demander par *lui-même* l'entrée des choses à son *usage;* elles seront expédiées sur la douane de Paris, qui les livrera en franchise lorsque l'ambassadeur aura reconnu, que ce sont bien les objets qu'il a entendu réclamer (*Déc. adm. du 24 février* 1826.) (3).

---

(1) Les mesures dont parle l'article 1er de la loi de 1791 n'ont jamais été prises. Il paraît difficile , en effet, que des règles fixes et absolues puissent être adoptées à ce sujet ; mais , d'après les usages constamment suivis, on peut considérer comme acquises aux ambassadeurs les différentes immunités rappelées à la présente section.

(2) Le délai dans lequel les ambassadeurs ou ministres ont la faculté générale d'introduire en franchise les effets à leur usage et à celui de leur famille , est ordinairement limité à six mois, et s'étend quelquefois jusqu'à un an ; mais celui de ces deux termes , quel qu'il soit, qui a été adopté , étant une fois expiré , si l'ambassadeur veut obtenir la libre entrée de quelques objets, il doit en faire la demande spéciale. (*Dép. du dép. des aff. étrang. du* 22 *déc.* 1830.)

(3) L'exemption des droits de douane ne porte communément que sur les

Les mêmes règles s'observeront à l'égard de tous les agens diplomatiques du premier ordre, c'est-à-dire de ceux qui seront directement accrédités auprès du Roi. (*Déc. adm. du 24 février 1826.*)

Les agens consulaires n'ont droit à aucune franchise. (*Déc. min. du 17 ventôse an 13 ; Circ. du 24.*)

SECTION II.

COURRIERS DE CABINET.

Courriers étrangers.

977. Toutes dépêches ou tous paquets cachetés du sceau d'un cabinet étranger, et adressés par la voie d'un courrier de cabinet ou agent diplomatique, soit à l'un des ambassadeurs ou ministres près la cour de France , soit à l'un des ministres de Sa Majesté, seront admis sans retard et en exemption de visite (1). (*Circ. man. du 20 octobre 1826.*)

Si les paquets présentés par un courrier de cabinet ne sont pas cachetés comme il est dit ci-dessus, le receveur de la douane, en supposant qu'ils soient destinés pour Paris, s'abstiendra de vérifier leur contenu, et les réunira en un seul paquet, lequel, après avoir été revêtu du cachet de la douane et de celui du courrier de cabinet, sera adressé à la douane de Paris sous acquit-à-caution et par la voie la plus prompte (2). (*Déc. des 23 janvier 1820 et 12 juin 1838.*)

équipages, meubles, effets, etc. , qui sont à l'usage personnel de l'ambassadeur, et sur les vins, eaux-de-vie et liqueurs destinés à sa consommation ; mais cette règle est susceptible d'exception. La nature des objets pour lesquels la franchise peut être accordée n'est pas d'ailleurs exclusivement limitée aux provenances du pays de l'ambassadeur qui réclame. (*Dép. du départ. des aff. étrang. du 22 décembre 1830.*)

Les ambassadeurs et agens diplomatiques qui veulent obtenir l'admission en franchise d'objets destinés à leur usage, doivent en faire la demande à M. le ministre des affaires étrangères. (*Dép. du dép. des aff. étrang. du 24 janv. 1831.*)

(1) Tout paquet ou colis revêtu des cachets diplomatiques des cours étrangères, et porté sur le *part* du courrier comme contenant des dépêches, doit être admis librement, alors même que les cachets seraient apposés de manière à ce que le colis pût être ouvert sans les rompre. (*Déc. adm. du 1er juin 1833.*)

(2) Les acquits-à-caution spécifient que c'est à la douane même que les objets doivent être présentés. Ils ne peuvent, dans aucun cas , être adressés au

A l'égard des dépêches munies du sceau d'une légation qui, venant de l'étranger et destinées pour un cabinet étranger, devront seulement passer par la France, il suffira que le courrier de cabinet qui en sera porteur justifie de sa mission par un passeport ou autre titre régulier, pour que les douanes n'apportent aucun obstacle ni retard à la continuation de son voyage (*Circ. man. du 20 octobre* 1826.) (1).

Courriers français.

978. Les dépêches, paquets et portefeuilles présentés à la frontière par des courriers de cabinet français, et revêtus du cachet d'un ministre du Roi à l'étranger, seront admis en exemption de toute visite, et devront être plombés par la douane qui, après avoir procédé à cette opération avec soin et célérité, les rendra aux courriers, en même temps qu'elle leur délivrera un acquit-à-caution portant engagement souscrit par eux de les présenter dans un parfait état d'intégrité au ministre des affaires étrangères. Ce ministre certifiera, s'il y a lieu, sur l'acquit-à-caution, que c'est en cet état en effet que les portefeuilles et paquets lui sont parvenus. Cette attestation servira de décharge au soumissionnaire (*Circ. man. du 20 octobre* 1826; *Arrêté du min. des aff. étrang. et Circ. man. du 5 octobre* 1833.) (2).

Les objets prohibés ou passibles de droits, qui seraient trouvés dans les portefeuilles ou paquets, devraient être envoyés, avec les acquits-à-caution, à la douane de Paris, qui donnerait à l'affaire les suites indiquées, selon les cas, par les règlemens généraux. (*Circ. man. du 5 octobre* 1833.)

---

directeur de l'administration, qu'il suffit d'informer de leur expédition sur la douane. (*Déc. adm. du* 12 *juin* 1858.)

Si le courrier ne trouve pas de caution, on se contente de sa signature. (*Déc. adm. du 4 novembre* 1833.)

(1) Les paquets non revêtus du sceau d'un cabinet, et non destinés pour Paris, sont soumis à la loi commune, et dès lors à la visite des douanes. (*Déc. adm. du 4 décembre* 1826.)

(2) Les douanes frontières donnent avis de ces expéditions à l'administration, en l'informant des circonstances particulières qui peuvent s'y rattacher. (*Circ. manusc. du 5 octobre* 1833.)

CHAPITRE XIV.

PRISES MARITIMES.

SECTION PREMIÈRE.

CONDITION ET POLICE DES ARMEMENS.

Lettres de marque.

979. Les lettres de marque, soit pour des armemens en course, soit pour des armemens en guerre et marchandises, ne peuvent être délivrées en Europe que par le ministre de la marine et des Colonies.

Chaque lettre de marque sera accompagnée d'un nombre suffisant de commissions de conducteurs de prises.

Les lettres de marque et les commissions seront conformes à des modèles arrêtés par le gouvernement. (*Arrêté du 2 prairial an* 11*, art.* 15.)

Dans les Colonies et établissemens français situés au delà des mers, les capitaines généraux ou ceux qui en remplissent les fonctions pourront seuls délivrer des lettres de marque, ou proroger la durée de celles qui auraient été délivrées en Europe, toutefois en se conformant aux dispositions ordonnées par le présent règlement, dans le chapitre des lettres de marque et cautionnemens. (*Même Arrêté, art.* 112.)

980. Nul ne pourra obtenir des lettres de marque pour faire des armemens en course ou en guerre et marchandises, s'il n'est citoyen français, ou s'il n'est, en pays étranger, immatriculé comme citoyen français sur les registres des commissariats des relations commerciales. (*Même Arrêté, art.* 16.)

S'il était reconnu qu'un armement en course a été fait et qu'une lettre de marque a été délivrée sous un nom autre que celui du véritable armateur, la lettre de marque serait déclarée nulle et retirée.

La peine de 6,000 fr. d'amende, prononcée par l'article 15 de la loi du 27 vendémiaire an 2, relative à l'acte de navigation, sera appliquée à l'armateur et à l'individu qui aura prêté son nom.

Le produit de cette amende sera versé dans la caisse des invalides de la marine. (*Même Arrêté, art. 17.*)

981. La durée des lettres de marque commencera à compter du jour où elles seront enregistrées au bureau de l'inscription maritime du port de l'armement. La durée des lettres de marque pourra être de six, douze, dix-huit et vingt-quatre mois. (*Même Arrêté, art. 19.*)

Il est expressément défendu aux préfets, officiers supérieurs et agens civils, militaires et commerciaux, de prolonger la durée d'une lettre de marque, sans y être spécialement autorisés par le ministre de la marine; et cette autorisation, lorsqu'elle sera accordée, sera, ainsi que sa date, mentionnée sur la lettre de marque. (*Même Arrêté, art. 22.*)

Tout individu convaincu d'avoir falsifié ou altéré une lettre de marque, sera jugé comme coupable de faux en écritures publiques. Il sera de plus responsable de tous dommages résultant de la falsification ou altération qu'il aura commise. (*Même Arrêté, art. 24.*)

Prises illégales.

982. Dans le cas où une prise aurait été faite par un bâtiment non muni de lettre de marque, et sans que l'armateur eût fourni le cautionnement exigé, elle sera confisquée au profit de l'État, et pourra même donner lieu à punition corporelle contre le capitaine du bâtiment capteur; le tout, sauf le cas où la prise aurait été faite, dans la vue d'une légitime défense, par un bâtiment de commerce, d'ailleurs muni de passeport ou congé de mer. (*Même Arrêté, art. 34.*)

Équipages et avitaillemens.

983. Les armateurs de corsaires auront la faculté d'employer des marins étrangers, jusqu'aux deux cinquièmes de la totalité de l'équipage. Ces marins étrangers, pendant le temps qu'ils seront employés sur les bâtimens armés en course, seront traités comme les marins français; ils participeront aux mêmes avantages, et seront soumis à la même police et discipline. (*Même Arrêté, art. 10.*)

On peut employer en franchise de tout droit d'entrée des bœufs, lard, beurre et saumon salés tirés de l'étranger ou des entrepôts pour l'avitaillement des navires armés en course. (*Loi du* 19 *février* 1793, *art.* 1er.)

Changement de nom.

984. Tant qu'un bâtiment continuera d'être employé à la course, il est défendu de lui donner un autre nom que celui sous lequel il aura été armé la première fois. Si un même corsaire était réarmé plusieurs fois, chaque nouvel armement pour lequel il aurait été délivré une lettre de marque devrait être indiqué numériquement sur la lettre de marque et sur le rôle d'équipage. (*Arrêté du* 2 *prairial an* 11 , *art.* 25.)

SECTION II.

ADMISSION DES PRISES.

Disposition générale.

985. Les dispositions prescrites par les lois pour les déclarations à l'entrée et à la sortie, ainsi que pour les visites et payement des droits, seront observées relativement aux armemens en course et aux navires pris sur les ennemis de l'État, dans tous les cas où il n'y est pas expressément dérogé par le présent règlement (1).

Les directeurs, inspecteurs et receveurs des douanes prendront les mesures nécessaires pour prévenir toutes fraudes ou soustractions, à peine d'en demeurer personnellement responsables. (*Même Arrêté*, *art.* 87.)

Déclarations.

986. Aussitôt que la prise aura été amenée en quelque rade ou port de France, le chef conducteur sera tenu de faire son rapport à l'officier d'administration de la marine, de lui représenter et remettre, sur inventaire et récépissé, les papiers et autres pièces trouvées à bord, et de lui déclarer le jour et l'heure où le bâtiment aura été pris, en quel lieu ou à quelle hauteur, si le capitaine a fait refus d'amener les voiles ou de faire voir sa com-

---

(1) La manière d'opérer prescrite par les nos 993 et suivans, entraîne nécessairement l'exemption de la déclaration de détail et du permis de débarquer.

mission ou son congé, s'il a attaqué ou s'il s'est défendu, quel pavillon il portait, et les autres circonstances de la prise et de son voyage (1). (*Même Arrêté, art.* 66.)

Toutes les prises seront conduites dans les ports, sans pouvoir rester dans les rades et aux approches de ces ports au delà du temps nécessaire pour leur entrée dans ces mêmes ports (2).

Lorsque le capitaine d'un navire armé en course aura conduit une prise dans un port de France, il sera tenu d'en faire la déclaration au bureau de la douane (3). (*Même Arrêté, art.* 67.)

Défense d'ouvrir les colis.

987. Il est défendu de faire aucune ouverture des coffres, ballots, sacs, caisses, barriques, tonneaux ou armoires, de transporter ni de vendre aucune marchandise de la prise, et à toutes personnes d'en acheter ou recéler, jusqu'à ce que la prise ait été jugée ou que la vente ait été légalement autorisée, sous peine de restitution du quadruple de la valeur de l'objet détourné, et de punitions plus graves, suivant la nature des circonstances. (*Même Arrêté, art.* 65.)

Procédure des prises.

988. Après avoir reçu le rapport du conducteur de la prise, l'officier de l'administration de la marine se transportera immédiatement sur le bâtiment capturé, dressera procès-verbal de l'état dans lequel il le trouvera, et posera, en présence du capi-

---

(1) Dès l'arrivée des navires de prises dans les ports, la douane fait placer à bord de ces navires des préposés chargés de les surveiller et de prévenir toute tentative de versement frauduleux. (*Circ. des* 26 *prairial et* 1er *messidor an* 11.)

(2) Les préposés ont à veiller à ce qu'on ne retarde pas volontairement l'entrée des prises dans les ports, pour se ménager une chance de fraude. Ils doivent, dans le cas où l'entrée éprouverait des retards qui ne seraient pas forcés, engager les commandans de la marine à donner les ordres les plus prompts pour l'exécution de la disposition ci-dessus. (*Circ. du* 22 *prairial an* 5.)

(3) Cette déclaration doit être faite dans les vingt-quatre heures de l'arrivée du navire dans le port. (*Lois des* 22 *août* 1791 *et* 19 *février* 1793, *art.* 10.)

Il faut d'ailleurs qu'elle coïncide avec le rapport circonstancié que le capitaine capteur est tenu de faire à l'officier de l'administration de la marine. (*Circ. du* 26 *prairial an* 11.)

taine pris ou de deux officiers ou matelots de son équipage, d'un préposé des douanes, du capitaine ou autre officier du navire capteur, et même des réclamans, s'il s'en présente, les scellés sur tous les fermans.

Ces scellés ne pourront être levés qu'en présence d'un préposé des douanes. (*Arrêté du 2 prairial an 11, art. 69.*)

Il sera établi à bord un surveillant, lequel sera chargé, sous sa responsabilité, de veiller à la conservation des scellés et des autres effets confiés à sa garde (1). (*Même Arrêté, art. 71.*)

Instruction de la procédure.

989. L'officier de l'administration de la marine du port dans lequel les prises seront amenées procédera de suite, et au plus tard dans les vingt-quatre heures de la remise des pièces, à l'instruction de la procédure, pour parvenir au jugement des prises. (*Même Arrêté, art. 72.*)

Cette instruction consiste dans la vérification des scellés, la réception et l'affirmation des rapport et déclaration du chef conducteur, l'interrogatoire de trois prisonniers au moins, dans le cas où il s'en trouverait un pareil nombre, l'inventaire des pièces, états ou manifestes de chargement qui auront été remis ou qui seront trouvés à bord, la traduction des pièces de bord par un interprète juré, lorsqu'il y a lieu. (*Même Arrêté, art. 73.*)

Si le bâtiment est amené sans prisonniers, charte-partie ni connaissement, l'équipage du navire capteur sera interrogé séparément sur les circonstances de la prise, pour faire connaître, s'il se peut, sur qui la prise aura été faite. (*Même Arrêté, art. 74.*)

Concours des douanes.

990. L'officier d'administration de la marine sera assisté, dans tous ses actes, du principal préposé des douanes, et appellera en outre le fondé de pouvoirs des équipages capteurs, s'il y en a. A défaut de fondé de pouvoirs, l'équipage sera représenté par le conducteur de la prise, réputé fondé de pouvoirs. (*Même Arrêté, art. 75.*)

---

(1) La surveillance confiée au gardien des scellés établi par l'administration de la marine à bord des navires de prises, n'exclut pas celle qu'exercent les préposés des douanes dans l'intérêt de leur service.

Avaries.

991. Dans le cas d'avaries ou de détérioration de tout ou partie de la cargaison, l'officier d'administration de la marine, en apposant les scellés, ordonnera le déchargement et la vente dans un délai fixé; la vente ne pourra cependant avoir lieu qu'après avoir été préalablement affichée dans le port de l'arrivée et dans les communes des ports voisins, et après avoir appelé le principal préposé des douanes et le fondé de pouvoirs des équipages capteurs, ou, à son défaut, le conducteur de la prise.

Le produit de ces ventes sera provisoirement déposé dans la caisse des invalides de la marine. (*Même Arrêté*, art. 76.)

Jugement des prises.

992. La validité des prises sera jugée par un conseil spécial, à la diligence des capteurs et de l'administration de la marine. (*Même Arrêté*, art. 83.)

Dans les huit jours qui suivront le jugement, le secrétaire du conseil des prises sera tenu d'en envoyer expédition au ministre de la marine et des Colonies, qui la fera passer à l'officier de l'administration, pour être ensuite procédé à la vente de la prise, si elle n'a déjà été faite.

Les décisions du conseil des prises ne pourront être exécutées, à la diligence des parties intéressées, qu'avec le concours du principal préposé des douanes (1). (*Même Arrêté*, art. 84.)

Déchargement et vente des marchandises.

993. Aussitôt que la procédure d'instruction sera terminée, il sera procédé sans délai à la levée des scellés et au déchargement des marchandises qui seront inventoriées et mises en magasin; lequel sera fermé de trois clefs différentes, dont l'une demeurera entre les mains de l'officier supérieur de l'administration de la marine, une seconde entre celles du receveur des douanes, et la troisième sera remise à l'armateur ou à celui qui le représentera (2). (*Même Arrêté*, art. 78.)

---

(1) Ces décisions doivent donc être notifiées au receveur. (*Circ. du 26 prairial an* 11.)

(2) Le magasin est fourni par l'armateur ou son représentant. (*Loi du* 19 *fé-*

Le préposé des douanes prendra à bord un état détaillé des balles, ballots, futailles et autres objets qui seront mis à terre ou chargés dans les chalans ou chaloupes. Un double de cet état sera envoyé à terre et signé par le garde-magasin, pour valoir réception des objets y portés.

A mesure du déchargement des objets, et au moment de leur entrée en magasin, il en sera dressé inventaire en présence d'un visiteur des douanes, qui en tiendra état et le signera à chaque séance (1). (*Arrêté du 2 prairial an 11, art. 70.*)

994. Il sera procédé sans délai à la vente provisoire des effets sujets à dépérissement, soit sur la réquisition de l'officier d'administration, soit à la requête de l'armateur ou de celui qui le représentera.

Pourra même l'officier supérieur de l'administration de la marine, lorsque les prises seront évidemment ennemies, permettre la vente tant du navire que des cargaisons, sans attendre le jugement de bonne prise, laquelle vente se fera dans le délai qui aura été fixé par ledit officier supérieur, et toutefois après qu'il aura rempli ou fait remplir les formalités requises. (*Même Arrêté, art. 79.*)

Les marchandises seront exposées en vente et criées par parties ou par lots, ainsi qu'il sera convenu entre les intéressés à la prise, et, en cas de contestation, l'officier d'administration de la marine règlera la forme de la vente, qui ne pourra, dans aucun cas, être faite en bloc (2).

---

vrier 1793, *art.* 3.) Avant d'y laisser déposer les marchandises, on examine avec soin s'il présente toutes les sûretés convenables, soit par sa position près du port, soit par sa construction, soit par la solidité de ses fermetures. (*Circ. du 26 prairial an* 11.)

(1) Les chefs de douanes veillent à ce que les formalités soient remplies avec exactitude; l'employé mis à bord doit être choisi parmi les plus sûrs et les plus capables, parce que ses opérations deviennent la base de celles qui son faites ensuite au bureau. (*Circ. du 19 brumaire an* 4.)

Le préposé doit remettre au bureau de la douane l'état dressé et certifié par lui, pour être contrôlé par la visite qui a lieu avant l'emmagasinage. Les fonctions de ce préposé cessent avec le déchargement. (*Circ. du 26 prairial an* 11.)

(2) La vente est toujours faite à la charge, par les adjudicataires, de payer les droits en sus du prix d'adjudication et *avant l'enlèvement*.

A cet effet, l'administration de la marine communique à la douane les

La livraison des effets vendus et adjugés sera commencée le lendemain de la vente et continuée sans interruptiòn. (*Arrêté du 2 prairial an* 11, *art.* 85.)

Dans le cas où quelques adjudicataires ne se présenteraient pas à l'heure indiquée, ou, au plus tàrd, dans les trois jours après livraison faite des derniers articles vendus, il sera procédé à la revente à la folle enchère des objets qui leur auraient été adjugés (1). (*Même Arrêté, art.* 86.)

Droits de douane.

995. Les droits sur les objets de prise seront à la charge des acquéreurs, et seront toujours acquittés, avant la livraison, entre les mains du receveur des douanes, avec lequel l'officier supérieur de l'administration de la marine se concertera pour indiquer l'heure de la livraison (2). (*Même Arrêté, art.* 87.)

Marchandises prohibées à l'entrée.

996. Les marchandises autres que les toiles, mousselines, étoffes et bonneteries de coton, dont l'entrée, quelle que soit leur origine, est prohibée en France par les lois sur les douanes, seront admises pour la consommation, lorsqu'elles proviendront de prises faites sur les ennemis de l'État par les vaisseaux de la marine française ou par les bâtimens armés en course (3). (*Loi du* 12 *janvier* 1810, *art.* 2.)

---

projets d'affiche et le cahier des charges, afin qu'elle indiqué les clauses qui la concernent. (*Circ. du* 17 *prairial an* 8.)

On doit, au moment où l'opération va commencer, faire un recensement qui constate l'existence des objets détaillés à l'inventaire. (*Circ. du* 26 *prairial an* 11.)

(1) C'est l'administration de la marine qui procède à cette revente.

(2) Les marchandises dont l'importation n'est pas défendue, continuent à acquitter les droits ordinaires du tarif. (*Loi du* 12 *janvier* 1810, *art.* 3.)

Lorsque le tarif fixe, pour la même marchandise, des droits différens selon le navire importateur, c'est le taux dû par les navires français qui est applicable, parce que le fait de la prise jugée valable rend le navire capturé propriété française. (*Déc. min.*, *transmise par la Circ. du* 8 *prairial an* 8, *et Déc. du min. des finances du* 4 *juin* 1824.)

(3) Les marchandises prohibées vendues pour la consommation en vertu de cet article, payent, d'après l'article 3 de la même loi, un droit de 40 pour 100 de la valeur.

Cette valeur résulte du procès-verbal d'adjudication, sauf la faculté de

Les marchandises dont l'admission est autorisée par l'article 2 ne pourront être introduites que par les douanes de Bayonne, Bordeaux, La Rochelle, Rochefort, Nantes, Lorient, Brest, Morlaix, Quimper, Saint-Malo, Cherbourg, Caen, le Havre, Dieppe, Saint-Valery-sur-Somme, Boulogne, Calais, Dunkerque, Toulon, Marseille, Cette, Agde et Port-Vendres.

Lorsque les prises seront conduites dans d'autres ports, les marchandises seront expédiées pour celui des ports désignés le plus voisin, sous acquit-à-caution et sous le convoi des préposés des douanes, dont les frais de route seront payés par les armateurs (1). (*Loi du 12 janvier 1810, art. 4.*)

Prises venant des Colonies.

997. Les denrées coloniales prises par les vaisseaux de l'État ou les corsaires, et conduites dans les Colonies françaises, jouiront du privilége colonial à leur entrée en France, lorsqu'elles seront accompagnées de pièces justificatives en bonne forme (2). (*Déc. du gouvernement du 16 juin 1808; Circ. du 29 du même mois.*)

Prises conduites à l'étranger.

998. Les marchandises de prises non prohibées, dont les bâtimens sur lesquels elles se trouveront chargées seront conduits

---

préemption dans les cas où l'on soupçonne quelque collusion dans la vente. (*Circ. du 7 juillet* 1808.)

(1) La condition du convoi des préposés n'est pas de rigueur quand le transport s'effectue par navires au-dessus de 40 tonneaux.

Lorsque ce convoi a lieu, l'armateur est tenu de payer à chaque préposé 2 fr. par jour, sauf à défalquer le prix de la nourriture qu'ils recevraient à bord, et de plus 50 c. par lieue pour frais de route et de retour à leur poste. (*Déc. du min. de la marine, transmise par la Circ. du 25 janvier* 1810.)

Dans les ports autres que ceux désignés ci-dessus, les marchandises prohibées ne pourraient être vendues qu'à charge de réexportation, et cette réexportation serait soumise aux lois générales des douanes.

La réexportation des drilles provenant de prise est défendue, et la condition de les laisser à l'intérieur doit être insérée dans le cahier des charges de la vente. (*Déc. min. du 4 juillet* 1806; *Circ. du 8 du même mois.*)

Pour les tabacs, les poudres et les sels provenant de prises, *voir* les chapitres xxi et xxvii du présent livre, et le livre IX.

(2) Au nombre des pièces exigées, doivent se trouver la déclaration de départ délivrée dans le port de la Colonie, et la quittance des droits de sortie indiquant l'espèce et le poids des denrées provenant de prises. (*Circ. du 29 juin* 1808.)

dans un port étranger et ramenés ensuite dans un port de France, jouiront de la faculté de l'entrepôt accordée par la loi du 19 février 1793, en produisant un certificat du consul de France dans le port étranger, indicatif du navire capturé et de celui qui aura fait la prise, de la date de l'entrée dans le port étranger, de la qualité et de l'espèce des marchandises trouvées à bord, et une·attestation du ministre de la marine, de la prise et de son objet (1).

Cette faculté ne peut être accordée aux marchandises de prises frappées de prohibition qui auront été conduites dans un port étranger. (*Déc. min. du 17 thermidor an 5.*)

Entrepôt, réexportation et transit.

999. Les marchandises de prises, sans exception, jouiront d'un entrepôt de trois mois à compter du jour de leur adjudication, pendant lequel temps elles pourront être réexportées à l'étranger, en exemption de tous droits (2). Celles qui se trouveront encore en entrepôt à l'expiration de ce délai, ou qui en auraient été retirées pendant ce temps, acquitteront les droits d'entrée fixés par le tarif. (*Loi du 19 février 1793, art. 5.*)

Le transit par terre, en exemption de droits, sous plomb et par acquit-à-caution, aura lieu pour toutes les marchandises de prises, à l'exception de celles liquides qui ne pourront être réexportées que par mer (3). (*Même Loi, art. 7.*)

Les marchandises de prises pourront être expédiées, par suite

---

(1) Il résulte de ces dispositions que toutes les marchandises de prises françaises, ce qui comprend aussi le navire capturé, amenées dans un port étranger, jouissent des mèmes privléges que celles conduites directement en France, lorsqu'elles ne sont pas d'une espèce prohibée par la loi. (*Circ. du 24 vendémiaire an 6.*)

L'attestation des administrateurs de la marine peut être substituée à celle du ministre. (*Circ. du 17 floréal an 7.*)

Les marchandises de prises françaises amenées d'un port étranger, sont vendues publiquement dans la même forme que celles conduites dans un port de France, afin d'assurer le droit des équipages capteurs et celui de la caisse des invalides. (*Même Circ.*)

(2) Les réexportations d'entrepôt ont lieu sous les formalités générales.

(3) Ce transit s'effectue par tous les bureaux ouverts à ces sortes d'opérations, et sous les conditions prescrites pour le transit e ⸗ général.

d'entrepôt, pour les ports qui ont un entrepôt réel. (*Déc. adm. du 11 juin* 1824.)

Captures effectuées par les douaniers.

1000. Les préposés des douanes placés sur les côtes, qui feront échouer un bâtiment ennemi ou l'obligeront à amener son pavillon, auront droit à la prise de la même manière qu'un bâtiment de l'État qui eût fait ladite prise, et sous la même déduction envers la caisse des invalides de la marine.

S'ils ont contribué à la prise du navire ennemi, concurremment avec un ou plusieurs vaisseaux de la marine de l'État, ou des bâtimens armés en course, ils concourront au partage de la prise avec les vaisseaux ou bâtimens cocapteurs, en raison du nombre d'hommes et en proportion des grades, de la manière prescrite par les lois et règlemens généraux (1). (*Avis du Cons. d'État du 4 avril* 1809.)

CHAPITRE XV.

AVITAILLEMENT DES NAVIRES.

SECTION PREMIÈRE.

NAVIRES ARRIVANT.

Disposition générale.

1001. Les vivres et provisions de navires devront être compris sur le manifeste et déclarés, à l'arrivée des bâtimens, dans le même délai et dans la même forme que les marchandises qui composeront les chargemens (*Circ. du* 22 *oct.* 1829, *n*o 1185.) (2).

---

(1) En cas de contestation sur le fait de la coopération à la prise, c'est au conseil des prises à statuer d'après les circonstances de l'événement.

Voir le livre VIII, *Navigation*, pour la francisation des navires provenant de prise.

(2) L'obligation d'avoir un manifeste comprenant les provisions de bord est commune aux capitaines des bâtimens de tous pavillons arrivant soit de France, soit de l'étranger. En effet, l'article 1er du titre 2 de la loi du 4 germinal an 2 veut qu'*aucune* marchandise ne soit importée par mer sans un manifeste signé du capitaine; et il est dit à l'article 2 que si *quelques marchandises* n'y sont

Navires français.

1002. Les vivres et provisions que le capitaine d'un bâtiment français, en retour d'une navigation étrangère, aurait pris à l'étranger, ne pourront être déchargés dans les ports du royaume qu'après déclaration (1) et en acquittant les droits d'entrée. (*Loi du 22 août 1791, tit. 8, art. 6.*)

Les vivres et provisions d'un bâtiment venant de l'étranger seront soumis aux lois et tarifs d'entrée pour toute quantité qui excèdera le nécessaire (*Loi du 4 germ. an 2, tit. 2, art. 12.*) (2).

1003. Au retour dans un port de France d'un navire français, le capitaine représentera le permis d'embarquement qu'il aura pris au départ; les vivres et provisions restant, dont il devra être

---

pas comprises; le capitaine sera personnellement condamné à une amende. (*Circ. n° 1185.*)

En ce qui concerne les navires étrangers, cette obligation résulte également de l'article 1er du titre 8 de la loi du 22 août 1791 (n° 1004).

(1) Le manifeste qui donne, à l'égard des vivres et provisions, les indications exigées pour la déclaration en détail, peut tenir lieu de cette déclaration. (*Circ. n° 1185.*)

(2) Cette disposition ne peut s'appliquer qu'aux navires français, car on ne saurait exiger d'un bâtiment étranger, dont le voyage n'est pas terminé, qu'il soumette au tarif d'entrée une partie de ses vivres, sous prétexte qu'ils excèdent le nécessaire. (*Circ. n° 1185.*)

Ce n'est que pendant la durée du voyage que l'équipage d'un navire français peut, à raison de la nécessité, consommer des denrées étrangères en exemption des droits. Or ce voyage est terminé dès que la mise à terre de la cargaison ou de la partie de la cargaison destinée pour le port de prime abord est achevée. Ainsi ce qui, à cet instant, reste en vivres et provisions, excède le nécessaire et doit être soumis aux droits. Toutefois ces vivres et provisions peuvent être laissés ou remis à bord pour l'avitaillement, lorsqu'on déclare réexpédier le bâtiment pour l'étranger ou les Colonies, et qu'on souscrit les soumissions prescrites en garantie de réexportation. Lorque cette réexportation est opérée par le même navire ou par un navire appartenant au même armateur, elle n'est assujettie à aucuns droits; mais il est essentiel, surtout dans les ports en rivière, de s'assurer de l'existence des marchandises à bord au moment du départ du navire pour la haute mer. Un permis de réexportation, portant obligation de les représenter, est délivré à cet effet. (*Circ. du 22 octobre 1829, n° 1185.*)

Si le navire reprend la mer pour se rendre dans un autre port du royaume, les restans de provisions doivent être nationalisés par le payement des droits d'entrée. (*Circ. n° 1185, et Déc. adm. du 25 juillet 1835.*)

fait déclaration (1), seront ensuite déchargés en exemption de tous droits (2). (*Loi du 22 août* 1791, *tit.* 8, *art.* 5.)

Navires étrangers.

1004. Les vivres et provisions des navires étrangers seront, à leur arrivée, déclarés dans le même délai et dans la même forme que les marchandises qui composeront les chargemens ; et ceux que les capitaines et maîtres desdits bâtimens voudraient introduire dans le royaume, seront soumis aux droits d'entrée. (*Loi du 22 août* 1791, *tit.* 8, *art.* 1er.)

1005. Les objets déclarés comme vivres et provisions par un capitaine de navire étranger, devront être reconnus par le service et pourront rester à bord (3). (*Circ. du 22 oct.* 1829, *no* 1185.)

Le capitaine devra souscrire les soumissions prescrites en garantie de la réexportation (4). (*Même Circ.*)

----

(1) La déclaration relate le permis représenté pour justifier de l'embarquement en France, et le service s'assure que ces vivres et provisions ne portent aucun caractère qui en décèle l'origine étrangère. Si cette origine était au contraire reconnue, il y aurait lieu de rédiger procès-verbal pour tentative d'introduction frauduleuse. (*Circ. du 22 octobre* 1829.)

(2) Les viandes et les beurres salés jouissant à la sortie de la restitution du droit du sel employé à les préparer, sont exclus de cette exemption par l'article 5 de l'ordonnance du 22 juin 1820, et doivent être traités comme étrangers. (*Même Circ.*)

(3) Quelquefois on met les vivres dans une chambre ou dans des armoires dont le capitaine donne la clef au chef du service actif ; d'autres fois on met les colis sous le scellé. Mais ces moyens, qui ne sont pas déterminés par la loi, ne se prennent que d'accord avec les capitaines qui veulent éviter les soupçons et la garde trop assidue des préposés. (*Même Circ.*)

Toutefois les tabacs doivent être débarqués et déposés en douane, sauf à pourvoir à la consommation des marins de l'équipage, en laissant à la disposition du capitaine la quantité de tabac jugée nécessaire pour chaque marin pendant huit jours, et à renouveler l'approvisionnement à l'expiration de ce terme. (*Circ. du* 21 *octobre* 1822, *no* 760.)

Si l'équipage vit à bord, on règle et on laisse à la libre disposition du capitaine les quantités de denrées qui forment les rations de chaque jour. (*Circ. du* 22 *octobre* 1829.)

Le débarquement des vivres ne doit jamais être exigé dans les ports de relâche. (*Déc. adm. du* 1er *juillet* 1834.)

(4) On garantit cette réexportation comme il est dit pour les navires français (no 1002). (*Circ. du 22 octobre* 1829.)

SECTION II.

NAVIRES EN PARTANCE.

Navires français.

1006. Les vivres et provisions provenant du royaume et embarqués dans les navires français pour quelque navigation que ce soit, pourvu qu'ils soient uniquement destinés à la nourriture des équipages et des passagers (1), jouiront, à la sortie, de l'exemption de tous droits (2) (*Loi du 22 août 1791, tit. 8, art. 2.*) (3).

Pour jouir de ladite exemption, les armateurs ou capitaines des bâtimens seront tenus de faire leur déclaration au bureau des douanes, du nombre d'hommes qui composent leurs équipages et de celui des passagers; de déclarer aussi les quantités

---

(1) Les fourrages destinés à la nourriture des bestiaux qu'on embarque sur des navires français à destination des Colonies et de l'étranger, doivent être considérés comme *provisions de bord*, et affranchis dès lors de tous droits de sortie. (*Déc. adm. du* 11 *août* 1837.)

La désignation de *provisions de bord* explique assez qu'il ne s'agit que des objets destinés à être consommés dans le navire ou employés à sa manœuvre. Ce sont en général, et d'après l'usage, les articles ci-après :

Grains, — farines, — pommes de terre, — légumes secs, — pain, — biscuit de mer, — viandes fraîches et salées, — poisson salé, — vin, — vinaigre, — bière et cidre, — eau-de-vie, — graisse, — œufs, — beurre, — huile, — sel, — tabac, — chandelles, — charbon de bois ou de terre, — goudron, — voiles, — objets de mâture, — bois à brûler, — cordages et chanvre. (*Tarif gén. de* 1822, *p.* 25.)

Voir, pour la houille des bâtimens à vapeur, le n° 471 du livre VI, et, pour les futailles vides dont les navires peuvent avoir besoin, le n° 296 du livre III.

(2) Et cela sans exception des grains, farines et légumes secs dont la sortie serait prohibée, si les quantités embarqués n'excèdent pas le nécessaire. (*Circ. du 2 ventôse an* 11.)

(3) Les navires français expédiés pour la grande pêche peuvent s'approvisionner dans les entrepôts, et dans la proportion de leurs besoins, des denrées et du tabac nécessaires pour leur avitaillement. (*Circ. du* 25 *sept.* 1837, n° 1650.)

Le départ de ces objets d'approvisionnement est garanti par l'application des règles sur les réexportations d'entrepôt. (*Circ. manusc. du* 15 *juillet* 1830.)

Les navires allant à l'étranger ont la faculté d'extraire d'entrepôt, *à titre de réexportation*, tous les objets de consommation qu'ils déclarent vouloir embarquer pour l'étranger. (*Même Circ.*)

Pour les vivres nécessaires au commerce de l'Inde, *voir* le n° 711.

et espèces de vivres et provisions qu'ils voudront embarquer. Si les quantités paraissent trop fortes, relativement au nombre d'hommes qui devront être à bord du bâtiment et à la durée présumée du voyage ; les préposés des douanes pourront demander que les armateurs ou capitaines des bâtimens fassent régler ces quantités par le tribunal de commerce du lieu, s'il y en a d'établi, sinon par le maire, et qu'ils justifient de la fixation qui en sera faite au pied d'une expédition de la déclaration (1). Dans tous les cas, le nombre d'hommes d'équipage, celui des passagers, les espèces et quantités de vivres embarqués, seront portés sur le permis (2) d'embarquement, qui devra être visé par les préposés de la douane. (*Loi du 22 août 1791, tit. 8, art. 3.*)

Les vivres qui seront embarqués dans un port autre que celui de départ seront *chargés* (3), sur le permis d'embarquement, sauf, en cas de difficultés sur les quantités, à se conformer à l'article précédent. (*Même Loi, même tit., art. 4.*)

---

(1) L'article 13 du titre 2 de la loi du 4 germinal an 2 porte :

« Les vivres et provisions embarqués sur bâtimens expédiés pour l'étranger « seront soumis aux lois et tarifs de sortie pour toute quantité qui excédera le « nécessaire; en cas de contestation, elles seront jugées dans les formes « prescrites par la présente loi. »

Or cette loi n'ayant déterminé aucune forme nouvelle, les règles établies par la loi de 1791 subsistent dans leur entier. (*Circ. du 22 octobre 1829.*)

Cet article 13 n'est que le corollaire de l'article 12 (n° 1002) de la même loi, et ne s'applique, comme celui-ci, qu'aux seuls navires *français*, les navires *étrangers* étant régis, à cet égard, par la disposition explicite de l'article 1er du titre 8 de la loi du 22 août 1791. (*Même Circ.*)

Si les quantités arbitrées par le tribunal de commerce ou par le maire paraissent excéder les besoins présumés, on en informe l'administration, tout en se conformant provisoirement à ce qui a été réglé. (*Même Circ.*)

(2) Ce permis n'est pas assujetti au droit fixé par l'article 37 de la loi du 27 vendémiaire an 2. Il reste entre les mains du capitaine. (*Déc. adm. du 14 thermidor an 5.*)

On se sert, pour les vivres et provisions de bord, du permis série M, n° 27, qui, délivré en vertu d'une déclaration séparée, est écrit en entier de la main d'un employé de la douane. Ce permis doit être visé par l'inspecteur ou le sous-inspecteur, et, à défaut, par le receveur. (*Circ. du 19 mai 1837.*)

(3) Ce permis d'embarquement est évidemment celui délivré au port de départ, pour les vivres et provisions qui y ont été embarqués. Le nouvel embarquement ne doit avoir lieu qu'à vue de ce permis, et après qu'il a été reconnu que ce qu'il mentionne, avec ce qu'on demande à y ajouter, n'outrepasse pas le *nécessaire*. (*Circ. du 22 octobre 1829.*)

Toutes les fois que les capitaines français demandent à embarquer des pro-

Navires étrangers.

1007. Les vivres et provisions qui seront embarqués sur les navires étrangers, quoique déclarés pour la consommation de l'équipage, acquitteront les droits de sortie (1). (*Loi du 22 août 1791, tit. 8, art. 1er.*)

CHAPITRE XVI.

COURRIERS ET CONDUCTEURS DE VOITURES PUBLIQUES.

Courriers des postes.

1008. Les courriers des malles seront soumis aux visites de chaque bureau ; ils ne se chargeront d'aucune marchandise (2) ,

---

visions dans un port de relâche, on doit leur retirer les anciens permis qu'ils ont obtenus au port de départ, et les remplacer par un permis général, qui comprend à la fois le restant des anciennes provisions et celles qu'on l'autorise à prendre dans le port où il se trouve. (*Circ. manusc. du 22 janvier* 1838.)

(1) Il y a exception pour le biscuit qui n'excède pas le nécessaire. (*Déc. du min. de l'int. du* 13 *nov.* 1820; *Circ. du 4 déc. suivant, n*o 620.)
Si tel objet d'avitaillement se trouve prohibé à la sortie, la quantité nécessaire est calculée sur le trajet à faire jusqu'au port de destination immédiate, et, en cas de difficulté à cet égard, on procède comme pour les navires français (no 1006). (*Circ. du 22 octobre* 1829, *n*o 1185.)
On exige d'ailleurs le droit de sortie dont la marchandise était passible avant la prohibition. (*Circ. des* 30 *déc.* 1818 *et* 22 *oct.* 1829, *n*o 1185.)
Les bâtimens étrangers destinés pour la pêche de la morue, qui *viennent en France se pourvoir de sel*, peuvent, quand il résulte de leurs papiers de bord qu'ils vont réellement à celte pêche, charger, nonobstant la prohibition de sortie, les quantités de biscuits et de viandes salées dont ils ont besoin, d'après le temps fixé pour le retour : ces quantités sont calculées à raison d'un kilog. de biscuit et d'un kilog. de viande salée par jour, pour chaque homme, pendant la durée de l'expédition, qui ne peut excéder, dans tous les cas, sept ou huit mois. Les viandes salées acquittent les droits dus avant la prohibition, ou imposés sur celles qui peuvent sortir à quelques destinations privilégiées. (*Déc. min. du* 22 *déc.* 1818; *Circ. des* 30 *du même mois et* 22 *oct.* 1829, *n*o 1185.)
L'avitaillement en France des bâtimens de guerre portugais et brésiliens, est, par réciprocité, affranchi des droits de sortie. (*Déc. min. du* 5 *déc.* 1827; *Circ. du* 22 *oct.* 1829.)
Il en est de même pour les bâtimens de la marine royale espagnole, ainsi que pour les navires anglais et néerlandais, dans certains cas. (*Liv.* X, *ch.* 12.)

(2) On entend par *marchandises* dont le transport est interdit, tout ce qui n'est pas inscrit sur la feuille remise au courrier et ne porte pas le timbre ou

à peine de confiscation, de 300 fr. d'amende, et d'être exclus de tout emploi dans les postes (1). (*Loi du 4 germinal an 2, tit. 3, art. 7.*)

Les courriers nationaux, conformément à l'article 7 du titre 3 de la loi du 4 germinal an 2, ne pourront se charger que des paquets appartenant au service des postes. (*Arrêté du 26 vendémiaire an 3, art. 1er.*)

Il leur est expressément défendu de se charger d'aucune marchandise, sous les peines portées par l'article 7 du titre 3 de la loi du 4 germinal an 2. (*Même Arrêté, art. 2.*)

Les courriers étrangers qui se chargent d'objets de commerce sont sujets aux visites et au payement des droits de douanes. (*Même Arrêté, art. 3.*)

Les courriers étrangers sont tenus de se conformer aux dispositions de l'article 7 du titre 3 de la loi du 4 germinal an 2. (*Même Arrêté, art. 4.*)

Feuilles de part et visites.

1009. Tout courrier ordinaire des dépêches, soit français, soit étranger, est tenu de porter *un part énonciatif* de ses nom et prénoms, ainsi que du bureau de poste duquel il dépend, et de souffrir les visites des préposés des douanes, conformément aux lois des 22 août 1791 et 4 germinal an 2.

A cet effet, il sera déposé à chaque bureau de douane, situé sur le passage du courrier de l'administration des postes, une clef du magasin de la voiture, malle ou valise, pour que ces em-

---

le cachet de l'administration des postes. Cette défense n'est de rigueur, quant aux douanes, qu'à l'égard des courriers qui arrivent de l'étranger ; car, lorsque l'administration des postes tolère qu'un courrier charge quelque objet de commerce dans une ville du rayon frontière, et que celui-ci lève un passavant pour aller dans l'intérieur, il est en règle quant à la police de circulation, pourvu qu'il se soumette d'ailleurs, dans les douanes de son passage, à la reconnaissance des objets énoncés au passavant.

(1) Le courrier sur lequel, ou dans la voiture, malle ou valise duquel il est saisi des marchandises prohibées ou des effets sujets aux droits de douanes, qu'il a soustraits à la visite ou qu'il n'a pas déclarés, est exclu pour toujours du service des postes, s'il dépend de l'administration des postes françaises ; s'il dépend d'une administration des postes étrangères, sa destitution est demandée par l'office français, qui ne souffre plus que ce courrier se présente à quelque bureau que ce soit des postes françaises. (*Arrêté du min. des finances du 15 mars 1810, art. 5.*)

ployés puissent visiter les objets étrangers au service des postes qui s'y trouveront renfermés, et que les courriers seront tenus de leur exhiber, à la première réquisition, dans leur bureau et non ailleurs.

Les offices étrangers dont les courriers apportent les dépêches au bureau des postes de la frontière française, seront invités à adopter cette mesure, si mieux ils n'aiment remettre à leurs courriers une clef des magasins, malles ou valises qui servent au transport de leurs dépêches, ou ne point les fermer. (*Arrêté du min. des fin. du 15 mars 1810, art.* 1er.)

1010. La visite des préposés des douanes ne pourra avoir lieu, dans leur bureau, que sur les caisses, balles, ballots ou paquets non scellés du cachet de l'administration des postes, et non portés sur le *part* du courrier.

Mais tout ce qui sera scellé du cachet des postes et porté sur le *part* ne pourra, conformément à la décision du ministre des finances, en date du 12 prairial an 5, être visité que dans le bureau des postes françaises le plus voisin, en présence des préposés de ce bureau, qui seront tenus de présenter eux-mêmes aux préposés des douanes tous les objets que ces derniers jugeront sujets à la visite; et il en sera dressé procès-verbal (1).

Les paquets et objets qui auront subi la visite, et dans lesquels il ne sera rien trouvé de sujet aux droits, seront refermés avec soin et croisés d'une ficelle sur laquelle sera apposé le cachet des postes.

Il sera en outre écrit sur l'enveloppe : *visité au bureau de......* *le.....: par les préposés de l'administration des douanes qui en ont requis l'ouverture.* La mention dont il s'agit sera signée des nom, prénoms et qualités du préposé de cette administration qui aura procédé à la visite, et de ceux du directeur ou préposé des postes qui en aura été témoin (2). (*Arrêté du min. des fin. du 15 mars 1810, art. 2.*)

---

(1) Les préposés des douanes ne concourent point à la rédaction des procès-verbaux d'ouverture des paquets; elle regarde les employés des postes. (*Circ. du 9 avril* 1810.)

(2) Si les paquets visités renferment des objets de contrebande, la contravention ainsi découverte est constatée par procès-verbal. Les paquets saisis restent provisoirement entre les mains du directeur des postes; et si, nonobstant l'avis qu'elles en reçoivent, les personnes à qui ils étaient adressés ne

Préposé d'escorte.

1011. Toutes les fois que les préposés des douanes demanderont à faire la visite des paquets scellés d'un cachet des postes, et de leur contenu, le courrier, conformément à la décision précitée, recevra dans sa voiture, s'il y a place, celui des préposés qui devra procéder à la visite, et le conduira au bureau des postes où cette visite pourra être faite.

Si le courrier ne peut recevoir le préposé des douanes dans sa voiture, il se rendra au pas au bureau des postes, de manière que ce préposé ne puisse le perdre de vue. (*Arrêté du min. des fin. du 15 mars 1810, art. 3.*)

Si la distance à parcourir du bureau des douanes au bureau des postes était, dans quelque endroit, telle que le service des postes dût souffrir essentiellement du ralentissement dans la marche du courrier, et celui des douanes de la trop longue

---

se présentent pas dans le délai d'un mois, ces paquets sont adressés au directeur général des postes, qui les fait remettre au *receveur de la douane de Paris*, dont ils doivent porter l'adresse. (*Circ. des 24 avril et 6 mai 1818.*)

Les marchandises introduites frauduleusement de l'étranger par la voie de la poste, sont saisissables dans l'intérieur, en vertu des lois générales sur l'importation. (*Jug. du 16 avril 1840.*)

Les *lettres* suspectées de renfermer de la fraude, et signalées aux agens des postes, ne peuvent être ouvertes qu'en présence du destinataire et au bureau des postes, où le directeur le requiert de se rendre à cet effet. Les employés des douanes doivent être prévenus de l'heure à laquelle le destinataire se présentera. (*Déc. min. du 24 octobre 1834, et Déc. adm. du 1er avril 1841.*)

Si les employés des douanes ne se présentent pas, le directeur des postes n'est pas tenu de les attendre; il peut faire ouvrir les lettres par le destinataire, et, s'il y a lieu, constater la saisie à la requête des douanes. (*Déc. adm. du 16 juillet 1836.*)

En cas d'absence du destinataire, l'agent des douanes doit s'opposer à ce que le directeur des postes remette purement et simplement le paquet à son adresse, et ils requièrent au besoin l'intervention du commissaire de police pour effectuer la saisie. (*Déc. adm. du 14 avril 1838.*)

Si l'objet de fraude appartient à la classe de ceux dont le titre 6 de la loi du 28 avril 1816 autorise la recherche et la saisie dans l'intérieur, on opère en vertu de ce titre. S'il s'agit d'autres marchandises, on conclut, contre le destinataire, à l'application des lois générales sur les *importations frauduleuses*, par analogie avec le cas prévu par l'article 35 du titre 13 de la loi du 22 août 1791, relatif à la poursuite de la fraude. Le procès-verbal doit toujours constater que la marchandise est venue de l'étranger sous le cachet d'une administration publique, et que ce cachet était intact au moment où la lettre a été ouverte. (*Déc. adm. des 20 mars 1838 et 2 juillet 1839.*)

absence de leur préposé, il y serait pourvu d'après les rapports qui seraient adressés aux directeurs généraux des deux administrations par leurs préposés respectifs. (*Même Arrêté, art. 4.*)

Conducteurs de voitures publiques.

1012. Les conducteurs des messageries et voitures publiques seront soumis aux lois des douanes (1); si des objets ne sont pas portés sur la feuille de voyage, ils seront personnellement condamnés à une amende de 300 fr.; les marchandises en contravention seront confisquées, de même que les voitures et chevaux; et les fermiers ou régisseurs intéressés seront solidaires avec le conducteur pour l'amende de 300 fr. (2). (*Loi du 4 germinal an 2, titre 3, art. 8.*)

---

(1) L'article 6 de l'arrêté du 22 thermidor an 10 donne aux préposés des douanes le droit d'exiger, à toute réquisition, la représentation des passavans pour les marchandises que transportent les voitures publiques. Cependant ils ne doivent user de ce droit qu'avec une extrême réserve et dans le cas de suspicion de fraude. (*Déc. adm. du 9 juillet* 1834.)

Dans les localités où le service des messageries l'exige, la visite des effets des voyageurs peut avoir lieu en dehors des heures de bureau. (*Déc. adm. du 5 septembre* 1840.)

(2) Cet article maintient la disposition de l'article 8, titre 2, de la loi du 22 août 1791, qui oblige les conducteurs de voitures publiques à faire une déclaration personnelle, soit en sortant de France, soit en y entrant; cette déclaration résulte de l'inscription des marchandises sur la feuille de voyage. Un procès-verbal exprime suffisamment la *cause de la saisie*, lorsqu'il contient la mention que le conducteur n'a pas fait de déclaration au bureau; si le prévenu prétend, malgré cette mention, que les objets saisis étaient inscrits sur sa feuille de voyage, c'est à lui à en faire la preuve. (*A. de C. du 24 juin* 1835; *Circ. n°* 1505.)

Les chevaux de *poste* servant *habituellement* de relais aux messageries et voitures *publiques*, sont saisissables, comme moyen ordinaire de transport, en cas de découverte de marchandises de contrebande sur les voitures. (*Déc. adm. du 6 juin* 1839.)

Lorsqu'il y a lieu de saisir, soit pour fausse énonciation du contenu, soit pour défaut de formalité à la circulation, *des objets inscrits sur la feuille de route*, les frais de transport doivent être remboursés par la douane au conducteur de la messagerie, qui en donne quittance; ils sont compris dans les frais relatifs à la saisie, dont le receveur dépositaire fait l'avance. (*Circ. du 30 juillet* 1815, n° 55.)

Le vœu de la loi est suffisamment rempli quand le colis, dans l'intérieur duquel a été caché de la contrebande, se trouvait enregistré sur la feuille de voyage sous la dénomination de son contenu principal et apparent. (*Déc. adm. du 10 mai* 1841.)

CHAPITRE XVII.

EFFETS ET VOITURES A L'USAGE DES VOYAGEURS.

Habillemens.

1015. Les passagers et voyageurs sont tenus, sous peine de saisie, de déclarer (1) tous les objets qu'ils apportent de l'étranger. (*Circ. du 11 septembre 1817, n⁰ 321.*)

Les vêtemens neufs confectionnés et autres effets neufs à l'usage (2) des voyageurs, lorsqu'ils auront été déclarés avant la visite, et que la douane reconnaîtra que ce sont des objets hors du commerce, destinés à l'usage personnel des déclarans, et en rapport avec leur condition et le reste de leurs bagages, seront admis au droit de 30 pour 100 de la valeur. (*Ord. du 2 juin 1834, et Loi du 2 juillet 1836.*)

---

(1) La douane avertit les voyageurs qu'ils ont à faire une déclaration exacte et détaillée de tous les objets passibles de droits ou prohibés que renferment leurs malles, caisses, valises, etc., faute de quoi l'intention de fraude sera tenue pour constante, et les objets seront saisis et confisqués, avec amende, suivant le cas. Toutefois il n'y a pas lieu de saisir les voitures des *voyageurs* comme moyen de transport, quand il ne s'agit que de quelques objets prohibés qui se trouvent confondus avec leurs hardes, ni, par suite, de faire consigner des sommes ou souscrire des engagemens pour tenir lieu de cette saisie. (*Circ. du 11 septembre 1817.*)

(2) Cette disposition ne s'applique qu'aux vêtemens et effets frappés de prohibition à l'entrée. On entend par *vêtement* tout ce qui sert, sous quelque dénomination que ce soit, à vêtir les personnes des deux sexes. Ainsi on range dans cette classe les bottes, souliers, bas, chapeaux, gants, manteaux, châles, etc. On admet comme *autres effets à l'usage des voyageurs*, quel que soit le tissu dont ils sont formés, les pièces de lingeries neuves façonnées pour le corps, la table ou le lit.

Les chefs locaux, receveurs, sous-inspecteurs et inspecteurs sédentaires, jugent si, par leur nombre, leur nature ou leur valeur, en un mot par leur importance relative, eu égard à la position sociale des importateurs, les objets déclarés comme vêtemens ou autres effets à usage, peuvent être considérés comme étant réellement importés pour leur usage personnel, et ne constituer aucune spéculation commerciale. (*Circ. des 5 juin et 15 septembre 1834.*)

Les chefs des bureaux principaux peuvent également admettre d'office, au droit de 30 fr. pour 100, les objets prohibés, évidemment hors de commerce, que les voyageurs *déclarent* apporter de l'étranger pour leur usage particulier, pourvu qu'il ne s'agisse pas de tissus en *pièces*. (*Déc. adm. du 29 septembre 1841.*)

Les habillemens à l'usage des voyageurs (c'est-à-dire les vête-mens supportés) (1) sont exemptés de droits à l'entrée et à la sortie, même quand ils n'accompagnent pas les voyageurs, pourvu qu'ils soient dans une même malle avec d'autres effets, et qu'ils n'excèdent pas le nombre strictement nécessaire. Les habits de théâtre qui suivent les acteurs dans leurs déplacemens, les instrumens dont se servent les artistes ambulans, et ceux *portatifs*, lorsqu'il n'y a pas de doute sur la qualité des voyageurs qui en importent ou en exportent pour leur usage particulier, sont compris dans l'exemption (2). (*Note 476 du tarif approuvé par le ministre le 1er octobre 1822.*)

---

(1) Quand il ne s'agit que de faibles quantités de linge de lit ou de table, évidemment à l'état *d'usage*, et appartenant à des voyageurs, les chefs locaux peuvent en permettre l'admission au droit de 15 pour 100 de la valeur. (*Déc. adm. du 6 janvier 1841.*)

Pour les registres de perception dont on doit faire usage dans ces divers cas, *voir* le n° 164.

(2) Ces exceptions sont fondées sur l'article 1er de la loi du 1er août 1792, portant qu'il ne sera payé aucun droit d'entrée sur les habillemens vieux, quoiqu'ils n'accompagnent pas les voyageurs, dès qu'ils sont dans une même malle avec d'autres effets et qu'ils n'excèdent pas le nombre de six. Les autres dispositions de cet article ne sont plus en vigueur.

Dans l'application des règles ci-dessus, c'est aux employés à prévenir toute fraude comme toute rigueur inutile. (*Tarif de 1822, note 476.*)

L'administration permet, dans certaines localités, que les effets des voyageurs soient plombés au bureau de première ligne, afin d'éviter de nouvelles visites dans le rayon. Toutefois le plombage ne dispenserait pas des contre-vérifications, s'il existait des soupçons de fraude. (*Déc. adm. du 2 juillet 1834.*)

Dans les ports de mer, le droit de permis établi par l'article 57 de la loi du 27 vendémaire an 2 n'est point exigible pour l'embarquement ou le débarquement des effets de voyageurs. (*Circ. du 20 avril 1838.*)

Le numéraire importé par des voyageurs ou des marchands est affranchi de la taxe d'entrée. (*Déc. adm. du 30 mai 1840.*)

Visites sur les personnes.

Le droit, pour la douane, de procéder à des visites corporelles, résulte de la loi qui ordonne la recherche et la saisie de tous les objets de contrebande. (*Déc. min. du 3 frimaire an 10; Circ. du 28; Loi du 25 juin 1841, Budget de 1842, et Circ. lith. du 18 novembre 1841.*)

On ne procède aux visites corporelles que d'après les ordres ou le consentement des chefs locaux.

Les femmes ne peuvent être visitées que par des personnes de leur sexe. (*Déc. min. du 3 brumaire an 10; Circ. du 28; Circ. du 25 octobre 1827, n° 1068, et Circ. lith. du 18 novembre 1841.*)

Les femmes visiteuses doivent être choisies *exclusivement* parmi les femmes,

Voitures.

1014. Les voitures prohibées par la loi du 10 brumaire an 5 ne seront admises qu'à charge par les voyageurs d'en garantir le renvoi à l'étranger dans le délai de trois ans, en consignant le tiers de leur valeur réelle (1). La condition du renvoi étant rem-

---

les veuves ou les filles des employés. Elles devront être âgées de vingt-et-un ans au moins si elles sont mariées ou veuves, et de vingt-cinq ans si elles sont filles. Elles devront produire, 1° un certificat du capitaine, revêtu de l'attestation de l'inspecteur, constatant qu'elles sont probes, intelligentes, de bonnes mœurs, d'une tenue décente et de formes polies; 2° un certificat du médecin de la capitainerie, constatant qu'elles ne sont atteintes d'aucune infirmité susceptible de nuire à l'exercice de leurs fonctions ou d'inspirer de la répugnance aux personnes soumises à la visite. Leur traitement sera de 200 à 500 fr. *fixes*; il n'est pas soumis aux retenues pour la caisse des retraites. Elles sont nommées par les directeurs, sauf l'approbation de l'administration quand le traitement doit être de 400 fr. et au-dessus. (*Circ. lith. du* 18 *novembre* 1841.)

(1)   *Désignation et valeur moyenne des voitures qu'on présente le plus communément en douane :*

Voitures				
à 2 roues :	chaises des postes...	neuves	1,400 fr.
		vieilles	900
	carricks à pompe....	neuves	2,000
		vieilles	»
à 4 roues :	diligences ou coupés.	neuves	3,500
		vieilles	2,000
	landaws	neuves	5,000
		vieilles	3,000
	berlines	neuves	4,500
		vieilles	2,500
	calèches	neuves	2,400
		vieilles	1,500

(*Circ. du* 12 *décembre* 1817, *n* ° 350.)

Une *diligence*, dans le commerce de la carrosserie, est une voiture à quatre roues à caisse carrée, n'ayant qu'un seul siége à deux places dans le fond, et quelquefois un petit *strapontin* sur le devant; pour les carrossiers, *diligence* et *coupé* sont termes synonymes. (*Déc. adm. du* 17 *novembre* 1834.)

La circulaire n° 350, en indiquant la valeur moyenne des voitures dont les voyageurs se servent le plus communément, n'a pas entendu exclure les voitures de toute autre espèce dont ils pourraient faire usage. Elles doivent être admises sans difficulté au bénéfice de la consignation. (*Déc. adm. du* 6 *août* 1839.)

Les douanes admettent les voitures d'après la valeur déclarée; si cette valeur ne leur parait pas exacte, elles recourent à l'avis d'un expert. (*Circ. du* 17 *janvier* 1823, *n°* 780.)

S'il arrive que des étrangers se trouvent dans l'impossibilité de réaliser la consignation, on peut recevoir une obligation, suffisamment cautionnée, de

plie, les trois quarts de la somme consignée seront remboursés (1).
Il n'y aura d'exception à cette règle qu'en faveur des voyageurs

---

compter la somme en espèces dans un délai de deux mois au plus. (*Circ. du
17 janvier* 1823.)

La consignation est faite sans qu'il y ait addition du décime. Elle doit toujours être portée en recette, un quart au compte du Trésor, et les trois autres
quarts aux opérations de trésorerie. (*Même Circ.*)

(1) Les sommes consignées en garantie de la réexportation des voitures,
c'est-à-dire les trois quarts de celles déposées lors de leur importation, sont
remboursées, par les receveurs des bureaux frontières, au moment même de
la sortie des voitures, sauf aux comptables qui font ainsi des payemens pour
le compte de leurs collègues, à se couvrir de leurs avances au moyen d'un bordereau de virement de fonds (n° 857).

Les réexportations devant être effectuées dans les trois années de la date de
l'importation des voitures, c'est seulement durant cette période que la restitution des sommes consignées peut être opérée, et lorsque d'ailleurs les reconnaissances de consignation ont été revêtues, par les employés, de certificats
constatant, d'une part, que les voitures représentées sont bien celles qui ont
été introduites et qui sont décrites dans les expéditions, de l'autre, que le
passage à l'étranger en a été effectué. Les receveurs qui s'écarteraient de ces
dispositions s'exposeraient à voir laisser à leur charge les sommes qu'ils auraient indûment payées. Les quittances des sommes remboursées doivent toujours être données par les consignataires, et, à défaut, par des fondés de
pouvoirs, légalement constitués, ou par les porteurs de la reconnaissance de
consignation revêtue d'un *passé à l'ordre* inscrit en forme d'endossement. Si,
au lieu de l'original de la reconnaissance de consignation, on représente au
bureau de sortie un duplicata de cette expédition, le remboursement n'est fait
que sous les réserves voulues par la décision ministérielle du 24 novembre
1791 (n° 167), sauf, en cas de difficulté à cet égard, à suspendre le payement
réclamé et à prendre les ordres de l'administration, comme on devrait également le faire s'il s'élevait des doutes sur l'identité des voitures présentées ou
sur la régularité des pièces produites. (*Circ. du 26 juin* 1832, n° 1331.)

Les certificats de réexportation des voitures doivent être signés par deux
employés de bureau au moins, ou par le receveur et un préposé du service
actif. Ces certificats seront enregistrés. (*Circ. du 12 décembre* 1817.)

Dans les ports, la restitution des sommes consignées peut être opérée sur la
simple justification de l'embarquement de la voiture, et sans attendre que le
navire ait pris la mer, sauf à faire effectuer une nouvelle consignation si la
réexportation n'était pas consommée. (*Déc. adm. du 10 août* 1837.)

Les directeurs adressent, chaque mois, à l'administration, un état des voitures de voyageurs réexportées par les bureaux de leur direction. Ils indiquent,
dans la colonne d'observations, les voitures pour lesquelles la restitution de la
consignation n'a pas été opérée, et spécifient les motifs qui se sont opposés à
ce que cette restitution ait été effectuée, afin que l'administration soit en
mesure de pouvoir l'ordonner ultérieurement, s'il y a lieu. (*Circ. du 26 juin*
1832.)

L'article 14 du titre 3 de la loi du 22 août 1791 (n° 403) porte, d'une manière générale, que les sommes consignées en garantie de droits qui ne son-

français qui ramèneront les voitures qui leur auront servi (1).
(*Loi du 27 juillet 1822, art. 18.*)

1015. La consignation du tiers de la valeur des voitures ne
sera pas exigée des ambassadeurs ou ministres étrangers accrédités près la cour de France, non plus que des agens diplomatiques et courriers de cabinet qui justifieront de leurs titres et
missions (*Arrêté du min. des fin. du 25 sept. 1824, art. 1er.*) (2).

Les voitures de voyageurs nationaux ou étrangers seront affranchies de la consignation lorsqu'elles seront conduites par les
chevaux de poste et chargées de bagage, et plus spécialement
lorsqu'il sera évident qu'elles servent depuis long-temps et
qu'elles ne peuvent être l'objet d'aucun commerce. (*Même Arrêté, art. 2.*)

Seront pareillemeut exempts de la consignation les habitans
des pays limitrophes qui justifieront de leur domicile, s'ils ne
viennent en France que momentanément, ou s'ils traversent seulement le territoire français dans une courte distance pour se
rendre à l'étranger, et pourvu que les voitures dont ils se servent
soient évidemment hors du commerce (*Même Arrêté, art. 3.*) (3).

---

pas régulièrement réclamées six mois après l'expiration du délai fixé par les
expéditions, seront portées en recette pour le compte du Trésor; mais, en ce
qui concerne les voitures de voyageurs, ce délai a été porté à deux ans par
une décision ministérielle du 17 germinal an 11. Toutefois les sommes non
réclamées dans les six mois sont définitivement portées en recette, sauf à les
rembourser s'il y a lieu, en vertu d'ordres spéciaux de l'administration. (*Circ.
du 28 mai 1832, n° 1326.*)

Quand il y a eu abandon de la totalité de la consignation d'une voiture, et
qu'un passavant descriptif a été levé à la sortie, la libre réimportation peut en
être autorisée. (*Déc. adm. du 25 septembre 1832.*)

(1) La dispense de consignation, stipulée par l'article 18 de la loi du 27 juillet 1822, en faveur des Français qui ramènent leur voiture en France, ne
s'applique qu'à ceux qui justifient par un acquit-à-caution de la sortie antérieure
de cette même voiture. (*Jug. du tribunal civil de Grenoble du 24 mars 1841.*)
Voir, pour les formalités, le n° 1016 ci-après.

(2) Cette disposition s'applique également aux voitures des femmes des
agens diplomatiques, quand elles ne sont pas accompagnées de leur mari.
(*Déc. adm. du 15 décembre 1836.*)

(3) Il est tenu un registre spécial des voitures admises en vertu de l'article 3
ci-dessus, où l'on note le retour à l'étranger. Les employés des dernières
frontières signalent à l'administration ceux qui auraient laissé leurs voitures
dans l'intérieur, afin qu'ils ne puissent plus jouir nulle part de la facilité qu'on

Les diligences appartenant à des services publics, soit de France, soit de l'étranger (1), ainsi que les fiacres et voitures connus pour traverser périodiquement ou habituellement la frontière, ne seront pas tenus à faire la consignation (2). (*Arrêté du min. des fin. du 25 septembre* 1824, *art.* 5.)

Toutes les voitures neuves, autres que celles dont parle l'article 1er du présent arrêté, resteront assujetties à la consignation voulue par la loi, ou à la saisie, dans les cas où ceux qui les occuperaient ne seraient pas des voyageurs, mais des courtiers de fraude. (*Même Arrêté, art.* 7.)

Réimportations.

1016. Pourront être réimportées en franchise toute espèce de voitures pour lesquelles on aura levé, à la sortie de France, un passavant descriptif (3) qui en fasse connaître l'identité au retour (4). (*Même Arrêté, art.* 6.)

---

entend accorder aux personnes de bonne foi. (*Arrêté du min. des finances du* 25 *septembre* 1824, *art.* 4.)

Des états particuliers sont adressés à l'administration, afin qu'elle puisse connaître le nombre des voitures ainsi importées et qui n'ont pas été réexportées. (*Circ. du* 9 *octobre* 1824.)

(1) Il n'est ici question que des voitures qui vont et viennent de l'étranger en France, *et vice versá*. Les voitures étrangères qui seraient destinées à faire un service particulier dans l'intérieur ne pourraient être admises. (*Déc. adm. du* 10 *décembre* 1839.)

Cependant si, hors le cas prévu par l'article 5 de l'arrêté du 25 septembre, 1824, une diligence publique se trouvait dans la nécessité de traverser fortuitement la frontière, on pourrait l'admettre à titre d'exception, et sous soumission cautionnée de la réexporter dans un très-court délai. (*Déc. adm. du* 17 *novembre* 1834.)

(2) Le retour à l'étranger des voitures affranchies de la consignation, doit être assuré par des acquits-à-caution valables pour un an. (*Déc. adm. du* 10 *décembre* 1839.)

(3) Les passavans doivent indiquer exactement la forme et la dimension des voitures, les accessoires des siéges, la doublure de l'intérieur, la couleur de la caisse et du train, et enfin les signes et armoiries dont les voitures peuvent être décorées, de telle sorte que le signalement donné pour une voiture ne puisse convenir à aucune autre. (*Circ. du* 25 *décembre* 1822, *no* 775.)

(4) Le droit de réimporter les voitures en franchise existe non-seulement pour les voyageurs français et étrangers qui sortent momentanément de France avec des voitures qu'ils ont achetées ou louées dans le royaume, pourvu qu'ils aient pris un passavant descriptif et qu'ils rentrent dans *l'année*, mais encore

CHAPITRE XVIII.

RETOUR DES MARCHANDISES FRANÇAISES
INVENDUES A L'ÉTRANGER.

1017. Les marchandises françaises invendues à l'étranger, dont l'origine nationale sera reconnue, soit par des marques de fabrique, soit par des caractères inhérens à cette origine (1), pourront, sur l'autorisation de l'administration des douanes, être admises au retour en France (2). (*Déc. min. du 27 août* 1791.)

---

pour les voitures étrangères qui se trouvent en France en vertu d'une première consignation dont le délai n'est pas expiré.

Afin que les voyageurs ne commettent pas un oubli qui, à leur retour, les exposerait à des difficultés, les employés de bureaux et de brigades doivent leur adresser cette interpellation;

Au voyageur français :

« Si vous entendez ramener votre voiture à la fin de votre voyage, vous
« avez à prendre ici un passavant descriptif qui vous assurera la franchise au
« retour; à défaut de ce passavant, on exigerait de vous, au retour, une con-
« signation du tiers de la valeur de cette même voiture. »

Au voyageur étranger :

« Si votre voiture est de fabrique française, vous pouvez en assurer la fran-
« chise au retour de votre voyage actuel, en prenant ici un passavant des-
« criptif; autrement vous devrez, lors de votre rentrée en France, consigner
« le tiers de la valeur de cette voiture.

« Si elle est étrangère, et si vous l'avez importée il y a moins de *trois* ans,
« sous la garantie d'une consignation, vous devez, votre intention n'étant pas
« de revenir en France, nous représenter votre acte de consignation, afin
« d'obtenir le remboursement des trois quarts de la consignation.

« Dans le cas où vous entendriez, au contraire, rentrer dans l'année, re-
« présentez-nous ce même acte, afin qu'en le visant nous vous affranchis-
« sions d'une nouvelle consignation au retour, et qu'à votre départ définitif de
« France vous conserviez le droit d'être remboursé. » (*Circ. du 5 septembre*
1823, *no* 817.)

(1) Les produits de l'industrie étrangère exportés de France après y avoir été nationalisés par le payement des droits d'entrée, ne peuvent, dans aucun cas, participer à la faveur du libre retour. (*Déc. adm. du 30 mars* 1838.)

Les parfumeries étant dépourvues des caractères propres à en faire reconnaître l'origine, ne peuvent être admises. (*Déc. min. du 8 floréal an 9.*)

(2) Le droit de retour est fixé à 50 c. par 100 kilog. (*no* 436), ou 15 c. pour

La sortie antérieure des marchandises dont on sollicitera le retour devra être justifiée par les factures d'envoi et les expéditions des douanes. Ces expéditions, en ce qui concerne les marchandises expédiées des douanes de l'intérieur, devront être revêtues d'un certificat constatant le passage réel à l'étranger. (*Circ. des 14 et 29 janvier 1818.*)

Les objets de retour seront expédiés sous double plomb (1) et par acquit-à-caution sur le bureau que l'administration chargera de la vérification, pour qu'il en reconnaisse l'identité (2). (*Circ. du 10 septembre 1817.*)

---

100 fr. de la valeur, au choix du redevable. (*Circ. du 16 juin 1816, n° 168.*)

Dans tous les cas, l'admission des marchandises est subordonnée au remboursement de la prime dont elles ont pu jouir à la sortie. (*Déc. adm. du 15 mai 1841.*)

Voir le n° 722, pour les marchandises rapportées des Colonies.

(1) Le prix du second plomb est de 25 c., comme pour le transit. (*Déc. adm. du 31 décembre 1841.*)

(2) Les marchandises nationales admises au libre retour pour une des villes de l'intérieur, telles que Lyon, Paris, etc., doivent être expédiées sur la *douane* proprement dite, et non sur l'*entrepôt* exclusivement ouvert aux marchandises étrangères. Les marchandises dont la réimportation n'est pas encore autorisée, sont retenues dans les bureaux frontières. (*Circ. du 3 février 1836, n° 1526, et Circ. manusc. du 6 juin 1838.*)

Les expéditions sur Paris ne peuvent avoir lieu que d'après un ordre exprès de l'administration. Dans les cas nécessairement très-rares où un chef de service ne croirait pas pouvoir se dispenser d'autoriser, sous sa propre responsabilité, une expédition de cette nature, il en donnerait avis à l'instant même à l'administration, afin de la mettre en état d'adresser les instructions convenables à la douane de Paris. (*Circ. du 10 septembre 1817.*)

Dans les douanes où il existe un sous-inspecteur sédentaire, le receveur principal se concerte avec lui avant de faire droit aux demandes d'expéditions sur la douane de Paris. S'ils n'étaient pas d'accord, l'avis du receveur principal devrait prévaloir. (*Déc. adm. du 8 décembre 1840.*)

Les colis dirigés sur Paris sont expédiés par acquit-à-caution spécial; on exige que la valeur des effets renfermés dans les colis soit déclarée. Si elle n'est pas connue du consignataire, on doit établir d'office une valeur moyenne de 1,000 fr. par 50 kilog. Le soumissionnaire s'engage, en cas de non représentation, à payer cette valeur et une amende égale à cette même valeur, peines édictées par la loi pour toute importation prohibée, la soustraction des marchandises ayant ici nécessairement ce caractère. (*Circ. du 10 septembre 1817.*)

La valeur ainsi établie d'office ne saurait servir de base pour la perception du droit de magasinage ni d'aucune autre taxe; elle est exclusivement applicable aux amendes éventuellement exigibles. (*Déc. adm. du 19 février 1854.*)

Les colis sont toujours revêtus d'un plomb, l'un posé en dessus du premier emballage, l'autre en dessus d'un deuxième emballage. Les employés ont soin

Exceptions.

1018. Pourront être réimportés, nonobstant la régle posée ci-dessus :

1° Les vins (1) et eaux-de-vie expédiés par cabotage et conduits par relâche forcée dans les ports étrangers du nord, mais seulement dans les quatre mois de cette relâche ; (*Déc. min. du 25 thermidor an* 13; *Circ. du* 1er *fructidor suivant.*)

2° Les dentelles de point d'Argentan et d'Alençon, même sans marque, parce qu'il est reconnu qu'il ne s'en fabrique qu'en France ; (*Déc. min. du* 6 *juillet* 1792.)

3° Les vases de cuivre nommés *estagnons*, dans lesquels on a renfermé des essences pour l'étranger. Il suffit de représenter l'acquit de sortie constatant la désignation de leur poids et de leur grandeur, et la réserve de les faire revenir; (*Déc. min. du* 2 *brumaire an* 6.)

---

d'attacher à côté du premier plomb une carte portant ces mots, imprimés en gros caractères : *Ce plomb ne peut être ôté qu'à la douane de Paris. Son enlèvement avant la visite entraînerait le payement de la valeur du colis, et d'une amende égale à cette même valeur.*

L'acquit-à-caution doit décrire en détail l'espèce, la forme, la dimension, le poids, le genre d'enveloppe, et tous les caractères extérieurs des colis. (*Circ. du* 10 *septembre* 1817.) ·

Les marchandises que l'on expédie ordinairement sur la douane de Paris, soit d'office, soit en vertu des autorisations de l'administration, sont :

1° Les livres et gravures ;

2° Les armes ;

3° Les marchandises invendues à l'étranger, dont la réimportation est autorisée ;

4° L'argenterie et autres effets mobiliers des voyageurs ou des familles étrangères qui viennent habiter la France ;

5° Les objets adréssés au Roi, aux membres de la famille royale ou aux ministres ;

6° Ceux envoyés aux ambassadeurs ou autres membres du corps diplomatique accrédités près le gouvernement du Roi, sauf les paquets admissibles dans certains cas en exemption de toute visite ;

7° Ceux destinés aux établissemens publics de la capitale. (*Circ. du* 3 *février* 1836.)

Pour l'orfévrerie et la bijouterie, *voir* le chapitre xxv du présent livre.

(1) Les vins de Bordeaux dont l'expédition à l'étranger, dans les deux années précédentes, est régulièrement constatée par le registre de la douane, sont admis au libre retour, lorsque l'origine en a été reconnue sur échantillons ou sur pièces (*futailles*) par un jury formé à Bordeaux sous la surveillance du préfet de la Gironde. (*Déc. min. du* 10 *juin* 1817.)

4º Les bouteilles de verre ou de grès ayant servi à l'exportation des acides minéraux ; (*Déc. min. du 17 floréal an 6, et Déc. adm. du 22 février* 1821.)

5º Les estampes dont les planches ont été gravées à Paris, à condition qu'elles seront expédiées sous double plomb et sous acquit-à-caution sur la douane de cette ville, à l'effet d'y être examinées et reconnues par le graveur ; (*Déc. min. du 11 mai* 1792.)

6º Les marchandises que les négocians de Bayonne expédient à l'époque de la foire de Pampelune, à charge de justifier de leur exportation, et de les réimporter par le bureau de sortie dans la huitaine de la clôture de chaque foire ; (*Déc. min. du 27 prairial an 4.*)

7º Les marchandises revenant des foires de la Suisse, à charge de constater au bureau de sortie le poids, le nombre et la mesure des pièces non susceptibles de marques, de les revêtir du cachet de la douane, d'effectuer le retour par le même bureau, et dans un délai relatif à la durée de la foire et à la distance des lieux ; (*Déc. min. du 8 brumaire an 10.*)

8º Les glaces que la manufacture royale de Paris fait revenir de l'étranger pour y être renvoyées après réparations, mais non celles des autres fabriques ; (*Déc. min du 8 pluviôse an 9.*)

9º Les linons-batistes, à charge de les expédier sous double plomb et par acquit-à-caution pour le lieu de fabrication déclaré et à l'adresse du maire dudit lieu, qui nomme quatre experts chargés de procéder en sa présence à la reconnaissance de la fabrication française ; (*Déc. min. du 28 brumaire an 10.*)

10º Les futailles vides ayant servi à exporter des vins et eaux-de-vie de France (1) ; (*Circ. du 29 septembre* 1841, *nº* 1879.)

11º Les étoffes de soie et autres tissus revêtus de l'estampille de la douane de Paris, et accompagnés d'un acquit de payement

---

(1) La libre rentrée des futailles n'a lieu que lorsque la réserve de cette faculté a été consignée dans les acquits de payement de sortie des boissons, que les acquits produits lors de la réimportation n'ont pas plus d'une année de date et que l'identité des futailles est constatée. Ainsi, quand la réserve du retour a été faite, on doit indiquer dans les expéditions, non-seulement le nombre, l'espèce des futailles et leur contenance approximative, mais encore l'état où elles se trouvent, les marques et numéros dont elles peuvent être revêtues ; et s'il s'agit de futailles cerclées en fer, le nombre de cercles dont elles sont garnies. (*Circ. du 29 septembre* 1841, *nº* 1879.)

des droits de sortie portant réserve de retour, lorsqu'il ne s'élèvera aucun doute sur leur identité (1). (*Déc. adm. du 7 juin* 1841.)

Échantillons.

1019. Les échantillons de marchandises françaises seront assujettis aux règles suivantes :

1º. On ne reconnaîtra pour échantillons que des articles uniques, dépareillés ou incomplets, et dont la destination se prouve par l'assemblage de choses toutes différentes l'une de l'autre (2).

2º. Les échantillons seront, avant la sortie, présentés à un bureau principal de l'intérieur ou de la frontière, avec une déclaration détaillée de leur nombre et de leur espèce. Ils devront être assujettis à des cartes ou carnets, ou porter chacun une étiquette en parchemin assez grande pour qu'on puisse y inscrire, comme on le fera sur les carnets, la spécification des objets et les *visa* de la douane. Pour plus sûre reconnaissance, on apposera sur ces cartes ou étiquettes une marque de douane, soit timbre, plomb ou cachet (3).

3º. La douane conservera un double de la déclaration descriptive.

4º. On percevra le droit de sortie dont on joindra la quittance au double de la déclaration descriptive dûment visée par le receveur des douanes et autres employés supérieurs du lieu de sortie.

5º. Toutes les douanes principales sont ouvertes indistinctement à la rentrée des échantillons dont on justifiera que la sortie a eu lieu comme il vient d'être dit.

6º. Si, avant que la quittance primitive ait une année de date, il y avait lieu à ressortir de nouveau avec les mêmes échantillons, il suffirait de viser les expéditions et les carnets, après exacte reconnaissance de leur identité. (*Circ. du 2 avril* 1818, *n*º 377.)

---

(1) Si le commerce le préfère, ces marchandises seront de suite dirigées sur la douane de Paris. (*Déc. adm. du 7 juin* 1841.)

(2) Quant aux échantillons qui n'ont aucune valeur, ils sont affranchis, à la sortie comme à la rentrée, de toutes formalités autres que la vérification. (*Circ. du 2 avril* 1818.)

(3) Le prix des timbres et cachets est fixé à 5 c. (*Circ. du 15 juin* 1825, *n*º 811.)

CHAPITRE XIX.

MARCHANDISES LAISSÉES, ABANDONNÉES OU RETENUES DANS LES DOUANES.

SECTION PREMIÈRE.

MARCHANDISES NON RETIRÉES DE L'ENTREPÔT RÉEL.

1020. Si, à l'expiration des délais fixés (1), il n'est pas satisfait à l'obligation d'acquitter les droits ou de réexporter, les droits seront liquidés d'office, et si l'entrepositaire ne les a pas acquittés dans le mois de la sommation (2) qui lui en sera faite, les marchandises seront vendues, et le produit de la vente, déduction faite de tous droits et frais de magasinage ou de toute autre nature, sera versé à la caisse des dépôts et consignations, pour être remis au propriétaire, s'il est réclamé dans l'année à partir du jour de la vente, ou, à défaut de réclamation dans ce délai, être définitivement acquis au Trésor. (*Loi du 17 mai 1826, art. 14*) (n° 421.)

La durée et l'apurement de l'entrepôt du prohibé se régleront d'après l'article 14 de la loi du 17 mai 1826. (*Loi du 9 février 1832, art. 20.*)

---

(1) Le délai est de trois ans si l'entrepôt est constitué selon le vœu de l'article 25 de la loi du 8 floréal an 11, c'est-à-dire s'il est situé sur le port et composé de magasins convenables, sûrs, réunis en un seul corps de bâtiment et entièrement isolés de toute autre construction ; si l'entrepôt se compose, au contraire, de magasins séparés les uns des autres, le délai n'est que d'un an. (*Circ. du 23 mai 1826.*)

(2) La sommation est ordinairement précédée d'un avertissement officieux et gratis. Elle est notifiée à l'entrepositaire, ou, en cas d'absence, au maire de la commune, par un huissier ou par deux préposés de douanes. (*Circ. du 6 septembre 1827, n° 1059.*)

Cette sommation doit être enregistrée *gratis*, lorsque les droits de douane, liquidés d'office sur les marchandises qu'elle comprend, n'excèdent pas 100 fr. pour chacune des personnes dénommées dans l'acte de sommation, et qu'il en est fait mention dans cet acte. Dans le cas contraire, il est perçu autant de droits d'enregistrement de 1 fr. qu'il y a d'individus sommés, débiteurs envers l'État de sommes excédant 100 fr. (*Circ. du 15 octobre 1836, n° 1572.*)

La vente des marchandises aura lieu conformément aux articles 617, 618 (1) et 624 (n⁰ 1028) du Code de procédure civile. (*Circ. du 6 septembre* 1827, *n⁰* 1059.)

Lorsque le produit net des marchandises ne suffira pas pour couvrir à la fois les droits de douane et les frais de magasinage ou autres analogues, les droits du Trésor devront être prélevés par privilége avant les frais revendiqués par des tiers (2). (*Déc. min. du* 22 *octobre* 1828; *Circ. du* 28, *n⁰* 1128.)

---

(1) La vente sera faite au plus prochain marché public, aux jour et heure ordinaires des marchés, ou un jour de dimanche; pourra néanmoins le tribunal permettre de vendre les effets en un autre lieu plus avantageux. Dans tous les cas, elle sera annoncée un jour auparavant par quatre placards au moins, affichés, l'un au lieu où sont les effets, l'autre à la porte de la maison commune, le troisième au marché du lieu, et s'il n'y en a pas, au marché voisin; le quatrième à la porte de l'auditoire de la justice de paix; et si la vente se fait dans un lieu autre que le marché ou le lieu où sont les effets, un cinquième placard sera apposé au lieu où se fera la vente. La vente sera en outre annoncée, par la voie des journaux, dans les villes où il y en a. (*Code de procédure civile*, art. 617.)

Les placards indiqueront les lieu, jour et heure de la vente, et la nature des objets, sans détail particulier. (*Même Code*, art. 618.)

(2) Cette disposition est fondée, d'une part, sur l'article 30, titre 13, de la loi du 22 août 1791, d'où il résulte que les droits de douane sont une charge imposée à la marchandise avant qu'elle puisse être retirée de la douane pour la consommation; d'autre part, sur l'article 9, titre 2, de la même loi, d'après lequel nul ne peut faire saisie ou opposition sur le produit de ces droits. Dans tous les cas d'abandon, les marchandises sont donc grevées d'une manière absolue des droits de douane; elles sont le véritable produit de ces droits jusqu'à concurrence de la somme nécessaire pour les acquitter, et tout ce que peuvent prétendre les tiers intéressés, c'est d'être subrogés aux lieu et place du propriétaire de la marchandise, lequel, dans les cas où un droit de revendication lui reste ouvert, ne peut réclamer que l'excédant du produit de la vente, après le prélèvement des droits de douane. (*Circ. du* 28 *octobre* 1828.)

L'acquéreur a la faculté de disposer des marchandises, soit pour la consommation, en payant les droits du tarif, soit pour la réexportation. Dans ce dernier cas, le produit de la vente, déduction faite des frais, est affecté au payement des frais de magasinage, sauf à verser, s'il y a lieu, l'excédant à la caisse des consignations. (*Déc. adm. des* 30 *mars et* 11 *août* 1840.)

Lorsque des marchandises exposées en vente n'ont pu être adjugées, ni pour la consommation, moyennant le payement des droits, ni pour la réexportation, la douane peut les adjuger *libres de tous droits*. Le produit de la vente, défalcation faite des frais qu'elle a occasionnés, est versé au Trésor pour tenir lieu des droits d'entrée. Toutes les circonstances de ces sortes de vente doivent être exactement mentionnées dans le procès-verbal. (*Déc. adm. du* 18 *août* 1840.)

Enfin si des marchandises n'ayant aucune valeur vénale ne pouvaient être

SECTION II.

DÉPÔT DE MARCHANDISES PROHIBÉES.

1021. Si les marchandises déposées (1) en vertu de l'article 22 de la loi du 9 février 1832 (n° 233) ne sont pas réexportées dans les délais voulus par cet article, il en sera disposé conformément à l'article 14 de la loi du 17 mai 1826 (2) (*Loi du 9 février 1832, art.* 24.) (3).

SECTION III.

MARCHANDISES VOLONTAIREMENT ABANDONNÉES.

1022. Ne pourront, ceux à qui des marchandises seront adressées, être contraints à en payer les droits lorsqu'ils en feront par écrit l'abandon à la douane (4). Les marchandises ainsi abandonnées seront vendues, et il sera disposé du produit de la manière ci-après indiquée par l'article 5 du titre 9 de la présente loi (5). (*Loi du 22 août 1791, tit.* 1er, *art.* 4.)

---

vendues, la douane, obligée de faire vider l'entrepôt, aux termes de l'article 14 de la loi du 17 mai 1826, devrait procéder à leur destruction; on demanderait, dans ce cas, l'autorisation de l'administration. (*Déc. adm. du* 18 *août* 1840.)

La destruction serait constatée par un procès-verbal, et cet acte, annexé au sommier d'entrepôt, justifierait l'apurement du compte. (*Déc. adm. du* 31 *juillet* 1840.)

(1) Ce dépôt, placé sous la seule clef de la douane, doit être inscrit sur le registre des dépôts dont il est parlé à la 4e section du présent chapitre.

(2) *Voir* la section précédente pour l'application de la loi de 1826, et la 6e section pour les formalités générales de la vente.

(3) Aux termes de cet article 24 (n° 233), le dépôt donne lieu à la perception d'un droit de magasinage de 1 pour 100. Ce droit n'est pas passible du décime. (*Circ. du* 9 *prairial an* 13.) Il est perçu au profit de l'État. Les marchandises devant être déposées dans des magasins appartenant à la douane ou loués à ses frais, les intéressés sont affranchis de tous autres frais de magasinage. (*Déc. adm. du* 9 *décembre* 1840.)

(4) Cet abandon peut se faire en tout état de choses, soit que la marchandise arrive de l'étranger, soit qu'elle se trouve déjà en dépôt ou en entrepôt réel proprement dit. (*Circ. du* 6 *septembre* 1827, n° 1059.)

(5) Cette dernière disposition est sans objet. Il est évident, en effet, qu·

L'administration disposera immédiatement, au profit de l'État, des marchandises abandonnées, sans être tenue à d'autres formalités qu'à celles prescrites pour la vente des objets définitivement confisqués (n° 1028). (*Circ. du 6 septembre* 1827, *n*° 1059.)

SECTION IV.

MARCHANDISES NON DÉCLARÉES A L'ENTRÉE.

1023. Si, outre les manifestes donnés par les capitaines des bâtimens, et les déclarations sommaires (1) faites par les conducteurs par terre, des déclarations en détail (*à l'entrée*) ne sont pas présentées (2), les marchandises seront retenues et déposées dans le magasin de la douane (3) pendant deux mois, et les propriétaires tenus de payer 1 pour 100 pour droit de magasinage (4) en sus des droits; s'il n'y a pas de réclamation et de déclaration en détail après ce délai, les marchandises seront

---

le titre 9, relatif à des marchandises laissées accidentellement en dépôt à la douane, et qui sont la propriété d'un tiers dont on attend la revendication pour lui restituer, dans le délai déterminé, soit la chose en nature, soit son produit, n'est ici d'aucune application, puisqu'il s'agit d'un abandon fait volontairement par écrit et sans réserve pour tenir lieu du payement des droits. (*Circ. du* 6 *septembre* 1827, *n°* 1059.)

Les échantillons que les vérificateurs prélèvent afin de faciliter l'examen des marchandises, et qui n'ont pas été réclamés par le commerce, sont considérés comme abandonnés à la douane, et vendus, à ce titre, au profit du Trésor. (*Déc. adm. du* 25 *juin* 1830.)

(1) Ces déclarations sommaires ne sont exigibles que lorsqu'à défaut de déclaration en détail, la marchandise doit être retenue et déposée à la douane. (*Déc. adm. du* 22 *juin* 1841.)

(2) Si les marchandises ne sont pas déclarées en détail dans les trois jours qui suivent l'arrivée du navire dans le port, le capitaine est sommé de les faire conduire au bureau, sous peine de voir la douane procéder d'office, et aux frais de qui de droit, au débarquement et au dépôt. (*Déc. adm. du* 10 *avril* 1829.)

(3) Le dépôt doit avoir lieu dans un magasin appartenant à la douane et fermé de la seule clef du receveur. Si, à défaut de magasins, la douane était obligée de faire déposer les marchandises dans l'entrepôt réel, elle devrait s'assurer qu'elles ne sont point confondues avec les autres marchandises, et tenir compte à l'administration des entrepôts des frais de magasinage, afin de pouvoir équitablement réclamer au propriétaire le droit du 1 pour 100, établi par la loi. (*Déc. adm. du* 14 *mai* 1836.)

(4) Ce droit serait excessif s'il ne devait représenter qu'un simple droit

vendues au profit de l'État (1), à la charge de réexporter à l'étranger celles dont l'entrée est prohibée. (*Loi du 4 germinal an 2, tit. 2, art. 9.*)

1024. Les ballots, balles, malles et futailles qui n'auront point été déclarés dans la forme prescrite par l'article 9 du titre 2 de la présente loi (n° 111), seront inscrits, dans la huitaine du jour de leur dépôt (2), sur un registre à ce destiné, avec men-

---

d'usance; mais on a voulu contraindre les consignataires à fournir les déclarations de détail dans le délai fixé par la loi, et obvier ainsi aux chances d'abus qui peuvent résulter du séjour prolongé en douane de marchandises non exactement déclarées. (*Circ. du* 15 *août* 1819, n° 513.)

Le droit de magasinage ne doit être exigé qu'à partir du neuvième jour de la transcription du dépôt sur le registre. (*Déc. adm. des 25 ventôse et 50 messidor an 12, et 22 juin* 1841.)

A Paris, le droit n'est perçu qu'après le onzième jour du dépôt. (*Déc. adm. des 30 mars* 1826 *et 27 mai* 1835.)

Ce droit n'est pas passible du décime additionnel. (*Circ. du* 9 *prairial an* 13.)

Il y a !exemption du droit de magasinage de 1 pour 100, dans les cas ci-après :

1° Pour les objets mobiliers appartenant à des étrangers qui viennent s'établir en France ou qui doivent y faire un séjour temporaire ;

2° Pour les marchandises françaises renvoyées de l'étranger à défaut de vente, et pour lesquelles l'autorisation de réadmission n'est pas encore parvenue au bureau d'entrée ; dans les douanes de l'intérieur, et particulièrement à celle de Paris, cette disposition s'applique également aux marchandises admises au libre retour ;

3° Pour les effets, ainsi que pour les objets hors de commerce, appartenant à des voyageurs.

Dans ces divers cas, l'on se borne à percevoir un droit de garde de 1 c. 1/4 par jour et par 50 kilog., ou pour chaque colis au-dessous de ce poids, sans que ce droit puisse jamais excéder 1 pour 100 de la valeur des objets. (*Déc. adm. des* 28 *juillet et* 15 *novembre* 1841.)

(1) Le délai après lequel il doit être disposé de la marchandise court du jour de l'inscription du dépôt sur le registre. (*Circ. du* 6 *septembre* 1827.)

La disposition de la loi de l'an 2, qui prescrit de vendre, après deux mois de dépôt, les marchandises au profit de l'État, n'est point applicable à la douane de Paris. Quelle que soit la cause ou la nature des dépôts, il en est disposé conformément aux règles établies par le titre 9 de la loi du 22 août 1791. (*Déc. adm. du* 21 *mars* 1838.) —*Voir* la section 5 du présent chapitre.

(2) Le dépôt ne peut avoir de date certaine et légale que par sa transcription sur le registre, dont la tenue est prescrite. La douane a huit jours pour effectuer cet enregistrement ; mais rien ne l'oblige à le différer jusqu'à l'expiration de la huitaine ; l'intérêt du service exige, au contraire, qu'il ait lieu immédiatement. (*Déc. adm. du* 11 *mai* 1841.)

Afin de prévenir les substitutions abusives que le dépôt peut favoriser, la

tion des marques, numéros et adresses qu'ils présenteront, et chaque article du registre sera signé par le receveur et le sous-inspecteur sédentaire, *ou, à défaut, par un vérificateur, visiteur ou autre employé.* (*Loi du 22 août 1791, tit. 9, art. 1er, et Déc. adm. du 22 juin 1841.*)

1025. Les propriétaires des marchandises laissées dans les bureaux, à défaut des déclarations suffisantes, qui se présenteront pour les retirer, seront tenus de justifier de leur propriété et de faire leur déclaration en détail, si elle n'a pas été fournie par les capitaines ou conducteurs des marchandises. (*Loi du 22 août 1791, tit. 2, art. 11.*)

A défaut de réclamation et de déclaration en détail, la vente aura lieu à l'expiration des deux mois (*Circ. du 6 septembre 1827, n° 1059.*) (1).

SECTION V.

MARCHANDISES QUI RESTENT EN DOUANE DANS DES CAS AUTRES QUE CEUX DÉJA DÉTERMINÉS.

1026. Les marchandises laissées en douane, hors les cas

---

douane peut procéder à l'ouverture des colis contradictoirement avec le conducteur (capitaine ou voiturier), détenteur légal de la marchandise; mais s'il refuse d'assister à cette vérification sommaire, la douane doit s'abstenir d'y procéder seule. Cette réserve, prescrite, à l'égard des marchandises abandonnées en douane, par l'article 5 du titre 9 de la loi du 22 août 1791, est d'ailleurs conforme à la disposition générale de l'article 16 du titre 2 de la même loi, ainsi qu'à l'article 1931 du Code civil, relatif aux dépôts. Lorsque le contenu des colis aura été reconnu, il sera énoncé au registre. Dans le cas où la douane se trouverait dans l'impossibilité de constater la nature du dépôt, les colis seront pesés et plombés, et mention en sera faite sur le registre. Le plombage ayant lieu principalement dans l'intérêt du propriétaire des marchandises, il est juste de lui en faire payer le prix, fixé à 50 c. par la loi du 2 juillet 1836. (*Déc. adm. des 28 février 1839 et 22 juin 1841.*)

(1) Ce terme est de rigueur. Si le propriétaire le laisse expirer, il ne peut plus revendiquer les marchandises; il est dépouillé du droit de propriété, lequel passe à l'État. C'est pour le compte de ce dernier qu'elles sont vendues, et il en dispose sans être tenu de remplir les formalités ni d'observer les délais voulus, pour des dépôts d'une autre nature, par le titre 9 de la loi du 22 août 1791. (*Circ. du 6 septembre 1827.*)

Voir la 6e section pour les formalités générales de la vente.

spécialement déterminés par les sections précédentes (1), seront mises en dépôt et inscrites, dans la huitaine, sur un registre à ce destiné, avec mention des marques, numéros et adresses de chaque colis (2). Le receveur et le sous-inspecteur sédentaire, *ou, à défaut, un vérificateur, visiteur, ou autre employé,* signeront au registre l'acte de dépôt. (*Loi du 22 août* 1791, *tit.* 9, *art.* 1er, *et Circ. du 6 septembre* 1827, *no* 1059.)

1027. Les colis qui n'auront point été réclamés après avoir séjourné dans les bureaux pendant un an, seront, ainsi que les objets qu'ils contiendront, vendus en remplissant les formalités ci-après prescrites. (*Loi du 22 août* 1791, *tit.* 9, *art.* 2.)

Le délai d'un an expiré, la douane demandera au tribunal d'arrondissement à être autorisée à la vente. L'un des juges de ce tribunal, le procureur du Roi et le greffier, se transporteront au bureau pour assister à l'ouverture des colis et rédiger l'inventaire des effets y contenus (3). S'il s'y trouve des papiers, il en sera dressé un état sommaire, et lesdits papiers, paraphés

---

(1) Les circonstances qui peuvent amener ce délaissement volontaire sont, par exemple, celles où, à l'entrée, le consignataire qui a fourni sa déclaration de détail ne se présente pas pour assister à la visite ; à la sortie, si des marchandises amenées en douane y restent sans qu'on vienne ensuite pour les déclarer, ou, après la déclaration, pour assister à la visite ; à l'entrée ou à la sortie, si, après la visite, après l'acquittement même, les marchandises ne sont pas enlevées par les propriétaires. Enfin d'autres cas imprévus peuvent amener encore le délaissement momentané ou définitif de quelques objets en douane. (*Circ. du 6 septembre* 1827, *no* 1059.)

(2) C'est du jour de cette inscription que court le délai après lequel il doit être disposé de la marchandise. (*Même Circ.*)

A défaut de magasins à la douane, les marchandises dont il est ici question pourraient être déposées, aux frais des propriétaires, dans un magasin particulier dont la clef resterait entre les mains du receveur. Il est entendu que, dans ce cas, il n'y aurait pas lieu de percevoir le droit de garde, établi par l'article 5 de la loi de 1791. (*Même Circ.*)

(3) Chacune des vacations des juges de paix, dans un inventaire de marchandises abandonnées en douane, donne ouverture à un droit spécial d'enregistrement de 2 fr., conformément à l'article 68, § 2, de la loi du 22 frimaire an 7, et au décret interprétatif du 10 brumaire an 14. (*Déc. adm. du* 10 octobre 1840.)

Aucune loi n'autorise les juges à réclamer des vacations à raison de leur intervention aux inventaires des marchandises abandonnées en douane, lesquels, aux termes de la loi du 22 août 1791, doivent avoir lieu sans frais. (*Déc. du min. de la justice du* 27 mars 1841 ; *Déc. adm. du* 3 avril suivant.)

par le juge, seront déposés au greffe du tribunal, pour être remis, sans frais, à ceux qui justifieront de leur propriété. Le receveur des douanes informera de ce dépôt les particuliers auxquels les papiers paraîtront appartenir, et sans être tenu d'aucune formalité à cet égard. (*Loi du 22 août 1791, lit. 9, art. 3.*)

La présence de l'un des juges et du procureur du Roi à l'ouverture des caisses et ballots, à l'inventaire des effets et description sommaire des papiers, et l'ordonnance qui permettra la
vente des effets abandonnés, seront sans frais; il sera seulement
alloué au greffier, pour l'inventaire et l'expédition qui devra en
être fournie à la douane, une taxe faite par le juge sur le produit de la vente, et qui ne pourra excéder 10 centimes pour franc
dudit produit. (*Même Loi, même titre, art. 6.*)

L'inventaire sera affiché à la porte du bureau, dans la place
publique et autres lieux accoutumés, avec déclaration que, si
dans un mois il ne survient pas de réclamation, il sera procédé
à la vente. Ce délai expiré, ladite vente et le jour auquel elle
devra être faite seront annoncés par de nouvelles affiches, apposées dans la forme ci-dessus indiquée. (*Même Loi, même titre,
art. 4.*)

Au jour fixé par les affiches, les effets seront vendus au plus
offrant et dernier enchérisseur, en présence *du receveur ou d'un
autre chef de la douane*, à la charge du payement des droits,
s'il en est dû, ou du renvoi à l'étranger, si les marchandises sont
prohibées. Le produit de la vente sera *versé à la caisse des dépôts et consignations*, et y demeurera pendant un an, pour
être remis pendant ce temps aux réclamateurs qui justifieront
de leur propriété, et à la déduction des frais dans la proportion
des objets qu'ils réclameront. Seront lesdits réclamateurs tenus
de payer un droit de garde, pour le temps pendant lequel leurs
marchandises auront été déposées dans les douanes ou bureaux,
lequel droit sera de *un centime et quart* par jour et par 50 kilog.
bruts ou pour chaque colis au-dessous de ce poids (1); et si,

---

(1) Les frais de toute nature, ainsi que le droit de garde, sont déduits du
prix de vente, dont le montant *net* est seul versé à la caisse des consignations.
(*Circ. n° 1059.*)

Le droit de garde n'est perçu qu'à partir du neuvième jour de la constitu-

dans le terme de deux années (1), il ne se présente aucun réclamateur, le produit de la vente des effets, en ce qui n'aura pas été réclamé, sera versé au Trésor public, comme les autres produits. (*Loi du 22 août 1791, tit. 9, art. 5, et Circ. du 6 septembre 1827, n⁰ 1059.*)

SECTION VI.

RÈGLES GÉNÉRALES.

1028. Les objets laissés, abandonnés ou retenus en douane, seront vendus publiquement (2). (*Loi du 14 fructidor an 3, art. 8; Circ. du 6 septembre 1827, n⁰ 1059.*)

La vente sera annoncée, au moins cinq jours à l'avance, par des affiches signées du receveur et apposées tant à la porte du bureau qu'à celle de la justice de paix (3.) (*Même Loi, art. 7; même Circulaire.*)

Les marchandises prohibées à l'entrée ne pourront être vendues qu'à charge de réexportation; les autres seront adjugées

---

tion régulière du dépôt. (*Déc. adm. des 25 ventôse et 30 messidor an 12, et 28 juillet* 1841.)

Ce droit n'est pas passible du décime. (*Circ. du 9 prairial an 13.*)

Les objets saisis et portés au registre des *minuties* ne peuvent être assujettis, à ce titre, à aucun droit de magasinage. Cependant, si l'administration prescrit de les rendre purement et simplement, et qu'on n'en dispose point dans un délai déterminé, ils doivent être considérés comme laissés volontairement en douane; dans ce cas, ils sont inscrits sur le registre des dépôts, et deviennent passibles du droit de garde de 1 c. 1/4 après les huit jours qui suivent cette inscription. Il en serait de même pour les marchandises vendues, provenant de saisie, qui n'auraient pas été enlevées par l'adjudicataire dans le délai fixé. (*Déc. adm. du 11 août* 1840.)

(1) C'est-à-dire deux années après le dépôt de la marchandise et une année seulement après la vente. Le remboursement, s'il est demandé dans l'année, a lieu en vertu d'ordonnances délivrées par la caisse de consignation. (*Circ. n⁰* 1059.)

(2) Les préposés des douanes doivent être regardés comme officiers publics en ce qui concerne les ventes, et ne sont pas tenus de faire, au receveur de l'enregistrement, la déclaration préalable voulue par l'article 2 de la loi du 22 pluviôse an 7. (*Circ. du 14 floréal an* 7.)

(3) Ces affiches ne sont pas de rigueur quand il en est apposé d'autres dans certains cas particuliers spécifiés dans les sections précédentes.

Les affiches de vente, et toutes celles apposées pour le service des douanes, sont affranchies du timbre. (*Circ. du 15 octobre* 1839, *n⁰* 1779.)

moyennant le payement des droits (1). (*Circ. du 20 janvier 179* ;
Loi du 4 germinal an 2, tit. 2. art. 9.)

L'adjudication sera faite au plus offrant, en payant comptant (2);
faute de payement, la marchandise sera revendue sur-le-champ
à la folle enchère de l'adjudicataire. (*Code de proc. civ., art. 624.*)

Les procès-verbaux de vente seront soumis à la formalité de
l'enregistrement (3). (*Loi du 22 frimaire an 7.*)

CHAPITRE XX.

ARMES.

SECTION PREMIÈRE.

FABRICATION, VENTE ET CLASSEMENT DES ARMES.

Armes défendues.

1029. La déclaration du 23 mars 1728, concernant le port
d'armes, sera imprimée à la suite du présent décret, et exécutée (4). (*Décret du 12 mars 1806.*)

---

(1) Les droits doivent être perçus sur les quantités de marchandises relatées
dans les procès-verbaux de vente. (*Déc. du 21 nivôse an 8.*)

(2) Les employés des douanes ne peuvent point être acquéreurs. (*Même
Déc.*)

(3) Pour que le droit d'enregistrement ne porte pas à la fois sur la valeur
des marchandises et sur le droit d'entrée dont elles sont passibles, on doit toujours énoncer, dans les procès-verbaux, que les droits seront payés par l'acquéreur. (*Circ. du 9 juillet 1830, n° 1216.*)
Voir, à la 1re section, les dispositions particulières aux marchandises abandonnées en entrepôt.

(4) Dispositions de la déclaration de 1728, qui peuvent être considérées
comme étant encore en vigueur :
« Ordonnons qu'à l'avenir toute fabrique, commerce, vente, débit, achat,
« port et usage des poignards, couteaux en forme de poignard, soit de poche,
« soit de fusil, des baïonnettes, pistolets de poche, épées en bâtons, bâtons
« à ferremens, autres que ceux qui sont ferrés par le bout, et autres armes
« offensives, cachées et secrètes, soient et demeurent, pour toujours, géné-
« ralement abolies et défendues : enjoignons à tous couteliers, fourbisseurs,
« armuriers et marchands, de les rompre et briser incessamment après l'enre-

Les fusils et pistolets à vent sont déclarés compris dans les armes offensives dangereuses, cachées et secrètes, dont la fabrication, l'usage et le port sont interdits par les lois (1). (*Décret du 2 nivôse an 14.*)

1030. Tout individu qui aura fabriqué, débité ou distribué des armes prohibées par la loi ou par des règlemens d'administration publique, sera puni d'un emprisonnement d'un mois à un an, et d'une amende de 16 fr. à 500 fr.

Celui qui sera porteur desdites armes, sera puni d'un emprisonnement de six jours à six mois, et d'une amende de 16 fr. à 200 fr. (*Loi du 24 mai 1834, art. 1er.*)

Tout individu qui, sans y être légalement autorisé, aura fabriqué ou confectionné, débité ou distribué des armes de guerre (no 1031), des cartouches et autres munitions de guerre (2), ou sera détenteur d'armes de guerre, cartouches ou munitions de guerre, ou d'un dépôt d'armes quelconques, sera puni d'un emprisonnement d'un mois à deux ans, et d'une amende de 16 fr. à 1,000 fr.

La présente disposition n'est point applicable aux professions d'armurier et de fabricant d'armes de commerce, lesquelles resteront seulement assujetties aux lois et règlemens particuliers qui les concernent. (*Loi du 24 mai 1834, art. 3.*)

Les infractions prévues par les articles précédens (3) seront jugées par les tribunaux de police correctionnelle.

Les armes et munitions fabriquées, débitées, distribuées ou possédées sans autorisation, seront confisquées.

Les condamnés pourront en outre être placés sous la sur-

« gistrement des présentes, si mieux ils n'aiment faire rompre et arrondir la « pointe des couteaux, en sorte qu'il n'en puisse arriver d'inconvéniens. »

La prohibition concernant les pistolets de poche a été confirmée par l'ordonnance du Roi du 23 février 1837.

(1) Les stilets et les tromblons sont au nombre des armes prohibées ou défendues par la loi. (*Art.* 314 *du Code pénal.*)

(2) En temps de guerre, les pierres à feu ont toujours été classées parmi les *munitions*, mais en temps de paix elles redeviennent marchandises de libre commerce. La loi du 28 avril 1816 les a taxées à la sortie à 1 fr. par quintal.

(3) Cette disposition comprend nécessairement l'article 2 de la même loi, relatif à la poudre et rapporté au chap. xxi du présent livre.

veillánce de la haute police pendant un temps qui ne pourra excéder deux ans.

En cas de récidive, les peines pourront être élevées jusqu'au double. (*Loi du 24 mai 1834, art. 4.*)

Armes de guerre.

1031. Sont comprises sous la dénomination *d'armes de guerre*, toutes les armes à feu ou blanches à l'usage des troupes françaises, telles que fusils, mousquetons, carabines, pistolets de calibre, sabres ou baïonnettes (1).

---

(1) *Description des lames de sabres et d'épées d'uniforme des différens modèles, ainsi que des sabres, haches et piques d'abordage.*

ESPÈCES DE LAMES.		LONGUEUR, non compris la soie.	LARGEUR		COURBURE.	AUTRES INDICES.
			au talon.	en deçà de la partie où la lame commence à être évidée.		
Sabres	n° 1 de grosse cavalerie ...	po. lig. 36 »	13 l.	11 lig.	9 lig.	Toutes ces lames ont le dos plat; elles sont évidées sur les deux faces, jusqu'à 6 pouces en deçà de la pointe pour les nos 1 et 2, et jusqu'à 5 pouces pour le n° 3. Toutes ont également de chaque côté, le long du dos, une rainure étroite et profonde, qui a 21 pouces de longueur dans les lames de grosse cavalerie, 20 dans celles de cavalerie légère, et 16 à 17 dans celles d'officier d'infanterie. (*Circ. du 5 décembre 1823.*)
	n° 2 de cavalerie légère...	34 6	14	11	18	
	n° 3 d'officier d'infanterie.	28 »	12	10	9	
	n° 4 briquets.	forme généralement connue.				
Épées	n° 1 d'état-major et d'offic. de vaisseau..	32 »	10 l.	7 l. ou milieu. 8 lig. à l'extrémité du pan creux.	»	Toutes ces lames sont tranchantes des deux côtés. Celles n° 1 sont à 4 pans pleins sans ornement. Elles portent à 2 po. 6 lig. du talon, d'un côté le nom de la manufacture, et de l'autre le mois et l'année de la fabrication. Celles n° 2 ont deux rainures étroites et profondes, avec une arête saillante au milieu, sur une longueur de 1 pi. 3 po. à partir du talon; le surplus jusqu'à la pointe est à 4 pans pleins. (*Déc. du min. de la guerre du 10 janvier 1824; Circ. n° 851.*)
	n° 2 de troupe.	30	1po.		»	
Sabres d'abordage	anc. modèle..	23 »	16 l.	»	légère.	Toutes ces lames ont le dos plat; celles de l'ancien modèle ont de chaque côté une gouttière le long du dos; celles du nouveau modèle sont évidées sur les deux faces jusqu'à 5 po. et demi de la pointe qui a deux tranchans. (*Circ. du 5 av. 1827.*)
	nouv. modèle.	27 8	17	1p. 51. 10p.	71. 6 p.	

Cette mesure est applicable aux armes de guerre étrangères et aux armes de commerce dont la fabrication a été défendue par l'article 2 du décret du 14 décembre 1810, lequel est ainsi conçu :

« Les armes de commerce n'auront jamais le calibre de guerre, « et pourront être regardées comme appartenant au gouverne- « ment, et être saisissables par la loi, si leur calibre n'est pas « au moins de dix points et demi (deux millimètres) au-dessous « ou au-dessus de ce calibre, qui est de sept lignes neuf points « (0m,0177) (1). » (*Ord. du 24 juillet 1816, art. 1er.*)

ESPÈCES DE HACHES ET PIQUES D'ABORDAGE.				COURBURE.		AUTRES INDICES.
				po.	lig.	Ces haches sont composées d'un fer en forme de croissant et tranchant, en hache d'un côté, et en pointe à quatre faces et à bec d'oiseau de l'autre. Elles sont disposées pour être montées sur un manche en bois. (*Circ. du 5 avril 1827.*)
Haches d'abordage,	longueur	totale		9	9	
		de la hache proprement dite.		5	9	
		de la pointe		4	8	
	largeur de la hache proprement dite ..			4	9	
Piques d'abordage,	longueur	de la pointe du fer qui forme la pique proprement dite..		6	2	Les fers de ces piques sont composés de la pointe, qui est à quatre faces légèrement évidées, d'une douille conique dans laquelle entre le manche, et de deux branches percées de trois trous qui permettent d'assujettir le fer sur le manche. (*Circ. du 5 avril 1827.*)
		de la douille.............		3	4	
	diamètre de la base de la douille......			1	2	
	longueur des branches tenant à la douille.............			6	10	

(1) Ainsi sont réputées armes de guerre : 1° toutes les armes à feu ou blanches à l'usage des troupes françaises; 2° les fusils, quelle que soit leur forme, dont le calibre est de 0m, 0157 à 0m, 0197, sauf toutefois les fusils de *luxe*, à l'égard desquels on ne doit point s'arrêter au calibre. (*Circ. manusc. du 14 nov.* 1854.)

Un fusil du calibre de guerre est de *luxe*, s'il vaut en fabrique 60 francs ou plus; un canon simple est également réputé de *luxe*, si son prix en fabrique est au moins de 20 francs. (*Tarif gén., note* 441.)

Un pistolet qui vaut 50 francs en fabrique doit être considéré comme arme de *luxe*; le canon simple d'un pistolet est aussi de *luxe*, si son prix, également en fabrique, est de 10 francs. (*Déc. du min. de la guerre du* 25 août 1828.)

Les fusils et les pistolets à deux coups appartiennent toujours à la catégorie des armes de *luxe*. (*Déc. du min. de la guerre du* 29 juin 1821, *et Déc. adm. du* 26 novembre 1854.)

Les fusils à percussion à un coup, du calibre de guerre, au-dessous du prix de 60 francs en fabrique, doivent être considérés comme *armes de guerre*, quoique d'un modèle autre que celui en usage dans les troupes françaises. (*Déc. du min. de la guerre du* 17 août 1827.)

Les armes enrichies d'or et d'argent sont soumises au droit de garantie. *Voir* le chapitre xxv du présent livre.

Les dispositions concernant les armes de guerre s'appliquent aussi aux pièces d'armes de guerre : les mêmes peines sont prononcées contre les possesseurs, marchands et fabricans desdites pièces d'armes, et contre ceux qui en feraient ou l'importation ou l'exportation (1). (*Ord. du 24 juillet* 1816, *art.* 16.)

1032. Les armes dites de *traite* (2) rentrent dans la classe des armes de commerce, et ne pourront, hors des manufactures royales, être fabriquées qu'au calibre fixé pour ces dernières par le décret du 14 décembre 1810, c'est-à-dire au calibre de dix points et demi (deux millimètres) au-dessus ou au-dessous de celui de guerre qui est de 7 lignes 9 points (0^m,0177). (*Même Ord., art.* 11.)

SECTION II.

IMPORTATION.

1033. L'importation des armes de guerre étrangères ou de modèle français est expressément défendue (3), à moins qu'elle

---

Les armes à feu de fabrique française, destinées pour le commerce, doivent être poinçonnées sur le tonnerre des canons. (*Décret du 14 décembre* 1810.) Les employés des douanes ont ordre d'arrêter les armes non poinçonnées. (*Tarif gén., note* 440.)

(1) La loi du 24 mai 1834 n'ayant point parlé des *pièces d'armes de guerre*, on ne saurait, en ce qui les concerne, recourir aux peines qu'elle ne prononce que contre les détenteurs *d'armes entières*. Pour les *pièces d'armes*, l'ordonnance du 24 juillet 1816 serait donc en pleine vigueur, et son article 5 devrait être invoqué en cas de saisie. Il est ainsi conçu :
« Les prévenus seront poursuivis correctionnellement, et punis, selon la « gravité des cas, outre la confiscation des armes, d'une amende de 500 fr. au « plus, et d'un emprisonnement qui ne pourra excéder trois mois. En cas de « récidive, la peine sera double. »

(2) Pour les armes de *traite* expédiées à destination du Sénégal, *voir* le n° 715.

(3) Les contrevenans à cette disposition sont passibles des peines prononcées par la loi du 24 mai 1834 (n° 1030).
Les armes de guerre saisies par les employés des douanes sont immédiatement versées dans les arsenaux d'artillerie. L'expertise en est faite contradictoirement, en présence du sous-intendant militaire, entre les délégués du directeur d'artillerie et ceux du directeur des douanes. Le résultat de l'expertise est constaté par un procès-verbal, et la valeur des armes, au lieu d'être acquittée de suite par le département de la guerre, est portée sur un *compte de compensation* établi entre l'administration, qui s'approvisionne dans les magasins de l'État, et l'artillerie. Le règlement de ce compte a lieu à la fin de chaque année. (*Circ. du 22 décembre* 1822, *n°* 772.)

ne soit ordonnée par le ministre de la guerre (1). (*Ord. du 24 juillet 1816, art.* 14.)

Les armes de commerce acquitteront, à leur entrée dans le royaume, le droit fixé par le tarif (2). Les parties détachées d'armes à feu, pouvant être réunies, acquitteront le droit auquel celles-ci sont imposées. (*Circ. du* 13 *février* 1815.)

1034. A l'égard des vieux canons venant de l'étranger et déclarés pour la fonte, la douane, avant d'assurer leur destination, devra exiger qu'ils soient encloués et que l'on en brise en outre quelques parties essentielles, telles, par exemple, que les tourillons qui retiennent la pièce sur son affût. (*Circ. du* 29 *mai* 1820, *n*o 571.)

1035. Les fabricans, négocians et armateurs français ou étrangers qui voudront faire entrer en France des armes *dont l'admission est permise*, seront tenus de prendre au bureau de douanes des ports (3), villes ou bourgs frontières, un acquit-à-caution portant la qualité et la quantité des armes montées ou en

---

Lorsque des saisies d'armes offrent quelque importance et sont de nature à intéresser plus ou moins l'ordre public, les directeurs doivent en informer le préfet de leur département. (*Déc. adm. du* 22 *novembre* 1836.)

(1) Lorsque le gouvernement accorde des exceptions à la défense d'importer des armes de guerre, on exige pour les armes blanches et pour les armes à feu portatives les droits fixés pour les armes de chasse et de luxe;

Et pour les armes d'affût en bronze ou en fonte, les droits d'entrée établis par la loi du 28 avril 1816. (*Tarif gén.*, note 441.)

(2) La reconnaissance du calibre des armes a lieu au moyen d'un cylindre de calibrage, instrument dont les bureaux de douanes ont été pourvus. Les armes sont du calibre de *guerre,* lorsque la partie du petit diamètre du cylindre entre dans le canon; elles sont du calibre de *commerce*, lorsque la partie de ce petit diamètre ne peut y entrer, ou que celle du gros diamètre y entre. (*Circ. manusc. du* 9 *août* 1817.) *Voir*, pour le calibre des armes de commerce, le n° 1031.

La disposition qui permet l'introduction des armes d'une valeur supérieure à 60 francs, ne concerne que les armes du calibre de guerre, et n'est point applicable aux espingoles ou tromblons qui sont prohibés dans tous les cas. (*Déc. du min. de la guerre du* 24 *août* 1839.)

(3) Dans les ports de mer, les capitaines déclarent, à leur arrivée, les armes qu'ils ont à bord et qui doivent y rester. De leur côté, les employés des douanes en font la vérification, et s'assurent, à la sortie, que le bâtiment n'en exporte pas une plus grande quantité que celle qui a été reconnue. (*Circ. du* 20 *juin* 1807.)

pièces détachées contenues dans les caisses qui les renfermeront, le nom du lieu et de la personne pour laquelle elles seront destinées. Cet acquit-à-caution sera visé par la municipalité du lieu du domicile de la personne à qui ces armes auront été envoyées, et chez laquelle elles auront été déchargées, sous peine de saisie et de confiscation des caisses, armes et pièces détachées (1). (*Décret du 22 août 1792, art. 2.*)

Les directeurs des douanes donneront directement et immédiatement avis au ministre de l'intérieur de toutes les importations d'armes pour quelque lieu que ce soit du royaume (2). (*Déc. min. du 29 juin 1818; Circ. du 6 juillet suivant.*)

SECTION III.

EXPORTATION.

1036. L'exportation des armes des modèles et des calibres de guerre est interdite aux particuliers (3). Au Roi seul est réservé le droit d'en autoriser la fourniture par les manufactures royales aux puissances étrangères qui en feraient la demande (4). (*Ord. du 24 juillet 1816, art. 13.*)

---

(1) Le *visa* de l'expédition par la municipalité du lieu de destination étant prescrit *sous peine de confiscation*, et la confiscation entraînant de droit l'amende de 500 francs, les acquits-à-caution doivent garantir, dans les soumissions, le payement, tant de la valeur des armes que de l'amende. S'ils ne sont pas rapportés dans les délais, on décerne immédiatement contrainte et l'on en informe sur-le-champ l'administration. (*Circ. du 30 nov. 1815, n° 90.*)

Indépendamment de l'acquit-à-caution, les armes dirigées sur les mairies de l'intérieur sont soumises à la formalité du plombage, qui peut seule en garantir l'identité. (*Déc. adm. du 9 février 1839.*)

Les armes ne sont ainsi expédiées qu'après le payement des droits d'entrée. (*Circ. du 30 novembre 1815, n° 90.*)

(2) A cet effet, les receveurs rendent compte à leur directeur de toutes les importations de l'espèce : l'avis au ministre indique le nombre et la qualité des armes, ainsi que le lieu de destination. (*Circ. du 23 juillet 1817.*)

Le même avis doit lui être donné lorsqu'il s'agit de *pistolets de poche* expédiés en transit. Indépendamment du nombre des pistolets, cet avis fait connaître la date et le numéro de l'acquit-à-caution, et le point de sortie ou l'entrepôt sur lequel les armes sont dirigées. (*Circ. du 7 août 1838, n° 1704.*)

(3) Les contrevenans à cette disposition sont passibles des peines *prononcées* par la loi du 24 mai 1834 (n° 1030).

(4) Dans ce cas, on doit percevoir, tant pour les armes blanches ou à feu

Les armes de commerce acquitteront, à leur sortie du royaume, les droits fixés par le tarif (1). (*Circ. du 5 nov. 1817, n° 338.*)

CHAPITRE XXI.

POUDRES A FEU.

SECTION PREMIÈRE.

FABRICATION, VENTE ET COLPORTAGE.

1057. La vente des poudres de chasse, de mine et de commerce sera exclusivement exploitée par la direction générale des contributions indirectes (2).

Il en sera de même de la vente des poudres de guerre desti-

---

portatives, que pour les armes d'affût, soit en bronze, soit en fonte, le droit de 25 cent. par 100 kilog. (*Circ. du 18 oct. 1838, n° 1715.*)

Voir, pour l'artillerie embarquée sur les navires expédiés aux Colonies, le n° 686, note.

(1) Le ministre de la guerre a décidé, le 24 octobre 1817, que son autorisation n'était pas nécessaire pour la sortie des armes de commerce, et qu'elle pouvait s'effectuer dès qu'il est bien constaté que ces armes n'appartiennent pas à l'espèce défendue. Pour faciliter les reconnaissances indispensables, S. Exc. a désigné les commandans d'artillerie des villes de Paris, Bayonne, Bordeaux, La Rochelle, Nantes, le Havre, Brest, Toulon, Marseille, Lille, Metz, Strasbourg, Besançon et Perpignan pour délivrer les certificats qui constatent que ce ne sont point des armes de guerre. Les armes accompagnées de ces certificats sont exportées moyennant les droits du tarif. Leur identité est constatée au moyen des cylindres de calibrage. (*Circ. du 5 novembre 1817.*)

Voir le n° 103, pour le calibre des armes de commerce.

Les armes exportées à destination du Sénégal sont exemptes de droits à la sortie. (*Déc. adm. du 12 février 1838.*)

Les armes et munitions de guerre directement tirées des arsenaux de l'État, et envoyées à l'étranger par le département de la guerre pour le service de nos troupes ou de celles de nos alliés, sont également affranchies des droits de sortie. (*Déc. adm. du 5 mai 1836.*)

(2) La poudre fulminante est assimilée à la poudre à feu; non-seulement elle est prohibée à l'entrée et à la sortie, mais encore l'embarquement en est défendu, à cause des dangers qu'elle présente. (*Déc. du min. de l'intérieur du 20 octobre 1823.*)

Les amorces pour les armes à feu à percussion peuvent être traitées comme poudre de chasse. (*Déc. adm. du 7 mai 1824.*)

nées aux armemens du commerce maritime et à la consommation des artificiers patentés. (*Ord. du 25 mars 1818, art.* 1er.)

1038. Tout individu qui, sans y être légalement autorisé,
aura fabriqué, débité ou distribué de la poudre, ou sera détenteur d'une quantité quelconque de poudre de guerre, ou de plus
de 2 kilog. de toute autre poudre, sera puni d'un emprisonnement d'un mois à deux ans, sans préjudice des autres peines
portées par les lois (1). (*Loi du 24 mai* 1834, *art.* 2.)

Ceux qui feront fabriquer illicitement de la poudre seront
condamnés à 3,000 fr. d'amende. La poudre, les matières et
ustensiles servant à la confection seront confisqués. Le tiers des
amendes appartiendra au dénonciateur (2). (*Loi du* 13 *fructidor
an* 5, *art.* 27.)

Les dispositions des articles 222, 223, 224 et 225 de la loi du
28 avril 1816 sont applicables à la fabrication illicite, au colportage et à la vente des poudres à feu sans permission (3). (*Loi du*
25 *juin* 1841, *art.* 25.)

Il est défendu aux gardes des arsenaux de terre ou de mer, à
tous militaires, ouvriers et employés dans les poudreries, de
vendre, donner ou échanger aucune poudre, sous peine de destitution (*Loi du* 13 *fructidor an* 5, *art.* 29.) (4).

---

(1) D'après l'article 4 de la loi du 24 mai 1854 (no 1030), les infractions
prévues par cet article 2 doivent être jugées par les tribunaux de police correctionnelle.

L'article 24 de la loi du 13 fructidor an 5 interdit aux citoyens qui n'y sont
pas autorisés, de conserver chez eux de la poudre au delà de la quantité de
5 kilog., à peine, d'après l'article 28, de confiscation et d'une amende de
100 fr. Ces peines sont toujours applicables, indépendamment de celles édictées par l'article 2 de la loi du 24 mai 1854; mais ce dernier article a réduit
à 2 kilog. la quantité de poudre dont on peut être détenteur sans autorisation
préalable.

Voir la 4e section du présent chapitre, pour l'application de la loi du 24 mai
1854.

(2) Aux termes de cet article 27, le surplus des amendes devait être versé
au Trésor public, et les objets confisqués devaient être déposés dans les magasins nationaux ; ces dispositions ont été modifiées. — *Voir* la 4e section du
présent chapitre.

(5) *Voir* les quatre articles ci-dessus cités, au chapitre xxvii du présent livre,
Tabacs.

(4) Cet article 29 prononçait en outre une détention de trois mois pour les

Comment les poudres sont vendues.

1039. Les poudres de chasse de toute espèce ne seront vendues qu'en rouleaux ou paquets d'un demi, d'un quart et d'un huitième de kilogramme.

Chaque rouleau sera formé d'une enveloppe de plomb, et revêtu d'une vignette indiquant l'espèce, le poids et le prix de la poudre, et sera fourni, ainsi confectionné, par la direction générale des contributions indirectes.

Dans aucun cas, le poids de l'enveloppe ne sera compté dans le poids de la poudre. (*Ord. du 25 mars* 1818, *art.* 5.)

Les poudres de mine, de commerce extérieur et de guerre, pour les armateurs et les artificiers patentés, ne seront point pliées et continueront d'être vendues en barils, comme par le passé, dans les principaux établissemens de vente; les barils qui les renfermeront porteront la marque et le plomb de la direction générale des contributions indirectes. (*Même Ord., art.* 6.)

SECTION II.

IMPORTATION.

Prohibition.

1040. Il est défendu à qui que ce soit d'introduire aucunes poudres étrangères en France, sous peine de confiscation de la poudre, des chevaux et voitures qui en seraient chargés, et d'une amende de 20 fr. 44 c. par kilog. de poudre.

Si l'entrée en fraude est faite par la voie de la mer, l'amende est double, en outre de la confiscation de la poudre (1). (*Loi du* 13 *fructidor an* 5, *art.* 21.)

---

gardes-magasins et militaires, et d'un an pour les ouvriers et employés des poudrières; les peines plus sévères de la loi du 24 mai 1834 paraissent applicables au cas présent.

Pour les munitions de guerre, *voir* le n° 1030.

(1) La douane conclut aux peines civiles prononcées par l'article ci-dessus, et le ministère public poursuit, s'il y a lieu, l'application de la loi du 24 mai 1834.

Dans une même saisie portant cumulativement sur de la poudre à feu et sur d'autres marchandises, on doit appliquer tout à la fois l'amende encourue pour le fait d'importation de produits atteints par la loi générale des douanes,

La moitié de la valeur de tous les objets confisqués et des amendes prononcées appartiendra aux saisissans. (*Loi du* 13 *fructidor an* 5, *art.* 23, *et Circ. du* 9 *avril* 1829, *n°* 1155.)

Déclaration à exiger des capitaines.

1041. Les capitaines de navire, de quelque lieu qu'ils viennent, à leur entrée dans les ports maritimes, seront obligés, dans les vingt-quatre heures, de faire au bureau des douanes, ou, à défaut, au commissaire de la marine, la déclaration des poudres qu'ils auront à bord (1), et de les déposer, dans le jour suivant, *dans les magasins de l'État à ce destinés*, sous peine de 500 fr. d'amende. Ces poudres leur seront rendues à la sortie desdits ports (*Même Loi, art.* 31.) (2).

Poudres de prises.

1042. Les poudres prises sur l'ennemi par les vaisseaux ou bâtimens de mer seront, à leur arrivée dans les ports de France, déposées dans les magasins de la marine, si elles sont bonnes à être employées pour ce service; et, dans ce cas, le ministre de ce département les fera payer au même prix que celles qu'il reçoit de l'administration des contributions indirectes; mais si les poudres de prises, après vérification contradictoirement faite, ne sont pas admissibles pour le service de la marine, elles seront versées dans les magasins de la direction des poudres et salpêtres, qui les payera à raison de la quantité de salpêtre qu'elles contiennent et au prix auquel est fixé celui des salpêtriers. (*Même Loi, art.* 32,)

---

et telle spéciale édictée par la loi du 13 fructidor an 5. (*A. des C. roy. de Besançon du* 18 *janvier* 1857; *Circ. n°* 1617, *et de Caen du* 21 *mai* 1840.)

(1) Cette déclaration est indépendante de ce que doit contenir le manifeste (*voir* le livre *Importations*), dont l'obligation et les garanties restent les mêmes pour les poudres et pour les autres marchandises.

(2) *Voir* le n° 1046, pour les poudres rapportées des expéditions maritimes.

SECTION III.

EXPORTATION ET CIRCULATION.

Exportation prohibée.

1043. La sortie de France des poudres à tirer demeure prohibée (1). (*Loi du 11 mars 1793, art. 2.*)

Exception.

1044. L'administration des contributions indirectes fournira exclusivement aux armateurs et négocians les poudres de chasse et autres qui pourront être demandées par eux, soit pour l'armement et le commerce maritime, soit pour l'exportation par la voie de terre (2). L'exportation par la voie de terre ne pourra avoir lieu pour la poudre dite de *commerce extérieur* (3). (*Ord. du 19 juillet 1829, art. 1er.*)

Les délivrances de poudres seront certifiées par des acquits-à-caution sur lesquels les préposés de l'administration des contributions indirectes constateront les quantités et les espèces de poudres fournies. (*Même Ord., art. 4.*)

Lors de l'embarquement ou de la sortie des poudres, les préposés des douanes veilleront à ce que la totalité des poudres énoncées dans les acquits-à-caution soit exportée. Ils en délivreront certificat sur les mêmes acquits, ce dont les armateurs et négocians justifieront par la remise desdits acquits aux préposés des contributions indirectes qui en donneront reçu. (*Ord. du 19 juillet 1829, art. 5.*)

Droit d'exportation.

1045. Les poudres délivrées par l'administration des contri-

---

(1) Cette prohibition a été confirmée par la loi du 19 thermidor an 4.

Aucune loi spéciale n'ayant déterminé les peines civiles encourues en cas *d'exportation* proprement dite, les lois générales de douanes sont applicables.

(2) Sont exceptées momentanément de la disposition ci-dessus, les poudres de guerre; toutefois cette exception n'est pas applicable aux quantités de poudre de guerre délivrées aux armateurs en raison des armes à feu qu'exige le service de leurs bâtimens, et sur des états certifiés par le commissaire de la marine du port de l'embarquement. (*Ord. du 19 juillet 1829, art. 1er.*)

(3) C'est-à-dire celle de guerre et celle de traite. (*Circ. du 7 août 1829.*)

butions indirectes pour le commerce d'exportation payeront, à leur sortie, un droit de 25 c. par 100 kilog., conformément aux articles 13 et 14 de la loi du 28 avril 1816.

Celles destinées à l'armement des navires seront affranchies de ce droit.

Conformément aux dispositions des articles 3, 4 et 20 (1) de la loi du 17 juillet 1791 et de l'article 19 de la loi du 21 avril 1818, les poudres expédiées à destination des Colonies ou des établissemens français restent affranchies de tous droits de sortie. (*Ord. du 19 juillet* 1829, *art.* 6.)

Mesures d'ordre et de police.

1046. Pendant l'intervalle qui s'écoulera entre la délivrance des poudres et leur exportation par mer, les armateurs et négocians seront tenus, sous peine de 500 fr. d'amende, conformément à l'article 31 de la loi du 13 fructidor an 5 (n° 1041), de les déposer dans les magasins de l'État à ce destinés : elles y resteront jusqu'au jour de la sortie des bâtimens sur lesquels elles devront être embarquées. Il en sera de même pour les poudres qui rentreraient dans les ports de France après leur expédition maritime. (*Même Ord.*, *art.* 7.)

1047. Les poudres destinées à être exportées par la voie de terre ne pourront sortir que par les bureaux principaux de douane placés en première ligne.

Elles resteront dans les magasins des entrepôts (de la régie) jusqu'à leur expédition au bureau de la frontière.

Le délai et la route à suivre pour leur sortie du royaume seront fixés par les acquits-à-caution.

Elles ne pourront plus rentrer en France. (*Ord. du 19 juillet* 1829, *art.* 8.)

1048. Les armateurs et négocians prendront, pour le chargement et le transport des poudres qui leur seront délivrées, toutes les précautions nécessaires pour prévenir les accidens qui

---

(1) D'après cet article 20, la destination des poudres doit être assurée par un acquit-à-caution de la douane, et, à défaut de régularisation de cette expédition, il y a lieu d'exiger le double droit de sortie.

pourraient compromettre la sûreté des personnes et des habitations.

Les barils de poudre seront bien assujettis sur les voitures, de manière que le mouvement de celles-ci ne puisse jamais les faire frotter les uns contre les autres. Ils y seront liés avec des cordes et non avec des chaînes.

Les voitures chargées de poudre ne marcheront jamais plus vite que le pas et sur une seule file.

On ne souffrira à leur suite ni feu, ni lumière, ni aucun fumeur.

On écartera les pierres et métaux qui peuvent produire des étincelles.

On fera passer les transports de poudre, autant que possible, en dehors des communes; et, lorsqu'on sera forcé de faire entrer les voitures dans les villes, on requerra la municipalité de faire fermer les ateliers où il se fait du feu. Si la route est sèche, on fera arroser les rues par où l'on devra passer.

Les voitures chargées de poudres ne stationneront jamais dans les villes, bourgs ni villages; on les fera parquer au dehors, dans un lieu isolé des habitations, convenable, sûr et reconnu à l'avance (1).

Les personnes pour le compte desquelles les poudres seront transportées demeureront responsables des accidens provenant du défaut de précaution, sauf leur recours contre qui de droit. (*Même Ord., art.* 9.)

Peines.

1049. Les poudres livrées pour le service des armemens maritimes, ou pour l'exportation par la voie de terre, devront être consommées ou vendues hors du territoire français. Toute vente, consommation ou réintroduction à l'intérieur en seront défendues. Conformément à l'article 21 de la loi du 13 fructidor an 5 (n° 1040), la réintroduction sera punie de la confiscation de la poudre, des chevaux et voitures, et en outre d'une amende de 20 fr. 44 c. par kilogramme de poudre. Si la réintroduction est faite par la voie de mer, l'amende sera double, en outre de la confiscation de la poudre. (*Même Ord., art.* 10.)

Les négocians, armateurs et tous autres qui conserveront dans

---

(1) Extrait du règlement du 24 septembre 1812.

leurs magasins, à l'intérieur, plus de 5 kilogrammes (1) des poudres qui leur auraient été délivrées pour l'exportation, seront
condamnés à une amende de 500 fr.

Les poudres seront confisquées et déposées dans les magasins
de l'État, le tout conformément à l'article 28 de la loi du 13 fructidor an 5. (*Ord. du* 19 *juillet* 1829, *art.* 11.)

Circulation.

1050. Tout voyageur ou conducteur de voiture qui transportera plus de 5 kilogrammes (2) de poudre sans pouvoir justifier
de leur destination par un passeport de l'autorité compétente (3),
revêtu du visa de la municipalité du lieu de départ, sera arrêté
et condamné à une amende de 20 fr. 44 c. par kilogramme de
poudre saisie, avec confiscation de la poudre, des chevaux et
voitures. Si le conducteur n'a pas eu connaissance de la nature
du chargement, il aura son recours contre le chargeur qui l'aurait trompé, et qui sera tenu de l'indemniser.

Néanmoins, dans la distance de deux lieues (un myriamètre) des
frontières (4), les citoyens resteront soumis à tout ce qui est
prescrit par les lois pour la circulation dans cette étendue (5).
(*Loi du* 13 *fructidor an* 5, *art.* 30.)

---

(1) Aujourd'hui ce dépôt ne peut excéder 2 kilog. (*Loi du* 24 *mai* 1834,
art. 2, *n*° 1038.)

(2) La loi de 1834 a réduit cette quantité à 2 kilog.

(3) L'administration des contributions indirectes.

(4) La loi du 8 floréal an 11 a, par son article 84, fixé à quatre lieues
(deux myriamètres) l'étendue de territoire dans laquelle la police de circulation doit être exercée; l'article ci-dessus est donc applicable dans cette
étendue.

(5) La circulation des poudres dans la ligne des douanes est permise avec
les acquits-à-caution de la régie, sous la condition de les présenter et de les
faire viser par tous les bureaux de douane de la route.

Les poudres, accompagnées de ces expéditions et transportées sous le plomb
de la régie, sont exemptes de visite. Les préposés des douanes ne peuvent que
vérifier l'état des plombs, le nombre, et, s'il y a lieu, le poids des colis, sans
les ouvrir ni les sonder.

Cependant ils ne doivent pas négliger de reconnaître, par les moyens laissés
à leur disposition, si on n'abuse pas de la confiance de la régie pour substituer
aux poudres d'autres marchandises; et lorsqu'il s'élève des soupçons de fraude,
ils en demandent la visite, t y appellent le principal préposé des impôts

SECTION IV.

PROCÉDURES ET PRIMES D'ARRESTATION.

1051. La direction générale des contributions indirectes demeure spécialement chargée de l'exécution des décrets des 24 août 1812 et 16 mars 1813 (1), relatifs à la recherche et saisie des poudres, soit étrangères, soit fabriquées hors des poudreries du gouvernement, qui pourraient circuler ou être vendues en fraude dans le royaume (2). (*Ord. du 25 mars* 1818, *art.* 4.)

Les contraventions aux lois et arrêtés concernant les poudres seront constatées par des procès-verbaux. (*Décret du 16 mars* 1813, *art.* 3.)

Les instances relatives aux fraudes et contraventions seront portées devant les tribunaux de police correctionnelle. (*Même Décret, art.* 4.)

Primes d'arrestation.

1052. Les préposés des douanes qui, dans les cas déterminés

---

indirects, qui prend les précautions nécessaires pour prévenir les accidens ou la détérioration des poudres. (*Circ. du 17 août* 1811 *et Circ. manusc. du 19 octobre* 1826.)

(1) Toutes les dispositions de ces décrets, qu'il importe aux douanes de connaitre, sont rapportées dans la présente section.

(2) L'administration des contributions indirectes, aussitôt qu'elle a connaissance d'un des faits prévus par l'article 2 de la loi du 24 mai 1834 (n° 1038), en informe immédiatement le procureur du Roi de l'arrondissement, en lui transmettant les procès-verbaux rédigés par ses agens, afin qu'il examine s'il y a lieu d'intenter l'action publique. Dans le cas où ce magistrat ne croit pas devoir prendre ce parti, il en donne sur-le-champ avis aux agens supérieurs des contributions indirectes, en leur renvoyant les procès-verbaux, pour que ces agens y donnent, dans l'intérêt de l'administration, la suite qu'il parait convenable. (*Lett. du min. de la just. aux proc.-gén. du* 9 oct. 1835.)

La régie n'est pas chargée d'une manière absolue de la poursuite de ces affaires; c'est un soin qui ne lui est dévolu qu'en ce qui concerne les saisies effectuées dans *l'intérieur*. Celles qui ont lieu dans le rayon des frontières sont poursuivies à la requête des douanes. (*Loi du 13 fructidor an 5, art.* 30; *Circ. du 2 novembre* 1812, *et Déc. adm. du 10 janvier* 1840.)

Dans ce cas, les employés des douanes suivent, à l'égard du procureur du Roi, les prescriptions de la lettre du ministre de la justice, et se bornent à poursuivre les condamnations civiles prononcées par l'article 21 de la loi du 13 fructidor an 5 pour l'importation, ou par les lois générales s'il s'agit d'exportation ou de circulation dans le rayon. (*Déc. adm. du 30 janvier* 1839.)

par les articles 27 et 29 (n° 1038) de la loi du 13 fructidor an 5, arrêteront ou concourront à faire arrêter des contrevenans en matière de poudres à feu, recevront, quel que soit le nombre des saisissans, une prime de 15 fr. par chaque individu arrêté. (*Ord. du 17 novembre* 1819, *art.* 1er.)

La prime accordée par l'article précédent sera toujours partagée par tête, sans acception de grade, et sans que, sur son montant, il puisse être fait déduction d'aucuns frais. (*Même Ord.,* *art.* 2.)

Dépôt des poudres saisies.

1053. Les poudres saisies seront, dans les vingt-quatre heures de la saisie, déposées dans les magasins de l'administration des contributions indirectes, et payées aux saisissans à raison de 3 fr. par kilogramme, sans distinction de qualité (1). (*Même Ord.,* *art.* 3.)

Répartition du produit.

1054. Immédiatement après la remise des poudres saisies dans les magasins de la régie, les saisissans recevront, selon qu'il y aura lieu, la totalité de la prime et de la part qui leur est attribuée par les règlemens dans la valeur des poudres (2), sauf règlement de celles qu'ils auront à prendre sur le produit de la vente des autres objets confisqués et sur celui de l'amende. (*Même Ord., art.* 4.)

---

(1) L'ordonnance du 17 novembre 1819 exempte cette valeur de tout prélèvement de frais, et elle prescrit que le payement, soit de la prime pour arrestation, soit du prix de la poudre, s'effectue à l'instant même où le dépôt se fait dans les magasins de la régie. (*Circ. du 2 juin* 1820, *n°* 576.)

(2) Le produit des amendes et confiscations provenant des saisies de poudre est attribué en totalité aux saisissans, conformément à l'article 5 du décret du 16 mars 1813. (*Déc. min. du 26 mars* 1829; *Circ. du 9 avril suiv., n°* 1155.) Toutefois cette décision ne s'applique qu'aux saisies faites pour contraventions aux articles 27, 28 et 50 (n° 1038) de la loi du 13 fructidor an 5, et non à celles pour *importation prohibée.* Ces dernières restent soumises aux dispositions de l'article 25 de la même loi (n° 1040), qui n'accorde que la moitié de la valeur de tous les objets confisqués et des amendes aux saisissans. Ce produit, passible de la retenue pour les retraites, se divise ensuite en deux parts, dont l'une appartient au Trésor, et l'autre aux saisissans et aux employés supérieurs. (*Circ. des 28 octobre* 1809 *et 9 avril* 1829, *n°* 1155.)

Frais.

1055. Les frais relatifs à des saisies de poudres ne seront, quels qu'ils puissent être, imputés que sur le produit de l'amende ou de la vente des autres objets confisqués. En cas d'insuffisance, ils demeureront à la charge de la régie (1). (*Même Ord.*, *art.* 5.)

CHAPITRE XXII.

PÊCHES (2).

SECTION PREMIÈRE.

PÊCHE DE LA MORUE.

1056. Les primes accordées pour l'encouragement de la pêche de la morue seront fixées comme suit, du 1er mars 1842 au 31 décembre 1850 : (*Loi du 25 juin 1841*, *art.* 1er.)

Primes d'armement.

1057. Les primes d'armement seront ainsi fixées :

1o 50 fr. par homme d'équipage, pour la pêche avec sécherie, soit à la côte de Terre-Neuve, soit à Saint-Pierre et Miquelon, soit sur le grand banc de Terre-Neuve;

2o 50 fr. par homme d'équipage, pour la pêche sans sécherie, dans les mers d'Islande;

3o 30 fr. par homme d'équipage, pour la pêche sans sécherie, sur le grand banc de Terre-Neuve;

---

(1) Cette disposition ne s'applique pas aux saisies faites à l'importation ou pour contravention aux lois de douanes. (*Circ. du 22 janvier 1829, et Déc. adm. du 8 mars 1839.*)

(2) Les navires expédiés pour la pêche de la baleine ou de la morue ne peuvent, à leur départ de France, charger des marchandises pour l'étranger. C'est à condition qu'ils se rendront directement à leur destination et qu'ils s'occuperont exclusivement de la pêche, que des primes sont accordées aux armateurs, et ceux-ci perdraient leurs droits à cet encouragement si, en allant à la pêche ou en en revenant, les navires pêcheurs se livraient à des opérations commerciales quelconques. (*Circ. du 25 septembre 1837, n*o *1650.*)

4° 15 fr. par homme d'équipage, pour la pêche au Dogger-Banck. (*Loi du 25 juin 1841, art.* 1er.)

1058. La prime d'armement ne sera accordée qu'une fois par campagne de pêche, quand même le navire aurait fait plusieurs voyages dans une même saison. Elle ne sera accordée que pour les hommes de l'équipage inscrits définitivement aux matricules de l'inscription maritime, et pour ceux qui, n'étant que provisoirement inscrits, n'auront pas atteint l'âge de vingt-cinq ans à l'époque du départ. (*Loi du 22 avril* 1832, *art.* 4.)

Les navires expédiés pour la pêche avec sécherie, soit sur les côtes de Terre-Neuve, soit à Saint-Pierre et Miquelon, soit au grand banc de Terre-Neuve, devront avoir un minimum d'équipage qui sera déterminé par une ordonnance royale (1). (*Loi du 25 juin* 1841, *art.* 2.)

Primes sur les produits de pêche.

1059. Les primes pour les produits de la pêche seront ainsi fixées :

1° 22 fr. par quintal, pour l'importation aux Colonies françaises, tant en Amérique qu'au delà du cap de Bonne-Espérance, des morues sèches de pêche française, expédiées directement des côtes de Terre-Neuve et de Saint-Pierre et Miquelon, ou extraites des entrepôts de France (2);

2° 16 fr. par quintal, pour l'importation aux mêmes Colonies, des morues sèches de pêche française, lorsque ces morues seront exportées des ports de France sans y avoir été entreposées (3);

---

(1) Jusqu'à ce que cette ordonnance ait été rendue, on continuera de se conformer aux dispositions de l'ordonnance du 26 avril 1833 (n° 1060).

Aux termes de l'article 6 de la loi du 5 juillet 1836, c'était le jaugeage résultant de la loi du 12 nivôse an 2 qui devait servir de base pour l'allocation de la prime. Mais on voit, par l'exposé des motifs des projets de loi présentés à la Chambre des Députés, le 19 avril 1841 (*Lois du 25 juin suivant*), que désormais la capacité des navires sera déterminée selon le mode de jaugeage établi par l'ordonnance du 18 novembre 1837. Ainsi le 2° paragraphe de l'article 6 de la loi du 5 juillet 1836 doit être considéré comme abrogé.

(2) *Voir*, pour l'entrepôt, le n° 1065.

(3) Les introductions de morues sèches de pêche française dans les possessions françaises sur les côtes du Sénégal, jouissent des primes accordées par

3° 14 fr. par quintal, pour les morues sèches de pêche française expédiées, soit directement des lieux de pêche, soit des ports de France, et importées, soit dans les États étrangers de la mer des Antilles ou de l'Amérique, sur les côtes de l'Océan Atlantique, par les ports où il existe un consul français; soit en Espagne et en Portugal (1), dans les États étrangers sur les côtes de la Méditerranée et dans l'Algérie;

4° 12 fr. par quintal, pour les morues sèches de pêche française expédiées, soit directement des lieux de pêche, soit des ports de France, et importées dans les ports d'Italie ;

5° 10 fr. par quintal pour l'importation en Espagne, par terre, de morues sèches de pêche française;

6° 20 fr. par quintal des rogues de morues que les navires pêcheurs rapporteront en France du produit de leur pêche. (*Même Loi, art.* 1er.)

Formalités.

1060. Les armateurs qui expédieront des navires à la pêche de la morue seront tenus, pour avoir droit à la prime,

1° De déclarer, avant le départ, au commissaire de marine du port d'armement, la destination de l'expédition;

2° De comprendre dans l'équipage de tout armement destiné pour la pêche à la côte de Terre-Neuve, 50 hommes au moins, si le navire jauge 188 tonneaux ou au-dessus, 30 hommes au moins de 118 à 187 tonneaux inclusivement, et 20 hommes au moins au-dessous de 118 tonneaux (2);

---

l'article 5 de la loi du 22 avril 1832, soit pour les expéditions directes des lieux de pêche, soit pour les réexpéditions de France. (*Loi du* 21 *avril* 1833, *art.* 2.)

Les dispositions de l'article 5 de la loi du 22 avril 1832 ayant été successivement reproduites par les lois des 9 juillet 1836 et 25 juin 1841, l'article 2 de la loi du 21 avril 1833 n'a pas cessé d'être en vigueur.

(1) Les morues expédiées à destination des îles de Madère, de Porto-Santo et des Açores, soit directement des lieux de pêche, soit des ports de France, jouissent de la prime au même titre que les morues exportées à destination du Portugal. (*Circ. du* 25 *juin* 1839, *n°* 1757.)

(2) Tout ce qui se rattache à la composition des équipages rentre essentiellement dans les attributions de l'administration de la marine. (*Déc. adm. du* 26 *mars* 1838.)

Il n'y a pas à s'occuper de la composition des équipages à l'égard des navires expédiés pour la pêche au *grand banc*, d'où ils doivent revenir directement en France. (*Déc. adm. du* 9 *mai* 1837.)

3º D'effectuer leur départ avant le 1er juillet, lorsqu'ils auront pour destination les îles de Saint-Pierre et Miquelon ou les côtes de Terre-Neuve ;

4º De faire suivre au navire la destination indiquée ;

5º De justifier, au retour, de la pêche faite par le navire ;

6º De ne rapporter que des produits de pêche française. (*Ord. du 26 avril* 1833, *art.* 1er.)

1061. Les armateurs qui expédieront des navires pour la pêche de la morue au grand banc de Terre-Neuve, avec l'intention de faire sécher le produit de leur pêche, soit à Saint-Pierre et Miquelon, soit sur la côte de Terre-Neuve, seront tenus, pour avoir droit à la prime de 50 fr.,

1º D'en faire la déclaration avant le départ du navire ;

2º De comprendre dans l'équipage du bâtiment, conformément à l'article 4 de la loi du 9 juillet 1836, 50 hommes au moins, si le navire jauge 188 tonneaux et au-dessus, ou 30 hommes, si le navire jauge moins de 188 tonneaux ;

3º De justifier, au retour, de l'accomplissement de cette destination, en produisant un certificat délivré, savoir :

Pour les morues séchées à Saint-Pierre et Miquelon, par le commandant et administrateur de ces îles ;

Pour les morues séchées à la côte de Terre-Neuve, par un des capitaines ou officiers des bâtimens de l'État formant la station dans ces parages, ou, à défaut, par le capitaine prud'homme du havre le plus voisin du lieu de la sécherie, ou enfin, dans le cas d'impossibilité, par trois capitaines de navires armés pour la pêche de la côte, et appartenant à d'autres armateurs que celui du navire du banc.

Lesdits certificats devront indiquer les noms des hommes de l'équipage qui auront été employés à la sécherie (1). (*Ord. du 2 septembre* 1836, *art.* 1er.)

---

(1) Au retour des navires, les capitaines remettent ces certificats au commissaire de la marine, qui les vise après en avoir reconnu l'exactitude au moyen du journal de bord, et au besoin par l'interrogatoire des équipages. Lesdits certificats sont ensuite adressés directement au département du commerce, par l'administration de la marine, afin d'opérer la décharge des armateurs. Une expédition des certificats est délivrée à l'armateur pour servir ce que de raison. (*Ord. du 2 septembre* 1836, *art.* 2.)

Pour les engagemens à fournir par l'armateur, *voir* le nº 1063.

1062. Seront susceptibles de compter pour la prime, quel que soit leur emploi dans l'armement, tous les hommes de l'équipage appartenant définitivement à l'inscription maritime. Les inscrits provisoires, âgés de moins de vingt-cinq ans à l'époque du départ du navire, ne compteront pour la prime que si les fonctions qu'ils doivent remplir dans l'armement sont de nature à rendre ultérieurement leur inscription définitive.

Ne donneront pas droit à la prime les hommes non inscrits faisant partie de l'équipage, ni les hommes inscrits ou non inscrits qui, sous le nom de passagers ou sous toute autre dénomination, seront transportés à Saint-Pierre et Miquelon ou à Terre-Neuve, à l'effet d'y faire la pêche pour leur propre compte. (*Ord. du 26 avril* 1833, *art.* 2.)

1063. La déclaration d'armement devra indiquer les noms de l'armateur, du navire et du capitaine, le tonnage du bâtiment, le nombre d'hommes de l'équipage, la destination, et contenir en outre l'engagement de faire suivre à l'armement sa destination, de ne rapporter que des produits de pêche française, et de payer, en cas de violation de ces conditions, le double de la prime reçue ou indûment demandée. Une expédition de *ladite déclaration* sera délivrée à l'armateur après le départ du navire; elle énoncera la date effective du départ.

L'armateur devra en outre, s'il en est requis, fournir une caution suffisante, qui sera reçue par le président du tribunal de commerce de l'arrondissement, et dont il sera donné mainlevée, au retour du navire, par le ministre du commerce, sur la présentation en due forme de la déclaration du capitaine prescrite par l'article 4 ci-après. (*Même Ord.*, *art.* 3.)

Retour.

1064. Au retour des navires pêcheurs, l'armateur sera tenu de justifier de la destination accomplie (1).

_____

(1) Pour s'assurer qu'un bâtiment revient en effet de la pêche sous toutes les conditions mises à l'immunité, la douane remontera jusqu'à son expédition primitive, et la suivra dans toutes ses périodes.

L'examen de l'acte de francisation, du congé et de l'expédition délivrée au départ, établira que le bâtiment est français, et qu'il a été envoyé à la pêche avec le nombre d'hommes et les ustensiles nécessaires.

Cette justification aura lieu au moyen d'une déclaration (1) qui devra être faite à la douane par le capitaine, à l'arrivée du navire pêcheur; cette déclaration indiquera le port et la date du départ; le nom du navire, ceux de l'armateur et du capitaine, le lieu et la durée de la pêche, la quantité de morue qui aura pu être expédiée directement du lieu de pêche, soit aux Colonies françaises, soit à l'étranger, et la quantité rapportée en France.

Le journal de bord sera produit à l'appui de cette déclaration, et, en cas de besoin, l'équipage sera interrogé collectivement ou séparément pour en reconnaître l'exactitude.

Une expédition de cette déclaration sera délivrée au capitaine, pour être adressée, par ses soins ou par ceux de l'armateur, dans le délai de trois mois au plus tard, au ministre du commerce,

---

La déclaration que le capitaine aura faite à la douane d'arrivée, l'interrogatoire individuel de l'équipage, et un examen attentif du journal de bord, serviront à prouver que le navire s'est rendu au lieu de la pêche, qu'il s'en est occupé, et que les morues qu'il rapporte en sont le produit.

Lorsque les chefs auront réuni tous les élémens de la preuve d'extraction, ils dresseront un rapport qu'ils soumettront, appuyé de pièces justificatives, à l'examen du directeur, qui, s'il trouve la preuve suffisante, autorisera l'admission en franchise; dans le cas contraire, il prescrira de nouvelles vérifications, consultera les chambres de commerce, ou fera procéder à la saisie, suivant qu'il y aura lieu.

Les directeurs informeront immédiatement l'administration des décisions qu'ils auront prises, en indiquant les noms du navire, du capitaine et du consignataire, le port d'armement, le tonnage du bâtiment, le nombre d'hommes composant l'équipage, l'époque de l'arrivée et la quantité de morues admise. (*Circ. du* 21 *mars* 1817, *n°* 260, *et Déc. adm. du* 6 *septembre* 1841.)

Quand un navire de retour de la pêche doit relever pour un autre port du royaume, la douane de prime abord, après avoir procédé aux vérifications et formalités prescrites par l'article 4 de l'ordonnance du 26 avril 1833, en constate les résultats au bas de la déclaration de retour, et remet au capitaine un manifeste, auquel elle annexe, sous cachet, les deux expéditions de cette déclaration. A l'arrivée au port de destination, la douane procède à la vérification des produits de pêche, et si rien ne fait douter de leur origine, le directeur en autorise la remise en franchise. Ensuite la douane délivre, sur chacune des deux expéditions de la déclaration de retour, un certificat constatant le poids net reconnu de chaque espèce de produits débarqués, et à la suite de ce certificat, elle fait connaître si, d'après le résultat de sa vérification et les attestations de la douane de prime abord, l'armement a ou n'a pas rempli les conditions exigées pour l'obtention de la prime. (*Déc. adm. des* 24 *mars* 1838 *et* 6 *septembre* 1841.)

(1) *Voir*, à la fin du présent chapitre, le modèle de déclaration n° 1.

chargé de faire connaître au ministre des finances les noms des armateurs qui n'auraient pas justifié de l'accomplissement des conditions de la prime (1). Il sera procédé contre ces derniers ainsi qu'il appartiendra, en exécution des articles 14 et 15 de la loi du 22 avril 1832.

L'administration des douanes transmettra en outre directement au ministre du commerce un duplicata des déclarations de retour reçues par ses préposés dans les différens ports du royaume (2). (*Ord. du 26 avril 1833, art. 4.*)

Dans le cas où une circonstance quelconque de force majeure empêcherait un navire d'accomplir sa destination ou d'effectuer son retour en France, l'armateur serait tenu d'en justifier dans le délai d'une année, à dater du départ du navire (3). (*Même Ord., art. 5.*)

Entrepôts.

1065. Les morues séchées à Saint-Pierre et Miquelon, ou à la côte de Terre-Neuve, pourront, à leur arrivée en France, être placées en entrepôt, pour être ultérieurement réexportées aux Colonies françaises, avec jouissance de la prime accordée par l'article 2 de la loi du 9 juillet 1836 (*remplacée par l'art. 1er de la Loi du 25 juin 1841*).

Les demandes d'admission en entrepôt présentées pour les morues sèches provenant du grand banc, devront être accompagnées du certificat de sécherie à Saint-Pierre et Miquelon ou à la côte de Terre-Neuve, prescrit par l'article 1er de la présente ordonnance (4). (*Ord. du 2 septembre 1836, art. 3.*)

---

(1) La douane ne doit, dans aucun cas, se refuser à délivrer les certificats dont les déclarations de retour doivent être revêtues ; au département du commerce seul appartient le soin d'apprécier les conséquences de la négligence des parties, si, trois mois après le débarquement, elles ne produisent pas le certificat exigé par les règlemens. (*Déc. adm. du 10 mars 1840.*)

(2) Indépendamment des indications que contient le modèle, le duplicata devra mentionner le tonnage et le nombre d'hommes composant l'équipage du navire. (*Circ. du 21 juin 1833.*)

Voir, pour l'envoi du duplicata, le n° 1069, note.

(3) Si donc le navire n'arrivait qu'après ce délai, la déclaration de retour ne pourrait être reçue par la douane qu'après la justification prescrite par l'article 5 ci-dessus. (*Circ. du 21 juin 1833.*)

(4) Les quantités en poids portées sur ce certificat doivent être conservées

Les magasins affectés à l'entrepôt devront être agréés par la douane, et seront fermés de la clef de l'administration et de celle du propriétaire (1). Les employés des douanes tiendront un

---

ou modifiées par la vérification, sans toutefois que le résultat de celle-ci puisse donner un poids supérieur à celui du certificat présenté. (*Circ. du 28 décembre 1836, n° 1593.*)

Quand les morues n'ont pas encore été déclarées pour l'entrepôt au port de prime abord, leur envoi par transbordement dans un autre port du royaume peut être autorisé. Dans ce cas, on remet au capitaine, pour les produire au port de destination, les copies, annotées s'il est nécessaire, des pièces qui constatent l'origine des morues, ce qui implique l'obligation de s'assurer avant tout de la régularité et de la validité de ces pièces. (*Déc. adm. des 30 novembre 1837 et 30 novembre 1840.*)

Les morues destinées pour l'entrepôt peuvent être emboucautées à bord des navires aux conditions suivantes :

1°. L'emboucautage a lieu en présence du service et avec le concours des courtiers appelés à constater, conjointement avec les employés, la bonne qualité du poisson (n° 1066).

2°. Ces opérations doivent toujours être effectuées sur le pont même du navire.

3°. Si le transbordement sur le navire exportateur ne s'effectue pas immédiatement, les boucauts, après qu'on s'est assuré qu'ils sont bien conditionnés, sont transférés dans un magasin à double clef, d'où ils ne peuvent être extraits qu'au moment de leur embarquement pour les Colonies, ou pour être dirigés sur un autre port, sous les conditions prescrites par l'article 5 de l'ordonnance du 2 septembre 1836. (*Déc. adm. du 4 décembre 1837.*)

L'entrée en entrepôt des morues doit toujours être constatée sur les registres d'entrepôt, lors même qu'après l'emboucautement à bord elles sont transbordées sur d'autres navires pour être exportées aux Colonies. (*Déc. adm. du 20 décembre 1838.*)

(1) Le commerce est affranchi de l'obligation de mettre sous double clef les morues sèches pour lesquelles il veut se réserver la prime supérieure, et il a la faculté de leur faire subir, sans la présence des employés, les manipulations qu'il juge nécessaires pour leur conservation. Les morues sont entreposées dans le magasin que le propriétaire désigne, sous les soumissions et les conditions de l'entrepôt fictif. Toutefois ces facilités ne sont accordées qu'à titre de tolérance. En cas d'abus, elles cesseraient sur-le-champ, et l'on exigerait l'application rigoureuse des dispositions de l'ordonnance du 2 septembre 1836. (*Déc. min. du 22 septembre 1837 ; Circ. manusc. du 2 octobre suivant.*)

Le poids des morues entreposées doit toujours être constaté avec exactitude, afin que, dans aucun cas, on ne puisse envoyer dans nos Colonies, avec jouissance de la prime supérieure, au delà des quantités de morues importées de nos sécheries d'outre-mer.

La morue séchée à Terre-Neuve a moins de sel que celle préparée en France ; elle est très-flexible ; sa chair, plus blanche, et en quelque sorte transparente, s'enlève par écailles. La morue des sécheries de la métropole n'est presque jamais complétement sèche, surtout dans l'intérieur, ce que l'on attribue à

compte ouvert pour l'entrée et la sortie des morues ainsi entreposées. (*Ord. du 2 septembre* 1836 , *art. 4.*)

Les morues extraites d'entrepôt, pour quelque cause que ce
soit, ne pourront y être réadmises. Toutes violations de l'entrepôt, soit par le bris ou l'enlèvement des moyens de clôture, soit
autrement, feront perdre à la morue entreposée le bénéfice de
l'entrepôt. Les armateurs pourront en tout temps s'affranchir de
l'accomplissement desdites conditions, en renonçant volontairement an bénéfice de l'entrepôt. (*Même Ord.*, *art.* 6.)

Réexportation pour les Colonies.

1066. Les morues sortant (*d'entrepôt*) pour l'exportation aux
Colonies, avec jouissance de la prime ci-dessus mentionnée, ne
pourront être expédiées qu'après que la bonne qualité en aura
été reconnue et constatée par deux courtiers de commerce et
deux employés des douanes, qui en délivreront un certificat, conformément à l'article 7 de l'ordonnance royale du 26 avril 1833 (1).

---

l'époque des retours qui s'effectuent en automne, et à l'influence de notre climat,
dont l'air est moins vif que celui de Terre-Neuve ; la chair est moins ferme ;
elle porte une plus forte odeur ; la peau n'est jamais couverte de cette efflorescence, cachet de la salure du poisson saisi par un soleil ardent et un air trèsvif ; elle est aussi aplatie autrement que celle rapportée à l'état sec ; enfin, si
on l'ouvre, on remarque que le milieu est empreint d'une teinte verte, à moins
qu'elle n'ait reçu du sel outre mesure, ce qui la rend excessivement friable, de
telle sorte que sa chair se sépare sous les doigts par morceaux, tandis que celle de
Terre-Neuve se ploie, et peut même faire le tour du bras sans être endommagée.

Dans le cas où l'on reconnaîtrait que des morues séchées en France auraient
été substituées, en entrepôt, à des morues provenant de nos sécheries d'outremer, ou seraient présentées à l'exportation pour nos Colonies aux lieu et place
de celles-ci, il y aurait lieu de procéder, contre les entrepositaires de la manière et dans les formes voulues pour les soustractions d'entrepôt fictif, sauf,
en cas de contestation, à provoquer l'expertise légale. (*Circ. manusc. du* 2 oc
tobre 1837.)

Pour les soustractions d'entrepôt, on peut poursuivre l'application de l'amende du double de la valeur prescrite par l'article 15 de la loi du 8 floréal
an 11, la peine du double droit que prononce également cet article n'étant
point applicable aux morues affranchies de tous droits. Mais l'administration
entend qu'il soit usé de certaines tolérances à l'égard des entrepôts de morue.
Quand des déficit sont reconnus, et que les causes qui les ont produits sont
expliquées d'une manière plausible, on doit s'abstenir de dresser procèsverbal, et se borner à décharger le compte d'entrepôt des quantités manquantes. (*Déc. adm. du* 15 *mars* 1841.)

(1) *Voir* le modèle n° 4.

La provenance et l'embarquement desdites morues seront constatées dans la forme du certificat (*modèle* C) annexé à la présente ordonnance (1).

Dans le cas où l'expédition n'aurait pas lieu directement du port d'entrepôt, la morue pourra être dirigée sur le port de départ, mais seulement après avoir été emboucautée, et sous la garantie du plombage (2) et d'un passavant contenant les indications nécessaires pour la rédaction du certificat de chargement. Le prix des plombs, dans ce cas, sera de 25 centimes. (*Ord. du 2 septembre* 1836, *art.* 5.)

Expéditions par mer (3).

1067. Tout armateur qui expédiera d'un port de France un chargement de morue pour une destination susceptible de prime, sera tenu de déclarer à la douane du lieu d'expédition, 1º le nom du navire, du capitaine et de l'expéditeur; 2º la destination; 3º la quantité de morue à embarquer; 4º la saison de pêche dont elle provient, et le lieu où elle a été séchée.

Cette déclaration (4) devra être accompagnée d'un certificat délivré concurremment par deux courtiers et deux employés des douanes, et attestant que ladite morue est de bonne qualité et bien conditionnée (5). Ce certificat sera visé par le président

---

(1) *Voir* le modèle nº 2.

(2) Les morues réexportées directement pour les Colonies sont également soumises à la formalité du plombage (*Circ. du* 11 *décembre* 1858.), et le prix du plomb est aussi de 25 c. (*Circ. du* 24 *octobre* 1839.)

(3) Les morues exportées sous bénéfice de prime sont affranchies du plombage dans les ports autres que ceux de Rouen, Nantes, Bordeaux, Bayonne et Marseille, où il a été reconnu nécessaire de maintenir cette formalité à l'égard des marchandises de réexportation. (*Déc. adm. du* 5 *et Circ. du* 11 *décembre* 1858.)

(4) Modèle nº 3.

(5) Modèle nº 4.

Les agens des douanes ne se bornent pas à assister à la reconnaissance de la qualité des morues par les courtiers; ils doivent procéder eux-mêmes à cette opération et en certifier les résultats, sous leur propre responsabilité. (*Circ. du* 21 *juin* 1833.)

Les experts institués par l'article 19 de la loi du 27 juillet 1822 ne doivent point intervenir dans les contestations en matière de primes de pêche. (*Déc. adm. du* 17 *septembre* 1838.)

du tribunal de commerce et par le chef du service des douanes.

L'administration des douanes, après avoir fait constater le poids brut et le poids net de la morue, délivrera à l'armateur une expédition de sa déclaration qui devra accompagner le chargement, et en transmettra en outre directement un duplicata au ministre du commerce(1). (*Ord. du 26 avril 1833, art.* 7.)

Expéditions par terre en Espagne.

1068. Pour les expéditions de morue par terre en Espagne, l'expéditeur sera tenu de déclarer à la douane du lieu de sa résidence la quantité qu'il se propose d'exporter, la saison de pêche dont elle provient, le lieu où elle a été séchée et le bureau de douane par lequel elle doit sortir (2). Cette déclaration (3) sera accompagnée d'un certificat de bonne qualité délivré dans la forme déterminée par l'article 7 ci-dessus.

La douane, après avoir reconnu l'exactitude de la déclaration et constaté les poids brut et net de la morue, en délivrera deux expéditions qui devront être représentées par le voiturier aux officiers de la douane du bureau de sortie, et sur lesquelles ces derniers certifieront l'identité du chargement et la conformité des poids.

Ces deux déclarations seront ensuite transmises au ministre du commerce pour la liquidation de la prime, l'une par les soins de la douane(4) qui en retiendra, à cet effet, une expédition au bureau de sortie, et l'autre par l'expéditeur. (*Même Ord., art.* 12.)

Rogues.

1069. Les capitaines de navires pêcheurs qui rapporteront en France des rogues de morues, produit de leur pêche, devront, pour avoir droit à la prime accordée par l'article 10 de la loi du 22 avril 1832 (*remplacé par l'art.* 1er *de la loi du 25 juin*

---

(1) *Voir* le n° 1069, note.

(2) Les bureaux de sortie sont, dans la direction de Bayonne : Ainhoa, Béhobie, Olhette, Saint-Jean-Pied-de-Port et Bedous (*Ord. du* 1er *août* 1821, *et Déc. adm. du* 22 *février* 1837.), et Bourg-Madame dans la direction de Perpignan. (*Déc. adm. du* 17 *décembre* 1838.)

(3) *Voir* le modèle n° 5.

(4) *Voir* le n° 1069, note.

1841), en faire la déclaration devant la douane du port de retour, en indiquant le nom du navire, celui de l'armateur, le port d'armement et la quantité de rogues importées (1).

Le journal de bord sera produit à l'appui de cette déclaration, et, en cas de besoin, l'équipage sera interrogé collectivement ou séparément, pour reconnaître l'exactitude des faits déclarés.

Cette déclaration devra être accompagnée d'un certificat établissant la bonne qualité desdites rogues, délivré dans la forme déterminée par l'article 7 ci-dessus (2).

La douane, après avoir constaté les poids brut et net des rogues importées, délivrera au capitaine une expédition de sa déclaration, et en fera parvenir un duplicata au ministre du commerce (3). (*Ord. du 26 avril* 1833, *art.* 13.)

Règles générales.

1070. Il sera tenu, dans les ports de France, par les administrations de la marine et de la douane, un registre des déclarations et certificats qu'elles sont appelées à recevoir ou à délivrer. (*Même Ord.*, *art.* 11.)

Les pièces fournies par les armateurs devront être sur papier timbré, régulières dans leur libellé, sans rature, surcharge ni altération, à peine de n'être point admises à la liquidation, et les signatures devront en outre être légalisées. (*Même Ord.*, *art.* 15.)

Les armateurs qui n'auront pas produit les pièces justificatives nécessaires pour la liquidation des primes auxquelles ils auront droit, dans le délai de cinq années, à partir de l'exercice auquel elles appartiennent, encourront la prescription et l'extinction définitive au profit de l'État, prononcée par la loi du 29 janvier 1831. (*Même Ord.*, *art.* 17.)

Les primes pour introduction ou exportation ne sont acquises

---

(1) Modèle n° 6.

(2) Modèle n° 7.

(3) Dans ce cas, comme dans les cas prévus ci-dessus (n°s 1064, 1067, 1068), les directeurs transmettent sans retard à l'administration les pièces qu'elle est chargée de faire parvenir au département du commerce. Pour prévenir toute confusion, on a soin d'inscrire en marge de ces pièces, en gros caractères, le mot *duplicata*. (*Circ. du* 21 *juin* 1833.)

que sur les morues parvenues, introduites et reconnues propres à la consommation alimentaire dans les lieux de destination. (*Loi du 22 avril 1832, art. 8.*)

Pénalités.

1071. Tout armateur qui n'aurait pas fait suivre à son armement la destination portée en sa soumission, sera passible du payement du double de la prime qu'il aurait reçue ou indûment demandée. (*Même Loi, art. 14.*)

Les primes fixées par la loi ne seront accordées qu'aux armemens ou transports de produits effectués par bâtimens français, et aux seuls produits de la pêche française. L'armateur qui aurait reçu ou demandé des primes hors de ces conditions, sera passible du payement du double des primes reçues ou demandées, sans préjudice des condamnations pour cause de contravention aux lois sur les douanes. (*Même Loi, art. 15.*)

Disposition générale.

1072. Les dispositions de la présente loi, et celles des lois des 22 avril 1832 et 9 juillet 1836 auxquelles il n'est pas dérogé, cesseront d'avoir leur effet le 1er janvier 1851. (*Loi du 25 juin 1841, art. 3.*)

SECTION II.

PÊCHE DE LA BALEINE.

Quotité de la prime.

1073. Les primes accordées par les lois des 22 avril 1832 et 9 juillet 1836, pour l'encouragement de la pêche de la baleine, seront fixées comme suit, à partir du 1er mars 1842, savoir :

Prime au départ (1).

40 fr. par tonneau de jauge (2), au départ, pour les armemens

---

(1) Aucun navire baleinier n'a droit à la prime qu'à concurrence du maximum de 500 tonneaux. Il n'est point dû de prime aux embarcations auxiliaires ou accessoires de l'armement. (*Loi du 22 avril 1852, art. 4.*)

(2) Le système de jaugeage établi par l'ordonnance du 18 novembre 1837 doit être appliqué aux navires baleiniers. (*Circ. du 26 août 1841, n° 1868.*)

entièrement composés de Français, et 29 fr. pour les armemens composés en partie d'étrangers, dans les limites déterminées par l'article 4 de la loi du 22 avril 1832, précitée (1).

Primes au retour.

27 fr. par tonneau de jauge, au retour, pour les armemens tout français, et 14 fr. 50 c. pour les armemens mixtes, dans les conditions déterminées par l'article 2 de la loi du 22 avril 1832, lorsque le navire aura pêché soit au delà du cap Horn, soit à l'est du cap de Bonne-Espérance, dans les latitudes fixées par ledit article 2 et par l'article 3 de la même loi (2).

(*Loi du 25 juin* 1841, art. 1er.)

Formalités.

1074. Tout armateur qui voudra expédier un navire à la pêche de la baleine, sera tenu, pour avoir droit à la prime, d'en faire la déclaration préalable devant le commissaire de la marine du port d'armement (3).

---

(1) Pour avoir droit à la prime, l'équipage mixte ne pourra être composé, en étrangers, que du tiers des officiers, harponneurs et patrons, sans que le nombre puisse excéder deux pour la pêche du sud et cinq pour la pêche du nord.

Les armateurs de navires destinés à la pêche de la baleine seront tenus, alors même qu'ils renonceraient à la prime, de confier moitié au moins des emplois d'officiers, de chefs d'embarcation et harponneurs, à des marins français, sous peine d'être privés de la jouissance des avantages attachés à la navigation nationale. (*Loi du 22 avril* 1832, *art.* 4.)

(2) Les articles 2 et 3 de la loi du 22 avril 1832 sont ainsi conçus :

« Art. 2. Le navire qui a fait la pêche, soit dans l'Océan Pacifique, en dou
« blant le cap Horn ou en franchissant le détroit de Magellan, soit au sud du
« cap Horn, à 62° de latitude au moins, obtient au retour un supplément de
« prime, s'il rapporte en produits de sa pêche la moitié au moins de son char
« gement, ou s'il justifie d'une navigation de seize mois au moins.

« Art. 3. La prime supplémentaire est réduite à moitié pour les navires qui
« ont pêché à l'est du cap de Bonne-Espérance, à 45° au moins de longitude
« du méridien de Paris, et à 48 et 50° de latitude méridionale. »

Ces dispositions, quant à la quotité des primes, ont été modifiées par la nouvelle loi.

(3) Les navires armés pour la pêche de la baleine peuvent embarquer des futailles vides en exemption des droits de sortie. Seulement le retour des futailles, dans un délai déterminé, est assuré par un acquit-à-caution. (*Circ. du* 23 *août* 1833.)

Cette déclaration indiquera le nom et le tonnage du navire; les noms de l'armateur et du capitaine; le nombre de marins composant l'équipage, avec la distinction des Français et des étrangers; la destination du bâtiment; le port de retour; elle contiendra en outre, 1º l'engagement de faire suivre à l'armement sa destination, de faire tenir par le capitaine un journal de sa navigation, et de ne rapporter que des produits provenant de la pêche du navire; 2º la soumission de payer le double de la prime reçue ou demandée, dans le cas de violation ou d'inexécution des conditions ci-dessus stipulées.

La date effective du départ du navire, certifiée par le commissaire de la marine, sera énoncée au bas de cette déclaration, dont il ne sera délivré une expédition à l'armateur qu'après le départ du bâtiment.

L'armateur devra en outre, s'il en est requis, fournir une caution suffisante qui sera reçue par le président du tribunal de commerce de l'arrondissement, et dont il sera donné mainlevée, au retour du navire, par le ministre du commerce, sur la production en due forme des pièces constatant que les conditions de la prime ont été accomplies. (*Ord. du 26 avril 1833, art. 1er.*)

Il sera procédé, à la requête de l'armateur, au jaugeage du navire par un officier de la marine et un officier de la douane, simultanément ou séparément, et de la manière déterminée par la loi du 12 nivôse an 2, en prenant toutes les mesures de dedans en dedans (1). (*Même Ord., art. 2.*)

Retour.

1075. Au retour de la pêche (2), tout capitaine de navire baleinier devra se présenter devant le commissaire de la marine du

---

(1) *Voir* le modèle du certificat de jauge, sous le nº 8.

(2) Dans le cas où une circonstance de force majeure empêcherait un navire d'accomplir sa destination ou d'effectuer son retour en France, l'armateur serait tenu d'en justifier dans le délai de deux ans, à dater du départ du navire. (*Ord. du 26 avril 1833, art 7.*)

Si un navire baleinier ne rentrait qu'après ce délai, le procès-verbal de vérification du chargement ne pourrait être dressé par la douane qu'autant qu'on lui prouverait avoir satisfait en temps utile aux justifications exigées. Dans ce cas, les employés des douanes auraient avant tout à se concerter avec les agens de l'administration de la marine. (*Circ. du 21 juin 1833.*)

port de retour, pour y déclarer le nom et le tonnage du navire, le port d'armement, le nom de l'armateur, la date de son départ de France, les lieux où il a effectué sa pêche, la durée et les circonstances de sa navigation (1), la date de son retour, et la nature et le poids net des produits de sa pêche.

Le commissaire de la marine, après avoir interrogé et entendu collectivement ou séparément les hommes de l'équipage, pour s'assurer, par leurs déclarations comparées au journal de bord et au rapport fait par le capitaine, si la destination de l'armement a été accomplie, mentionnera, au bas de la déclaration du capitaine, le résultat de cet examen.

Une expédition de cette pièce sera délivrée au capitaine pour être adressée, par ses soins ou ceux de l'armateur, au ministre du commerce, dans le délai de trois mois au plus tard après le retour du navire. Une seconde expédition de cette déclaration sera adressée par le commissaire de la marine au ministre de la marine, pour être transmise au ministre du commerce. (*Ord. du 26 avril* 1833, *art.* 5.)

Indépendamment de cette déclaration, le capitaine se pourvoira devant l'administration des douanes pour la reconnaissance et la vérification immédiates de l'espèce et du poids des produits de la pêche formant sa cargaison. Les résultats de cette opération seront consignés dans un procès-verbal dont il sera transmis directement au ministre du commerce une expédition authentique, au bas de laquelle l'administration des douanes énoncera si le navire a satisfait à l'obligation de rapporter en produits de sa pêche la moitié au moins de son chargement (2). (*Même Ord., art.* 6.)

---

(1) En cas de relâche dans un port où se trouve un fonctionnaire public français, ou dans le cas de rencontre d'un bâtiment de l'État, tout capitaine de navire baleinier est tenu de déclarer au fonctionnaire ou au commandant français les principaux faits de sa navigation, et d'en prendre acte sur son journal de bord. (*Ord. du* 26 *avril* 1833, *art.* 4.)

(2) *Voir* le modèle n° 9.

L'expédition du procès-verbal destinée à être transmise au ministre du commerce doit être adressée sans retard à l'administration par les soins du directeur. (*Circ. du* 21 *juin* 1833.)

Dispositions générales.

1076. L'administration de la marine et celle des douanes, dans les ports d'armement, tiendront un registre des déclarations et certificats concernant la pêche de la baleine qu'elles auront été appelées à recevoir ou à délivrer. (*Ord. du 26 avril 1833, art. 8.*)

La liquidation des primes déterminées par la loi sera faite par le ministre du commerce, sur la remise en due forme des pièces exigées. (*Même Ord., art. 9.*)

Les pièces à fournir pour la liquidation des primes devront être sur papier timbré, régulières dans leur libellé, sans rature, surcharge ni altération, à peine de n'être point admises; les signatures devront en outre être légalisées par les soins des armateurs. (*Même Ord., art. 10.*)

Les armateurs qui n'auraient pas formé leur demande et produit les justifications nécessaires pour la liquidation des primes auxquelles ils auraient droit, dans le délai de cinq années, à partir de l'exercice auquel elles appartiennent, encourront la prescription et l'extinction définitive au profit de l'État prononcée par la loi de finances du 29 janvier 1831. (*Même Ord., art. 12.*)

Pénalités.

1077. Tout armateur qui n'aurait pas fait suivre à son armement la destination portée en sa soumission, sera passible du paiement du double de la prime qu'il aurait reçue ou indûment demandée (1). (*Loi du 22 avril 1832, art. 8.*)

Les primes fixées par la loi ne seront accordées qu'aux armemens ou transports de produits effectués par bâtimens français, et aux seuls produits de la pêche française.

L'armateur qui aurait reçu ou demandé des primes hors de ces conditions, sera passible du paiement du double des primes reçues ou demandées, sans préjudice des condamnations pour

---

(1) Le ministre du commerce fait connaître au ministre des finances les noms des armateurs qui n'ont pas satisfait aux obligations imposées, pour être procédé contre eux ainsi qu'il appartient, en exécution des articles 8 et 9 de la loi du 22 avril 1832. (*Ord. du 26 avril 1833, art. 11.*)

cause de contravention aux lois sur les douanes. (*Loi du 22 avril* 1832, *art.* 9.)

Disposition générale.

1078. Les dispositions de la présente loi, ainsi que celles des lois des 22 avril 1832 et 9 juillet 1836, auxquelles il n'est pas dérogé, resteront en vigueur jusqu'au 31 décembre 1850. (*Loi du 25 juin* 1841, *art.* 4.)

SECTION III.

PÊCHE DU CACHALOT.

1079. Indépendamment des primes fixées par l'art. 1er de la présente loi (no 1073), il sera alloué aux navires spécialement armés pour la pêche du cachalot, dans l'Océan Pacifique, et après une navigation de trente mois au moins, pendant laquelle ils se seront élevés au delà du 28e degré de latitude nord, une prime supplémentaire sur l'huile de cachalot et la matière de tête qu'ils rapporteront du produit de leur pêche. Cette prime sera fixée comme suit, par 100 kilog., savoir :

Pour les navires partis du jour de la promulgation de la loi au 31 décembre 1845. . . . . 20 fr.

Pour les navires partis du 1er. janvier 1846 jusqu'au terme de la loi (1). 15
(*Loi du 25 juin* 1841, *art.* 2.)

Formalités.

1080. Une ordonnance royale déterminera les conditions spéciales à remplir par les armateurs qui expédieront des navires à la pêche du cachalot. (*Même Loi, art.* 3.)

Au départ.

1081. Tout armateur qui voudra expédier un navire à la pêche spéciale du cachalot, *dans l'Océan Pacifique*, sera tenu, pour avoir droit à la prime, d'en faire la déclaration préalable devant le commissaire de la marine du port d'armement (2).

---

(1) Cette loi doit avoir son effet jusqu'au 31 décembre 1850.

(2) *Voir* le modèle no 10.

Cette déclaration indiquera : le nom et le tonnage du navire; les noms de l'armateur et du capitaine; le nombre de marins composant l'équipage, avec la distinction des Français et des étrangers; la destination du bâtiment. Cette déclaration contiendra en outre, 1o l'engagement de faire suivre à l'armement sa destination, de faire tenir par le capitaine un journal de sa navigation, de ne rapporter que des produits provenant de la pêche du navire, et d'effectuer son retour dans un port de France; 2o la soumission de payer le double de la prime reçue ou demandée, dans le cas de violation ou de non-exécution des conditions énoncées dans la présente ordonnance et dans la soumission de l'armateur.

La date effective du départ du navire, certifiée par le commissaire de la marine, sera énoncée au bas de cette déclaration, dont il ne sera délivré une expédition à l'armateur qu'après le départ du bâtiment.

L'armateur devra en outre, s'il en est requis, fournir une caution suffisante, qui sera reçue par le président du tribunal de commerce de l'arrondissement, et dont il sera donné mainlevée, au retour du navire, par le ministre secrétaire d'État de l'agriculture et du commerce, sur la production, en due forme, des pièces constatant que les conditions de la prime ont été accomplies. (*Ord. du 10 août* 1841 , *art.* 1er.)

Il sera procédé, à la requête de l'armateur, au jaugeage du navire, par un officier de la marine et un officier de la douane, simultanément ou séparément, de la manière déterminée par la loi du 12 nivôse an 2 et par l'ordonnance royale du 18 novembre 1837, en prenant toutes les mesures de dedans en dedans (1). (*Même Ord., art.* 2.)

Indépendamment de la visite prescrite par l'article 225 du Code de commerce, il sera procédé à la reconnaissance de l'état des avitaillemens, embarcations, instrumens et ustensiles de pêche nécessaires à l'expédition.

----

(1) *Voir* le modèle no 11.

Un double du certificat de jaugeage doit être adressé, par l'intermédiaire des directeurs, à l'administration, qui le fait parvenir, après légalisation, au département du commerce. (*Circ. du* 26 *août* 1841, *no* 1868.)

Un procès-verbal (1) constatera que l'armement présente, sous ce rapport, les garanties suffisantes, eu égard à la force et à la destination du bâtiment, à la durée du voyage et au nombre des hommes embarqués.

La reconnaissance ci-dessus prescrite sera faite par une commission spéciale composée du commissaire de la marine, d'un employé de l'administration des douanes (2) et d'un membre de la chambre de commerce. (*Ord. du 10 août 1841, art. 4.*)

Pendant la pêche.

1082. Tout capitaine de navire cachalotier sera tenu de mentionner successivement, sur le journal exigé par l'article 1er de la présente ordonnance, la prise de chaque cachalot et la quantité d'huile et de matière de tête qu'il aura fournie. (*Même Ord., art. 5.*)

En cas de relâche dans un port où se trouve un fonctionnaire public français, ou dans le cas de rencontre d'un bâtiment de l'État, tout capitaine de navire cachalotier sera tenu de déclarer au fonctionnaire ou au commandant français les principaux faits de sa navigation, et d'en prendre acte sur son journal de bord. (*Même Ord., art. 6*).

Au retour.

1083. Au retour de la pêche, tout capitaine de navire cachalotier devra se présenter devant le commissaire de la marine du port de retour, pour y déclarer le nom et le tonnage du navire, le port d'armement, le nom de l'armateur, la date de son départ de France, les lieux où il a effectué sa pêche, la durée et les circonstances de sa navigation, la date de son retour, et la nature ainsi que le poids net des produits de sa pêche, en distinguant les produits de baleine et les produits de cachalot.

Le commissaire de la marine, après avoir interrogé et entendu collectivement ou séparément les hommes de l'équipage, pour

---

(1) *Voir* le modèle n° 12.

Un double de ce procès-verbal doit être transmis à l'administration par l'intermédiaire des directeurs. (*Circ. n° 1868.*)

(2) Dans les ports où il existe un inspecteur ou un sous-inspecteur sédentaire, ce chef doit faire personnellement partie de la commission. Dans les autres ports, l'administration y est représentée par le receveur. (*Circ. du 26 août 1841, n° 1868.*)

s'assurer, par leurs déclarations comparées au journal de bord et au rapport fait par le capitaine, si la destination de l'armement a été accomplie, mentionnera au bas de la déclaration du capitaine le résultat de cet examen.

Une expédition de cette pièce sera délivrée au capitaine, pour être adressée, par ses soins ou par ceux de l'armateur, au ministre de l'agriculture et du commerce, dans le délai de trois mois au plus tard après le retour du navire. Une seconde expédition de cette déclaration sera adressée par le commissaire de la marine au ministre secrétaire d'État de la marine et des Colonies, pour être transmise au ministre de l'agriculture et du commerce (*Ord. du* 10 *août* 1841, *art.* 7) (1).

Indépendamment de cette déclaration, le capitaine se pourvoira devant l'administration des douanes pour la reconnaissance et la vérification immédiates de l'espèce et du poids des produits de sa pêche, tant en baleine qu'en cachalot. Les résultats de cette opération seront consignés dans un procès-verbal dont il sera transmis directement une expédition authentique au ministre de l'agriculture et du commerce (2).

Dans le cas où un navire expédié à la pêche du cachalot effectuerait son retour avant le délai de trente mois, prescrit par l'article 2 de la loi du 25 juin 1841, le procès-verbal ci-dessus énoncé constatera si le navire, à défaut d'une navigation de plus de seize mois, rapporte en produits de sa pêche la moitié au moins de son chargement nécessaire pour avoir droit à la prime de retour déterminée par l'article 1er de la loi précitée. (*Même Ord., art.* 8).

---

(1) La douane, appelée à statuer sur le régime à appliquer aux produits de la pêche, est investie, par les lois sur lesquelles repose l'exécution de son service, du droit de se livrer à des vérifications analogues à celles que l'article 7 de l'ordonnance attribue à la marine, dans l'intérêt spécial du service de ce département. Il est donc indispensable qu'elle exige de son côté toutes les justifications propres à éclairer sa décision touchant l'admission des produits rapportés ; que, dans les ports de relâche, elle examine et vise le livre de bord ; que, dans ceux de retour, elle n'accorde l'immunité des droits qu'après avoir reçu, dans la forme et les délais voulus, un rapport de mer du capitaine, et s'être assurée de l'exactitude de ce rapport par le rapprochement du journal de bord et l'interrogatoire de l'équipage. (*Circ. n°* 1868.)

(2) Un double du certificat de vérification du chargement doit être transmis à l'administration. (*Circ. n°* 1868.) — *Voir* le modèle n° 13.

Dispositions générales.

1084. Dans le cas où une circonstance quelconque de force majeure empêcherait un navire d'accomplir sa destination ou d'effectuer son retour en France, l'armateur sera tenu d'en justifier dans le délai de cinq ans, à dater du départ du navire. (*Ord. du* 10 *août* 1841, *art.* 9.)

L'administration de la marine et celle des douanes , dans les ports d'armement, tiendront un registre des déclarations et certificats concernant la pêche du cachalot qu'elles auront été appelées à recevoir ou à délivrer. (*Même Ord.*, *art.* 10.)

La liquidation des primes déterminées par les articles 1 et 2 de la loi du 25 juin 1841 sera faite sur la remise, en due forme, des pièces exigées. (*Même Ord.*, *art.* 11.)

Les pièces à fournir pour la liquidation des primes devront être écrites sur papier timbré, régulières dans leur libellé, sans rature, surcharge ni altération, à peine de n'être point admises ; les signatures devront en outre être légalisées par les soins des armateurs. (*Même Ord.*, *art.* 12).

Le ministre de l'agriculture et du commerce fera connaître au ministre des finances les noms des armateurs qui n'auraient pas produit, dans les délais ci-dessus déterminés, les justifications prescrites par les articles 8, 9 et 10 de la présente ordonnance, pour être procédé contre eux ainsi qu'il appartiendra, en exécution des articles 8 et 9 de la loi du 22 avril 1832 (n° 1077). (*Même Ord.*, *art.* 13.)

Les armateurs qui n'auraient pas formé leur demande et produit les justifications nécessaires pour la liquidation des primes auxquelles ils auraient droit, dans le délai de cinq années à partir de l'exercice auquel elles appartiennent, encourront la prescription et l'extinction définitive au profit de l'État, prononcées par la loi de finances du 29 janvier 1831. (*Même Ord.*, *art.* 14.)

SECTION IV.

PÊCHE COTIÈRE FAITE PAR DES ÉTRANGERS.

1085. Les pêcheurs catalans continueront à jouir, d'après les conventions subsistantes entre la France et l'Espagne, de la faculté de pêcher sur les côtes de France, et de vendre leur poisson dans les ports où ils aborderont, en se conformant aux lois et règlemens qui régissent les pêcheurs nationaux : en conséquence, lesdits pêcheurs catalans et autres étrangers domiciliés ou stationnaires à Marseille et sur les côtes de Provence seront soumis, comme les nationaux, à la juridiction des prud'hommes dans les lieux où il y en a d'établis, et obligés de se faire inscrire au bureau des classes, où il leur sera délivré un rôle d'équipage contenant le nombre d'hommes dont sera armé chaque bateau pêcheur, ceux sous pavillon français pouvant être composés par moitié d'étrangers, et ceux sous pavillon d'Espagne pouvant aussi être composés par moitié de Français. (*Loi du* 12 *décembre* 1790, *art.* 2.)

Sont également soumis les pêcheurs catalans et autres étrangers, comme les nationaux, au payement de la contribution dite *de la demi-part*, lorsqu'ils viendront vendre leur poisson dans les marchés français. (*Même Loi, art.* 3.)

La parité de charges et d'obligations entre les nationaux et les Catalans, assurant aux uns comme aux autres une parité de droits dans l'exercice de leur profession, les pêcheurs catalans domiciliés à Marseille jouiront en commun, pour l'étalage de leurs filets, des terrains appartenant à la communauté des pêcheurs (*Même Loi, art.* 4.) (1).

---

(1) La loi du 12 décembre 1790, qui autorise, à certaines conditions, les étrangers à faire la pêche sur nos côtes, entendait réserver aux pêcheurs catalans seuls le droit d'importer en franchise le produit de leur pêche. (*Déc. adm. du* 17 *juin* 1833.)

Cependant, dans la pratique, l'immunité a toujours été étendue à tous les autres étrangers, et le ministre des finances a décidé, le 18 décembre 1833, que les pêcheurs étrangers, sans distinction de nation, stationnaires sur les côtes de la Méditerranée, seraient provisoirement maintenus en possession des immunités dont ils n'ont cessé de jouir à l'importation des produits de leur pêche. (*Déc. adm. du* 30 *décembre* 1833.)

Pour obtenir la franchise, il faut, d'une part, que les pêcheurs soient soumis à la même juridiction que les Français, et, de l'autre, qu'ils se fassent inscrire au bureau des classes, où il doit leur être délivré un rôle où la composition obligée de l'équipage se trouve déterminée. Les employés des douanes doivent s'assurer qu'on a satisfait à ces conditions. (*Circ. du* 24 *décembre* 1818, *n°* 452.)

Les filets et autres instrumens de pêche que les pêcheurs étrangers apportent pour exercer leur industrie sur nos côtes, sont affranchis des droits d'entrée. Seulement la douane exige une déclaration exacte et détaillée du mobilier de chaque bateau, et perçoit, au départ de l'embarcation, les droits sur

(MODÈLE N° 1.)

DOUANES.

Année

N° d'ordre.

Nom du navire.

Nom du capitaine.

Port d'armement.

PÊCHE DE LA MORUE.

DÉCLARATION DE RETOUR.

PORT DE

Par-devant   de la douane en ce port je soussigné   capitaine du navire   armé à   par   et parti de ce port le déclare être arrivé le   à   lieu de ma destination. (*Ici donner les détails des opérations de la pêche.*)

Je déclare en outre rapporter :
    Morue (*sèche ouverte*)............   kil.
    Huile de morue................
    Rogues......................
    Issues......................

Lesquels forment avec   kil. de morue qui ont été chargés à bord d   navire   en destination de la totalité du produit de ma pêche. En foi de quoi j'ai signé la présente déclaration et présenté mon journal de bord à l'appui.

    A   le

           Signé

Nous   de la douane en ce port, après avoir entendu les hommes composant l'équipage du navire   capitaine et avoir comparé leurs déclarations avec celle du capitaine et son journal de bord, avons autorisé l'admission des produits de pêche dudit navire, lesquels ont été vérifiés et reconnus du poids net de, savoir : (*détail des produits.*)

Et sommes d'avis que ledit armement a rempli les conditions déterminées par la loi du 22 avril 1832 et par l'ordonnance du 26 avril 1833 pour l'obtention de la prime. En foi de quoi nous avons délivré le présent.

    A   le

---

les objets manquans dont la perte ne serait pas dûment justifiée. Cette perception éventuelle doit être garantie, soit par le dépôt en douane des papiers de bord, soit par une soumission cautionnée. (*Déc. adm. du 18 mars 1833.*)

Les bateaux étrangers (*autres que les espagnols assimilés aux français par le pacte de famille*) qui font la pêche sur les côtes de France, doivent payer le droit de tonnage une fois par an, s'ils pêchent toute l'année, et une fois par saison de pêche, s'ils ne demeurent pas constamment sur nos côtes. La perception s'effectue à l'époque de la première arrivée des bateaux. Le passe-port dont ils sont tenus de se munir à leur première sortie du port est, selon le cas, valable pour l'année entière ou pour toute la saison de la pêche. (*Déc. adm. du 1er octobre 1840.*)

Ce droit de passe-port, dont les Espagnols ne sont pas affranchis, est de 1 fr.

(MODÈLE N° 2.)

PÊCHE DE LA MORUE.

CERTIFICAT DE CHARGEMENT DE MORUE D'ENTREPÔT.

PORT DE

Par-devant nous   de la douane en ce port, N déclare vouloir expédier à   sur le navire français capitaine   la quantité de   kil. de morue de pêche française, provenant de la pêche de 18 séchée à   et extraite de l'entrepôt, laquelle morue a été reconnue de bonne qualité et bien conditionnée, suivant le certificat ci-annexé; et à la suite de cette déclaration, nous avons délégué N   de la douane de ce port, à l'effet de constater l'embarquement et le poids net de ladite morue, lequel nous a déclaré avoir reconnu qu'elle est contenue en marqués   numérotés n°   à n°   pesant ensemble brut   kil., et net, tare réelle déduite,   kil., suivant la pesée qui en a été faite en sa présence, et avoir assisté à son embarquement; le tout conforme en nombre, marque et poids, à ce qui est énoncé dans les connaissemens qui lui ont été représentés par le capitaine.

En foi de quoi nous avons délivré le présent.

A   le

Vu par l'inspecteur,

Vu et enregistré par le receveur principal des douanes sous le n°

Vu par le directeur,

Vu pour la légalisation de la signature de M.   directeur des douanes à Paris, le   184

(MODÈLE N° 3.)

PÊCHE DE LA MORUE.

CERTIFICAT DE CHARGEMENT.

PORT DE

Par-devant nous   de la douane en ce port, N déclare vouloir expédier à   sur le navire français capitaine   la quantité de   kil. de morue de pêche française, provenant de la pêche de 18

séchée à   et qui a été reconnue de bonne qualité et
bien conditionnée, suivant le certificat ci-annexé; et à la suite
de cette déclaration, nous avons délégué N   de la douane
de ce port, à l'effet de constater l'embarquement et le poids net
de ladite morue, lequel nous a déclaré avoir reconnu qu'elle est
contenue en ,   marqués   numérotés nº   à
nº   pesant ensemble brut   kil. , et net, tare réelle
déduite,   kil. , suivant la pesée qui en a été faite en sa
présence, et avoir assisté à son embarquement; le tout conforme
en nombre, marque et poids, à ce qui est énoncé dans les connaissemens qui lui ont été représentés en règle par le capitaine.
    En foi de quoi nous avons délivré le présent.
    A   le
            Vu par le sous-inspecteur,

        Vu et enregistré par le receveur principal
    des douanes sous le nº

            Vu par le directeur,

        Vu pour la *légalisation* de la *signature* de
    M.   directeur des douanes à
        Paris, le

            (MODÈLE Nº 4.)

            ———

        CERTIFICAT DE BONNE QUALITÉ.

            ———

Nous soussigné, courtiers de commerce à   département de
dûment patentés et assermentés, certifions avoir reconnu, concurremment avec
les sieurs   de la douane de cette ville, délégués à cet effet, que les
    kil. de morue destinée par le sieur   (*à être embarquée sur le
navire l*   *capitaine*   *ou à être expédiée en Espagne par
le bureau de*   ) sont de pêche française, de bonne qualité, bien
conditionnée, et proviennent de la pêche de 18   ; déclarons en outre que les
        contenant ladite morue, au nombre de   ont été marqués et nu-
mérotés du   nº   à nº   .   inclusivement.
En foi de quoi nous avons délivré le présent pour valoir ce que de raison.
    Fait à
    Les   de la douane, | Les courtiers de commerce,

    Vu par nous   de la | Vu par nous, président du tribunal
    douane, | de commerce,

N. B. Ce certificat est délivré au dos du certificat de chargement.

(MODÈLE N° 5.)

DOUANES.

Année 18

Nom de la ville.

N°

Poids net.

PÊCHE DE LA MORUE.

CERTIFICAT D'EXPÉDITION DE MORUES PAR TERRE EN ESPAGNE.

Par-devant nous   de la douane de   le sieur   déclare vouloir expédier par terre en Espagne, et par le bureau de   la quantité de   kil. de morue provenant de la pêche de 18   , séchée à   et qui a été reconnue de bonne qualité et bien conditionnée, suivant le certificat ci-annexé. Et à la suite de cette déclaration , avons délégué N   de la douane de cette ville, à l'effet de constater le poids net de ladite morue, lequel nous a déclaré avoir reconnu qu'elle est contenue en   marqués   numérotés n°   à n°   pesant ensemble   kil. brut, et net, tare réelle déduite,   kil., suivant la pesée qui a été faite en sa présence.

En foi de quoi nous avons délivré le présent.

Vu par le sous-inspecteur,

Vu et enregistré par le receveur principal des douanes sous le n°

Vu par le directeur,

Vu pour légalisation de la signature de M.   directeur des douanes à Paris , le

(MODÈLE N° 6.)

PÊCHE DE LA MORUE.

IMPORTATIONS DE ROGUES.

PORT DE

Je soussigné   de la douane en ce port, certifie que le sieur   capitaine du navire l   armé à   par   est entré en ce port le   et a déclaré rapporter de la pêche, pour compte de   la quantité de   kil. de rogues de morue qui ont été reconnues de bonne qualité, bien préparées et propres à la pêche de la sardine, suivant le certificat ci-annexé. Et à la suite de cette déclaration , avons chargé   de la douane de ce port, d'assister au débarquement, et de constater le poids net desdites rogues , lesquelles ont été effectivement débarquées, et reconnues du poids brut de   et net de   kil.

En foi de quoi j'ai délivré le présent.

Vu par le sous-inspecteur,

Vu et enregistré par le receveur principal des douanes sous le nº

Vu par le directeur des douanes à

Vu pour légalisation de la signature de M.   directeur des
douanes à
     Paris, le

(MODÈLE Nº 7.)

CERTIFICAT DE BONNE QUALITÉ.

Nous soussignés, courtiers de commerce à   département
dûment patentés et assermentés, attestons que, concurremment avec les sieurs
       de la douane de ce port, délégués à cet effet, avons procédé à
l'examen des   kil. de rogues de morues apportées en ce port par le navire
     capitaine   et reconnu que lesdites rogues sont de bonne
qualité, bien préparées et propres à servir d'appàt à la pêche de la sardine.
En foi de quoi nous avons signé le présent pour valoir ce que de raison.
Fait à   ·   le
Les   de la douane, | Les courtiers de commerce,

Vu par nous   de la douane | Vu par nous, président du tribu-
en ce port, | nal de commerce,

N. B. Ce certificat doit être délivré au dos du précédent.

(MODÈLE Nº 8.)

PÊCHE DE LA BALEINE.

CERTIFICAT DE JAUGE.

MARINE ou DOUANE
ou MARINE ET DOUANE.

Nous   (*le fonctionnaire supérieur ou délégué de la marine, ou
vérificateur de la douane*) (1) certifions que le tonnage du navire baleinier
     expédié de ce port par M.   armateur, reconnu être de
    tonneaux   centièmes, suivant le mode prescrit par l'ordonnance
royale du 18 novembre 1837, en exécution de l'article 6 de la loi du 5 juillet

---

(1) Ce certificat peut être délivré par les officiers de la marine et des douanes, conjointement ou séparément. (*Ord. du 20 février* 1839.)

1836, correspond à   tonneaux   quatre-vingt-quatorzièmes, selon l'ancien mode déterminé par la loi du 12 nivôse an 2.

Fait à

Signé   *Signé*

Vu par le commissaire de la marine,   Vu par le   de la douane,

Vu pour légalisation de la signature   Vu pour légalisation de la signature
de M.   commissaire de la ma-   de M.   de la douane de
rine au port de   Paris, le

Paris, le

Le ministre secrétaire d'État de la marine
  et des Colonies,

(MODÈLE N° 9.)

DOUANES.

pour

à

N° d'ordre.

PÊCHE DE LA BALEINE.

PROCÈS-VERBAL DE VÉRIFICATION DE CHARGEMENT.

Nom du bâtiment. Nous soussignés   de la douane de ce port, à la requête du sieur   capitaine du navire baleinier
jaugeant   tonneaux   centièmes, armé à
par   parti de France le   et entré en ce
port le   avons procédé à la reconnaissance et vérification de l'espèce et du poids des produits de pêche formant sa
cargaison, et avons reconnu qu'elle se compose :

lesquels nous estimons former au moins la moitié de son chargement ; au moyen de quoi nous sommes d'avis que ledit navire a
satisfait à l'obligation imposée à cet égard par l'article 2 de la loi
du 22 avril 1832, dans le cas d'une navigation de moins de seize
mois.

Fait à

Vu par le sous-inspecteur,

Vu et enregistré par le receveur principal
sous le n°

Vu par le directeur,

Vu pour légalisation de la signature de
M.   directeur des douanes à
Paris, le

(MODÈLE Nº 10.)

PÊCHE DU CACHALOT.

DÉCLARATION D'ARMEMENT.

MARINE.

ARRONDISSEMENT
d

s.-ARRONDISSEM.
d

Nº d'ordre du
registre.

Nº d'ordre de
l'armement.

Nom du navire.

PORT D

Par-devant   de la marine en ce port, je (ou nous) soussigné, armateur du navire français l   capitaine   du port de   tonneaux   centièmes, ainsi qu'il résulte du certificat de jaugeage, en date du   18   , ci-annexé,

Déclar   être dans l'intention de le faire partir pour la pêche du cachalot dans l'Océan Pacifique;

L'équipage dudit navire étant composé de   hommes, dont   officiers français et   officiers étrangers, et   marins français.

En conséquence,   oblige   conformément aux articles 8 et 9 de la loi du 22 avril 1832,

• 1º A lui faire suivre sa destination;

2º A lui faire effectuer son retour dans un port de France;

3º A ne rapporter que les produits de sa pêche;

4º A faire tenir par le capitaine un journal de sa navigation;

Et 5º à payer, en cas de non-exécution de l'une des conditions ci-dessus spécifiées, le double de la prime reçue ou demandée, sauf les cas de force majeure, tels que naufrage, capture, confiscation, échouement, condamnation pour vétusté ou avarie, etc., dont   oblige   à justifier par pièces émanées de fonctionnaires ou officiers publics compétens, conformément à l'article 10 de l'ordonnance royale du 10 août 1841.

Fait à   le   18

Ledit navire est parti pour sa destination le   18

Pour copie conforme au registre des déclarations :

Le   *de la marine,*

A   le   18

Vu pour la légalisation de la signature de M.   commissaire de la marine à

Paris, le   18

Le ministre secrétaire d'État de la marine et des Colonies,

N. B. L'expédition de cette déclaration ne doit être remise à l'armateur qu'après le départ du navire. Elle doit être timbrée et légalisée avant d'être produite au ministère de l'agriculture et du commerce.

(MODÈLE N° 11.)

PORT
d

Nom du navire.

Nom du capitaine.

Tonnage.
tonneaux
100es.

PÊCHE DU CACHALOT.

CERTIFICAT DE JAUGEAGE.

MARINE ou DOUANE
ou MARINE ET DOUANE.

Nous, etc., soussignés, certifions avoir procédé, conformément aux lois des 27 vendémiaire et 12 nivôse an 2, et à l'ordonnance royale du 18 novembre 1837, à la reconnaissance de la jauge du navire *l*   capitaine   armateur et avoir obtenu le résultat ci-après, savoir :
(*indiquer exactement les mesures prises, suivant qu'il est déterminé par la loi, et leur produit.*)

D'où il résulte que ledit navire est du port de (*en toutes lettres*) tonneaux   100es.

Fait à   le   18

Les   *de la marine,* | *Les*   *de la douane,*

Vu par le commissaire de la marine, | Vu par le   de la douane,

Vu pour légalisation de la signature de M.   commissaire de la marine au port d | Vu pour légalisation de la signature de M.   de la douane d

Paris, le   18 | Paris, le   18

Le ministre secrétaire d'État de la marine et des Colonies,

N. B. Cette pièce doit être timbrée et légalisée avant d'être produite au ministère de l'agriculture et du commerce.

(MODÈLE N° 12.)

PORT
d

Nom du navire.

Tonnage :
tonneaux
100es.

Armateur : M.
Capitaine : M.

PÊCHE DU CACHALOT.

CERTIFICAT D'AVITAILLEMENT ET D'ÉQUIPEMENT POUR LA PÊCHE.

Nous soussignés, membres de la commission spéciale instituée par l'article 4 de l'ordonnance royale du 10 août 1841,

Après avoir procédé à la reconnaissance de l'état des avitaillemens, embarcations, instrumens et ustensiles de pêche du navire *l*   du port de   tonneaux   centièmes, monté par   hommes d'équipage, et armé par M.

le   18   , n°   , pour la pêche du cachalot dans l'Océan Pacifique ;

Déclarons avoir reconnu que lesdits approvisionnemens présentent, eu égard au tonnage et à la destination du bâtiment, au nombre d'hommes composant l'équipage et à la durée du voyage, toutes les garanties nécessaires.

En foi de quoi nous avons délivré le présent pour servir ce que de raison.

A   le   18

Le commissaire de la marine,   *Le*   *des douanes,*

Le membre de la chambre de commerce,

Vu pour légalisation de la signature   Vu pour légalisation de la signature
de M.   commissaire de la   de M.   des douanes au
marine au port d   port d
Paris, le   18   Paris, le   18
Le ministre secrétaire d'État de la marine
et des Colonies,

(MODÈLE Nº 13.)

DOUANES.

PORT

d

Nº d'ordre.

PÊCHE DU CACHALOT.

PROCÈS-VERBAL DE VÉRIFICATION DE CHARGEMENT.

Nom du bâtiment.

N. B. Ce certificat doit être timbré et légalisé avant d'être produit au ministère de l'agriculture et du commerce.

(1) Si le navire effectue son retour avant le délai de 16 mois, les agens de la douane devront constater ici qu'il rapporte en produits de sa pêche la moitié au moins de son chargement, nécessaire pour avoir droit à la prime de retour déterminée par l'article 1er de la loi du 25 juin 1841, conformément à l'article 2 de la loi du 22 avril 1832.

Nous soussignés   de la douane de ce port à la
requête du sieur   capitaine du navire cachalotier
              jaugeant   tonneaux   centièmes, armé à
              par   , parti de France le
18   et entré en ce port le   18   avons procédé
à la reconnaissance et vérification de l'espèce et du poids net des
produits de pêche formant sa cargaison, et avons reconnu qu'elle
se compose, savoir :

kilog.   kilog.

Produits de cachalot .. { Huile..........
                        { Matière de tête.
Produits de baleine... { Huile..........
                       { Fanons........
              (1)

Fait à   le   18

Vu par le sous-inspecteur,

Vu et enregistré par le receveur principal
sous le nº

Vu par le directeur,

Vu pour légalisation de la signature de M.
directeur des douanes à
Paris, le   18

CHAPITRE XXIII.

LIBRAIRIE.

Transit et importation.

1086. Les contrefaçons en librairie seront exclues du transit accordé aux marchandises prohibées par l'article 3 de la loi du 9 février 1832.

Tous les livres en langue française dont la propriété est établie à l'étranger, ou qui sont une édition étrangère d'ouvrages français tombés dans le domaine public, continueront de jouir du transit et seront reçus à l'importation en acquittant les droits établis, et sous la condition de produire un certificat d'origine relatant le titre de l'ouvrage, le lieu et la date de l'impression, le nombre de volumes, lesquels devront être brochés ou reliés, et ne pourront être présentés en feuilles.

Les livres venant de l'étranger, en quelque langue qu'ils soient, ne pourront être présentés à l'importation ou au transit que dans les bureaux de douanes qui seront désignés par une ordonnance du Roi (1).

Dans le cas où des présomptions, soit de contrefaçon, soit de condamnations judiciaires, seront élevées sur les livres présentés, l'admission sera suspendue, les livres seront retenus à la douane (2), et il en sera référé au ministre de l'intérieur, qui devra prononcer dans un délai de quarante jours.

Les dispositions contenues en cet article sont applicables à tous les ouvrages dont la reproduction a lieu par les procédés de la typographie, de la lithographie ou de la gravure.

Nulle édition ou partie d'édition, imprimée en France, ne

---

(1) Cette ordonnance n'ayant point encore été rendue, l'importation et le transit des livres continuent d'avoir lieu par les bureaux désignés pour ces sortes d'expéditions. (*Circ. du* 8 mai 1841, *n*° 1850.) Les livres expédiés en transit peuvent être réexportés par tous les bureaux ouverts au transit des marchandises non prohibées. (*Circ. du* 14 mai 1841.)

Voir le livre VII, *Transit.*

(2) Lorsque des livres présentés pour le transit sont retenus à la douane, il doit être immédiatement rendu compte à l'administration de ce dépôt temporaire et préventif sous le timbre de la 2e *division*, 1er *bureau*, *transit.* (*Circ. du* 14 mai 1841, *n*° 1851.)

pourra être réimportée qu'en vertu d'une autorisation expresse du ministre de l'intérieur, accordée sur la demande de l'éditeur, qui, pour l'obtenir, devra justifier du consentement donné à la réimportation par les ayans-droit. (*Loi du 6 mai* 1841, *art.* 8.)

Importations.

1087. Les livres importés dans le royaume seront soumis aux droits fixés par le tarif.

Ces droits tiendront lieu de tous ceux perçus jusqu'à ce jour.

La librairie ne pourra être importée que par les bureaux de Lille, — Baizieux, — Valenciennes, — Forbach, — Wissembourg, — Strasbourg, — Saint-Louis, — Pontarlier, — Les Rousses, — Morez, — Bellegarde, — Châtillon-de-Michaille, —Pont-de-Beauvoisin, —Chapareillan, —Marseille —Béhobie, — Bayonne, — Bordeaux, — Caen, — Rouen, — le Havre, — Boulogne, — Calais et Dunkerque (1). (*Loi du 27 mars* 1817, *art.* 1er, *et Déc. minist. subséquentes.*)

Formalités.

1088. Les livres devant acquitter moins de 150 fr. par 100 kilog. seront emballés séparément par espèce (2). Une ordonnance du Roi règlera les formalités à observer pour l'introduction des livres venant de l'étranger et pour leur vérification (3). (*Même Loi*, *art.* 1er.)

Les déclarations d'importation de librairie devront être faites par des négocians connus et solvables (4).

Les droits du tarif seront liquidés et payés immédiatement

---

(1) Pour faire entrer des livres par d'autres bureaux, une permission spéciale de l'administration est indispensable. (*Circ. du* 10 *novembre* 1818.)

(2) Lorsque des colis faits à l'étranger comprennent un mélange de livres français et étrangers, les uns en langue morte, les autres en langue française, les chefs de la douane jugent s'il y a lieu de suspendre la perception jusqu'après la vérification de la police. Dans ce cas, ils font provisoirement garantir le droit maximum (150 *francs*) par une consignation en numéraire, ou par une soumission valablement cautionnée. Aussitôt le retour à la douane frontière de l'acquit-à-caution revêtu du certificat de la police, on perçoit les droits réellement dus, et on annule la soumission. (*Circ. manusc. du* 28 *oct.* 1817.)

(3) Cette ordonnance n'ayant pas été rendue, on doit se conformer aux instructions administratives rapportées au présent chapitre.

(4) Ces déclarations restent soumises aux règles générales. *Voir* le livre II, chapitre II.

après qu'on se sera simplement assuré que les caisses ou ballots ne contiennent que des livres (1).

Il sera en même temps délivré un acquit-à-caution pour diriger ces colis, soit sur la douane de Paris (2), soit sur une préfecture de département (3), où il sera vérifié, d'une part, que les livres ont été exactement déclarés quant aux espèces qui déterminent l'application des droits; et, de l'autre, qu'ils ne sont pas de nature à provoquer la saisie.

Les soumissions pour la délivrance de ces acquits-à-caution devront être cautionnées et spécifier la valeur des livres, ainsi que les peines qui seraient encourues (n° 1093), si toutes les conditions de l'acquit venaient à n'être pas remplies, et si de la vérification il résultait la preuve que les espèces ont été mal déclarées. (*Circ. du 28 mars 1817, n° 263.*)

Plombage.

1089. Les colis renfermant des livres pour être expédiés ainsi qu'il vient d'être dit, devront subir un double plombage : le premier en dessous de l'emballage, sur la caisse ou le ballot à nu, et le second par-dessus la paille et la toile, à la manière accoutumée (4); les plombs ne pourront être levés qu'en présence des agens désignés pour reconnaître les livres. (*Même Circ.*)

Décharge des acquits.

1090. La décharge des acquits-à-caution sera constatée, à

---

(1) *Voir* la note 2, page 310, pour le cas où la perception du droit peut être suspendue.

Voir, pour les livres adressés au ministre chargé de la police, et pour ceux destinés à l'usage des voyageurs, le n° 1092, note.

(2) Les livres pourront être dirigés, avant le payement des droits d'entrée, sur la douane de Paris ou sur toute autre douane où se trouve la préfecture qui doit les examiner. Il suffit que le bureau d'importation reconnaisse les livres et en assure, par un acquit-à-caution, le transport à la douane secondaire, où les droits sont perçus, après l'examen de la police. (*Circ. du 28 mars 1817.*)

(3) Les livres peuvent aussi être dirigés sur une sous-préfecture. Si la préfecture ou la sous-préfecture qui doit procéder à leur examen se trouve dans le même lieu que le bureau d'entrée, les employés des douanes s'y rendent pour faire simultanément leur visite, afin qu'il n'y ait qu'un seul déballage. (*Déc. adm. du 27 juin 1820.*)

(4) Le prix du second plomb est de 25 cent., comme en matière de transit. (*Déc. adm. du 31 décembre 1841.*)

Paris, par les employés des douanes concurremment avec la direction de la librairie; et, dans les départemens, par le secrétaire général de la préfecture et les commissaires spécialement délégués par le préfet (1). (*Circ. du 28 mars 1817, n° 263.*)

Gravures et lithographies.

1091. Les gravures, lithographies et estampes de toute sorte présentées à l'importation seront, quant à l'examen à faire par les magistrats, soumises aux mêmes règles que la librairie. (*Déc. minist. du 22 mai 1823; Circ. du 1er juin suiv., n° 803.*)

Gazettes et journaux.

1092. Les gazettes et journaux apportés par les courriers de la malle et confondus dans la correspondance journalière, *par suite d'abonnement*, ne seront pas assujettis aux règles rappelées au présent chapitre, attendu qu'ils ne peuvent être visités qu'aux bureaux de poste (2); mais les collections de gazettes et de journaux étrangers qui arrivent comme *objets de commerce*, et non comme dépêches courantes, soit par les courriers, soit par les voies ordinaires du commerce, seront traités comme librairie (3). (*Déc. minist. transm. par la Circ. du 14 oct. 1817.*)

Pénalités.

1093. Toute tentative d'importation frauduleuse de livres (4), soit en évitant les bureaux, soit par fausse déclaration ou tout

---

(1) Si les livres avaient été dirigés sur la douane d'un chef-lieu de préfecture autre que Paris, les employés de cette douane agiraient concurremment avec les délégués du préfet et le secrétaire général.

(2) *Voir* le chapitre xxix du présent livre.

(3) Les paquets d'imprimés adressés des pays étrangers au ministre chargé de la police générale, et reconnus par une inspection sommaire ne contenir que des livres, lui sont envoyés directement sous plomb et avec un acquit-à-caution, qui est revêtu à son ministère d'un certificat de réception. (*Circ. du 6 avril 1811.*)

Les livres que les voyageurs portent avec eux, pour leur usage en route, peuvent être admis immédiatement sur leur déclaration, mais à charge d'en remettre le catalogue à la douane, avec promesse écrite et signée de ne pas s'en défaire. Les exemplaires doubles qui annoncent un objet de commerce doivent être retenus. (*Circ. du 30 mai 1810.*)

(4) Sans exception des ouvrages défendus. (*Circ. n° 1163.*)

autre moyen de surprise, sera constatée et poursuivie conformément aux lois générales des douanes (1). (*Circ. du 16 mai 1829,
n° 1163.*)

CHAPITRE XXIV.

DU TIMBRE DES LETTRES DE VOITURE, CONNAISSEMENS, etc.

1094. Les préposés des douanes et les préposés à la perception des droits d'octroi sont tenus de se faire représenter les
lettres de voiture, connaissemens, chartes-parties et polices
d'assurance des marchandises et autres objets dont le transport
se fait par terre ou par eau, et de vérifier si ces actes sont écrits
sur papier d'un franc, ainsi qu'il est prescrit par l'article 5 de la
loi du 6 prairial an 7 (2). (*Décret du 16 messidor an 13, art. 1er.*)

En cas de contravention, ils en rédigeront des procès-verbaux,
pour faire condamner les souscripteurs et porteurs solidairement
à l'amende fixée par l'article 4 de la même loi (3). (*Même Décret,
art. 2.*)

---

(1) Une copie du procès-verbal de contravention, où l'on relate exactement
le titre de chacun des ouvrages saisis ou faussement déclarés, est remise au
procureur du Roi près le tribunal de première instance du ressort, qui
requiert, s'il y a lieu, la retenue ou la destruction des ouvrages. (*Circ. du
16 mai 1829, n° 1163.*)
Dans tous les cas, les livres saisis restent déposés entre les mains du receveur de la douane, et, à moins de disposition contraire de la part du ministère public, la saisie suit son cours, comme toutes celles de marchandises
prohibées ou passibles de droits. (*Même Circ.*)

(2) Les lettres de voiture, connaissemens, chartes-parties et polices d'assurance continuent d'être assujettis au timbre de dimension. Les parties, pour
rédiger ces actes, peuvent se servir de telle dimension de papier timbré
qu'elles jugent convenable, sans être tenues d'employer exclusivement à cet
usage du papier frappé du timbre de 1 fr. (*Décret du 3 janvier 1809, art. 1er.*)

(3) Les contraventions sont punies, indépendamment de la restitution des
droits fraudés, d'une amende de 25 fr. pour la première fois, de 50 fr. pour
la seconde, et de 100 fr. pour chacune des autres récidives. (*Loi du 6 prairial an 7, art. 4.*)
Le simple refus d'un voiturier de représenter une lettre de voiture, sous
prétexte qu'il ne lui en a pas été remis, ne suffit pas pour autoriser des poursuites ; il est nécessaire de produire la preuve matérielle de la contravention
par la représentation de la lettre de voiture écrite sur papier libre. (*Déc. min.
du 9 octobre 1810; Circ. du 27 mai 1815.*)

Pour indemniser les préposés des soins de cette vérification, il leur sera accordé la moitié des amendes qui auront été payées par les contrevenans (1). (*Décret du 16 messidor an 13, art. 3.*)

1095. Ne sont point assujettis à se pourvoir de lettres de voiture timbrées, les propriétaires qui font conduire par leurs voitures et leurs propres domestiques ou fermiers les produits de leurs récoltes (2). (*Décret du 3 janvier 1809, art. 2.*)

CHAPITRE XXV.

OUVRAGES D'OR ET D'ARGENT.

SECTION PREMIÈRE.

TITRES ET DROITS DE GARANTIE.

Poinçons.

1096. La garantie du titre des ouvrages et matières d'or et d'argent est assurée par des poinçons (3) ; ils sont appliqués sur

---

Le refus de produire les lettres de voiture n'entraîne aucune poursuite. (*Circ. du 25 septembre* 1829, *n*° 1181.)

Lorsque des lettres de voiture, sujettes au timbre, sont représentées écrites sur papier libre, il doit être dressé procès-verbal, à la requête de l'administration des domaines et de l'enregistrement. (*Circ. du 27 mai* 1815.)

Les procès-verbaux sont remis, aux receveurs de cette administration, sur les lieux, pour y donner les suites convenables. (*Circ. du 15 thermidor an 13.*)

(1) La répartition des sommes comptées à ce titre par les receveurs de l'administration des domaines et de l'enregistrement, a lieu entre les verbalisans, sauf la seule déduction de la part attribuée à la caisse des retraites. (*Circ. du 27 mai* 1815.)

(2) Sont également dispensés des lettres de voiture, les transports faits par le gouvernement; les denrées que les habitans des campagnes transportent pour leur consommation; les effets à usage appartenant aux voyageurs; les matières envoyées par les manufacturiers dans les communes où ils ont des ateliers ; enfin les objets que les marchands forains vendent en détail dans les communes qu'ils parcourent. (*Circ. du 2° jour compl. an 13.*)

(3) Il est perçu un droit de garantie sur les ouvrages d'or et d'argent de toutes sortes fabriqués à neuf. Ce droit est de 20 fr. par hectogramme d'or et de 1 fr. par hectogramme d'argent, non compris les frais d'essai ou de touchand. (*Loi du 19 brumaire an 6, art. 21.*)

chaque pièce, ensuite d'un essai de la matière. (*Loi du* 19 *bru-maire an* 6 *, art.* 7.)

A dater du 10 mai prochain, un poinçon de recense sera appliqué sur tous les ouvrages d'or et d'argent existant dans le commerce et portant l'empreinte des marques légales. (*Ord. du* 7 *avril* 1838, *art.* 1er.)

A partir de la même époque, les nouveaux poinçons de titre et de garantie et les poinçons-bigornes de contre-marque, dont le tableau sera publié avec la présente (1) ordonnance, et dont les dessins resteront annexés à la minute, seront employés exclusivement dans tous les bureaux de garantie. (*Même Ord., art.* 2.)

Le poinçon de titre et celui du bureau de garantie ne formeront plus qu'un poinçon unique qui portera un signe particulier pour chaque bureau. Un poinçon, dit *de contre-marque*, sera apposé, de décimètre en décimètre, sur les chaînes, jaserons et autres ouvrages en or du même genre. (*Même Ord., art.* 4.)

Contraventions.

1097. Les ouvrages d'or et d'argent marqués des anciens poinçons, qui seraient trouvés dans le commerce sans être empreints du poinçon de recense, seront réputés non marqués, et les détenteurs encourront les condamnations prononcées par la loi. (*Même Ord., art.* 6.)

Tout ouvrage d'or et d'argent achevé et non marqué, trouvé chez un marchand ou fabricant, sera saisi, et donnera lieu aux poursuites par-devant le tribunal de police correctionnelle. Les propriétaires des objets saisis encourront la confiscation de ces objets, et en outre les autres peines portées par la loi (2). (*Loi du* 19 *brumaire an* 6, *art.* 107.)

Les contrevenans seront condamnés, pour la première fois, à une amende de 200 fr., pour la seconde, à une amende de 500 fr.,

---

(1) *Voir* ce tableau au *Bulletin des Lois*, t. 16, 1er semestre de 1838, pag. 415.

(2) Les préposés des douanes ne doivent pas constater eux-mêmes les contraventions relatives aux matières d'or et d'argent; ils se bornent à remettre les objets dépourvus de marques aux employés de l'administration des contributions indirectes, qui peuvent seuls verbaliser. Ils reçoivent, *comme indicateurs*, le dixième du produit de la vente des objets confisqués. (*Circ. du* 28 *mars* 1828, *n°* 1095.)

avec affiche, à leurs frais, de la condamnation dans toute l'étendue du département; la troisième fois, l'amende sera de 1,000 fr., et le commerce de l'orfévrerie leur sera interdit, sous peine de confiscation de tous les objets de leur commerce. (*Loi du* 19 *brumaire an* 6, *art.* 80.)

SECTION II.

IMPORTATIONS.

1098. Les ouvrages d'or et d'argent, venant de l'étranger, devront être présentés aux employés des douanes sur les frontières (1), pour y être déclarés, pesés, plombés (2) et envoyés au bureau de garantie le plus voisin, où ils seront marqués du poinçon et payeront des droits égaux à ceux qui sont perçus pour les ouvrages d'or et d'argent fabriqués en France (3). (*Même Loi, art.* 23.)

---

(1) Les ouvrages d'or et d'argent acquittent à l'entrée les droits fixés par le tarif. (*Circ. du* 4 *août* 1825, *n*° 932.)

L'horlogerie montée ne peut être importée que par les bureaux ouverts au transit des marchandises prohibées. (*Loi du* 2 *juillet* 1836.)

(2) C'est le double plombage prescrit par l'article 31 de la loi du 21 avril 1818 qui doit être appliqué, et dont le prix est de 75 cent. par colis. (*Circ. du* 4 *août* 1825, *n*° 932, *et Déc. adm. du* 31 *décembre* 1841.)

(3) Sont exceptés des dispositions ci-dessus, 1° les objets d'or et d'argent appartenant aux ambassadeurs et envoyés des puissances étrangères; 2° les bijoux d'or à l'usage personnel des voyageurs et les ouvrages en argent servant également à leur personne, pourvu que leur poids n'excède pas en totalité 5 hectogrammes (*Loi du* 19 *brumaire an* 6, *art.* 23); 3° les ouvrages de joaillerie montés légèrement, et qui portent des pierres, perles ou cristaux; ceux dont la surface est entièrement émaillée, et enfin ceux que l'empreinte des poinçons pourrait détériorer (*Arrêté du* 1er *messidor an* 6, *et Circ. du* 4 *août* 1825); 4° les aiguilles, cadrans, bouclettes, pendans de montres non réunis à leur boitier. (*Déc. de l'administration des monnaies, et Circ. du* 4 *août* 1825, *n*° 932.)

Les deux premières exceptions seulement emportent l'immunité de toute taxe; les ouvrages compris dans les nombres 3 et 4, affranchis seulement des droits de garantie, restent passibles de ceux de douanes, tant à l'entrée qu'à la sortie. (*Même Circ.*)

Les vieux ouvrages d'or et d'argent hors d'usage, et dont le bris est fait par les propriétaires au premier bureau d'entrée, pouvant être considérés comme matières, ne sont assujettis à aucun droit ni à aucune formalité concernant la garantie. (*Déc. min. du* 12 *prairial an* 7; *Circ. du* 15.)

Dans ce cas, ces matières acquittent les droits du tarif des douanes.

Les ouvrages d'or et d'argent importés en France, à l'exception de l'horlogerie étrangère (1), pourront être marqués du poinçon étranger dans tous les bureaux de garantie indistinctement, et ils y seront dirigés sous le plomb des douanes, conformément à l'article 23 de la loi du 19 brumaire an 6 (*Ord. du 28 juillet 1840.*) (2).

---

(1) Les montres étrangères dont l'importation est restreinte aux bureaux ouverts au transit des marchandises prohibées, ne peuvent être dirigées que sur les bureaux de garantie de Paris, Lyon, Besançon, Montbéliard et Lons-le-Saulnier. (*Loi du 2 juillet 1856.*)

(2) *Bureaux de garantie sur lesquels on peut diriger, par acquit-à-caution, les ouvrages d'or et d'argent importés de l'étranger.*

DÉPARTEMENS.	BUREAUX.	DÉPARTEMENS.	BUREAUX.
Ain.............	Trévoux.	Loir-et-Cher.....	Blois.
Aisne..........	Laon.	Loire..........	Saint-Étienne.
Allier..........	Moulins.	Loire (Haute-)...	Le Puy.
Alpes (Basses-)..	Digne.	Loire-Inférieure..	Nantes.
Alpes (Hautes-)..	Gap.	Loiret..........	Orléans.
Ardennes........	Charleville.	Lot.............	Cahors.
Aube..........	Troyes.	Lot-et-Garonne...	Agen.
Aude..........	Carcassonne.	Lozère..........	Mende.
Aveyron........	Rhodez.	Maine-et-Loire...	Angers.
Bouches-du-Rhône.	Marseille.	Manche..........	{ Saint-Lô. / Valognes.
Calvados........	Caen.		
Cantal.........	Aurillac.	Marne..........	{ Châlons. / Reims.
Charente........	Angoulême.		
Charente-Infér....	{ La Rochelle. / Saintes.	Marne (Haute-)..	Chaumont.
		Mayenne........	Laval.
Cher...........	Bourges.	Meurthe........	Nancy.
Corrèze.........	Tulle.	Meuse..........	{ Bar-le-Duc. / Verdun.
Côte-d'Or.......	Dijon.		
Côtes-du-Nord....	Saint-Brieuc.	Morbihan.......	Vannes.
Creuse.........	Guéret.	Moselle.........	Metz.
Dordogne........	Périgueux.	Nord..........	{ Lille. / Dunkerque. / Valenciennes.
Doubs..........	{ Besançon. / Montbéliard.		
		Oise...........	Beauvais.
Drôme..........	Valence.	Orne...........	Alençon.
Eure...........	Évreux.	Pas-de-Calais....	{ Arras. / Saint-Omer.
Eure-et-Loir.....	Chartres.		
Finistère........	Brest.	Puy-de-Dôme,...	Clermont.
Gard..........	Nîmes.	Pyrénées (Basses-).	{ Pau. / Bayonne.
Garonne (Haute-).	Toulouse.		
Gironde.........	Bordeaux.	Pyrénées(Hautes-).	Tarbes.
Hérault........	Montpellier.	Pyrénées-Orient...	Perpignan.
Ille-et-Vilaine....	{ Rennes. / Saint-Malo.	Rhin (Bas-)......	Strasbourg.
		Rhin (Haut-)....	Colmar.
Indre-et-Loire....	Tours.	Rhône.........	Lyon.
Isère..........	Grenoble.	Saône-et-Loire...	Mâcon.
Jura..........	Lons-le-Saulnier.	Sarthe.........	Le Mans.
Landes.........	Mont-de-Marsan.		

Le transport des ouvrages d'or et d'argent au bureau de garantie sera assuré par un acquit-à-caution indiquant le poids et la valeur des objets, et énonçant que, faute de remplir les conditions de cet acquit-à-caution, on encourra les peines édictées par l'article 76 de la loi du 5 ventôse an 12 (1). (*Circ. du 4 août 1825, n° 932.*)

SECTION III.

EXPORTATIONS.

Ouvrages non poinçonnés.

1099. Les ouvrages d'or et d'argent pourront être exportés sans marque des poinçons français et sans payement du droit de garantie, pourvu qu'après avoir été soumis à l'essai et reconnus au titre légal, ils restent déposés au bureau de la régie, ou

DÉPARTEMENS.	BUREAUX.	DÉPARTEMENS.	BUREAUX.
Seine............	Paris.	Var............	Toulon. Grasse.
Seine-Inférieure...	Rouen. Le Havre.	Vaucluse........	Avignon.
Seine-et-Marne...	Melun.	Vendée.........	Fontenay.
Seine-et-Oise....	Versailles.	Vienne.........	Poitiers. Châtellerault.
Sèvres (Deux-)...	Niort.		
Somme..........	Amiens.	Vienne (Haute-)...	Limoges.
Tarn...........	Alby.	Vosges..........	Épinal.
		Yonne..........	Auxerre.

(*Ord. du 3 mars* 1815 *et Déc. postérieures; Circ. du* 15 *septembre* 1840, n° 1852.)

(1) Cet article porte : « En cas de recélé des vins, cidres, etc., ou de fraude « des droits sur la marque d'or et d'argent, les objets de fraude seront saisis et « confisqués, et les contrevenans condamnés à une amende égale au quadruple « des droits fraudés. »

Le décret du 28 floréal an 13 porte que « l'article 76 de la loi du 5 ventôse « an 12 n'est point applicable aux contraventions concernant la garantie des « matières d'or et d'argent, à l'égard desquelles la loi du 19 brumaire an 6 doit « être exécutée. »

Et la Cour de Cassation a décidé, le 2 janvier 1806, que l'amende exigible en cas de contravention au droit de garantie était celle édictée par l'article 80 de la loi du 19 brumaire an 6.

Si donc l'application de l'article 76 de la loi de l'an 2, prescrite par la circulaire n° 932, devait rencontrer des difficultés, les employés pourraient invoquer l'article 80 de la loi de l'an 6 (n° 1097).

placés sous la surveillance de ses préposés jusqu'au moment où l'exportation en sera constatée. Le gouvernement déterminera, par un règlement d'administration publique, le mode d'exécution de la présente disposition. (*Loi du* 10 *août* 1839, *art.* 16.)

1100. Tout fabricant qui voudra exporter des ouvrages d'or et d'argent en franchise du droit de garantie, et sans application de la marque des poinçons français, pourra les présenter à l'essai sans marque de poinçon du fabricant et après que la fabrication en aura été achevée, pourvu qu'il ait fait au bureau de garantie une déclaration préalable du nombre, de l'espèce et du poids desdits ouvrages, et qu'il se soit engagé à les y apporter achevés dans un délai qui ne devra pas excéder dix jours. (*Ord. du* 30 *décembre* 1839, *art.* 1er.)

Néanmoins les ouvrages d'orfévrerie qui ne pourraient être essayés à la coupelle ou par la voie humide sans détérioration, s'ils étaient achevés, seront apportés bruts au bureau et remis au fabricant après essai, pour en terminer la fabrication, moyennant qu'il souscrive également l'engagement de les rapporter achevés dans le délai de dix jours. (*Même Ord.*, *art.* 2.)

Les ouvrages ainsi rapportés après achèvement, et dont l'identité sera reconnue, sans toutefois qu'il puisse être exigé un nouveau droit d'essai, et ceux qui, en vertu de la dispense prononcée par l'article 1er, ne seront présentés à l'essai qu'entièrement finis, seront, aussitôt après, renfermés dans une boîte scellée et plombée, et remis au fabricant, sur sa soumission de les exporter dans les délais prescrits par la loi. (*Même Ord.*, *art.* 3.)

Les fabricans qui voudront conserver à leur domicile les ouvrages qu'ils destinent à l'exportation, seront admis, sur déclaration, à les faire marquer d'un poinçon spécial dit *d'exportation*, en suivant, quant à ces ouvrages, les règles ordinaires d'essai et de contrôle : ils seront dispensés de payer les droits de garantie, à charge par eux de justifier ultérieurement de la sortie desdits ouvrages. (*Même Ord.*, *art.* 4.)

Les fabricans qui voudront conserver à domicile les ouvrages qu'ils auront l'intention d'exporter sans aucune marque des poinçons français, seront admis, après essai, à faire appliquer le poinçon sur une perle métallique fabriquée suivant un modèle qui sera fourni par l'administration, et attachée à l'ouvrage par un fil de soie, et pourvu que l'ouvrage soit disposé de manière que cette marque volante n'en puisse être enlevée. Les ouvrages ainsi marqués seront remis à la disposition du fabricant, à charge par lui de justifier ultérieurement de leur exportation dans les formes prescrites (*Ord.*, *dn* 30 *décembre* 1839, *art.* 5.) (1).

Au moment de la remise aux fabricans, leur compte sera chargé des ouvrages marqués du poinçon d'exportation ou des marques volantes. La décharge s'opérera soit par la justification de l'exportation dans les formes prescrites, soit par la prise en charge au compte d'un négociant, d'un commissionnaire ou d'un marchand en gros, ainsi qu'il sera expliqué ci-après. (*Même Ord.*, *art.* 6.)

Les manquans reconnus au compte des fabricans, lors des recensemens et inventaires, seront soumis au payement intégral des droits de garantie : il sera procédé, pour le décompte et le recouvrement des droits, conformément aux règles prescrites pour les contributions indirectes. (*Même Ord.*, *art.* 7.)

Les ouvrages déclarés pour l'exportation et pris en compte chez les fabricans pourront être achetés par des négocians, des commissionnaires ou des marchands en gros patentés en cette qualité, lesquels seront tenus, avant d'en prendre livraison, de faire une déclaration descriptive desdits objets au bureau de garantie, et de se soumettre à la prise en charge aux mêmes conditions que le fabricant.

Il est interdit, sous les peines de droit, à toutes autres personnes faisant commerce d'ouvrages d'or et d'argent, d'avoir en leur possession des ouvrages marqués du poinçon d'exportation ou de marques volantes; elles ne pourront avoir, comme par le passé, que des ouvrages empreints des poinçons ordinaires de titre et de garantie. (*Même Ord.*, *art.* 8.)

Tout fabricant, négociant, commissionnaire ou marchand en gros, qui exportera des ouvrages d'or et d'argent, marqués ou

---

(1) Dans le cas où les fabricans adressent à l'étranger des objets marqués ou non marqués sous les conditions et formalités indiquées dans les articles 1, 2, 3, 4 et 5 de l'ordonnance du 30 décembre 1839, l'intervention du service des douanes doit être la même que pour les exportations, sous réserve de remboursement des deux tiers du droit de garantie (n° 1101). (*Circ. du* 15 *septembre* 1840, *n°* 1852.)

non marqués, pour lesquels les formalités prescrites par la présente ordonnance auront été remplies, ne les emballera qu'en présence des employés de la régie, lesquels escorteront le colis et assisteront au plombage en douane. *Le compte de l'expéditeur ou la soumission d'exportation seront déchargés sur la justification, dans le délai de trois mois, de la sortie du colis qu'ils auront vu marquer, ficeler et plomber* (1). (*Même Ord., art.* 10.)

Ouvrages poinçonnés.

1101. Lorsque les ouvrages neufs d'or et d'argent, fabriqués en France et ayant acquitté les droits, sortiront de France comme vendus ou pour l'être à l'étranger, les droits de garantie seront restitués au fabricant, sauf la retenue d'un tiers. (*Lois des* 19 *brumaire an* 6, *art.* 25, *et* 10 *août* 1839, *art.* 16; *Ord. du* 30 *décembre* 1839, *art.* 9.)

Cette restitution sera faite par le bureau de garantie qui aura perçu les droits sur lesdits ouvrages; elle n'aura lieu cependant que sur la représentation d'un certificat de l'administration des douanes, muni de son sceau particulier, et qui constate la sortie

---

(1) Il s'agit ici des ouvrages qu'on veut emballer dans des colis renfermant d'autres marchandises. Dans cette hypothèse, l'emballage doit avoir lieu en présence des employés des contributions indirectes, lesquels doivent escorter les colis et assister au plombage en douane. Il résulte des instructions transmises par l'administration des contributions indirectes, que les employés de cette administration chargés de l'escorte sont appelés à certifier de leur concours par l'attestation suivante, apposée sur la soumission spéciale, laquelle est ensuite remise à l'exportateur, et n'accompagne pas la bijouterie jusqu'à la frontière :

« Le colis accompagné par nous à la douane a été plombé en notre pré-
« sence et expédié avec acquit-à-caution n° ...., en date de ce jour. »

On peut, dans ce cas, à raison de ces mesures particulières de précaution, se dispenser de soumettre ces colis à la visite, et se borner à reconnaître l'existence des plombs ou cachets de la régie. Il en est de même à la frontière. Les employés, à moins de suspicion de fraude, se bornent à constater le fait matériel de la sortie des colis. Les certificats de reconnaissance doivent dès lors être conçus dans les termes suivants :

« Nous soussignés............, certifions avoir reconnus sains et intacts
« les cordes et plombs du colis mentionné au présent acquit, et énoncé contenir
« de............. »

Ainsi que l'administration des contributions indirectes l'a demandé, ces sortes d'exportations sont soumises à la formalité de l'acquit-à-caution. Il y a dès lors, pour les douanes qui font l'expédition, deux opérations distinctes : la délivrance de l'acquit des droits de sortie; celle d'un acquit-à-caution portant

de France desdits objets. Ce certificat devra être rapporté dans le délai de trois mois (1). (*Loi du 19 brumaire an 6, art. 26.*)

soumission de justifier, dans un délai de trois mois, de l'exportation définitive. C'est donc sur l'acquit-à-caution que les justifications de sortie doivent être libellées. De même que pour les soumissions d'exportation de bijouterie poinçonnée, les signatures des employés qui ont délivré le certificat de décharge sont légalisées par le directeur, et celle de ce chef par l'administration. Les acquits-à-caution, après la décharge, sont remis à l'exportateur même, qui, après les avoir fait revêtir des légalisations voulues, s'en prévaut pour obtenir l'annulation des soumissions souscrites tant en douane qu'entre les mains de la régie. (*Circ. du 15 septembre* 1840, *n°* 1852.)

(1) La sortie effective des ouvrages d'or et d'argent est certifiée par la douane lorsque, indépendamment des formalités ordinaires, les expéditions sont accompagnées d'une déclaration descriptive certifiée par les préposés du bureau de garantie qui ont perçu les droits, et légalisée par les maires, ou, à Paris, par les administrateurs des monnaies. La douane confronte le tout, et, après l'acquittement des droits du tarif, elle constate l'exportation définitive. Le visa du directeur des douanes dans l'arrondissement duquel se trouve le bureau de sortie et le sceau de l'administration, complètent les formalités exigées pour le remboursement. (*Circ. des 15 pluviôse an 7 et 4 août* 1825, *n°* 932.)

TABLEAU *des bureaux ouverts à la sortie des ouvrages d'or et d'argent.*

DÉPARTEMENS.	DIRECTIONS.	BUREAUX.	DATES DES LOIS, ORDONNANCES et décisions.
Nord	Dunkerque...	Dunkerque........	Ord. du 3 mars 1815.
		Lille.............	Idem.
	Valenciennes.	Blancmisseron.....	Circ. n° 1864.
Ardennes........	Charleville...	Charleville.......	Ord. du 3 mars 1815.
		Givet...........	Décret du 6 avril 1815.
		Givonne.........	Idem.
Moselle	Metz........	Forbach	Ord. du 17 juillet 1816.
Bas-Rhin........	Strasbourg...	Strasbourg.......	Ord. du 3 mars 1815.
		Wissembourg......	Ord. du 8 novembre 1820.
Doubs...........	Besançon. ...	Montbéliard.......	Ord. du 3 mars 1815.
		Jougne	Idem.
		Pargots.........	Circ. n° 1864.
		Verrières-de-Joux..	Idem.
Ain.............	Nantua......	Bellegarde	Circ. n° 1129.
Jura............		Les Rousses.......	Ord. du 1er juillet 1818.
Isère...........	Grenoble....	Chapareillan.......	Ord. du 3 mars 1815.
		Pont-de-Beauvoisin..	Ord. du 17 juillet 1816.
Hautes-Alpes....	Digne.......	Briançon.........	Ord. du 3 mars 1815.
Var............	Toulon......	S.-Laurent-du-Var .	Déc. min. du 14 janv. 1834.
		Toulon..........	Ord. du 20 février 1822.
Bouches-du-Rhône.	Marseille....	Marseille	Ord. du 3 mars 1815.
Hérault	Montpellier..	Agde............	Idem.
		Cette...........	Idem.

SECTION IV.

RÉIMPORTATIONS D'OUVRAGES FABRIQUÉS EN FRANCE.

1102. Les ouvrages d'or et d'argent fabriqués en France, qu'on rapportera de l'étranger, acquitteront, quoique marqués du poinçon en cours de service, les droits du tarif des douanes comme étrangers, et seront, conformément à la loi du 19 brumaire an 6, expédiés du premier bureau d'entrée, sous plomb et par acquit-à-caution, pour celui de garantie le plus prochain, à l'effet d'y être poinçonnés et d'y payer les droits de garantie. (*Déc. min. du 6 décembre* 1814; *Circ. du* 10; *Déc. min. du 14 janvier* 1825; *Circ. n°* 932.)

Il y aura exception quand on aura satisfait à la sortie aux conditions suivantes :

1° De sortir par l'un des bureaux désignés en l'ordonnance du 3 mars 1815 et décisions postérieures (n° 1101);

2° De fournir une déclaration *descriptive* (1);

DÉPARTEMENS.	DIRECTIONS.	BUREAUX.	DATES DES LOIS, ORDONNANCES et décisions.
Pyrénées-Orient...	Perpignan...	Le Boulou.........	Ord. du 3 mars 1815.
		Port-Vendres......	*Idem.*
		Perpignan.........	*Idem.*
Basses-Pyrénées...	Bayonne.....	Ainhoa...........	*Idem.*
		Bayonne..........	*Idem.*
		Béhobie..........	*Idem.*
Gironde.........	Bordeaux....	Bordeaux.........	*Idem.*
Charente-Infér....	La Rochelle..	La Rochelle......	*Idem.*
Loire-Inférieure...	Nantes.......	Nantes...........	*Idem.*
Morbihan........	Lorient......	Lorient..........	*Idem.*
Ille-et-Vilaine.....	Saint-Malo...	Saint-Malo.......	*Idem.*
Manche.........	Cherbourg...	Cherbourg........	*Idem.*
Seine-Inférieure ..	Rouen.......	Le Havre.........	*Idem.*
		Rouen...........	*Idem.*
Somme.........	Abbeville....	S.-Valery-s.-Somme.	*Idem.*
Pas-de-Calais.	Boulogne.....	Calais	*Idem.*

(*Circ. du* 15 *septembre* 1840, *n°* 1852.)

(1) Cette déclaration n'est reçue que pour les ouvrages qui, indépendamment des poinçons de garantie, sont revêtus d'une marque de fabrique. Elle doit énoncer, pour les ouvrages de quelque importance, tels que vases, huiliers, flambeaux, sucriers, etc., la forme, les ornemens et le poids de chacun

3º D'exprimer dans la déclaration que l'on se réserve le bénéfice de retour, la vente à l'étranger n'étant pas certaine (1). (*Déc. min. du 20 juillet* 1825; *Circ. du 4 août suivant*, *n*º 932.)

Argenterie de ménage.

1103. Les Français qui, après un long séjour à l'étranger, rentreront dans le royaume, pourront demander au directeur général des douanes l'admission de leur argenterie de ménage;

---

d'eux, de manière qu'à la réimportation, si elle a lieu, ils soient facilement reconnus. Les couverts de même poids et de même forme peuvent être confondus dans un même article; les ouvrages d'argent de faible valeur sont également réunis par espèce et sous un poids commun. Il en est de même des ouvrages d'or qui doivent figurer, soit par un article unique avec son poids particulier, soit rassemblés par espèce et sous un poids commun. En tête de la déclaration est indiquée la marque du fabricant, telle qu'elle est empreinte sur les ouvrages. (*Circ. du 4 août* 1825, *n*º 932.)

Lorsque le colis renfermant les ouvrages d'or et d'argent a été scellé à la *monnaie de Paris, ou, partout ailleurs, dans les bureaux de garantie des lieux d'expédition*, après toutefois qu'il y a eu confrontation très-soigneuse des objets avec la déclaration qui les décrit, il peut être mis en transport vers l'étranger. Si l'acquit de sortie n'a pu être délivré par une douane de l'intérieur, il l'est au premier bureau du rayon, au vu de la soumission d'exportation et de la déclaration descriptive, pièces qui, dans l'une ou l'autre hypothèse, devront être annexées à l'acquit de sortie. A l'extrême frontière, les employés ayant reconnu la parfaite intégrité du *sceau de la monnaie* ou du *bureau de garantie*, et celle de l'ensemble des colis, procèdent à la reconnaissance d'identité des objets que ces colis renferment. (*Même Circ.*)

Si l'acquit de sortie a été délivré par une douane de l'intérieur où les colis ont été plombés à nu, comme il est expliqué par l'article 51 de la loi du 21 avril 1818, et ensuite recouverts d'un double emballage également plombé, les employés des douanes à la frontière peuvent, après avoir reconnu ce dernier plomb intact et avoir retiré le double emballage, se borner à vérifier la parfaite intégrité du colis, des ligatures et des cachets apposés par les bureaux de garantie, et à reconnaître l'identité des cachets avec ceux qui se trouvent empreints sur la déclaration descriptive certifiée par les agens de la monnaie. Si les employés ne jugent pas devoir s'en tenir à cette vérification extérieure, qui n'est autorisée que pour le seul cas dont il s'agit, ils procèdent à la contre-visite en détail, sans avoir à rendre compte de leurs motifs. En toute hypothèse, ils assurent le passage effectif à l'étranger. (*Circ. du 7 mai* 1828, *n*º 1100.)

(1) La réimportation des objets ne peut avoir lieu que par les bureaux ouverts à l'entrée des marchandises payant plus de 20 fr. du quintal décimal. Ces bureaux, après représentation des preuves de sortie et reconnaissance sommaire des objets présentés au retour, les expédient, sous les conditions et formalités rappelées au nº 1098, sur le bureau de garantie qui a commencé l'expédition d'exportation. (*Circ. du 4 août* 1825, *n*º 932.)

et, s'il y a lieu, l'autorisation sera donnée d'expédier cette argenterie, sous plomb et par acquit-à-caution, sur un bureau de garantie, pour y être examinée.

Si elle est reconnue marquée au poinçon de France en usage depuis l'an 6 (1), et même marquée au poinçon de France antérieurement à l'an 6, elle sera rapportée en douane avec l'acquit-à-caution accompagné d'un certificat descriptif dans lequel le contrôleur de la garantie indiquera séparément les pièces empreintes du poinçon des deux époques. S'il s'en trouve qui portent le poinçon étranger, elles resteront provisoirement en dépôt dans les mains du contrôleur de la garantie, et sans application du poinçon nouveau.

L'argenterie marquée au poinçon de France en usage depuis l'an 6, et portant des traces évidentes de service, pourra être remise de suite au propriétaire, en exemption de tous droits. Celle frappée d'une ancienne marque française, ou d'une marque étrangère, sera retenue; et, dans le premier cas comme dans le second, on aura à faire parvenir au directeur général le certificat du contrôleur, pour qu'il le transmette au ministre, afin qu'il approuve l'admission en franchise, ou autorise une exception à l'égard de ce qui serait retenu.

Si en définitive cette dernière espèce d'argenterie n'était pas reçue en franchise, le propriétaire conserverait la faculté de la renvoyer à l'étranger ou de la briser. Dans le cas où il consentirait à acquitter les droits, le contrôleur se trouvant dépositaire de l'argenterie appliquerait le droit de garantie et renverrait à la douane pour qu'on satisfît au tarif d'entrée. (*Déc. min. du 31 juillet* 1817, *et Circ. du 4 août* 1825, *n*° 932.)

SECTION V.

ARGENTERIE DES ÉTRANGERS QUI VIENNENT SÉJOURNER EN FRANCE.

1104. L'argenterie importée (2) en France par des étrangers

---

(1) L'ordonnance du 7 avril 1838 (*Bulletin de Lois*, t. 16, pag. 413) a prescrit l'emploi de nouveaux poinçons; mais les dispositions ci-dessus n'en restent pas moins en vigueur en ce qui concerne le concours de la douane et l'application de ses tarifs.

(2) Cette importation ne peut avoir lieu que par les bureaux ouverts aux

sera admise en franchise, à charge de réexportation dans un délai qui ne pourra excéder trois années, et moyennant la consigna-tion au bureau des douanes du montant des droits d'entrée et de garantie dont cette argenterie aura été reconnue passible (1). (*Déc. min. du 5 septembre* 1823.)

Les droits consignés seront remboursés au moment même où l'on effectuera la réexportation de l'argenterie, toutes les fois que cette réexportation aura lieu, dans les délais déterminés, par l'un des bureaux ouverts à l'importation des marchandises imposées, à l'entrée, à plus de 20 fr. par quintal, et que l'identité des pièces d'argenterie réexportées aura été dûment reconnue et constatée (2). (*Circ. du 25 janvier* 1832, *no* 1301.)

A l'expiration du délai déterminé pour la réexportation, les sommes consignées seront définitivement acquises au Trésor, si la réexportation n'a pas été effectuée. (*Déc. min. du 5 sept.* 1823.)

---

marchandises payant plus de 20 fr. par quintal (no 285). (*Circ. du 25 janvier* 1832.)

Une autorisation préalable de l'administration n'est pas nécessaire en pareil cas ; mais elle serait de rigueur si l'importation devait s'effectuer par tout autre bureau. (*Déc. adm. du 3 août* 1836.)

Tous les trois mois, les directeurs adressent à l'administration un état des quantités d'argenterie introduites. Cet état indique les bureaux d'entrée, le nom des importateurs, le poids de l'argenterie et le montant des droits consi-gnés. (*Circ. du 25 janvier* 1832.)

Les plaqués ne peuvent jouir de l'immunité qu'en vertu d'une décision spé-ciale de l'administration. (*Même Circ.*)

(1) Les reconnaissances de consignation doivent énoncer le nombre, le nom, la forme et le poids net de chaque espèce de pièces d'argenterie, enfin les désigner de manière à ce qu'il soit facile de les reconnaître à la sortie. (*Circ. du 25 janvier* 1832.)

(2) En cas de différences dans le nombre, l'espèce ou le poids de ces pièces, on surseoit au remboursement, et il en est référé à l'administration. (*Circ. du 25 janvier* 1832.)

Quant au mode de restitution, *voir* le chapitre VIII du présent livre.

CHAPITRE XXVI.

BOISSONS.

SECTION PREMIÈRE.

IMPORTATION.

1105. Les boissons et liqueurs venant de l'étranger devant passer sous la surveillance des contributions indirectes, pour les perceptions ultérieures, les préposés des douanes qui ont perçu les droits d'entrée (1) ne les laisseront enlever, soit des

---

(1) Les vins de Benicarlo et d'Alicante provenant de la dernière récolte, importés en pipes par les ports de Cette, Agde et Marseille, à la charge d'en assurer la destination exclusive pour les ports de Bordeaux ou Marseille, et de justifier de l'emploi en mélange avec des vins de France, sont imposés à 10 fr. par hectolitre. (*Loi du* 17 *décembre* 1814, *art.* 1er.)

Les vins d'Alicante et de Benicarlo de la dernière récolte, importés directement ou réexpédiés par mer des ports de Marseille, Cette et Agde, peuvent être admis à Nantes, aux conditions prescrites par l'article 1er de la loi du 17 décembre 1814. (*Loi du* 6 *mai* 1841, *art.* 16.)

Au moment de l'importation, les vérificateurs doivent s'assurer si les vins proviennent réellement de la dernière récolte; ils peuvent, au besoin, s'adjoindre comme experts deux négocians faisant le commerce des vins. (*Déc. adm. du* 19 *janvier* 1826.)

En cas de doute, ils réclameraient l'intervention des commissaires-experts institués par l'article 19 de la loi du 27 juillet 1822. Mais ils ne sont pas fondés à exiger des certificats d'origine délivrés, soit par les consuls de France, soit par les autorités locales. (*Déc. adm. du* 21 *avril* 1841.)

A défaut d'un local convenable dans l'entrepôt général, ces vins peuvent être placés dans un magasin spécial ou dans des magasins particuliers agréés par la douane et fermés d'une double clef. Dans ce cas, on exige les soumissions prescrites par les articles 14 et 15 de la loi du 8 floréal an 11. (*Déc. adm. du* 3 *avril* 1817.)

Les vins qui ne sont pas mélangés dans l'année même de leur récolte, sont passibles des taxes générales du tarif. (*Déc. adm. du* 16 *février* 1818.)

La mixtion doit s'effectuer en présence de deux employés. (*Déc. adm. du* 3 *avril* 1817.)

Ces vins ne peuvent entrer dans le mélange que pour la moitié au plus. (*Déc. adm. du* 13 *juillet* 1819.)

C'est au moment du mélange que le droit de 10 francs par hectolitre doit être liquidé et perçu.

Toutefois si, au lieu d'être mis à la libre disposition des préparateurs, les vins étaient embarqués pour l'étranger immédiatement après leur mélange, ou

bureaux, soit des magasins, que sur le vu du congé ou de l'acquit-à-caution délivré par la régie (1). (*Circ. du 15 juillet* 1806.)

SECTION II.

ENTREPÔTS ET TRANSIT.

1106. Les boissons sont admissibles dans les entrepôts de douanes sous les formalités et conditions déterminées par les règlemens généraux. (*Circ. du 30 janvier* 1815, *et Déc. adm. du 10 novembre* 1840.)

Elles sont exclues de la faculté de transiter, à l'exception toutefois de celles qu'on expédie en bouteilles ou cruchons (*Loi du 9 février* 1832, *art. 2, et Loi du 2 juillet* 1836, *art.* 10.) (2).

---

réintégrés en entrepôt pour être réexportés plus tard, ce droit, qui est un véritable droit de consommation, ne serait pas dû; on se bornerait à soumettre les vins aux formalités prescrites par les articles 61 et 62 de la loi du 21 avril 1818, et à percevoir le simple droit de réexportation, sauf à exiger les droits de sortie pour les vins de France employés au mélange.

Mais soit que les vins mélangés doivent rester en France, soit qu'on se propose de les expédier à l'étranger, il y a également lieu de réclamer le concours des employés de l'administration des contributions indirectes : dans le premier cas, pour qu'ils reconnaissent les quantités de vins étrangers admises à la circulation intérieure; dans le second, pour qu'ils constatent l'exportation de nos vins. (*Déc. adm. du 16 août* 1837.)

(1) Il en est de même pour les boissons extraites des entrepôts. (*Circ. du 30 janvier* 1815.)

(2) Les agens de l'administration des contributions indirectes n'ont aucune surveillance, aucun contrôle à exercer sur les boissons déclarées pour les entrepôts ou le transit. Les taxes de consommation et de circulation dont la perception leur est confiée ne concernant que les boissons *nationales ou naturalisées par le payement des droits d'entrée*, leur intervention ne doit avoir lieu, à l'égard des boissons étrangères, que lorsqu'elles sont déclarées pour la consommation intérieure. (*Déc. adm. des 19 mars* 1838, *31 août et 10 novembre* 1840.)

Les boissons *en futailles*, admissibles à la consommation, peuvent être dirigées des ports d'entrepôt réel sur les entrepôts de l'intérieur, aux conditions suivantes :

1° Elles sont expédiées sous les formalités générales du transit;

2° Leur identité est garantie par un échantillon plombé, dont elles doivent être accompagnées;

3° Le simple droit d'entrée est perçu à l'entrepôt de destination sur les manquans reconnus à l'arrivée;

4° Les intéressés renoncent à la faculté de la réexportation, et s'engagent à payer les droits dans le délai de trois années accordé pour l'entrepôt réel.

Ces diverses conditions sont consignées tant dans les soumissions que dans

SECTION III.

EXPORTATION.

1107. Le transport des boissons qui seront enlevées pour l'étranger ou pour les Colonies françaises sera affranchi du droit de circulation (1). (*Loi du 28 avril* 1816, *art.* 5.)

L'expéditeur, pour jouir de cette exemption, sera obligé de se munir d'un acquit-à-caution sur lequel sera désigné le lieu de sortie. Ce lieu ne pourra être changé sans qu'il y ait ouverture à la perception du droit, si ce n'est du consentement de la régie et au moyen d'un nouvel acquit-à-caution, lequel ne pourra être refusé s'il y a force majeure. (*Même Loi*, *art.* 8.)

1108. Ces acquits-à-caution seront délivrés par les préposés de l'administration des contributions indirectes exclusivement. Il leur appartient aussi de les décharger, mais avec le concours des employés des douanes qui auront à percevoir les droits de sortie (2), ou à assurer la destination pour les Colonies. Les acquits-à-caution de la régie ne pourront suppléer les expéditions des douanes, ni aucune des formalités à remplir dans les bureaux maritimes ou dans ceux des frontières de terre.

Dans les douanes maritimes, les acquits-à-caution des contributions indirectes ne seront visés (3) que lorsqu'il aura été con-

---

les acquits-à-caution. La douane de l'entrepôt intérieur fait garantir le payement des droits d'entrée par des engagemens valablement cautionnés. (*Déc. min. du* 3 *mai* 1834, *et Déc. adm. des* 16 *avr.* 1839, 22 *mars et* 14 *oct.* 1841.)

L'entrepositaire ne serait point admis à faire l'abandon des boissons. (*Déc. adm. du* 1er *octobre* 1841.)

(1) Les exportations devant être constatées et régularisées par le concours des employés des contributions indirectes et des douanes, les chefs des deux services se concertent pour assurer l'effet des mesures qui peuvent prévenir ou réprimer la fraude. (*Circ. des* 6 *juin* 1823, *n°* 808, *et* 25 *sept.* 1824, *n°* 881.)

(2) Avant la perception des droits de sortie sur les boissons ou la délivrance des acquits-à-caution pour les Colonies françaises, les employés des douanes doivent toujours exiger la représentation des expéditions de la régie, sans lesquelles elles ne peuvent arriver en douane. (*Circ. du* 6 *juin* 1823, *n°* 808.)

(3) *Modèles des visa.*

Vu au bureau de la douane à......... *et délivré pour* (l'étranger ou les Colonies françaises, *sous le n°* ......

Le............. 184

staté, par le rapport des permis d'embarquement vérifiés, que les boissons ont été chargées pour l'une des destinations susdites. (*Circ. du 20 septembre 1816, n° 206.*)

1109. Pour jouir de la franchise des droits prononcés par les articles 5 (n° 1107) et 87 de la loi du 28 avril 1816 (1), les boissons qui sont destinées à passer à l'étranger par la voie de terre, devront sortir par l'un des bureaux désignés à cet effet (2) (*Ord.*

Vu (embarquer ou passer à l'étranger) *après vérification des boissons, par nous, employés des*..............

       A............. *le*.............. 184

Le premier visa ayant pour but de certifier la présentation de l'acquit-à-caution des contributions indirectes au bureau des douanes, ou de relater l'enregistrement et la quittance des droits de sortie, ou la délivrance d'un acquit-à-caution pour les Colonies, est rempli par les employés des douanes.

Le second, destiné à constater l'embarquement des boissons pour l'étranger ou les Colonies, est rempli par les employés des contributions indirectes et des douanes, ou par ceux des douanes et de l'octroi, ou par les employés des trois administrations réunies, lorsqu'ils opèrent ensemble dans les principaux ports de mer; par ceux des douanes seulement, quand les exportations ont lieu par quelque petit port où les deux autres administrations n'auraient pas d'employés en résidence. (*Circ. du 6 juin 1823, n° 808.*)

Si les boissons sont mises sur des allèges pour être conduites à bord des bâtimens de mer, le transbordement est constaté par les préposés des douanes, qui se font représenter les acquits-à-caution de la régie, pour remplir le *vu embarquer*, s'il ne l'a pas été lors du chargement sur allége, ou pour ajouter un second visa ainsi conçu : *Vu le transbordement à.... le....*

(1) Cet article 87 affranchit du droit de consommation les eaux-de-vie, esprits et liqueurs qui sont exportés à l'étranger.

(2) *Voir* la nomenclature de ces bureaux à la fin du présent chapitre.

L'administration des contributions indirectes a placé sur tous les points de sortie des employés qui opèrent la décharge des acquits-à-caution.

Toutefois, là où il ne se trouve qu'un receveur ou un commis à pied, elle désire le concours d'un employé des douanes seulement pour cette opération.

L'exécution de cette mesure est d'autant plus facile que, sur tous les passages désignés dans ce tableau, il se trouve un bureau de douanes. C'est au receveur à signer, avec l'employé des contributions indirectes, le certificat de décharge des acquits-à-caution de la régie relatifs aux boissons. Il ne doit apposer sa signature sur ces pièces qu'autant que les boissons sont réellement présentées au bureau des douanes, et qu'on a rempli toutes les formalités prescrites à la sortie. (*Circ. du 5 septembre 1818, n° 426.*)

Le premier visa des acquits-à-caution est rempli par les employés des douanes qui perçoivent les droits de sortie.

Le second, par les employés des contributions indirectes sur les parties de la frontière de terre où ils sont chargés de constater le passage des boissons à l'étranger; par ces mêmes employés et par ceux des douanes, dans les lieux

du 28 décembre 1828.) (1).

1110. Les receveurs principaux signeront toujours les certificats de décharge délivrés dans leurs bureaux ; si, lorsque la sortie des boissons s'effectuera par des bureaux subordonnés, les expéditeurs ou les employés des contributions indirectes demandent la légalisation des signatures des employés qui l'auront constatée, elle sera donnée par lesdits receveurs principaux ou par les inspecteurs ou sous-inspecteurs. (*Circ. du* 6 *avril* 1808.)

Duplicata.

1111. Les duplicata d'acquits de sortie ou de certificats d'exportation que les redevables demandent fréquemment aux douanes, pour justifier, près de l'administration des contributions indirectes, qu'ils ont exporté des boissons à l'étranger, ne seront délivrés que d'après l'autorisation spéciale de l'administration. (*Circ. du* 20 *septembre* 1816, *n*o 206.)

---

de sortie sur lesquels la régie n'a placé qu'un seul préposé et où le concours d'un employé des douanes a été établi. (*Circ. du* 6 *juin* 1823, *n*o 808.)

Toutes les fois qu'on acquitte les droits de sortie sur les boissons dans un bureau qui ne se trouve point placé au lieu même de l'exportation, le second visa des acquits-à-caution des contributions indirectes destiné à constater la vérification des boissons et leur passage à l'étranger, est rempli et signé par les employés des douanes, lors même que la régie a en résidence, au point de sortie, deux employés spéciaux, lesquels alors signent le second visa conjointement avec ceux des douanes. (*Circ. du* 25 *septembre* 1824, *n*o 881.)

Un cadre particulier, destiné à la décharge et à la régularisation de l'acquit-à-caution des contributions indirectes, est, dans les lieux où il existe plus d'un agent de la régie, exclusivement réservé aux employés de cette administration, qui le remplissent d'après les justifications contenues dans les certificats qui précèdent. (*Circ. du* 6 *juin* 1823.)

Sur les passages où il ne se trouve aucun préposé de la régie, le receveur des douanes, assisté d'un visiteur, ou, à défaut de visiteur, d'un brigadier ou d'un sous-brigadier, procède à la vérification des boissons présentées à la sortie, après quoi ils régularisent ensemble les acquits-à-caution des contributions indirectes. (*Circ. du* 27 *février* 1829, *n*o 1146.)

Aucune facilité ne doit être accordée pour le commerce interlope des boissons exportées sous le bénéfice de l'immunité des droits de circulation ou de consommation. (*Circ. manusc. du* 19 *janvier* 1838.)

(1) Les boissons pour lesquelles on renonce à l'immunité des droits peuvent être exportées par tous les bureaux indistinctement, sous le payement des droits de sortie du tarif des douanes. (*Déc. adm. du* 12 *juillet* 1839.)

SECTION IV.

CABOTAGE.

1112. L'embarquement et le débarquement des boissons expédiées par cabotage ne sera permis que sur la représentation des passavans, congés ou acquits-à-caution de la régie (1). On relatera dans les expéditions de douanes, sur les registres et dans les certificats de décharge, les date, numéro et lieu de la délivrance des expéditions de la régie qui seront visées au bureau.

Lorsqu'un caboteur transportant des boissons entrera par relâche dans un autre port que celui de sa destination, les préposés des douanes, à défaut de ceux de la régie, ou opérant de concert, si ces derniers se présentent, vérifieront à bord si elles sont accompagnées des expéditions nécessaires. (*Circ. du 15 juillet 1806.*)

SECTION V.

CIRCULATION.

1113. Aucun enlèvement ni transport de boissons (2) ne pourra être fait sans la déclaration préalable de l'expéditeur ou de l'acheteur, et sans que le conducteur soit muni d'un congé, d'un acquit-à-caution ou d'un passavant pris au bureau de la régie des impôts indirects. Il suffira d'une seule de ces expéditions pour plusieurs voitures ayant la même destination et marchant ensemble. (*Loi du 28 avril 1816, art. 6.*)

Les voituriers, bateliers et tous autres, qui transporteront ou conduiront des boissons, seront tenus d'exhiber, à toute réquisition des employés des douanes, les congés, passavans et acquits-à-caution ou laissez-passer dont ils devront être porteurs (3).

---

(1) Les règles générales du cabotage s'appliquent également aux boissons. *Voir* le livre **V**.

(2) Vins, cidres, poirés, eaux-de-vie, esprits et liqueurs composés d'eau-de-vie ou d'esprits. (*Loi du 28 avril 1816, art. 1er.*)

(3) Les préposés des douanes ont à demander qu'on leur représente l'expédition de la régie, qui, indépendamment du passavant des douanes, est destinée à accompagner les boissons. (*Circ. du 29 mai 1806.*)

Faute de représentation desdites expéditions, ou en cas de fraude et de contravention, les employés saisiront le chargement; ils saisiront aussi les voitures, chevaux et autres objets servant au transport, mais seulement comme garantie de l'amende, à défaut de caution solvable. Les marchandises faisant partie du chargement, qui ne seront pas en fraude, seront rendues au propriétaire. (*Loi du 28 avril 1816, art. 17.*)

Les voituriers, bateliers et tous autres, qui transportent ou conduisent des boissons, sont tenus d'exhiber, aux employés dénommés dans l'article 17 de la loi du 28 avril 1816, les congés, passavans, acquits-à-caution ou laissez-passer dont ils doivent être porteurs, à l'instant même de la réquisition desdits employés, sans que les conducteurs puissent exiger, sous quelque prétexte que ce soit, aucun délai pour faire cette exhibition; et, faute de cette représentation immédiate, les employés doivent saisir le chargement. (*Loi du 23 avril 1836, article unique.*)

Les boissons devront être conduites à la destination déclarée, dans le délai porté sur l'expédition. (*Loi du 28 avril 1816, art. 13.*)

Exceptions.

1114. Les voyageurs ne seront pas tenus de se munir d'expéditions pour les vins destinés à leur usage pendant le voyage, pourvu qu'ils n'en transportent pas au delà de trois bouteilles par personne. (*Même Loi, art. 18.*)

Pénalités.

Les contraventions seront punies de la confiscation des boissons saisies, et d'une amende de 100 fr. à 600 fr., suivant la gravité des cas. (*Même Loi, art. 19.*)

Les fraudes en voitures suspendues entraîneront toujours la condamnation à une amende de 1,000 fr. (*Même Loi, art. 16.*)

Circulation dans le rayon des douanes.

1115. Dans le rayon des frontières de terre, les boissons seront en outre soumises à toutes les formalités des lois et règlemens de douanes relatifs au mouvement et à l'entrepôt des marchandises existant sur cette partie des frontières (1). (*Circ. du 11 février 1841, no 1842.*)

---

(1) Lorsque des *boissons* de la nature de celles qui sont soumises à l'exercice

Tableau des lieux qui peuvent seuls être désignés comme points de sortie pour les boissons expediées à l'étranger par la voie de terre.

Département de l'Ain. Port de Cordon, — Seyssel, — Ferney, — Pouilly-Saint-Genis (1).

Alpes (Hautes-). Mont-Genèvre.

Ardennes. Givet, — Gué-d'Hossus, — la Chapelle, — Sapogne.

Doubs. Villars-sous-Blamont, — les Echampey, — Verrières-de-Joux, — Villers.

Garonne (Haute-). Fos.

Isère. Chapareillan, — Pontcharra, — Entre-deux-Guiers, — Pont-de-Beauvoisin.

Jura. Les Rousses.

Meuse. Thonne-la-Long.

Moselle. La Malmaison, — Mont-Saint-Martin, — Long-la-Ville,

---

des contributions indirectes sont arrêtées dans l'étendue du rayon des douanes, pour défaut des expéditions voulues tout à la fois par les règlemens de l'une et de l'autre administration, les saisissans, à quelque service qu'ils appartiennent, verbalisent *uniquement*, savoir :

A la requête de l'administration des douanes, si l'introduction en fraude de l'étranger est flagrante ou si elle résulte d'une poursuite à vue, de l'aveu des prévenus ou de toute autre preuve certaine;

A la requête de l'administration des contributions indirectes, si l'extraction nationale des boissons n'est contredite par aucune des circonstances prévues dans le premier cas.

Toutefois, s'il se présentait des circonstances où le besoin de réprimer une fraude organisée et où l'intérêt du service de l'une ou de l'autre administration exigeassent un déploiement plus complet de surveillance et de sévérité, on devrait toujours recourir à l'ensemble des moyens légaux dont les deux services peuvent faire usage, et poursuivre simultanément l'application des lois des douanes et des contributions indirectes dont les prescriptions auraient été méconnues. L'administration laisse, à cet égard, à la prudence des chefs de service d'apprécier les cas et de régler les circonstances dans lesquelles il conviendra d'invoquer, de concert avec les agens supérieurs des contributions indirectes, les lois dont la combinaison paraitrait le meilleur moyen d'obtenir les résultats réclamés par l'état exceptionnel de choses qui viendrait à se produire. (*Circ. du* 11 *février* 1841, *n°* 1842.)

(1) Tout conducteur de boissons expédiées d'un lieu en dehors du pays de Gex, et devant sortir de France par Ferney ou Saint-Genis, est tenu de représenter son chargement ou de faire viser son acquit-à-caution à l'un des bureaux de douanes établis à Bellegarde, aux Rousses, à Mijoux ou à Forens. (*Ord. du* 20 *octobre* 1839, *art.* 3.)

—Carling,— Forbach ,— Frauenberg ,— Ottange,— Evrange,
— Apach , — Guertsling-Niedweling, — Trois-Maisons.

Nord. Bettignies, — Jeumont, — Oost-Cappel,— Zudycoote ,—
Hameau de la Bèele, — le Sceau, — Armentières, — Baisieux, — Halluin, — Blancmisseron, — Bonsecours.

Pyrénées (Basses-). Béhobie, — Ainhoa, — Arnéguy, —Urdos.

Pyrénées-Orientales. Le Perthus, — Prats-de-Mollo, — Saint-
Laurent-de-Cerda, — Bourg-Madame.

Rhin (Bas-). Pont - du - Rhin, — La Wantzenau, — Lauter-
bourg, — Wissembourg, — Rhinau.

Rhin (Haut-). Chalampé,— Huningue,— Saint-Louis,— Delle,
— Artzenheim, — Ile-de-Paille.

Var. Saint-Laurent-du-Var. (*Ord. des* **28** *décembre* 1828, 25 *no-*
vembre 1829, 23 *août* 1830, 7 *février* 1833, 14 *juin* 1837
20 *octobre* 1839, 19 *septembre* 1840, *et* 9 *août* 1841.)

CHAPITRE XXVII.

TABACS.

SECTION PREMIÈRE.

ÉTABLISSEMENT DU MONOPOLE.

Achat , fabrication et vente.

1116. L'achat, la fabrication et la vente des tabacs continueront à avoir lieu, par la régie des contributions indirectes, dans
toute l'étendue du royaume exclusivement au profit de l'État (1).
(*Loi du 28 avril* 1816, *art.* 172.)

Nul ne peut avoir en sa possession des tabacs en feuilles, s'il
n'est cultivateur dûment autorisé.

Nul ne peut avoir en provision des tabacs fabriqués autres
que ceux des manufactures royales , et cette provision ne peut

---

(1) La loi du 28 avril 1816, qui attribue exclusivement à l'État l'achat, la
fabrication et la vente du tabac dans toute l'étendue du royaume, doit continuer d'avoir son effet jusqu'au 1er janvier 1852. (*Loi du 25 avril* 1840,
art. 1er.)

excéder dix kilogrammes, à moins que les tabacs ne soient revêtus des marques et vignettes de la régie. (*Loi du 28 avril 1816 , art.* 217.)

Délits et pénalités.

Les contraventions à l'article précédent seront punies de la confiscation, et en outre d'une amende de 10 fr. par kilog. de tabac saisi. Cette amende ne pourra excéder 3,000 fr. ni être au-dessous de 100 fr. (*Même Loi, art.* 218.)

Fraude.

1117. Seront considérés et punis comme fabricans frauduleux, les particuliers chez lesquels il sera trouvé des ustensiles, machines ou mécaniques propres à la fabrication ou à la pulvérisation, et en même temps des tabacs en feuilles ou en préparation, quelle qu'en soit la quantité, ou plus de dix kilogrammes de tabac fabriqué non revêtu des marques de la régie.

Les tabacs et ustensiles, machines et mécaniques, seront saisis et confisqués, et les contrevenans condamnés en outre à une amende de 1,000 à 3,000 fr.

En cas de récidive, l'amende sera double. (*Même Loi, art.* 221.)

Ceux qui seront trouvés vendant en fraude du tabac à leur domicile, ou ceux qui en colporteront, qu'ils soient ou non surpris à le vendre, seront arrêtés et constitués prisonniers, et condamnés à une amende de 300 fr. à 1,000 fr., indépendamment de la confiscation des tabacs saisis, de celle des ustensiles servant à la vente, et, en cas de colportage, de celle des moyens de transport, conformément à l'article 216 (nº 1127). (*Même Loi, art.* 222.)

Les tabacs vendus par la régie comme tabacs de *cantine* seront saisis comme étant en fraude lorsqu'ils seront trouvés dans les lieux où la vente n'en sera pas autorisée, et les détenteurs seront passibles de l'amende portée en l'article 218 de la présente loi. (*Même Loi, art.* 219.)

SECTION II.

IMPORTATION.

Tabacs en feuilles.

1118. Les tabacs en feuilles sont prohibés à l'entrée, à moins qu'ils ne soient importés pour le compte de la régie (1). (*Loi du 7 juin 1820, art. 1er.*)

Ils pourront être reçus en entrepôt réel pendant dix-huit mois (2) pour la réexportation. (*Loi du 29 floréal an 10, art. 5.*)

---

(1) Aux termes de l'article 3 de la loi du 12 janvier 1810, les tabacs fabriqués provenant de prises faites sur les ennemis de l'État, par les navires de la marine française, doivent acquitter les droits d'entrée auxquels sont assujettis les tabacs en feuilles, et en outre ceux de fabrication.

Le cas échéant, la remise de ces tabacs à la régie serait sans doute réglée par des dispositions particulières.

Voir, pour *l'entrepôt, le transit, la réexportation* et *les mutations d'entrepôt* des tabacs, les livres VI et VII.

(2) Le délai est de trois ans dans les entrepôts généraux du prohibé. (*Lois des* 17 *mai* 1826, *art.* 14, *et* 9 *février* 1832, *art.* 20.)

Les tabacs que les fournisseurs livrent conditionnellement à la régie peuvent être laissés à la disposition du régisseur de la manufacture sous une simple soumission d'entrepôt souscrite ou garantie par lui, et dans laquelle on indique qu'ils sont déposés dans ses magasins. Cette soumission est annulée, soit par l'admission et le payement des droits, s'il y a lieu, des tabacs définitivement acceptés par la régie, soit par la réexportation ou la réintégration dans l'entrepôt des douanes des parties de tabacs qui ont été rejetées. (*Déc. adm. du* 8 *avril* 1841.)

L'entrepôt constitué dans les magasins de la régie étant, à proprement parler, un entrepôt fictif, la durée en est limitée à une année, sauf à accorder les prolongations qui seraient demandées par le régisseur. Pour les tabacs réintégrés dans l'entrepôt des douanes, le délai accordé pour la réexportation doit être de trois années à partir du moment de leur importation. (*Déc. adm. du* 12 *juillet* 1841.)

Pour les tabacs de mauvaise qualité ou atteints d'avarie que la régie fait détruire, il suffit, pour décharger le compte d'entrepôt, que leur incinération soit attestée par des certificats délivrés par ses agens. C'est aussi sur leur simple déclaration que doivent être liquidés et perçus les droits d'entrée applicables aux tabacs définitivement admis et achetés par la régie. (*Même Déc.*)

Les cigares étrangers dirigés sur la manufacture de Paris et rejetés par la régie, peuvent être admis à l'entrepôt des douanes de cette ville, d'où ils sont réexportés ensuite sous les conditions générales du transit du prohibé. Seulement un échantillon plombé est substitué au double emballage dont les caisses devraient être revêtues. (*Déc. adm. des* 8 *septembre* 1836 *et* 23 *février* 1837.)

Par mer, l'importation des tabacs en feuilles ne pourra avoir
lieu que sur des bâtimens de 40 tonneaux et au-dessus, et par les
ports de Dunkerque, Calais, Boulogne, Dieppe, le Havre, Morlaix,
Saint-Malo, Lorient, Nantes, La Rochelle, Bordeaux, Bayonne,
Cette et Marseille, à peine de confiscation de la marchandise et
des bâtimens ou bateaux qui auront servi au transport. (*Loi des*
29 floréal an 10, *art.* 2, *et 5 juillet* 1836, *art.* 7.)

Avaries.

1119. Il ne sera fait aucune réduction des droits imposés sur
les tabacs en feuilles pour cause d'avarie : lors de la reconnaissance qui en sera faite, les propriétaires auront la faculté d'en
distraire les parties avariées pour être brûlées ou réexportées,
sans qu'ils puissent séparer la tige des feuilles (1). (*Loi du* 29 *flo-*
réal an 10, *art.* 7.)

Transport aux manufactures.

1120. Le transport des tabacs aux manufactures royales sera
assuré par un acquit-à-caution et par le plombage des colis.
(*Circ. du* 24 *août* 1811.)

Toutefois si la manufacture se trouve sur le lieu même de l'importation, les tabacs ne seront point plombés ; mais leur arrivée
dans les magasins de la manufacture sera toujours garantie par
un acquit-à-caution (2). (*Déc. du* 18 *juillet* 1832.)

Les échantillons de tabac *adressés à la régie* (3), que l'on présentera à l'un des ports ou bureaux ouverts au transit du prohibé, pourront être expédiés à destination de la manufacture de
Paris, sous les formalités générales du transit, c'est-à-dire sous

---

(1) Les parties destinées au feu sont brûlées, sans délai, en présence d'un
employé supérieur des douanes, qui en dresse procès-verbal pour être envoyé
à l'administration. (*Circ. du* 14 *prairial an* 10.)

(2) Les tabacs destinés à la régie sont, au fur et à mesure de leur débarquement, transportés dans les magasins de la manufacture pour y être vérifiés et
pesés en une seule fois en présence des employés des douanes et de ceux de
l'administration des tabacs. (*Déc. adm. des* 2 *février* 1836 *et* 7 *avril* 1837.)

(3) Ces envois se composent ordinairement, selon que l'importation a lieu
par terre ou par mer, d'une réunion de cent ou de cinq cents échantillons d'un
kilogramme chacun. Si les quantités présentées dépassaient notablement ces
limites, il y aurait lieu de ne les admettre que sur une autorisation particulière de l'administration. (*Circ. manusc. du* 29 *mars* 1836.)

la garantie du plombage et d'un acquit-à-caution portant soumission de payer la quadruple valeur des tabacs, si l'expédition
n'était pas rapportée en temps utile et dûment régularisée par le
régisseur de la manufacture. (*Circ. manusc. du 29 mars* 1836.)

Tabacs fabriqués.

1121. Les tabacs fabriqués, de quelque pays qu'ils proviennent, sont prohibés à l'entrée du royaume, à moins qu'ils
ne soient achetés pour le compte de l'administration des contributions indirectes. (*Loi du 28 avril 1816, art. 173.*)

Néanmoins le ministre des finances pourra autoriser, sous
la condition d'un droit spécial (1), l'importation des petites
provisions de tabac de santé ou d'habitude (2). (*Loi du 7 juin*
1820, *art.* 1er.)

---

(1) Ce droit est fixé, savoir :
Tabacs ordinaires...... 10 fr.
   Poudres de Séville, et
   tabacs dits Kanaster,
   Porto-Ricco et Vari-
   nas.............. 15 } Par kilogramme seulement, et jusqu'à concurrence de 10 kilogrammes. (*Loi du 7 juin* 1820.)

Cigares de la Havane et des
   Indes.............. 90 } Sans décime par franc, le 1,000 en nom-bre, du poids de 2 kilogrammes et demi au plus, et seulement jusqu'à concur-rence de 2,000. Lorsque le poids des 1,000 cigares dépasse cette limite, le droit est perçu proportionnellement sur l'excédant. (*Lois des 7 juin* 1820 *et 2 juillet* 1836.)

Voir le tarif officiel.

(2) Par délégation du ministre, c'est l'administration des contributions
indirectes qui délivre ces autorisations; elle les transmet à l'administration
des douanes, qui les adresse directement aux receveurs des bureaux par où
les importations doivent s'effectuer. Ces receveurs ont soin de les annexer aux
acquits-à-caution, qu'ils délivrent pour assurer le transport des tabacs à l'entrepôt de la régie le plus voisin où les droits sont perçus. Les directeurs fournissent tous les trois mois à l'administration un état indiquant les différentes
espèces de tabac introduites en vertu des autorisations délivrées par la régie;
ces importations figurent d'ailleurs sur les états de commerce au même titre
et d'après les mêmes règles que les autres marchandises. (*Circ. du 30 mars*
1837, *n°* 1616.)
Si l'acquit-à-caution levé pour assurer le transport du tabac à l'entrepôt
de la régie n'est pas rapporté en temps utile, le receveur de la douane remet
un extrait de la soumission au chef du service des contributions indirectes,

Ces provisions ne pourront être importées que par les bureaux désignés à cet effet (1). (*Circ. du 30 mars 1837, no 1616.*)

---

pour que celui-ci décerne contrainte et dirige les poursuites. (*Circ. du 15 mai 1821, no 654.*)

Les restes de provisions de route des voyageurs, passagers et marins, qui n'excèdent pas 500 cigares ou 1 kilog. de tabac fabriqué, sont affranchis de ces formalités. La perception des droits est faite immédiatement par les receveurs des douanes pour le compte de l'administration des contributions indirectes, et transcrite par eux sur des registres spéciaux fournis par cette administration. Les directeurs adressent, par trimestre, à l'administration des douanes, un état des restes de provisions ainsi introduites. (*Circ. du 30 mars 1837, no 1616.*)

Les importations de cette nature peuvent avoir lieu par tous les bureaux indistinctement. (*Circ. du 24 avril 1858, no 1684.*)

(1) TABLEAU *des bureaux ouverts à l'importation des provisions de tabac de santé ou d'habitude.*

DIRECTIONS.	BUREAUX.	DIRECTION DES CONTRIBUTIONS INDIRECTES dans la circonscription desquelles ils se trouvent placés.
Dunkerque	Dunkerque. Halluin.	Dunkerque.
Valenciennes	Blancmisseron	Valenciennes.
Metz	Forbach	Sarreguemines.
Strasbourg	Strasbourg. Saint-Louis	Strasbourg.
Besançon	Les Rousses	Saint-Claude.
Nantua	Bellegarde	Nantua.
Toulon	Toulon	Toulon.
Marseille	Marseille	Marseille.
	Arles	Arles.
Montpellier	Cette	Montpellier.
	Agde	Béziers.
Perpignan	Port-Vendres. Le Perthus	Perpignan.
Bayonne	Bayonne. Saint-Jean-de-Luz. Béhobie.	Bayonne.
Bordeaux	Bordeaux	Bordeaux.
La Rochelle	Rochefort. La Rochelle	Rochefort. La Rochelle.
Nantes	Nantes	Nantes.
Lorient	Lorient. Vannes.	Lorient. Vannes.
Brest	Brest. Morlaix.	Brest. Morlaix.
Saint-Malo	Saint-Malo Le Legué Saint-Brieuc	Saint-Malo. Saint-Brieuc.
Cherbourg	Cherbourg. Granville. Caen.	Cherbourg. Avranches. Caen.

Provisions de bord des équipages.

1122. Les tabacs composant la provision de bord des équipages étrangers seront immédiatement mis en dépôt, en pourvoyant toutefois à la consommation régulière et habituelle des marins de ces équipages. A cet effet, les chefs locaux s'entendront avec les employés supérieurs des contributions indirectes pour déterminer les quantités qui pourront être allouées par chaque marin pendant huit jours. Celles-ci seront mises à la disposition du capitaine, et l'on renouvellera successivement ces mêmes approvisionnemens dans la même proportion. Le surplus des tabacs déposés, s'il en reste encore lors du départ des bâtimens, sera remis à bord pour être renvoyé à l'étranger.

Au moyen de ces mesures de police, la douane est autorisée à saisir toutes quantités de tabacs que l'on trouverait à bord des navires en excédant des quantités remises pour la consommation de l'équipage (1). (*Circ. du 21 octobre 1822, n° 760.*)

DIRECTIONS.	BUREAUX.	DIRECTION DES CONTRIBUTIONS INDIRECTES dans la circonscription desquelles ils se trouvent placés.
Rouen............	Rouen	Rouen.
	Honfleur................	Honfleur.
	Le Havre	} Le Havre.
	Fécamp	
Abbeville	Dieppe..	Dieppe.
	Abbeville..............	} Abbeville.
	Saint-Valery-sur-Somme...	
Boulogne..........	Boulogne	} Boulogne.
	Calais.................	

(*Circ. du 30 mars 1837, n° 1616.*)

Les provisions de cigares ou autres tabacs, expédiées directement de l'étranger à des consommateurs domiciliés dans le royaume, ne sont admissibles par mer que lorsqu'elles sont inscrites, au nom des destinataires, sur le manifeste du navire importateur. (*Même Circ.*)

(1) *Voir*, pour les importations frauduleuses, la 5e section du présent chapitre.

SECTION III.

EXPORTATION.

Tabacs en feuilles.

1123. Les cultivateurs auront la faculté de destiner leur récolte (du tabac) soit à l'approvisionnement des manufactures royales, soit à l'exportation (1). (*Loi du 28 avril 1816, art. 183.*)

L'exportation sera effectuée avant le 1ᵉʳ août de l'année qui suivra la récolte, à moins que le cultivateur n'ait obtenu du préfet une prolongation de délai qui, en aucun cas, ne pourra passer le 1ᵉʳ septembre. (*Même Loi, art. 206.*)

Après les délais qui auront été accordés pour l'exportation, les tabacs qui n'auront été ni exportés ni mis en entrepôt (2), seront saisis et confisqués. (*Même Loi, art. 207.*)

Les tabacs destinés à l'exportation ne pourront être enlevés de chez le cultivateur qu'en vertu d'un laissez-passer des employés des contributions indirectes, qui ne sera délivré que pour le bureau (de la régie) établi près le magasin le plus voisin. (*Même Loi, art. 208.*)

A ce bureau, les tabacs seront reconnus, pesés, cordés et plombés, et il sera délivré au cultivateur un acquit-à-caution qui les accompagnera jusqu'à l'étranger (3). (*Même Loi, art. 209.*)

Tabacs fabriqués.

1124. Les tabacs fabriqués pourront être exportés par tous les départemens (4). (*Loi du 24 nivôse an 5.*)

---

(1) Les tabacs en feuilles payent à la sortie un droit de douanes de 25 c. par 100 kilog.

(2) Dans les magasins de la régie.

(3) L'exportation ne peut s'effectuer que par l'un des ports et bureaux (t. 1ᵉʳ, pag. 184) ouverts à l'entrée des marchandises payant plus de 20 fr. par 100 kil. (*Tarif officiel, note 108.*)

Les employés des douanes délivrent, outre l'acquit de paiement des droits de sortie, un certificat de décharge de l'expédition de la régie des contributions indirectes, lequel énonce le poids de chaque colis et le poids total des colis réunis. (*Coll. de Lille, t. 8, pag. 342.*)

(4) L'exportation des tabacs fabriqués ne peut avoir lieu sans un acquit

SECTION IV.

CIRCULATION.

1125. Les tabacs fabriqués ou en feuilles, comme les autres marchandises, ne pourront circuler dans le rayon des frontières sans une expédition de douanes.

Mais, pour éviter que cette expédition ne fasse double emploi avec celle de la régie des contributions indirectes, les tabacs seront admis à circuler avec les acquits-à-caution ou les *laissez-passer* qui seront délivrés par les agens des contributions indirectes, sous la condition de les présenter et de les faire viser aux bureaux de la route (no 1126), (*Circ. des 2 brumaire an* 14, 17 *août* 1811 *et* 20 *septembre* 1815.)

Les tabacs en feuilles ne pourront circuler sans acquit-à-caution (1), si ce n'est dans le cas prévu par l'article 208 (no 1123), ou lorsqu'ils auront été cultivés pour l'approvisionnement de la régie, et qu'ils seront transportés du domicile du cultivateur au magasin de réception : ils devront, dans ce dernier cas, comme dans le premier, être accompagnés d'un *laissez-passer*.

Les tabacs fabriqués ne pourront circuler sans acquit-à-caution, toutes les fois que la quantité excédera dix kilogrammes. Les quantités d'un kilogramme à dix devront être accompagnées d'un laissez-passer, à moins qu'elles ne soient revêtues des mar-

---

spécial de la régie des contributions indirectes, ni sans passer par l'un des ports et bureaux ouverts à l'entrée des marchandises imposées à plus de 20 fr. par 100 kilog. (*Tarif officiel, note* 347.)

Cette restriction de sortie ne s'applique qu'aux tabacs fabriqués que la régie vend pour l'exportation, et pour lesquels elle accorde, à titre de prime, une remise sur le prix de consommation en France; mais comme il n'existe aucun motif pour soumettre à la même règle les tabacs achetés dans les bureaux de débit de la régie aux mêmes prix que les consommateurs régnicoles, on en permet la sortie par tous les bureaux indistinctement, (*Circ. du* 11 *juillet* 1838.)

Ces tabacs restent soumis aux formalités de circulation prescrites par l'article 215 de la loi du 28 avril 1816 (no 1125).

(1) Cette obligation est générale et comprend tous les tabacs qui circulent dans l'étendue du royaume; c'est assez dire que l'acquit-à-caution est celui des contributions indirectes.

ques et vignettes de la régie (1). (*Loi du* 28 *avril* 1816, *art.* 215.)

Les tabacs dits de *cantine* ne pourront, même sous marques et vignettes, circuler en quantité supérieure à un kilog., à moins qu'ils ne soient enlevés des manufactures royales ou des entrepôts de la régie, et accompagnés d'un acquit-à-caution ou d'une facture délivrée par l'entreposeur. Toute contravention à cette disposition sera punie conformément à l'article 216 de la loi du 28 avril 1816. (*Loi du* 23 *avril* 1840, *art.* 2.)

1126. Les expéditions délivrées par la régie des contributions indirectes seront admises par les douanes qui les viseront, après avoir reconnu l'identité des colis qu'elles décrivent, et l'intégrité des cordes et plombs (2). (*Circ. du* 17 *août* 1811.)

SECTION V.

RÉPRESSION DE LA FRAUDE ET DE LA CONTREBANDE.

1127. Les tabacs circulant en contravention à l'article précédent (n° 1125) seront saisis et confisqués, ainsi que les chevaux, voitures, bateaux et autres objets servant au transport. Le contrevenant sera puni, en outre, d'une amende de 100 à 1,000 fr. (3).

---

(1) *Voir*, en cas d'infraction, l'article 246 de la même loi (n° 4129).
Les tabacs fabriqués qui ne portent pas de vignettes sont réputés étrangers. (*A. de C. du* 12 *floréal an* 13.)

(2) Les tabacs transportés sous le plomb de la régie sont exempts de visite. Les préposés ne peuvent que vérifier l'état des plombs, le nombre, et, s'il y a lieu, le poids des colis, sans les ouvrir ni introduire la sonde dans ceux qui contiennent du tabac en poudre. Cependant ils ne doivent pas négliger de reconnaître, par les moyens laissés à leur disposition, si les bateliers ou voituriers n'abusent pas de la confiance de la régie pour substituer aux tabacs d'autres marchandises; et lorsqu'il s'élève des soupçons de fraude, on peut demander la visite, en y appelant le principal préposé des contributions indirectes. Elle ne se fait qu'en présence de ce chef, qui prend les mesures nécessaires pour la conservation des tabacs, et y fait réapposer le plomb de la régie après l'opération. (*Circ. du* 17 *août* 1811.)
Si les tabacs doivent être embarqués, on se borne, après la déclaration et la délivrance du permis, à constater l'embarquement sur l'acquit-à-caution de la régie. Cet acquit est de même présenté au port de débarquement, où il suffit pour autoriser l'admission après la décharge constatée par un semblable visa. (*Même Circ.*)

(3) Tout individu condamné pour fait de contrebande en tabac, est détenu

Toute personne convaincue d'avoir fourni le tabac saisi en fraude, sera passible de cette dernière amende. (*Loi du* 28 *avril* 1816, *art.* 216.)

Les employés des douanes pourront constater la vente des tabacs en contravention à l'article 172 (n° 1116), le colportage, les circulations illégales (1), et généralement les fraudes sur le tabac ; procéder à la saisie des tabacs, ustensiles et mécaniques prohibées par la présente loi, à celle des chevaux, voitures, bateaux et autres objets servant au transport, et constituer prisonniers les fraudeurs et colporteurs, dans le cas prévu par l'article 222 (n° 1117). (*Même Loi, art.* 223.)

Importation flagrante.

1128. Dans les cas d'importation flagrante, ou lorsqu'il y aura des indices certains que les tabacs viennent de l'étranger, les préposés des douanes saisiront à la requête de leur administration, et ils poursuivront, selon les cas, l'application des lois de douanes (2).

---

jusqu'à ce qu'il ait acquitté le montant des condamnations prononcées contre lui ; cependant le temps de la détention ne peut excéder six mois, sauf le cas de récidive où le terme peut être d'un an. (*Loi du* 28 *avril* 1816, *art.* 225.)

(1) Même la circulation dans le voisinage des côtes maritimes ; mais les préposés des brigades placées sur les côtes ne doivent concourir à la saisie des tabacs circulant sans expédition de la régie que sur les points où ils peuvent se porter sans que leur service en souffre. (*Circ. du* 20 *septembre* 1815.)

(2) L'*aveu* de l'importation frauduleuse, fait au moment de la saisie et dûment constaté dans le procès-verbal, suffit pour établir que les tabacs viennent de l'étranger, et entraîne la compétence de la douane comme administration poursuivante.

Si le rapport de saisie, pour fait de simple colportage, est rédigé au nom de la régie des contributions indirectes, et que le fait de l'importation frauduleuse se révèle à l'audience, soit par l'aveu du prévenu, soit par les résultats de l'instruction, la contravention change de nature, le délit rentre dans la classe de ceux dont la poursuite est confiée à l'administration des douanes ; et sur l'intervention de celle-ci, ou même sur les conclusions du ministère public, qui a qualité d'agir pour elle, les tribunaux prononcent les condamnations édictées par les lois de douanes.

L'administration poursuit alors l'exécution du jugement en ce qui la concerne, et rembourse à la régie, originairement poursuivante, les frais qu'elle a dû avancer. La régie agit de même à l'égard de la douane, lorsque celle-ci a provoqué le jugement et que les tribunaux ont, pour quelque cause que ce soit, prononcé les condamnations au profit des contributions indirectes. (*Circ. du* 18 *septembre* 1837, *n°* 1649.)

Les saisies de tabac opérées hors du rayon des douanes doivent toujours être

Dans tout autre cas, la fraude des tabacs sera poursuivie à la requête de l'administration des contributions indirectes, et jugée d'après la législation qui lui est propre. (*Avis du Conseil d'État, rapporté dans la Circ. du 18 mai 1820.*)

Visites domiciliaires.

1129. En cas de soupçon de fraude, les employés pourront faire des visites dans l'intérieur des habitations, en se faisant assister du juge de paix, du maire, de son adjoint ou d'un commissaire de police, lesquels seront tenus de déférer à la réquisition qui leur en sera faite, et qui sera transcrite en tête du procès-verbal. Ces visites ne pourront avoir lieu que d'après l'ordre d'un employé supérieur du grade de contrôleur au moins, qui rendra compte des motifs au directeur du département (1).

Les tabacs transportés en fraude, qui, au moment d'être saisis, seraient introduits dans une habitation pour les soustraire aux employés, pourront y être saisis par eux, sans qu'ils soient tenus, dans ce cas, d'observer les formalités ci-dessus prescrites. (*Loi du 28 avril* 1816, *art.* 237.)

Suite des saisies faites à la requête de la régie.

1130. Lorsque, conformément aux articles 222 et 223, les employés auront arrêté un colporteur ou fraudeur de tabac, ils seront tenus de le conduire sur-le-champ devant un officier de

---

constatées à la requête des contributions indirectes. Mais pour les tabacs saisis dans le rayon, même à *domicile*, on poursuit l'application des lois de douanes, pourvu que l'importation soit établie par les aveux du prévenu ou par l'existence de vignettes étrangères. (*Circ. manusc. du* 26 *février* 1858.)

(1) Les préposés des douanes ne font pas, hors le cas d'importation flagrante, de visites domiciliaires pour les recherches des tabacs, sans invitation de la part des agens de la régie.

Ils ne peuvent déférer à ces invitations que sur l'ordre exprès de leur chef, qui juge de la possibilité de les détacher de leur service principal, et pour quel temps.

Lorsqu'il est à leur connaissance qu'une maison renferme, soit un approvisionnement frauduleux de tabacs, autre qu'un dépôt saisissable d'après les règlemens de douane, soit des moyens de fabrication ou de distribution clandestine, ils se bornent à en donner avis à un agent supérieur de la régie qui ait caractère pour autoriser des visites à domicile. Ils peuvent ensuite concourir à ces visites et aux saisies avec les employés que l'agent supérieur de la régie leur adjoint. (*Circ. du* 20 *septembre* 1815.)

police judiciaire, ou de le remettre à la force armée, qui le conduira devant le juge compétent, lequel statuera de suite, par une décision motivée, sur son emprisonnement ou sa mise en liberté.

Néanmoins, si le prévenu offre bonne et suffisante caution de se présenter en justice et d'acquitter l'amende encourue, ou s'il consigne lui-même le montant de ladite amende, il sera mis en liberté, s'il n'existe aucune autre charge contre lui (*Loi du 28 avril 1816, art. 224.*) (1).

Les tabacs saisis à la requête de la régie seront transportés au plus prochain bureau de l'administration des contributions indirectes, et laissés, après vérification et pesée régulières, à l'employé de la régie, qui en devient ainsi momentanément dépositaire et responsable (2). (*Déc. min. du 2 décembre 1831 ; Circ. du 29, nᵒ 1296.*)

Primes d'arrestation.

1131. Les préposés des douanes qui arrêteront ou concourront à arrêter des colporteurs ou vendeurs de tabac en fraude, recevront une prime de 15 fr. par chaque personne arrêtée, quel que soit le nombre des saisissans (3).

---

(1) La contrebande de tabac avec attroupement et à main armée est poursuivie et punie comme en matière de douane. (*Loi du 28 avril 1816, art. 226.*) — *Voir* le livre III.

(2) D'après l'article 5 de la loi du 5 septembre 1792, lorsque plusieurs saisies de tabacs ont été faites séparément sur des inconnus dans le ressort d'un même tribunal, et que la valeur de chaque partie n'excède pas 50 fr., la régie peut en demander la confiscation par une seule requête, laquelle contient l'estimation de chaque partie. Il est statué sur ladite demande par un seul et même jugement.

(3) La prime de 15 fr. est acquise aux préposés pour chaque individu arrêté contre lequel il a été rédigé un procès-verbal constatant la saisie de 50 décagrammes ou plus de tabac de fraude. La prime est pareillement acquise, même pour une quantité inférieure à 50 décagrammes, lorsque le procès-verbal établit qu'il y a eu précédemment, de la part du contrevenant, tentative répétée de plusieurs introductions dans un court intervalle de temps. (*Circ. du 12 avril 1837, nᵒ 1618.*)

Cette prime est également due alors que l'arrestation a été opérée sur un bateau, et aussi dans le cas où la quantité de tabac trouvée sur une embarcation ou dans une voiture ne représenterait pas le minimum de 50 décagrammes par chaque voyageur. (*Déc. du directeur de l'administration des contributions indirectes du 22 août 1839.*)

Mais la prime n'est pas acquise : 1ᵒ lorsqu'une quantité de tabac, saisie sur

Cette prime ne sera acquittée qu'autant que les contrevenans auront été constitués prisonniers, ou qu'amenés devant le directeur des contributions indirectes, ils auront fourni caution ou auront été admis à transaction. (*Ord. du* 31 *décembre* 1817, *art.* 1er.)

La prime d'arrestation sera payée aux employés des douanes, quand bien même la saisie aurait eu lieu avec le concours des agens de l'administration des contributions indirectes. (*Circ. du* 28 *février* 1812.)

Le montant des primes dues par la régie aux employés des douanes sera versé entre les mains du receveur principal des douanes, qui en justifiera l'emploi par un état émargé des saissans (1). (*Circ. du* 5 *août* 1816.)

Estimation des tabacs saisis.

1152. Les tabacs saisis seront expertisés, dans les vingt-quatre heures de leur dépôt entre les mains de la régie, par un conseil composé du directeur de l'arrondissement, de l'entreposeur et d'un troisième employé désigné par le directeur du département, en présence d'un délégué du directeur des douanes (2) et des saisissans eux-mêmes, s'il est possible. (*Ord. du* 31 *décembre* 1817, *art.* 2.)

Le conseil jugera si les tabacs saisis sont ou non susceptibles d'être employés dans la fabrication.

Dans le premier cas, ils seront classés, ou comme étant propres à la fabrication ordinaire, et payés à raison de 150 fr. par 100 kil.,

---

une réunion de contrebandiers, ne représente pas 50 décagrammes par individu ; 2° lorsqu'une arrestation ayant été faite pour tentative frauduleuse d'importation de marchandises diverses, quelques quantités de tabac se trouvent mêlées à ces marchandises dans la proportion de moins de 50 décagrammes par personne arrêtée. (*Circ. du* 12 *avril* 1837.)

(1) Ces primes sont réparties entre les saisissans par égales portions, sans acception de grade. (*Déc. adm. du* 21 *juin* 1839.)

(2) Le directeur des douanes désigne à l'avance, dans le lieu de la résidence de chaque directeur des contributions indirectes, ou dans l'endroit le plus rapproché de cette résidence, l'employé qui est chargé d'assister pour lui à l'expertise des tabacs.

Cet employé doit tenir la main à ce que cette expertise soit faite dans les vingt-quatre heures du dépôt, et à ce que la valeur des tabacs et la prime, dans le cas où elle est due, soient remises immédiatement. (*Circ. du* 19 *janvier* 1818.)

ou seulement comme étant susceptibles d'être employés dans la cantine, et payés 90 fr. par 100 kilog.

Quant aux tabacs qui ne seront pas jugés propres à la fabrication, ils seront détruits en présence des saisissans; et il sera accordé à ceux-ci, à titre de prime, 30 fr. par 100 kilog. (*Ord. du 31 décembre 1817, art. 3.*)

En cas de saisie de tabacs de qualité supérieure et jugés susceptibles d'être vendus par la régie comme tabacs de choix, les saisissans recevront, en sus du prix le plus élevé indiqué par l'article précédent, une indemnité qui sera réglée par le conseil d'administration de la régie. (*Même Ord., art. 4.*)

Immédiatement après l'expertise, les saisissans recevront, suivant qu'il y aura lieu, la totalité des primes et la part qui leur est attribuée par les règlemens dans la valeur des tabacs saisis, sans déduction des frais, lesquels sont prélevés ultérieurement sur le produit de l'amende, ou, en cas d'insuffisance, tomberont en non-valeur.

En cas de saisies faites à l'importation (1) pour contravention aux lois de douanes, ce sera la valeur ci-dessus indiquée des tabacs qui, sans déduction d'aucun frais, sera remise avec le montant des primes au délégué du directeur des douanes. (*Même Ord., art. 5.*)

Disposition générale.

1135. Les dispositions des articles 172, 215, 216, 217, 218, 219, 220, 221, 222, 223, 224, 225 et 226 de la loi du 28 avril 1816 sont applicables à la fabrication, à la circulation et à la vente du tabac factice ou de toute autre matière préparée pour être vendue comme tabac, sans qu'il soit dérogé aux dispositions contenues dans la loi du 17 avril 1832, concernant la durée de la contrainte par corps. (*Loi du 12 février 1835, art. 5.*)

---

(1) Dans les directions de Bordeaux, Saint-Malo, Cherbourg, Rouen et Grenoble, les tabacs en feuilles saisis à la requête de l'administration des douanes sont vendus pour la réexportation; et dans toutes les directions on a la faculté de vendre également pour l'étranger tous les tabacs *fabriqués* saisis aussi à *l'importation*. Mais les tabacs saisis et confisqués d'après les lois de la régie des contributions indirectes doivent toujours être versés dans les magasins de cette administration. (*Déc. min. du 24 décembre 1827; Circ. des 10 janvier 1828, no 1080, et 16 septembre 1831, no 1275.*)

CHAPITRE XXVIII.

CARTES A JOUER.

Importation.

1154. L'introduction en France et l'usage des cartes fabriquées à l'étranger sont prohibés (1). (*Loi des* 13 *fructidor an* 13, *art.* 5, *et* 28 *avril* 1816, *art.* 166.)

Fabrication et vente à l'intérieur.

1155. La régie des contributions indirectes continuera de fournir aux fabricans de cartes les feuilles de moulage, ainsi que le papier filigrané qu'ils sont tenus d'employer à leur fabrication (2). (*Loi du* 28 *avril* 1816, *art.* 162.)

Tout individu qui fabriquera des cartes à jouer, ou qui en introduira dans le royaume, ou qui en distribuera, vendra (3), ou colportera sans y être autorisé par la régie, sera puni de la confiscation des objets de fraude, d'une amende de 1,000 à 3,000 fr., et d'un mois d'emprisonnement; en cas de récidive, l'amende sera toujours de 3,000 fr. (*Même Loi, art.* 166.)

Ceux qui auront contrefait ou imité les moules, timbres et marques employés par la régie pour distinguer les cartes légalement fabriquées, et ceux qui se serviront des véritables moules, timbres ou marques, en les employant d'une manière nuisible aux intérêts de l'État, seront punis, indépendamment de l'amende fixée par l'article 166, des peines portées par les articles 142 et 143 du Code pénal. (*Même Loi, art.* 168.)

Les dispositions des articles 223, 224, 225 et 226 de la pré-

---

(1) Pour les peines applicables, *voir* le n° 1155, et, pour la réadmission des cartes fabriquées en France, le n° 1137.

(2) Les cartes *dites tarots* et autres dont la forme ou la dimension diffère des cartes usitées en France, sont fabriquées en papier libre. Elles ne peuvent circuler dans l'intérieur qu'autant qu'elles portent, sur toutes les cartes à figure, la légende *France* et le nom du fabricant. (*Décret du* 16 *juin* 1808, *art.* 4.)

(3) Nul ne peut vendre des cartes, même frappées du filigrane de la régie, que sous la bande timbrée. (*Arrêté du* 3 *pluviôse an* 6, art. 8.)

sente loi, sont applicables à la fraude et à la contrebande sur les cartes à jouer (1). (*Loi du 28 avril 1816, art.* 169.)

Exportation.

1136. L'administration des contributions indirectes est autorisée à suspendre le recouvrement du droit sur les cartes à portrait français et à portrait étranger destinées pour l'exportation (2). (*Ord. du 7 juillet* 1831, *art.* 1er.)

L'administration des contributions indirectes est également autorisée à suspendre l'application des bandes de contrôle sur les cartes destinées à l'exportation : ces cartes ne pourront circuler dans l'intérieur du royaume, jusqu'au point de sortie, que dans des caisses ficelées qui seront plombées par les employés de la régie (3). (*Même Ord.*, *art.* 2.)

Réintroduction.

1137. La réintroduction des cartes ainsi exportées ne pourra être autorisée que sous la condition du payement des droits imposés à la fabrication, auquel cas les jeux seront revêtus de la bande de contrôle : celles qui seraient réimportées en fraude, ou

---

(1) Ces articles concernent la fraude des tabacs; ils sont rapportés au chapitre xxvii.

Les préposés des douanes autorisés à constater la fraude des cartes à jouer, verbalisent toujours à la requête de l'administration des contributions indirectes, même dans le cas *d'importation*, où les peines édictées par l'article 166 de la loi du 28 avril 1816 sont également applicables. (*Circ. du 26 novembre* 1840, *n°* 1859.)

Les saisissans constituent les contrevenans en état d'arrestation préventive, et les conduisent immédiatement devant l'officier de police judiciaire le plus à portée du lieu de l'arrestation, ou remettent leur personne entre les mains de la force armée, conformément à la loi, sauf toutefois l'usage éventuel de la faculté donnée par le second paragraphe de l'article 224 de la loi du 28 avril 1816. Si les prévenus manifestent l'intention de satisfaire spontanément aux condamnations ou de transiger, les saisissans les conduisent devant le chef de service des contributions indirectes de la localité, lequel demeure chargé de prendre telle mesure que de droit. (*Circ. n°* 1859.)

(2) L'article 5 du décret du 16 juin 1808 soumet les cartes à portrait étranger, destinées à l'exportation, à un droit de 5 c. par jeu.

(3) Hors ce cas, les préposés des douanes ne peuvent laisser sortir du royaume aucune carte à jouer sans être revêtue du filigrane de la régie ou de la marque convenue, et sous la bande timbrée. (*Arrêté du 3 pluviôse an 6*, *art.* 17.)

trouvées dans l'intérieur sans bande de contrôle, seraient saisissables, conformément aux dispositions de l'art. 166 de la loi
du 28 avril 1816. (*Ord. du 7 juillet* 1831, *art.* 3.)

CHAPITRE XXIX.

TRANSPORT DES LETTRES, JOURNAUX ET BILLETS DE LOTERIE.

SECTION PREMIÈRE.

DISPOSITIONS GÉNÉRALES.

1138. Il est défendu à tous les entrepreneurs de voitures libres, et à toute autre personne étrangère au service des postes,
de s'immiscer dans le transport des lettres (1), journaux (2), feuilles à la main, ouvrages périodiques, paquets et papiers du poids
de 1 kilog. et au-dessous, dont le port est exclusivement confié
à l'administration des postes aux lettres (3). (*Arrêté du 27 prairial an 9, art.* 1er.)

Les sacs de procédures, les papiers uniquement relatifs au
service personnel des entrepreneurs de voitures, et les paquets
au-dessus du poids de 1 kilog. sont seuls exceptés de la prohi-

---

(1) *Voir*, pour la correspondance des douanes, la 2e section du présent
chapitre.

(2) Les gazettes étrangères, confondues dans la correspondance journalière
par suite d'abonnement, ne peuvent entrer en France que par la voie de la
poste aux lettres. Celles qui arrivent d'une autre manière sont saisissables.
(*Circ. du* 15 *novembre* 1815.)

S'il s'agit de journaux défendus, la saisie est constatée par des rapports rédigés sur papier libre; les délinquans sont conduits devant l'officier de police,
à qui l'on remet une copie du procès-verbal, et qui juge s'il y a lieu de poursuivre en justice. Dans ce cas, il pourvoit aux formalités ultérieures. (*Circ.
du* 5 *avril* 1817.)

La contravention qui consiste à importer des journaux étrangers non défendus autrement que par la poste, se constate conformément aux dispositions
rapportées au n° 1139.

Pour les collections de gazettes étrangères introduites comme objets de
commerce, *voir* le n° 1092.

(3) *Voir* le n° 1139 pour les pénalités.

bition prononcée par l'article précédent (1). (*Arrêté du 27 prairial an 9, art. 2.*)

Recherches et pénalités.

1139. Les employés des douanes aux frontières sont autorisés à faire ou faire faire toutes perquisitions et saisies sur les messagers piétons chargés de porter les dépêches, voitures de messageries et autres de même espèce, afin de constater les contraventions; à l'effet de quoi ils pourront, s'ils le jugent nécessaire, se faire assister de la force armée (2). (*Même Arrêté, art. 3.*)

Les procès-verbaux seront dressés à l'instant de la saisie; ils contiendront l'énumération des lettres et paquets saisis, ainsi que leurs adresses (3). Copies en seront remises avec lesdites lettres et paquets saisis en fraude, savoir : à Paris, à l'administration des postes; dans les départemens, au bureau du directeur des postes le plus voisin de la saisie, pour lesdites lettres et paquets être envoyés aussitôt à leur destination avec la taxe

---

(1) On excepte également :

1° Les lettres et paquets transportés sur les routes où il n'existe pas de service de poste aux lettres;

2° Les lettres dites de voiture, déclarations, connaissemens, etc., non cachetés, qui accompagnent les marchandises dont les voituriers peuvent être chargés;

3° Les paquets qui, ne pesant pas 1 kilog., sont reconnus renfermer des objets dont le transport n'est pas réservé à l'administration des postes ;

4° Les lettres de crédit ou de recommandation dont souvent un voyageur se trouve chargé dans son intérêt. (*Circ. de l'administration des postes du 10 mars 1828.*)

(2) Les recherches ne sont pas autorisées sur la personne des voyageurs, mais seulement sur celle des messagers ou piétons, et dans les voitures de messageries et autres voitures publiques. (*Circ. du 2 novembre 1814.*)

La Cour de cassation a décidé que, dans le seul intérêt de l'administration des postes, des visites ou perquisitions ne peuvent être exercées sur des personnes autres que celles désignées par l'article 3 de l'arrêté du 27 prairial an 9. (*Déc. du directeur de l'administration des postes du 15 juillet 1841.*)

(3) Ces procès-verbaux doivent être *affirmés*. (*Circ. du 29 février 1828, n° 1087.*)

Ils sont dressés, à la requête de l'administration des postes, sur des formules que fournit cette administration. Lorsqu'il y a lieu de donner suite à une saisie de cette nature, ce sont les directeurs des postes qui sont chargés de faire timbrer, ou viser pour timbre, l'original du procès-verbal, de le faire enregistrer et de le transmettre au procureur du Roi de l'arrondissement. (*Circ. du 8 novembre 1826, n° 1019.*)

ordinaire. Lesdits procès-verbaux seront ensuite adressés au procureur du Roi près le tribunal civil et correctionnel de l'arrondissement par les préposés des postes, pour poursuivre contre les contrevenans la condamnation de l'amende de 150 fr. au moins et de 300 fr. au plus par chaque contravention (1). (*Arrêté du 27 prairial an 9, art. 5.*)

Le produit des amendes appartiendra, un tiers à l'administration, un tiers aux hospices des lieux, et un tiers à celui ou à ceux qui auront découvert et dénoncé la fraude, et à ceux qui auront coopéré à la saisie; celui-ci sera réparti entre eux par égales portions. (*Même Arrêté, art. 8.*)

Correspondance maritime.

1140. Il est expressément défendu à toutes personnes de tenir, même dans les villes et endroits maritimes, soit bureau, soit entrepôt pour l'envoi, réception et distribution des lettres et paquets de et pour les Colonies soit françaises, soit étrangères, du poids de 1 kilog. et au-dessous, à peine de l'amende prononcée par l'article 5 de l'arrêté du 27 prairial an 9 (2). (*Arrêté du 19 germinal an 10, art.* 1er.)

Tout capitaine ou marin de l'équipage d'un navire arrivant dans un port de France, sera tenu, sous peine de l'amende prononcée par l'article 1er, de porter ou envoyer sur-le-champ au bureau des postes du lieu toutes les lettres ou paquets qui lui auront été confiés, autres que ceux de la cargaison des bâtimens. Le directeur ou préposé du bureau sera tenu de lui payer un décime par lettre ou paquet, conformément à l'article 26 de la loi du 22 août 1791 (3). (*Même Arrêté, art. 7.*)

---

(1) Les maîtres de postes, les entrepreneurs de voitures libres et messageries, sont personnellement responsables des contraventions de leurs postillons, conducteurs, porteurs et courriers, sauf leur recours. (*Arrêté du 27 prairial an 9, art. 9.*)

(2) L'administration des postes est chargée de ce service par l'article 2 de l'arrêté du 19 germinal an 10.

Tout capitaine de navire en chargement dans un des ports de France, est tenu, aux termes de l'article 3 de cet arrêté, de faire connaître au préposé des postes du lieu, un mois d'avance au moins, le jour présumé du départ de son bâtiment.

(3) Les préposés des douanes, lorsqu'ils font la visite d'un navire, s'assurent si le capitaine et les gens de l'équipage ne seraient point porteurs de lettres ou

Toute contravention aux articles 1er et 7 du présent arrêté sera constatée de la manière prescrite par l'article 3 de celui du 27 prairial an 9; toutes saisies, poursuites et exécutions de saisies et de jugemens intervenus se feront comme le prescrivent les articles 5 et 6. Le payement des amendes aura lieu selon le mode prescrit par l'article 7, et le partage en sera fait selon les dispositions de l'article 8 de ce même arrêté. (*Même Arrêté*, *art.* 10.)

Loteries.

1141. Les loteries de toute espèce sont prohibées. (*Loi du* 21 *mai* 1836, *art.* 1er.)

Ceux qui auront colporté ou distribué des billets, ceux qui, par des avis, annonces, affiches ou par tout autre moyen de publication, auront fait connaître l'existence de ces loteries ou facilité l'émission des billets, seront punis des peines portées en l'article 411 du Code pénal (1). (*Même Loi, art.* 4.)

SECTION II.

FRANCHISES ET CONTRE-SEINGS.

Franchises illimitées ou conditionnelles.

1142. Le directeur général de l'administration des douanes jouira de la franchise illimitée pour toutes les lettres et tous les paquets qui lui seront adressés (2). (*Ord. du* 14 *décembre* 1825, *art.* 2.)

---

paquets qu'ils prétendraient soustraire à la poste, et, dans le cas de contravention, ils en dressent procès-verbal. (*Arrêté du* 19 *germinal an* 10, *art.* 8.)

(1) L'introduction en France des annonces ou billets de loteries étrangères constitue évidemment une contravention aux lois de la prohibition. Dans les cas de découverte de billets ou annonces semblables, il en est dressé procès-verbal de saisie, sur papier libre, à la requête du ministère public; et cet acte, dans lequel il faut relater, en même temps que les circonstances de la découverte, les nom, prénoms, profession et domicile du contrevenant, est transmis, avec les objets saisis, au procureur du Roi de l'arrondissement. (*Circ. du* 28 *novembre* 1837, *n°* 1663.)

(2) Les dépêches qui concernent les sous-directeurs sont placées sous bandes dans les paquets à l'adresse du directeur général. (*Circ. du* 12 *octobre* 1831, *n°* 1279.)

Sont assujettis au droit de timbre, les pétitions et mémoires, même en

1143. Les personnes ci-après dénommées jouiront du contre-seing limité.

Ce contre-seing n'opérera la franchise que pour les lettres et paquets qui seront adressés, savoir :

Par le ministre des finances,

Au directeur général des douanes ;

Aux directeurs des douanes ;

Aux inspecteurs des douanes à Lyon, Toulouse et Orléans. (*Ord. du 4 décembre* 1825, *art.* 3.)

1144. Les agens du ministère des finances ci-après désignés jouiront de la franchise et du contre-seing, mais *sous bandes* seulement, savoir :

1° Les inspecteurs généraux et les inspecteurs des finances, pour leur correspondance avec les directeurs et les inspecteurs des douanes ;

2° Les receveurs généraux et particuliers, pour leur correspondance avec les directeurs et les receveurs principaux des douanes de leur arrondissement. (*Même Ord., art.* 4.)

3° Les employés des douanes compris dans le tableau suivant :

---

forme de lettres, qui sont adressés aux administrations publiques. (*Loi du 13 brumaire an* 7, *art.* 12; *Déc. min. du* 3 *février* 1829 ; *Circ. du* 9 *juin suivant*, n° 1167.)

Le conseil d'administration a reconnu que la circulaire n° 1167, qui prescrivait en dernier lieu de tenir la main à l'exécution de la loi du 13 brumaire an 7 sur le timbre des pétitions, était tombée en désuétude. (*Déc. adm. du* 7 *juillet* 1835.)

EMPLOYÉS		CIRCONSCRIPTIONS (1) auxquelles s'arrête la franchise.
dont le contre-seing opère la franchise.	à qui les lettres doivent être adressées.	
Directeurs (2)....	Directeurs	Directions limitrophes.
	Inspecteurs............... Sous-inspecteurs .... Receveurs principaux ...... Receveurs subordonnés (3).. Capitaines .... Lieutenans............... Brigadiers et patrons	La direction.
Inspecteurs (4)....	Directeur	La direction.
	Inspecteurs............... Sous-inspecteurs..........	La direction et direction limitrophe.
	Receveurs principaux...... Receveurs subordonnés..... Capitaines.............. Lieutenans............... Brigadiers et patrons.......	La direction.

(1) La franchise n'a d'effet qu'entre les chefs de directions, de divisions, d'arrondissemens ou de postes contigus, soit sur une même ligne, soit d'une ligne à une autre. Ainsi, bien que ce tableau porte, pour les capitaines par exemple, qu'ils peuvent correspondre en franchise avec leurs collègues de la direction et des directions limitrophes, il ne s'ensuit pas pour eux le droit de correspondre avec tous leurs collègues dans les circonscriptions indiquées, mais seulement avec chacun des capitaines voisins, sur la droite ou sur la gauche, en avant ou en arrière. (*Circ. du* 17 *décembre* 1836, n° 1589.)

(2) La correspondance en franchise sous bandes est en outre autorisée :

1° Des directeurs maritimes entre eux pour l'expédition des congés de navigation, des acquits-à-caution et passavans de cabotage (*marchandises et grains*), ainsi que des états dont ces expéditions sont accompagnées; (*Déc. min. des* 4 *mai* 1832 *et* 17 *janvier* 1835; *Circ. n°s* 1322 *et* 1477.)

Les paquets doivent porter sur l'adresse : *Douanes, congés ou expéditions de cabotage. Le directeur maritime des douanes à .... à M. le directeur maritime des douanes à* .... (*Circ. du* 4 *mars* 1834, n° 1428.)

2° Des directeurs avec les préfets des départemens qui font partie de leur direction; (*Déc. min. du* 15 *novembre* 1831; *Circ. n°* 1288.)

3° Du directeur de Strasbourg avec l'inspecteur en chef de la navigation du Rhin, résidant à Mayence, et avec l'inspecteur du premier district de la navigation du Rhin, résidant à Strasbourg; (*Circ. du* 17 *décembre* 1836.)

4° Du directeur de Toulon avec le directeur des finances en Algérie. (*Déc. adm. du* 25 *avril* 1840.)

(3) Les agens spéciaux et les contrôleurs des sels sont assimilés aux receveurs subordonnés. (*Circ. du* 21 *octobre* 1831, n° 1280.)

(4) Est en outre autorisée la correspondance en franchise sous bandes :

1° De l'inspecteur chef du service et de l'inspecteur divisionnaire à Paris, avec les contrôleurs et commis près les fabriques de soude de leur ressort, *et vice versá*; (*Circ. du* 17 *décembre* 1836; *Déc. adm. du* 15 *mars* 1841.)

| EMPLOYÉS | | CIRCONSCRIPTIONS |
dont le contre-seing opère la franchise.	à qui les lettres doivent être adressées.	auxquelles s'arrête la franchise.
S.-inspecteurs (1).	Directeur.	La direction.
	Inspecteurs	La direction et direction limitrophe.
	Sous-inspecteurs.	
	Receveurs principaux.	
	Receveurs subordonnés.	
	Capitaines	La direction.
	Lieutenans.	
	Brigadiers et patrons.	
Receveurs principaux (2).	Directeur.	
	Inspecteurs.	La direction.
	Sous-inspecteurs.	
	Receveurs principaux	La direction et direction limitrophe.
	Receveurs subordonnés.	
	Capitaines	La direction.
Receveurs subordonnés (2).	Directeur.	
	Inspecteurs.	La direction.
	Sous-inspecteurs.	
	Receveurs principaux	La direction et direction limitrophe.
	Receveurs subordonnés	
Capitaines.	Directeur.	
	Inspecteurs.	La direction.
	Sous-inspecteurs.	
	Receveurs principaux.	
	Capitaines.	La direction et direction limitrophe.
	Lieutenans.	La direction.
	Brigadiers et patrons.	
Lieutenans.	Directeur.	
	Inspecteurs.	La direction.
	Sous-inspecteurs.	
	Capitaines	La direction et direction limitrophe.
	Lieutenans.	
	Brigadiers et patrons.	La direction.

2° De l'inspecteur de Guérande avec le sous-préfet de Savenay, *et vice versâ*. (*Circ. du* 17 *décembre* 1836.)

(1) Dans la direction de Marseille et dans l'inspection de Paris, la franchise est accordée aux sous-inspecteurs et commis aux soldes qui correspondent entre eux. (*Déc. adm. du* 15 *mars* 1841.)

(2) Il y a également franchise pour la correspondance sous bandes entre les receveurs principaux et subordonnés des bureaux d'entrepôt et de transit pour l'expédition des extraits d'acquits-à-caution. (*Déc. min. du* 4 *mai* 1852; *Circ. n°* 1322.)

Les paquets doivent porter sur l'adresse : *Douanes, transit* ou *mutations d'entrepôt. Extraits d'acquits-à-caution. Le receveur de la douane d'entrepôt ou de transit à.......... à M. le receveur de la douane d'entrepôt* ou *de transit à...........* (*Circ. du* 4 *mars* 1834, *n°* 1428.)

EMPLOYÉS		CIRCONSCRIPTIONS
dont le contre-seing opère la franchise.	à qui les lettres doivent être adressées.	auxquelles s'arrête la franchise.
Brigadiers et patrons......... (1)	Directeur.............. Inspecteurs............. Sous-inspecteurs.......... Capitaines.............. Lieutenans.............	La direction.
	Brigadiers et patrons......	La direction et direction limitrophe.

(*Déc. min. des 5 septembre* 1827, 18 *mai* 1829, 11 *août* 1831, 30 *janvier* 1836; *Circ. n*os 1063, 1164, 1280, 1537, 1589 *et* 1640.)

Contre-seing.

1145. Le directeur général des douanes contre-signera sa correspondance au moyen d'une griffe qui lui sera remise par l'administration des postes. Elle opérera la franchise des lettres et paquets fermés adressés aux fonctionnaires et préposés ci-après désignés, savoir :

Les préfets et sous-préfets ;

Les procureurs généraux et les procureurs du Roi ;

Les directeurs des douanes, les inspecteurs généraux, les inspecteurs divisionnaires et sédentaires des douanes ;

Les receveurs principaux des douanes ;

Les receveurs maritimes des douanes ;

(*Ord. du* 14 *décembre* 1825, *état n*o 7, *et Déc. min. du* 25 *août* 1836.)

Tous les autres fonctionnaires seront tenus de mettre *de leur main*, sur les lettres et paquets qu'ils expédieront, leur signature au-dessous de la désignation de leurs fonctions (2). (*Même Ord., art.* 6.)

---

(1) Il y a encore franchise pour la correspondance sous bandes :

1o Entre eux, des commissaires en chef et particuliers à Saint-Genis, Gex et Farges ;

2o Des mêmes employés, d'une part avec les directeurs à Besançon et Nantua, les inspecteurs à Saint-Claude et Nantua, *et vice versá;* d'autre part, avec le sous-préfet et les maires de l'arrondissement de Gex, *et vice versá.* (*Circ. du* 17 *décembre* 1836.)

(2) C'est principalement la signature qui doit être mise de leur main ; la désignation des fonctions peut être d'une autre écriture, imprimée ou indiquée par un timbre. (*Circ. du* 4 *mars* 1834, *n*o 1428.)

Remise des lettres.

1146. Les lettres et paquets contre-signés devront être remis, savoir : dans les départemens, aux directeurs des postes, et à Paris, au bureau du départ de la direction générale. Lorsqu'ils auront été jetés à la boîte, ils seront assujettis à la taxe (1). (*Ord. du 14 décembre 1825, art. 7.*)

Des bandes.

1147. Les lettres et paquets contre-signés qui devront être *mis sous bandes*, en conformité du présent règlement, ne pourront être reçus ni expédiés en franchise, lorsque la largeur des bandes excédera le tiers de la surface de ces lettres et paquets. (*Même Ord., art. 8.*)

Intérimaires.

1148. Aucun fonctionnaire n'a le droit de déléguer à d'autres personnes le contre-seing qui lui est accordé. Toute dépêche ainsi contre-signée sera assujettie à la taxe.

Lorsqu'un fonctionnaire sera hors d'état de remplir ses fonctions par absence, maladie, ou par toute autre cause légitime, le fonctionnaire qui le remplacera par intérim contre-signera les dépêches à sa place; mais, en contre-signant chaque dépêche, il énoncera qu'il remplit par intérim les fonctions auxquelles le contre-seing est attribué. (*Même Ord., art. 9.*)

Fraudes et omissions de formalités.

1149. Il est défendu de comprendre dans les dépêches expédiées en franchise des lettres, papiers ou objets quelconques étrangers au service.

Dans le cas de suspicion de fraude ou d'omission d'une seule des formalités prescrites, les préposés des postes sont autorisés à taxer les lettres et paquets en totalité, ou à exiger que le contenu en soit vérifié en leur présence par les personnes auxquelles ils seront adressés (2).

---

(1) Cette disposition n'est pas applicable à la correspondance des fonctionnaires qui résident dans des communes dépourvues d'établissement de poste. Il suffit à ces fonctionnaires de déposer ou de faire déposer leurs lettres dans la boîte rurale de leur commune. (*Circ. du 17 décembre 1836.*)

(2) Il est à désirer, dans l'intérêt du service, que les destinataires usent,

Il est ordonné aux fonctionnaires qui recevront en franchise, sous leur couvert, des lettres étrangères au service, de les envoyer directement au directeur général des postes, en lui faisant connaître les lieux d'où elles auront été expédiées. Ces lettres seront soumises à la double taxe, et, si elles sont refusées par les destinataires, elles seront renvoyées au fonctionnaire qui aura donné son contre-seing, et qui sera tenu d'en acquitter le double port. (*Même Ord., art.* 12.)

Correspondance particulière des douanes.

1150. La correspondance des chefs et agens des douanes, dans les départemens, pourra continuer d'avoir lieu comme par le passé et par les moyens qui lui sont particuliers. (*Même Ord., état n*o 7.)

Le mode usité de tout temps de faire transporter la correspondance des douanes par les préposés, de brigade en brigade, sera maintenu aux conditions suivantes :

. 1o. Les lettres, papiers ou autres objets de correspondance seront contre-signés par un des fonctionnaires désignés au tableau ci-dessus (no 1144), et ne pourront, dans aucun cas, être adressés qu'à des agens de l'administration des douanes ou à d'autres fonctionnaires publics.

2o. Les lettres ou autres objets seront inscrits sur un *part* qui les suivra jusqu'à destination et qui indiquera, 1o le nom du préposé porteur des dépêches ; 2o le lieu d'où il part, l'itinéraire qu'il doit suivre et sa destination ; 3o le nombre des dépêches dont il est porteur ; 4o l'adresse de ces dépêches, et le contre-seing dont chacune d'elle sera revêtue.

3o. Les dépêches ainsi transportées seront enfermées dans des sacs ou portefeuilles garnis de serrures, dont une double clef sera remise aux agens des postes qui seront désignés par le directeur de cette administration. Ces sacs ou portefeuilles, ainsi que les *parts* portant description des lettres y contenues, devront être représentés aux préposés des postes à toute réquisition de ces préposés, qui en vérifieront l'état, saisiront les objets transpor-

---

le cas échéant, de la faculté que leur laisse cet article, d'ouvrir les paquets en présence des employés des postes. (*Circ. du 4 mars* 1834.)

tés en contravention, et constateront leur saisie par procès-verbal (1). (*Déc. min. du 30 janvier* 1836; *Circ. n*o 1537.)

CHAPITRE XXX.

POLICE SANITAIRE.

SECTION PREMIÈRE.

DISPOSITIONS PRÉLIMINAIRES.

1151. Le Roi détermine par des ordonnances, 1o les pays dont les provenances doivent être habituellement ou temporairement soumises au régime sanitaire ; 2o les mesures à observer sur les côtes, dans les ports et rades, dans les lazarets et autres lieux réservés ; 3o les mesures extraordinaires que l'invasion ou la crainte d'une maladie pestilentielle rendrait nécessaires sur les frontières de terre ou dans l'intérieur.

Il règle les attributions, la composition et le ressort des autorités et administrations chargées de l'exécution de ces mesures, et leur délègue le pouvoir d'appliquer provisoirement, dans des cas d'urgence, le régime sanitaire aux portions du territoire qui seraient inopinément menacées.

Les ordonnances du Roi ou les actes administratifs qui prescriront l'application des dispositions de la présente loi à une portion du territoire français, seront, ainsi que la loi elle-même, publiés et affichés dans chaque commune qui devra être soumise à ce régime ; les dispositions pénales de la loi ne seront applicables qu'après cette publication. (*Loi du* 3 *mars* 1822, *art.* 1er.)

SECTION II.

RÈGLES COMMUNES A TOUTES LES PROVENANCES.

1152. Les provenances par mer ne sont admises à *libre pra-*

---

(1) Les lettres et objets saisis sont envoyés au directeur de l'administration des postes, qui en rend compte au ministre des finances. (*Circ. du* 30 *mars* 1836, *n*o 1537.)

tique qu'après que leur état sanitaire a été reconnu par les autorités ou agens préposés à cet effet. (*Ord. du 7 août 1822, art.* 1er.)

Sont seuls exceptés des vérifications exigées par l'art. 1er *ci-dessus*, tant que des circonstances extraordinaires n'obligent pas à les y soumettre,

Sur les côtes de l'Océan, les bateaux pêcheurs, les bâtimens des douanes (1), et les navires qui font le petit cabotage d'un port français à un autre ;

Sur les côtes de la Méditerranée, les bâtimens des douanes qui ne sortent pas de l'étendue de leur direction (2) (*Ord. du 7 août 1822, art.* 4.); les paquebots à vapeur qui font le trajet de Marseille à Toulon, ou d'Arles à Marseille, ainsi que ceux qui, allant de Port-Vendres à Antibes, reçoivent à leur bord, au port de départ, un garde de santé. (*Ord. du 29 septembre* 1840.)

Provenances des pays sains.

1153. Les provenances, par mer, de pays habituellement et actuellement *sains*, continueront d'être admises à la libre pratique immédiatement après les visites et les interrogatoires d'usage, à moins d'accidens ou de communications de nature suspecte, survenus depuis leur départ. (*Loi du 3 mars* 1822, *art.* 2.)

Provenances des pays qui ne sont pas réputés sains.

1154. Les provenances, par la même voie, de pays qui ne sont pas habituellement *sains*, ou qui se trouvent accidentelle-

---

(1) Le droit de visite donné aux douanes par l'article 7 du titre 2 de la loi du 4 germinal an 2, se trouve ici formellement réservé ; mais il importe que le discernement soit allié à la circonspection dans l'usage de ce droit. S'il faut éviter de multiplier sans raison des visites qui, en faisant perdre aux embarcations des douanes l'état de libre pratique, auraient pour conséquence des interruptions de service fréquentes et fâcheuses, il n'est pas moins essentiel de prendre garde qu'on ne se renferme dans des bornes trop resserrées, et que les fraudeurs ne profitent de la réserve excessive qui empêcherait de procéder à des recherches utiles. (*Circ. du* 15 *août* 1822, *n°* 744.)

(2) Pour prévenir toute erreur, chaque directeur est invité à remettre aux intendances et commissions sanitaires un état indiquant les noms et dimensions des embarcations sous ses ordres, ainsi que les limites de son arrondissement. Si une embarcation sort de l'étendue de la direction dont elle dépend, celui qui la commande doit, à sa rentrée au port, faire lui-même la déclaration et provoquer les vérifications nécessaires de la part des agens de santé pour recouvrer l'état de libre pratique. (*Même Circ.*).

ment infectés, sont, relativement à leur état sanitaire, rangées sous l'un des trois régimes ci-après déterminés :

Sous le régime de la *patente brute*, si elles sont ou ont été, depuis leur départ, infectées d'une maladie réputée pestilentielle, si elles viennent de pays qui en soient infectés, ou si elles ont communiqué avec des lieux, des personnes ou des choses qui auraient pu leur transmettre la contagion ;

Sous le régime de la *patente suspecte* (1), si elles viennent de pays où règne une maladie soupçonnée d'être pestilentielle, ou de pays qui, quoique exempts de soupçon, sont ou viennent d'être en libre relation avec des pays qui se trouvent entachés, ou enfin si des communications avec des provenances de ces derniers pays, ou des circonstances quelconques, font suspecter leur état sanitaire ;

Sous le régime de la *patente nette*, si aucun soupçon de maladie pestilentielle n'existait dans le pays d'où elles viennent, si ce pays n'était point ou ne venait point d'être en libre relation avec des lieux entachés de ce soupçon, et enfin si aucune communication, aucune circonstance quelconque ne fait suspecter leur état sanitaire. (*Loi du* 3 *mars* 1822 , art. 3.)

Ne sont pas réputés pays *sains*, outre ceux où règne une maladie pestilentielle, les pays qui y sont fréquemment sujets, ou dans lesquels on en soupçonne l'existence, ou qui sont en libre relation avec des lieux *suspects*, ou qui reçoivent sans précaution des provenances *suspectes*, ou qui, venant d'être infectés, peuvent encore conserver et transmettre des germes contagieux. (*Ord. du* 7 *août* 1822, art. 3.)

Provenances par terre de pays sains.

1155. Les provenances par terre ne doivent être soumises à faire reconnaître leur état sanitaire que lorsqu'elles viennent de pays qui ne sont pas *sains*, et avec lesquels les communications ont été restreintes, soit par une décision émanée du Roi, soit

---

(1) Le régime de la patente suspecte n'est plus appliqué aux provenances des pays sujets aux apparitions de la fièvre jaune. Ces provenances sont classées, suivant leur état, sous le régime de la patente *brute* ou sous le régime de la patente *nette*. (*Ord. du* 13 *novembre* 1839 , art. 2.)

provisoirement, en cas d'urgence, par les autorités sanitaires locales. (*Ord. du 7 août* 1822, ar. 5.)

1156. Les provenances qui, après que leur état sanitaire a été reconnu, ne sont point admises *à libre pratique*, soit parce qu'elles viennent de pays qui ne sont pas *sains*, soit parce que, depuis leur départ, des accidens ou des communications de nature *suspecte* ont altéré leur état sanitaire, sont placées sous l'un des trois régimes déterminés par l'article 3 de la loi du 3 mars dernier. (*Même Ord., art.* 6.)

La classification sous le régime de la patente *brute* et de la patente *suspecte* entraîne une quarantaine de rigueur plus ou moins longue, avec les purifications d'usage, selon le degré d'infection ou de suspicion sanitaire. (*Même Ord., art.* 7.)

La classification, sous le régime de la patente *nette*, entraîne une quarantaine d'*observation*, à moins qu'il ne soit certain que la police sanitaire est soigneusement exercée dans les pays d'où vient la provenance ainsi classée, auquel cas il y a lieu à prononcer son admission immédiate *à libre pratique* (*Même Ord., art.* 8.) (1).

Sont également classés sous l'un de ces trois régimes, les lazarets et autres lieux réservés, ainsi que les territoires qu'il devient nécessaire de frapper d'interdiction. (*Même Ord., art.* 9.)

Les provenances non admises *à libre pratique*, soit parce que leur état sanitaire n'a pas encore été reconnu, soit parce qu'après cette reconnaissance elles ont été soumises à la quarantaine, ainsi que les lieux réservés et territoires compris dans la classification prescrite par l'article précédent, restent en état de *séquestration*; et tout acte qui a pour effet de mettre les personnes ou les choses ainsi séquestrées en communication avec le territoire *libre* doit être poursuivi conformément à la loi. (*Même Ord., art.* 10.)

L'état de *libre pratique* cesse, à l'égard des personnes et des choses qui ont été en contact avec des personnes ou des choses

(1) Les navires venant des ports de l'Algérie avec patente *nette* sont admis immédiatement à la libre pratique. (*Ord. du 17 février* 1841, art. 1er.)

se trouvant en état de *séquestration sanitaire*, sans préjudice des peines encourues, si, après ce contact et avant d'avoir recouvré leur état de *libre pratique*, comme il sera dit à l'article suivant, il y a eu communication entre elles et le territoire.

Ne seront point exempts des dispositions du présent article les bâtimens compris dans les exceptions portées par l'article 4 de la présente ordonnance, s'ils communiquent en mer avec des navires qui ne seraient pas en état de *libre pratique* (1). (*Ord. du 7 août 1822, art. 11.*)

L'état de *séquestration* ne finit que par la décision de l'autorité compétente, qui prononce l'admission à *libre pratique*, soit après la reconnaissance de l'état sanitaire à l'égard des provenances qui n'inspirent aucun soupçon, soit au terme de la quarantaine à l'égard des autres, soit aux termes des interdictions prononcées par les règlemens. (*Même Ord., art. 12.*)

SECTION III.

PROVENANCES PAR MER.

Patente de santé.

1157. Tout navire arrivant d'un port quelconque, et quelle que soit sa destination, sera, sauf les cas d'exception déterminés par l'article 4, porteur d'une *patente de santé*, laquelle fera connaître l'état sanitaire des lieux d'où il vient, et son propre état sanitaire au moment où il en est parti. (*Même Ord., art. 13.*)

Tout navire français ou étranger qui n'a point de patente de santé est sujet, outre les mesures auxquelles son état sanitaire le soumet, à un surcroît de quarantaine réglé selon les circonstances, et qui ne peut être moindre de cinq jours. (*Même Ord., art. 14.*)

Les patentes sont délivrées en France par les administrations sanitaires, et dans les pays étrangers, en ce qui concerne les

---

(1) Pour l'exécution de cet article, lorsque des capitaines d'embarcations de douanes ont effectué des visites qui les soumettent au régime de la patente *brute* ou *suspecte*, ils doivent s'abstenir de tout contact défendu, et faire à l'agent sanitaire, aussitôt leur rentrée au port, des déclarations entièrement exactes. (*Circ. du 15 août 1822, n° 744.*)

bâtimens français, par les agens consulaires français. (*Même Ord., art.* 15.)

Les navires français qui partent d'un port étranger où il n'existe point d'agent consulaire français, doivent se pourvoir d'une patente délivrée par les autorités du pays, et la faire ultérieurement certifier par lesdits agens qui se trouvent dans les ports où leur navigation les conduit. (*Même Ord., art.* 16.)

Les patentes de santé doivent être visées dans tous les lieux de *relâche*, à l'effet de constater l'état sanitaire du pays et du navire.

En cas d'un séjour prolongé au delà de cinq jours après la délivrance ou le *visa* de la patente, soit dans le lieu du départ, soit dans celui de *relâche*, un nouveau *visa* devient nécessaire. (*Même Ord. art.* 17.)

Les navires porteurs de patentes raturées, surchargées ou présentant toute autre altération, sont soumis à une surveillance particulière, sans préjudice d'une augmentation de quarantaine, et des poursuites à diriger, selon les cas, contre le capitaine ou le patron, et en outre contre tous auteurs desdites altérations. (*Même Ord., art.* 18.)

Obligations des capitaines.

1158. Il est défendu à tout capitaine,

1º De se dessaisir de la patente prise au point de départ, avant d'être arrivé à celui de sa destination;

2º De prendre et d'avoir à bord d'autre patente que celle qui lui a été délivrée audit départ;

3º D'embarquer sur son bord aucun passager qui ne serait pas muni d'un bulletin de santé, ni aucun marin ou autre individu qui paraîtrait atteint d'une maladie contagieuse (1);

4º De recevoir des hardes à bord, sans s'être assuré d'où elles viennent, et qu'elles n'ont pas servi à l'usage de personnes attaquées d'un mal contagieux. (*Même Ord., art.* 19.)

Il est enjoint à tout officier de santé d'un navire, et, à défaut, au capitaine ou patron, de prendre note sur le journal de bord

---

(1) Les capitaines de navires arrivant dans un port français ne sont pas tenus de produire, devant les administrations sanitaires, des bulletins de santé délivrés aux passagers qu'ils ont à leur bord. (*Ord. du 13 novembre* 1839, *art.* 1er.)

de toutes les maladies qui pourraient s'y manifester, ainsi que des différens symptômes qui se feraient remarquer. (*Ord. du 7 août 1822, art. 20.*)

En cas de décès après une maladie pestilentielle, tous les effets *susceptibles* qui auraient servi au malade dans le cours de cette maladie, sont, si le navire est au mouillage, brûlés et détruits, et, s'il est en route, jetés à la mer avec les précautions suffisantes pour qu'ils ne puissent surnager.

Les autres effets dont l'individu décédé n'aurait point fait usage, mais qui se seraient trouvés à sa disposition, sont soumis immédiatement à l'évent, à la fumigation ou mis à la traîne, ainsi que les effets dont aurait fait usage un individu qui aurait été attaqué d'une telle maladie sans y avoir succombé. (*Même Ord., art. 21.*)

Il sera fait mention dans le journal de bord de l'exécution des mesures indiquées par l'article précédent; il y sera également fait mention des communications qui auraient eu lieu en mer, ainsi que de tous les événemens qui auraient eu un rapport direct ou indirect avec la santé publique. (*Même Ord., art. 22.*)

Tout capitaine arrivant dans un port français est tenu,

1º D'empêcher toute communication avant l'admission à libre pratique;

2º De se conformer aux règles de la police sanitaire ainsi qu'aux ordres qui lui seront donnés par les autorités chargées de cette police;

3º D'établir son navire dans le lieu réservé qui lui sera indiqué;

4º De se rendre, aussitôt qu'il y sera invité, auprès des autorités sanitaires, en attachant à un point apparent de son canot, bateau ou chaloupe une flamme de couleur jaune, à l'effet de faire connaître son état de suspicion et d'empêcher toute approche;

5º De produire auxdites autorités tous les papiers de bord; de répondre, après avoir prêté serment de dire la vérité, à l'interrogatoire qu'elles lui feront subir, et de déclarer tous les faits, tous les renseignemens venus à sa connaissance, qui pourront intéresser la santé publique. (*Même Ord., art. 23.*)

Marins, passagers et pilotes.

1159. Seront soumis à de semblables interrogatoires et obligés à de semblables déclarations, les gens de l'équipage et les passagers, toutes les fois que cela sera jugé nécessaire. (*Même Ord.*, art. 24.)

Doivent se conformer aux ordres et aux instructions des mêmes autorités les pilotes qui se rendent au-devant des navires pour les guider, ainsi que toutes embarcations qui, en cas de naufrage ou de péril, iraient à leur secours. (*Même Ord.*, art. 25.)

Visites des agens des douanes.

1160. Les défenses résultant de la présente ordonnance ne feront point obstacle aux visites des agens des douanes, soit dans les ports, soit dans les quatre lieues des côtes, sauf toute application que de droit auxdits agens et à leurs embarcations des articles 11 et 12, si, par ces visites, ils perdent leur état de *libre pratique*. (*Même Ord.*, art. 26.)

SECTION IV.

PROVENANCES PAR TERRE.

1161. Les provenances par terre de pays avec lesquels les communications auront été restreintes seront, selon le cas, accompagnées de passe-ports, *bulletins de santé et lettres de voiture*, délivrés et visés par qui de droit, et faisant connaître, soit par leur contenu, soit dans leur *visa*, l'état sanitaire des lieux d'où viennent ces provenances, de ceux où elles ont stationné ou séjourné, ainsi que la route qu'elles ont suivie.

Ces pièces, si elles sont délivrées en pays étrangers, devront être certifiées par les agens français partout où il s'en trouvera. (*Même Ord.*, art. 27.)

Tout conducteur de voitures, de bestiaux ou d'un chargement quelconque, sera tenu de se procurer lui-même et de veiller à ce que chaque individu qu'il conduira se procure les passe-ports, bulletins de santé ou lettres de voiture exigés par l'article précédent. Il ne pourra se charger de personnes qui n'en seraient point pourvues, ni de conduire des animaux, des marchandises ou tous autres objets matériels dont le nombre, l'espèce et les quantités n'y seraient point mentionnés. (*Même Ord.*, art. 28.)

Celles de ces pièces qui seraient surchargées, raturées ou altérées de toute autre manière, donneront lieu à une surveillance particulière, sans préjudice d'une prolongation de quarantaine et des poursuites à exercer selon les cas. (*Même Ord.*, art. 29.)

Obligations des conducteurs, voyageurs, etc.

1162. Les conducteurs devront faire constater par les autorités compétentes les maladies auxquelles succomberaient pendant le voyage ou dont seraient seulement atteints les hommes et les animaux placés sous leur conduite, ainsi que les symptômes particuliers de ces maladies.

Ils devront faire brûler les effets qui auraient servi, pendant son cours, aux personnes décédées d'une maladie pestilentielle, et déposer, pour être purifiées, les hardes de celles qui n'auraient été qu'attaquées d'une telle maladie. (*Ord. du 7 août* 1822, *art.* 30.)

Les individus arrivant par terre de pays avec lesquels les communications auront été restreintes, les conducteurs de voitures, d'animaux, de marchandises ou d'objets matériels quelconques, seront tenus, à leur arrivée sur la ligne sanitaire,

1º De se conformer aux règlemens et aux ordres des autorités sanitaires ;

2º De ne se permettre aucune communication avant l'admission à libre pratique, et d'employer tous les moyens qui peuvent dépendre d'eux pour les éviter ;

3º De rester dans le lieu réservé qui leur sera indiqué ;

4º De produire aux autorités compétentes tous les papiers concernant leur état sanitaire, et tous ceux pouvant intéresser la santé publique, dont ils seront porteurs ;

5º De prêter serment de dire la vérité dans les interrogatoires auxquels ils seront soumis, et de déclarer dans ces interrogatoires tous les faits venus à leur connaissance qui pourraient intéresser la santé publique. (*Même Ord., art.* 31.)

SECTION V.

QUARANTAINES.

1163. Les provenances spécifiées en l'article 3 de la présente loi pourront être soumises à des quarantaines plus ou moins longues, selon chaque régime, la durée du voyage et la gravité du péril. Elles pourront même être repoussées du territoire, si la quarantaine ne peut avoir lieu sans exposer la santé publique.

Les dispositions du présent article et de l'article 3 s'appliqueront aux communications par terre, toutes les fois qu'il aura été jugé nécessaire de les y soumettre. (*Loi du* 3 *mars* 1822, *art.* 4.)

Les quarantaines sont d'*observation* ou de *rigueur*, les unes et les autres plus ou moins longues, plus ou moins sévères, selon les saisons, les lieux où elles sont prescrites, les objets *susceptibles de contagion* ou *non susceptibles* qui font partie des provenances, la durée et les autres circonstances du voyage. (*Ord. du* 7 *août* 1822, *art.* 32.)

Durée des quarantaines.

1164. Les provenances classées sous le régime de la *patente nette* peuvent être soumises à des quarantaines d'observation de deux à dix jours sur les côtes de l'Océan et de la Manche, et de trois à quinze jours sur les côtes de la Méditerranée, ainsi que sur les frontières de terre et les autres lignes de l'intérieur où les communications auraient été restreintes. (*Même Ord.*, *art.* 33.)

Les provenances classées dans le régime de la *patente suspecte* et dans le régime de la *patente brute* doivent être soumises à des quarantaines de rigueur, savoir (1) :

Sur les côtes de l'Océan et de la Manche, de cinq à vingt jours pour la *patente suspecte*, et de dix à trente jours pour la *patente brute*;

Sur les côtes de la Méditerranée, les frontières de terre et les lignes de l'intérieur, de dix à trente jours pour la *patente suspecte*, et de quinze à quarante jours pour la *patente brute*. (*Même Ord.*, *art.* 34.)

Communications. — Prolongation de quarantaine.

1165. Les provenances qui, pendant leur quarantaine, auront communiqué avec d'autres provenances soumises à une quarantaine rigoureuse, subiront, selon la gravité des cas et sans préjudice des peines encourues, une prolongation qui ne pourra

---

(1) La quarantaine relative à la patente brute, pour les provenances suspectes de fièvre jaune, n'est plus que de cinq à quinze jours dans les ports de l'Océan et de la Manche, et de dix à vingt jours dans les ports de la Méditerranée.

Le minimum est toujours appliqué aux navires qui ont passé au moins quinze jours en mer sans avoir eu, depuis leur départ d'un port infecté, ni morts ni malades, et sans avoir eu aucune communication suspecte pendant la traversée. (*Ord. du* 13 *novembre* 1839, *art.* 3.)

excéder le temps restant à courir à la provenance avec laquelle elles auront communiqué. (*Ord. du 7 août 1822, art.* 35.)

Si des symptômes pestilentiels viennent à se développer dans des provenances déjà en quarantaine, celle-ci devra recommencer, et pourra même, selon les circonstances, être portée à un plus long terme. (*Même Ord., art.* 36.)

Toutes les fois que, postérieurement à la fixation des quarantaines, des faits annonçant un plus haut degré de suspicion viendront à la connaissance des autorités sanitaires, elles devront, en énonçant ces faits dans leurs décisions, classer, s'il y a lieu, les provenances sous un régime différent, ou seulement les soumettre, dans le même régime, à une observation ou à une purification plus prolongée. (*Même Ord., art.* 37.)

Lieux de quarantaine.

1166. Lorsque l'état sanitaire d'une provenance permettra de la classer dans le régime de la patente *nette*, et ne la soumettra par conséquent qu'à une quarantaine *d'observation*, celle-ci pourra avoir lieu pour les arrivages par mer, à moins de circonstances extraordinaires, et sauf l'exception qui sera déterminée ci-après, dans tous les ports et rades du royaume. (*Même Ord., art.* 38.)

Lorsque l'état sanitaire entraînera le régime de la patente *suspecte* ou *brute*, la quarantaine ne pourra être subie que dans les ports et rades qui seront désignés à cet effet par le ministre de l'intérieur. (*Même Ord., art.* 39.)

Seront pareillement désignés les points qui, en cas de restriction des communications sur les frontières de terre ou dans l'intérieur, devront servir aux quarantaines, soit d'observation, soit de rigueur. (*Même Ord., art.* 40.)

Refus de quarantaine.

1167. Les autorités sanitaires pourraient refuser l'admission en quarantaine, si les lazarets ou autres lieux à ce destinés ne présentaient point de suffisantes garanties, s'ils étaient déjà encombrés, en proie à l'infection ou menacés de l'être, ou bien si la provenance était elle-même tellement infectée, qu'elle ne pût être admise sans danger pour la santé publique. (*Même Ord., art.* 41.)

Le refus devra être, autant que possible, accompagné de l'indication du lieu le plus voisin où la provenance pourra être admise, à moins qu'il ne résulte évidemment de son état sanitaire qu'il y a impossibilité absolue de purifier, conserver ou transporter sans danger les animaux et objets matériels susceptibles de transmettre la contagion; auquel cas l'autorité compétente devrait examiner si l'intérêt de la santé publique n'exige point leur destruction. (*Même Ord.*, *art.* 42.)

Destruction des animaux ou des objets matériels.

1168. En cas d'impossibilité de purifier, de conserver ou de transporter sans danger des animaux ou des objets matériels susceptibles de transmettre la contagion, ils pourront être, sans obligation d'en rembourser la valeur, les animaux tués et enfouis, les objets matériels détruits et brûlés.

La nécessité de ces mesures sera constatée par des procès-verbaux, lesquels feront foi jusqu'à inscription de faux. (*Loi du 3 mars 1822, art. 5.*)

Toutes les fois que le degré d'infection des provenances oblige à l'application de l'article 5 de la loi du 3 mars, le propriétaire, ou celui qui le représentera, sera admis à opposer telles observations qu'il jugera utiles, lesquelles devront être appréciées et consignées dans le procès-verbal exigé par le même article, ainsi que les faits et les motifs qui auront déterminé la décision, dont il sera immédiatement rendu compte, avec toutes pièces, au préfet, et par lui au ministre de l'intérieur. (*Ord. du 7 août 1822, art. 43.*)

Navires venant des Échelles du Levant.

1169. Défenses sont faites à tout capitaine de navire provenant des Échelles du Levant ou des côtes de Barbarie sur les deux mers, d'aborder ailleurs que dans les ports de Marseille et de Toulon, jusqu'à ce qu'il ait pu être établi, dans d'autres ports du royaume, des lazarets susceptibles de recevoir lesdites provenances.

Les autorités sanitaires feront observer lesdites défenses, tant qu'elles n'auront pas reçu d'ordres contraires. (*Même Ord., art. 44.*)

Des lazarets et lieux réservés.

1170. Les seuls membres ou agens des autorités sanitaires auront l'entrée des lazarets et autres lieux réservés pendant la séquestration.

Ils ne pourront, si cette entrée ou tout autre acte de leurs fonctions les oblige à une communication *suspecte*, recouvrer leur *libre pratique* qu'après la quarantaine exigée. (*Ord. du 7 août 1822, art. 45.*)

L'entrée desdits lazarets et lieux réservés pourra, en cas de nécessité, être accordée à toute autre personne par une permission du président semainier, laquelle sera toujours donnée par écrit, à la condition de la quarantaine, s'il y a lieu, et devra déterminer, selon les besoins, jusqu'à quel point le porteur pourra avoir accès. (*Même Ord., art. 46.*)

Les intendances et les commissions détermineront, autour des lazarets et autres lieux réservés placés sous leur direction, la ligne où finira la *libre pratique*. Cette ligne restera défendue, soit par un mur d'enceinte, soit par des palissades, soit par des poteaux assez évidens et assez rapprochés pour avertir les citoyens du danger et des peines auxquels ils s'exposent, s'ils passent outre. (*Même Ord., art. 47.*)

Infraction aux règlemens.

1171. Tout navire, tout individu qui tenterait, en infraction aux règlemens, de pénétrer en libre pratique, de franchir un cordon sanitaire, ou de passer d'un lieu *infecté* ou *interdit* dans un lieu qui ne le serait point, sera, après due sommation de se retirer, repoussé de vive force; et ce, sans préjudice des peines encourues (1). (*Loi du 3 mars 1822, art. 6.*)

SECTION VI.

PEINES, DÉLITS ET CONTRAVENTIONS.

Violation des règlemens sanitaires.

1172. Toute violation des lois et des règlemens sanitaires sera punie :

---

(1) Les préposés des douanes appelés à concourir au service sanitaire ne doivent pas manquer au devoir essentiel de prévenir, par des sommations à haute et intelligible voix, toute tentative d'infraction, ni négliger l'usage légitime de la force dans le cas où il deviendrait indispensable. (*Circ. du 15 août 1822, n° 744.*)

De la peine de mort, si elle a opéré communication avec des pays dont les provenances sont soumises au régime de la *patente brute*, avec ces provenances, ou avec des lieux, des personnes ou des choses placés sous ce régime;

De la peine de la réclusion et d'une amende de 200 fr. à 20,000 fr., si elle a opéré communication avec des pays dont les provenances sont soumises au régime de la *patente suspecte*, avec ces provenances, ou avec des lieux, des personnes ou des choses placés sous ce régime;

De la peine d'un an à dix ans d'emprisonnement et d'une amende de 100 fr. à 10,000 fr., si elle a opéré communication prohibée avec des lieux, des personnes ou des choses qui, sans être dans l'un des cas ci-dessus spécifiés, ne seraient point en *libre pratique*.

Seront punis de la même peine, ceux qui se rendraient coupables de communications interdites entre des personnes ou des choses soumises à des quarantaines de différens termes.

Tout individu qui recevra sciemment des matières ou des personnes en contravention aux règlemens sanitaires, sera puni des mêmes peines que celles encourues par le porteur ou le délinquant pris en flagrant délit. (*Loi du 3 mars 1822, art.* 7.)

Dans le cas où la violation du régime de la *patente brute*, mentionnée à l'article précédent, n'aurait point occasionné d'invasion pestilentielle, les tribunaux pourront ne prononcer que la réclusion et l'amende portée au second paragraphe dudit article. (*Même Loi, art.* 8.)

Lors même que ces crimes ou délits n'auraient point occasionné d'invasion pestilentielle, s'ils ont été accompagnés de rébellion, ou commis avec des armes apparentes ou cachées, ou avec effraction, ou avec escalade,

La peine de mort sera prononcée en cas de violation du régime de la *patente brute* ;

La peine des travaux forcés à temps sera substituée à la peine de réclusion, pour la violation du régime de la *patente suspecte;* et la peine de réclusion à l'emprisonnement, pour les cas déterminés dans les deux avant-derniers paragraphes de l'article 7 de la présente loi;

Le tout indépendamment des amendes portées audit article, et sans préjudice des peines plus fortes qui seraient prononcées par le Code pénal. (*Même Loi, art.* 9.)

Agens, fonctionnaires, officiers de santé, etc.

1173. Tout agent du gouvernement au dehors, tout fonctionnaire, tout capitaine, officier ou chef quelconque d'un bâtiment de l'État ou de tout autre navire ou embarcation, tout médecin, chirurgien, officier de santé, attaché soit au service sanitaire, soit à un bâtiment de l'État ou du commerce, qui officiellement, dans une dépêche, un certificat, un rapport, une déclaration ou une déposition, aurait sciemment altéré ou dissimulé les faits, de manière à exposer la santé publique, sera puni de mort, s'il s'en est suivi une invasion pestilentielle.

Il sera puni des travaux forcés à temps et d'une amende de 1,000 fr. à 20,000 fr., lors même que son faux exposé n'aurait point occasionné d'invasion pestilentielle, s'il était de nature à pouvoir y donner lieu, en empêchant les précautions nécessaires.

Les mêmes individus seront punis de la dégradation civique et d'une amende de 500 fr. à 10,000 fr., s'ils ont exposé la santé publique, en négligeant, sans excuse légitime, d'informer qui de droit de faits à leur connaissance de nature à produire ce danger, ou si, sans s'être rendus complices de l'un des crimes prévus par les articles 7, 8 et 9, ils ont sciemment et par leur faute laissé enfreindre ou enfreint eux-mêmes des dispositions réglementaires qui eussent pu le prévenir. (*Loi du 3 mars 1822, art. 10.*)

Sera puni de mort, tout individu faisant partie d'un cordon sanitaire, ou en faction pour surveiller une quarantaine ou pour empêcher une communication interdite, qui aurait abandonné son poste ou violé sa consigne. (*Même Loi, art. 11.*)

Sera puni d'un emprisonnement d'un à cinq ans, tout commandant de la force publique qui, après avoir été requis par l'autorité compétente, aurait refusé de faire agir pour un service sanitaire la force sous ses ordres.

Seront punis de la même peine et d'une amende de 50 fr. à 500 fr., tout individu attaché à un service sanitaire, ou chargé par état de concourir à l'exécution des dispositions prescrites pour ce service, qui aurait, sans excuse légitime, refusé ou négligé de remplir ses fonctions;

Tout citoyen faisant partie de la garde nationale, qui se refuserait à un service de police sanitaire pour lequel il aurait été légalement requis en cette qualité;

Toute personne qui, officiellement chargée de lettres ou paquets pour une autorité ou une agence sanitaire, ne les aurait point remis, ou aurait exposé la santé publique en tardant à les remettre, sans préjudice des réparations civiles qui pourraient être dues, aux termes de l'article 10 du Code pénal. (*Même Loi, art.* 12.)

Autres délits.

1174. Sera puni d'un emprisonnement de quinze jours à trois mois et d'une amende de 50 fr. à 500 fr., tout individu qui, n'étant dans aucun des cas prévus par les articles précédens, aurait refusé d'obéir à des réquisitions d'urgence pour un service sanitaire (1), ou qui, ayant connaissance d'un symptôme de maladie pestilentielle, aurait négligé d'en informer qui de droit.

Si le prévenu de l'un ou de l'autre de ces délits est médecin, il sera en outre puni d'une interdiction d'un à cinq ans. (*Même Loi, art.* 13.)

Sera puni d'un emprisonnement de trois à quinze jours et d'une amende de 5 fr. à 50 fr., quiconque, sans avoir commis aucun des délits qui viennent d'être spécifiés, aurait contrevenu, en matière sanitaire, aux règlemens généraux ou locaux, aux ordres des autorités compétentes. (*Même Loi, art.* 14.)

Exemptions de peines.

1175. Les infractions en matière sanitaire pourront n'être passibles d'aucune peine, lorsqu'elles n'auront été commises que par force majeure, ou pour porter secours en cas de danger, si la déclaration en a été immédiatement faite à qui de droit. (*Même Loi, art.* 15.)

Pourra être exempté de toute poursuite et de toute peine, celui qui, ayant d'abord altéré la vérité ou négligé de la dire dans les cas prévus par l'article 10, réparerait l'omission ou rétracterait son faux exposé avant qu'il eût pu en résulter aucun danger pour la santé publique, et avant que les faits eussent été connus par toute autre voie. (*Même Loi, art.* 16.)

---

(1) *Voir*, pour ce qui concerne les réquisitions faites aux employés des douanes, le n° 1183.

SECTION VII.

AUTORITÉS SANITAIRES,
ATTRIBUTIONS ET RESSORT DESDITES AUTORITÉS.

Autorités sanitaires.

1176. La police sanitaire locale est exercée, sous la surveillance des préfets, par des intendances et par des commissions, dont le nombre et le ressort seront déterminés. (*Ord. du 7 août 1822, art. 48.*)

L'exercice immédiat de cette police appartiendra aux intendances dans l'étendue de la circonscription assignée à leur chef-lieu; partout ailleurs il appartiendra aux commissions sanitaires.

Celles de ces commissions qui seront placées dans le ressort d'une intendance, agiront sous sa direction immédiate ; les autres agiront sous la direction immédiate des préfets. (*Même Ord., art. 49.*)

Règlemens et leur exécution.

1177. Les intendances feront, en exécution des ordonnances du Roi, les règlemens locaux jugés nécessaires.

Ces règlemens seront transmis aux préfets et soumis par eux, avec leur avis, au ministre de l'intérieur, pour recevoir son approbation : néanmoins, en cas d'urgence, ils seront provisoirement exécutoires sur l'autorisation des préfets. (*Même Ord., art. 50.*)

Hors des ressorts des intendances, les règlemens seront faits par les préfets, après avoir consulté les commissions. Ils devront également être soumis à l'approbation du ministre de l'intérieur, et ne seront provisoirement exécutés qu'en cas d'urgence. (*Même Ord., art. 51.*)

Les règlemens faits par une intendance qui aura plusieurs départemens dans son ressort, devront être transmis séparément au préfet de chacun de ces départemens, et ne pourront recevoir que par cette voie soit l'autorisation provisoire en cas d'urgence, soit l'approbation définitive, comme il est dit ci-dessus. (*Même Ord., art. 52.*)

Décisions des intendances et commissions.

1178. Les décisions particulières des intendances ou des commissions, pour l'application aux provenances des présentes règles ou des règlemens locaux, exprimeront toujours les motifs qui les auront déterminées, et devront être rendues et notifiées sans retard. (*Même Ord.*, *art.* 53.)

Les notifications seront faites, si c'est un navire, au capitaine ou au patron; si c'est un transport par terre, à l'individu chargé de sa conduite; si c'est un territoire ou un lieu réservé, à celui qui y exercera immédiatement la police; si c'est une maison, à son propriétaire ou à celui qui le représentera; si c'est une personne isolée, à elle-même. (*Même Ord.*, *art.* 54.)

Conseil de santé.

1179. Il sera formé près du ministre de l'intérieur, pour être consulté par lui sur les matières sanitaires, un conseil supérieur de santé, dont les membres, au nombre de douze, seront nommés par le Roi.

Il sera attaché audit conseil un secrétaire pris hors de son sein, et dont la nomination sera faite et le traitement fixé par le ministre de l'intérieur, qui présidera ce conseil et désignera parmi ses membres un vice-président. (*Même Ord.*, *art.* 55.)

Composition des intendances et commissions.

1180. Les intendances seront composées de huit membres au moins et de douze au plus, nommés par le ministre de l'intérieur;

Les commissions, de quatre membres au moins et de huit au plus, nommés par les préfets. (*Même Ord.*, *art.* 56.)

Les intendances et les commissions seront renouvelées tous les trois ans par moitié. Leurs délibérations exigeront la présence de la moitié plus un de leurs membres, et devront être prises à la majorité absolue des suffrages. Les membres sortans pourront être réélus. (*Même Ord.*, *art.* 57.)

Seront présidens nés des intendances et des commissions, les maires des villes où elles siégeront.

Auront aussi droit d'assister, avec voix délibérative, aux séances soit des unes, soit des autres, lorsqu'ils seront employés dans leur ressort, 1º le plus élevé en grade d'entre les officiers généraux ou supérieurs attachés à un commandement territorial; 2º dans les ports militaires, les commandans et intendans ou ordonnateurs de la marine; et dans les ports de commerce, le commissaire de la marine chargé en chef du service maritime; 3° les directeurs, ou, à défaut, les inspecteurs des douanes employés dans ledit ressort (1). (*Ord. du 7 août 1822, art. 58.*)

Personnel des intendances et commissions.

1181. Les intendances et les commissions auront sous leurs ordres, pour le service immédiat qui leur sera confié, leurs secrétaires, les officiers de lazaret, les médecins et interprètes, les *agens sanitaires* préposés à la surveillance des côtes, et les gardes de santé destinés à être placés à bord des navires, dans les lazarets et autres lieux réservés. (*Même Ord., art. 59.*)

Les intendances et les commissions ont, outre leur président né, un président semainier et un vice-président chargé de remplacer celui-ci en cas d'empêchement; l'un et l'autre renouvelés tous les huit jours, et pris à tour de rôle sur un tableau dressé tous les six mois par chaque intendance et par chaque commission. (*Même Ord., art. 60.*)

Le président semainier est chargé de la direction et du détail des affaires pendant sa présidence.

Il se tient assidûment à son poste.

Il veille au maintien des règlemens, et assure l'exécution des délibérations.

Il fait observer l'ordre et la discipline dans les lazarets et autres lieux réservés.

Il fait reconnaître l'état sanitaire des provenances, leur donne la libre entrée, s'il y a lieu, ou les retient en séquestration jusqu'à décision de l'assemblée, suivant les circonstances.

Il pourvoit, dans les cas urgens, aux dispositions provisoires qu'exige la santé publique, et convoque immédiatement l'assemblée, qui peut seule prendre les mesures définitives.

Il signe, en vertu des délibérations prises, l'ordre de mettre en libre pratique les provenances qui ont terminé leur quarantaine.

---

(1) Les directeurs ou inspecteurs communiquent aux intendances et commissions sanitaires les notions qu'ils ont recueillies, et ils se pénètrent de cette pensée, que leur intervention doit avoir pour résultat le meilleur concours possible des employés des douanes au service de la santé, sans que leur service propre ait à en souffrir. (*Circ. du 15 août 1822, n° 744.*)

Il délivre et vise les patentes et bulletins de santé, et y fait apposer, avec sa signature, celle du secrétaire, et le sceau de l'administration.

Il fait tenir, par le secrétaire, note de toutes ses décisions, et en rend compte aux séances ordinaires, lesquelles doivent avoir lieu au moins tous les huit jours, (*Même Ord.*, art. 61.)

Les secrétaires, les officiers de lazaret, les médecins, *agens sanitaires* et gardes de santé, sont aux ordres du président se-mainier, ou, à son défaut, du vice-président en exercice ; ils n'en peuvent recevoir que d'eux, ou de l'intendance, ou de la commission dont ils dépendent. (*Même Ord.*, art 62.)

Fonctions des agens sanitaires.

1182. Les aumôniers, les secrétaires, les officiers des laza-rets et les *agens sanitaires*, sont respectivement nommés, soit par les intendances, soit par les commissions ; leur nomination doit être approuvée par le préfet.

La nomination des gardes de santé, faite de même par les intendances et par les commissions, n'est soumise à aucune approbation. (*Même Ord.*, art. 63.)

Les mêmes formes sont observées pour la révocation des uns et des autres, ainsi que pour fixer leur traitement ou leurs vacations.

Néanmoins la fixation de traitement et les tarifs des vacations doivent être déférés au ministre de l'intérieur, qui peut pre-scrire telle réduction qu'il juge nécessaire dans les quotités des sommes et dans le nombre des employés. (*Même Ord.*, art. 64.)

Les *agens sanitaires* sont chargés, sur les divers points du littoral et des lignes de l'intérieur où il est jugé nécessaire d'en placer, de veiller à l'accomplissement des règles sanitaires, d'empêcher leur infraction, de constater ces infractions par procès-verbal, d'avertir et d'informer les administrations dont ils dépendent de tout ce qui peut intéresser la santé publique, et d'exercer telles autres fonctions qui pourront leur être con-fiées dans les règlemens locaux, mais seulement pour les cas d'urgence. (*Même Ord.*, art. 65.)

Seront déterminés dans les mêmes règlemens, les fonctions et le nombre des autres employés placés sous les ordres des mêmes administrations. (*Même Ord.*, art. 66.)

Les préposés des douanes ayant au moins le grade de brigadier peuvent, du consentement de leur directeur, être nommés
agens sanitaires, et les simples préposés, gardes de santé ; les
uns et les autres jouiront, à ce titre, lorsqu'il leur sera conféré,
d'un supplément de traitement (1). (*Ord. du 7 août 1822, art.67.*)

Réquisitions.

1183. Ont le droit de requérir la force publique, pour le
service qui leur est confié, les intendances et les commissions
sanitaires, leurs présidens semainiers et vice-présidens pendant
qu'ils sont en exercice.

Les mêmes ont le droit de requérir, mais seulement dans les
cas d'urgence et pour un service *momentané*, la coopération des
officiers et employés de la marine, des employés des douanes (2)
et des contributions indirectes, des officiers des ports de commerce, des commissaires de police, des gardes champêtres et
forestiers, et au besoin de tous les citoyens.

Ne pourront lesdites réquisitions d'urgence enlever à leurs
fonctions habituelles des individus attachés à un service public,
à moins d'un danger assez imminent pour exiger le sacrifice de
tout autre intérêt.

Les *agens sanitaires* ne peuvent requérir la force publique
qu'en leur qualité d'officiers de police judiciaire, ou, s'il y avait
lieu, pour repousser une violation imminente du territoire, qui
ne pourrait l'être que par la force. (*Même Ord., art.* 68.)

Toutes les fois qu'il sera nécessaire de requérir extraordinairement, pour un service sanitaire *de durée*, les officiers ou em-

---

(1) Ce n'est que pour les lieutenans ou les brigadiers d'élite que les directeurs peuvent accepter des commissions d'*agens sanitaires;* et lorsqu'ils
jugent devoir déférer à des demandes tendantes à procurer au service de la
santé des gardes pris parmi les préposés des douanes, ils ne doivent désigner
que des sujets éprouvés. (*Circ. du* 15 *août* 1822, *n*o 744.)

(2) C'est pour faire cesser les inconvéniens qui sont résultés quelquefois,
pour le service des douanes, des réquisitions que les autorités locales et les
commissions sanitaires pouvaient adresser aux directeurs et aux préposés, que
ces réquisitions ne peuvent être faites que *dans les cas d'urgence et pour service momentané*, et que, *lorsqu'il s'agit d'un service de durée*, les ordres
doivent émaner, sur la demande du ministre de l'intérieur, de ceux des autres
ministres desquels dépendent les employés requis extraordinairement. (*Même
Circ.*)

ployés de la marine, les employés des douanes et tous autres employés publics, les ordres devront émaner, sur la demande du ministre de l'intérieur, de ceux des autres ministres desquels dépendront lesdits officiers ou employés. (*Même Ord., art.* 69.)

Marseille.

1184. L'intendance de Marseille conserve son ressort et la composition actuelle de ses membres. Il est procédé à leur renouvellement conformément aux règles qui précèdent. (*Même Ord., art.* 70.)

SECTION VIII.

POLICE JUDICIAIRE; ÉTAT CIVIL.

1185. Les membres des autorités sanitaires exerceront les fonctions d'officiers de police judiciaire exclusivement, et pour tous crimes, délits et contraventions, dans l'enceinte et les parloirs des lazarets et autres lieux réservés. Dans les autres parties du ressort de ces autorités, ils les exerceront concurremment avec les officiers ordinaires, pour les crimes, délits et contraventions en matière sanitaire. (*Loi du 3 mars* 1822, *art.* 17.)

Les fonctions de police judiciaire attribuées par l'article 17 de la loi du 3 mars aux membres des autorités sanitaires, seront exercées, dans le ressort de chaque intendance, de chaque commission, par chacun de leurs membres, et, concurremment avec eux, par les capitaines de lazarets, et par les *agens sanitaires* dans les lieux où ils seront employés.

Les uns et les autres ne pourront exercer lesdites fonctions qu'après avoir prêté serment devant le tribunal civil. (*Ord. du* 7 *août* 1822, *art.* 72.)

Les autorités sanitaires connaîtront exclusivement, dans l'enceinte et les parloirs des lazarets et autres lieux réservés, sans appel ni recours en cassation, des contraventions de simple police. Des ordonnances royales règleront la forme de procéder; les expéditions des jugemens et autres actes de la procédure seront délivrés sur papier libre et sans frais. (*Loi du 3 mars* 1822, *art.* 18.)

Forme de procéder.

1186. Les jugemens à rendre par les autorités sanitaires en

matière de simple police et en vertu de l'article 18 de la loi du 3 mars, le seront par le président semainier, assisté des deux plus âgés d'entre ses collègues, le ministère public étant rempli par le capitaine du lazaret, ou, à défaut, par le plus jeune membre de l'intendance ou de la commission, et le secrétaire de l'une ou de l'autre faisant les fonctions de greffier. (*Ord. du 7 août 1822, art. 73.*)

Les citations aux contrevenans et aux témoins seront faites pnr un simple avertissement écrit du président semainier, conformément aux articles 169 et 170 du Code d'instruction criminelle. (*Même Ord., art. 74.*)

Le contrevenant devra comparaître par lui-même ou par un fondé de pouvoirs. En cas de non comparution, si elle n'est point occasionnée par un empêchement résultant des règles sanitaires, il sera jugé par défaut. Si le contrevenant est empêché par cette cause, il sera sursis au jugement jusqu'à la fin de la quarantaine, à moins que ce ne soit un employé du lazaret ou de tout autre lieu réservé, obligé, par la nature de ses fonctions, à une séquestration habituelle, auquel cas, s'il n'a pas désigné de fondé de pouvoirs, il lui en sera donné un d'office. (*Même Ord., art. 75.*)

Un garde de santé, commissionné à cet effet par le président semainier, sera chargé de notifier les citations et les jugemens.

Seront au surplus observés, en tout ce qui n'est pas contraire aux articles 17, 18 et 19 de la loi du 3 mars 1822 et aux présentes dispositions, les articles 146, 147, 148, 149, 150, 151, 153, 154, 155, 156, 157, 158, 159, 160, 161, 162, 163, 164 et 165 du Code d'instruction criminelle. (*Même Ord., art. 76.*)

État civil.

1187. Les membres desdites autorités exerceront les fonctions d'officiers de l'état civil dans les mêmes lieux réservés. Les actes de naissance et de décès seront dressés en présence de deux témoins, et les testamens conformément aux articles 985, 986 et 987 du Code civil. Expédition des actes de naissance et de décès sera adressée, dans les vingt-quatre heures, à l'officier ordinaire de l'état civil de la commune où sera situé l'établissement, lequel en fera la transcription. (*Loi du 3 mars 1822, art. 19.*)

Les fonctions de l'état civil seront remplies par le président semainier assisté du secrétaire. (*Ord. du 7 août 1822, art.* 77.)

SECTION IX.

DISPOSITIONS GÉNÉRALES.

Vente des objets non réclamés.

1188. Les marchandises et autres objets déposés dans les lazarets et autres lieux réservés qui n'auront pas été réclamés dans le délai de deux ans seront vendus aux enchères publiques.

Ils pourront, s'ils sont périssables, être vendus avant ce délai en vertu d'une ordonnance du président du tribunal de commerce, ou, à défaut, du juge de paix.

Le prix en provenant, déduction faite des frais, sera acquis à l'État, s'il n'a pas été réclamé dans les cinq années qui suivront la vente. (*Loi du 3 mars 1822, art.* 20.)

Avis à donner. — Infractions.

1189. Il est enjoint aux administrations sanitaires de se donner réciproquement les avis nécessaires au service qui leur est confié; à tous les agens dans l'intérieur, de prévenir qui de droit des faits à leur connaissance qui intéresseraient la santé publique; à tous les médecins d'hôpitaux, ainsi qu'à tous autres, et en général à tous les citoyens qui seraient informés d'un symptôme de maladie pestilentielle, d'en avertir les administrations sanitaires, et, à défaut, le maire du lieu, lequel, dans ce cas, doit prendre ou provoquer les mesures que les circonstances commandent. (*Ord. du 7 août 1822, art.* 79.)

Toutes infractions aux obligations prescrites par la présente ordonnance, par les règlemens locaux dûment exécutoires, ou par les ordres émanés des autorités compétentes, seront poursuivies, pour être, selon la gravité des cas, punies conformément aux dispositions du titre 2 de la loi du 3 mars 1822 (*art. 7 à 16 inclusivement*).

Tous dépositaires de l'autorité et de la force publique, tous agens publics, soit au dedans, soit au dehors, qui seraient avertis desdites infractions, sont tenus d'employer les moyens en leur pouvoir pour les prévenir, pour en arrêter les effets et pour en procurer la répression (*Ord. du 7 août 1822, art.* 81.) (1).

---

(1) L'ordonnance du 27 septembre 1821, que celle du 7 août 1822 a remplacée, contenait trois tableaux indiquant, le premier, les effets et marchandises *susceptibles* par leur nature; le deuxième, les marchandises douteuses et marchandises avec des enveloppes ou des liens *susceptibles*, ou qui peuvent recéler des objets de genre susceptible; le troisième, les objets et marchandises de genre *non susceptible*. Voici ces tableaux :

TABLEAU N° 1er.

Effets et marchandises susceptibles par leur nature.

1° Les hardes, effets usuels, tout ce qui sert au coucher, objets d'équipement et de harnachement, les chiffons et lambeaux de toute espèce;

2° La laine et les poils d'animaux, lavés ou non, filés ou non;

3° Le coton en laine ou filé;

4° Le chanvre, l'étoupe et le fil;

5° Le lin filé ou non;

6° Les cordages non goudronnés et non composés de sparte ou de jonc;

7° Toute espèce de soie, soit en bourre, soit en fil;

8° Les pelleteries et les fourrures;

9° Les peaux et maroquins, les cordouans, basanes, cuirs tannés, cuirs secs, les rognures, abattis et débris de peaux ou d'autres substances animales;

10° Le duvet ou les plumes;

11° Les chapeaux ou autres étoffes feutrées;

12° Les cheveux et le crin;

13° Les étoffes, draperies, toileries, et généralement tous les tissus;

14° Le papier de toute espèce, le carton et les livres ou manuscrits;

15° Les fleurs artificielles;

16° Les verroteries, le corail, les chapelets, et généralement toutes les marchandises enfilées ou assujetties avec des fils susceptibles;

17° Les quincailleries et merceries;

18° Les éponges;

19° Les chandelles et bougies;

20° Le vieux cuivre ouvré, les raclures de vieux cuivre et autres vieux métaux;

21° Les momies, les animaux vivans ou morts.

TABLEAU N° 2.

Marchandises douteuses et marchandises avec des enveloppes ou des liens susceptibles, ou qui peuvent recéler des objets de genre susceptible.

1° Le corail brut;

2° Les cuirs salés et mouillés;

3° Les dents d'éléphant;

4° Les cornes et leur raclure;

5° Le suif;

6° La cire;

7° Les drogueries et épiceries de toute espèce;

CHAPITRE XXXI.

YACHTS DE PLAISIR.

1190. Les navires frétés pour des voyages d'agrément, et qui ne font dans nos ports aucune opération de commerce, peuvent

---

8º Le café et le sucre ;

9º Le tabac en balles ;

10º Les garances ou alizaris, les racines et herbes pour la teinture ;

11º Le vermillon ;

12º La potasse et le salpêtre ;

13º Le cuivre neuf ouvré et les raclures de cuivre neuf ;

14º Les verreries en caisse ou en futailles, les galles, graines et légumes en sacs ;

15º Les monnaies et médailles ; (*Il ne faut pas oublier de les passer au vinaigre.*)

16º Les fruits gluans et visqueux.

TABLEAU Nº 3.

Objets et marchandises de genre non susceptible.

1º Le blé, les grains, le riz, les légumes en greniers ou dans des sacs de sparte ou de jonc, les grains moulus, la farine, le pain, l'amidon et les gruaux, etc. ;

2º Les fruits secs ;

3º Les confitures, les sucs des plantes, des bois, des fruits, le miel ;

4º Les fruits frais ;

5º Les huiles ;

6º Les vins, liqueurs, et généralement les liquides ;

7º Les chairs salées, fumées et desséchées ;

8º Le beurre, le fromage et la graisse ;

9º Les cordages entièrement goudronnés ;

10º Le sparte et le jonc ;

11º Les cendres, soudes, sels en greniers ou dans des enveloppes non susceptibles, le charbon, le goudron, le noir de fumée, les gommes et les résines ;

12º Le bois en bloc, poutres, planches, tonneaux, caisses, etc. ;

13º L'avelanède ;

14º Matières pour la peinture et la teinture ;

15º Les objets neufs en verrerie ou poterie ;

16º Les minéraux, les terres, la houille, le soufre, le mercure, la chaux, les fossiles et les objets tirés de la mer ;

17º Les métaux en pain ou en masse ;

18º Tous les objets composés de différentes substances, toutes de genre non susceptible.

Nota. Il faut avoir soin de séparer exactement de ces objets et marchandises tout ce qui est de genre susceptible.

être affranchis des droits de navigation (1). (*Circ. du 9 novembre 1820, n° 616.*)

---

(1) Cette disposition ne s'applique, quant à présent, qu'aux navires appartenant à la Société du *Yacht-Club*, établie à Londres, et il a été convenu :

1° Que la Société adresserait chaque année à l'administration un état complet de tous les navires de l'espèce, avec l'indication de leurs noms, de celui du propriétaire, de leur tonnage, de leur forme particulière, et qu'une copie de cet état serait adressée par l'administration dans tous les ports où l'on pourrait réclamer la franchise;

2° Que l'exemption n'aura lieu qu'en faveur de ceux de ces yachts qui ne font aucune opération de commerce;

3° Que chaque bâtiment sera muni d'un certificat que le commandant présentera à la douane d'arrivée, et qui sera délivré par le secrétaire du *Yacht-Club* ;

4° Que si le navire de plaisance ne ramène pas tous les individus qu'il avait à bord en arrivant, il sera censé avoir fait l'office de paquebot, et par conséquent deviendra passible des droits de navigation. (*Circ. du 18 novembre 1821, n° 688.*)

Depuis 1821, la même faveur a été accordée à d'autres sociétés anglaises de même nature. L'état des navires qui leur appartiennent est transmis tous les ans, par l'administration, dans les ports qu'ils fréquentent habituellement.

LIVRE XI.

PROCÉDURE.

CHAPITRE PREMIER.

DES PROCÈS-VERBAUX.

Contraventions. — Par qui constatées.

1191. Deux préposés de l'administration des douanes, ou autres citoyens français, suffisent pour constater une contravention aux lois relatives aux importations, exportations et circulation. (*Loi du 9 floréal an 7, tit. 4, art. 1er.*)

Dépôt des objets et rédaction du procès-verbal (1).

1192. Ceux qui procèderont aux saisies feront conduire dans un bureau de douane, et, autant que les circonstances pourront le permettre, au plus prochain du lieu de l'arrestation (2), les

---

(1) Quand un bureau subordonné, dans lequel a pris naissance une affaire contentieuse, est détaché d'une principalité pour passer dans une autre, le receveur principal, nanti du dossier de l'affaire, doit en faire immédiatement le renvoi à son directeur, lequel l'adresse aussitôt au receveur principal dans la circonscription duquel le bureau déclassé vient d'être compris. Ce dernier comptable devient alors chargé de diriger et de conduire à fin toutes les poursuites judiciaires ou les transactions administratives que peut comporter cette même affaire ; et, lorsqu'il a définitivement consommé les opérations de dépenses ou de recouvremens auxquelles l'instance a donné lieu, il procède, par voie de virement de compte, à l'attribution, sur la caisse de son collègue chargé de la première instruction de l'affaire, des diverses opérations réalisées. Il renvoie en même temps le dossier régularisé à son directeur, qui le fait parvenir au comptable chargé de présenter le compte. (*Circ. du 4 mars 1840, no 1800.*)

(2) La distance du plus prochain bureau au lieu de la saisie doit être me

marchandises, voitures, chevaux et bateaux servant au transport; ils y rédigeront de suite leur rapport (1). (*Loi du 9 floréal an 7, tit. 4, art. 2.*)

Énonciations du procès-verbal.

1193. Les rapports énonceront la date et la cause de la saisie, la déclaration qui en aura été faite au prévenu (2), les noms, qualités et demeures des saisissans (3), et de celui chargé des

---

surée, non à vol d'oiseau, mais par le plus ou moins de temps qu'il faut pour s'y rendre. (*Circ. du 8 août* 1811.)

Toutes les fois que les saisissans conduisent les objets de fraude arrêtés par eux dans un autre bureau que celui le plus près du lieu de la saisie, ce qui ne doit avoir lieu qu'en cas de nécessité absolue, ils doivent en faire connaitre très-expressément les motifs dans leur procès-verbal. (*Circ. du 14 décembre* 1817, *n°* 351.)

La Cour de cassation a décidé, par arrêt du 4 juin 1841, rendu en matière de contributions indirectes, que les tribunaux étaient, à cet égard, appréciateurs des motifs allégués par les saisissans pour justifier une dérogation à la loi.

(1) Le rapport doit être le récit très-fidèle des circonstances qui déterminent la nature des poursuites contre les contrevenans; une sévère exactitude est d'autant plus nécessaire, que ce rapport a foi en justice et suffit pour faire prononcer non-seulement des confiscations et des amendes, mais encore des peines correctionnelles. (*Circ. du 20 mars* 1812.)

Les rapports peuvent être rédigés les jours fériés. (*A. de C. du* 23 *brumaire an* 8, *et Déc. adm. du* 26 *mars* 1841.)

Il suffit, pour constater une saisie, que deux des préposés qui l'ont faite dressent et signent le procès-verbal. (*A. de C. du* 5 *janvier* 1810.)

Les procès-verbaux peuvent être commencés sur le lieu de la saisie et clos au bureau des douanes, lorsqu'il y a impossibilité de conduire immédiatement les marchandises à ce bureau. (*A. de C. des* 10 *août* 1833; *Circ. n°* 1401, *et* 17 *février* 1836, *Circ. n°* 1543.)

Ils sont valables si, entre le transport des marchandises au bureau et leur rédaction, il ne s'est écoulé d'autre intervalle que celui nécessité par la fin du jour, et si les préposés, avant cette rédaction, n'ont pas diverti à d'autres actes. (*A. de C. des* 26 *septembre* 1833; *Circ. n°* 1408, *et* 27 *décembre* 1834, *Circ. n°* 1479.)

Les formalités de la quarantaine peuvent dispenser les préposés de l'obligation de les rédiger *de suite*. (*A. de C. du* 14 *juin* 1837; *Circ. n°* 1646.)

(2) Les formalités imposées aux saisissans en ce qui concerne la *partie saisie*, ne s'appliquent qu'aux *préposés à la conduite*, *détenteurs* ou *dépositaires* de la fraude. L'omission de ces formalités, envers le propriétaire intervenant des marchandises saisies, ne saurait vicier l'opération. (*A. de C. du* 29 *décembre* 1838; *Circ. n°* 1730.)

(3) Par *demeure* des saisissans il faut entendre le lieu où est établie la

poursuites; l'espèce, poids ou nombre des objets saisis (1); la présence de la partie à leur description, ou la sommation qui lui aura été faite d'y assister (2); le nom et la qualité du gardien (3); le lieu de la rédaction du rapport, et l'heure de sa clôture (4). (*Même Loi, même titre, art. 3.*)

Saisies motivées sur des faux.

1194. Dans le cas où le motif de la saisie portera sur le faux ou l'altération des expéditions, le rapport énoncera le genre de faux, les altérations ou surcharges.

Lesdites expéditions signées et paraphées des saisissans, *ne varietur*, seront annexées au rapport, qui contiendra la sommation faite à la partie de les signer, et sa réponse (5). (*Même Loi, même titre, art. 4.*)

---

brigade à laquelle les préposés appartiennent. (*A. de C. du 3 août* 1827.)
La loi n'exige pas que les qualités et demeures des saisissans soient énoncées dans le procès-verbal *à côté du nom de chacun d'eux.* Il suffit que ces indications se trouvent rappelées collectivement. (*A. de C. du 5 déc.* 1834; *Circ. n° 1469.*)
Un procès-verbal qui énonce les qualités et demeures de deux seulement des saisissans est suffisamment conforme au vœu de l'article 3, titre 4, de la loi du 9 floréal an 7. (*A. de C. du 1er février* 1810.)

(1) L'indication du poids des tissus n'est pas nécessaire, lorsque le procès-verbal énonce l'espèce, le nombre et le mesurage des pièces d'étoffes. (*A. de C. dès 17 germinal an 10 et 7 nivôse an 13.*)
L'indication des marques et des numéros des ballots n'est de rigueur que pour les saisies faites sur des bâtimens de mer pontés (n° 1198). (*A. de C. du 3 ventôse an 10.*)

(2) Lorsqu'il y a plusieurs prévenus d'un seul et même délit, et que l'un d'entre eux, se déclarant propriétaire des objets saisis, est reconnu et désigné comme tel au rapport, la sommation qui est faite à lui seul d'assister à la description des marchandises est suffisante. (*A. de C. du 27 décembre* 1834; *Circ. n° 1479.*)

(3) Les noms et qualités des gardiens des objets saisis doivent être indiqués très-exactement. (*Circ. du 17 mai* 1837, *n° 1621.*)

(4) Lorsque des employés qui ont concouru à une saisie se retirent avant la clôture du procès-verbal, cet acte doit indiquer le motif qui ne leur a pas permis de le signer et le moment où ils se sont éloignés. (*Déc. adm. du 29 mars* 1838.)

(5) Les prévenus seraient alors immédiatement conduits devant le procureur du Roi ou l'officier de police judiciaire le plus prochain, à qui le rapport serait remis avec les pièces arguées de faux. (*Code d'instruct. crimin., art. 8.*)

Mainlevée des moyens de transport.

1195. Il sera offert mainlevée, sous caution solvable, ou en consignant la valeur, des bâtimens, bateaux, voitures, chevaux et équipages saisis pour autre cause que pour prohibition de marchandises dont la consommation est défendue; et cette offre, ainsi que la réponse de la partie, sera mentionnée au rapport (1). (*Loi du 9 floréal an 7. tit. 4, art. 5.*)

Citation.

1196. Si le prévenu est présent, le rapport énoncera qu'il lui en a été donné lecture (2), qu'il a été interpellé de le signer (3),

---

Le tribunal appelé à statuer sur le faux doit, à cause de la connexité des délits, connaitre également de la saisie. (*A. de C. du* 19 *décembre* 1806.)

Quand, trompée par de fausses expéditions, la douane laisse introduire des marchandises de fraude, elle peut, le faux étant reconnu, poursuivre l'application des peines encourues, bien qu'il n'y ait eu ni saisie ni procès-verbal. (*Même Arrêt.*)

Pour prévenir, autant que possible, l'abus qui résulterait de l'emploi de feuilles de passavans ou acquits-à-caution en blanc qu'on se serait procurées pour faciliter l'introduction de marchandises de fraude, les receveurs des douanes doivent toujours inscrire à l'avance, sur leurs registres, les numéros des expéditions et le nom de leur bureau. Cette mesure donnerait le moyen de signaler l'expédition remplie par un faux, en même temps qu'elle en bornerait forcément l'emploi possible dans un rayon assez circonscrit. Il deviendrait dès lors facile de reconnaitre l'introduction consommée à l'aide d'une fausse expédition, et souvent de prévenir la fraude et d'atteindre le faussaire. (*Circ. du* 20 *novembre* 1817.)

(1) L'offre de mainlevée des moyens de transport saisis dans le cas de contravention aux lois prohibitives, est facultative. Toutefois on doit la faire, même dans cette hypothèse, mais seulement afin d'éviter, s'il y a lieu, des frais de fourrière, ou encore pour prévenir, en cas de non succès, toute demande en dommages-intérêts. (*Circ. du* 31 *décembre* 1832, *n^o* 1367.)

Hors le cas de saisie faite à domicile, l'offre de mainlevée des marchandises non prohibées est également facultative; mais elle doit surtout avoir lieu à l'égard des marchandises sujettes à dépérissement. (*Déc. adm. du* 18 *janvier* 1823.)

Voir le chapitre IV du présent livre pour la vente, avant jugement, des marchandises et des moyens de transport dont la remise sous caution serait refusée.

(2) Si le prévenu est étranger et n'entend pas la langue française, la loi n'exige pas que l'interprétation du procès-verbal lui soit donnée dans sa langue. (*Arrêt de la Cour royale de Metz du* 1er *juillet* 1829.)

(3) Lorsqu'un procès-verbal est rédigé en plusieurs contextes, il n'est point

et qu'il en a reçu de suite copie (1), avec citation à comparaître dans les vingt-quatre heures devant le juge de paix de l'arrondissement (2).

---

vicié par le défaut d'interpellation à la partie saisie de signer un de ces contextes, si ce contexte est sans influence au procès. (*A. de C. du 9 juin* 1817.)

Mais on n'en doit pas moins apporter le plus grand soin à requérir la signature de tous les contextes.

La sommation à faire à la partie saisie et les formalités à observer ne sont obligatoires que lorsque celle-ci est présente ; et elles cessent de l'être lorsque le prévenu, bien qu'arrêté au moment de la saisie, mais spontanément relâché par les préposés, s'est volontairement abstenu d'assister à la clôture des opérations. (*A. de C. du 4 mars* 1841.)

(1) Il n'est pas indispensable que la copie soit signée par tous les saisissans ; il suffit qu'elle le soit par le receveur du bureau rédacteur du procès-verbal. (*A. de C. du 3 février* 1850.)

La mention que la copie du procès-verbal sera délivrée n'est pas obligatoire sur la copie comme sur l'original. (*A. de C. du 22 mai* 1834 ; *Circ. n° 1457.*)

Le vœu de la loi est rempli par l'apposition d'une copie du rapport à la porte du bureau, lorsque le prévenu, présent à la clôture du procès-verbal, s'est retiré au moment de la signature de l'acte. (*A. de C. du 27 décembre* 1834 ; *Circ. n° 1479.*)

Il convient de délivrer toujours une copie du procès-verbal de saisie à chacun des prévenus présens, et d'en afficher une autre à la porte du bureau, s'il y a des prévenus absens. (*Circ. du 10 décembre* 1822, *n° 769.*)

(2) La citation doit toujours être donnée pour comparaître dans les vingt-quatre heures, même quand le lendemain est un jour férié. (*Circ. du 30 juillet* 1827, *n° 1056.*)

Si le juge de paix n'ouvre pas d'audience dans le délai de la citation, il est donné à la partie une nouvelle assignation dans les formes et conditions observées pour la première, et relatant que la douane a trouvé le prétoire fermé à l'heure fixée par celle-ci. (*Déc. adm. du 31 mai* 1841.)

Lorsqu'un procès-verbal est rédigé contre une femme en puissance de mari, l'assignation aux fins civiles doit être donnée à ce dernier, sous peine de nullité. (*A. de C. du 2 messidor an 9.*)

La Cour de cassation n'a pas toujours admis le principe de la responsabilité absolue du mari pour les délits commis par sa femme. Les articles 1384 et suivans du Code civil ni les lois spéciales de douanes ne parlent pas de cette responsabilité. Il convient dès lors de n'actionner le mari qu'autant que les circonstances de l'affaire, consignées au rapport, lui ont rendu applicables les lois générales d'après lesquelles la responsabilité civile d'un fait dommageable atteint celui qui a pu l'empêcher ou qui a employé à le commettre une personne de sa maison et dont il a le droit de surveiller la conduite. Dans ce cas, comme dans celui prévu par l'article 1384, il est nécessaire que la citation soit donnée par un exploit séparé. (*Déc. adm. du 23 juin* 1841.)

En matière civile, la citation donnée par le procès-verbal n'est assujettie à aucun droit particulier d'enregistrement. Ainsi les procès-verbaux portant

En cas d'absence du prévenu, la copie sera affichée dans le jour (1) à la porte du bureau.

Ces rapports, citations et affiches devront être faits tous les jours indistinctement (*Loi du 9 floréal an 7, tit. 4, art.* 6.) (2).

Saisies à domicile.

1197. Lorsqu'il y aura lieu de saisir dans une maison, la description y sera faite (3) et le rapport y sera rédigé (4). Les

---

citation à comparaître devant les tribunaux de paix ne sont passibles que du droit fixe de 2 fr. (*Circ. du 14 février* 1834, *n*° 1423.)

Pour les citations en matière correctionnelle, *voir* le n° 1215.

(1) Ces mots de la loi, *dans le jour*, signifient ici le jour de la rédaction du procès-verbal et non la lumière du jour. (*A. de C. du 11 floréal an 9*.)

Il suffit, en cas d'absence de plusieurs prévenus, d'afficher une *seule* copie du procès-verbal à la porte du bureau. (*A. de C. du 11 avril* 1831; *Circ. n*° 1263.)

Une copie du procès-verbal doit être affichée à la porte du bureau si le prévenu est absent, bien que le domicile de ce prévenu soit connu des préposés. (*A. de C. du 16 décembre* 1833; *Circ. n*° 1420.)

La mention, dans le procès-verbal, qu'une copie *sera affichée* à la porte du bureau pour les prévenus absens, est suffisante. (*A. de C. des 23 octobre* 1807 *et 17 février* 1836; *Circ. n*° 1543.)

Un procès-verbal ne peut être nul à l'égard de prévenus fugitifs et inconnus parce que mention n'y est pas faite que lecture en a été donnée à d'autres prévenus présens. (*A. de C. du 1er février* 1810.)

(2) Les verbalisans ne sont pas tenus de remplir, envers le propriétaire intervenant des objets capturés, les formalités prescrites par la loi, à peine de nullité. (*A. de C. du 29 décembre* 1838; *Circ. n*° 1730.)

(3) Lorsque des moyens manquent pour constater le poids des objets saisis à domicile, il suffit que le procès-verbal en contienne l'évaluation. (*A. de C. des 20 thermidor an 12 et 30 mars* 1831; *Circ. n*° 1427.)

(4) L'article 4 du titre 10 de la loi du 22 août 1791 portait aussi que lorsqu'il y aurait lieu de saisir dans une maison, la description des marchandises y serait faite et le procès-verbal rédigé; mais l'article 6 du même titre ajoutait qu'en cas d'*opposition* des parties à ce que le procès-verbal fût rédigé dans la maison, cet acte serait fait dans le bureau le plus voisin.

Le titre 10 de la loi de 1791 ayant été abrogé d'une manière générale par l'article 18 du titre 4 de la loi du 9 floréal an 7, son article 6 aurait cessé d'être en vigueur si un décret du 20 septembre 1809 ne l'eût fait revivre par la disposition de son article 1er, ainsi conçu :

« L'article 6 du titre 10 de la loi du 22 août 1791 doit être entendu dans ce
« sens, qu'il y a opposition des parties à ce que le procès-verbal des préposés
« des douanes soit rédigé dans la maison où ils ont fait la saisie, non-seule-
« ment lorsque les parties elles-mêmes empêchent les préposés, par des voies
« de fait ou des actes de violence, de procéder à leurs opérations, mais encore

marchandises dont la consommation n'est pas prohibée ne seront pas déplacées, pourvu que la partie donne caution solvable pour leur valeur (1). Si la partie ne fournit pas caution, ou s'il s'agit d'objets prohibés, les marchandises seront transportées au plus prochain bureau. (*Même Loi, même titre, art.* 7.)

Saisies sur des bâtimens de mer.

1198. A l'égard des saisies faites sur les bâtimens de mer pontés, lorsque le déchargement ne pourra pas avoir lieu de suite, les saisissans apposeront les scellés sur les ferremens et écoutilles des bâtimens (2). Le procès-verbal, qui sera dressé au fur et à mesure du déchargement, fera mention du nombre, des marques et des numéros des ballots, caisses et tonneaux. La description en détail ne sera faite qu'au bureau, en présence de la partie, ou après sommation d'y assister : il lui sera donné copie à chaque vacation (3). L'apposition des scellés sur les portes, ou d'un plomb ou cachet sur les caisses ou ballots, aura lieu toutes les fois que la continuation de la description sera renvoyée à une autre séance ou vacation. (*Même Loi, même titre, art.* 8.)

« lorsqu'il résulte des circonstances constatées par le procès-verbal qu'ils ne « pouvaient y procéder sans compromettre leur sûreté. »

Ainsi les préposés pourraient invoquer l'article 6 de la loi de 1791, interprété par le décret de 1809, en indiquant exactement dans leur procès-verbal la cause de l'*empêchement.*

(1) La mainlevée des marchandises *non prohibées* d'une manière *absolue* doit être offerte, sous peine de nullité. (*A. de C. du* 20 *juillet* 1831 ; *Circ.* n° 1425.)

Un arrêt de la Cour de cassation, du 7 juin 1841, déclare que les formalités imposées par la loi du 9 floréal an 7, pour la validité des saisies *à domicile*, ne sont pas applicables aux visites faites dans un atelier de *salaisons*, sorte d'établissement qui doit être ouvert à toute réquisition des préposés, et qui ne peut être confondu avec un domicile, alors même que le saleur y aurait fixé son habitation personnelle.

Voir le n° 341 pour les visites domiciliaires.

(2) Le placement à bord de préposés constitués gardiens de la cargaison ne supplée pas à l'apposition des scellés. (*Déc. adm. du* 30 *juin* 1841.)

(3) Lorsqu'un navire séquestré par mesure de police a été provisoirement relâché sous caution, et qu'ensuite les marchandises qu'il avait déchargées dans les magasins de la douane viennent à être saisies comme étant frappées de prohibition, ce navire peut, quoique non compris dans la saisie légale, être confisqué en même temps que les marchandises. (*A. de C. du* 19 *mars* 1807.)

Enregistrement.

1199. Les rapports ne seront dispensés de l'enregistrement (1) qu'autant qu'il ne se trouvera pas de bureau dans la commune du dépôt de la marchandise, ni dans celle où est placé le tribunal qui doit connaître de l'affaire; auquel cas le rapport sera visé le jour de sa clôture, ou le lendemain avant midi, par le juge de paix du lieu, ou, à son défaut, par l'agent municipal (2). (*Loi du 9 flor. an 7, tit. 4, art. 9.*)

Affirmation.

1200. Les rapports seront affirmés au moins par deux des saisissans, devant le juge de paix ou l'un de ses assesseurs (3), dans le

---

(1) Les procès-verbaux sont soumis, pour leur enregistrement, à un droit fixe de 2 fr. (*Loi du* 28 *avril* 1816, *art.* 43, *n°* 16.)

Un second droit spécial d'enregistrement de 2 fr. est dû lorsque, dans un procès-verbal de saisie, un tiers intervient pour cautionner la valeur des objets dont ce même acte constate la remise provisoire. (*Déc. adm. des* 25 *janvier et* 19 *juin* 1840.)

(2) Un procès-verbal peut n'être revêtu du visa destiné à tenir lieu d'enregistrement que le surlendemain de sa date, lorsque le jour intermédiaire est un jour férié. (*A. de C. du* 3 *ventôse an* 10.)

Il n'est pas nul pour avoir été enregistré postérieurement à l'audience indiquée par la citation, si d'ailleurs il l'a été dans les quatre jours de sa date, ainsi que cela est prescrit par l'article 20 de la loi du 22 frimaire an 7; mais dans le cas où le *visa* tient lieu d'*enregistrement*, ce visa doit être requis le jour de la clôture du rapport ou le lendemain avant midi. (*A. de C. des* 17 *brumaire an* 14 *et* 12 *août* 1835; *Circ. n°* 1510.)

(3) L'affirmation peut être reçue par un juge de paix et le jugement rendu par un autre, quand il y a eu nécessité de conduire la marchandise ailleurs qu'au bureau le plus prochain. (*A. de C. du* 28 *nivôse an* 8.)

Le juge de paix dans le ressort duquel se trouve le bureau de dépôt, peut recevoir l'affirmation du rapport, bien que la saisie ait été effectuée hors de sa juridiction. (*A. de C. des* 15 *floréal an* 12 *et* 29 *déc.* 1838; *Circ. n°* 1730.)

Aucune loi ne prescrit aux employés d'appeler la partie saisie à l'affirmation du procès-verbal, et les juges ne peuvent pas exiger sa présence. (*A. de C. des* 11 *floréal an* 9 *et* 15 *frimaire an* 10.)

Les procès-verbaux doivent être *affirmés*, même lorsqu'il s'agit de contraventions étrangères aux douanes. (*Circ. du* 29 *février* 1828, *n°* 1087.)

Le mot *attesté*, ou tout autre qui serait analogue, ne suffit pas pour exprimer *l'affirmation* exigée par la loi. (*A. de C. du* 19 *fév.* 1836, *Circ. n°* 1531.)

Lorsque les procès-verbaux en matière de douanes sont divisés en plusieurs séances, il n'est pas nécessaire qu'il y ait une affirmation après chacune d'elles. (*A. de C. du* 11 *octobre* 1827.)

L'affirmation d'un procès-verbal faite devant un juge de paix n'est point

délai donné pour comparaître (1) : l'affirmation énoncera qu'il en a été donné lecture aux affirmans (2). (*Même Loi, même tit., art.* 10.)

Foi due aux procès-verbaux.

1201. Les rapports ainsi rédigés et affirmés seront crus, jusqu'à inscription de faux (3).

---

nulle parce que ce juge se trouverait être le prévenu lui-même. (*A. de C. du 22 juin* 1840 ; *Circ. n°* 1830.)

L'affirmation du procès-verbal faite par deux des saisissans est valable alors même que ces deux saisissans n'auraient pas été, au même titre, témoins de toutes les circonstances de la capture. (*A. de C. du 4 mars* 1841.)

(1) En matière correctionnelle, les saisissans ont trois jours pour affirmer leur rapport. (*Arrêté du 4e jour compl. an* 11, *et Circ. du 14 avril* 1837, *n°* 1619.) Mais en matière civile l'affirmation doit avoir lieu avant l'expiration du délai de vingt-quatre heures donné pour comparaître. (*Circ. du 14 avril* 1837.)

La date de l'affirmation d'un procès-verbal peut être valablement établie par des preuves prises en dehors des énonciations insuffisantes de l'acte qui la constate. (*A. de C. du 22 mars* 1839, *Circ. n°* 1754.)

Lorsqu'un cas de force majeure place les rédacteurs d'un procès-verbal dans l'impossibilité de l'affirmer en temps utile, ils se retirent devant le maire, le requièrent de recevoir leur déclaration du cas de force majeure, et, *en tant que de besoin*, l'affirmation de leur procès-verbal, avec réserve de réclamer de nouveau l'affirmation légale aussitôt que la force majeure aura cessé. Si les préposés se trouvent dans un lieu où il n'existe aucune autorité, ils peuvent rédiger leur rapport en deux contextes, déclarer dans le premier que leur procès-verbal sera clos lorsque la force majeure aura cessé, et le clore en effet, par un second contexte, aussitôt qu'ils sont à même de remplir les formalités voulues par la loi. (*Circ. du 14 avril* 1837, *n°* 1619.)

(2) C'est du procès-verbal même, et non de l'affirmation, que la loi exige qu'il soit donné lecture aux saisissans. (*A. de C. du 11 février* 1808, *et Déc. adm. du 17 janvier* 1823.) Les préposés doivent donc donner la plus grande attention à la rédaction de l'acte d'affirmation, afin qu'il contienne la mention expresse que le rapport leur a été lu.

L'affirmation n'étant que le complément de l'acte, n'est pas sujette à l'enregistrement. (*Loi du 22 frimaire an* 7.)

(3) Un procès-verbal régulier et non attaqué par la voie de l'inscription de faux fait foi de tous les faits et circonstances y relatés. (*A. de C. du 25 juill.* 1829.)

Toutefois cette maxime est inapplicable à des procès-verbaux qui, quoique réguliers en la forme, énoncent des faits contradictoires et qui ne peuvent exister simultanément. (*A. de C. du 13 janvier* 1817.)

Par arrêt du 2 avril 1840, la Cour royale de Douai a décidé qu'un prévenu non arrêté, mais désigné dans un procès-verbal régulier, ne pouvait se soustraire que par la voie de l'inscription de faux aux conséquences pénales du fait qui lui était imputé.

Quand un procès-verbal constate à la fois un crime et un fait de contrebande, l'ordonnance de la chambre du conseil qui déclare n'y avoir lieu à suivre sur le premier chef ne dispense pas les tribunaux d'accorder foi pleine et entière aux

Les tribunaux ne pourront admettre contre lesdits rapports d'autres nullités que celles résultant de l'omission des formalités prescrites par lesdits articles précédens (1). (*Loi du* 9 *flor. an* 7, *tit.* 4, *art.* 11.)

1202. Le lendemain du jour de la saisie, le rapport sera transcrit sur le registre du bureau des douanes le plus prochain. (*Loi du* 4 *germinal an* 2, *tit.* 6, *art.* 10.)

Saisies de minuties.

1203. Lorsque plusieurs saisies de tabacs auront été faites séparément sur des inconnus dans le ressort d'un même tribunal, et que la valeur de chaque partie saisie n'excèdera pas 50 fr., la régie pourra en demander la confiscation par une seule requête, laquelle contiendra l'estimation de chaque partie de tabac. Il sera statué sur ladite demande par un seul et même jugement. (*Loi du* 5 *septembre* 1792, *art.* 5.)

Les dispositions de l'article précédent seront exécutées à l'égard de toutes saisies faites sur des inconnus, d'objets qui n'auront point été réclamés (2). (*Même Loi, art.* 6.)

énonciations concernant le délit de douanes. (*A. de C. du* 14 *janvier* 1842; *Circ. n°* 1903.)

Lorsque le corps du délit est détruit par les fraudeurs ou disparaît par une circonstance quelconque, le procès-verbal n'en fait pas moins foi jusqu'à inscription de faux. Seulement les préposés doivent déposer au bureau, à l'appui de cet acte, les parties de marchandises, enveloppes, etc., qu'ils ont pu recueillir, et donner dans leur rapport tous les renseignemens propres à déterminer, du moins approximativement, la quantité ou la valeur des objets détruits. (*Déc. adm. du* 15 *avril* 1841.)

Ils concluent dans leur rapport au payement de cette valeur et de l'amende encourue, suivant le cas. (*Déc. adm. du* 26 *août* 1841.)

Voir, pour l'inscription de faux, le n° 1237.

(1) Une autre nullité résulterait cependant encore de la différence entre la date de l'original et celle de la copie du rapport. (*A. de C. du* 22 *juill.* 1808.)

Il résulte, en effet, du défaut de concordance entre les deux dates, ou que le procès-verbal n'a pas de date certaine, et par conséquent légale, ou que le prévenu n'a pas reçu la copie de ce rapport, ce qui alors emporte nullité. (*Circ. du* 12 *août* 1808.)

Les préposés des douanes opérant à la requête d'une autre administration doivent observer les formalités prescrites par les lois de douanes pour valider les saisies, quand la loi spéciale n'y déroge pas. (*A. de C. du* 4 *juin* 1841.)

Voir, pour les procès-verbaux entachés de nullité, le n° 1205.

(2) La loi autorisant à comprendre les saisies faites sur des inconnus dans

Les tribunaux ne sont pas fondés à limiter la faculté accordée par les articles 5 et 6 de la loi du 5 septembre 1792. (*Déc. du min. de la just. du* 12 *frimaire an* 10; *Circ. du* 22.)

une seule et même requête, pour n'obtenir, sur toutes ensemble, qu'un seul et même jugement, ce n'est point s'écarter de son esprit que de les cumuler également dans un seul et même procès-verbal, après toutefois que chacun des objets arrêtés a été déposé immédiatement au bureau et inscrit sur un registre ouvert à cet effet. Ce registre, côté et paraphé par le directeur, porte à la première page : « Registre des objets de minuties arrêtés sur inconnus et dépo- « sés au bureau de.......... »

A la fin du mois, ou à telle autre époque plus rapprochée, si ces arresta-tions sont très-nombreuses, il est rédigé un procès-verbal dans lequel on les comprend toutes, mais séparément et telles qu'elles ont été inscrites sur le registre ; et ce procès-verbal est remis, dans la forme ordinaire, à M. le pro-cureur du Roi, après avoir été dûment affirmé et enregistré. (*Circ. du* 5 *no-vembre* 1818, *n°* 459.)

Indépendamment des objets saisis au préjudice d'inconnus, on peut se borner également à porter sur le registre des *minuties* les objets sans importance trouvés sur la personne des individus venant de l'étranger, et non déclarés à la douane. (*Circ n°* 1877.) — *Voir* le n° 521.

Lorsque les saisies sont peu considérables, le procès-verbal peut n'être rédigé que tous les deux ou trois mois. (*Déc. adm. du* 12 *février* 1834.)

Quand une brigade n'a pas arrêté, en trois mois, pour une valeur de 50 fr., les objets sont compris dans un procès-verbal rédigé par la brigade la plus voisine qui aurait fait un plus grand nombre de saisies. (*Déc. adm. du* 26 *mai* 1834.)

La vente des marchandises saisies comme *minuties* demeure soumise aux règles générales, c'est-à-dire qu'elle n'a lieu qu'en vertu d'un jugement de confiscation définitif. Cependant, lorsqu'il s'agit d'objets sujets à dépérisse-ment, les receveurs peuvent, par application du décret du 18 septembre 1811, demander au juge de paix le plus voisin l'autorisation de les vendre immé-diatement, en présentant à l'appui de leur requête, et pour tenir lieu du pro-cès-verbal qui n'est pas encore rédigé, un extrait certifié par eux du registre de *minuties* sur lequel la saisie et le dépôt des objets ont été constatés. (*Déc. adm. du* 1ᵉʳ *octobre* 1841.)

Modèle de procès-verbal pour les saisies de minuties.

L'an mil huit cent.........., le......., à la requête de M. le conseiller d'État directeur général des douanes, dont le bureau central est à Paris, rue du Mont-Thabor, n° 29, lequel fait élection de domicile au bureau de M.........., receveur desdites douanes à.............., y demeurant, chargé des poursuites aux fins du présent, certifions avoir saisi pour contra-vention à l'article 41 de la loi du 28 avril 1816, sur des inconnus fugitifs à qui nous avions fait à haute voix les déclarations et sommations voulues par la loi, les objets désignés ci-après, en qualité et valeur, savoir : 1° (*pour exem-ple*) deux mètres percale, valeur 6 fr.; 2°, etc...........................
lesquelles marchandises et denrées ont été immédiatement par nous transpor-tées au bureau de.........., où, après les avoir inscrites sur le registre

Opposition à l'exercice des préposés.

1204. Toute personne qui s'opposera à l'exercice des préposés sera condamnée à une amende de 500 fr.; dans le cas où il y aurait voie de fait, il en sera dressé procès-verbal (1), qui sera envoyé au *procureur du Roi*, pour en poursuivre les auteurs et leur faire infliger les peines portées par le Code pénal contre ceux qui s'opposent, avec violence, à l'exercice des fonctions publiques (2). (*Loi du 4 germinal an 2*, *tit. 4*, *art. 2.*)

---

ouvert à cet effet audit bureau, les avons laissées à la garde de M........., receveur, qui signera le présent avec nous en qualité de dépositaire; et, pour procéder aux fins du présent, avons notifié auxdits inconnus fugitifs qu'ils seront cités, dans les formes et délais voulus par la loi, à comparaître par-devant le tribunal correctionnel séant à............, pour y voir prononcer la confiscation desdites marchandises et autres peines encourues; et pour qu'ils ne puissent prétexter cause d'ignorance, nous avons, vu leur absence, affiché copie du présent à la porte extérieure du bureau.

Fait et clos en la douane de............, à......... heures *avant ou après* midi, les jour, mois et an que dessus, et l'avons signé chacun en ce qui nous concerne. (*Circ. du 5 novembre* 1818, n° 459.)

(1) La preuve testimoniale ne peut être admise contre les procès-verbaux réguliers qui constatent du trouble et opposition, sans violences, aux fonctions des préposés. (*A. de C. du 15 avril* 1835; *Circ. n°* 1488.)

(2) Les affaires relatives à des injures proférées contre les employés en fonctions, quand ces injures ne sont pas accompagnées de voies de fait, sont de la compétence du tribunal de paix. (*A. de C. des 5 ventôse an 10 et 21 juillet* 1808.)

Quand un procès-verbal constate des injures ou une simple opposition, même verbale, à l'exercice des fonctions des préposés, il fait foi en justice jusqu'à inscription de faux; dans ce cas, le juge de paix est compétent, et l'amende de 500 fr. est applicable. Mais si le procès-verbal constate à la fois des injures et des voies de fait, il n'équivaut plus qu'à une plainte; le tribunal correctionnel est compétent, et les peines encourues sont celles édictées par le Code pénal. (*A. de C. des 26 août* 1816, 29 *août* 1838; *Circ. n°* 1712, *et* 19 *mai* 1841; *Circ. n°* 1863.)

Le juge de paix est compétent pour prononcer l'amende spéciale de 500 fr., requise par l'administration des douanes, à raison d'un fait d'opposition à l'exercice des fonctions de ses préposés, alors même que cette opposition aurait été accompagnée de voies de fait pouvant donner ouverture à une action de la part du ministère public. (*A. de C. du 30 mars* 1841; *Circ. n°* 1863.)

Le juge de paix qui doit connaître d'un fait d'opposition n'est pas celui du lieu où l'opposition a été consommée, mais celui du lieu où est situé le bureau de douanes dans lequel les employés se sont retirés pour verbaliser. (*Déc. adm. du 24 mars* 1841.)

Quand l'administration poursuit seule la répression, par la voie civile, d'un

Nullité ou défaut des procès-verbaux.

1205. Toute introduction de marchandises prohibées (1), de quelque manière qu'elle soit constatée, et même à défaut ou en

---

fait de trouble, d'injures ou d'opposition envers ses agens, l'action doit être portée devant le tribunal de paix. Ce n'est que lorsqu'elle joint sa demande accessoire à la poursuite exercée par le ministère public contre les auteurs d'un délit caractérisé par le Code pénal, que la juridiction compétente pour connaître de ce délit le devient également pour adjuger les condamnations civiles. (*A. de C. du* 10 *janvier* 1840; *Circ.* n° 1799.)

Le tribunal *correctionnel* est compétent pour prononcer, sur la *demande de l'administration*, l'amende de 500 fr. édictée en cas d'opposition aux fonctions des préposés, lorsqu'à raison de la connexité de cette opposition avec un *délit de rébellion* poursuivi par le *ministère public*, l'affaire se trouve portée devant cette juridiction. (*A. de C. du* 8 *décembre* 1857; *Circ.* n° 1712.)

L'opposition aux fonctions des employés est nécessairement punie d'une amende de 500 fr., alors qu'ayant été accompagnée de voies de fait, les tribunaux ont appliqué à ce dernier délit les peines du Code pénal. (*A. de C. du* 1er *décembre* 1838; *Circ.* n° 1726.)

Les préposés ne cessent pas d'être *dans l'exercice de leurs fonctions* après la visite des équipages conduits devant le poste où ils sont de service, et le trouble ou la résistance qu'ils éprouvent, alors même que cette visite est consommée, est passible de l'amende spéciale édictée par les lois de 1791 et de l'an 2. L'administration est habile à appeler aux fins civiles dans les cas de l'espèce, bien que la condamnation *correctionnelle* appliquée pour le même fait ait acquis force de chose jugée, à défaut d'appel de la part du ministère public. (*A. de C. du* 31 *janvier* 1840; *Circ.* n° 1799.)

L'amende de 500 fr. prononcée par l'article 14 du titre 13 de la loi du 22 août 1791, et par l'article 2 du titre 4 de la loi du 4 germinal an 2, est individuelle. (*Circ. du* 31 *décembre* 1819.)

Elle peut être appliquée, cumulativement avec les autres peines du Code pénal, lorsqu'il y a eu voies de fait ou sévices graves, ainsi qu'avec les amendes répressives de la contrebande. (*A. de C. des* 21 *décembre* 1821 *et* 17 *décembre* 1831; *Circ.* n°s 1481 *et* 1608.)

L'amende de 500 fr. prononcée par l'article 2 du titre 4 de la loi du 4 germinal an 2, doit être allouée aux préposés des douanes, alors même qu'ils ont éprouvé l'opposition en opérant à la requête de l'administration des contributions indirectes; et il n'est pas nécessaire que ces préposés soient revêtus de leurs uniformes pour que le délit d'opposition existe légalement à la charge des opposans. (*Jugem. du tribunal civil de Coutances du* 12 *août* 1840.)

Les préposés des douanes n'ont point droit à l'amende spéciale de 500 fr. quand l'opposition qu'ils ont éprouvée a eu lieu à l'occasion d'un fait de police, tel que la demande d'exhibition d'un passe-port. (*A. de C. du* 15 *mars* 1841.)

Voir d'ailleurs les n°s 56 et 328.

(1) Les marchandises prohibées *conditionnellement* sont assimilées à celles dont la prohibition est *absolue*. (*Circ. du* 15 *mars* 1839, n° 1748.)

cas de nullité du procès-verbal (1), sera, indépendamment de la confiscation, punie des peines déterminées par les lois et règlemens. (*Décret du 8 mars 1811, art.* 1er.)

---

(1) En cas d'absence ou de nullité d'un procès-verbal de saisie de marchandises prohibées, le délit peut être prouvé par les voies du droit commun, et le délinquant condamné à toutes les peines de la loi. (*A. de C. des* 22 *novembre* 1838 *et* 8 *février* 1839; *Circ. n^o* 1748.)

Aux termes de l'article 23 du titre 10 de la loi du 22 août 1791, l'inobservation des formalités prescrites pour les procès-verbaux des préposés des douanes devait entraîner la nullité, tant des procès-verbaux que des saisies, et, dans ce cas, il y avait lieu d'ordonner la confiscation des marchandises prohibées *sans qu'il pût être prononcé d'amende*. Il a été dérogé à ces dispositions par l'article 1er du décret du 8 mars 1811; d'après ce décret, *qui se trouve en harmonie avec le nouveau Code d'instruction criminelle*, et qui n'a été ni *expressément ni tacitement* abrogé, la preuve des faits qu'il signale et le maintien de la saisie ne doivent pas dépendre uniquement de la régularité des procès-verbaux des préposés; cette preuve peut être établie par toutes les voies que le droit commun autorise, et la répression n'est pas non plus bornée la confiscation des marchandises saisies, mais elle comporte l'application des autres peines, *soit d'emprisonnement, soit d'amende.*

Il ressort d'ailleurs de l'ensemble des dispositions du titre 5 de la loi du 28 avril 1816 et du titre 6 de celle du 21 avril 1818, que la connaissance de tout fait de *contrebande* résultant de tentative d'importation par terre ou par mer, de marchandises prohibées *ou seulement imposées à* 20 *fr. par quintal métrique et au-dessus*, est attribuée aux tribunaux correctionnels; qu'en cette matière, le ministère public a qualité pour procéder par voie d'action, et qu'à *ces règles de compétence se rattachent nécessairement celles qui concernent la preuve des contraventions et des délits.*

Dans les procès de nature à être portés devant les tribunaux correctionnels, l'administration et le ministère public qui la représente peuvent donc, en cas de nullité, et même, à défaut d'un procès-verbal de saisie, demander à faire, par les voies légales, *la preuve* des faits de fraude et de contrebande qu'ils dénoncent à la justice, et ces faits une fois prouvés, les tribunaux ne sauraient se dispenser d'appliquer aux contrevenans les peines *pécuniaires et corporelles* que comporte le délit, d'après les lois de la matière.

Le décret de 1811 est explicitement applicable aux saisies de marchandises prohibées d'une manière absolue; et par assimilation aux saisies de marchandises prohibées *conditionnellement*. L'on ne peut mieux établir la raison de cette assimilation qu'en rapportant les termes d'un arrêt de la Cour de cassation du 14 avril 1821 : « Sur le moyen de cassation pris d'une violation de « l'article 23 du titre 10 de la loi du 22 août 1791, et d'une fausse application « des dispositions des articles 41, 42 et 43 de la loi du 28 avril 1816; en ce « que le *baume de copahu* n'était point prohibé à l'entrée d'une manière abso- « lue, et que la consommation n'en était point défendue, la confiscation des « marchandises ne pouvait pas même être prononcée dès que le procès-verbal « était déclaré nul ;

« Attendu que l'article 23 du titre 10 de la loi du 22 août 1791 a établi une

Les préposés de la régie ne seront soumis, pour la rédaction de leurs procès-verbaux, à d'autres formalités qu'à celles ci-dessus prescrites (1); elles seront observées, à peine de nullité des procès-verbaux et des saisies (2). Dans les cas néanmoins où les marchandises seraient de la classe de celles prohibées à l'entrée (3), la confiscation en sera poursuivie à la requête du ministère public, mais sans qu'il puisse être prononcé d'amende (4). (*Loi du 22 août* 1791, *tit.* 10, *art.* 23.)

La disposition de l'article 23 du titre 10 de la loi du 22 août 1791, relative aux objets de prohibition à l'entrée, sera exécutée

---

« exception à la disposition de sa première partie, lorsque les marchandises
« qui ont été saisies sont de la classe de celles *prohibées ;*
« Que, par l'article 22 de la loi du 28 avril 1816, l'importation du *baume*
« *de copahu* est prohibée par les frontières de terre, et que *la loi n'a point*
« *établi, sous le rapport des effets de la prohibition, de distinction entre les*
« *marchandises prohibées d'une manière générale et celles dont l'admission*
« *ne peut avoir lieu que par de certains ports ou de certains bureaux,* la Cour
« *rejette ce moyen.* » (*Circ. du* 15 *mars* 1839, *n°* 1748.)
Les délits de contrebande dénoncés aux tribunaux entraînent l'application de toutes les peines de la loi, alors même qu'ils n'auraient pas été constatés par un procès-verbal, attendu qu'aux termes des articles 154 et 189 du Code d'instruction criminelle, la preuve des contraventions et délits peut se faire, soit par procès-verbaux ou rapports, soit par témoins à défaut de rapports et procès-verbaux. (*Jugement du tribunal de Vervins du 29 avril* 1840, *et A. de la Cour royale de Douai du* 11 *décembre* 1840.)

(1) Les formalités prescrites par le titre 10 de la loi du 22 août 1791 ont été remplacées par celles qui font l'objet du titre 4 de la loi du 9 floréal an 7. L'article 23 ci-dessus de la première de ces lois semblait même avoir été abrogé par la disposition générale de l'article 18 de la loi de l'an 7; mais la disposition finale de cet article 23, qui prononce la confiscation des marchandises prohibées, même dans le cas de nullité du procès-verbal, a été maintenue par une jurisprudence constante de la Cour de cassation, et notamment par ses arrêts des 15 prairial an 8, 1er germinal an 9 et 29 octobre 1813.

(2) La loi du 9 floréal an 7 ne prononce que la nullité des procès-verbaux ; elle n'y comprend plus les *saisies.*

(3) A l'entrée, il suffit que les marchandises soient prohibées *conditionnellement* pour que l'article 23 du titre 10 de la loi du 22 août 1791 leur soit applicable. (*A. de C. du* 14 *avril* 1821 ; *Circ. n°* 1748.)

(4) L'application de cet article ne saurait être réclamée que dans le cas où, la fraude ne pouvant être établie ni par un procès-verbal *régulier*, ni par les moyens autorisés par l'article 154 du Code d'instruction criminelle, il ne resterait aucune autre voie pour garantir l'industrie nationale ou le Trésor public contre le préjudice dont le menacerait une introduction défendue par la loi. (*Circ. du* 15 *mars* 1839, *n°* 1748.)

pour ceux dont la sortie est défendue. En conséquence, dans le
cas où, à raison d'un vice de forme, il y aura lieu d'annuler un
procès-verbal portant saisie d'objets prohibés à la sortie, il est
enjoint au ministère public (1) d'en requérir sur-le-champ la
confiscation, laquelle sera prononcée à la même audience, sans
amende. (*Loi du* 15 *août* 1793, *art.* 4.)

Voir le livre IX pour les sels, et le livre X, *Régimes spéciaux*,
pour les règles applicables à certaines marchandises.

CHAPITRE II.

PROCÉDURE DEVANT LES TRIBUNAUX (2).

SECTION PREMIÈRE.

INSTANCES CIVILES.

Juge de paix.

1206. Le juge de paix dans l'arrondissement duquel l'objet
saisi sera déposé connaîtra en première instance de *ces* contraventions (3). (*Loi du* 27 *mars* 1817, *art.* 14.)

Les tribunaux de paix, qui connaissent en première instance
des saisies, jugeront également en première instance les contestations concernant le refus de payer les droits, le non-rapport

---

(1) Les fraudes à la sortie étant en général de la compétence des justices de
paix, la confiscation aurait lieu à la requête de l'administration ou serait prononcée d'office par le juge de paix.

(2) Les militaires prévenus d'infractions aux lois sur les douanes sont, dans
tous les cas, justiciables des tribunaux ordinaires. (*A. de C. du* 18 *sept.* 1829;
Circ. n° 1192.)

(3) Le mot *ces* se rapportait aux contraventions prévues par les articles 12
et 13 de la même loi; l'article 12 a cessé d'être en vigueur, et l'article 13 est
rapporté au n° 337. L'article 14 ci-dessus, déjà cité au n° 338, n'en fait pas
moins connaître que c'est le lieu du dépôt qui détermine la juridiction des
justices de paix.

Voir d'ailleurs, à la 1re section du chapitre vii du livre III, différens faits
de fraude dont la connaissance est déférée au juge de paix.

des acquits-à-caution (1), et les autres affaires relatives aux douanes (*Loi du 14 fructidor an 3, art.* 10.) (2).

Instruction et jugement.

1207. En première instance et sur appel, l'instruction sera verbale, sur simple mémoire et sans frais de justice à répéter de part ni d'autre (3). (*Loi du 4 germinal an 2, tit. 6, art.* 17.)

---

(1) Les tribunaux civils ne peuvent connaître qu'en appel du défaut de rapport de certificats de décharge d'acquits-à-caution. (*A. de C. du* **14** *vendémiaire an* **11.**)

(2) Les tribunaux de commerce ne peuvent, en aucun cas, connaître d'une action intentée à la douane, même lorsque cette action est accessoire à une demande formée devant la juridiction consulaire. (*Arrêt de la Cour royale d'Aix, du* 1er *décembre* 1828.)

(3) Un arrêt de la Cour de cassation, du 10 décembre 1821, transmis par la circulaire manuscrite du 12 décembre 1826, a décidé que si l'article 17 du titre 6 de la loi du 4 germinal an 2 dispense l'administration des douanes d'employer le ministère des avoués, lorsqu'elle se borne à une instruction sur simple mémoire et sans frais, il n'en résulte pas que, lorsqu'elle renonce elle-même au mode indiqué par cet article, et qu'elle se décide à recourir à la voie de la plaidoirie qui ne lui est pas interdite par sa législation spéciale, elle puisse se présenter par ses agens à la barre, depuis le rétablissement des avoués, sans se servir de leur ministère; qu'elle se constitue alors elle-même dans les termes du droit commun, et qu'elle doit suivre les mêmes règles que les autres parties.

Le mode établi par l'article 17 de la loi du 4 germinal an 2 a toujours été considéré comme le plus expéditif, et dans tous les cas comme le moins coûteux. Il épargne les frais presque toujours considérables qu'occasionne l'assistance des avoués, et, d'un autre côté, il laisse aux receveurs la possibilité d'exposer par écrit, mieux peut-être qu'ils ne le feraient verbalement, le système de défense de l'administration. Cependant elle ne se dissimule pas qu'il est un certain nombre d'affaires qui commandent impérieusement l'intervention d'un jurisconsulte. Mais, dans ce cas même, il est un moyen facile de concilier cette exigence des affaires avec l'exécution de la loi du 4 germinal an 2, c'est de charger ce jurisconsulte de la rédaction du mémoire à présenter au tribunal. Si la partie adverse veut se présenter à la barre pour y plaider, le receveur de l'administration et son avocat s'y présentent aussi et prennent note de ses moyens d'attaque et de défense qu'ils réfutent ensuite dans leur mémoire, en ayant soin de faire observer au tribunal qu'ils entendent faire usage de la faculté réservée à l'administration par la loi du 4 germinal an 2, et qu'ils demandent à cet effet, s'il est nécessaire, une remise de cause. Dans ce cas, si l'administration vient à succomber, elle ne peut être tenue des frais occasionnés par l'intervention d'un avocat et d'un avoué pour les parties adverses. Ces frais doivent toujours demeurer à la charge de ces dernières, par cela seul qu'il leur était loisible de les éviter; c'est ce qu'ont positivement décidé plusieurs arrêts de la Cour de cassation, et notamment celui du 26 mars 1827.

Au jour indiqué pour comparaître (1), le juge entendra la partie, si elle est présente, et sera tenu de rendre de suite son jugement (2). Si les circonstances de la saisie nécessitaient un délai, ce délai ne pourra excéder trois jours, et, dans ce cas, le jugement de renvoi autorisera la vente provisoire des marchandises sujettes à dépérissement, et des chevaux saisis comme ayant servi au transport. (*Loi du 9 floréal an 7, tit. 4, art. 13.*)

Si, au jour indiqué par la citation, l'une des parties ne comparaît pas, la cause sera jugée par défaut, sauf la réassignation

_____

Dans les cas, nécessairement rares en matière civile, où l'intérêt du service pourrait exiger qu'on recourût aussi pour l'administration à la voie de la plaidoirie, ce serait alors une obligation de prendre également un avoué; mais, dans ces cas, les directeurs doivent toujours en référer préalablement à l'administration. (*Circ. manusc. du 24 septembre* 1833.)

Dans les instances correctionnelles, l'on conciliera aisément l'économie dans les frais avec ce qu'exige l'intérêt d'une bonne défense, en chargeant le receveur de se présenter à l'audience pour y plaider la cause de l'administration, sauf à faire remettre en même temps, s'il y a lieu, une note au procureur du Roi, qui, dans ces sortes d'affaires, requiert habituellement la condamnation des prévenus à la peine d'emprisonnement. Là encore, l'assistance d'un jurisconsulte peut être quelquefois nécessaire, mais les directeurs ont soin de ne l'autoriser qu'autant que cette nécessité leur est parfaitement démontrée : ils prennent même à cet égard l'agrément de l'administration, à moins que la brièveté des délais ne leur permette pas de le faire. Quant à l'intervention des avoués, les administrations publiques n'ont pas besoin d'y recourir dans les affaires correctionnelles. En conséquence, si les prévenus jugeaient à propos d'employer le ministère d'un avoué, l'administration, en supposant même qu'elle perdit son procès, ne pourrait pas plus qu'en matière civile être condamnée aux frais occasionnés par l'intervention de cet officier ministériel. (*Même Circ.*)

La procuration donnée à un défenseur officieux par le premier visiteur d'un bureau, en l'absence du receveur principal, est valable, quoique le receveur ait seul, jusque là, paru au procès. (*A. de C. du 9 prairial an* 7.)

(1) On a vu (nº 1196) que, dans le cas de saisie, la citation à comparaître dans les vingt-quatre heures est donnée par le procès-verbal.

Les juges de paix doivent indiquer au moins deux audiences par semaine : ils peuvent juger tous les jours, même ceux de dimanches et fêtes, le matin et l'après-midi. Ils peuvent donner audience chez eux, en tenant les portes ouvertes. (*Code de proc. civ., art.* 8.)

(2) Si le délai dans lequel le jugement doit être rendu a été outrepassé, ce n'est pas un motif pour que le tribunal ne prononce point, les tribunaux ne pouvant en effet admettre des nullités ou déclarer une déchéance d'action que dans les cas où ils y sont autorisés par une disposition formelle de la loi, dont l'objet a été seulement d'accélérer les jugemens. (*A. de C. du* 8 *mars* 1812.)

dans le cas prévu dans le dernier alinéa de l'article 5 (1). (*Code de procéd. civ.*, *art.* 19.)

Opposition.

1208. La partie condamnée par défaut pourra former opposition, dans les trois jours de la signification faite par l'huissier du juge de paix ou autre qu'il aura commis (2).

L'opposition contiendra sommairement les moyens de la partie et assignation au prochain jour d'audience, en observant toutefois les délais prescrits pour les citations (3) : elle indiquera les jour et heure de la comparution, et sera notifiée ainsi qu'il est dit ci-dessus. (*Même Code, art.* 20.)

La partie opposante qui se laisserait juger une seconde fois par défaut ne sera plus reçue à former une nouvelle opposition. (*Même Code, art.* 22.)

Appel.

1209. Les tribunaux de première instance prononceront sur l'appel des jugemens rendus en premier ressort par les juges de paix (4). (*Loi du 27 ventôse an 8, art.* 7.)

L'appel devra être notifié dans la huitaine de la signification du jugement, sans citation préalable au bureau de paix et de conciliation ; après ce délai, il ne sera point recevable, et le jugement sera exécuté purement et simplement (5). La déclaration

---

(1) Le dernier alinéa de l'article 5 du Code de procédure est ainsi conçu :

« Dans le cas où les délais (d'assignation) n'auront point été observés, si « le défendeur ne comparait pas, le juge ordonnera qu'il sera réassigné, et les « frais de la première citation seront à la charge du demandeur. »

(2) Les préposés des douanes peuvent remplir l'office d'huissier (n° 42).

(3) Pour les saisies, le délai n'est que de vingt-quatre heures. (*Loi du 9 floréal an* 7, *tit.* 4, *art.* 6.)

(4) Les directeurs doivent informer immédiatement l'administration de tout appel émis par les prévenus, quel que soit le motif de l'appel. (*Déc. adm. du 17 septembre* 1841.)

(5) Le délai pour interjeter appel court, pour les jugemens contradictoires, du jour de la signification à personne ou à domicile ; pour les jugemens par défaut, du jour où l'opposition n'est plus recevable. (*Code de proc. civ.*, *art.* 443.)

Les appels des jugemens susceptibles d'opposition ne sont point recevables pendant la durée du délai pour l'opposition. (*Même Code, art.* 455.)

On doit conclure de cet article 455 que le délai pour former l'opposition

d'appel contiendra assignation à trois jours devant le tribunal
civil dans le ressort duquel se trouvera le juge de paix qui aura
rendu le jugement, et le tribunal sera tenu de prononcer, dans
les délais fixés par la loi, pour les appels des jugemens du juge
de paix (1). (*Loi du* 14 *fructidor an* 3, *art.* 6.)

étant écoulé, l'appel peut être interjeté utilement. Il convient donc de ne
regarder comme définitifs les jugemens par défaut des tribunaux de paix,
qu'autant qu'ils n'ont été attaqués ni dans les trois jours par la voie de l'opposition, ni dans la huitaine par la voie de l'appel. (*Circ. du* 7 *sept.* 1807.)

Le délai de huitaine fixé pour appeler et notifier l'appel ne court qu'à partir
de la signification du jugement. (*A. de C. du* 17 *mars* 1806.)

L'appel en matière civile n'est recevable, dans aucun cas, après la huitaine
de la signification du jugement. (*A. de C. du* 23 *février* 1836 ; *Circ. n°* 1544.)

Il résulte toutefois d'un arrêt de la Cour de cassation du 8 août 1815, faisant
application de l'article 443 du Code de procédure civile, que le délai de l'appel
des jugemens par défaut ne court qu'à compter du jour où l'opposition n'est
plus recevable.

La partie condamnée peut appeler d'un jugement qui ne lui a pas été signifié.
(*A. de C. du* 17 *mars* 1806 ; *Déc. adm. du* 22 *juin* 1829.)

Les agens des douanes peuvent interjeter appel au nom de leur administration, sans pouvoir spécial. (*A. de C. du* 25 *brumaire an* 7.)

Rien n'oblige les préposés à consigner les moyens d'appel dans leur déclaration d'appel. (*A. de C. du* 19 *brumaire an* 8.)

On se conforme, pour la signification de l'appel, aux dispositions de l'article 11 (n° 1230) de la loi du 14 fructidor an 3 concernant la signification des
jugemens.

Les préposés des douanes, autorisés par l'article 18 du titre 13 de la loi du
22 août 1791 à faire tous exploits relatifs aux affaires de leur régie, n'ont
reçu d'aucune loi l'obligation de se conformer à l'article 2 du titre 2 de l'ordonnance de 1667 (*art.* 61 *du Code de procédure civile*) ; en conséquence,
on ne pourrait arguer de nullité la signification qu'ils feraient d'un acte d'appel,
sous prétexte qu'elle ne contiendrait point leurs prénoms et domiciles. (*A. de
C. du* 7 *brumaire an* 8.)

Les notifications d'appel doivent mentionner la personne à laquelle copie a
été laissée. (*A de C. du* 1er *messidor an* 7.)

(1) Les tribunaux d'appel ne doivent connaître que du seul point dont est
appel, et ne peuvent annuler les autres dispositions du jugement de première
instance qui ont acquis force de chose jugée. (*A. de C. des* 28 *thermidor an* 8
et 9 *mai* 1812.)

Les juges d'appel ne peuvent, sous prétexte qu'il a été rendu plainte en faux
principal, surseoir à statuer sur l'appel, si l'inscription de faux contre le procès-verbal n'a pas été faite dans les délais et formes voulus par la loi du 9 floréal an 7. (*A. de C. du* 4 juin 1817.)

Aux termes de l'article 17 du titre 6 de la loi du 4 germinal an 2, l'instruction des affaires de douanes sur appel est valable sur simple mémoire et sans
frais. Cependant il résulte d'un arrêt de la Cour de cassation, du 10 décembre

Le délai de l'assignation sur appel, fixé à trois jours par l'article 6 de la loi du 14 fructidor an 3, sera augmenté d'un jour par chaque 2 myriamètres de distance entre la commune où est établi le tribunal de paix et celle où siége le tribunal civil (1). (*Loi du 9 floréal an 7, tit. 4, art. 14.*)

Pourvoi en cassation.

1210. Il y a pour tout le *royaume* un tribunal de cassation (2), qui prononce sur les demandes en cassation contre les jugemens

---

1821, que, lorsque l'administration ne se borne pas à produire un mémoire et veut se présenter à la barre pour y plaider, elle doit se servir du ministère d'un avoué pour signifier ses conclusions. (*Circ. manusc. du* 12 *décembre* 1826.)

On a soin de ne recourir à ce dernier mode que lorsque l'importance des affaires semble l'exiger. Dans ce cas, les actes d'appel, qui sont signifiés à la requête de l'administration, doivent toujours renfermer, conformément aux articles 61 et 470 du Code de procédure civile, la constitution de l'avoué qui est chargé d'occuper pour elle. (*Même Circ.*)

Voir les instructions données à ce sujet (n° 1207).

(1) Les trois jours pour citer en appel sont trois jours francs, c'est-à-dire que le jour de la signification et celui de l'échéance ne sont point compris dans le délai réglé par la loi. (*A. de C. du* 3 *messidor an* 9.)

Toute assignation doit être à jour fixe. Ainsi, dans les déclarations d'appel et dans les significations qui en sont faites avec assignation, il faut toujours déterminer positivement le quantième du mois où la partie doit comparaître. (*Circ. du* 14 *thermidor an* 7.)

Le troisième jour de la date d'un exploit d'appel, le défendeur, s'il le requiert ce jour-là, peut faire prononcer sur l'appel par défaut contre l'appelant; mais l'appelant *comme* le défendeur ne se présentant que le quatrième jour à l'audience, le tribunal ne peut rejeter l'appel par fin de non-recevoir. (*A. de C. du* 26 *vendémiaire an* 8.)

Si le jugement est rendu par défaut, il peut être attaqué par la voie de l'opposition. La marche à suivre dans ce cas est celle tracée par le Code de procédure civile.

(2) La Cour de cassation se divise en trois sections, chacune de seize juges. La première statue sur l'admission ou le rejet des requêtes en cassation ou en prise à partie, et définitivement sur les demandes, soit en règlement de juges, soit en renvoi d'un tribunal à un autre. La seconde prononce définitivement sur les demandes en cassation ou en prise à partie, lorsque les requêtes ont été admises. La troisième prononce sur les demandes en cassation en matière criminelle, correctionnelle et de police, sans qu'il soit besoin de jugement préalable d'admission. (*Loi du* 27 *ventôse an* 8, *art.* 60.)

Lorsqu'il y a lieu à renvoi d'un tribunal à un autre pour cause de sûreté publique, ce renvoi ne peut être prononcé que sur la réquisition expresse du ministère public. (*Même Loi, art.* 79.)

en dernier ressort rendus par les tribunaux (1), sur les demandes en renvoi d'un tribunal à un autre pour cause de suspicion légitime ou de sûreté publique, sur les prises à parties contre un tribunal entier. (*Acte constitutionnel du 22 frimaire an 8, art. 65.*)

Outre les fonctions données au tribunal de cassation par l'article 65 de la constitution, il prononcera sur les règlemens de juges, quand le conflit s'élèvera entre plusieurs tribunaux d'appel ou entre plusieurs tribunaux de première instance non ressortissant au même tribunal d'appel. (*Loi du 27 ventôse an 8, art. 76.*)

1211. En matière civile, le délai pour se pourvoir en cassation ne sera que de trois mois, du jour de la signification du jugement à personne ou à domicile, pour tous ceux qui habitent en France, sans aucunes distinctions quelconques (2). (*Loi du 1er décembre 1790, art. 14.*)

Le délai pour se pourvoir en cassation contre les jugemens rendus par les tribunaux de la Corse sera de six mois. (*Loi du 11 février 1793.*)

Le délai pour se pourvoir sera également de six mois pour les personnes qui demeurent hors la France continentale, mais en Europe (3). (*Règlement de 1738, 1re partie, tit. 4, art. 13.*)

---

(1) On ne peut se pourvoir en cassation que contre un jugement rendu en dernier ressort. (*A. de C. du 20 thermidor an 11.*)

On peut se pourvoir contre un jugement rendu par défaut lorsque le délai de l'opposition est expiré. (*A. de C. du 1er fructidor an 12.*)

(2) Dans le délai de trois mois ne sont compris ni le jour de la signification du jugement à personne ou à domicile, ni le jour de l'échéance. (*Loi du 1er frimaire an 2, art. 1er.*)

(3) Lorsqu'un étranger n'a aucun domicile connu en France, le délai du pourvoi est de six mois, et ce délai ne court qu'à partir de la signification du jugement faite au parquet du procureur général de la Cour de cassation. Cette règle ressort du règlement de 1738, 1re partie, titre 4, article 13, de l'article 14 de la loi du 1er décembre 1790, de l'article 69 du Code de procédure civile et de la jurisprudence de la Cour. (*Lett. du conseil judiciaire de l'administration, du 16 avril 1841.*)

Un arrêt de la Cour de cassation du 3 août 1818 porte, en effet, que la signification à un étranger ne peut être faite utilement qu'au domicile du procureur du Roi près la Cour de cassation.

Le pourvoi en matière civile s'émet par le dépôt au greffe de la Cour, avant l'expiration du délai, d'une requête signée par un avocat à cette Cour, et dûment enregistrée. Cette requête doit contenir l'indication des moyens de cas-

Le délai sera d'un an à l'égard de ceux qui seront absens du royaume pour cause publique. (*Même Règlement, mêmes partie et titre, art.* 11.)

Il sera également d'un an à l'égard des parties qui seront domiciliées dans les Colonies françaises (en Amérique), et de deux ans pour celles qui seront domiciliées à Pondichéry ou à l'île Bourbon. (*Même Règlement, mêmes partie et titre, art.* 12.)

1212. La requête ou mémoire en cassation, en matière civile, ne sera pas reçue au greffe, et les juges ne pourront y avoir égard, à moins que la quittance de consignation d'amende n'y soit jointe (1). Seront néanmoins dispensés de la consignation d'amende les agens du gouvernement, lorsqu'ils se pourvoiront pour affaires qui les concernent directement. (*Loi du 2 brumaire an 4, tit.* 3, *art.* 17.)

1213. En matière civile, la demande en cassation n'arrêtera pas l'exécution du jugement, et, dans aucun cas ni sous aucun prétexte, il ne pourra être accordé de surséance. (*Loi du 1er décembre* 1790, *art.* 16.)

Il ne sera fait par la trésorerie nationale et par les caisses des diverses administrations publiques aucun payement, en vertu de jugemens qui seront attaqués par voie de cassation, dans les termes prescrits par la loi, qu'au préalable ceux au profit desquels lesdits jugemens auraient été rendus n'aient donné bonne et suffisante caution (2) pour sûreté des sommes à eux adjugées. (*Loi du 16 juillet* 1793.)

---

sation ; elle doit être accompagnée des pièces justificatives de la demande ; il faut surtout, à peine de déchéance, y annexer la copie signifiée, ou une expédition en forme du jugement attaqué.

Les receveurs transmettent, par l'intermédiaire des directeurs, toutes les pièces de l'affaire à l'administration, qui émet elle-même le pourvoi. (*Circ. du* 12 *janvier* 1828, *n*o 1081.)

(1) Cette amende est de 150 francs, ou de 75 francs si le jugement a été rendu par défaut.

(2) Il faut que la caution justifie de sa solvabilité par la représentation de titres de propriétés libres de toutes charges et hypothèques, ou au moins jusqu'à concurrence de la somme pour laquelle elle cautionne celui qui la reçoit. (*Circ. du* 3 *septembre* 1793.)

La caution exigée en pareil cas n'est pas une caution *judiciaire* dans le sens

Lorsque la mainlevée des objets saisis pour contravention aux lois dont l'exécution est confiée à l'administration des douanes sera accordée par jugemens contre lesquels il y aurait pourvoi en cassation, la remise n'en sera faite à ceux au profit desquels lesdits jugemens auront été rendus, qu'au préalable ils n'aient donné bonne et suffisante caution de leur valeur. La mainlevée ne pourra jamais être accordée pour les marchandises dont l'entrée est prohibée (1). (*Loi du 9 floréal an 7, tit. 4, art. 15.*)

1214. Avant que la demande en cassation ou en prise à partie soit mise en jugement, il sera préalablement examiné et décidé si la requête doit être admise et la permission d'assigner accordée (2). (*Loi du 1er décembre 1790, art. 5.*)

Le tribunal de cassation ne connaît point du fond des affaires, mais il casse les jugemens rendus sur des procédures dans lesquelles les formes ont été violées, ou qui contiennent quelque contravention expresse à la loi; et il renvoie le fond du procès au tribunal qui doit en connaître. (*Acte constitutionnel du 22 frimaire an 8, art. 66.*)

Lorsqu'après la cassation d'un premier arrêt ou jugement rendu en dernier ressort, le deuxième arrêt ou jugement rendu dans la même affaire, entre les mêmes parties, procédant en la même qualité, sera attaqué par les mêmes moyens que le premier, la Cour de cassation prononcera, toutes les chambres réunies. (*Loi du 1er avril 1837, art. 1er.*)

Si le deuxième arrêt ou jugement est cassé pour les mêmes

---

des articles 2018, 2019 et 2040 du Code civil. Il suffit qu'elle soit *solvable.* (*A. de C. du 13 novembre 1839.*)

(1) Il ne peut être, en aucun cas, accordé mainlevée des marchandises prohibées, provenant de saisie, lorsqu'il y a pourvoi en cassation contre le jugement qui ordonne cette mainlevée. (*A. de C. du 10 août 1833 ; Circ. n° 1402.*)

(2) Si la demande est rejetée, le jugement attaqué conserve force de chose jugée.

Si, au contraire, la requête est admise, l'arrêt d'admission doit être signifié à la personne ou au domicile de la partie, et ce, dans les trois mois au plus tard, à compter du jour dudit arrêt; ou, en cas que ladite partie soit domiciliée dans les Colonies françaises, dans les délais portés par l'article 12 du présent règlement (n° 1211); et, faute par le demandeur en cassation de l'avoir fait signifier dans ledit temps, il demeure déchu de sa demande en cassation, sans qu'on puisse y avoir égard dans la suite, sous quelque prétexte que ce soit. (*Règl. de 1738, 1re partie, titre 4, art. 30.*)

motifs que le premier, la Cour royale ou le tribunal auquel l'affaire est renvoyée se conformera à la décision de la Cour de cassation sur le point de droit jugé par cette Cour. (*Même Loi, art. 2.*)

SECTION II.

INSTANCES CORRECTIONNELLES.

Première instance.

1215. Le prévenu qui n'aurait pas été mis en arrestation (1) sera cité à comparaître en personne devant le tribunal correctionnel (2); la citation (3) lui sera donnée à son domicile, s'il réside dans le ressort du tribunal, et, dans le cas contraire, elle lui sera donnée au domicile du procureur du Roi près ce même tribunal (4). Il y aura trois jours au moins entre celui de la citation et celui indiqué pour la comparution (5). (*Loi du 28 avril* 1816, *art.* 45.)

Si, le prévenu comparaissant, il y a lieu d'accorder une remise, elle ne pourra excéder cinq jours; et le cinquième jour,

---

(1) La citation est donnée à la personne même du prévenu, s'il est arrêté.

(2) Une saisie faite hors du ressort d'un tribunal correctionnel et constatée par procès-verbal rédigé au bureau des douanes le plus voisin, placé dans l'arrondissement dudit tribunal, le rend compétent pour juger du délit. (*A. de C. du 29 nivôse an* 9.)

(3) Le défaut de mention de l'enregistrement sur la copie d'un exploit ne peut en opérer la nullité. (*A. de C. du 26 vendémiaire an* 8.)

(4) La citation en police correctionnelle est valable lorsque, sans énoncer tous les faits constitutifs de la prévention, elle fait suffisamment connaître l'objet des poursuites. (*A. de C. du 25 novembre* 1831; *Circ. n°* 1426.)

Lorsque l'amende est solidaire, il n'est dû qu'un droit d'enregistrement par exploit, quel que soit le nombre des prévenus dans une même affaire. (*Circ. du 26 novembre* 1839, *n°* 1784.)

Voir au n° 1196 un arrêt de cassation du 2 messidor an 9 concernant les femmes en puissance de mari.

(5) Ce délai ne doit pas être augmenté à raison des distances, lorsque le prévenu se trouve domicilié à l'étranger. (*Jugement du tribunal de Lille du 24 mai* 1837; *Circ. n°* 1629.)

Dans tous les exploits d'ajournement ou de citation, le jour de la signification ni celui de l'échéance ne sont jamais comptés. (*Code de procédure civile, art.* 1033.)

le tribunal prononcera, partie présente ou absente (1). (*Loi du 28 avril 1816, art. 47.*)

Si, au jour fixé, le prévenu ne comparaît pas en personne (2), le tribunal sera tenu de rendre son jugement. (*Même Loi, art. 46.*)

Si le prévenu ne comparaît pas, il sera jugé par défaut. (*Code d'instruct. crimin., art. 186.*)

Opposition.

1216. La condamnation par défaut sera comme non avenue, si, dans les cinq jours de la signification qui en aura été faite au prévenu ou à son domicile, outre un jour par cinq myriamètres, celui-ci forme opposition à l'exécution du jugement, et notifie son opposition tant au ministère public qu'à la partie civile (3). Néanmoins les frais de l'expédition, de la signification du jugement par défaut, et de l'opposition, demeureront à la charge du prévenu. (*Même Code, art. 187.*)

L'opposition emportera de droit citation à la première audience : elle sera non avenue, si l'opposant n'y comparaît pas ; et le jugement que le tribunal aura rendu sur l'opposition ne pourra être attaqué par la partie qui l'aura formée, si ce n'est par appel, ainsi qu'il sera dit ci-après. Le tribunal pourra, s'il

(1) L'instruction doit être publique, à peine de nullité. Le procureur du Roi, la partie civile ou son défenseur exposent l'affaire : les procès-verbaux ou rapports, s'il en a été dressé, sont lus par le greffier ; les témoins pour et contre sont entendus, s'il y a lieu ; les pièces pouvant servir à conviction ou à décharge sont représentées aux témoins et aux parties ; le prévenu est interrogé ; le prévenu et les personnes civilement responsables proposent leurs défenses ; le procureur du Roi résume l'affaire et donne ses conclusions ; le prévenu et les personnes civilement responsables du délit peuvent répliquer. Le jugement doit être prononcé de suite, ou, au plus tard, à l'audience qui suit celle où l'instruction a été terminée. (*Code d'instruction criminelle, art. 190.*)

(2) Le prévenu doit être présent à l'audience en personne, et non y comparaître par un fondé de pouvoir assisté d'un défenseur officieux. (*A. de C. du 28 thermidor an 8.*)

Le décès du prévenu fait cesser l'action publique, et, par conséquent, la compétence correctionnelle ; mais l'action civile peut être exercée contre les héritiers. (*A. de C. du 8 messidor an 8.*)

(3) Si le prévenu est établi à l'étranger ou sur le territoire français hors du continent, le délai de l'opposition est le même que celui que l'article 73 du Code de procédure civile fixe pour les assignations. (*Circ. du 25 mai 1836, n° 1546.*)

y échet, accorder une provision, et cette disposition sera exécutoire, nonobstant appel. (*Même Code*, art. 188.)

Appel.

1217. Les jugemens rendus en matière correctionnelle pourront être attaqués par la voie de l'appel (*Même Code*, art. 199.)

Les appels des jugemens rendus en police correctionnelle seront portés des tribunaux d'arrondissement au tribunal du chef-lieu du département. Les appels des jugemens rendus en police correctionnelle au chef-lieu du département seront portés au tribunal du chef-lieu du département voisin quand il sera dans le ressort de la même Cour royale, sans néanmoins que les tribunaux puissent, dans aucun cas, être respectivement juges d'appel de leurs jugemens. Il sera formé un tableau des tribunaux de chef-lieu auxquels les appels seront portés (1). (*Même Code*, art. 200.)

Il y aura, sauf l'exception portée en l'article 205 ci-après (2), déchéance de l'appel, si la déclaration d'appeler n'a pas été faite au greffe du tribunal qui a rendu le jugement dix jours au plus tard après celui où il a été prononcé; et, si le jugement est rendu par défaut, dix jours au plus tard après celui de la signification qui en aura été faite à la partie condamnée ou à son domicile, outre un jour par trois myriamètres (3). Pendant ce délai et pendant l'instance d'appel, il sera sursis à l'exécution du jugement. (*Même Code*, art. 203.)

---

(1) Dans le département où siége la Cour royale, les appels des jugemens rendus en police correctionnelle sont portés à ladite Cour. Sont également portés à ladite Cour les appels des jugemens rendus en police correctionnelle dans le chef-lieu d'un département voisin, lorsque la distance de cette Cour n'est pas plus forte que celle du chef-lieu d'un autre département. (*Code d'instruction criminelle*, art. 201.)

(2) L'article 205 porte que le ministère public près le tribunal ou la Cour qui doit connaître de l'appel aura deux mois pour notifier son recours.

(3) La déclaration d'appel doit être passée au greffe dans les dix jours. La requête d'appel produite ensuite n'y supplée point, fût-elle visée par le président et le greffier. (*A. de C. du 13 ventôse an 7.*)

Si, par des circonstances imprévues, les défenseurs de la régie avaient laissé écouler le délai de dix jours sans se pourvoir en appel contre un jugement qui porterait évidemment préjudice au gouvernement, on devrait alors soumettre l'affaire et ses circonstances au ministère public près le tribunal

La requête contenant les moyens d'appel pourra être remise, dans le même délai, au même greffe ; elle sera signée de l'appelant, ou d'un avoué, ou de tout autre fondé de pouvoir spécial. Dans ce dernier cas, le pouvoir sera annexé à la requête. Cette requête pourra aussi être remise directement au greffe du tribunal où l'appel sera porté. (*Code d'instr. crim., art.* 204.)

L'appel sera jugé à l'audience, dans le mois, sur un rapport fait par l'un des juges (1). (*Même Code, art.* 209.)

A la suite du rapport, et avant que le rapporteur et les juges émettent leur opinion, le prévenu, soit qu'il ait été acquitté, soit qu'il ait été condamné, les personnes civilement responsables du délit, la partie civile et le procureur du Roi, seront entendus dans la forme et dans l'ordre prescrits par l'article 190 (n° 1215) (*Même Code, art.* 210.) (2).

La partie civile, le prévenu, la partie publique, les personnes civilement responsables du délit, pourront se pourvoir en cassation contre le jugement (3). (*Même Code, art.* 216.)

---

d'appel, et l'inviter à interjeter lui-même l'appel, ainsi que la loi lui en accorde la faculté. (*Circ. du* 19 *nivôse an* 5.)

Si le prévenu était établi chez l'étranger ou sur le territoire français hors du continent, les délais d'appel résulteraient de l'application de l'article 73 du Code de procédure civile. (*Circ. du* 25 *mai* 1836 , *n*° 1546.)

Tous les jugemens par défaut des tribunaux correctionnels doivent être signifiés, car ils ne sont exécutoires qu'après l'expiration des dix jours, non de leur prononciation, mais de la signification qui en a été faite. (*Circ. du* 6 *thermidor an* 9.)

(1) Les Cours et tribunaux d'appel ne sont saisis que des seuls points qui ont été l'objet de l'appel, et ne peuvent annuler les dispositions des jugemens de première instance qui ont acquis l'autorité de la chose jugée. (*A. de C. du* 9 *mai* 1812.)

Les juges d'appel ne peuvent, sous prétexte qu'ils n'ont pas prononcé dans le délai indiqué par la loi, décider qu'ils n'ont plus la faculté de prononcer sur l'appel. (*A. de C. du* 2 *avril* 1807.)

Voir, n° 1209, d'autres dispositions générales concernant l'appel.

(2) Les jugemens rendus par défaut sur l'appel peuvent être attaqués, par la voie de l'opposition, dans la même forme et dans les mêmes délais que les jugemens par défaut rendus par les tribunaux correctionnels. L'opposition emporte de droit citation à la première audience, et doit être comme non avenue si l'opposant n'y comparait pas. Le jugement qui intervient sur l'opposition ne peut être attaqué par la partie qui l'a formée, si ce n'est devant la Cour de cassation. (*Code d'instruction criminelle, art.* 208.)

(3) La faculté du recourir en cassation existe, sans aucune exception ni exclusion, contre les jugemens des tribunaux criminels en matière de police

Pourvoi en cassation.

1218. Le condamné aura trois jours francs après celui où son arrêt lui aura été prononcé pour déclarer au greffe qu'il se pourvoit en cassation. Le procureur général pourra, dans le même délai, déclarer au greffe qu'il demande la cassation de l'arrêt. La partie civile aura aussi le même délai; mais elle ne pourra se pourvoir que quant aux dispositions relatives à ses intérêts civils. Pendant ces trois jours, et s'il y a recours en cassation, jusqu'à la réception de l'arrêt de la Cour de cassation, il sera sursis à l'exécution de l'arrêt de la Cour (1). (*Même Code,* art. 373.)

Lorsque le recours en cassation contre un arrêt ou jugement en dernier ressort, rendu en matière criminelle, correctionnelle ou de police, sera exercé soit par la partie civile, s'il y en a une, soit par le ministère public, ce recours, outre l'inscription énoncée dans l'article 417, sera notifié à la partie contre laquelle il sera dirigé, dans le délai de trois jours (2). Lorsque cette

---

correctionnelle, et peut être valablement exercée par un receveur des douanes ou son fondé de pouvoir. (*A. de C. du* 17 *floréal an* 11.)

(1) La déclaration de recours est faite au greffe par la partie condamnée, et signée d'elle et du greffier; et si le déclarant ne peut ou ne veut signer, le greffier en fait mention. Cette déclaration peut être faite, dans la même forme, par l'avoué de la partie condamnée ou par un fondé de pouvoir spécial; dans ce dernier cas, le pouvoir demeure annexé à la déclaration. Elle est inscrite sur un registre à ce destiné; ce registre est public, et toute personne a le droit de s'en faire délivrer des extraits. (*Code d'instruct. criminelle, art.* 417.)

La brièveté du délai exige que la déclaration du pourvoi soit faite sur les lieux mêmes et immédiatement remise au greffe de la Cour ou du tribunal par le stipulant au nom de l'administration, qui, d'après l'examen des motifs de l'arrêt ou du jugement, donne suite à ce pourvoi ou s'en désiste. (*Déc. adm. du* 25 *mai* 1829.)

Les agens de l'administration des douanes n'ont pas besoin de pouvoir spécial pour se pourvoir en cassation. (*A. de C. du* 12 *août* 1835 *; Circ. n*° 1399.)

La partie civile qui se pourvoit en cassation est tenue de joindre aux pièces une expédition authentique de l'arrêt. (*Code d'instruct. crimin., art.* 419.)

Les pièces du procès devant, aux termes de l'article 423 du Code d'instruction criminelle, être transmises, par le ministère public au ministre de la justice, immédiatement après les dix jours qui suivent la déclaration de pourvoi, les agens des douanes ne doivent jamais omettre de déposer ces pièces dans le délai voulu. (*Circ. manusc. du* 25 *mai* 1829.)

(2) Il est essentiel de notifier le pourvoi dans ce délai, et de joindre l'ori-

partie sera actuellement détenue, l'acte contenant la déclaration de recours lui sera lu par le greffier : elle le signera, et si elle ne le peut ou ne le veut, le greffier en fera mention. Lorsqu'elle sera en liberté, le demandeur en cassation lui notifiera son recours par le ministère d'un huissier (1), soit à sa personne, soit au domicile par elle élu : le délai sera, en ce cas, augmenté d'un jour par chaque distance de trois myriamètres (2). (*Code d'inst. crim.*, art. 418.)

La partie civile qui se sera pourvue en cassation est tenue, à peine de déchéance, de consigner une amende de 150 fr., ou de la moitié de cette somme si l'arrêt est rendu par contumace ou par défaut (3). (*Même Code*, art. 419, 2e §).

Le condamné ou la partie civile, soit en faisant sa déclaration, soit dans les dix jours suivans, pourra déposer au greffe de la Cour ou du tribunal qui aura rendu l'arrêt ou le jugement attaqué, une requête contenant ses moyens de cassation (4). Le greffier lui en donnera reconnaissance, et remettra sur-le-champ cette requête au magistrat chargé du ministère public (5). (*Même Code*, art. 422.)

---

ginal de la signification aux pièces de la procédure. (*Circ. du 16 novembre 1826*, n° 1020.)

(1) Ou des préposés des douanes. (*Art.* 18, *titre* 13, *loi du* 22 *août* 1791.)

(2) La notification du pourvoi, en matière correctionnelle, met le défendeur qui a fait défaut dans l'impossibilité de revenir, par opposition, contre l'arrêt qui l'a condamné. (*A. de C. du* 20 *juin* 1835 ; *Circ. n°* 1540.)

(3) Sont dispensés de l'amende, 1°....; 2° les agens publics pour affaires qui concernent directement l'administration et les domaines ou revenus de l'État. (*Code d'instruct. criminelle*, art. 420.)

(4) Ces requêtes ne doivent pas, à peine de l'annulation des pourvois, être déposées au greffe de la Cour ou du tribunal qui a rendu l'arrêt ou le jugement attaqué. Aucun dépôt de ce genre n'a lieu. Les chefs font connaître à l'administration les moyens de cassation qui leur semblent pouvoir être utilement développés; la division du contentieux les examine, et donne au pourvoi les suites dont il paraît susceptible. (*Circ. du* 12 *janvier* 1828, n° 1081.)

(5) La Cour de cassation, en toute affaire criminelle, correctionnelle ou de police, peut statuer sur le recours en cassation, aussitôt après l'expiration des délais portés au chapitre II, titre 3, du Code d'instruction criminelle, et doit y statuer, dans le mois au plus tard, à compter du jour où ces délais sont expirés. (*Code d'instruct. criminelle*, art. 425.)

SECTION III.

INSTANCES CRIMINELLES.

1219. Les tribunaux spéciaux connaîtront exclusivement du crime de contrebande avec attroupement et port d'armes, dans leur ressort respectif (1). (*Loi du* 13 *floréal an* 11 , *art.* 1er.)

Les demandes en dommages-intérêts , formées soit par l'accusé contre ses dénonciateurs ou la partie civile, soit par la partie civile contre l'accusé et le condamné, seront portées à la Cour d'assises. La partie civile est tenue de former sa demande en dommages-intérêts avant le jugement; plus tard , elle sera non-recevable (2). (*Code d'inst. crim.* , *art.* 359.)

SECTION IV.

DISPOSITIONS COMMUNES A TOUTES LES INSTANCES.

Jugemens préparatoires et interlocutoires.

1220. Sont réputés préparatoires les jugemens rendus pour

---

(1) Les articles 54 , 55 et 56 de la loi du 28 avril 1816 avaient attribué la connaissance de ces crimes et de celui de forfaiture aux Cours prévôtales : la loi antérieure du 13 floréal an 11 l'avait donnée aux tribunaux spéciaux , depuis Cours de justice criminelle : or les articles précités de la loi de 1816 ayant été abrogés par l'article 38 de la loi du 21 avril 1818 , les dispositions de la loi de floréal an 11 doivent être suivies , relativement à la compétence, devant les Cours d'assises , comme remplaçant les Cours de justice criminelle spéciale auxquelles elle avait renvoyé la connaissance de ces crimes. (*Circ. du* 11 *mai* 1818, *n*o 393.)

Voir les nos 328 et suivans.

(2) Lorsqu'une Cour d'assises connait du crime de rébellion commis contre des préposés agissant dans l'exercice de leurs fonctions , elle ne peut prononcer en même temps la confiscation des marchandises qui auraient été saisies , non plus que l'amende encourue pour le fait de contrebande, si d'ailleurs ce fait ne se trouve nommément repris dans l'arrêt de renvoi et le résumé de l'acte d'accusation. (*A. de C. du* 4 *novembre* 1831; *Circ. n*o 1307.)

Voir , pour la procédure, les condamnations civiles, etc. , le livre III , nos 328 et suivans.

Voir aussi le no 38 pour les préposés accusés d'avoir commis des violences dans l'exercice de leurs fonctions.

Le pourvoi en cassation est ouvert contre les arrêts des Cours d'assises. Il a lieu dans les mêmes délais et les mêmes formes qu'en matière correctionnelle. *Voir* le no 1218.

l'instruction de la cause, et qui tendent à mettre le procès en état de recevoir jugement définitif (1).

Sont réputés interlocutoires les jugemens rendus lorsque le tribunal ordonne, avant dire droit, une preuve, une vérification, ou une instruction qui préjuge le fond (2). (*Code de procéd. civ.*, art. 452.)

L'appel d'un jugement préparatoire ne pourra être interjeté qu'après le jugement définitif (3) et conjointement avec l'appel de ce jugement, et le délai de l'appel ne courra que du jour de la signification du jugement définitif; cet appel sera recevable, encore que le jugement préparatoire ait été exécuté sans réserves.

L'appel d'un jugement interlocutoire pourra être interjeté avant le jugement définitif : il en sera de même des jugemens qui auraient accordé une provision. (*Code de proc. civ.*, art. 451).

Le recours en cassation contre les jugemens préparatoires et d'instruction ne sera ouvert qu'après le jugement définitif (4). (*Loi du 2 brumaire an 4, tit. 3, art. 14.*)

---

(1) Les juges qui ont rendu un jugement préparatoire peuvent le réformer eux-mêmes avant son exécution. (*A. de C. du 16 mai* 1810.)

(2) La preuve de non-contravention est à la charge du saisi. *Voir* le n° 1224.
Les jugemens interlocutoires ne lient pas les juges; ils sont essentiellement réparables en définitive. (*A. de C. du 12 avril* 1810.)

(3) Quand un jugement de première instance *préparatoire* en ce qu'il ordonne une justification préalable, et *définitif* en ce qu'il rejette une demande en indemnité, a été attaqué *sur ce dernier chef* par les voies de l'appel, le tribunal supérieur peut, lorsque la matière a été dans l'intervalle disposée à recevoir une solution complète et définitive, statuer sur le tout sans violer l'article 473 du Code de procédure. (*A. de C. du 12 novembre* 1839.)

(4) Le recours en cassation contre les arrêts préparatoires et d'instruction ou contre les jugemens en dernier ressort de cette qualité, n'est ouvert qu'après l'arrêt ou le jugement définitif : l'exécution volontaire de tels arrêts ou jugemens préparatoires ne peut, en aucun cas, être opposée comme fin de non-recevoir. Cette disposition ne s'applique point aux arrêts ou jugemens rendus sur la compétence. (*Code d'instruct. criminelle*, art. 416.)

En matière correctionnelle, les jugemens qui, avant de statuer sur le fond, rejettent une exception déclinatoire, sont définitifs. (*A. de C. du 8 thermidor an 13.*)

Quand un jugement préparatoire est définitif dans une de ses dispositions, et qu'il y a lieu de se pourvoir contre cette disposition, il faut le faire sans attendre le jugement au fond, qui alors est inattaquable, s'il n'est que la conséquence du premier. (*A. de C. du 23 brumaire an 13.*)

Condamnations.

1221. La confiscation des marchandises saisies pourra être poursuivie et prononcée contre les préposés à leur conduite, sans que la régie soit tenue de mettre en cause les propriétaires, quand même ils lui seraient indiqués, sauf si lesdits propriétaires intervenaient ou étaient appelés par ceux sur lesquels les saisies auraient été faites, à être statué, ainsi que de droit, sur leurs interventions et réclamations. (*Loi du* 22 *août* 1791, *tit.* 12, *art.* 1er.)

Les condamnations contre plusieurs personnes pour un même fait de fraude seront solidaires, tant pour la restitution du prix des marchandises confisquées, dont la remise provisoire aurait été faite, que pour l'amende et les dépens (*Même Loi, même titre, art.* 3.) (1).

---

(1) Tous les condamnés sur une saisie sont solidaires pour la confiscation et l'amende. (*Loi du* 4 *germinal an* 2, *tit.* 6, *art.* 22.)

Les voituriers et conducteurs sont solidairement passibles de l'amende, sauf leur recours contre les propriétaires. (*A. de C. du* 27 *mars* 1818.)

Les porteurs d'objets de contrebande sont passibles des condamnations portées par la loi, quelles que soient les circonstances dans lesquelles ces objets sont arrivés à leur possession. (*A. de C. du* 19 *novembre* 1841; *Circ. n*o 1889.)

Le détenteur d'une marchandise saisie pour contravention aux lois de douanes est personnellement passible de l'amende, alors même qu'il aurait appelé en cause le propriétaire, *réputé*, de la marchandise. (*A. de C. du* 5 *juillet* 1841.)

Il doit être prononcé autant d'amendes qu'il y a de faits distincts de fraude, lorsque chacun de ces faits entraîne une amende spéciale. (*A. de la C. royale de Besançon du* 18 *janvier* 1857; *Circ. n*o 1617; *A. de la C. royale de Metz du* 6 *septembre suivant; Circ. n*o 1659.)

Il arrive souvent que des marchandises ou d'autres objets, non saisissables d'après les lois existantes, sont arrêtés en même temps que des marchandises de fraude, et abandonnés avec celles-ci entre les mains des préposés par les propriétaires ou colporteurs.

L'administration se trouve également nantie de semblables marchandises lorsque, dans une saisie faite en vertu du titre 6 de la loi du 28 avril 1816, le jury n'a reconnu la provenance étrangère que d'une partie seulement des fils ou tissus soumis à son examen.

Dans l'un comme dans l'autre cas, et lorsque les contrevenans se trouvent, par une cause quelconque, hors d'état de payer l'amende exigible, il y a intérêt pour l'administration à pouvoir faire affecter, jusqu'à due concurrence, au recouvrement des condamnations pécuniaires, le produit de la vente des marchandises *non saisissables* dont elle se trouve avoir la détention. A cet effet, toutes les fois que des objets non susceptibles d'être frappés de confiscation sont restés en dépôt dans un bureau de douane, à la suite ou à l'occasion d'une

Les propriétaires des marchandises saisies, ceux qui seraient chargés de les introduire, les assureurs, leurs complices et adhérens, seront tous solidaires et contraignables par corps pour le payement de l'amende. (*Décret du 8 mars* 1811, *art.* 2.)

Les amendes que d'anciennes lois ont édictées en livres seront prononcées en francs, sans aucune réduction. (*A. de C. du* 29 *septembre* 1837 ; *Circ. nº* 1660.)

Frais de procédure.

1222. La partie qui succombera sera condamnée aux frais, même envers la partie publique. Les dépens seront liquidés par le jugement (1). (*Code d'instr. crim.*, *art.* 162.)

---

saisie entraînant condamnation à une amende, et que le condamné ne s'est point libéré, on poursuit l'autorisation d'affecter aux condamnations la valeur de ces premiers objets, en procédant par voie de *saisie-exécution*, dans la forme tracée par les articles 585 et suivans du Code de procédure.

Le jugement même de condamnation à l'amende formant le titre de la poursuite, il n'est point nécessaire de provoquer un jugement spécial d'affectation. On n'a plus ainsi à faire que des actes *d'exécution* qui consistent dans la notification de ce jugement avec commandement de payer, faite à la personne du débiteur. Ce commandement contient élection de domicile dans la commune où doit se faire l'exécution, et l'administration, ayant les marchandises entre les mains, n'élit pas d'autre domicile que celui du receveur ou autre agent dépositaire des objets : le procès-verbal de saisie-exécution doit être fait un jour après le commandement.

On établit un *gardien* des objets poursuivis ; mais ce gardien ne pouvant être le saisissant, et cette qualité de saisissant appartenant ici à l'administration des douanes, on satisfait au vœu de la loi en constituant pour cet office un individu étranger au service des douanes, tel, par exemple, que le recors de l'huissier ou tout autre désigné par cet officier ministériel. La saisie est ensuite dénoncée à la partie ; huitaine après cette dénonciation, la vente peut avoir lieu, après avoir été précédée, un jour au moins, du procès-verbal d'affiche, de quatre placards aux lieux indiqués par la loi ; et, cette vente consommée, l'administration, en vertu de son privilége général, se fait remettre les deniers qui en proviennent, sans qu'il soit besoin d'établir une contribution.

Aussitôt après la saisie, il doit être dressé un inventaire descriptif des objets laissés aux mains des préposés : cet inventaire est signé des saisissans et de l'agent chargé du dépôt ; une copie en est adressée au directeur. (*Circ. du* 22 *novembre* 1836, *nº* 1580.)

(1) Les frais d'emballage et de transport des marchandises du lieu de l'arrestation jusqu'au bureau où le dépôt doit en être opéré étant par leur nature susceptibles d'être admis en *taxe*, il y a lieu d'en faire acquitter le montant par le prévenu, soit que, sur les conclusions formelles du receveur, ils aient été liquidés par le jugement, soit que, s'il y a transaction, la clause de ce

La condamnation aux frais sera prononcée, dans toutes les procédures, *solidairement*, contre tous les auteurs et complices du même fait, et contre les personnes civilement responsables du délit. (*Décret du 18 juin 1811, art. 156.*)

Ceux qui se seront constitués parties civiles, soit qu'ils succombent ou non, seront personnellement tenus des frais d'instruction, expédition et signification des jugemens, sauf leur recours contre les prévenus ou accusés qui seront condamnés, et contre les personnes civilement responsables du délit. (*Même Décret, art. 157.*)

Sont assimilés aux parties civiles :

1o Toute régie ou administration publique, relativement aux procès suivis, soit à sa requête, soit même d'office et dans son intérêt. . . . . (1) (*Même Décret, art. 158.*)

---

remboursement ait été insérée dans l'acte d'arrangement. (*Circ. du 11 avril 1835, no 1483.*)

Lorsque les prévenus n'acceptent pas la mainlevée des animaux saisis ou n'offrent pas une caution solvable, la mise en fourrière devient une formalité indispensable dont les frais demeurent à leur charge. Toutefois, comme l'article 39 du décret du 18 juin 1811 fixe à huit jours au plus la durée de cette mise en fourrière, les frais qu'elle occasionne ne peuvent être répétés que pour ce temps. (*Circ. du 2 septembre* 1841, n° 1870.)

Les frais de quarantaine des marchandises saisies et des préposés saisissans sont à la charge des prévenus. (*Déc. adm. du 23 janvier* 1835.)

Quand une saisie, indûment constatée à la requête des contributions indirectes, se trouve ramenée par les tribunaux sous l'application de la loi des douanes, cette dernière administration devient passible, sauf son recours contre qui de droit, de tous les frais que l'affaire a occasionnés, même de ceux relatifs à la première procédure irrégulièrement engagée. (*Déc. adm. du 18 septembre* 1840.)

Les frais occasionnés par les saisies de tabac et de poudre à tirer effectuées à l'importation, sont à la charge de l'administration des douanes dans tous les cas où ils tombent en non-valeur. (*Déc. min. du 9 janvier* 1829 ; *Circ. du 22*, n° 1141.)

Les frais de poursuite pour les délits de la pêche sont à la charge du département de la justice (n° 643). (*Circ. du 6 janvier* 1835, n° 1476.)

(1) Un préposé des douanes, prévenu d'avoir commis un délit dans l'exercice de ses fonctions, avait été traduit devant un tribunal correctionnel, qui, en le déclarant non coupable, avait en même temps laissé à la charge de l'administration les frais du procès, se fondant sur ce qu'aux termes de l'article 158 du décret du 18 juin 1811, toute administration publique est censée partie civile dans les procès suivis, même d'office, *dans son intérêt*. La Cour de cassation a fait justice de cette fausse interprétation, également admise par le tribunal d'appel ; et, par arrêt du 19 mars 1850, elle a déclaré que l'intérêt qui doit,

Revendications.

1223. Les objets saisis pour fraude ou contravention, ou confisqués, ne pourront être revendiqués par les propriétaires, ni le prix, soit qu'il soit consigné ou non, réclamé par aucun créancier, même privilégié, sauf leur recours contre les auteurs de la fraude (1). (*Loi du 22 août 1791, tit. 12, art. 5.*)

---

aux termes du décret du 18 juin, faire assimiler les administrations publiques aux parties civiles, ne doit jamais s'entendre que de l'*intérêt matériel et pécuniaire qu'elles peuvent avoir à la condamnation des délinquans poursuivis à la requête du ministère public.* (*Circ. du 8 avril* 1830, *n°* 1210.)

L'article 158 du décret du 18 juin 1811, en déclarant les administrations publiques passibles des frais occasionnés par les instances suivies dans leur intérêt, n'a eu en vue que les procès intentés dans l'intérêt de la perception, en vertu des lois spéciales qui ont établi l'impôt ou qui en ont assuré le recouvrement; ces poursuites ayant lieu dans l'intérêt de ces administrations et pouvant amener une recette à leur profit, il est juste que les frais auxquels elles donnent lieu soient à leur charge, que ces administrations aient ou non pris la qualité de partie civile; mais il ne doit pas en être ainsi dans les instances relatives aux délits non prévus par les lois fiscales, et dont la répression, tout en présentant un intérêt moral à ces administrations, est provoquée principalement dans l'intérêt général de la société. L'article 158 ne doit donc être appliqué aux administrations publiques que dans les instances qui sont suivies en vertu des lois spéciales relatives à ces administrations. Quant aux frais des procédures étrangères à ces lois spéciales, ils sont avancés par la régie de l'enregistrement pour le compte du ministère de la justice, sauf le cas où une administration publique intervient au procès et se constitue partie civile.

Toutefois MM. les procureurs du Roi doivent apporter une grande réserve dans les poursuites qu'ils exercent sur la seule dénonciation des préposés, à raison de faits qui n'intéressent pas directement les administrations auxquelles ces préposés sont respectivement attachés; ce n'est que pour des délits qui compromettent réellement l'ordre public, et dont la répression intéresse la vindicte publique, qu'il convient de diriger des poursuites d'office. (*Circ. du garde des sceaux du* 27 *juin* 1833.)

Les chefs des localités où des délits de l'espèce ont été commis, font parvenir sans retard les procès-verbaux qui les constatent, aux directeurs, qui provoquent eux-mêmes les poursuites du ministère public, et en rendent compte à l'administration. (*Circ. du* 11 *septembre* 1833, *n°* 1306.)

Les frais de justice supportés par l'administration des douanes sont payés sur de simples mémoires des greffiers et huissiers. Ces mémoires, énonçant les articles du tarif qui en fixent la quotité, sont taxés par le président ou l'un des juges du tribunal, et revêtus du visa du directeur des douanes. (*Circ. du* 21 *janvier* 1831, *n°* 1244.)

(1) Les objets saisis pour fraude ou confisqués ne peuvent être revendiqués par les propriétaires, sauf leur recours contre les auteurs de la fraude. (*A. de C. du* 7 *brumaire an* 7.)

Les propriétaires de marchandises saisies ne peuvent intervenir en justice

Preuves de non-contravention.

1224. Dans toute action sur une saisie, les preuves de non-contravention seront à la charge du saisi (1). (*Loi du 4 germinal an 2, tit. 6, art. 7.*)

Saisies non fondées.

1225. Lorsque la saisie n'est pas fondée, le propriétaire des marchandises a droit à un intérêt d'indemnité, à raison de 1 pour 100 par mois de la valeur des objets saisis, depuis l'époque de la retenue jusqu'à celle de la remise ou de l'offre qui lui en aura été faite (2). (*Loi du 9 floréal an 7, tit. 4, art. 16.*)

---

pour les revendiquer. L'article 1er du titre 12 de la loi du 22 août 1791 (n° 1221) n'autorise leur intervention que pour leur donner le moyen d'établir ou de défendre leurs droits contre ceux sur qui la saisie a été opérée. (*A. de C. des 6 septembre* 1834, 28 *décembre* 1835 *et* 23 *juin* 1836; *Circ. n^{os}* 1462, 1535 et 1557.)

Le propriétaire de marchandises saisies ne peut les revendiquer en justice, alors même que le procès-verbal aurait été rédigé contre inconnus. (*A. de C. du* 7 *août* 1837 ; *Circ. n°* 1658.)

Le propriétaire d'objets saisis peut intervenir au procès tant qu'il n'y a pas eu jugement ; mais quand il n'a pas usé de ce droit en première instance, il ne saurait recourir valablement à l'appel, puisque cette voie n'est ouverte qu'à ceux qui ont été parties au procès en premier ressort. (*Déc. adm. du* 16 *octobre* 1827.)

(1) La preuve de non-contravention est à la charge du saisi. Ainsi, dans une vérification ordonnée afin de constater si le lieu de la saisie est ou non dans la ligne , la douane ne peut être forcée de contribuer aux avances exigées par les experts pour opérer le toisé. (*A. de C. du* 1er *février* 1811.)

(2) L'invalidité d'une saisie ne peut donner lieu à d'autre indemnité qu'à celle de 1 pour 100 par mois. (*A. de C. des* 16 *ventôse an* 9, 24 *juin,* 29 *décembre* 1808 , *et* 12 *novembre* 1839.)

Mais quand la réclamation des propriétaires porte sur d'autres causes que les conséquences immédiates de la saisie , telles que la détérioration, le dépérissement ou la perte des marchandises , procédant du fait des préposés , et dont l'administration serait civilement responsable , celle-ci peut être condamnée à des dommages—intérêts arbitrés par les tribunaux d'après la nature et l'importance du dommage. (*A. de C. du* 12 *novembre* 1839.)

La Cour de cassation avait déjà consacré, par un arrêt du 30 août 1822 , que l'article 30 du décret du 1er germinal an 13 , relatif aux impôts indirects , était applicable en matière de douane. Cet article porte :

« Si , par l'effet de la saisie et leur dépôt dans un lieu et à la garde d'un « dépositaire qui n'aurait pas été choisi ou indiqué par le saisi , les objets saisis « avaient dépéri avant leur remise ou les offres valables de les remettre , la

Mainlevée.

1226. Il ne pourra être donné mainlevée des marchandises saisies, qu'en jugeant définitivement, si ce n'est au cas de l'aricle 16 du titre 10 de la présente loi (1), le tout à peine de nullité des jugemens et des dommages et intérêts de la régie. (*Loi du 22 août* 1791, *tit.* 12, *art.* 2.)

Modération des condamnations.

1227. Les juges ne pourront, à peine d'en répondre en leur propre et privé nom, modérer les confiscations et amendes, ni en ordonner l'emploi au préjudice de la régie (2). (*Même Loi, même titre, art.* 4.)

Aucun juge ne modérera ni les droits, ni la confiscation, ni l'amende, sous peine d'en répondre personnellement. (*Loi du* 4 *germinal an* 2, *tit.* 6, *art.* 23.)

Il est expressément défendu de faire aucune remise sur les confiscations et amendes encourues pour l'introduction de marchandises prohibées ou en fraude des droits. (*Loi du* 9 *floréal an* 7, *tit.* 4, *art.* 17.)

Excuse. — Intention.

1228. Il est expressément défendu aux juges d'excuser les

« régie pourra être condamnée d'en payer la valeur, ou l'indemnité de leur dépérissement. »

En cas de saisie non fondée, l'administration ne peut être tenue à restituer *que le prix* des marchandises provisoirement vendues sur requête du juge. (*A. de C. du* 28 *décembre* 1855 ; *Circ. n°* 1555.)

L'arrestation d'un prévenu, quand elle est la suite d'une saisie faite selon le vœu de la loi, par les préposés des douanes, n'est pas une arrestation arbitraire, et ne saurait recevoir ce caractère de la nullité commise dans la forme du procès-verbal ; dès lors il n'en peut résulter aucun droit à une indemnité au profit de l'individu arrêté. (*A. de C. du* 50 *août* 1822 ; *Circ. n°* 756.)

L'article 16 de la loi du 9 floréal an 7 n'est point applicable aux saisies opérées dans l'intérieur en vertu du titre 6 de la loi du 28 avril 1816. *Voir*, à leur égard, le livre des *Régimes spéciaux*, chapitre XI.

(1) Le titre 10 de la loi de 1791, et par conséquent l'article 16 ci-dessus cité, a été abrogé par l'article 18 du titre 4 de la loi du 9 floréal an 7 ; néanmoins il existe encore des circonstances où la mainlevée des objets saisis doit être offerte avant jugement. *Voir* le chapitre Ier du présent livre.

(2) La disposition finale de cet article 4, qui interdisait à l'administration la faculté de transiger après jugement définitif, a été rapportée par l'arrêté du 14 fructidor an 10. *Voir* le chapitre V ci-après.

contrevenans (1) sur l'intention (2). (*Même Loi*, *même tit. 4*, *art. 16*, 2ᵉ §.)

Enregistrement des jugemens.

1229. Les jugemens des tribunaux en matière de douane seront enregistrés et soumis au droit fixe de 1 fr., conformément à l'article 68 de la loi du 22 frimaire an 7 (3). (*Déc. min. du 2 juin 1828; Circ. nº 1218.*)

---

(1) Les lois pénales ne font point de distinction entre les *contrevenans* et les *délinquans*. (*A. de C. du 2 vendémiaire an 11.*)

(2) Les juges ne peuvent excuser sur l'intention. L'administration seule a le droit de remettre ou de modérer les condamnations encourues. (*A. de C. du 11 juin 1818.*)

Les tribunaux ne peuvent ordonner une information sur des faits nettement établis dans un procès-verbal *régulier non argué de faux*, ni prescrire une enquête qui tendrait à rechercher quelle a pu être l'*intention* du contrevenant. (*A. de C. du 14 avril 1841; Circ. nº 1863.*)

Les juges ne peuvent non plus faire ni admettre aucune supposition contraire à la teneur d'un procès-verbal non argué de faux (nº 1237).

Par un arrêt du 20 mars 1841, la Cour de cassation a décidé que le bénéfice des articles 66 et 69 du Code pénal, qui prescrivent la modération et même la décharge des peines corporelles à l'égard des délinquans âgés de moins de seize ans, s'appliquait aux matières de douanes comme à toute autre catégorie de contraventions. L'administration n'admet pas cette jurisprudence; elle lui paraît contraire à la législation spéciale des douanes, et particulièrement aux articles 1ᵉʳ du titre 5 de la loi du 22 août 1791, 23 du titre 6 de la loi du 4 germinal an 2, 16 et 17 du titre 4 de la loi du 9 floréal an 7, 2 du décret du 8 mars 1811, 41 et 42 de la loi du 28 avril 1816. L'administration se réserve donc de reporter de nouveau la question devant la Cour suprême à la première occasion qui se produira. En attendant, elle recommande aux directeurs et inspecteurs de faire combattre l'application de la jurisprudence de la Cour de cassation par tous les moyens de droit que présentent les lois de douanes, et de ne pas hésiter à se pourvoir en cassation si, par une extension abusive de l'arrêt précité, des tribunaux secondaires affranchissaient les enfans surpris faisant la contrebande, non-seulement des peines *corporelles*, mais encore de l'*amende* prononcée par la loi spéciale. (*Circ. lith. du 10 juin 1841.*)

La Cour royale de Metz a décidé, le 18 juin 1841, que l'article 66 du Code pénal, qui prescrit la modération des peines à l'égard des mineurs de seize ans, n'était point applicable dans les matières de douanes. (*Circ. lith. du 30 sept. 1841.*)

(3) Les jugemens prononçant des *confiscations* ne sont, comme ceux qui prononcent des amendes, assujettis qu'au droit fixe de 1 fr. Ce droit n'est dû que sur le jugement même, de telle sorte que, soit qu'il y ait amende seulement ou confiscation, soit qu'il y ait tout à la fois l'une et l'autre, il ne peut jamais être exigé qu'un seul droit. (*Déc. min. du 24 juin 1830; Circ. du 19 juillet suivant, nº 1218.*)

La perception du droit est applicable aux jugemens qui rejettent les conclu-

CHAPITRE III.

EXÉCUTION DES JUGEMENS (1).

Signification.

1230. Tous jugemens rendus sur une saisie seront signifiés, soit à la partie saisie, soit au préposé indiqué par le rapport. Les significations à la partie seront faites à son domicile, si elle en a un réel ou élu dans le lieu de l'établissement du bureau, sinon à celui de l'agent national de la commune (le maire). Les significations à l'agence des douanes seront faites au préposé (receveur poursuivant) (2). (*Loi du 14 fructidor an 3, art.* 11.)

---

sions de la douane aussi bien qu'à ceux qui prononcent une condamnation à son profit. (*Circ. du* 12 *juillet* 1836, *n°* 1549.)

Il est dû autant de droits fixes de 1 fr. qu'il y a de procès-verbaux distincts de *minuties* sur lesquels le même jugement collectif a prononcé. (*Déc. adm. du* 26 *juin* 1841.)

(1) Un jugement ne peut être exécuté qu'autant qu'il a acquis force de chose jugée, c'est-à-dire qu'autant qu'il ne peut plus être attaqué, ni par opposition ni par appel, et, s'il s'agit d'un jugement émané des tribunaux correctionnels, ni par le recours en cassation, à moins toutefois que son exécution provisoire n'ait été expressément ordonnée.

Les articles 7 et 8 du titre 12 de la loi du 22 août 1791 voulaient que les jugemens portant confiscation de marchandises saisies sur des particuliers *inconnus* ne fussent exécutés qu'après avoir été affichés pendant un mois à la porte du bureau des douanes; mais un arrêt de la Cour de cassation du 19 mars 1841 a décidé que cette disposition avait été abrogée par les lois subséquentes concernant la matière, et que son abrogation résultait surtout des articles 7 et 8 de la loi du 14 fructidor an 3, dont les dispositions, relatives à l'exécution des jugemens rendus contre une partie *nommée ou inconnue*, étaient inconciliables avec celles desdits articles 7 et 8, et ne parlaient plus de la nécessité de l'affiche du jugement.

(2) Cet article ne s'applique qu'à la signification des jugemens rendus en matière civile. Les significations des jugemens correctionnels sont assujetties aux règles du droit commun. (*A. de C. du* 6 *janvier* 1836; *Circ. n°* 1346.)

La signification des jugemens *contradictoires* rendus en matière correctionnelle n'étant pas nécessaire, les principes tracés par l'arrêt ci-dessus de la Cour suprême ne peuvent s'appliquer qu'aux jugemens rendus par défaut; et, à leur égard, voici les différentes hypothèses dans lesquelles l'administration peut se trouver placée :

1°. Lorsque le domicile du condamné est connu, le jugement doit être signifié, soit à sa personne, soit à son domicile. Si le prévenu n'est pas domicilié dans une localité soumise à l'action des douanes, l'exploit de signification est adressé

En matière civile, tout jugement rendu par *défaut* devra être exécuté dans les six mois de son obtention, sinon il sera réputé non avenu. (*Code de procéd. civ., art.* 156.)

Vente des marchandises.

1231. Si la saisie est jugée bonne, et qu'il n'y ait pas d'appel dans la huitaine de la signification (1), le neuvième jour, le préposé du bureau indiquera la vente des objets confisqués par une affiche signée de lui, et apposée tant à la porte du bureau qu'à celle de l'auditoire du juge de paix, et procédera à la vente cinq jours après (2). (*Loi du* 14 *fructidor an* 3, *art.* 7.)

---

au procureur du Roi dans l'arrondissement duquel se trouve le domicile du condamné, et la signification a lieu par les soins de ce magistrat;

2°. Si le prévenu est établi à l'étranger ou sur le territoire français hors du continent, le jugement est signifié au domicile du procureur du Roi près le tribunal qui l'a rendu : ce magistrat transmet ensuite la signification, soit au ministre des affaires étrangères, soit à celui de la marine, si le prévenu est domicilié hors du continent;

3°. Lorsque le condamné n'a ni domicile ni résidence connus en France, il faut, pour tenir lieu de signification, afficher le jugement à la porte principale du tribunal, et en remettre une copie au procureur du Roi près le même siége. (*Circ. du* 25 *mai* 1836, n° 1546.)

Cette dernière disposition est fondée sur l'article 69 du Code de procédure civile, ainsi conçu : « Ceux qui n'ont aucun domicile connu en France seront « assignés au lieu de leur résidence actuelle : si le lieu n'est pas connu, l'exploit « sera affiché à la principale porte de l'auditoire du tribunal où la demande « est portée; une seconde copie sera donnée au procureur du Roi, lequel visera « l'original. »

La signification d'un jugement à un étranger ne serait pas valable si elle était faite seulement à son avoué. (*Déc. adm. du* 5 *décembre* 1840.)

Il résulte d'un arrêt de la Cour de cassation du 20 juillet 1831, que l'administration, qui signifie sans réserves les qualités d'un jugement ou d'un arrêt, ne peut être considérée comme y ayant acquiescé par ce seul fait.(*Circ. du* 24 *février* 1834, n° 1425.)

Les préposés des douanes peuvent faire tous exploits d'huissier sans distinction, ou choisir tel huissier que bon leur semble pour les faire. (*A. de C. du* 1er *décembre* 1830; *Circ.* n° 1237.) *Voir* le n° 42.

Voir aussi le n° 210 pour le privilége de l'administration, et le n° 1233 pour la contrainte par corps.

(1) *Voir* le chapitre suivant pour les objets qui peuvent être vendus avant jugement.

(2) Pour la formation des affiches de vente, les marchandises doivent être reconnues avec le plus grand soin, à vue des procès-verbaux, par le receveur et un vérificateur ou visiteur, sous la surveillance du sous-inspecteur sédentaire dans les bureaux où il en est établi, et en présence de deux employés de

Les objets saisis qui auront été confisqués seront vendus publiquement et après l'apposition d'affiches, dans la forme prescrite par l'article 7 (1). (*Loi du 14 fructidor an 3, art. 8.*)

Toutes les marchandises tarifées provenant de saisies seront vendues pour la consommation (2), sans égard d'ailleurs à la prohibition locale ou conditionnelle dont elles pourraient être atteintes; ces mêmes marchandises acquitteront le minimum du droit fixé par le tarif (3). (*Déc. min. du 3 février* 1832 ; *Circ. du* 23, *n*o 1306.)

---

la-partie active intéressés aux saisies. Les affiches préparées sont soumises à l'inspecteur ; elles désignent avec clarté et exactitude le lieu, le jour, l'heure et les conditions de la vente, ainsi que les quantités et espèces des marchandises. (*Circ. du 3 février* 1825, *n*o 904.)

Les affiches de vente, et toutes celles apposées pour le service de l'administration des douanes, sont dispensées du *timbre*. (*Circ. du 15 octobre* 1839, *n*o 1779.)

(1) Les préposés des douanes doivent être regardés comme officiers publics en ce qui concerne les ventes, et ne sont pas tenus de faire, au receveur de l'enregistrement, la déclaration préalable voulue par l'article 2 de la loi du 22 pluviôse an 7. (*Circ. du 14 floréal an 7.*)

Ces ventes peuvent être faites par les receveurs des douanes sans l'intervention des courtiers de commerce ou autres officiers ministériels. (*Circ. du 9 janvier* 1837, *n*o 1600.)

(2) Cependant, quand il s'agit de chevaux et de toute espèce de bestiaux, la vente peut avoir lieu, à charge de réexportation, si elle offre ainsi plus d'avantages aux saisissans. (*Circ. du 2 décembre* 1825, *n*o 956.)

Les bijoux peuvent être vendus pour la réexportation. (*Déc. adm. du 31 décembre* 1840.)

Les objets prohibés à l'entrée ne peuvent être vendus qu'à charge de réexportation. (*Circ. du 20 janvier* 1792.)

(3) Les droits doivent être perçus sur les quantités de marchandises relatées dans les procès-verbaux de vente. (*Circ. du 21 nivôse an 8.*)

Le procès-verbal de vente doit énoncer très-exactement la qualité, l'espèce, la quantité des marchandises, et indiquer, pour chacune d'elles, la saisie à laquelle elles appartiennent. Il doit pareillement indiquer les conditions et le prix de la vente. (*Circ. du 3 février* 1825, *n*o 904.)

L'article 54 de la loi du 22 frimaire an 7 accorde un délai de quatre jours pour l'enregistrement des procès-verbaux de vente, dont le droit est fixé à 2 pour 100 par l'article 69 de la même loi. L'enregistrement se perçoit par série de 20 francs, et le minimum du droit est de 25 centimes, d'après l'article 5 de la loi du 27 ventôse an 9.

Le droit d'enregistrement ne doit point être perçu sur les droits de douanes dont l'objet vendu serait passible. (*Déc. min. du 30 octobre* 1810; *Circ. du* 8 janvier 1814.)

Réexportation des marchandises prohibées.

1252. Les marchandises prohibées, provenant de saisies et vendues dans les douanes de terre, devront être réexportées dans un mois, à dater du jour de la vente (1). Les mêmes marchandises, vendues dans les douanes maritimes, seront réexpor-

---

Toutefois ce droit serait perçu, sans déduction du montant des droits de douanes, si ceux-ci se trouvaient réunis au prix déterminé par le procès-verbal. (*Déc. min. du* 23 *juin* 1830.) En conséquence, on doit toujours avoir soin d'énoncer, d'une manière explicite, dans les procès-verbaux de vente, que les adjudicataires acquitteront, en sus du prix de vente, les droits de douanes dont seront passibles les marchandises tarifées qu'ils feront entrer dans la consommation. (*Circ. du* 9 *juillet* 1830, *n*° 1216.)

Le cinquième du prix de la vente doit être versé dans la caisse du receveur des douanes au moment même de cette vente, et le surplus dans les trois jours suivans. Faute de payement, les marchandises seraient revendues sur-le-champ à la folle enchère de l'adjudicataire. (*Code de proc. civile, art.* 624, *et Circ. du* 12 *mars* 1816, *n*° 125.)

L'inspecteur de la division doit, autant que possible, assister à la vente des marchandises. Il peut être remplacé par le sous-inspecteur, ou, à défaut, par un chef de la partie active, capitaine de brigades ou lieutenant. (*Circ. du* 3 *février* 1825, *n*° 904.)

Il est expressément défendu à tout agent ou préposé des douanes de se rendre adjudicataire de marchandises saisies, confisquées et vendues en douane. (*Circ. du* 21 *nivôse an* 8, *et Déc. adm. du* 11 *janvier* 1810.)

(1) Les marchandises destinées à être réexportées par terre doivent toujours être accompagnées d'un acquit-à-caution, même alors que, vendues à un bureau de première ligne, elles sont réexportées par la frontière de ce bureau. Toutefois on peut, dans ce cas, ne délivrer qu'un passavant, si la valeur de l'objet n'excède pas *trois francs* et qu'il ne puisse pas être compris avec d'autres marchandises dans un même acquit-à-caution. Si la vente a lieu dans un bureau de deuxième ligne ou de ligne intermédiaire, les marchandises ne sont expédiées pour la première ligne que sous un double plombage tel que celui qui est prescrit pour le transit par l'article 34 de la loi du 21 avril 1818. Dans tous les cas, les marchandises sont escortées depuis le bureau de première ligne jusqu'à la frontière. Le capitaine de brigades de la première ligne doit toujours être averti à l'avance des expéditions de réexportation, afin que les mesures puissent être prises, soit pour assurer l'escorte, soit pour mettre en garde les brigades voisines du point de sortie contre les tentatives de réintroduction. (*Circ. des* 3 *février* 1825 *et* 15 *février* 1838, *n*°ˢ 904 *et* 1670, *et Déc. adm. du* 29 *janvier* 1842.)

Dans le cas de non-rapport, en temps utile et avec décharge valable, des acquits-à-caution délivrés pour la réexportation des marchandises prohibées, les soumissionnaires doivent être contraints à payer, outre la valeur des marchandises, une amende de 500 francs, conformément à l'article 20 de la loi du 17 mai 1826 (n° 707).

tées dans les trois mois qui suivront la vente (1). Dans l'un et l'autre cas, les marchandises resteront sous la clef des douanes, jusqu'à la réexportation; dans les ports d'entrepôt, elles seront entreposées. (*Circ. du 12 mars 1816, n° 125.*)

Les marchandises prohibées provenant de saisies pourront, sous toutes les conditions et formalités qui sont prescrites par les lois générales sur le transit, être réexportées par l'un des ports ou bureaux ouverts au transit du prohibé (2). (*Circ. du 25 mai 1831, n° 1264.*)

Contrainte par corps.

1233. Les jugemens portant condamnation au payement des droits, à celui de la valeur des objets remis provisoirement et confisqués, ou à l'amende, lorsqu'il n'aura pas été prononcé de confiscation, ou enfin à la restitution des sommes que la régie aura été forcée de payer, seront exécutés par corps, ce qui aura pareillement lieu contre les cautions, seulement pour le prix des choses confisquées (3). (*Loi du 22 août 1791, tit. 12, art. 6.*)

---

(1) La réexportation par mer des marchandises prohibées provenant de saisies est soumise aux formalités prescrites par les articles 61 et 62 de la loi du 21 avril 1818 (n°s 431 et 432), concernant les objets réexportés d'entrepôt. (*Déc. adm. du 30 juin 1833.*)

Les restrictions de tonnage sont également applicables pour la réexportation des marchandises prohibées provenant de saisies. (*Déc. adm. du 28 mai 1834.*)

(2) *Voir* le livre VII, *Transit.*

(3) Cet article a été confirmé par l'article 4 du titre 6 de la loi du 4 germinal an 2 (n° 210).

La loi du 4 germinal an 2 n'ayant pas été rapportée, les redevables des droits de douanes, amendes et confiscations, peuvent être poursuivis par la voie de la contrainte par corps. (*Avis du Conseil d'État du 7 fructidor an 12.*)

Matière civile. La contrainte par corps, exercée en vertu d'un jugement qui ne prononce que des condamnations civiles, a lieu dans les formes tracées par le Code de procédure civile. (*Circ. du 15 septembre 1832, n° 1344.*)

Le deuxième paragraphe de l'article 780 de ce Code, qui prescrit de faire commettre un huissier pour la signification du jugement, n'est pas applicable en matière de douanes; mais, lorsqu'il s'agit d'exercer la contrainte par corps dans une affaire importante, il convient de confier ce soin à un huissier, parce qu'il serait à craindre que les préposés, peu familiarisés avec les formes de la procédure, ne commissent quelques nullités qui entraîneraient celle de l'arrestation. (*Circ. du 25 juillet 1818, n° 410.*)

Le condamné qui justifie de son insolvabilité, suivant le mode prescrit par l'article 420 du Code d'instruction criminelle, peut être mis en liberté après

Les détenus en prison à la requête de l'agent du Trésor public, ou de tout autre fonctionnaire public, pour cause de dette en-

---

avoir subi quatre mois de détention. (*Loi du 17 avril 1832*; *Circ. des 15 septembre 1832 et 13 mai 1834, nos 1344 et 1439.*)

Matière correctionnelle ou criminelle. Les arrêts, jugemens et exécutoires portant condamnation, au profit de l'État, à des amendes, restitutions, dommages-intérêts et frais, en matière criminelle, correctionnelle ou de police, ne peuvent être exécutés, par la voie de la contrainte par corps, que cinq jours après le commandement qui en est fait aux condamnés, à *la requête du receveur de l'enregistrement et des domaines.* Dans le cas où le jugement de condamnation n'a pas été précédemment signifié au débiteur, le commandement porte en tête un extrait de ce jugement, lequel contient le nom des parties et le dispositif. Sur le vu du commandement, et sur la demande du receveur de l'enregistrement et des domaines, le procureur du Roi adresse les réquisitoires nécessaires aux agens de la force publique et autres fonctionnaires chargés de l'exécution des mandemens de justice. Si le débiteur est détenu, la recommandation peut être ordonnée immédiatement après notification du commandement. (*Loi du 17 avril 1832, art. 33.*)

Le mode expéditif consacré par l'article 33 de la loi du 17 avril 1832 peut être aussi légalement employé par l'administration des douanes que par celle de l'enregistrement et des domaines. Aussitôt qu'un jugement a été rendu, le receveur doit faire faire le commandement prescrit par cet article au condamné qui serait détenu, et requérir le procureur du Roi, dont l'intervention est nécessaire, de vouloir bien ordonner la recommandation immédiate. Si le condamné n'est pas encore arrêté, on attend que le ministère public l'ait fait incarcérer; et c'est alors que, par suite du commandement préalablement notifié, on requiert la recommandation. Enfin, si le condamné est en liberté, après avoir subi la peine correctionnelle, le jugement ne peut plus être exécuté par corps que cinq jours après le commandement, comme le prescrit l'article 33 de la loi du 17 avril 1833; mais ce délai n'est pas exigé quand il est en prison : et cela est fort important, car la plupart des prévenus, condamnés seulement à quelques jours d'emprisonnement, auraient subi leur peine et obtenu leur mise en liberté avant que les formalités légales eussent pu être remplies et le délai de cinq jours écoulé. (*Circ. des 15 septembre 1832 et 6 septembre 1833, nos 1344 et 1398.*)

En matière de grand ou petit criminel, si les condamnations s'élèvent de 100 à 300 fr., la détention ne peut se prolonger au delà de quatre mois si le condamné justifie d'ailleurs de son insolvabilité. Cette prolongation est de droit, et sans que la durée de l'emprisonnement ait dû être fixée par le jugement de condamnation.

La détention est d'un an à dix ans, que les condamnés soient insolvables ou non, si les condamnations excèdent 300 fr.; mais, dans ce cas, la durée en doit être déterminée par le jugement. Les receveurs stipulant devant les tribunaux pour l'administration, doivent donc veiller à ce que le jugement détermine, quand il y a lieu, la durée de la détention que devra subir le prévenu, en ce qui touche le recouvrement des condamnations civiles. Ils se concertent à cet effet avec les procureurs du Roi. (*Loi du 17 avril 1832, et Circ. du 15 septembre suivant, no 1344.*)

Il n'est dû qu'un seul droit d'enregistrement pour les actes d'écrou et de

vers l'État, recevront la nourriture comme les prisonniers à la requête du ministère public. Il ne sera fait aucune consignation particulière pour la nourriture desdits détenus (1). (*Décret du 4 mars* 1808.)

CHAPITRE IV.

DE L'AUTORISATION DE VENDRE AVANT CO FISCATION.

1254. En cas de saisie de chevaux, mulets et autres objets quelconques de transport de marchandises en contravention aux lois sur les douanes, dont la remise sous caution aura été offerte par procès-verbal et n'aura pas été acceptée par la partie, il sera, à la diligence de l'administration des douanes, en vertu de la permission du juge de paix le plus voisin ou du juge d'instruction, procédé, dans le délai de huitaine au plus tard de la date dudit procès-verbal, à la vente par enchère des objets saisis. Il sera pareillement, dans le même délai et en vertu de la même permission, procédé à la vente des objets de consom-

---

recommandation sur écrou, quel que soit le nombre des fraudeurs condamnés à une amende solidaire; mais ces actes doivent mentionner explicitement que les prévenus qu'ils concernent sont inculpés *à raison d'une même contravention et par suite d'un même procès-verbal.* (*Circ. du* 6 avril 1840, n° 1805.)

En général, et sauf de rares exceptions, dont il est rendu un compte spécial à l'administration, on ne doit pas faire usage de la contrainte par corps envers les prévenus âgés de moins de quinze ans. (*Circ. manusc. du* 12 janv. 1841.)

En cas d'urgence ou de nécessité de service, les directeurs sont autorisés à faire cesser les détentions prononcées par jugement, sauf à rendre compte à l'administration des motifs d'une mesure tout exceptionnelle. (*Circ. manusc. du* 24 mars 1838.)

Lorsque l'élargissement d'un détenu, après jugement définitif et par suite de suspension ou d'abandon de la contrainte par corps, est purement et simplement autorisé, les receveurs ne doivent pas lui faire souscrire un acte spécial d'abandon des objets saisis; acte surabondant, puisque le droit de l'administration, de disposer de la marchandise, résulte suffisamment de la confiscation définitivement prononcée à son profit. (*Circ. du* 25 oct. 1840, n° 1857.)

(1) Les différentes régies financières ne peuvent être forcées de consigner les alimens de leurs débiteurs. (*Déc. min. transmise par la Circ. du* 6 septembre 1833.)

Voir le n° 1236 pour les contraintes décernées par les receveurs.

mation qùi ne pourront être conservés sans courir le risque de la détérioration. (*Décret du* 18 *septembre* 1811, *art.* 1er.)

L'ordonnance portant permis de vendre sera signifiée, dans le jour , à la partie saisie , si elle a un domicile réel ou élu dans le lieu de l'établissement du bureau de la douane, et, à défaut de domicile connu, au maire de la commune, avec déclaration qu'il sera immédiatement procédé à la vente, tant en absence qu'en présence, attendu le péril de la demeure : l'ordonnance du juge de paix ou du juge d'instruction sera exécutée, nonobstant appel ou opposition. (*Même Décret*, *art.* 2.)

Le produit de la vente sera déposé dans la caisse de la douane (1) pour en être disposé, ainsi qu'il sera statué en définitif par le tribunal chargé de prononcer sur la saisie. (*Même Décret*, *art.* 3.)

CHAPITRE V.

TRANSACTIONS.

1235. L'administration des douanes est autorisée à transiger sur les procès relatifs aux contraventions aux lois qui régissent cette partie du revenu public, soit avant, soit après jugement (*Arrêté du* 14 *fructidor an* 10, *art.* 1er.) (2).

---

(1) Comme il n'existe plus de caisse spéciale de douane, le produit de la vente est versé au Trésor public.

(2) Cet arrêté ne fait pas de distinction entre les peines pécuniaires et les peines personnelles; il autorise d'une manière générale, et sans distinction , l'administration des douanes à transiger en tout état de cause avec les prévenus de contravention; un des motifs de cet arrêté ayant été qu'il serait, dans certains cas, contre l'équité d'appliquer rigoureusement les peines de la fraude, il ne saurait appartenir à l'autorité judiciaire d'apprécier les circonstances qui rendraient une contravention plus ou moins excusable, puisqu'il est expressément défendu aux juges d'excuser les contrevenans sur l'intention. Pour recevoir son exécution, ledit arrêté n'était pas de nature à être inséré au *Bulletin des Lois*. (*A. de C. du* 30 *juin* 1820; Circ. n° 587.)

Les transactions sur les peines, soit civiles, soit correctionnelles, ont pour effet d'arrêter les poursuites du ministère public. (*A. de C. du* 20 *mars* 1830; Circ. n° 1486.)

Les transactions passées avec l'administration font cesser l'effet des condamnations pénales, ainsi que les condamnations pécuniaires. (*A. de la Cour royale de Pau du* 9 *décembre* 1833.)

M. le garde des sceaux reconnaît également à l'administration des douanes le

Dans les affaires résultant de procès-verbaux de saisie ou de contravention, les transactions délibérées au conseil d'administration seront définitives,

---

droit d'arrêter, en tout état de cause, les poursuites. Toutefois les *incapacités* prononcées par l'article 55 de la loi du 28 avril 1816 (n° 524) ne peuvent être remises, aux termes de cet article, que *par lettres de Sa Majesté;* mais si le jugement qui les prononce est frappé d'opposition ou d'appel, l'administration conserve encore sur ce point son droit de transaction; elle ne le perd que lorsque le jugement est passé en force de chose jugée. (*Circ. du* 24 *mai* 1855, n° 1486.)

En cas de transaction, le receveur passe avec le prévenu un acte énonçant les conditions de l'arrangement respectivement consenti. Cet acte doit porter, qu'en cas de rejet de la transaction par l'administration, les clauses provisoirement adoptées seront considérées comme non avenues, et que les parties rentreront respectivement dans tous leurs droits, tels qu'ils existaient au moment de la signature de l'acte provisoire. La réalisation des conditions de transaction doit être assurée, soit au moyen d'une consignation immédiate en argent, soit au moyen d'un acte *séparé* de cautionnement donné par une personne valable. — Les offres du prévenu sont relatées dans l'ordre suivant : 1° le remboursement des frais; 2° (s'il y a lieu) l'abandon des marchandises, ou celui de la somme de..... pour tenir lieu de leur valeur; 3° le payement d'une somme de..... pour tenir lieu de l'amende, décime compris; 4° (s'il y a lieu) l'abandon des moyens de transport, ou celui de la somme de..... pour tenir lieu de cette partie des condamnations: Les sommes offertes par le prévenu doivent toujours être énoncées en toutes lettres et en chiffres. — Aussitôt que les conditions provisoires d'une transaction sont arrêtées, le receveur en résume les clauses sur une feuille *d'avis et de renseignemens*. Il y consigne les *motifs* de la transaction, et met immédiatement cette feuille en circulation pour qu'elle soit annotée par les chefs. Elle doit d'abord être revêtue de l'annotation du lieutenant et du capitaine; dès que la feuille d'avis et de renseignemens est parvenue au directeur, ce chef adresse la transaction à l'administration avec 1° une copie du procès-verbal; si cette copie a déjà été envoyée à l'administration, il rappelle la date de la lettre d'envoi; 2° la feuille d'avis et de renseignemens; 3° copie de l'acte de transaction provisoire. Il indique en même temps le montant des condamnations légalement exigibles, le chiffre de la valeur estimative des objets de fraude, et donne ses conclusions motivées sur la transaction. (*Circ. du* 11 *octobre* 1838, n° 1713; *Déc. adm. du* 28 *avril* 1841.)

Il n'est pas nécessaire que l'acte de cautionnement soit *séparé* de la transaction; c'est par suite d'une erreur typographique que ce mot se trouve imprimé dans la circulaire n° 1713. (*Déc. adm. du* 21 *février* 1840.)

Lorsqu'il est question d'une affaire correctionnelle entraînant l'arrestation du prévenu, celui-ci ne peut être admis à transiger qu'autant qu'il fournit, indépendamment de la caution relative aux condamnations civiles, une autre caution pour assurer qu'il se présentera au besoin et se constituera prisonnier. (*Circ. du* 15 *septembre* 1822, n° 752.)

Il n'est pas indispensable que la représentation du prévenu soit assurée par un acte séparé. Il suffit d'en faire une des conditions de l'acte de cautionnement de la transaction. (*Déc. adm. du* 26 *octobre* 1839.)

1º Par l'approbation du directeur général, lorsque lesdites condamnations n'excéderont pas 3,000 fr. ;

2º Par l'approbation du ministre des finances, lorsqu'il y aura eu dissentiment entre le directeur général et le conseil d'administration, et, dans tous les cas, lorsque le montant des condamnations excédera 3,000 fr. (*Ord. du 30 janvier 1822, art. 10.*)

L'acceptation que fait le receveur, *à titre provisoire*, des propositions d'arrangement faites par les prévenus, peut précéder l'*avis* que les chefs supérieurs du service ont à exprimer successivement sur la feuille *d'avis et de renseignemens ;* toutefois, pour les saisies constatées dans les lieux où résident l'inspecteur et le receveur, celui-ci se concerte avec l'inspecteur sur l'opportunité et les conditions admissibles d'une transaction, avant d'accueillir les offres qui lui sont faites par les intéressés. (*Circ. du 14 septembre 1841, nº 1874.*)

Enregistrement.

La formalité de l'enregistrement n'est obligatoire pour les transactions que lorsque ces actes doivent être invoqués comme titres de propriété pour l'administration dans le procès-verbal de l'adjudication qu'elle fait ultérieurement des marchandises. Dès lors il n'y a pas lieu de les faire enregistrer quand l'arrangement ne contient pas de clause d'abandon de marchandise en *nature*, ou que l'objet abandonné n'est pas destiné à être exposé aux enchères publiques. Lorsqu'un jugement de confiscation est intervenu avant la transaction, on se dispense également de la faire enregistrer, mais il ne faut pas y insérer de clause d'abandon; on y exprime seulement, quant aux marchandises ou aux moyens de transports saisis, que le contractant acquiesce à la disposition du jugement (définitif ou non) qui en a prononcé la confiscation au profit de l'administration, et c'est de ce jugement qu'il est excipé dans l'acte de vente qui a lieu ensuite. (*Circ. du 12 octobre 1841, nº 1882.*)

Le droit à percevoir pour l'enregistrement des transactions est, dans tous les cas, fixé à 1 franc. (*Déc. min. du 6 avril 1833; Circ. du 19, nº 1379.*)

Décime.

Il est prélevé au profit du Trésor, par application de la loi du 6 prairial an 7, 1 décime par franc sur toutes les sommes payées, par suite de transactions sur les contraventions aux lois de douanes et à celles qui concernent l'impôt du sel pour tenir lieu, soit des amendes, soit des doubles et triples droits encourus. (*Déc. min. du 21 août 1832; Circ. du 22, nº 1343.*)

La somme affectée à l'*amende* proprement dite est seule susceptible de supporter le prélèvement du décime. (*Circ. du 6 décembre 1832, nº 1357.*)

Voir, pour les transactions en matière de sels, le nº 682.

CHAPITRE VI.

PROCÉDURES SPÉCIALES.

SECTION PREMIÈRE.

POURSUITE PAR VOIE DE CONTRAINTE.

1256. Lorsque le receveur aura fait crédit des droits, il sera, en cas de refus ou de retard de la part des redevables, autorisé à décerner contrainte, en fournissant, en tête de la contrainte, extrait du registre qui contiendra la soumission des redevables (1). (*Loi du* 22 *août* 1791 , *tit.* 13, *art.* 31.)

Les contraintes décernées, tant pour le recouvrement des droits dont il aurait été fait crédit, que pour défaut de rapport des certificats de décharge des acquits-à-caution (2), seront visées sans frais par l'un des juges du tribunal de district (3), et

---

(1) Lorsque les contraintes ont pour objet des effets de crédit protestés à l'échéance, les receveurs commencent par donner en tête une copie exacte de la déclaration en payement des droits à recouvrer, telle qu'elle a été signée sur le registre par le redevable, et ils transcrivent à la suite les traites ou obligations qu'ils ont admises pour garantir le crédit de ces droits. (*Circ. du* 22 *février* 1817, *n°* 251.)

Toutes les fois qu'il est formé des demandes judiciaires contre les redevables en retard de se libérer, il est nécessaire de conclure au payement des intérêts. (*Circ. du* 15 *octobre* 1808.)

(2) D'après le mode actuel de vérification des acquits-à-caution, les bureaux de départ sont avertis, par l'administration ou par les directeurs, de ce qu'ils ont à faire; toutefois, si l'ordre n'était pas donné de poursuivre, *dans les dix mois* qui suivent, le délai accordé pour rapporter le certificat de décharge, les receveurs devraient, d'office, décerner contrainte contre les soumissionnaires en retard. (*Circ. du* 18 *novembre* 1825, *n°* 951.)

On ne doit point exercer de poursuites contre les agens des administrations publiques avant d'en avoir averti le directeur, qui prend les ordres de l'administration. (*Circ. du* 29 *fructidor an* 9.)

(3) Ce visa a été déféré aux juges de paix par l'article 10 de la loi du 14 fructidor an 10, ainsi conçu :

« Les tribunaux de paix jugeront en première instance les contestations « concernant le refus de payer les droits, le non-rapport des acquits-à-caution « et les autres affaires relatives aux douanes. »

Les contraintes ne doivent jamais être signifiées sans avoir été rendues exécutoires par le juge de paix. (*Déc. adm. du* 7 *juin* 1841.)

exécutées par toutes voies, même par corps (1), sous le cautionnement de la régie. Les juges ne pourront, sous quelque
prétexte que ce soit, refuser le *visa* de toutes contraintes qui
leur seront présentées, à peine d'être, en leur propre et privé
nom, responsables des objets pour lesquels elles auront été
décernées. (*Même Loi, même titre*, art. 32.)

L'exécution des contraintes ne pourra être suspendue par aucune opposition ou autre acte, si ce n'est, quant à celles décernées pour défaut de rapport de certificats de décharge des
acquits-à-caution, en consignant le simple droit (2). Il est défendu à tous juges, sous les peines portées par l'article précédent, de donner contre lesdites contraintes aucunes défenses ou
surséances qui seront nulles et de nul effet, sauf les dommages
et intérêts de la partie (3). (*Même Loi, même titre, art.* 33.)

---

(1) S'il s'agit de contraindre par corps un individu qui s'est obligé, soit
comme débiteur principal, soit comme caution, pour raison de droits de
douanes, l'article 13, deuxième paragraphe, de la loi du 17 avril 1832, est
applicable, et l'emprisonnement cesse de *plein droit* à l'expiration du temps
fixé par le jugement dans les limites tracées par l'article 7 de la même loi.
(*Circ. du* 13 *mai* 1834, n° 1439.)

Dans tous les cas où la contrainte par corps a lieu en matière civile *ordinaire*, la durée en sera fixée par le jugement de condamnation ; elle sera d'un
an au moins et de dix ans au plus. (*Loi du* 17 *avril* 1832, *art.* 7, § 1er, *et
art.* 13, § 2.)

L'administration peut exercer la contrainte par corps alors même que le jugement de condamnation n'en a pas limité la durée. (*Déc. adm. du* 14 *août*
1840.)

(2) Lorsqu'il s'agit de marchandises prohibées, le soumissionnaire n'est
admis à plaider au fond qu'après avoir consigné les valeurs énoncées dans l'acquit-à-caution. (*Circ. du* 22 *fructidor an* 11.)

(3) Les contraintes susceptibles d'opposition ne sont qu'un mode d'action
donné aux régies, puisque, par l'effet de l'opposition faite suivant la loi, elles
sont réduites à la valeur d'une action ordinaire sur laquelle il faut que les tribunaux prononcent. (*A. de C. du* 28 *mai* 1811.)

Les condamnations et les contraintes émanées des administrations, dans les
cas et pour les matières de leur compétence, emportent hypothèque de la
même manière et aux mêmes conditions que celles de l'autorité judiciaire.
Conformément aux articles 2157 et 2159 du Code civil, la radiation non con-
sentie des inscriptions hypothécaires faites en vertu des condamnations prononcées ou des contraintes décernées par l'autorité administrative doit être
poursuivie devant les tribunaux ordinaires; mais si le fond du droit y est
contesté, les parties doivent être renvoyées devant l'autorité administrative.
(*Avis du conseil d'État du* 16 *thermidor an* 12.)

Il résulte de cet avis que le droit accordé à l'administration de décerner con-

SECTION II.

INSCRIPTION DE FAUX.

1237. Celui qui voudra s'inscrire en faux contre un rapport (1) sera tenu d'en faire la déclaration par écrit, en personne ou par un fondé de pouvoir spécial, passé devant notaire, au plus tard à l'audience indiquée par la sommation de comparaître devant le tribunal qui doit connaître de la contravention; il devra, dans les trois jours suivans, faire au greffe dudit tribunal le dépôt des moyens de faux, et des noms et qualités des témoins qu'il voudra faire entendre; le tout à peine de déchéance de l'inscription de faux (2). Cette déclaration sera reçue et signée par le juge

---

trainte dans les cas prévus par la loi du 22 août 1791 est formellement reconnu; et que ces contraintes suffisent pour prendre inscription sur les biens de ceux contre lesquels elles sont décernées, sans qu'il soit nécessaire d'obtenir un jugement. (*Circ. du* 25 *avril* 1812.)

Les contraintes ayant pour objet le recouvrement de droits ou créances non excédant en total la somme de 100 fr. doivent être enregistrées *gratis.* (*Loi du* 16 *juin* 1824, *art.* 6.)

Lorsque la somme excède 100 fr., l'enregistrement est soumis au droit fixe de 1 fr. (*Loi du* 22 *frimaire an* 7, *art.* 68, *n*° 30.)

Une contrainte n'a reçu son caractère que lorsqu'elle a été visée, et ce n'est que la notification qui en constitue l'existence; il n'est donc dû de droit d'enregistrement qu'au moment de la signification. Jusque-là, ni pour la contrainte elle-même, ni pour le visa, le droit ne peut être exigible. (*Circ. du* 22 *février* 1817, *n*° 251.)

Voir le n° 210 pour le privilége accordé au Trésor; le n° 60 pour les contraintes décernées, dans certains cas, contre les fonctionnaires destitués ou démissionnaires; le n° 1233 pour les contraintes par corps en matière civile, et le n° 1245 pour les poursuites contre les faillis.

(1) On a vu, n° 1201, que les procès-verbaux régulièrement rédigés par les préposés des douanes font foi jusqu'à inscription de faux.

(2) L'inscription de faux contre un procès-verbal de saisie doit toujours être déclarée à la première audience indiquée pour comparaître. (*A. de C. des* 28 *août* 1834, 31 *déc.* 1836 *et* 9 *mai* 1838; *Circ. n*os 1461, 1603 *et* 1691.)

L'inscription de faux est recevable à quelque instant de la *première* audience qu'elle soit déclarée, pourvu qu'aucune décision n'ait été rendue sur le fond de la contestation. (*A. de C. du* 15 *juin* 1841.)

Si le prévenu fait défaut à la première audience indiquée pour comparaître, il n'est plus à temps de s'inscrire en faux contre le procès-verbal. (*A. de C. des* 23 *juin* 1817 *et* 9 *mai* 1838.)

L'inscription de faux n'est plus recevable à l'audience où, après un jugement

et le greffier, dans le cas où le déclarant ne saurait écrire ni signer (1). (*Loi du 9 floréal an 7, tit. 4, art. 12.*)

Lorsqu'une inscription de faux n'aura pas été faite dans le délai et suivant les formes déterminées par la loi du 9 floréal an 7, il sera, sans y avoir aucun égard, passé outre à l'instruction et au jugement de l'affaire (2). (*Arrêté du 4ᵉ jour complém. an 11, art. 10.*)

Admission de l'inscription.

1238. Dans le cas d'une inscription de faux contre un procès-

---

par défaut, le prévenu ayant formé opposition, comparaît pour la première fois. (*A. de C. du 9 novembre* 1840; *Circ. nᵒ* 1844.)

Si, en comparaissant sur l'assignation qui lui est donnée, le prévenu se borne à demander l'annulation de la citation pour vice de forme, et qu'elle soit en effet déclarée nulle, il peut encore, sur la nouvelle assignation qui lui est donnée à une autre audience, s'inscrire en faux contre le procès-verbal des préposés. (*A. de C. du 22 frimaire an* 13.)

L'obligation prescrite à peine de nullité, de déposer les moyens de faux dans les trois jours de l'inscription, s'applique au cas où les prévenus attaquent subsidiairement le procès-verbal pour vice de forme, et l'inobservation de cette formalité peut leur être opposée ultérieurement en tout état d'instance. (*A. de C. du 4 mars* 1841.)

L'étranger contre lequel il est rédigé un procès-verbal pour délit de douane, et qui s'inscrit en faux, ne peut pas, à raison de cette inscription, être considéré comme demandeur principal; il n'est que défendeur de l'action dirigée contre lui, et, comme tel, non assujetti à la caution exigée par l'article 166 du Code de procédure civile. (*A. de C. du 15 septembre* 1820.)

(1) L'inscription de faux contre un procès-verbal n'est pas nulle pour n'avoir point *été écrite en entier de la main de l'inscrivant*, si d'ailleurs elle est signée de lui. (*A. de C. du 7 germinal an* 11.)

Lorsque l'inscrivant en faux sait écrire ou signer, la déclaration d'inscription de faux doit, à peine de nullité, être signée par lui ou par son fondé de pouvoir spécial et notarié. (*A. de C. du 1ᵉʳ juin* 1827.)

Lorsqu'une partie des prévenus arguent de faux un procès-verbal, il n'en conserve pas moins toute sa force et son autorité à l'égard des autres prévenus. (*A. de C. du 20 novembre* 1807.)

(2) L'arrêté du 4ᵉ jour complémentaire an 11, en ordonnant de juger sans délai les contraventions, n'admet de surséance que lorsque l'inscription de faux a été formée suivant les formes établies. (*A. de C. du 20 nov.* 1807.)

Les tribunaux d'appel sont compétens pour statuer sur une inscription de faux qui, proposée subsidiairement devant les premiers juges, était demeurée sans examen ni solution parce que le procès-verbal avait été purement et simplement annulé pour vice de forme. (*A. de C. du 4 mars* 1841.)

Voir, au nᵒ 1209, un arrêt de cassation du 4 juin 1817, concernant les juges d'appel.

verbal constatant fraude, si l'inscription est faite dans le délai et suivant la forme prescrite par l'article 12 du titre 4 de la loi du 9 floréal an 7, et en supposant que les moyens de faux, s'ils étaient prouvés, détruisissent l'existence de la fraude à l'égard de l'inscrivant, le commissaire du gouvernement près le tribunal saisi de l'affaire fera les diligences convenables pour y faire statuer sans délai (1). Il sera sursis, conformément à l'article 536 du Code des délits et des peines (2), au jugement de la contravention jusqu'après le jugement de l'inscription de faux (3) ; et néanmoins, en vertu de l'article 13 du titre 4 de la loi du 9 floréal an 7 (no 1207), le tribunal saisi de la contravention ordonnera provisoirement la vente des marchandises sujettes à dépérissement et des chevaux qui auront servi au transport. (*Arrêté du 4e jour complém. an 11 , art. 9.*)

---

(1) Le tribunal qui déclare qu'une inscription de faux contre un procès-verbal ne doit pas être admise, ne peut surseoir au jugement de la contravention. (*A. de C. du* 9 *ventôse an* 13.)

La déclaration d'inscription de faux n'est qu'un acte préliminaire insuffisant, sous tous les rapports, pour autoriser une surséance au jugement de la contravention. Ce n'est qu'après avoir déclaré les moyens de faux pertinens que le tribunal peut et doit ordonner cette surséance. (*A. de C. du* 1er *déc.* 1809.)

L'inscription de faux n'est admissible, contre quelque acte que ce soit, que dans le cas où le sort de la contestation principale dépend de la vérité ou de la fausseté de cet acte; et ainsi ni l'une ni l'autre des parties ne sont recevables à s'inscrire en faux contre un acte qui , supposé vrai, n'aurait pas plus d'influence sur la contestation principale que s'il était jugé faux. (*A. de C. du* 26 *floréal an* 13.)

Lorsqu'il y a inscription de faux, laquelle suspend l'action civile si le jugement qui donne acte de cette déclaration d'inscription déclare en même temps le procès-verbal nul, ce même jugement, nonobstant l'inscription, peut être attaqué par la voie de l'appel. (*A. de C. du* 10 *juin* 1806.)

Le faux ne peut être reproduit en appel quand il a été écarté en première instance. (*A. de C. du* 19 *messidor an* 7.)

(2) Cet article 536 a été remplacé par l'article 460 du Code d'instruction criminelle.

(3) Lorsqu'un jugement a déclaré les moyens de faux pertinens et admissibles, l'action à exercer est une action publique qui appartient au procureur du Roi ; elle est de la compétence de la Cour d'assises. (*A. de C. du* 1er *oct.* 1807.)

Si l'autorisation de poursuivre les préposés accusés de faux est refusée, l'action principale se trouve anéantie ; mais la foi due au procès-verbal ayant cessé d'exister, la discussion des moyens de faux produits par l'inscrivant doit être entamée, et si ces moyens sont écartés , il y a lieu à conclure contre lui aux peines résultant du fait de fraude. (*Déc. adm. du* 9 *février* 1830.)

Voir, pour la mise en jugement des préposés, le livre Ier, no 38.

SECTION III.

SAISIES-ARRÊTS OU OPPOSITIONS ENTRE LES MAINS DES RECEVEURS.

Sur les fonds du Trésor.

1239. Toutes saisies du produit des droits, faites entre les mains des recèveurs, ou en celles des redevables envers la régie, seront nulles et de nul effet; nonobstant lesdites saisies, les redevables seront contraints au payement des sommes par eux dues; et les huissiers qui auront fait aucuns desdits actes seront interdits de leurs fonctions et condamnés en 1,000 fr. d'amende, sauf aussi les dommages et intérêts de la régie contre les huissiers et contre les saisissans. (*Loi du 22 août* 1791, *tit.* 12, *art.* 9.)

Sur les sommes dues par l'État.

1240. Toutes saisies-arrêts ou oppositions sur des sommes dues par l'État, toutes significations de cession ou transport desdites sommes, et toutes autres ayant pour objet d'en arrêter le payement, devront être faites entre les mains des payeurs, agens ou préposés sur la caisse desquels les ordonnances ou mandats seront délivrés (1). Néanmoins à Paris, et pour tous les payemens à effectuer à la caisse du payeur central au Trésor public, elles devront être exclusivement faites entre les mains du conservateur des oppositions au ministère des finances. Seront considérées comme nulles et non avenues toutes oppositions ou significations faites à toutes autres personnes que celles ci-dessus indiquées. (*Loi du 9 juillet* 1836, *art.* 13.)

Lesdites saisies-arrêts, oppositions et significations n'auront d'effet que pendant cinq années, à compter de leur date, si elles n'ont pas été renouvelées dans ledit délai, quels que soient d'ailleurs les actes, traités ou jugemens intervenus sur lesdites

---

(1) Il est de règle que le montant d'une dépense soit payé par le receveur principal dans la division duquel la cause même de cette dépense a pris naissance; mais lorsque des considérations de service exigent que cette dépense soit acquittée par un autre comptable de la même direction, le directeur ne doit délivrer d'ordre de payement sur la caisse de ce dernier qu'après s'être assuré qu'aucune opposition n'a été formée entre les mains du premier. (*Circ. du 9 mars* 1838, *nº* 1676.)

oppositions et significations. En conséquence, elles seront rayées d'office des registres dans lesquels elles auraient été inscrites, et ne seront pas comprises dans les certificats prescrits par l'article 14 de la loi dn 19 février 1792, et par les articles 7 et 8 du décret du 18 août 1807 (*Loi du 9 juillet* 1836, *art.* 14.) (1).

Formalités.

1241. Toute opposition et signification devra rester pendant vingt-quatre heures au bureau ou à la caisse où elle sera faite, et devra être visée sur l'original par le conservateur ou par le comptable (2). (*Arrêté minist. du 24 octobre* 1837, *art.* 9; *Circ. n°* 1676.)

Lesdites oppositions et significations devront contenir les noms, qualités et demeures du saisissant et du saisi, la somme pour laquelle la saisie est faite, et la désignation de la créance saisie (3). Elles devront en outre contenir copie ou extrait du

---

(1) Les dispositions de l'article 14 de la loi du 9 juillet 1836 sont déclarées applicables aux saisies-arrêts, oppositions et autres actes ayant pour objet d'arrêter le payement des sommes versées, à quelque titre que ce soit, à la caisse des dépôts et consignations et à celle de ses préposés. Toutefois le délai de cinq ans mentionné à l'article 14 ne courra, pour les oppositions et significations faites ailleurs qu'à la caisse ou à celle de ses préposés, que du jour du dépôt des sommes grevées desdites oppositions et significations. Les dispositions du décret du 18 août 1807, sur les saisies-arrêts ou oppositions, sont également déclarées applicables à la caisse des dépôts et consignations. (*Loi du 8 juillet* 1837, *art.* 11.)

La loi du 8 juillet 1837 n'ayant pas reproduit les termes de l'article 13 de celle de 1836, en ce qui concerne les *significations de cession ou de transport* des sommes dues par l'État, il s'ensuit que la prescription quinquennale n'est pas applicable à ces derniers actes *en ce qui concerne la caisse des dépôts.* (*Circ. du 9 mars* 1838, *n°* 1676.)

Voir, au n° 1243, les articles 7 et 8 du décret du 18 août 1807, ci-dessus cités. L'article 14 de la loi du 19 février 1792, également cité par la loi de 1836, est ainsi conçu :

« Il sera délivré, sans frais, par les commissaires de la Trésorerie natio-« nale, des extraits d'oppositions, à la charge par les requérans de fournir le « papier timbré nécessaire. »

(2) Articles 9 de la loi du 19 février 1793, 3 du décret du 1er pluviôse an 11, 5 du décret du 18 août 1807, et 561 du Code de procédure.

(3) La mention vague et générale que la saisie porte *sur toutes sommes quelconques qui sont dues ou pourraient l'être par la suite au débiteur saisi,* ne doit pas être admise. Cette formule ne contient en effet aucune *désignation* uffisante. La loi a voulu que le saisissant indiquât au moins la *nature* de la

titre du saisissant, ou de l'ordonnance du juge qui a autorisé
la saisie ; faute de quoi elles ne seront ni visées ni reçues,
et resteront sans effet (1). Dans ce cas, le conservateur ou
comptable mentionnera et motivera son refus en marge de
l'original. L'opposition n'ayant d'effet que pour la somme pour
laquelle elle est formée (2), les payeurs et comptables devront
payer au créancier tout le surplus de la somme ordonnancée et
non saisie. (*Même Arrêté, art.* 10.)

Registre.

1242. Le conservateur des oppositions au ministère des
finances et tous les payeurs et autres comptables du Trésor et
des administrations de finances, ouvriront des registres sur lesquels ils porteront, par ordre de date et de numéro, toutes les
saisies-arrêts, oppositions, significations de cession ou transport ; et tous autres actes ayant pour objet d'arrêter le payement
des sommes dues par l'État, qui auraient été ou seraient faits entre
leurs mains depuis la publication de la loi du 9 juillet 1836, ou
qui, ayant été faits antérieurement à ladite loi, auraient été renouvelés dans l'année de sa publication. (*Arrêté minist. du* 24 *octobre* 1837, *art.* 5.)

Certificats.

1243. Les receveurs dépositaires ou administrateurs seront
tenus de délivrer, sur la demande du saisissant, un certificat qui
tiendra lieu, en ce qui les concerne, de tous autres actes et formalités prescrits à l'égard des tiers saisis, par le titre 20 du
livre 3 du Code de procédure civile. S'il n'est rien dû au saisi, le
certificat l'énoncera. Si la somme due au saisi est liquide, le

---

créance saisie. La *désignation* des valeurs arrêtées est surtout nécessaire toutes
les fois que les intérêts du Trésor ou ceux du service sont directement en-
gagés ; dans toute autre circonstance, il n'y a nul inconvénient à ce que l'exploit de saisie-arrêt soit visé, alors même que les termes de la désignation
laisseraient quelque chose à désirer. On doit, dans ce dernier cas, réserver
aux tribunaux le soin de juger du mérite de l'opposition au fond. (*Circ. du*
9 *mars* 1838.)

(1) Articles 8 de la loi du 19 février 1792, 1er de la loi du 30 mai 1793,
2 et 5 du décret du 1er pluviôse an 11, 1er, 2 et 5 du décret du 18 août 1807.

(2) Articles 2 de la loi du 30 mai 1793, 4 du décret du 1er pluviôse an 11,
et 4 du décret du 18 août 1807.

certificat en déclarera le montant. Si elle n'est pas liquide, le certificat l'exprimera (1). (*Décret du 18 août 1807, art. 6.*)

Dans le cas où il serait survenu des saisies-arrêts ou oppositions sur la même partie et pour le même objet, les receveurs dépositaires ou administrateurs seront tenus, dans les certificats qui leur seront demandés, de faire mention desdites saisies-arrêts ou oppositions, et de désigner les noms et élection du domicile des saisissans et les causes desdites saisies-arrêts ou oppositions. (*Même Décret, art. 7.*)

S'il survient de nouvelles saisies-arrêts ou oppositions depuis la délivrance d'un certificat, les receveurs dépositaires ou administrateurs seront tenus, sur la demande qui leur en sera faite, d'en foûrnir un extrait constatant pareillement les noms et élection du domicile des saisissans, et les causes desdites saisies-arrêts ou oppositions. (*Même Décret, art. 8.*)

Obligation du receveur.

1244. Tout receveur dépositaire ou administrateur de caisse ou de deniers publics entre les mains duquel il existera une saisie-arrêt ou opposition sur une partie prenante, ne pourra vider ses mains sans le consentement des parties intéressées ou sans y être autorisé par justice (2). (*Même Décret, art. 9.*)

---

(1) Le conservateur des oppositions, et tous les payeurs et autres comptables entre les mains desquels il a été fait des oppositions ou significations ayant pour objet d'arrêter le payement de sommes dues par l'État, doivent, lorsqu'ils en sont requis par la partie saisie, par l'un des créanciers opposans, leurs représentans ou ayans-cause, délivrer extrait ou état desdites oppositions ou significations, à la charge par la partie de fournir le papier timbré nécessaire. Sont toutefois dispensés du timbre les extraits ou états délivrés sur la demande et dans l'intérêt de l'administration. (*Arrêté minist. du 24 octobre 1837, art. 8.*)

L'administration ne pouvant, en aucun cas, être appelée en déclaration affirmative, les payeurs et autres comptables ou agens de l'administration doivent délivrer, lorsqu'ils en sont requis par le saisissant ou autre créancier opposant, un certificat constatant les sommes ordonnancées sur leur caisse et restées dues à la partie saisie. (*Même Arrêté, art. 11.*)

Il ne faut pas que les indications de ces certificats puissent avoir pour effet d'immiscer le saisissant dans le détail d'opérations commerciales qu'un négociant peut avoir un légitime intérêt à tenir secrètes. (*Circ. du 9 mars 1838.*)

(2) La partie saisissable des appointemens civils et militaires et des sommes qui en tiennent lieu, saisie entre les mains des payeurs, agens et autres comptables chargés d'en effectuer le payement à la décharge de l'État, doit être

SECTION IV.

POURSUITES CONTRE LES FAILLIS DÉBITEURS DES DROITS DE DOUANES (1).

Privilége du Trésor.

1245. La régie aura privilége et préférence à tous créanciers

---

versée d'office et chaque mois à la caisse des dépôts et consignations par lesdits payeurs, agens et autres comptables. Aucun autre dépôt des sommes ordonnancées ou mandatées sur leur caisse et grevées d'opposition ne peut être effectué que dans les cas suivans : 1° lorsque le dépôt a été autorisé par une loi ; 2° lorsqu'il a été prescrit par un jugement ou une ordonnance du président du tribunal ; 3° lorsqu'il a été autorisé par acte passé entre l'administration et ses créanciers. (*Arrêté min. du* 24 *octobre* 1837, *art.* 1er.)

Cet article ne s'applique qu'aux sommes en *état de saisie ;* ce sont ces sommes que les comptables doivent verser chaque mois à la caisse des dépôts ; mais pour celles qui sont définitivement attribuées à un tiers, soit par un jugement passé en force de chose jugée, soit par un transport ou une délégation, les receveurs à qui l'on produit les titres exécutoires doivent y satisfaire. (*Circ. du 4 août* 1838, *n°* 1703.)

Le dépôt, dans tous les cas, doit être accompagné d'un extrait certifié de chacune des oppositions et significations existantes et frappant les sommes déposées. Cet extrait contient les noms, prénoms, qualités et demeures du saisissant et du saisi, l'indication du domicile élu par le saisissant, le nom et la demeure de l'huissier, la date de l'exploit et le titre en vertu duquel la saisie a été faite, la désignation de l'objet saisi et la somme pour laquelle la saisie a été formée. (*Arrêté min. du* 24 *octobre* 1837, *art.* 2.)

Le récépissé qui est délivré par la caisse des dépôts ou par ses préposés doit toujours être accompagné d'un reçu particulier constatant la remise des extraits d'oppositions et significations jointes au dépôt. Pour les versemens faits à Paris, le reçu des pièces est remis au conservateur des oppositions, au ministère des finances. (*Même Arrêté, art.* 3.)

Voir le n° 45 pour la portion saisissable des traitemens.

(1) Aussitôt qu'un négociant engagé envers la douane pour crédit aura laissé protester sur la place un effet de commerce, le receveur, qui doit toujours avoir pris les moyens nécessaires pour être informé à temps de la dénonciation du protêt, fera avertir officieusement le redevable et sa caution qu'ils doivent désintéresser immédiatement le Trésor de *toutes* sommes dont il est à découvert ; faute de quoi la déclaration judiciaire de la faillite serait instantanément poursuivie en vertu de l'article 440 du Code de commerce, afin de rendre légalement exigibles les dettes non échues, et de justifier l'application du privilége du Trésor sur l'actif des débiteurs. Si, le négociant engagé, la caution et les commissionnaires de ses créanciers réunis s'entendent pour offrir collectivement ou séparément des sûretés nouvelles, au moyen desquelles ils demanderaient qu'il fût sursis à toute poursuite *actuelle,* le receveur, après avoir apprécié la nature et la valeur des garanties offertes, en

sur les meubles et effets mobiliers des redevables pour les droits (1). (*Loi du 22 août* 1791, *tit.* 13, *art.* 22.)

Au cas de l'article précédent, la régie aura hypothèque sur les immeubles des redevables. (*Même Loi, même titre, art.* 23.)

Le privilége, à raison des droits du Trésor public, et l'ordre dans lequel il s'exerce, sont réglés par les lois qui les concernent. Le Trésor public ne peut cependant obtenir de privilége au préjudice des droits antérieurement acquis à des tiers (2). (*Code civil, art.* 2098.)

---

référera immédiatement au directeur, si ce chef réside au même lieu, ou, en cas d'éloignement et d'urgence, à l'inspecteur de la localité; il déterminera, d'une manière complète et précise, l'importance et l'objet des sûretés, et les conditions légales qui en assureront la validité; il exprimera son avis touchant la détermination qui paraîtra devoir être prise, si cet avis tend à l'acceptation des offres des redevables, et si l'inspecteur ou le directeur l'autorise, la responsabilité du receveur cessera de plein droit *pour le fait de l'abstention de poursuites judiciaires après le protêt*, et ne portera plus que sur les conditions primitives du crédit, sur l'appréciation des sûretés postérieurement acceptées après le protêt et sur l'efficacité des poursuites ultérieures éventuelles.

Si, au contraire, le receveur a conclu au rejet de tout moyen conciliatoire et à l'emploi immédiat des moyens de rigueur, et si, *par des considérations graves*, dont il sera sur-le-champ rendu compte à l'administration, le directeur, s'il a pu être consulté, ou, à défaut, l'inspecteur de la localité, prescrivent d'office, *en vertu d'une délégation spéciale qui leur est ici expressément donnée à cet égard*, une surséance de poursuites avec ou même sans nouvelles garanties, la responsabilité du comptable demeurera pareillement couverte *quant aux conséquences directes ultérieures de cette surséance*. (*Déc. min. du 8 septembre* 1841.)

L'acceptation des garanties nouvelles ne doit changer en rien la position des cautions primitives envers le Trésor, et il faut qu'elles interviennent aux actes pour le reconnaître expressément. Le receveur des douanes demeure soumis à la responsabilité ordinaire quant aux poursuites que comporterait l'affaire une fois engagée dans cette voie. (*Circ. lith. du 1er décembre* 1841.)

(1) Le texte complet de cet article a été rapporté au n° 210, où se trouve également l'article 4, titre 6, de la loi du 4 germinal an 2, qui a consacré le principe du privilége en faveur du Trésor.

(2) L'article 2098 du Code civil a conservé les droits attribués par les lois antérieures à la régie des douanes, comme il a maintenu tous les autres droits du Trésor; mais cette administration ne peut être dispensée de la publicité que la loi du 11 brumaire an 7 prescrit de donner aux hypothèques par la voie de l'inscription, et dont le Trésor public lui-même n'est point exempt. On ne saurait non plus valider les inscriptions prises par l'administration dans les dix jours qui précèdent une faillite; ce serait encore là une dérogation au droit commun, dont la nécessité ne serait pas assez sentie et dont les inconvéniens pourraient être très-graves. (*Lett. du min. de la justice du 4 mai* 1810.)

Marche à suivre par les receveurs.

1246. En cas de faillite d'un redevable de droits de douanes, aussitôt que les receveurs en auront connaissance, ils devront sur-le-champ (1) décerner contrainte (n° 1236) tant contre le *principal obligé que contre la caution* (2); *prendre, en vertu de cette contrainte dûment visée, inscription sur les immeubles de l'un et de l'autre, et faire saisir le mobilier* (3). (*Circ. du 8 avril 1823, n° 792.*)

Compétence.

1247. Les tribunaux de paix connaissent, en première instance, des affaires relatives aux faillites dans lesquelles l'administration des douanes se trouve intéressée (4). (*Loi du 14 fructidor an 3, et A. de C. du 27 messidor an 12.*)

Cette lettre fait connaître que l'administration n'a point cessé d'avoir un privilége sur les immeubles des débiteurs de droits, mais qu'il ne peut s'exercer que par la voie de l'inscription et au rang que sa date lui assigne, et qu'il n'est plus possible de prendre cette inscription lorsqu'une faillite est déclarée ouverte. (*Circ. du 12 juillet* 1810.)

La contrainte dûment visée par le juge de paix est un titre suffisant pour requérir des inscriptions hypothécaires. (*Déc. min. du 28 pluviôse; Circ. du 4 ventôse an 10, et Avis du conseil d'État du 16 thermidor an 12.*)

(1) Les effets de commerce admis en payement de droits et transmis tous les dix jours au caissier du Trésor ne sont point renvoyés aux comptables qui ont fait crédit', alors que le redevable vient à faillir avant l'échéance. (*Déc. de la compt. génér. du 10 février* 1835.)

(2) La caution d'un redevable failli qui acquitte le montant des droits soumissionnés est substituée, envers les créanciers de la faillite, aux droits et priviléges de la douane. (*Jugem. du trib. de paix du Hâvre du 6 mai* 1839.)

(3) Les receveurs doivent, à l'instant où la faillite est déclarée, former, entre les mains des syndics, opposition à la remise de toutes valeurs provenant de l'actif, et exiger que le montant des recouvremens qu'ils auraient pu opérer pour le compte du failli soit versé dans leur caisse. Ils doivent également, et sans le concours obligé des syndics, faire procéder à la vente du mobilier et en encaisser le prix. (*Jugem. du 21 février* 1822; *Circ. des 8 avril et 12 mai* 1823, *n°s 792 et 800.*)

(4) Les demandes en revendication de marchandises saisies après faillite pour garantie de droits à recouvrer sont de la compétence des juges de paix, et non de celle des tribunaux de commerce. (*A. de C. du 27 messidor an* 12.)

L'administration ne peut être distraite des tribunaux ordinaires et traduite devant les juges de commerce par suite des faillites des débiteurs de droits dans lesquelles elle se trouve comprise. (*Jugem. du 10 août* 1821; *Circ. du 8 avril* 1823.)

SECTION V.

POURSUITE CONTRE LES COMMUNES RESPONSABLES DE CERTAINS DÉLITS.

1248. Dans les cas prévus par les articles 13 et 14 *du présent Arrêté* (nos 80 et 37), la poursuite de la réparation et des dommages-intérêts ne pourra être faite qu'à la diligence du préfet du département, autorisé par le gouvernement, devant le tribunal civil de l'arrondissement dans lequel le délit aura été commis. (*Arrêté du 4e jour compl. an* 11, *art.* 16.)

Les dommages-intérêts seront fixés par le tribunal civil, sur le vu des procès-verbaux et autres pièces constatant les voies de fait, excès et délits (1). (*Loi du* 10 *vendémiaire an* 4, *tit.* 5, *art.* 4.)

Le tribunal civil règlera le montant de la réparation et des dommages-intérêts dans les dix jours, au plus tard, qui suivront l'envoi des procès-verbaux. (*Loi du* 10 *vend. an* 4, *tit.* 5, *art.* 5.)

Les dommages-intérêts ne pourront jamais être moindres que la valeur entière des objets pillés et choses enlevées. (*Même Loi, même titre, art.* 6.)

Le jugement du tribunal civil portant fixation des dommages-intérêts sera envoyé, dans les vingt-quatre heures, par le procureur du Roi, au préfet du département, qui sera tenu de l'envoyer, sous trois jours, à la municipalité ou à l'administration municipale du canton (2). (*Même Loi, même titre, art.* 7.)

C'est aux tribunaux civils qu'appartient la décision des instances relatives à la revendication d'effets et marchandises trouvés chez un failli, débiteur de droits de douanes. (*A. de la Cour royale de Paris du* 29 *août* 1821; *Circ. du* 8 *avril* 1823.)

(1) Il n'est pas nécessaire, pour valider les poursuites contre une commune, que le délit ait été constaté par le maire. Le procès-verbal des employés des douanes suffit. (*A. de C. du* 28 *prairial an* 13.)

Les voies de fait, excès et délits de nature à entraîner la responsabilité des communes peuvent être constatés par d'autres pièces que les procès-verbaux des administrations locales. Ceux que rédigent les préposés des douanes suffisent pour poursuivre les effets de cette responsabilité. (*A. de C. du* 9 *décembre* 1806.)

Cette jurisprudence est conforme à un avis du Conseil d'État, du 5 floréal an 13, ainsi conçu : « Lorsqu'une commune est dans le cas de la responsabi-« lité, le procès-verbal des officiers municipaux n'est pas absolument indis-« pensable pour l'application de cette responsabilité. »

(2) La municipalité est tenue de verser le montant des dommages-intérêts

CHAPITRE VII.

RÉPARTITION DU PRODUIT DES SAISIES.

Saisies faites par des préposés seuls.

1249. Le produit net des sommes provenant des confiscations et amendes encourues pour contraventions aux lois sur l'importation ou sur l'exportation et la circulation des denrées et marchandises, déduction faite des trois vingtièmes qui doivent être versés dans la caisse des retraites (1) établie en faveur des préposés des douanes, sera réparti ainsi qu'il suit (*Arrêté du 9 fructidor an 5, art.* 1er) :

Un sixième appartient au Trésor public (2).

à la caisse du département dans le délai de dix jours : à cet effet, on fait contribuer les vingt plus forts contribuables résidant dans la commune. (*Loi du 10 vendémiaire an 4, titre 5, art.* 8.)

(1)   *Caisse des retraites.*

La retenue opérée au profit de la caisse des retraites sur le produit net des saisies, amendes et contraventions de douanes, est de 25 pour 100. (*Ord. du 21 mai 1817, art.* 2.)

Dans les saisies opérées concurremment par des employés des différentes administrations financières, la part revenant aux chefs et aux saisissans, suivant les règlemens particuliers à chaque régie, n'est grevée que d'une seule et unique retenue au profit de la caisse des retraites. (*Déc. min. du 7 nov.* 1827; *Circ. du 19, n° 1073.*)

L'administration *poursuivante* effectue elle-même dans la répartition *principale* la retenue sur l'intégralité des parts dévolues à tous les ayans-droit appartenant par leurs fonctions au département des finances. Les parts attribuées aux agens de ce département doivent donc être toujours établies au *net* dans les états de répartitions. (*Circ. du 20 décembre 1834, n° 1466.*)

Sont affranchies de la retenue pour la caisse des retraites :

1° Les parts des indicateurs ; (*Déc. adm. du 28 décembre 1819.*)

2° Celles attribuées aux militaires (chefs et soldats) et à tous autres fonctionnaires étrangers au département des finances ; (*Arrêté du 9 fructidor an 5, art.* 17 ; *Déc. adm. du* 1er *fructidor an 11·*)

3° Enfin celles attribuées aux personnes qui n'appartiennent à aucune branche de l'administration publique. (*Déc. min. du 2 fructidor an 5 ; Circ. du 28.*)

(2)   *Sixième du Trésor.*

Le sixième réservé au Trésor public est versé à la caisse des retraites. (*Ord. du 21 mai 1817, art.* 3.)

Toute saisie indistinctement doit supporter le prélèvement de ce sixième,

Trois sixièmes appartiennent aux saisissans : celui qui a commandé la saisie (1) a ou deux parts ou part et demie, suivant son grade (2). Si, après lui, il se trouve au nombre des saisissans

---

quelles que soient et la quotité de la somme à répartir et la nature des objets saisis. (*Circ. du* 25 *mai* 1817, *n°* 279.)

(1) On distingue pour la répartition du produit des saisies celles qui sont effectuées sur les frontières de terre et de mer *en campagne*, de celles qui sont faites dans les bureaux.

Saisies en campagne.

Une arrestation faite sur la *route*, bien que la majeure partie des marchandises ne soit découverte qu'au bureau, constitue une saisie en *campagne*. (*Déc. adm. du* 25 *octobre* 1817.)

Des préposés du service actif, de garde devant un bureau, qui visitent le voyageur qui en sort pour s'assurer si sa déclaration a été fidèle, et qui, découvrant qu'elle a été fausse, saisissent alors l'objet soustrait à la surveillance des commis de ce bureau, effectuent une saisie en *campagne*. (*Circ. du* 26 *ventôse an* 10.)

(2)   *Saisissans.*

Les chefs ne peuvent cumuler avec leurs parts, comme saisissans, la portion attribuée à leur grade comme employés supérieurs ; ils sont tenus d'opter, et la part qu'ils abandonnent est réunie à celle des saisissans. (*Arrêté du* 9 *fructidor an* 5, *art.* 9.)

Quand le détachement est commandé par un directeur, un inspecteur ou un sous-inspecteur, ensemble ou séparément, chacun de ces chefs est rétribué de... 2 parts.
Le capitaine qui en fait également partie est rétribué de...... 1   1/2
Les lieutenans ou, à défaut, les brigadiers, de.............. 1   1/4
Et les autres saisissans, gradés ou non, chacun de.......... 1   »
(*Arrêté du* 9 *fructidor an* 5, *art.* 6 ; *Circ. du* 2 *messidor an* 6, *et Déc. adm. du* 17 *octobre* 1828.)

Quand les saisissans sont commandés par un capitaine de brigades, ce chef a... 2 parts.
Les lieutenans... 1   1/2
Les brigadiers... 1   1/4
Et les autres saisissans.................................. 1   »
(*Arrêté du* 9 *fructidor an* 5, *art.* 5 ; *Circ. du* 2 *messidor an* 6, *et Déc. adm. du* 17 *octobre* 1828.)

Quand le détachement est commandé par un lieutenant, ce chef a 1   part 1/2
Les brigadiers... 1   1/4
Et les autres saisissans.................................. 1   »
(*Arrêté du* 9 *fructidor an* 5, *art.* 4.)

Quand le détachement est commandé par un brigadier ou sous-brigadier, ce chef a.. 1 part 1/2
Et les autres saisissans.................................. 1   »
(*Même art.*)

Employés de bureau.

Lorsque des employés de bureau ont concouru avec des préposés du service

un brigadier, il a part et quart; chacun des autres saisissans a une simple part.

Les deux autres sixièmes se partagent entre les préposés supérieurs qui sont, les directeur, inspecteur, sous-inspecteur, receveur, capitaine de brigades et lieutenant; ce dernier ne peut avoir que moitié de la part qui revient aux autres préposés supérieurs.(1). (*Arrêté du 16 frimaire an 11, art. 1er du Règl.*)

---

actif à une saisie en *campagne*, les premiers sont rétribués par assimilation de grades, savoir :

Les receveurs principaux comme les directeurs ou inspecteurs ;

Les receveurs particuliers, les vérificateurs et les premiers commis de direction, comme les capitaines de brigades ;

Et les commis comme les lieutenans. (*Déc. adm. des 24 mai* 1811, 2 *août* 1824 *et 28 mai* 1839.)

Toutefois, si le receveur et le vérificateur dépendent du même bureau, le premier seul a deux parts, le second, part et demie, et les employés de grades inférieurs ont part et quart. (*Déc. adm. du 26 janvier* 1832.)

Marine des douanes.

Lorsque des employés de la marine des douanes coopèrent à une saisie en *campagne*, ils sont également rétribués par assimilation de grades, savoir :

Les capitaines et les lieutenans de patache comme les lieutenans ;

Les patrons comme les brigadiers ;

Les sous-patrons comme les sous-brigadiers ;

Les matelots comme les préposés. (*Circ. du 26 août* 1834, *n°* 1454.)

Cependant, si aucun employé du grade de capitaine de brigades n'a fait partie du détachement des saisissans, le capitaine de patache est rétribué comme capitaine de brigades. (*Déc. adm. du 31 décembre* 1819.)

(1)   *Des chefs des douanes.*

Les deux sixièmes sont partagés entre les directeur, inspecteur, receveur, capitaine et lieutenant, de manière cependant que le lieutenant ne reçoive que la moitié d'une des parts revenant à chacun des préposés supérieurs. (*Arrété du 9 fructidor an 5, art*. 7.)

Le titulaire d'un emploi supérieur n'a droit à la part de chef dans les saisies qu'à compter du jour de son installation, quel que soit le motif qui a pu retarder son arrivée; mais, lorsqu'il est une fois installé et qu'il s'absente avec autorisation, il continue à jouir de ses parts de chef, à l'exclusion de l'employé chargé de l'intérim de sa place. (*Circ. du 31 octobre* 1820, *n°* 612.)

Si le titulaire prolonge son absence au delà du terme de son congé, l'intérimaire participe aux saisies effectuées dans l'intervalle de temps écoulé entre l'expiration du congé et le retour du titulaire à son poste. (*Déc. adm. du* 20 *juillet* 1839.)

En cas de vacance absolue d'emploi, l'intérimaire est substitué à tous les droits du titulaire, sauf le cas nécessairement rare où le directeur croit devoir proposer, en faisant constituer un intérim, de déroger à cette règle. (*Circ. lith. du* 15 *juin* 1841.)

Les chefs naturels d'un préposé, qui, étant en *congé*, opère une saisie hors du territoire soumis à leur surveillance, n'ont aucun droit au partage. (*Déc. adm. du* 1er *juin* 1808.)

Lorsqu'un employé supérieur prend avec lui un détachement de préposés de sa division et qu'il les emploie à un service particulier qu'il dirige en personne, les préposés ainsi employés sont censés détachés de la division des chefs immédiats, et par suite ces chefs sont privés de toute part dans la répartition. (*Circ. du* 31 *octobre* 1820, *n°* 612.)

Quand une brigade *ambulante* est placée sous la direction immédiate d'un sous-inspecteur, à l'exclusion du capitaine et du lieutenant, ces derniers chefs n'ont aucun droit au partage des deux sixièmes dans les saisies opérées par cette brigade. (*Déc. adm. du* 31 *décembre* 1834.)

Si une saisie a été faite par des préposés de divisions différentes, les chefs, sous la surveillance desquels sont ces préposés, partagent entre eux la part attachée à leur grade respectif. (*Arrêté du* 9 *fructidor an* 5, *art.* 10.)

Le chef de la division duquel un préposé est détaché, par mesure générale de service, pour agir temporairement sous les ordres d'un autre chef dans une autre division, n'a aucun droit au partage du produit des contraventions constatées par ce préposé. Mais si le déplacement du préposé n'a eu lieu que pour le faire concourir à la constatation d'une contravention spéciale, ses chefs naturels, quoiqu'il ait agi dans cette affaire isolée sous les ordres d'autres supérieurs, n'en conservent pas moins leurs droits au partage des deux sixièmes. (*Circ. du* 9 *octobre* 1812.)

Si un préposé placé sous les ordres de chefs sédentaires quitte son service ordinaire et va diriger le service d'une brigade ambulante, ces chefs sédentaires n'ont plus part au produit des contraventions constatées dans cette dernière condition. (*Déc. adm. du* 31 *août* 1826.)

Les droits des inspecteurs, sous-inspecteurs, capitaines de brigades et lieutenans sont acquis par le seul fait de la constatation des saisies. (*Déc. adm. du* 4 *frimaire an* 10.)

Les inspecteurs, sous-inspecteurs, capitaines et lieutenans n'ont aucune part dans le produit des saisies faites sans le concours des préposés des douanes : dans ce cas, celles qui leur sont réservées par les règlemens appartiennent aux saisissans. (*Arrêté du* 9 *fructidor an* 5, *art.* 11.)

Directeur.

Le directeur est rétribué pour avoir fait *opérer* et pour avoir fait *juger* la saisie. (*Déc. adm. du* 29 *nivôse an* 9.)

Une affaire contentieuse est terminée, sous le rapport de l'instruction et des poursuites, dès qu'il y a eu transaction ou jugement définitif. (*Déc. adm. du* 29 *mai* 1855.)

Lorsque, par suite d'un renvoi de la Cour de cassation, l'instruction d'une affaire est portée devant un tribunal d'une autre direction que celle où la saisie a été faite, et que la suite de la nouvelle instance est confiée au directeur de cette nouvelle localité, la part afférente au grade est partagée également entre les deux titulaires. (*Déc. adm. du* 5 *mai* 1856.)

La transaction passée après jugement *définitif* ne confère aucun droit au directeur sous la gestion duquel elle a été signée. (*Déc. adm. du* 9 *août* 1808.)

Quand une saisie *effectuée* sous un directeur n'est *terminée* que par son successeur, la part du grade se divise en deux parties égales. (*Déc. adm. du* 28 *brumaire an* 7.)

Quand un inspecteur a été constitué directeur par intérim, le partage du produit se règle ainsi :

Une demi au prédécesseur,

Un quart à l'intérimaire,

Un quart au successeur définitif. (*Déc. adm. du 8 janvier* 1840.)

Inspecteurs et sous-inspecteurs divisionnaires.

Ces chefs exerçant leur surveillance sur tous les employés du bureau, la présence d'un seul de ces employés à une saisie leur donne droit au partage du produit. (*Déc. adm. du 12 germinal an 13.*)

Inspecteurs et sous-inspecteurs sédentaires.

Ils participent au partage du produit de toute saisie à laquelle des préposés *sous leurs ordres* coopèrent dans la circonscription de la ville et du territoire extérieur soumis à l'exercice habituel de la brigade de leur résidence. (*Déc. adm. du 17 décembre* 1813.)

Lorsque ces préposés ont agi sous les ordres du capitaine de brigades et hors de cette même circonscription, l'inspecteur et le sous-inspecteur sédentaires n'ont pas droit au partage. (*Déc. adm. du 13 janvier* 1826.)

Ils n'ont pas droit non plus au partage du produit des saisies opérées en dehors du port par les préposés de l'embarcation de la rade, bien que ces employés fassent assez souvent leur service dans l'intérieur du port et même à la douane. (*Déc. adm. du 23 novembre* 1833.)

Tous les sous-inspecteurs sédentaires de la même localité sont portés, chacun pour une portion égale de la part afférente au grade dans les deux sixièmes, sur les états de répartition des produits de toute contravention constatée, soit par le service du bureau, soit par le service actif dans la circonscription où ces chefs exercent leur surveillance habituelle. (*Circ. manusc. du 2 avril* 1841.)

Receveurs.

La part de chef attribuée aux receveurs se divise ainsi :

Un quart au receveur principal,

Un quart au receveur poursuivant,

Une demi au receveur dépositaire. (*Arrêté du 9 fructidor an 3, art.* 14.)

Si le receveur principal ou le receveur dépositaire est en même temps poursuivant, le premier a un tiers et le second deux tiers de part. (*Même article.*)

Quand le receveur principal a été en même temps *poursuivant* et *deuxième dépositaire*, il a droit à deux tiers ; le dernier tiers est attribué au receveur premier dépositaire. (*Déc. adm. du 8 août* 1839.)

Quand le receveur principal a été en même temps deuxième dépositaire, on lui attribue moitié de la part. (*Déc. adm. du 25 juin* 1840.)

Quand avec le receveur principal il y a un dépositaire de *droit* (c'est-à-dire *le receveur du bureau le plus prochain du lieu de la saisie, mais où le dépôt n'a pu être fait*) et un dépositaire de *fait*, on alloue :

Un tiers au receveur principal,

Un tiers au dépositaire de droit,

Un tiers au dépositaire de fait (*Déc. adm. du 9 juin* 1840.)

Quand dans l'hypothèse d'un tiers poursuivant le receveur principal est en même temps deuxième dépositaire, on alloue :

Une demi au receveur principal,

Un quart au poursuivant,

Un quart au premier dépositaire. (*Déc. adm. du 25 juin* 1840.)

Saisies de bureaux.

1250. Les employés des bureaux qui auront concouru à une

Le receveur principal sous les ordres duquel se trouve le dépositaire de *droit*, si d'ailleurs le dépositaire de *fait* dépend d'une autre principalité, n'est point admis au partage. (*Déc. adm. du* 8 *août* 1811.)

La qualité de *poursuivant* s'acquiert par l'obtention d'un jugement définitif ou d'une transaction. (*Déc. adm. du* 25 *juin* 1834.)

Cependant, s'il intervient avant jugement une transaction terminant l'affaire, le receveur constitué poursuivant n'a qu'un cinquième, et la différence du cinquième au quart qui lui fût revenu s'il eût obtenu un jugement, est partagée entre le receveur principal et le receveur dépositaire dans la proportion de leurs parts respectives. (*Circ. du* 23 *janvier* 1817, *n°* 245.)

Ce droit de tiers poursuivant lui est acquis par le seul fait de la réception du dossier de l'affaire, n'importe dans quel bureau ait été passée la transaction qui a mis fin au procès. (*Déc. adm. du* 6 *juillet* 1837.)

La simple indication au procès-verbal qu'un receveur est appelé à faire les poursuites ne confère aucun droit à ce receveur. (*Circ. du* 23 *janvier* 1817.)

Les poursuites pour l'exécution d'un jugement ou d'une transaction définitifs ne confèrent aucun droit particulier; mais si le jugement n'a pas encore acquis force de chose jugée lorsqu'un successeur est installé, et que celui-ci passe une transaction qui termine l'affaire, la part est divisée également entre les deux titulaires. (*Déc. adm. du* 7 *avril* 1831.)

Si une affaire commencée sous un receveur est terminée par l'employé qui le remplace, même par intérim, ou bien si l'affaire a pris son origine sous ce dernier, et qu'elle soit terminée par un nouveau titulaire après son installation, il y a lieu au partage par moitié. (*Circ. du* 1er *septembre* 1814, *et Déc. adm. du* 7 *avril* 1831.)

Le receveur nouvellement installé qui procède à la vente de marchandises déposées entre les mains de son prédécesseur, a droit à la moitié de la portion de la part attribuée au dépôt. S'il n'a vendu qu'une partie complémentaire des marchandises, il n'a droit à la même moitié que dans cette proportion du produit; et si cette vente complémentaire ne donne aucun produit net, il ne peut prétendre à aucune rétribution. (*Déc. adm. du* 7 *avril* 1831.)

Le dépositaire de *droit* et le dépositaire de *fait* partagent également entre eux la part afférente au dépôt. (*Déc. adm. du* 13 *avril* 1840.)

Capitaines de brigades.

Lorsque les préposés d'une capitainerie font une saisie dans l'arrondissement d'une autre capitainerie sans la participation ou les ordres de leur capitaine, celui-ci n'est pas admis au partage de la part de chef. (*Circ. du* 9 *oct.* 1812.)

Lieutenans.

Ils n'ont aucun droit au partage du produit des saisies faites par des préposés dont ils ne dirigent pas le service. (*Déc. adm. du* 15 *mars* 1824.)

Quand les saisissans appartiennent à plusieurs *lieutenances*, les lieutenans

saisie, partageront également entre eux (1). (*Arrêté du 9 fructidor an 5, art. 12.*)

Les préposés des brigades ne participeront aux saisies effectuées dans les bureaux par suite des opérations intérieures des douanes, qu'autant qu'ils y seront appelés par les receveurs et qu'ils y assisteront; mais alors ils n'auront que la moitié des parts accordées aux employés des bureaux qui seront également saisissans. Le capitaine de brigades n'y participera qu'autant qu'il sera présent (2). (*Même Arrêté, art.* 13.)

Indicateurs.

1251. Le tiers du produit net des saisies accordé au dénonciateur ne lui sera compté sur la quittance de l'employé auquel il

---

partagent également entre eux la demi-part afférente au grade. (*Déc. adm. du 8 novembre* 1820.)

Les lieutenans sont exclus du partage des deux sixièmes dans les saisies opérées hors de leur division par leurs préposés détachés sous les ordres immédiats d'un chef supérieur. (*Circ. du* 31 *octobre* 1820, *n°* 612.)

Mais ils conservent leur demi-part de chef dans les saisies faites, soit à leur résidence, quand cette résidence est aussi celle des capitaines de brigades, soit dans leur division, par les ordres exprès du capitaine. (*Déc. adm. du* 20 *septembre* 1814, *et Circ. du* 31 *octobre* 1820.)

(1) Cependant le sous-inspecteur sédentaire qui, après avoir assisté en personne à toutes les opérations de la visite, constate la contravention et figure au procès-verbal, est admis à jouir d'une part et demie. (*Déc. adm. du* 6 *mars* 1827.)

Si la découverte de la contravention est le résultat d'une contre-visite opérée par ses soins, il a deux parts. (*Déc. adm. du* 10 *janvier* 1816.)

Les femmes *visiteuses* ont une part de saisissant. (*Circ. lith. du* 18 *nov.* 1841.)

(2) Le capitaine saisissant jouit d'une part égale à celle des visiteurs. (*Circ. du* 24 *prairial an* 6.)

   Contraventions constatées à la requête d'autres administrations.

Lorsque des préposés des douanes ont fait une saisie à la requête d'une autre administration, la répartition du produit est établie par cette administration d'après ses règles particulières. La somme qui leur est attribuée dans cette répartition doit être divisée en cinq portions seulement, dont deux pour les employés supérieurs, et trois pour les saisissans, attendu que la part du Trésor public a déjà été prélevée par l'administration poursuivante. Aucun des employés supérieurs des douanes ne donnant de soins à la suite de ces sortes d'affaires, les deux parts attribuées aux chefs dans la sous-répartition ne peuvent être partagées qu'entre ceux qui dirigent le service des préposés saisissans; Ainsi les receveurs, simples dépositaires des fonds, n'y ont aucun droit, à moins que les saisies n'aient été faites dans leur bureau et par les préposés sous leurs ordres. Le directeur qui était en exercice à l'époque de la saisie a seul droit à la répartition. (*Circ. du* 17 *avril* 1816, *n°* 143.)

aura donné l'avis, qu'autant que ce dénonciateur se fera connaître au directeur ou à la régie (1). (*Arrêté du 9 fructidor an 5,
art. 15.*)

Saisies faites par des militaires seuls.

1252. Le produit des saisies effectuées par des militaires seuls
se divisera également en six sixièmes, savoir :

Un sixième au Trésor.

Les deux seconds sixièmes seront partagés entre le directeur
des douanes, le receveur dépositaire et les chefs militaires qui
commanderont les détachemens ou compagnies auxquels les militaires saisissans sont attachés, soit que lesdits chefs ou commandans aient été présens à la saisie ou employés ailleurs (2).

---

(1)   *Indicateur.*

Le tiers n'est attribué à l'indicateur que lorsque l'avis est *direct*, c'est-à-dire
précisé de manière à conduire le service à la découverte immédiate de la
fraude. Une somme inférieure peut lui être allouée si l'indication est *indirecte*,
c'est-à-dire si elle n'a eu pour effet que de donner l'éveil au service et lui
faciliter les moyens de constater la contravention. (*Circ. du 2e jour compl. an 8.*)

Dans tous les cas, la part allouée à l'indicateur est prélevée exclusivement
sur les cinq sixièmes des chefs et des saisissans, le sixième du Trésor ne con-
tribue pas à sa formation. (*Même Circ.*)

Nul indicateur ne peut être admis au partage du produit s'il n'a été mis en
rapport immédiatement après la saisie avec le directeur ou l'administration,
soit directement, soit par l'intermédiaire de l'inspecteur. (*Circ. du 29 juillet
1825, no 931.*)

Le directeur doit, en même temps qu'il rend compte de l'affaire à l'administration, faire connaître l'existence de l'indicateur. (*Circ. du 29 juillet 1825.*)

Nul indicateur ne peut être compris dans un état de répartition sans l'autorisation préalable de l'administration, laquelle doit être rapportée à l'appui de
l'état. (*Circ. du 5 février 1827, no 1051.*)

Les directeurs peuvent autoriser l'*avance* aux indicateurs d'une portion de
la part qui leur est allouée. (*Circ. manusc. du 15 avril 1822.*)

Tout employé des douanes qui transmet l'avis d'un indicateur, sans pouvoir
participer lui-même à la saisie, n'en conserve pas moins son droit à une part
de saisissant. (*Circ. du 31 octobre 1820, no 612.*)

Mais si l'avis n'est qu'*indirect*, l'employé n'a qu'une fraction de part de saisissant, calculée d'après l'importance de l'avis et proposée par les chefs. (*Circ.
du 5 avril 1850, no 1209.*)

(2) Le commandant du cantonnement, les capitaines des compagnies et les
lieutenans des détachemens qui ont concouru aux saisies doivent seuls être
admis au partage. Le commandant du cantonnement est, dans les places de
guerre qui ont un état-major, le *lieutenant du Roi*, et dans les autres places
ou postes militaires, le commandant de ces places ou de ces postes. (*Circ. du
7 janvier 1817, no 236.*)

Les trois autres.sixièmes appartiennent aux militaires qui ont saisi. Celui qui les commande a part et demie dans ces trois sixièmes (1). (*Arrêté du 16 frimaire an 11, art. 2 du Règl.*)

Saisies faites par des militaires et des préposés.

1255. Si les saisies ont été faites concurremment par des militaires et des préposés, leur produit se divisera aussi en six sixièmes ; savoir :

Un sixième au Trésor.

Sur les deux seconds sixièmes, on prélèvera une somme égale au dixième du produit net, et cette somme appartiendra, par égales portions, au commandant de cantonnement et aux capitaines des compagnies : le surplus de ces deux sixièmes reviendra aux préposés supérieurs des douanes.

Les trois derniers sixièmes se partageront entre les saisissans, tant militaires que préposés, et par égales portions ; et cependant ceux qui commandent le détachement, de quelque force qu'il soit, auront part et demie (2). (*Même Arrêté, art. 3 du Règl.*)

Pour la gendarmerie, le lieutenant d'arrondissement et le capitaine de département participent seuls au partage. (*Même Circ.*)

Quand la saisie a été effectuée par des militaires seuls, les deux sixièmes sont partagés en deux parts égales : la première est attribuée aux directeurs et receveurs des douanes, et l'autre moitié, c'est-à-dire celle qui eût appartenu aux inspecteurs, capitaines et lieutenans, est attribuée aux chefs militaires, qui la partagent également entre eux. (*Arrêté du 9 fructidor an 5, art. 16, et Déc. adm. du 1er février* 1816.)

(1) En cas de concours de *gendarmes* et de *militaires*, et d'égalité de grade entre les deux commandans, celui de la gendarmerie jouit seul de la demi-part d'accroissement. (*Circ. du 7 janvier* 1817, n° 236.)

(2) La part et demie donnée à celui qui commande le détachement, c'est-à-dire l'escouade, la patrouille ou le peloton qui fait la saisie, appartient au capitaine, lieutenant ou sous-lieutenant ; lorsqu'il s'y trouve un capitaine de brigade, elle appartient à ce préposé, si, parmi les militaires, il n'y a que des maréchaux-de-logis ou sergens ; à ces sous-officiers, si le chef des préposés est un lieutenant ; au brigadier, si les militaires sont commandés par un caporal, et au militaire de ce grade, si le chef des préposés est un sous-brigadier. (*Circ. du 4 nivôse an* 11.)

Dans les saisies où se trouvent des employés des douanes et des contributions indirectes, les militaires sont rétribués des parts que les règlemens leur allouent sur la masse, et avant la distribution par tête entre les préposés des deux administrations. (*Circ. du 14 décembre* 1836, n° 1587.)

Non-rapport d'acquits-à-caution.

1254. Les sommes payées en sus des droits, à défaut de rapport de certificats de décharge, ou pour falsification desdits certificats, seront réparties comme celles provenant de saisies (1). (*Arrêté du 9 fructidor an 5, art. 23.*)

Saisies opérées par des préposés des douanes et d'autres agens non militaires.

Police. La division du produit des saisies, faites concurremment par les préposés des douanes et par les agens de la police, s'effectuent ainsi qu'il suit :

Un sixième au Trésor public ;

Un sixième aux agens supérieurs de la police ;

Un sixième aux employés supérieurs des douanes ;

Trois sixièmes à partager également par tête et sans distinction de grade, entre les agens de la police et les préposés des douanes saisissans. (*Déc. min. du 27 août* 1811 ; *Circ. du 2 septembre suivant.*)

Contributions indirectes, octrois, eaux et forêts, postes. Les employés de ces administrations qui ont concouru à une saisie de *douanes* sont rétribués ; savoir :

S'ils ont constaté *seuls* la contravention de l'intégralité des trois sixièmes attribués aux saisissans, augmentés de la moitié des deux sixièmes attribués aux chefs,

S'ils ont agi concurremment avec les préposés des douanes, d'*une part* de saisissant. Dans ce cas, le partage avec les employés des contributions indirectes a lieu par tête et sans aucune acception de grade de part ni d'autre. (*Cir. du 26 juin* 1817 ; *Déc. adm. du 10 février* 1836, *et Circ. du 14 décembre de la même année*, n° 1587.)

(1)   *Non rapport d'acquit-à-caution.*

Non rapport pur et simple d'un certificat de décharge. — Dans ce cas, le produit net se divise en trois parties :

L'une se partage également entre le directeur, l'inspecteur et le sous-inspecteur divisionnaire ;

Les deux autres appartiennent au receveur, au sous-inspecteur sédentaire et au commis chargé des acquits-à-caution. (*Circ. du 28 mars* 1812.)

Dans les bureaux où il n'existe pas de commis chargé de la suite des acquits-à-caution ni de sous-inspecteur sédentaire, les deux tiers sont accordés en totalité au receveur. (*Circ. du 19 ventôse an 6.*)

Falsification. — Dans ce cas, tous les commis de bureau, et même les préposés du service actif qui auraient pu contribuer à la découverte du faux, sont appelés au partage. (*Circ. du 28 mars* 1812.)

Si la falsification est découverte par les soins de l'inspecteur, après l'annulation des soumissions, la répartition se fait de la manière suivante :

Un tiers à partager entre le directeur et l'inspecteur.

Deux tiers à partager entre les préposés qui ont constaté la falsification, y compris l'inspecteur, qui rapporte à la masse commune sa part de chef. (*Circ. du 20 octobre* 1815.)

Droit des employés. — Ce sont ceux qui étaient en exercice au moment où la contravention a été établie, qui participent à la répartition du produit. (*Circ. du 28 avril* 1812.)

Amendes pour rébellion.

1255. Les amendes prononcées pour fait de rébellion (1) ne seront réparties qu'entre les préposés ou autres personnes qui l'auront éprouvée, et le receveur poursuivant, qui y participera pour un sixième. (*Même Arrêté, art. 22.*)

Refus de certificats de décharge au bureau de destination ou de passage. — Dans cette hypothèse, deux tiers sont accordés aux employés du bureau de destination ou de passage, et un tiers aux employés du bureau de départ. (*Circ. du 25 septembre* 1818, *n°* 430.)

Cette dernière fraction se divise en deux portions égales, dont une pour le directeur et l'inspecteur, et l'autre pour le receveur, le sous-inspecteur sédentaire et le commis chargé des acquits-à-caution. (*Déc. adm. du* 20 *déc.* 1832.)

Les deux premiers tiers se divisent en trois portions égales, dont une pour le directeur et l'inspecteur, et deux pour le receveur, le sous-inspecteur sédentaire et les préposés qui ont refusé le certificat de décharge. Parmi ces derniers, sont compris les préposés qui refusent d'apposer au dos de l'acquit-à-caution le *vu débarquer* des marchandises; mais la participation de ces préposés né confère aucun droit à leurs chefs. (*Circ. du* 28 *mars* 1812, *et Déc. adm. du* 21 *mai* 1840.)

Dans les ports où il existe un inspecteur sédentaire, ce chef est substitué au sous-inspecteur sédentaire et l'exclut du partage. (*Même Circ.*)

Si, indépendamment du refus du certificat de décharge, les employés du bureau de destination ont constaté, par suite de substitution ou de soustraction, une contravention spéciale, les employés du bureau de départ ne prennent aucune part dans le produit de cette contravention distincte. (*Déc. adm. du* 19 *mars* 1839.)

Défaut de visa en deuxième ligne des acquits-à-caution de transit. — Dans ce cas, la répartition de l'amende a lieu selon le mode établi pour refus de certificat de décharge. (*Circ. du* 9 *août* 1832, *n°* 1388.)

C'est le bureau de *sortie* ou de *destination définitive* qui constate l'omission du visa et qui participe à la répartition. (*Même Circ., et Déc. adm. du* 20 *février* 1838.)

(1) Toutes les fois que la rébellion a donné lieu à des poursuites *correctionnelles*, et que l'application de l'amende de 500 fr. a été faite, indépendamment des dispositions du Code pénal, contre les faits de résistance ouverte et de rébellion envers les agens de l'autorité publique, la répartition de cette amende de 500 fr. est soumise aux règles posées par l'article 22 de l'arrêté du 9 fructidor an 5, et lorsque l'amende dont il s'agit a été appliquée par les *juges civils* dans la limite exclusive fixée par l'article 14 du titre 13 de la loi du 22 août 1791, et l'article 2 du titre 4 de celle du 4 germinal an 2, on établit la répartition comme s'il s'agissait d'un produit ordinaire de *saisie*. Cette distinction et la règle qui en fixe l'application doivent être observées, non-seulement lorsqu'il y a eu condamnation judiciaire, mais encore lorsqu'il y a eu transaction ayant jugement. (*Déc. adm. du* 28 *octobre* 1840.)

Règles générales.

1256. Ne seront admis aux répartitions comme saisissans, que ceux dont les noms se trouveront dans les rapports, ou qui seront désignés comme tels par le commandant du détachement, dans un état signé par lui (1). (*Arrêté du 9 fruct. an 5, art. 25.*)

Il est expressément défendu à tout saisissant d'exiger aucune somme provenant de confiscation et amendes, avant que les jugemens qui les ont prononcées aient acquis force de chose jugée, et aucune répartition ne pourra être faite sans l'autorisation formelle de la régie (2). (*Même Arrêté, art. 26.*)

---

(1)   *Intervenans.*

Toutes les fois que le nom d'un ou de plusieurs employés ou autres citoyens français qui ont effectivement coopéré à une saisie n'a pas été relaté dans le procès-verbal (*ces sortes d'omissions, quelles que soient les circonstances de l'affaire, ne doivent se produire que le moins souvent possible*), le commandant du détachement qui a opéré la capture dresse un état spécial, dans lequel figurent les *saisissans* ou *intervenans* à comprendre dans la répartition ultérieure du produit de l'affaire; il relate dans cet état, signé de lui, la nature de la coopération des capteurs non dénommés au procès-verbal et les causes du silence du rapport en ce qui les concerne.

D'après la communication qui lui est donnée de cet état, l'inspecteur fait une enquête sur la réalité des faits qu'il a pour objet d'établir, et il en fait un rapport qu'il adresse au directeur avec l'état. Ce dernier transmet le tout avec son avis à l'administration, qui statue.

L'état, signé du commandant du détachement et visé par l'inspecteur, sera ensuite annexé à l'état de répartition avec une copie de la décision de l'administration. (*Circ. du 22 juillet* 1840, *n°* 1821.)

Les employés supérieurs peuvent être considérés comme intervenans lorsqu'ils ont commandé en personne un détachement distribué en différentes embuscades et organisé pour le même service, et qu'ils n'étaient pas présens à la saisie. (*Circ. du 5 octobre* 1812.)

Lorsque des préposés de plusieurs divisions concourent à une saisie, les uns comme saisissans, les autres comme intervenans, les chefs des premiers ont une part double de celle des autres; en conséquence, la part attribuée à chaque grade est divisée en trois portions égales, dont deux pour les chefs des saisissans et une pour les chefs des intervenans. (*Circ. du 26 mars* 1817, *n°* 261.)

Quand un préposé des douanes figure comme intervenant dans une saisie effectuée par des *étrangers*, le directeur et le receveur conservent dans les deux sixièmes l'intégralité de leur part; les autres chefs de l'intervenant n'ont que demi-part, et l'autre moitié de leur part est reportée à la masse des saisissans. (*Déc. adm. du 5 mai* 1838.)

(2)   *Règles générales.*

L'autorisation de faire exécuter un jugement ou de transiger sur une affaire implique celle de répartir le produit réalisé. Les répartitions sont exécutoires par le seul visa des directeurs, lorsque le chiffre du produit est au-dessous de 500 fr. Le visa de l'administration est nécessaire pour toute répartition de 500 fr. et au-dessus. (*Circ. des* 18 *fév*. 1824, *n*° 855, *et* 3 *fév*. 1827, *n*° 1031.)

Les répartitions soumises au visa de l'administration lui sont toujours transmises en double expédition. (*Circ. manusc. du* 15 *mars* 1793.)

Dans toute affaire dont le produit est de quelque importance, aussitôt qu'en exécution d'un jugement devenu définitif, les marchandises saisies ont été vendues, on peut, sans attendre le recouvrement de l'amende, mettre en répartition le produit réalisé, sauf à tenir en réserve une somme prélevée sur ce produit, tant pour couvrir les frais *judiciaires* déjà faits et connus que pour subvenir aux frais occasionnés par les poursuites dirigées contre les prévenus, et que leur insolvabilité pourrait ne pas permettre de recouvrer. Cette réserve, augmentée, s'il y a lieu, des amendes ou portions d'amendes dont on aurait obtenu la rentrée, fait l'objet d'une répartition complémentaire. Les frais de *vente* et autres, qui ne sont jamais exigibles des prévenus, doivent être imputés sur le premier produit réparti. (*Circ. du* 30 *janvier* 1836, *n*° 1525.)

Il est fait dépense de ces répartitions provisoires au fur et à mesure qu'elles sont mises en paiement, sauf à faire ultérieurement emploi en compte de la répartition supplémentaire. (*Déc. adm. du* 16 *août* 1836.)

Les receveurs principaux remettent les états de répartition aux capitaines de brigades, pour les faire émarger, et leur comptent ensuite le montant des parts attribuées aux préposés saisissans. (*Circ. du* 8 *juin* 1827, *n*° 1049.)

Les parts attribuées à des militaires sont versées en masse dans la caisse du conseil d'administration du corps auquel ils appartiennent. (*Circ. du* 7 *janvier* 1817, *n*° 236.)

Les parts attribuées à des agens d'une autre administration que celle des douanes doivent aussi être versées en masse entre les mains des chefs de cette administration. (*Circ. des* 27 *septembre* 1815, 2 *octobre* 1816 *et* 25 *septembre* 1826, *n*° 1009.)

L'administration peut, par mesure disciplinaire, priver un employé prévaricateur de sa part dans le produit d'une saisie à l'occasion de laquelle il a méconnu ses devoirs. Le montant de cette part est alors versé au Trésor public. (*Déc. adm. du* 24 *avril* 1840.)

TABLEAU

DES DROITS D'ENREGISTREMENT DUS POUR LES DIFFÉRENS ACTES DE PROCÉDURE RELATIFS AUX AFFAIRES DE DOUANES.

Procès-verbaux.

Procès-verbal de saisie, rébellion, injures, etc., droit fixe de.. (1) 2 fr.
(*No 16, art 43, Loi du 28 avril* 1816.)

Procès-verbal de destruction de marchandises avariées. 1
(*Art. 56 de la loi du 21 avril* 1818.)

Citations (2).

Au tribunal de paix.. 1 fr.
(*No 30 , § 1er, art.* 68; *Loi du 22 frimaire an 7.*)

---

(1) L'intervention d'un tiers comme caution dans un procès-verbal de saisie, donne ouverture à un second droit spécial d'enregistrement de 2 francs. (*Circ. lith. du 19 juin* 1840.)

Les procès-verbaux sont dispensés de l'enregistrement lorsqu'il ne se trouve pas de bureau dans la commune du dépôt de la marchandise, ni dans celle où est placé le tribunal qui doit connaitre de l'affaire. (*Loi du 9 floréal an 7, titre 4, art.* 9.)

(2) En matière civile, la citation donnée par le procès-verbal n'est assujettie à aucun droit particulier d'enregistrement. (*Circ. du 14 février* 1854, *no* 1425.)

En matière correctionnelle, le droit d'enregistrement est dû pour chacun des prévenus assignés. (*Déc. adm. du 25 mars* 1859.)

Lorsque la citation est donnée par les employés, et surtout lorsqu'elle contient une date autre que celle du procès-verbal, elle est soumise au droit d'enregistrement, parce qu'alors elle ne fait point partie intégrante du procès-verbal comme en matière civile. (*Déc. adm. du 19 juin* 1855.)

Lorsque l'amende est solidaire, il n'est dû qu'un droit *par exploit*, quel que soit le nombre des prévenus dans une même affaire. (*Circ. du 26 novembre* 1859, *no* 1784.)

Au tribunal de première instance, section civile......... 2 fr.
(*No 13 , art. 43 , Loi du 28 avril 1816.*)

Au tribunal de première instance , section correction-
nelle. 1
(*Art. 68 , § 1er, no 48 de la loi du 22 frimaire an 7 ; Délibé-*
ration du conseil d'administration de l'enregistrement du
25 octobre 1817 , approuvée le 3 novembre ; journal 5948.)

A une Cour royale en matière correctionnelle............ 1
(*Même Délibération.*)

A une Cour royale en matière civile....................... 3
(*No 7 , art. 44 , Loi du 28 avril 1816.*)

Jugemens.

Jugemens prononçant des amendes et des confiscations. 1 fr.
(*Déc. min. du 24 juin 1830; Circ. du 19 juillet suivant,*
no 1218.)

Jugemens rendus en matières de douane, *même dans*
le cas d'intervention d'un ou plusieurs coprévenus condam-
nés ou acquittés. 1
(*Déc. du Directeur de l'enregistrement du 5 avril 1831.*)

Jugemens portant condamnation à un *double droit* de
douane. 1
(*Déc. du Directeur de l'enregistrement en date du 28 juil-*
let 1831.)

Jugement *de mainlevée*. . . . . : 1
(*Déc. min. du 2 juin 1828, et Circ. du 12 juillet 1836,*
no 1549.)

Jugemens d'incompétence. 1
(*Déc. du Directeur de l'enregistrement du 2 juin 1838, no 7*
des circ. lithographiées.)

———

Actes d'acquiescement par les prévenus, aux juge-
mens prononcés contre eux. 1
(*Déc. adm. du 18 mai 1837.*)

———

Commandemens judiciaires..................................... 1 fr.
(*Déc. adm. du 5 déc.* 1839.)

Actes d'écrou... 1

Recommandation sur écrou (1).............................. 1

Cassation.

Arrêts préparatoires ou interlocutoires de la Cour de
cassation en matière civile................................... 10 fr.
(*No* 3, *art.* 46; *Loi du* 28 *avril* 1816.)

Arrêts définitifs de la Cour de cassation en matière civile... 25
(*Idem*, *art.* 47, *même Loi.*)

Arrêts préparatoires, interlocutoires ou définitifs en
matière correctionnelle...................................... 1
(*Loi des* 22 *frimaire an* 7, *et* 27 *ventôse an* 9.)

Signification des jugemens et arrêts.

Signification d'un jugement du juge de paix............. 1 fr.
(*No* 30, § 1er, *art.* 68; *Loi du* 22 *frimaire an* 7.)

Signification d'un jugement du tribunal civil d'arrondissement.. 2
(*No* 13, *art.* 43; *Loi du* 28 *avril* 1816.)

Signification d'un jugement d'un tribunal correctionnel. 1
(*Délibération de l'administration de l'enregistrement
du* 25 *octobre* 1817, *approuvée le* 3 *novembre*; *journal* 5948.)

Signification d'un arrêt de Cour royale en matière correctionnelle.. 1
(*Même Décision.*)

---

(1) Il n'est dû qu'un seul droit pour les actes d'écrou et de recommandation
sur écrou des condamnés à l'égard desquels la solidarité est exprimée. (*Circ.
du* 6 *avril* 1840, *no* 1805.)

Signification d'un arrêt de Cour royale en matière civile .... 3 fr.
(*N° 7 , art. 44; Loi du 28 avril 1816.*)

Signification d'un arrêt de la Cour de cassation.......... 6
(*N° 1er, art. 45, même Loi.*)

Déclarations d'appel et de pourvoi.

Déclaration et signification d'appel d'un jugement du juge de paix.. 5 fr.
(*N° 3, § 4, art. 68; Loi du 22 frimaire an 7.*)

Déclaration et signification d'appel d'un jugement d'un tribunal correctionnel....................................... 1
(*N° 51, § 1er, art. 68, même Loi.*)

Le premier acte de recours en cassation, soit par requête, mémoire ou déclaration en matière civile, de police simple ou de police correctionnelle............................ 25
(*N° 1er, art. 47; Loi du 28 avril 1816.*)

Transactions.

Transactions en matière de saisies, soit avant, soit après jugement... 1
(*Circ. des 19 avril 1833, n° 1379, et 16 mars 1840, n° 1802.*)

———

Soumission de s'en rapporter à la décision de l'administration (comme les transactions)............................ 1
(*Déc. adm. du 1er avril 1839.*)

Préemptions.

Procès-verbaux de préemption........................ 2 fr.
(*Déc. adm. du 20 décembre 1837.*)

———

Actes de ventes (1) 2 p. 100. (*Loi du 22 frimaire an 7, art. 69.*)

---

(1) *Voir* le n° 1231, *note.*

———————

Sommation à fin de réexportation de marchandises d'entrepôt, lorsque les droits liquidés s'élèvent à plus de 100 fr... 1 fr.
(*Circ. du* 15 *octobre* 1836 , *no* 1572.)

———————

Vacations des juges de paix dans un inventaire de marchandises abandonnées en douane...........................: 2
(*Déc. adm. du* 10 *octobre* 1840.)

Timbre.

Les affiches de vente et toutes celles apposées pour le service de l'administration des douanes en sont dispensées. (*Circ. du* 15 *octobre* 1839 , *no* 1779.)

Les pétitions et mémoires adressés à l'administration des douanes peuvent en être affranchis. (*Déc. adm. du* 7 *juillet* 1835.)

FIN DU SECOND ET DERNIER VOLUME.

TABLE CHRONOLOGIQUE.

22 août. L. tit. 1, II, 163; III, 184
et 187; IV, 1022; VI, 257; VII,
212; — tit. 2, I, 262; II, 262; III,
301; IV, 236; V, 223; VI, 294;
VII, 228; VIII, 264; IX, 111; X,
267; XI, 1023; XII, 116; XIII,
121, 123 et 298; XIV, 130; XV,
154; XVI, 135; XVII, 130; XVIII,
138; XIX, 112; XX, 137; XXI, 140;
XXII, 139; XXIII, 141; XXV, 612;
XXVI, 166; XXX, 238; tit. 3, I,
376 et 406; II, 387 et 407; IV, 388;
VI, 395, 401 et 408; VII, 400 et 409;
VIII, 400 et 410; IX, 597 et 411;
X, 402; XI, 403; XII, 404; XIII,
404; XIV, 403; XV, 347; XVI,
349; tit. 4, VIII, 295; tit. 5, I,
312, 313 et 317; II, 317; III, 317;
IV, 142; tit. 6, I, 259; II, 260;
III, 261; tit. 7, I, 800; II, 810; III,
811; IV, 817; V, 819; VI, 816;
VII, 805; tit. 8, I, 1004 et 1007;
II, 1006; III, 1006; IV, 1006; V,
1003; VI, 1002; tit. 9, I, 1024;
II, 1027; III, 1027; IV, 1027; V,
1027; VI, 1027; tit. 10, VI, 1197;
XXIII, 1205; tit. 11, II, 215; tit. 12,
I, 1221; II, 1226; III, 1221; IV,
1227; V, 1223; VII, 1230; VIII,
1230; IX, 1239; tit. 13, I, 66; II,
67; III, 68 et 158; IV, 70; V, 69;
VI, 85; VIII, 340; IX, 122; X,
341; XI, 124; XII, 24 et 48; XIV,
56; XV, 39; XVI, 50; XVII, 45;
XVIII, 42; XIX, 205; XX, 206;
XXI, 58; XXII, 210; XXIII, 1245;
XXIV, 60; XXV, 211; XXVI, 213;
XXVII, 214; XXIX, 165; XXX,
159; XXXI, 1256; XXXII, 1256;
XXXIII, 1256; XXXV, 372; XXXVI,
373; XXXVII, 364; XXXVIII, 365;
XXXIX, 366; XL, 367; XLI, 368;
XLII, 346; XLIII, 346.

27 août. D. M. 1017.
19 octobre. L. 482, 483 et 485.
24 novembre. D. M. 167.

1792.

5 février. L. 867.
19 idem. L. 1240.
11 mai. D. M. 1018.
6 juillet. D. M. 1018.
29 idem. L. IV, 32.

1 août. L. VI, 130; IX, 186 et 187.
22 idem. D. 1035.
2 septembre. L. 34.
5 idem. L. 1203.

1793.

11 février. L. 1211.
19 idem. L. I, 983; III, 993; V, 573
et 999; VII, 999; X, 986.
11 mars. L. 1043.
5 avril. L. I, 859; II, 860; III, 861.
16 juillet. L. 1213.
15 août. L. III, 861; IV, 1205.
5 septembre. L. 686.
21 idem. L. II, 684; IV, 684.
idem. L, II, 526; III, 522; IV, 523.
29 idem. L. XVIII, 349.

An 2.

27 vendémiaire. L. II, 523; III, 524;
V, 554; VI, 563; VII, 527; VIII,
530; IX, 553; X, 537; XI, 536;
XII, 529; XIII, 535; XIV, 566;
XV, 544; XVI, 536; XVII, 545;
XVIII, 545; XX, 543; XXI, 542;
XXII, 534; XXIII, 538; XXIV,
538; XXV, 538; XXVI, 558 et 563;
XXVIII, 224; XXXII, 560; XXXIII,
559; XXXV, 562; XXXVI, 562;
XXXVII, 564; XXXVIII, 224;
XXXIX, 539.
1 frimaire. L. 1211.
23 pluviôse. D. M. 562.
8 ventôse. D. M. 562.
4 germinal. L. tit. 1, III, 106; IV,
737; V, 738; VI, 741; tit. 2, I,
220; II, 223; III, 222; IV, 241; V,
152; VI, 260; VII, 336; VIII, 339;
IX, 1023; X, 312, 315 et 317; XI,
816; XII, 1002; XIII, 1006; tit. 3,
I, 163; II, 274; III, 273; IV, 315
et 316; V, 315 et 316; VI, 115;
VII, 1008; VIII, 1012; IX, 154;
X, 130; XI, 159; XII, 561; tit. 4,
I, 50; II, 1204; III, 62; IV, 62;
tit. 6, I, 122; III, 133; IV, 210;
V, 143; VII, 1224; X, 1202; XVII,
1207; XX, 330; XXII, 1221; XXIII,
1227; tit. 7, II, 403; III, 207.
12 floréal. A. 32.

An 3.

26 vendémiaire. A. G. 1008.

12 nivôse. L. VI , 349.
19 *idem*. L. 735.
28 pluviôse. L. 346.
3 floréal. A. G. 14.
6 thermidor. A. G. 699.
14 fructidor. L. VI, 1209; VII, 1231;
VIII, 1231; X, 1206; XI, 1230.
16 fructidor. L. 109.

An 4.

1 vendémiaire. L. 364.
10 *idem*. L. tit. 4, I, 80; II, 81; III,
82; V, 83; VI, 37; tit. 5, II, 84;
IV, 1248; V, 1248; VI, 1248; VII,
1248; VIII , 1248.
2 brumaire. L. tit. 3, XIV, 1220;
XVII , 1212.
9 germinal. A. G. 108.
4 floréal. L. 143 et 144.
27 prairial. D. M. 1018.
17 thermidor. A. M. 345.
19 *idem*. L. 859 et 1043.

An 5.

24 nivôse. L. 436 et 1124.
26 ventôse. L. 865.
2 floréal. L. 46.
5 prairial. A. G. 406 et 407.
17 thermidor. D. M. 998.
27 *idem*. A. G. 220.
2 fructidor. D. M. 1249.
9 *idem*. A. G. I, 1249; IV, 1249; V,
1249; VI, 1249; VII, 1249; IX,
1249; X, 1249; XI, 1249; XII,
1250; XIII, 1250; XIV, 1249; XV,
1251; XVI, 1252; XVII, 1249;
XXII, 1255; XXIII, 1254; XXV,
1256; XXVI, 1256.
13 fructidor. L. XXI, 1040; XXIII,
1040; XXVII, 1038; XXVIII,
1038; XXIX, 1038; XXX, 1050;
XXXI, 1041; XXXII, 1042.

An 6.

19 vendémiaire. L. 1 , 349 ; II, 348;
III , 354.
2 brumaire. D. M. 1018.
19 *idem*. L. VII , 1096; XXI, 1096;
XXIII, 1098; XXV, 1101; XXVI,
1101; LXXX, 1097; CVII, 1097.
29 frimaire. A. G. I, 71; II, 72; III,
73; IV, 74.
3 pluviôse. A. G. 1135 et 1136.

25 ventôse. L. 831.
17 floréal. D. M. 1018.
9 prairial. A. G. 71 , 73 et 74.
22 *idem*. D. M. 527.
1 messidor. A. G. 1098.
25 *idem*. A. G. 353 et 837.

An 7.

1 brumaire. A. G. 840.
7 *idem*. A. C. 1223.
13 *idem*. L. 1142.
25 *idem*. A. C. 1209.
4 frimaire. L. 76.
22 *idem*. L. XXXIV, 1231; LXVIII,
1229 et 1236; LXIX , 1231
15 ventôse. A.C. 1217.
9 floréal. L. tit. 2, VI, 852; VII, 852;
tit. 4, I, 1191; II, 1192; III, 1193;
IV, 1194; V, 1195; VI, 1196; VII,
1197; VIII, 1198; IX, 1199; X,
1200; XI, 1201; XII, 1237; XIII,
1207; XIV, 1209; XV, 1213; XVI,
1225 et 1228; XVII, 1227.
6 prairial. L. 157 et 1094.
12 *idem*. D. M. 1098.
17 *idem*. A. G. 865.
1 messidor. A. C. 1209.
9 *idem*. A. C. 342.
19 *idem*. A. C. 1238.
21 *idem*. A. C. 349.
27 thermidor. A.G. IV, 804; V, 805;
VI, 806; VII, 807.

An 8.

26 vendémiaire. A. C. 1209.
7 brumaire. A. C. 1209.
19 *idem*. A. C. 1209.
23 *idem*. A. C. 1192.
22 frimaire. L. LXV, 1210; LXVI,
1214; LXXV, 38.
8 nivôse. A. G. 865.
28 *idem*. A. C. 1200.
25 ventôse. A.G. 306, 307, 308 et 310.
27 *idem*. L. 1209 et 1210.
28 germinal. A. G. 865.
15 prairial. A. C. 1205.
5 messidor. A. C. 354.
8 *idem*. A. C. 1213.
8 thermidor. A. C. 354 et 865.
28 *idem*. A. C. 1209 et 1215.
6 fructidor. A. C. 865.
4e complémentaire. A. G. 216.

An 9.

12 vendémiaire. A. C. 116.
6 frimaire. A. C. 865.
29 nivôse. A. C. 1215.
8 pluviôse. D. M. 1018.
29 *idem*. A. G. 822.
8 ventôse. D. M. 159.
16 *idem*. A. C. 1225.
21 *idem*. L. 45.
27 *idem*. L. 1231.
8 floréal. D. M. 1017.
11 *idem*. A. C. 225, 1196 et 1200.
17 *idem*. A. G. 801, 802 et 821.
26 prairial. A. C. 865.
27 *idem*. A. G. 1138 et 1139.
2 messidor. A. C. 1196.
3 *idem*. A. C. 1209.

An 10.

8 brumaire. D. M. 1018.
28 *idem*. D. M. 1018.
6 frimaire. A. C. 865.
7 *idem*. A. G. 40.
12 *idem*. D. M. 1203.
15 *idem*. A. C. 109, 366 et 1200.
18 pluviôse. D. M. 556.
28 *idem*. D. M. 1245.
3 ventôse. A. C. 1193, 1199 et 1204.
17 germinal. A. C. 1193.
18 *idem*. L. 69.
19 *idem*. A. G. 1140.
14 floréal. L. 559.
29 *idem*. L. 1118 et 1119.
1 prairial. A. G. 57.
27 *idem*. A. G. 63.
13 messidor. D. M. 556.
22 thermidor. A. G. I, 360; II, 361;
   III, 362; IV, 350; V, 350, VI,
   351 et 354; VII, 358; VIII, 359;
   IX, 357.
29 thermidor. D. M. 527.
30 *idem*. A. C. 401.
14 fructidor. A. G. 1235 et 1236.

An 11.

2 vendémiaire. A. C. 1228.
14 *idem*. A. C. 1206.
20 frimaire. A. G. 487.
16 *idem*. A. G. 1252 et 1253.
24 *idem*. A. C. 429.
21 pluviôse. A. G. 306.
5 ventôse. A. C. 429.

21 ventôse. L. 570.
7 germinal. A. C. 1237.
8 floréal. L. XIV, 451; XV, 452; XXIII,
   412; XXIV, 715; XXV, 413; XXVI,
   414; XXVII, 705 et 709; XXX,
   775; XXXII, 748; XL, 474 et 475;
   XLI, 476; XLII, 279; LIV, 510;
   LXV, 736 et 728; LXVI, 736;
   LXVII, 736 et 728; LXVIII, 736
   et 731; LXIX, 736; LXX, 736;
   LXXII, 736; LXXIV, 377 et 380;
   LXXV, 381; LXXVI, 396; LXXVII,
   431; LXXXIII, 208; LXXXIV,
   344; LXXXV, 342.
15 floréal. L. I, 1219; III, 329; VI, 64.
17 *idem*. A. C. 1217.
2 prairial. A. G. X, 983; XV, 979; XVI,
   980; XVII, 980; XIX, 981; XXII,
   981; XXIV, 981; XXV, 984; XXXIV,
   982; LXV, 987; LXVI, 986; LXVII,
   986; LXIX, 988; LXX, 993; LXXI,
   988; LXXII, 989; LXXIII, 989;
   LXXIV, 989; LXXV, 990; LXXVI,
   991; LXXVIII, 993; LXXIX, 994;
   LXXXIII, 992; LXXXIV, 992;
   LXXXV, 994; LXXXVI, 994;
   LXXXVII, 985 et 995; CXII, 979.
13 prairial. A. G. 549 et 550.
26 messidor. D. M. 168.
20 thermidor. A. C. 1210.
29 *idem*. A. G. 38.
5 fructidor. A. C. 366.
16 *idem*. A. G. 1249 et 1252.
4e complément. A. G. III, 332; IX,
   1238; X, 1237; XIII, 80; XIV,
   37; XV, 83; XVI, 1248.

An 12.

4 vendémiaire. T. 755.
5 ventôse. L. 1098.
19 *idem*. A. C. 554.
22 *idem*. L. 865.
28 *idem*. A. G. 107.
15 floréal. A. C. 320 et 1200.
2 messidor. D. I, 26; II, 27; IV,
   28; VI, 29.
27 messidor. A. C. 1247.
16 thermidor. A. 1236.
20 *idem*. A. C. 860 et 1197.
1 fructidor. A. C. 1210.
7 *idem*. A. 1233.
24 *idem*. D. M. 755.

1113;XVIII,1114;XIX,1114;XLVI,
1114; CLXII, 1135; CLXVI, 1135;
CLXVIII, 1135; CLXIX, 1135;
CLXXII, 1116; CLXXIII, 1121;
CLXXXIII, 1123; CCVI, 1123;
CCVII, 1123; CCVIII, 1123; CCIX,
1123; CCXV, 1125; CCXVI, 1127;
CCXVII, 1116; CCXVIII, 1116;
CCXIX, 1117; CCXXI, 1117;
CCXXII, 1117; CCXXIII, 1127;
CCXXIV, 1130; CCXXV, 1127;
CCXXVI,1130; CCXXXVII, 1129.

8 mai. D. M. 890.
  idem. O. 896.
18 juin. D. M. 172.
19 idem. O. I, 590; II, 590; III,
  591; IV, 591; V, 591; VI, 592;
  VII, 592; VIII, 592; IX, 592; X,
  593; XI, 593; XII, 593; XIII, 593;
  XIV, 594; XV, 594; XVI, 594;
  XVII, 595; XVIII, 595; XIX, 596;
  XX, 594; XXI, 597; XXII, 597;
  XXIV, 597; XXVI, 590.
12 juillet. D. M. 334.
17 idem. O. I, 899; II, 899; III, 899;
  IV, 899; V, 900; VI, 901; VII,
  899; VIII, 902.
24 juillet. O. I, 1031; V, 1031; XI,
  1032; XIII,1036; XIV,1033; XVI,
  1031.
31 juillet. O. t. 1, p. 393.
8 août. O. I, 877; II, 877; III, 878;
  IV, 878; V, 881; VI, 881; VII,
  884; VIII, 880; X, 879.
14 août. O. II, 636; III, 643; XVII,
  644; XVIII, 649; XIX, 649; XX,
  649; XXI, 649; XXII, 649; XXIII,
  652; XXIV,652; XXV,652; XXVI,
  652; XXVII, 652; XXVIII, 650.
26 août. A. C. 1204.
30 octobre. O. I, 639; III, 650; IV,
  649; V, 644; VI, 645; VII, 645;
  VIII, 647; IX, 653; X, 574 et 638;
  XII, 651; XIII, 648.
5 novembre. O. 724.
27 idem. O. I, 100; II, 101; III, 102;
  IV, 103.
27 novembre. O. 609.
4 décembre. O. t. 1, p. 393.

1817.

3 janvier. D. M. 592.
13 idem. A. C. 1201.

18 janvier. O. 104 et 105.
24 février. D. M. 101 et 102.
19 mars. O. 597 et 598.
24 idem. D. M. 296.
27 idem. L. I, 1087 et 1088; II, 156;
  IV, 767; V, 769; VII, 131, 184 et
  185; VIII, 285; XIII, 337; XIV,
  338; XV, 318.
7 avril. D. M. 638.
30 idem. O. I, 671; III, 679; V, 677;
  VI, 677; VII, 678; VIII, 678; IX,
  678; X, 678; XI, 679; XII, 679;
  XIII, 680; XIV, 680; XV, 680;
  XVI, 680; XVII, 680; XVIII, 680;
  XIX, 680; XX, 680; XXI, 671;
  XXII, 681; XXIII, 681.
21 mai. O. 1249.
4 juin. A. C. 1209.
9 idem. A. C. 1196.
10 idem. D. M. 1018.
23 idem. A. C. 1237.
31 juillet. D. M. 1103.
27 août. O. 46.
10 septembre. O. I, 742; II, 743;
  III, 743; IV, 744; V, 744; VI,
  745; VII, 746; VIII, 747; IX,
  748; X, 749; XI, 750; XII, 751;
  XIII, 752; XIV, 753.
30 septembre. D. M. 656.
3 octobre. A. C. 329 et 891.
22 idem. O. 698.
18 novembre. A. C. 365 et 366.
31 décembre. O. 1131 et 1132.

1818.

9 janvier. O. I, 415; II, 416; III,
  448; IV à XI, 449.
9 janvier. O. 365.
2 février. D. M. 703.
16 idem. A. C. 68.
25 mars. O. 1057, 1039 et 1051.
27 idem. A. C. 1221.
21 avril. L. III, 724; V, 726; VI,
  725; VII, 725; VIII, 725; IX,
  727; X, 729 et 732; XI, 728; XII,
  734; XV, 775; XVII, 766; XVIII,
  711; XIX, 711 et 713; XXIV, 712;
  XXVI, 709; XXVIII, 630; XXIX,
  482; XXXI, 500; XXXIV, 319;
  XXXV, 318; XXXVI, 231; XXXVII,
  322; XXXIX, 64; XL, 61; XLI, 887;
  XLII, 887; XLIII, 893; XLIV,
  893; XLV, 897; XLVI, 876 et

898; L, 280; LI, 243; LII, 244;
LIII ; 245; LIV, 246; LV, 247;
LVI, 248; LVII, 249; LVIII, 250;
LX, 790; LXI, 431; LXII, 432;
LXIII, 866; LXIV, 546; LXV, 48.
1 mai. A. C. 889 et 893.
6 juin. D. M. 120.
11 *idem.* A. C. 893 et 1228.
29 *idem.* D. M. 1035.
15 juillet. O. 748.
3 août. A. C. 1211.
20 *idem.* A. C. 366.
5 septembre. D. M. 601.
25 *idem.* O. I, 884; II, 760, 771 et
et 884; III, 759; IV, 759, 771 et
886; V, 760; VI, 760 et 771; VII,
761 et 771; IX, 763 et 771 ; X,
762 et 771; XII, 763; XIII, 763;
XIV, 764.
23 octobre. D. M. 878, 881 et 886.
22 décembre. D. M. 1007.

1819.

26 février. D. M. 172.
10 mars. L. 600 et 777.
7 avril. D. M. 888.
16 juillet. L. 863 et 868.
12 août. D. M. 610.
17 novembre. O. I, 1052; II, 1052;
III, 1053, IV, 1054; V, 1055.

1820.

3 mars. D. M. 643.
10 *idem.* A. C. 889.
28 avril. A. C. 893.
12 mai. D. M. 877.
7 juin. L. I, 1121; II, 93; III, 98;
VII, 784; IX, 654 et 778; XII, 726;
XV, 352.
22 juin. O. 779, 780 et 781.
30 *idem.* A. C. 1233.
28 juillet. A. C. 893.
28 août. O. 763 et 774.
8 septembre. A. C. 682.
15 *idem.* A. C. 1237.
21 octobre. D. M. 815.
29 *idem.* O. 56 et 533.
13 novembre. D. M. 1007.
8 décembre. A. C. 893.

1821.

29 janvier. A. M. 58.
8 février. A. C. 893.

14 avril. A. C. 1205.
1 juin. D. M. 890 et 895.
29 *idem.* D. M. 1031.
31 octobre. O. 774.
10 décembre. A. C. 1209.
21 *idem.* A. C. 1204.

1822.

4 janvier. O. 636.
7 *idem.* O. 717.
30 *idem.* O. II, 2; III, 8; IV, 1, 6 et
11; V, 9 et 765; VI, 10; VII, 3;
VIII, 4 et 13; IX, 5; X, 1235.
3 mars. L. I, 1151; II, 1153; III,
1154; IV, 1165; V, 1168; VI,
1171; VII, 1172; VIII, 1172; IX,
1172; X, 1173; XI, 1173; XII,
1173; XIII, 1174; XIV, 1174; XV,
1175; XVI, 1175; XVII, 1185;
XVIII, 1185; XIX, 1187; XX,
1188.
15 avril. A. M. 179.
8 juin. O. I, 660; II, 660; III, 663 et
664; IV, 664; V, 657 et 664; VI,
665; VII, 658; VIII, 658; IX,
655; X, 667.
17 juin. A. M. I, 659; II, 659, III,
656; IV, 663; V, 656; VI, 661;
VII, 660; VIII, 661; IX, 661; X,
661; XI, 662; XII, 663; XIII,
663; XIV, 665; XV, 664; XVI,
665; XVII, 665; XVIII, 665; XIX,
665; XX, 665; XXII, 657; XXIII,
657; XXIV, 664; XXV, 664; XXVI,
664; XXVII, 664; XXVIII, 664;
XXIX à XXXVI, 666; XXXVII,
667.
24 juin. T. 921.
27 juillet. L. VIII, 769; X, 96 et 833;
XI, 630; XII, 453; XIII, 433;
XIV, 869; XV, 696; XVI, 113 et
221; XVIII, 1014; XIX, 209.
28 juillet. O. 834, 835 et 836.
7 août. O. I, 1152; III, 1154; IV,
1152; V, 1155; VI à XII, 1156;
XIII à XVIII, 1157; XIX à XXIII,
1158; XXIV et XXV, 1159; XXVI,
1160; XXVII à XXIX, 1161; XXX
et XXXI, 1162; XXXII, 1163;
XXXIII, 1164; XXXIV, 1164;
XXXV à XXXVII, 1165; XXXVIII
à XL, 1166; XLI et XLII, 1167;
XLIII, 1168; XLIV, 1169; XLV à

XLVII, 1170; XLVIII et XLIX, 1176; L à LII, 1177; LIII et LIV, 1178; LV, 1179; LVI à LVIII, 1180; LIX à LXII, 1181; LXIII à LXVII, 1182; LXVIII et LXIX, 1183; LXX, 1184; LXXII, 1185; LXXIII à LXXVI, 1186; LXXVII, 1187; LXXIX, 1189; LXXXI, 1189.

30 août. A. C. 1225.
14 septembre. O. 89.
26 *idem.* O. 776.
18 octobre. O. 660.
25 *idem.* D. M. 567.
5 décembre. A. C. 58.
9 *idem.* A. M. I, 177; II, 178; III, 179; V, 176; VII, 607 et 608; VIII, 171.
25 décembre. A. M. 89 et 90.

1823.

15 janvier. O. 769.
22 mai. D. M. 1091.
22 août. D. M. 546.
5 septembre. D. M. 1104.
17 *idem.* D. M. 74.
2 octobre. D. M. 863.

1824.

10 janvier. D. M. 1031.
6 mars. A. C. 893.
4 juin. D. M. 995.
16 *idem.* L. 1236.
30 *idem.* D. M. 708.
7 juillet. O. 102.
25 septembre. A. M. 1015 et 1016.
11 octobre. A. M. I, 75; II, 76; III, 77; IV, 78.
4 novembre. O. 190.
30 *idem.* A. M. 172.
2 décembre. A. C. 336.
7 *idem.* D. M. 756.

1825.

10 avril. L. 239.
26 mai. D. M. 44.
7 juin. D. M. 813 et 828.
30 *idem.* D. M. 218.
13 juillet. O. 782 et 783.
15 *idem.* R. I, 837; II, 837; IV, 837; V, 837; VIII, 838; X, 838; XI, 839; XII, 839; XIII, 839; XIV, 837; XV à XIX, 840; XX et XXI, 839; XXII à XXIV, 848; XXV et XXVI, 849; XXVIII et XXIX, 850; XXX et XXXI, 844; XXXIII à

XXXVI, 845; XXXVII à XL, 844; XLII, 840; XLIII à XLVI, 841; XLVII, 839; XLIX, 842; L. 851; LI, 846.

20 juillet. D. M. 1102.
22 *idem.* D. M. 814.
17 août. O. 717.
22 octobre. A. C. 324.
25 novembre. O. 782 et 783.
1 décembre. D. M. 756.
14 *idem.* O. II, 1142; III, 1143; IV, 1144; VI, 1145; VII, 1146; VIII, 1147; IX, 1148; XII, 1149; état n° VII, 1145 et 1150.

1826.

8 janvier. T. 930.
26 *idem.* T. 923.
7 février. D. M. 756.
8 *idem.* O. 924.
7 mars. R. I, 853; II, 853; III, 854; IV, 854; V, 854; VI, 854; VII, 855; VIII, 856; X, 857; XII, 855; XIII, 855.
10 mars. D. M. 822.
17 mai. L. I, 287; II, 695; VI, 715; VII, 760; VIII, 782 et 785; IX, 767; X, 787; XI, 775; XII, 511; XIII, 417; XIV, 421; XX, 707; XXI, 437; XXII, 733; XXIII, 668.
8 juin. D. M. 754.
24 *idem.* D. M. 924.
27 *idem.* D. M. t. 1, p. 402.
12 juillet. D. M. 776.
26 *idem.* O. 151.
   idem. O. 785 et 786.
   idem. O. 669 et 670.
31 *idem.* A. C. 567 et 888.
27 septembre. O. 643 et 650.
18 novembre. A. C. 920.

1827.

22 janvier. D. M. 754.
29 mars. O. 704.
30 avril. D. M. 705.
11 mai. D. M. 708.
1 juin. A. C. 1237.
25 *idem.* A. M. I, 143; III, 143; V, 145; VI, 145; VII, 146; VIII, 147; IX, 147; X, 149; XV, 152; XVI, 152; XVII, 153; XVIII, 153; XIX, 154; XX, 251; XXI, 252; XXII, 253; XXIII, 254; XXIV,

255; XXV, 256; XXVI, 256; XXVII, 256; XXVIII, 256; XXIX, 257; XXX, 256; XXXI, 258.

28 juin. D. M. 770.

21 juillet. A. C. 893.

28 idem. A. C. 893.

5 août. A. C. 893 et 1195.

17 idem. D. M. 1031.

11 octobre. A. C. 1200.

25 idem. A. C. 320.

7 novembre. D. M. 1249.

5 décembre. D. M. 1007.

24 idem. D. M. 1132.

1828.

3 janvier. O. 643.

15 avril. D. M. 613.

50 mai. A. C. 893.

2 juin. D. M. 1229.

9 idem. D. M. 550.

28 idem. D. M. 212.

4 août D. M. t. 1, p. 596.

14 idem. D. M. 49.

23 idem. D. M. 1031.

5 septembre. A. C. 206.

25 idem. D. M. 756.

27 idem. D. M. 866.

28 idem. O. 870, 872 et 874.

22 octobre. D. M. 1020.

22 novembre. A. C. 893 et 894.

27 décembre. D. M. 635.

28 idem. O. 1109.

1829.

27 janvier. D. M. 759.

26 mars. D. M. 1054.

8 avril. O. 882 et 883.

10 avril. A. M. 52, 53 et 54.

7 mai. D. M. 658.

16 juin. D. M. 634.

30 idem. A. M. 540 et 555.

10 juillet. A. C. 889.

19 idem. O. I, 1044; IV, 1044; V, 1044; VI, 1045; VII, 1046; VIII, 1047; IX, 1048; X, 1049; XI, 1049.

25 juillet. A. C. 1201.

26 août. A. 829.

18 septembre. A. C. 1206.

17 octobre. D. M. 566.

25 idem. O. 35.

12 décembre. D. M. 53.

30 idem. O. I, 182; IV, 12; V, 217;

VI, 17; IX, 19; XV, 18; XVI, 23; XVII, 4; XVIII, 9 et 65.

31 décembre. O. 704.

1830.

17 janvier. O. 863.

3 février. A. C. 1196.

19 mars A. C. 1222.

20 idem. A. C. 1235.

24 juin. D. M. 1229.

25 idem. D. M. 1231.

20 octobre. L. 869.

1 décembre. A. C. 1230.

16 idem. A. C. 889.

29 idem. A. M. 868.

1831.

5 janvier. O. 1, 2 et 7.

11 idem. A. M. 170.

4 février. O. 12.

12 idem. D. M. 181.

10 mars. O. 12.

22 idem. L. 33.

30 idem. A. C. 1197.

11 avril. A. C. 1196.

7 juillet. O. 1136 et 1137.

19 idem. A. C. 262.

20 idem. A. C. 320 et 1197.

4 novembre. A. C. 331 et 1219.

24 idem. D. M. 798.

25 idem. A. C. 1215.

29 idem. D. M. t. 1, p. 596.

2 décembre. D. M. 1130.

17 idem. A. C. 1204.

1832.

9 février. L. I, 488; II, 489; III, 514; IV, 516; V, 517; VI, 518; VII, 519; VIII, 520; IX, 514; XI, 495 et 497; XII, 506; XIII, 498; XIV, 499; XV, 503; XVII, 442; XIX, 443; XX, 444 et 446; XXI, 432 et 445; XXII, 233; XXIII, 234; XXIV, 235 et 1021; XXV, 458; XXIX, 481.

11 février. O. 495.

27 idem. L. 1, 457; II, 458; III, 459; IV, 460; V, 461; VI, 462; VII, 463; VIII, 464; IX, 465; X, 466.

13 mars. D. M. t. 1, p. 392.

15 avril. L. 863 et 864.

17 idem. L. 1233 et 1256.

21 avril. L. 76.

22 *idem*. L. IV, 1058; VIII, 1070; XIV, 1071; XV, 1071.

22 avril. L. II, 1073; III, 1073; IV, 1073; VIII, 1077; IX, 1077.

1 juin. D. M. 528.

27 *idem*. D. M. t. I, p. 400.

28 *idem*. L. 770.

10 juillet. D. M. 502.

21 août. D. M. 1235.

5 octobre. A. C. 894.

14 novembre. T. 935.

8 décembre. O. 53 et 164.

14 *idem*. A. C. 368.

1833.

18 janvier. D. M. 48.

11 mars. T. 937.

6 avril. D. M. 1235.

21 *idem*. L. 1059.

23 *idem*. L. 608.

26 *idem*. L. 767.

   idem. O. I, 1060; II, 1062; III, 1063; IV, 1064; V, 1064; VII, 1067; XI, 1070; XII, 1068; XIII, 1069; XV, 1070; XVII, 1070.

26 avril. O. I, 1074; II, 1074; IV, 1075; V, 1075; VI, 1075; VII, 1075; VIII, 1076; IX, 1076; X, 1076; XI, 1077; XII, 1076.

4 mai. A. C. 889.

21 *idem*. A. M. 53.

6 juin. D. M. 306.

17 *idem*. D. M. 306.

24 *idem*. D. M. 53.

10 août. A. C. 1192 et 1213.

12 *idem*. A. C. 372, 373 et 1218.

19 *idem*. D. M. 53.

26 *idem*. O. 715.

26 septembre. A. C. 1192.

24 octobre. D. M. 714.

26 *idem*. O. 156.

15 novembre. A. C. 366.

10 décembre. D. M. 722.

16 *idem*. A. C. 1196.

30 *idem*. D. M. 638.

1834.

22 janvier. D. M. 660.

29 *idem*. A. C. 122 et 452.

5 mars. D. M. 540.

30 *idem*. L. 168.

9 avril. D. M. 444.

3 mai. D. M. 1106.

13 *idem*. D. M. 239.

22 *idem*. A. C. 1196.

24 *idem*. L. 1030 et 1038.

2 juin. O. 876.

20 *idem*. O. 672 et 681.

8 juillet. O. 924.

22 août. O. 876.

28 *idem*. A. C. 1237.

6 septembre. A. C. 1223.

19 novembre. A. C. 510.

20 *idem*. A. C. 627.

3 décembre. A. C. 1193.

9 *idem*. T. 947.

   idem. D. M. 643.

20 *idem*. A. C. 889.

27 *idem*. A. C. 1192, 1193 et 1196.

1835.

12 février. L. 1133.

9 mars. A. C. 452, 742 et 748.

17 *idem*. A. C. 504.

15 avril. A. C. 1204.

5 juin. O. 891.

20 *idem*. A. C. 1218.

24 *idem*. A. C. 1012.

25 *idem*. A. C. 61.

26 *idem*. L. I, 458, 462 et 515; II, 726.

30 *idem*. O. 39.

20 juillet. O. I, 871; II, 871; III, 872; IV, 872; V, 873; VI, 873.

12 août. A. C. 834 et 1199.|

12 septembre. D. M. t. 1, p. 403.

9 octobre. D. M. 1051.

10 *idem*. O. t. 1, p. 354.

11 novembre. O. 720.

14 *idem*. O. 120.

19 *idem*. A. C. 893.

24 *idem*. D. M. 715.

28 décembre. A. C. 1223 et 1225.

1836.

6 janvier. A. C. 1230.

30 *idem*. D. M. 1150.

17 février. A. C. 1192 et 1196.

19 *idem*. A. C. 1200.

23 *idem*. A. C. 1209.

3 avril. O. 885.

8 *idem*. T. 956.

23 *idem*. L. 1113.

21 mai. L. 1141.

31 *idem*. D. M. 748.

13 juin. A. M. 472.

18 juin. D. M. 756.
23 *idem*. A. C. 1223.
2 juillet. L. I, 773; III, 767; V, 560;
    VI, 558; VII, 114 et 227; IX, 451 et
    t. 1, p. 350; X, 511; XI, 494; XII,
    t. 1, p. 351; XIV, 474; XV, 480;
    XVI, 478; XVII, 479; XIX, 586;
    XX, 383 et 460; XXI, 216; XXII,
    845; XXIII, 471.
5 juillet. L. I, 766; II, 297; III, 327;
    IV, 96; V, 97, 467 et 789; VI, 567;
    VII, 250, 231 et 434; VIII, 533.
9 juillet. L. 1240.
14 *idem*. D. M. 772.
19 *idem*. T. 959.
6 août. A. C. 889.
23 *idem*. A. C. 372.
25 *idem*. O. 924.
    idem. D. M. 1145.
30 *idem*. A. C. 143.
2 septembre. O. 1061, 1065 et 1066.
21 *idem*. D. M. 639.
31 octobre. O. 283 et 285.
31 décembre. A. C. 1237.

1837.

11 février. A. C. 372 et 373.
23 *idem*. O. 720 et 1029.
24 *idem*. D. M. 506.
8 mars. D. M. 118 et 119.
24 *idem*. D. M. 756.
1 avril. L. 1214.
15 *idem*. O. 91.
11 mai. D. M. 682.
13 *idem*. O. 468.
14 juin. A. C. 1192.
1 juillet. D. M. 630.
8 *idem*. L. 1240.
12 *idem*. L. 701 et 702.
17 *idem*. O. I, 673; II, 673; III,
    674; IV, 675; V, 675; VI, 681;
    VII, 676; VIII, 676; IX, 676; X,
    681.
18 juillet. L. 767.
20 *idem*. L. 227.
24 *idem*. A. C. 83.
25 *idem*. O. 697.
27 *idem*. D. M. 119.
7 août. A. C. 1223.
22 septembre. D. M. 1065.
6 octobre. D. M. 900.
24 *idem*. A. M. I, 1244; II, 1244; III,

1244; V, 1242, VIII, 1243; IX,
    1241; X, 1241; XI, 1243.
18 novembre. O. 568 et 569.
8 décembre. A. C. 1204.

1838.

7 avril. O. 1096 et 1097.
30 *idem*. A. C. 209.
9 mai. A. C. 1237.
12 juin. D. M. 872.
3 juillet. O. t. 1, p. 354.
20 *idem*. D. M. 765.
11 août. D. M. 216.
29 *idem*. A. C. 1204.
31 *idem*. O. 701 et 702.
18 novembre. D. M. 816.
22 *idem*. A. C. 1205.
1 décembre. A. C. 1204.
8 *idem*. A. C. 331.
29 *idem*. A. C. 1200.

1839.

3 janvier. A. C. 318.
20 *idem*. O. t. 1, p. 351.
21 *idem*. A. C. 504.
30 *idem*. A. C. 209.
4 mars. A. C. 520.
9 *idem*. T. 957.
22 *idem*. A. C. 1200.
11 avril. D. M. 110.
14 juin. A. C. 95, 325, 361 et 365.
18 *idem*. A. C. 357.
7 juillet. O. t. 1, p. 351.
3 août. D. M. 498.
10 *idem*. L. 466.
    idem. L. 1099 et 1101.
18 *idem*. O. 570 et 571.
19 *idem*. D. M. 53.
21 *idem*. D. M. 512.
24 *idem*. D. M. 1033.
3 septembre. D. M. 19 et 216.
24 *idem*. D. M. 493.
25 *idem*. T. 958.
3 octobre. D. M. 570.
12 novembre. A. C. 1220 et 1225.
13 *idem*. O. 1154, 1158 et 1164.
    idem. A. C. 1213.
8 décembre. O. 701.
18 *idem*. O. 709.
20 *idem*. A. C. 350.
30 *idem*. O. 1100 et 1101.

1840.

10 janvier. A. C. 1204.

14 *idem*. D. M. 341.
20 *idem*. A. C. 865.
31 *idem*. A. C. 1204.
1 février. O. 775.
7 avril. D. M. 156 et 635.
15 *idem*. O. 956.
18 *idem*. T. 935.
23 *idem*. L. 1116 et 1125.
29 *idem*. D. M. 921.
17 juin. L. I, 576; II, 577; V, 578; VI, 579; VII, 580; VIII, 581; IX, 582, X, 588; XI, 599; XII, 605; XIII, 605; XIV, 588, XV, 583; XVI, 589 et 671.
22 juin. A. C. 1200.
5 juillet. L. 94 et 767.
16 *idem*. L. 229.
25 *idem*. T. 965.
28 *idem*. O. 779.
 idem. O. 1098.
15 octobre. D M. 173.
9 novembre. A. C. 1237.
7 décembre. D. M. 628.

1841.

13 janvier. A. C. 766.
20 *idem*. A. C. 258.
28 *idem*. D. M. 921.
11 février. A. C. 891.
17 *idem*. O. 1156.
1 mars. A. C. 865.
4 *idem*. A. C. 320, 1196, 1200 et 1237.
7 *idem*. O. 576.
15 *idem*. A. C. 1204.
19 *idem*. A. C. 1230.
27 *idem*. D. M. 1027.
30 *idem*. A. C. 1204.
14 avril. A. C. 431 et 1228.
6 mai. L. I, 156, 289, 291, 788, 789 et 876; II, 357; IV, 777; V, 733; VI, 729; VII, 730; VIII, 1086; IX, 636; X, 766; XI; 291; XII, 650; XIII, 412; XIV, 412; XV, 282; XVI, 1105; XIX, 99; XX, 554, 560 et 564; XXI, 552.
10 mai. A. C. 156 et 439.
19 *idem*. A. C. 1204.
21 *idem*. O. 281 et 284.
29 *idem*. D. M. 161.
4 juin. A. C. 1192 et 1201.
7 juin. A. C. 1197.
9 *idem*. A. C. 836.
14 *idem*. L. 229.

15 *idem*. A. C. 1237.
25 *idem*. L. I, 1073; II, 1079; III, 1080; IV, 1078.
25 juin. L. I, 1056, 1057 et 1059; II, 1058; III, 1072.
25 juin. L. 1058.
 idem. L. 970.
26 *idem*. O. I à V, 584; VI à XII, 585; XIII à XIX, 586; XX, 587; XXI, 599; XXII, 599; XXIII, 588.
26 juin. O. 966, 967 et 970.
5 juillet. A. C. 1221.
31 *idem* A. C. 521.
5 août. A. C. 331.
4 *idem*. D. M. 230 et 434.
10 *idem*. O. 1081.
18 *idem*. D. M. 286.
11 septembre. D. M. 470.
7 décembre. O. 720.
17 *idem*. D. M. 715.

1842.

14 janvier. A. C. 1201.

CODES.

C. C. XVII, 756; MCCCLXXXIV, 206; MMXCVIII, 1245.

C. de C. LXXX, 119; CXC, 521; CXCV, 545; CCXXVI, 534; CCXLII, 259; CCXLIII, 259; CCXLVI, 800; CCXLVIII, 259.

C. de P. V, 1207; VIII, 1207; XIX, 1207; XX, 1208; XXII, 1208; LXIX, 1230; CLVI, 1230; CDXLIII, 1209; CDLI, 1220; CDLII, 1220; CDLV, 1209; DCXVII, 1020; DCXVIII, 1020; DCXXIV, 1028 et 1251; MXXXIII, 1215.

C. I. CLXII, 1222, CLXXXVI, 1215; CLXX\VII, 1216; CLXXXVIII, 1216; CXC, 1215; CXCIX, 1217; CC, 1217; CCI, 1217; CCIII, 1217; CCIV, 1217; CCVIII, 1217; CCIX, 1217; CCX, 1217; CCXVI, 1217; CCCLIX, 1219; CCCLXXIII, 1218; CDXVI, 1220; CDXVII, 1218; CDXVIII, 1218; CDXIX, 1218; CDXX, 1218; CDXXII, 1218; CDXXV, 1818.

C. P. CI, 529; CCIX, 528; CCXI, 528; CCXII, 528; CCXIV, 528; CCCXIV, 1029, CDLXXXIII, 682.

TABLE ALPHABÉTIQUE.

Nota. Lorsqu'une même disposition comprend plusieurs numéros qui se suivent, on indique seulement le premier de ces numéros.

A.

ERRATA.

TOME Iᵉʳ.

Pag. 50, lig. 10 des notes, *au lieu de* n⁰ 111, *lisez* n⁰ 110.

55, lig. 6 des notes, *au lieu de* n⁰ 1246, *lisez* n⁰ 1248.

87, lig. 6 des notes, *au lieu de* n⁰ 111, *lisez* n⁰ 110.

106, lig. 12 des notes, *au lieu de* n⁰ 113, *lisez* n⁰ 112.

193, titre courant, *au lieu de* importations par mer, *lisez* exportation par terre.

203, lig. 2 des notes, *avant le mot* Circ., *ajoutez* A. de C. du 25 octobre 1827.

227, lig. 30 des notes, *au lieu de* portent, *lisez* porte.

255, lig. 1 des notes, *au lieu de* n⁰ 339, *lisez* n⁰ 364.

375, lig. 3 des notes, *au lieu de* 27, *lisez* 22.

TOME II.

Pag. 49, lig. 9, *après les mots* traité d'alliance, *ajoutez* du 4 vendémiaire an 12.

87, lig. 14 des notes, *au lieu de* ces deux destinations, *lisez* l'étranger.

105, lig. 12 des notes, *au lieu de* n⁰ 190, *lisez* n⁰ 801.

176, lig. 2 des notes, *au lieu de* n⁰ 676, *lisez* n⁰ 876.

267, lig. 15 des notes, *au lieu de* n⁰ 103, *lisez* n⁰ 1031.

333, lig. 29, texte, *au lieu de* art. 16, *lisez* art. 46.

344, lig. 1 des notes, *au lieu de* n⁰ 1129, *lisez* n⁰ 1127.

www.ingramcontent.com/pod-product-compliance
Lightning Source LLC
Chambersburg PA
CBHW052058230326
41599CB00054B/3061